2020

山西省太原市人口普查年鉴（下册）

TAIYUAN POPULATION CENSUS YEARBOOK OF SHANXI PROVINCE 2020 (BOOK 2)

太　原　市　统　计　局
太原市第七次全国人口普查领导小组办公室　编

Compiled by
Taiyuan Municipal Bureau of Statistics
Office of the Leading Group of Taiyuan Municipality for the Seventh National Population Census

图书在版编目（CIP）数据

山西省太原市人口普查年鉴. 2020. 下册 / 太原市统计局, 太原市第七次全国人口普查领导小组办公室编. -- 北京 : 中国统计出版社, 2022.12
ISBN 978-7-5230-0078-6

Ⅰ. ①山… Ⅱ. ①太… ②太… Ⅲ. ①人口普查－统计资料－太原－2020－年鉴 Ⅳ. ①C924.252.51-54

中国版本图书馆 CIP 数据核字(2022)第 240112 号

山西省太原市人口普查年鉴-2020（下册）
Taiyuan Population Census Yearbook of Shanxi Province 2020 (Book 2)

作　　者/太原市统计局　太原市第七次全国人口普查领导小组办公室编
责任编辑/佘竞雄
封面设计/李雪燕
出版发行/中国统计出版社有限公司
通信地址/北京市丰台区西三环南路甲 6 号　邮政编码/100073
发行电话/邮购（010）63376909　书店（010）68783171
网　　址/http://www.zgtjcbs.com/
印　　刷/山西力新印刷科技开发有限公司
经　　销/新华书店
开　　本/880mm×1230mm　1/16
字　　数/1746 千字
印　　张/55.25
版　　别/2022 年 12 月第 1 版
版　　次/2022 年 12 月第 1 次印刷
定　　价/1280.00 元（全二册）

目　录

下　册

第二部分　长表数据资料

第一卷　概要

第二卷　民族

第三卷 教育

第四卷 就业

第五卷　婚姻

第六卷　生育

第九卷 住房

第三部分　附　录

第二部分 长表数据资料

第一卷 概要

1-1 各地区户数、

地区	户数			合计			
	合计	家庭户	集体户	合计	男	女	性别比(女=100)
太原市	**184804**	**176850**	**7954**	**491705**	**248852**	**242853**	**102.47**
小店区	44345	40500	3845	118647	59656	58991	101.13
迎泽区	21954	21504	450	56062	27399	28663	95.59
杏花岭区	29038	28664	374	74007	36973	37034	99.84
尖草坪区	18200	17295	905	50141	25837	24304	106.31
万柏林区	33603	32363	1240	89854	45374	44480	102.01
晋源区	9737	9375	362	28649	14815	13834	107.09
清徐县	12598	12057	541	35479	18319	17160	106.75
阳曲县	4725	4616	109	11757	6229	5528	112.68
娄烦县	3421	3400	21	8012	4221	3791	111.34
古交市	7183	7076	107	19097	10029	9068	110.60

1-1a 各地区户数、

地区	户数			合计			
	合计	家庭户	集体户	合计	男	女	性别比(女=100)
太原市	**147427**	**142337**	**5090**	**388028**	**194525**	**193503**	**100.53**
小店区	35118	33254	1864	90296	44781	45515	98.39
迎泽区	21554	21128	426	54959	26779	28180	95.03
杏花岭区	27393	27044	349	69370	34527	34843	99.09
尖草坪区	17156	16284	872	47346	24351	22995	105.90
万柏林区	33411	32175	1236	89429	45144	44285	101.94
晋源区	7961	7690	271	22936	11901	11035	107.85
清徐县							
阳曲县							
娄烦县							
古交市	4834	4762	72	13692	7042	6650	105.89

人口数和性别比

单位：户、人

人口数								平均家庭户规模（人/户）
家庭户				集体户				
小计	男	女	性别比（女=100）	小计	男	女	性别比（女=100）	
450699	**224916**	**225783**	**99.62**	**41006**	**23936**	**17070**	**140.22**	**2.55**
99935	50231	49704	101.06	18712	9425	9287	101.49	2.47
53931	26292	27639	95.13	2131	1107	1024	108.11	2.51
71908	35631	36277	98.22	2099	1342	757	177.28	2.51
44699	22326	22373	99.79	5442	3511	1931	181.82	2.58
83922	41471	42451	97.69	5932	3903	2029	192.36	2.59
26251	13107	13144	99.72	2398	1708	690	247.54	2.80
32602	16442	16160	101.75	2877	1877	1000	187.7	2.7
11183	5803	5380	107.86	574	426	148	287.84	2.42
7853	4085	3768	108.41	159	136	23	591.30	2.31
18415	9528	8887	107.21	682	501	181	276.80	2.60

人口数和性别比(城市)

单位：户、人

人口数								平均家庭户规模（人/户）
家庭户				集体户				
小计	男	女	性别比（女=100）	小计	男	女	性别比（女=100）	
362036	**179456**	**182580**	**98.29**	**25992**	**15069**	**10923**	**137.96**	**2.54**
81738	40854	40884	99.93	8558	3927	4631	84.80	2.46
52929	25761	27168	94.82	2030	1018	1012	100.59	2.51
67397	33296	34101	97.64	1973	1231	742	165.9	2.49
42090	20974	21116	99.33	5256	3377	1879	179.72	2.58
83505	41249	42256	97.62	5924	3895	2029	191.97	2.60
21131	10552	10579	99.74	1805	1349	456	295.83	2.75
13246	6770	6476	104.54	446	272	174	156.32	2.78

1-1b 各地区户数、

地区	户数			合计			
	合计	家庭户	集体户	合计	男	女	性别比(女=100)
太原市	**16296**	**14030**	**2266**	**48888**	**25090**	**23798**	**105.43**
小店区	6421	4592	1829	20619	10731	9888	108.53
迎泽区							
杏花岭区							
尖草坪区	72	72		130	66	64	103.13
万柏林区	171	167	4	399	213	186	114.52
晋源区	375	369	6	1143	563	580	97.07
清徐县	4815	4458	357	14457	7268	7189	101.1
阳曲县	2266	2214	52	6418	3314	3104	106.77
娄烦县	1581	1574	7	4244	2159	2085	103.55
古交市	595	584	11	1478	776	702	110.54

1-1c 各地区户数、

地区	户数			合计			
	合计	家庭户	集体户	合计	男	女	性别比(女=100)
太原市	**21081**	**20483**	**598**	**54789**	**29237**	**25552**	**114.42**
小店区	2806	2654	152	7732	4144	3588	115.50
迎泽区	400	376	24	1103	620	483	128.36
杏花岭区	1645	1620	25	4637	2446	2191	111.64
尖草坪区	972	939	33	2665	1420	1245	114.06
万柏林区	21	21		26	17	9	188.89
晋源区	1401	1316	85	4570	2351	2219	105.95
清徐县	7783	7599	184	21022	11051	9971	110.83
阳曲县	2459	2402	57	5339	2915	2424	120.26
娄烦县	1840	1826	14	3768	2062	1706	120.87
古交市	1754	1730	24	3927	2211	1716	128.85

人口数和性别比(镇)

单位：户、人

人口数								平均家庭户规模（人/户）
家庭户				集体户				
小计	男	女	性别比（女=100）	小计	男	女	性别比（女=100）	
37112	**18836**	**18276**	**103.06**	**11776**	**6254**	**5522**	**113.26**	**2.65**
11101	5753	5348	107.57	9518	4978	4540	109.65	2.42
130	66	64	103.13					1.81
391	205	186	110.22	8	8			2.34
1118	549	569	96.49	25	14	11	127.27	3.03
12643	6330	6313	100.27	1814	938	876	107.08	2.84
6106	3078	3028	101.65	312	236	76	310.53	2.76
4184	2117	2067	102.42	60	42	18	233.33	2.66
1439	738	701	105.28	39	38	1	3800.00	2.46

人口数和性别比(乡村)

单位：户、人

人口数								平均家庭户规模（人/户）
家庭户				集体户				
小计	男	女	性别比（女=100）	小计	男	女	性别比（女=100）	
51551	**26624**	**24927**	**106.81**	**3238**	**2613**	**625**	**418.08**	**2.52**
7096	3624	3472	104.38	636	520	116	448.28	2.67
1002	531	471	112.74	101	89	12	741.67	2.66
4511	2335	2176	107.31	126	111	15	740.00	2.78
2479	1286	1193	107.80	186	134	52	257.69	2.64
26	17	9	188.89					1.24
4002	2006	1996	100.50	568	345	223	154.71	3.04
19959	10112	9847	102.69	1063	939	124	757.26	2.63
5077	2725	2352	115.86	262	190	72	263.89	2.11
3669	1968	1701	115.70	99	94	5	1880.00	2.01
3730	2020	1710	118.13	197	191	6	3183.33	2.16

1-2 各地区分性别、

地区	人口数			居住本乡、镇、街道，户口在本乡、镇、街道		
	合计	男	女	小计	男	女
太原市	**491705**	**248852**	**242853**	**234452**	**116859**	**117593**
小店区	118647	59656	58991	47006	22979	24027
迎泽区	56062	27399	28663	29204	14110	15094
杏花岭区	74007	36973	37034	33246	16554	16692
尖草坪区	50141	25837	24304	22060	11050	11010
万柏林区	89854	45374	44480	37667	18756	18911
晋源区	28649	14815	13834	15709	7775	7934
清徐县	35479	18319	17160	28085	14150	13935
阳曲县	11757	6229	5528	7176	3791	3385
娄烦县	8012	4221	3791	4794	2595	2199
古交市	19097	10029	9068	9505	5099	4406

1-2a 各地区分性别、

地区	人口数			居住本乡、镇、街道，户口在本乡、镇、街道		
	合计	男	女	小计	男	女
太原市	**388028**	**194525**	**193503**	**170317**	**84043**	**86274**
小店区	90296	44781	45515	35829	17425	18404
迎泽区	54959	26779	28180	28733	13859	14874
杏花岭区	69370	34527	34843	31832	15818	16014
尖草坪区	47346	24351	22995	19710	9827	9883
万柏林区	89429	45144	44285	37409	18610	18799
晋源区	22936	11901	11035	11267	5557	5710
清徐县						
阳曲县						
娄烦县						
古交市	13692	7042	6650	5537	2947	2590

户口登记状况的人口

单位：人

居住本乡、镇、街道，户口在外乡、镇、街道，离开户口登记地半年以上			居住本乡、镇、街道，户口待定			原住本乡、镇、街道，现在港澳台或国外工作学习		
小计	男	女	小计	男	女	小计	男	女
255578	**131159**	**124419**	**1004**	**508**	**496**	**671**	**326**	**345**
71251	36472	34779	257	139	118	133	66	67
26574	13151	13423	84	43	41	200	95	105
40505	20301	20204	115	58	57	141	60	81
27924	14701	13223	117	65	52	40	21	19
51850	26451	25399	223	107	116	114	60	54
12807	6976	5831	110	51	59	23	13	10
7372	4154	3218	11	7	4	11	8	3
4544	2426	2118	35	11	24	2	1	1
3198	1617	1581	19	9	10	1		1
9553	4910	4643	33	18	15	6	2	4

户口登记状况的人口(城市)

单位：人

居住本乡、镇、街道，户口在外乡、镇、街道，离开户口登记地半年以上			居住本乡、镇、街道，户口待定			原住本乡、镇、街道，现在港澳台或国外工作学习		
小计	男	女	小计	男	女	小计	男	女
216189	**109724**	**106465**	**872**	**447**	**425**	**650**	**311**	**339**
54116	27170	26946	222	124	98	129	62	67
25943	12783	13160	83	42	41	200	95	105
37289	18595	18694	108	54	54	141	60	81
27482	14440	13042	115	64	51	39	20	19
51687	26370	25317	220	104	116	113	60	53
11551	6289	5262	96	43	53	22	12	10
8121	4077	4044	28	16	12	6	2	4

1-2b 各地区分性别、

地区	人口数			居住本乡、镇、街道，户口在本乡、镇、街道		
	合计	男	女	小计	男	女
太原市	**48888**	**25090**	**23798**	**21065**	**10547**	**10518**
小店区	20619	10731	9888	5232	2562	2670
迎泽区						
杏花岭区						
尖草坪区	130	66	64	93	45	48
万柏林区	399	213	186	239	135	104
晋源区	1143	563	580	992	490	502
清徐县	14457	7268	7189	9128	4509	4619
阳曲县	6418	3314	3104	2691	1373	1318
娄烦县	4244	2159	2085	1727	892	835
古交市	1478	776	702	963	541	422

1-2c 各地区分性别、

地区	人口数			居住本乡、镇、街道，户口在本乡、镇、街道		
	合计	男	女	小计	男	女
太原市	**54789**	**29237**	**25552**	**43070**	**22269**	**20801**
小店区	7732	4144	3588	5945	2992	2953
迎泽区	1103	620	483	471	251	220
杏花岭区	4637	2446	2191	1414	736	678
尖草坪区	2665	1420	1245	2257	1178	1079
万柏林区	26	17	9	19	11	8
晋源区	4570	2351	2219	3450	1728	1722
清徐县	21022	11051	9971	18957	9641	9316
阳曲县	5339	2915	2424	4485	2418	2067
娄烦县	3768	2062	1706	3067	1703	1364
古交市	3927	2211	1716	3005	1611	1394

户口登记状况的人口(镇)

单位：人

居住本乡、镇、街道，户口在外乡、镇、街道，离开户口登记地半年以上			居住本乡、镇、街道，户口待定			原住本乡、镇、街道，现在港澳台或国外工作学习		
小计	男	女	小计	男	女	小计	男	女
27741	**14503**	**13238**	**73**	**35**	**38**	**9**	**5**	**4**
15354	8152	7202	31	15	16	2	2	
36	20	16	1	1				
157	76	81	2	2		1		1
147	71	76	4	2	2			
5323	2755	2568	3	2	1	3	2	1
3702	1931	1771	23	9	14	2	1	1
2507	1263	1244	9	4	5	1		1
515	235	280						

户口登记状况的人口(乡村)

单位：人

居住本乡、镇、街道，户口在外乡、镇、街道，离开户口登记地半年以上			居住本乡、镇、街道，户口待定			原住本乡、镇、街道，现在港澳台或国外工作学习		
小计	男	女	小计	男	女	小计	男	女
11648	**6932**	**4716**	**59**	**26**	**33**	**12**	**10**	**2**
1781	1150	631	4		4	2	2	
631	368	263	1	1				
3216	1706	1510	7	4	3			
406	241	165	1		1	1	1	
6	5	1	1	1				
1109	616	493	10	6	4	1	1	
2049	1399	650	8	5	3	8	6	2
842	495	347	12	2	10			
691	354	337	10	5	5			
917	598	319	5	2	3			

1-3 各地区分年龄、性别的人口

单位：人

地 区	合 计			0岁		
	合计	男	女	小计	男	女
太原市	**491705**	**248852**	**242853**	**3627**	**1897**	**1730**
小店区	118647	59656	58991	849	465	384
迎泽区	56062	27399	28663	394	195	199
杏花岭区	74007	36973	37034	458	240	218
尖草坪区	50141	25837	24304	335	161	174
万柏林区	89854	45374	44480	680	358	322
晋源区	28649	14815	13834	269	139	130
清徐县	35479	18319	17160	305	157	148
阳曲县	11757	6229	5528	110	60	50
娄烦县	8012	4221	3791	73	42	31
古交市	19097	10029	9068	154	80	74

1-3 续表 1

单位：人

地 区	1-4岁			5-9岁			10-14岁		
	小计	男	女	小计	男	女	小计	男	女
太原市	**22200**	**11424**	**10776**	**26581**	**13739**	**12842**	**22826**	**11763**	**11063**
小店区	5631	2933	2698	6612	3388	3224	4979	2570	2409
迎泽区	2290	1162	1128	3001	1600	1401	2612	1321	1291
杏花岭区	3147	1647	1500	3993	2003	1990	3379	1781	1598
尖草坪区	2049	1034	1015	2343	1247	1096	2174	1079	1095
万柏林区	4416	2250	2166	4950	2558	2392	4050	2081	1969
晋源区	1469	753	716	1770	924	846	1503	772	731
清徐县	1657	848	809	1840	930	910	1897	967	930
阳曲县	470	247	223	589	306	283	507	264	243
娄烦县	255	123	132	444	227	217	530	282	248
古交市	816	427	389	1039	556	483	1195	646	549

1-3　续表 2　　单位：人

地　区	15-19岁			20-24岁			25-29岁		
	小计	男	女	小计	男	女	小计	男	女
太原市	**24392**	**12603**	**11789**	**36178**	**18567**	**17611**	**39639**	**19824**	**19815**
小店区	7493	3679	3814	13355	6169	7186	11967	6147	5820
迎泽区	2038	1010	1028	2802	1308	1494	4093	1934	2159
杏花岭区	2793	1516	1277	3353	1784	1569	4899	2346	2553
尖草坪区	3155	1728	1427	4725	2818	1907	3466	1763	1703
万柏林区	3451	1858	1593	6206	3433	2773	7461	3647	3814
晋源区	1413	814	599	1943	1098	845	2438	1222	1216
清徐县	2293	1095	1198	2245	1126	1119	2794	1442	1352
阳曲县	383	198	185	466	249	217	783	408	375
娄烦县	345	195	150	343	180	163	458	241	217
古交市	1028	510	518	740	402	338	1280	674	606

1-3　续表 3　　单位：人

地　区	30-34岁			35-39岁			40-44岁		
	小计	男	女	小计	男	女	小计	男	女
太原市	**51143**	**25708**	**25435**	**41431**	**20926**	**20505**	**32429**	**16379**	**16050**
小店区	14312	7382	6930	10799	5521	5278	7298	3696	3602
迎泽区	5287	2500	2787	5135	2480	2655	3988	1922	2066
杏花岭区	7328	3562	3766	6762	3353	3409	5407	2657	2750
尖草坪区	4644	2290	2354	3706	1861	1845	3184	1573	1611
万柏林区	10185	5085	5100	7678	3808	3870	5996	3035	2961
晋源区	3244	1650	1594	2302	1204	1098	1687	890	797
清徐县	2969	1575	1394	2411	1336	1075	2122	1152	970
阳曲县	876	456	420	712	379	333	742	408	334
娄烦县	541	255	286	514	258	256	615	319	296
古交市	1757	953	804	1412	726	686	1390	727	663

1-3 续表 4 单位：人

地区	45-49岁			50-54岁			55-59岁		
	小计	男	女	小计	男	女	小计	男	女
太原市	**38683**	**19534**	**19149**	**36834**	**19073**	**17761**	**35037**	**17871**	**17166**
小店区	8066	4045	4021	6957	3602	3355	6385	3216	3169
迎泽区	4575	2206	2369	4264	2151	2113	4513	2247	2266
杏花岭区	6115	3033	3082	6075	3065	3010	6037	3075	2962
尖草坪区	4105	2091	2014	4222	2222	2000	3610	1884	1726
万柏林区	6993	3458	3535	6766	3485	3281	6579	3321	3258
晋源区	2137	1104	1033	2098	1132	966	1991	1022	969
清徐县	2897	1566	1331	2836	1519	1317	2546	1321	1225
阳曲县	1067	559	508	1100	602	498	1143	601	542
娄烦县	855	471	384	689	359	330	602	335	267
古交市	1873	1001	872	1827	936	891	1631	849	782

1-3 续表 5 单位：人

地区	60-64岁			65-69岁			70-74岁		
	小计	男	女	小计	男	女	小计	男	女
太原市	**28176**	**14403**	**13773**	**21184**	**10477**	**10707**	**11813**	**5760**	**6053**
小店区	5038	2510	2528	3710	1842	1868	2054	995	1059
迎泽区	3857	1945	1912	2864	1475	1389	1415	655	760
杏花岭区	5080	2587	2493	3494	1761	1733	1944	929	1015
尖草坪区	2861	1472	1389	2141	1040	1101	1270	621	649
万柏林区	5193	2692	2501	3651	1745	1906	2084	997	1087
晋源区	1515	778	737	1264	578	686	685	337	348
清徐县	2103	1059	1044	2073	991	1082	1129	566	563
阳曲县	855	449	406	787	415	372	426	246	180
娄烦县	545	282	263	468	255	213	346	198	148
古交市	1129	629	500	732	375	357	460	216	244

1-3　续表 6

单位：人

地　区	75-79岁			80-84岁			85-89岁		
	小计	男	女	小计	男	女	小计	男	女
太原市	**8118**	**3714**	**4404**	**6776**	**3008**	**3768**	**3448**	**1618**	**1830**
小店区	1332	623	709	1121	529	592	519	251	268
迎泽区	1086	485	601	984	392	592	634	301	333
杏花岭区	1360	614	746	1367	558	809	760	338	422
尖草坪区	887	372	515	810	364	446	344	163	181
万柏林区	1455	660	795	1249	531	718	611	281	330
晋源区	428	175	253	307	146	161	131	56	75
清徐县	691	350	341	373	179	194	212	103	109
阳曲县	375	191	184	233	128	105	99	47	52
娄烦县	185	94	91	118	61	57	60	37	23
古交市	319	150	169	214	120	94	78	41	37

1-3　续表 7

单位：人

地　区	90-94岁			95-99岁			100岁及以上		
	小计	男	女	小计	男	女	小计	男	女
太原市	**1020**	**492**	**528**	**163**	**68**	**95**	**7**	**4**	**3**
小店区	145	80	65	25	13	12			
迎泽区	197	96	101	32	14	18	1		1
杏花岭区	223	109	114	31	14	17	2	1	1
尖草坪区	91	49	42	17	4	13	2	1	1
万柏林区	177	79	98	23	12	11			
晋源区	45	20	25	10	1	9			
清徐县	75	33	42	10	3	7	1	1	
阳曲县	27	13	14	7	3	4			
娄烦县	24	6	18	2	1	1			
古交市	16	7	9	6	3	3	1	1	

1-3a 各地区分年龄、性别的人口(城市)

单位：人

地区	合计			0岁		
	合计	男	女	小计	男	女
太原市	**388028**	**194525**	**193503**	**2732**	**1410**	**1322**
小店区	90296	44781	45515	627	336	291
迎泽区	54959	26779	28180	381	190	191
杏花岭区	69370	34527	34843	424	219	205
尖草坪区	47346	24351	22995	312	154	158
万柏林区	89429	45144	44285	667	351	316
晋源区	22936	11901	11035	215	111	104
清徐县						
阳曲县						
娄烦县						
古交市	13692	7042	6650	106	49	57

1-3a 续表 1

单位：人

地区	1-4岁			5-9岁			10-14岁		
	小计	男	女	小计	男	女	小计	男	女
太原市	**17717**	**9102**	**8615**	**21314**	**11038**	**10276**	**17944**	**9218**	**8726**
小店区	4399	2299	2100	5268	2698	2570	4055	2082	1973
迎泽区	2225	1132	1093	2922	1561	1361	2544	1284	1260
杏花岭区	2917	1523	1394	3671	1841	1830	3121	1638	1483
尖草坪区	1950	977	973	2235	1182	1053	2050	1019	1031
万柏林区	4409	2246	2163	4940	2551	2389	4029	2076	1953
晋源区	1180	600	580	1436	749	687	1212	621	591
清徐县									
阳曲县									
娄烦县									
古交市	637	325	312	842	456	386	933	498	435

1-3a　续表 2　　单位：人

地　区	15-19岁			20-24岁			25-29岁		
	小计	男	女	小计	男	女	小计	男	女
太原市	**18021**	**9347**	**8674**	**26416**	**13613**	**12803**	**31038**	**15139**	**15899**
小店区	5068	2432	2636	7811	3393	4418	8854	4354	4500
迎泽区	2015	997	1018	2749	1282	1467	3984	1872	2112
杏花岭区	2629	1420	1209	3115	1660	1455	4537	2157	2380
尖草坪区	2972	1626	1346	4588	2736	1852	3300	1675	1625
万柏林区	3438	1846	1592	6184	3426	2758	7433	3629	3804
晋源区	1019	595	424	1412	824	588	1971	978	993
清徐县									
阳曲县									
娄烦县									
古交市	880	431	449	557	292	265	959	474	485

1-3a　续表 3　　单位：人

地　区	30-34岁			35-39岁			40-44岁		
	小计	男	女	小计	男	女	小计	男	女
太原市	**41484**	**20537**	**20947**	**34191**	**17025**	**17166**	**26427**	**13178**	**13249**
小店区	10738	5409	5329	8573	4338	4235	5998	3027	2971
迎泽区	5149	2425	2724	5031	2407	2624	3930	1887	2043
杏花岭区	6848	3321	3527	6346	3135	3211	5016	2452	2564
尖草坪区	4447	2185	2262	3541	1770	1771	3044	1496	1548
万柏林区	10153	5060	5093	7654	3799	3855	5966	3021	2945
晋源区	2745	1394	1351	1919	1009	910	1430	760	670
清徐县									
阳曲县									
娄烦县									
古交市	1404	743	661	1127	567	560	1043	535	508

1−3a 续表 4

单位：人

地区	45−49岁			50−54岁			55−59岁		
	小计	男	女	小计	男	女	小计	男	女
太原市	**30549**	**15156**	**15393**	**29105**	**14895**	**14210**	**27980**	**14153**	**13827**
小店区	6578	3270	3308	5705	2918	2787	5229	2626	2603
迎泽区	4470	2149	2321	4169	2091	2078	4443	2209	2234
杏花岭区	5675	2803	2872	5663	2844	2819	5704	2899	2805
尖草坪区	3850	1941	1909	3984	2103	1881	3362	1751	1611
万柏林区	6950	3431	3519	6734	3468	3266	6544	3303	3241
晋源区	1716	888	828	1697	927	770	1594	806	788
清徐县									
阳曲县									
娄烦县									
古交市	1310	674	636	1153	544	609	1104	559	545

1−3a 续表 5

单位：人

地区	60−64岁			65−69岁			70−74岁		
	小计	男	女	小计	男	女	小计	男	女
太原市	**22448**	**11491**	**10957**	**16045**	**7963**	**8082**	**8866**	**4230**	**4636**
小店区	4092	2042	2050	2954	1485	1469	1673	808	865
迎泽区	3816	1923	1893	2828	1453	1375	1385	637	748
杏花岭区	4858	2463	2395	3342	1682	1660	1865	883	982
尖草坪区	2657	1381	1276	1940	941	999	1154	561	593
万柏林区	5159	2673	2486	3626	1735	1891	2048	980	1068
晋源区	1175	614	561	956	447	509	512	254	258
清徐县									
阳曲县									
娄烦县									
古交市	691	395	296	399	220	179	229	107	122

1-3a 续表 6

单位：人

地区	75-79岁			80-84岁			85-89岁		
	小计	男	女	小计	男	女	小计	男	女
太原市	**6239**	**2775**	**3464**	**5657**	**2439**	**3218**	**2882**	**1344**	**1538**
小店区	1096	506	590	1003	473	530	430	205	225
迎泽区	1077	479	598	981	392	589	630	299	331
杏花岭区	1318	594	724	1329	538	791	740	332	408
尖草坪区	799	327	472	737	325	412	325	153	172
万柏林区	1444	654	790	1242	525	717	610	280	330
晋源区	345	138	207	259	123	136	108	50	58
清徐县									
阳曲县									
娄烦县									
古交市	160	77	83	106	63	43	39	25	14

1-3a 续表 7

单位：人

地区	90-94岁			95-99岁			100岁及以上		
	小计	男	女	小计	男	女	小计	男	女
太原市	**833**	**412**	**421**	**134**	**57**	**77**	**6**	**3**	**3**
小店区	123	69	54	22	11	11			
迎泽区	197	96	101	32	14	18	1		1
杏花岭区	219	108	111	31	14	17	2	1	1
尖草坪区	82	44	38	15	3	12	2	1	1
万柏林区	176	78	98	23	12	11			
晋源区	28	12	16	7	1	6			
清徐县									
阳曲县									
娄烦县									
古交市	8	5	3	4	2	2	1	1	

1-3b 各地区分年龄、性别的人口(镇)

单位：人

地区	合计			0岁		
	合计	男	女	小计	男	女
太原市	**48888**	**25090**	**23798**	**352**	**195**	**157**
小店区	20619	10731	9888	137	82	55
迎泽区						
杏花岭区						
尖草坪区	130	66	64	1		1
万柏林区	399	213	186	6	3	3
晋源区	1143	563	580	11	6	5
清徐县	14457	7268	7189	109	59	50
阳曲县	6418	3314	3104	51	24	27
娄烦县	4244	2159	2085	29	18	11
古交市	1478	776	702	8	3	5

1-3b 续表 1

单位：人

地区	1-4岁			5-9岁			10-14岁		
	小计	男	女	小计	男	女	小计	男	女
太原市	**2126**	**1098**	**1028**	**2479**	**1255**	**1224**	**2262**	**1180**	**1082**
小店区	822	440	382	847	427	420	531	274	257
迎泽区									
杏花岭区									
尖草坪区	3	2	1	3	2	1	3	3	
万柏林区	7	4	3	10	7	3	21	5	16
晋源区	48	24	24	66	31	35	72	40	32
清徐县	676	334	342	751	383	368	842	436	406
阳曲县	330	179	151	421	218	203	353	180	173
娄烦县	174	82	92	319	163	156	364	199	165
古交市	66	33	33	62	24	38	76	43	33

1-3b 续表 2

单位：人

地区	15-19岁			20-24岁			25-29岁		
	小计	男	女	小计	男	女	小计	男	女
太原市	**4011**	**1901**	**2110**	**6815**	**3347**	**3468**	**4517**	**2482**	**2035**
小店区	2035	974	1061	5142	2561	2581	2476	1458	1018
迎泽区									
杏花岭区									
尖草坪区	1		1	7	3	4	4	2	2
万柏林区	13	12	1	22	7	15	27	17	10
晋源区	47	20	27	74	35	39	89	44	45
清徐县	1430	620	810	1033	456	577	1047	536	511
阳曲县	202	110	92	275	141	134	526	247	279
娄烦县	239	140	99	219	118	101	273	133	140
古交市	44	25	19	43	26	17	75	45	30

1-3b 续表 3

单位：人

地区	30-34岁			35-39岁			40-44岁		
	小计	男	女	小计	男	女	小计	男	女
太原市	**5232**	**2763**	**2469**	**3840**	**1967**	**1873**	**2913**	**1484**	**1429**
小店区	2788	1543	1245	1653	871	782	912	445	467
迎泽区									
杏花岭区									
尖草坪区	8	3	5	8	4	4	4	3	1
万柏林区	31	24	7	23	9	14	29	13	16
晋源区	86	41	45	94	42	52	61	28	33
清徐县	1200	615	585	1107	576	531	952	505	447
阳曲县	620	308	312	529	263	266	494	265	229
娄烦县	392	168	224	348	164	184	350	171	179
古交市	107	61	46	78	38	40	111	54	57

1-3b 续表 4 单位：人

地区	45-49岁			50-54岁			55-59岁		
	小计	男	女	小计	男	女	小计	男	女
太原市	**3547**	**1860**	**1687**	**2862**	**1532**	**1330**	**2503**	**1320**	**1183**
小店区	911	458	453	653	354	299	582	288	294
迎泽区									
杏花岭区									
尖草坪区	13	8	5	13	5	8	21	12	9
万柏林区	43	27	16	31	16	15	34	17	17
晋源区	109	63	46	83	38	45	85	46	39
清徐县	1209	649	560	1025	539	486	900	488	412
阳曲县	641	335	306	519	285	234	504	259	245
娄烦县	413	214	199	334	173	161	239	136	103
古交市	208	106	102	204	122	82	138	74	64

1-3b 续表 5 单位：人

地区	60-64岁			65-69岁			70-74岁		
	小计	男	女	小计	男	女	小计	男	女
太原市	**1794**	**928**	**866**	**1530**	**734**	**796**	**940**	**473**	**467**
小店区	433	220	213	335	151	184	164	87	77
迎泽区									
杏花岭区									
尖草坪区	14	9	5	2		2	7	2	5
万柏林区	27	15	12	23	9	14	33	15	18
晋源区	71	34	37	55	23	32	52	27	25
清徐县	673	352	321	663	322	341	381	179	202
阳曲县	294	157	137	266	135	131	149	82	67
娄烦县	195	90	105	136	75	61	103	60	43
古交市	87	51	36	50	19	31	51	21	30

1-3b　续表 6

单位：人

地　区	75-79岁			80-84岁			85-89岁		
	小计	男	女	小计	男	女	小计	男	女
太原市	**596**	**289**	**307**	**319**	**154**	**165**	**184**	**101**	**83**
小店区	94	44	50	50	22	28	45	27	18
迎泽区									
杏花岭区									
尖草坪区	7	3	4	9	3	6	2	2	
万柏林区	11	6	5	7	6	1	1	1	
晋源区	17	13	4	15	7	8	3		3
清徐县	246	116	130	105	48	57	79	42	37
阳曲县	135	68	67	69	40	29	31	15	16
娄烦县	50	21	29	39	18	21	16	12	4
古交市	36	18	18	25	10	15	7	2	5

1-3b　续表 7

单位：人

地　区	90-94岁			95-99岁			100岁及以上		
	小计	男	女	小计	男	女	小计	男	女
太原市	**53**	**20**	**33**	**12**	**6**	**6**	**1**	**1**	
小店区	8	4	4	1	1				
迎泽区									
杏花岭区									
尖草坪区									
万柏林区									
晋源区	4	1	3	1		1			
清徐县	22	9	13	6	3	3	1	1	
阳曲县	7	2	5	2	1	1			
娄烦县	11	4	7	1		1			
古交市	1		1	1	1				

1-3c　各地区分年龄、性别的人口(乡村)

单位：人

地　区	合　计			0岁		
	合计	男	女	小计	男	女
太原市	**54789**	**29237**	**25552**	**543**	**292**	**251**
小店区	7732	4144	3588	85	47	38
迎泽区	1103	620	483	13	5	8
杏花岭区	4637	2446	2191	34	21	13
尖草坪区	2665	1420	1245	22	7	15
万柏林区	26	17	9	7	4	3
晋源区	4570	2351	2219	43	22	21
清徐县	21022	11051	9971	196	98	98
阳曲县	5339	2915	2424	59	36	23
娄烦县	3768	2062	1706	44	24	20
古交市	3927	2211	1716	40	28	12

1-3c　续表 1

单位：人

地　区	1-4岁			5-9岁			10-14岁		
	小计	男	女	小计	男	女	小计	男	女
太原市	**2357**	**1224**	**1133**	**2788**	**1446**	**1342**	**2620**	**1365**	**1255**
小店区	410	194	216	497	263	234	393	214	179
迎泽区	65	30	35	79	39	40	68	37	31
杏花岭区	230	124	106	322	162	160	258	143	115
尖草坪区	96	55	41	105	63	42	121	57	64
万柏林区									
晋源区	241	129	112	268	144	124	219	111	108
清徐县	981	514	467	1089	547	542	1055	531	524
阳曲县	140	68	72	168	88	80	154	84	70
娄烦县	81	41	40	125	64	61	166	83	83
古交市	113	69	44	135	76	59	186	105	81

1-3c 续表 2 单位：人

地 区	15-19岁			20-24岁			25-29岁		
	小计	男	女	小计	男	女	小计	男	女
太原市	**2360**	**1355**	**1005**	**2947**	**1607**	**1340**	**4084**	**2203**	**1881**
小店区	390	273	117	402	215	187	637	335	302
迎泽区	23	13	10	53	26	27	109	62	47
杏花岭区	164	96	68	238	124	114	362	189	173
尖草坪区	182	102	80	130	79	51	162	86	76
万柏林区							1	1	
晋源区	347	199	148	457	239	218	378	200	178
清徐县	863	475	388	1212	670	542	1747	906	841
阳曲县	181	88	93	191	108	83	257	161	96
娄烦县	106	55	51	124	62	62	185	108	77
古交市	104	54	50	140	84	56	246	155	91

1-3c 续表 3 单位：人

地 区	30-34岁			35-39岁			40-44岁		
	小计	男	女	小计	男	女	小计	男	女
太原市	**4427**	**2408**	**2019**	**3400**	**1934**	**1466**	**3089**	**1717**	**1372**
小店区	786	430	356	573	312	261	388	224	164
迎泽区	138	75	63	104	73	31	58	35	23
杏花岭区	480	241	239	416	218	198	391	205	186
尖草坪区	189	102	87	157	87	70	136	74	62
万柏林区	1	1		1		1	1	1	
晋源区	413	215	198	289	153	136	196	102	94
清徐县	1769	960	809	1304	760	544	1170	647	523
阳曲县	256	148	108	183	116	67	248	143	105
娄烦县	149	87	62	166	94	72	265	148	117
古交市	246	149	97	207	121	86	236	138	98

1-3c 续表 4 单位：人

地区	45-49岁			50-54岁			55-59岁		
	小计	男	女	小计	男	女	小计	男	女
太原市	**4587**	**2518**	**2069**	**4867**	**2646**	**2221**	**4554**	**2398**	**2156**
小店区	577	317	260	599	330	269	574	302	272
迎泽区	105	57	48	95	60	35	70	38	32
杏花岭区	440	230	210	412	221	191	333	176	157
尖草坪区	242	142	100	225	114	111	227	121	106
万柏林区				1	1		1	1	
晋源区	312	153	159	318	167	151	312	170	142
清徐县	1688	917	771	1811	980	831	1646	833	813
阳曲县	426	224	202	581	317	264	639	342	297
娄烦县	442	257	185	355	186	169	363	199	164
古交市	355	221	134	470	270	200	389	216	173

1-3c 续表 5 单位：人

地区	60-64岁			65-69岁			70-74岁		
	小计	男	女	小计	男	女	小计	男	女
太原市	**3934**	**1984**	**1950**	**3609**	**1780**	**1829**	**2007**	**1057**	**950**
小店区	513	248	265	421	206	215	217	100	117
迎泽区	41	22	19	36	22	14	30	18	12
杏花岭区	222	124	98	152	79	73	79	46	33
尖草坪区	190	82	108	199	99	100	109	58	51
万柏林区	7	4	3	2	1	1	3	2	1
晋源区	269	130	139	253	108	145	121	56	65
清徐县	1430	707	723	1410	669	741	748	387	361
阳曲县	561	292	269	521	280	241	277	164	113
娄烦县	350	192	158	332	180	152	243	138	105
古交市	351	183	168	283	136	147	180	88	92

1-3c　续表 6　　　　单位：人

地　区	75−79岁			80−84岁			85−89岁		
	小计	男	女	小计	男	女	小计	男	女
太原市	**1283**	**650**	**633**	**800**	**415**	**385**	**382**	**173**	**209**
小店区	142	73	69	68	34	34	44	19	25
迎泽区	9	6	3	3		3	4	2	2
杏花岭区	42	20	22	38	20	18	20	6	14
尖草坪区	81	42	39	64	36	28	17	8	9
万柏林区									
晋源区	66	24	42	33	16	17	20	6	14
清徐县	445	234	211	268	131	137	133	61	72
阳曲县	240	123	117	164	88	76	68	32	36
娄烦县	135	73	62	79	43	36	44	25	19
古交市	123	55	68	83	47	36	32	14	18

1-3c　续表 7　　　　单位：人

地　区	90−94岁			95−99岁			100岁及以上		
	小计	男	女	小计	男	女	小计	男	女
太原市	**134**	**60**	**74**	**17**	**5**	**12**			
小店区	14	7	7	2	1	1			
迎泽区									
杏花岭区	4	1	3						
尖草坪区	9	5	4	2	1	1			
万柏林区	1	1							
晋源区	13	7	6	2		2			
清徐县	53	24	29	4		4			
阳曲县	20	11	9	5	2	3			
娄烦县	13	2	11	1	1				
古交市	7	2	5	1		1			

1-4 全市分年龄、性别的人口

单位：人、%

年 龄	人口数			占总人口比重			性别比
	合计	男	女	合计	男	女	(女=100)
总 计	**491705**	**248852**	**242853**	**100.00**	**50.61**	**49.39**	**102.47**
0-4岁	**25827**	**13321**	**12506**	**5.25**	**2.71**	**2.54**	**106.52**
0	3627	1897	1730	0.74	0.39	0.35	109.65
1	5250	2705	2545	1.07	0.55	0.52	106.29
2	5003	2589	2414	1.02	0.53	0.49	107.25
3	5860	2991	2869	1.19	0.61	0.58	104.25
4	6087	3139	2948	1.24	0.64	0.60	106.48
5-9岁	**26581**	**13739**	**12842**	**5.41**	**2.79**	**2.61**	**106.98**
5	4240	2204	2036	0.86	0.45	0.41	108.25
6	6368	3313	3055	1.30	0.67	0.62	108.45
7	5434	2782	2652	1.11	0.57	0.54	104.90
8	5659	2888	2771	1.15	0.59	0.56	104.22
9	4880	2552	2328	0.99	0.52	0.47	109.62
10-14岁	**22826**	**11763**	**11063**	**4.64**	**2.39**	**2.25**	**106.33**
10	4825	2468	2357	0.98	0.50	0.48	104.71
11	4702	2464	2238	0.96	0.50	0.46	110.10
12	4620	2412	2208	0.94	0.49	0.45	109.24
13	4476	2239	2237	0.91	0.46	0.45	100.09
14	4203	2180	2023	0.85	0.44	0.41	107.76
15-19岁	**24392**	**12603**	**11789**	**4.96**	**2.56**	**2.40**	**106.90**
15	4039	2082	1957	0.82	0.42	0.40	106.39
16	4817	2439	2378	0.98	0.50	0.48	102.57
17	3750	1945	1805	0.76	0.40	0.37	107.76
18	4481	2365	2116	0.91	0.48	0.43	111.77
19	7305	3772	3533	1.49	0.77	0.72	106.76
20-24岁	**36178**	**18567**	**17611**	**7.36**	**3.78**	**3.58**	**105.43**
20	8354	4334	4020	1.70	0.88	0.82	107.81
21	7811	4134	3677	1.59	0.84	0.75	112.43
22	7318	3758	3560	1.49	0.76	0.72	105.56
23	6230	3124	3106	1.27	0.64	0.63	100.58
24	6465	3217	3248	1.31	0.65	0.66	99.05
25-29岁	**39639**	**19824**	**19815**	**8.06**	**4.03**	**4.03**	**100.05**
25	7376	3690	3686	1.50	0.75	0.75	100.11
26	7482	3751	3731	1.52	0.76	0.76	100.54
27	8004	3926	4078	1.63	0.80	0.83	96.27
28	8350	4215	4135	1.70	0.86	0.84	101.93
29	8427	4242	4185	1.71	0.86	0.85	101.36

1-4 续表 1 单位：人、%

年 龄	人 口 数			占总人口比重			性别比
	合计	男	女	合计	男	女	(女=100)
30–34岁	**51143**	**25708**	**25435**	**10.40**	**5.23**	**5.17**	**101.07**
30	10630	5337	5293	2.16	1.09	1.08	100.83
31	10926	5532	5394	2.22	1.13	1.10	102.56
32	9873	4887	4986	2.01	0.99	1.01	98.01
33	10318	5180	5138	2.10	1.05	1.04	100.82
34	9396	4772	4624	1.91	0.97	0.94	103.20
35–39岁	**41431**	**20926**	**20505**	**8.43**	**4.26**	**4.17**	**102.05**
35	8493	4256	4237	1.73	0.87	0.86	100.45
36	8512	4290	4222	1.73	0.87	0.86	101.61
37	8306	4258	4048	1.69	0.87	0.82	105.19
38	9154	4566	4588	1.86	0.93	0.93	99.52
39	6966	3556	3410	1.42	0.72	0.69	104.28
40–44岁	**32429**	**16379**	**16050**	**6.60**	**3.33**	**3.26**	**102.05**
40	6464	3308	3156	1.31	0.67	0.64	104.82
41	6269	3205	3064	1.27	0.65	0.62	104.60
42	6258	3148	3110	1.27	0.64	0.63	101.22
43	6332	3234	3098	1.29	0.66	0.63	104.39
44	7106	3484	3622	1.45	0.71	0.74	96.19
45–49岁	**38683**	**19534**	**19149**	**7.87**	**3.97**	**3.89**	**102.01**
45	7038	3568	3470	1.43	0.73	0.71	102.82
46	7723	3867	3856	1.57	0.79	0.78	100.29
47	7912	3991	3921	1.61	0.81	0.80	101.79
48	8007	4035	3972	1.63	0.82	0.81	101.59
49	8003	4073	3930	1.63	0.83	0.80	103.64
50–54岁	**36834**	**19073**	**17761**	**7.49**	**3.88**	**3.61**	**107.39**
50	8337	4291	4046	1.70	0.87	0.82	106.06
51	7709	4022	3687	1.57	0.82	0.75	109.09
52	7800	3956	3844	1.59	0.80	0.78	102.91
53	6025	3131	2894	1.23	0.64	0.59	108.19
54	6963	3673	3290	1.42	0.75	0.67	111.64
55–59岁	**35037**	**17871**	**17166**	**7.13**	**3.63**	**3.49**	**104.11**
55	7559	3862	3697	1.54	0.79	0.75	104.46
56	7555	3877	3678	1.54	0.79	0.75	105.41
57	9019	4562	4457	1.83	0.93	0.91	102.36
58	6881	3531	3350	1.40	0.72	0.68	105.40
59	4023	2039	1984	0.82	0.41	0.40	102.77
60–64岁	**28176**	**14403**	**13773**	**5.73**	**2.93**	**2.80**	**104.57**
60	5893	3028	2865	1.20	0.62	0.58	105.69
61	5499	2879	2620	1.12	0.59	0.53	109.89
62	5716	2914	2802	1.16	0.59	0.57	104.00
63	5990	3022	2968	1.22	0.61	0.60	101.82
64	5078	2560	2518	1.03	0.52	0.51	101.67

1-4 续表 2

单位：人、%

年龄	人口数			占总人口比重			性别比
	合计	男	女	合计	男	女	(女=100)
65-69岁	**21184**	**10477**	**10707**	**4.31**	**2.13**	**2.18**	**97.85**
65	5056	2577	2479	1.03	0.52	0.50	103.95
66	4933	2487	2446	1.00	0.51	0.50	101.68
67	4136	2020	2116	0.84	0.41	0.43	95.46
68	3695	1795	1900	0.75	0.37	0.39	94.47
69	3364	1598	1766	0.68	0.32	0.36	90.49
70-74岁	**11813**	**5760**	**6053**	**2.40**	**1.17**	**1.23**	**95.16**
70	3197	1584	1613	0.65	0.32	0.33	98.20
71	2293	1124	1169	0.47	0.23	0.24	96.15
72	2033	1016	1017	0.41	0.21	0.21	99.90
73	2169	1043	1126	0.44	0.21	0.23	92.63
74	2121	993	1128	0.43	0.20	0.23	88.03
75-79岁	**8118**	**3714**	**4404**	**1.65**	**0.76**	**0.90**	**84.33**
75	1707	800	907	0.35	0.16	0.18	88.20
76	1612	736	876	0.33	0.15	0.18	84.02
77	1569	727	842	0.32	0.15	0.17	86.34
78	1708	758	950	0.35	0.15	0.19	79.79
79	1522	693	829	0.31	0.14	0.17	83.59
80-84岁	**6776**	**3008**	**3768**	**1.38**	**0.61**	**0.77**	**79.83**
80	1528	643	885	0.31	0.13	0.18	72.66
81	1406	607	799	0.29	0.12	0.16	75.97
82	1423	638	785	0.29	0.13	0.16	81.27
83	1233	572	661	0.25	0.12	0.13	86.54
84	1186	548	638	0.24	0.11	0.13	85.89
85-89岁	**3448**	**1618**	**1830**	**0.70**	**0.33**	**0.37**	**88.42**
85	984	448	536	0.20	0.09	0.11	83.58
86	812	369	443	0.17	0.08	0.09	83.30
87	744	362	382	0.15	0.07	0.08	94.76
88	513	249	264	0.10	0.05	0.05	94.32
89	395	190	205	0.08	0.04	0.04	92.68
90-94岁	**1020**	**492**	**528**	**0.21**	**0.10**	**0.11**	**93.18**
90	367	181	186	0.07	0.04	0.04	97.31
91	241	108	133	0.05	0.02	0.03	81.20
92	199	97	102	0.04	0.02	0.02	95.10
93	115	51	64	0.02	0.01	0.01	79.69
94	98	55	43	0.02	0.01	0.01	127.91
95-99岁	**163**	**68**	**95**	**0.03**	**0.01**	**0.02**	**71.58**
95	68	31	37	0.01	0.01	0.01	83.78
96	42	18	24	0.01			75.00
97	28	12	16	0.01			75.00
98	17	3	14				21.43
99	8	4	4				100.00
100岁及以上	**7**	**4**	**3**				**133.33**

1-4a　全市分年龄、性别的人口(城市)

单位：人、%

年　龄	人　口　数			占总人口比重			性别比
	合计	男	女	合计	男	女	(女=100)
总　计	**388028**	**194525**	**193503**	**100.00**	**50.13**	**49.87**	**100.53**
0-4岁	**20449**	**10512**	**9937**	**5.27**	**2.71**	**2.56**	**105.79**
0	2732	1410	1322	0.70	0.36	0.34	106.66
1	4139	2106	2033	1.07	0.54	0.52	103.59
2	3958	2047	1911	1.02	0.53	0.49	107.12
3	4698	2416	2282	1.21	0.62	0.59	105.87
4	4922	2533	2389	1.27	0.65	0.62	106.03
5-9岁	**21314**	**11038**	**10276**	**5.49**	**2.84**	**2.65**	**107.42**
5	3387	1757	1630	0.87	0.45	0.42	107.79
6	5223	2719	2504	1.35	0.70	0.65	108.59
7	4336	2235	2101	1.12	0.58	0.54	106.38
8	4520	2291	2229	1.16	0.59	0.57	102.78
9	3848	2036	1812	0.99	0.52	0.47	112.36
10-14岁	**17944**	**9218**	**8726**	**4.62**	**2.38**	**2.25**	**105.64**
10	3814	1957	1857	0.98	0.50	0.48	105.39
11	3697	1951	1746	0.95	0.50	0.45	111.74
12	3633	1878	1755	0.94	0.48	0.45	107.01
13	3560	1760	1800	0.92	0.45	0.46	97.78
14	3240	1672	1568	0.83	0.43	0.40	106.63
15-19岁	**18021**	**9347**	**8674**	**4.64**	**2.41**	**2.24**	**107.76**
15	3134	1592	1542	0.81	0.41	0.40	103.24
16	3737	1851	1886	0.96	0.48	0.49	98.14
17	2848	1477	1371	0.73	0.38	0.35	107.73
18	3245	1757	1488	0.84	0.45	0.38	118.08
19	5057	2670	2387	1.30	0.69	0.62	111.86
20-24岁	**26416**	**13613**	**12803**	**6.81**	**3.51**	**3.30**	**106.33**
20	5807	3147	2660	1.50	0.81	0.69	118.31
21	5689	3098	2591	1.47	0.80	0.67	119.57
22	5304	2692	2612	1.37	0.69	0.67	103.06
23	4691	2304	2387	1.21	0.59	0.62	96.52
24	4925	2372	2553	1.27	0.61	0.66	92.91
25-29岁	**31038**	**15139**	**15899**	**8.00**	**3.90**	**4.10**	**95.22**
25	5727	2776	2951	1.48	0.72	0.76	94.07
26	5859	2860	2999	1.51	0.74	0.77	95.37
27	6230	2998	3232	1.61	0.77	0.83	92.76
28	6616	3229	3387	1.71	0.83	0.87	95.34
29	6606	3276	3330	1.70	0.84	0.86	98.38

1-4a 续表 1

单位：人、%

年 龄	人口数			占总人口比重			性别比
	合计	男	女	合计	男	女	(女=100)
30-34岁	**41484**	**20537**	**20947**	**10.69**	**5.29**	**5.40**	**98.04**
30	8440	4182	4258	2.18	1.08	1.10	98.22
31	8844	4379	4465	2.28	1.13	1.15	98.07
32	8067	3932	4135	2.08	1.01	1.07	95.09
33	8443	4196	4247	2.18	1.08	1.09	98.80
34	7690	3848	3842	1.98	0.99	0.99	100.16
35-39岁	**34191**	**17025**	**17166**	**8.81**	**4.39**	**4.42**	**99.18**
35	6914	3426	3488	1.78	0.88	0.90	98.22
36	7014	3509	3505	1.81	0.90	0.90	100.11
37	6881	3440	3441	1.77	0.89	0.89	99.97
38	7602	3740	3862	1.96	0.96	1.00	96.84
39	5780	2910	2870	1.49	0.75	0.74	101.39
40-44岁	**26427**	**13178**	**13249**	**6.81**	**3.40**	**3.41**	**99.46**
40	5290	2653	2637	1.36	0.68	0.68	100.61
41	5146	2601	2545	1.33	0.67	0.66	102.20
42	5164	2562	2602	1.33	0.66	0.67	98.46
43	5142	2598	2544	1.33	0.67	0.66	102.12
44	5685	2764	2921	1.47	0.71	0.75	94.63
45-49岁	**30549**	**15156**	**15393**	**7.87**	**3.91**	**3.97**	**98.46**
45	5575	2776	2799	1.44	0.72	0.72	99.18
46	6068	3003	3065	1.56	0.77	0.79	97.98
47	6218	3085	3133	1.60	0.80	0.81	98.47
48	6355	3148	3207	1.64	0.81	0.83	98.16
49	6333	3144	3189	1.63	0.81	0.82	98.59
50-54岁	**29105**	**14895**	**14210**	**7.50**	**3.84**	**3.66**	**104.82**
50	6641	3375	3266	1.71	0.87	0.84	103.34
51	6124	3188	2936	1.58	0.82	0.76	108.58
52	6225	3114	3111	1.60	0.80	0.80	100.10
53	4637	2368	2269	1.20	0.61	0.58	104.36
54	5478	2850	2628	1.41	0.73	0.68	108.45
55-59岁	**27980**	**14153**	**13827**	**7.21**	**3.65**	**3.56**	**102.36**
55	5950	3011	2939	1.53	0.78	0.76	102.45
56	6034	3061	2973	1.56	0.79	0.77	102.96
57	7282	3643	3639	1.88	0.94	0.94	100.11
58	5441	2785	2656	1.40	0.72	0.68	104.86
59	3273	1653	1620	0.84	0.43	0.42	102.04
60-64岁	**22448**	**11491**	**10957**	**5.79**	**2.96**	**2.82**	**104.87**
60	4676	2410	2266	1.21	0.62	0.58	106.35
61	4394	2320	2074	1.13	0.60	0.53	111.86
62	4639	2357	2282	1.20	0.61	0.59	103.29
63	4775	2391	2384	1.23	0.62	0.61	100.29
64	3964	2013	1951	1.02	0.52	0.50	103.18

1-4a　续表 2　　　　单位：人、%

年　龄	人　口　数			占总人口比重			性别比
	合计	男	女	合计	男	女	(女=100)
65-69岁	**16045**	**7963**	**8082**	**4.14**	**2.05**	**2.08**	**98.53**
65	3950	2025	1925	1.02	0.52	0.50	105.19
66	3785	1909	1876	0.98	0.49	0.48	101.76
67	3122	1512	1610	0.80	0.39	0.41	93.91
68	2746	1346	1400	0.71	0.35	0.36	96.14
69	2442	1171	1271	0.63	0.30	0.33	92.13
70-74岁	**8866**	**4230**	**4636**	**2.28**	**1.09**	**1.19**	**91.24**
70	2326	1141	1185	0.60	0.29	0.31	96.29
71	1754	844	910	0.45	0.22	0.23	92.75
72	1541	750	791	0.40	0.19	0.20	94.82
73	1694	802	892	0.44	0.21	0.23	89.91
74	1551	693	858	0.40	0.18	0.22	80.77
75-79岁	**6239**	**2775**	**3464**	**1.61**	**0.72**	**0.89**	**80.11**
75	1310	603	707	0.34	0.16	0.18	85.29
76	1181	533	648	0.30	0.14	0.17	82.25
77	1200	542	658	0.31	0.14	0.17	82.37
78	1314	558	756	0.34	0.14	0.19	73.81
79	1234	539	695	0.32	0.14	0.18	77.55
80-84岁	**5657**	**2439**	**3218**	**1.46**	**0.63**	**0.83**	**75.79**
80	1272	514	758	0.33	0.13	0.20	67.81
81	1157	481	676	0.30	0.12	0.17	71.15
82	1185	507	678	0.31	0.13	0.17	74.78
83	1052	485	567	0.27	0.12	0.15	85.54
84	991	452	539	0.26	0.12	0.14	83.86
85-89岁	**2882**	**1344**	**1538**	**0.74**	**0.35**	**0.40**	**87.39**
85	813	361	452	0.21	0.09	0.12	79.87
86	692	313	379	0.18	0.08	0.10	82.59
87	610	300	310	0.16	0.08	0.08	96.77
88	433	214	219	0.11	0.06	0.06	97.72
89	334	156	178	0.09	0.04	0.05	87.64
90-94岁	**833**	**412**	**421**	**0.21**	**0.11**	**0.11**	**97.86**
90	295	150	145	0.08	0.04	0.04	103.45
91	204	89	115	0.05	0.02	0.03	77.39
92	166	85	81	0.04	0.02	0.02	104.94
93	89	41	48	0.02	0.01	0.01	85.42
94	79	47	32	0.02	0.01	0.01	146.88
95-99岁	**134**	**57**	**77**	**0.03**	**0.01**	**0.02**	**74.03**
95	59	25	34	0.02	0.01	0.01	73.53
96	32	16	16	0.01			100.00
97	22	10	12	0.01			83.33
98	14	3	11				27.27
99	7	3	4				75.00
100岁及以上	**6**	**3**	**3**				**100.00**

1-4b 全市分年龄、性别的人口(镇)

单位：人、%

年 龄	人 口 数			占总人口比重			性别比
	合计	男	女	合计	男	女	(女=100)
总 计	**48888**	**25090**	**23798**	**100.00**	**51.32**	**48.68**	**105.43**
0-4岁	**2478**	**1293**	**1185**	**5.07**	**2.64**	**2.42**	**109.11**
0	352	195	157	0.72	0.40	0.32	124.20
1	553	301	252	1.13	0.62	0.52	119.44
2	458	239	219	0.94	0.49	0.45	109.13
3	519	261	258	1.06	0.53	0.53	101.16
4	596	297	299	1.22	0.61	0.61	99.33
5-9岁	**2479**	**1255**	**1224**	**5.07**	**2.57**	**2.50**	**102.53**
5	379	204	175	0.78	0.42	0.36	116.57
6	558	281	277	1.14	0.57	0.57	101.44
7	535	246	289	1.09	0.50	0.59	85.12
8	532	284	248	1.09	0.58	0.51	114.52
9	475	240	235	0.97	0.49	0.48	102.13
10-14岁	**2262**	**1180**	**1082**	**4.63**	**2.41**	**2.21**	**109.06**
10	486	254	232	0.99	0.52	0.47	109.48
11	444	223	221	0.91	0.46	0.45	100.90
12	453	244	209	0.93	0.50	0.43	116.75
13	438	227	211	0.90	0.46	0.43	107.58
14	441	232	209	0.90	0.47	0.43	111.00
15-19岁	**4011**	**1901**	**2110**	**8.20**	**3.89**	**4.32**	**90.09**
15	456	241	215	0.93	0.49	0.44	112.09
16	607	294	313	1.24	0.60	0.64	93.93
17	498	244	254	1.02	0.50	0.52	96.06
18	785	352	433	1.61	0.72	0.89	81.29
19	1665	770	895	3.41	1.58	1.83	86.03
20-24岁	**6815**	**3347**	**3468**	**13.94**	**6.85**	**7.09**	**96.51**
20	1957	853	1104	4.00	1.74	2.26	77.26
21	1655	779	876	3.39	1.59	1.79	88.93
22	1393	720	673	2.85	1.47	1.38	106.98
23	950	503	447	1.94	1.03	0.91	112.53
24	860	492	368	1.76	1.01	0.75	133.70
25-29岁	**4517**	**2482**	**2035**	**9.24**	**5.08**	**4.16**	**121.97**
25	849	464	385	1.74	0.95	0.79	120.52
26	886	498	388	1.81	1.02	0.79	128.35
27	917	491	426	1.88	1.00	0.87	115.26
28	898	500	398	1.84	1.02	0.81	125.63
29	967	529	438	1.98	1.08	0.90	120.78

1-4b　续表 1　　单位：人、%

年　龄	人　口　数			占总人口比重			性别比
	合计	男	女	合计	男	女	(女=100)
30-34岁	**5232**	**2763**	**2469**	**10.70**	**5.65**	**5.05**	**111.91**
30	1178	611	567	2.41	1.25	1.16	107.76
31	1124	608	516	2.30	1.24	1.06	117.83
32	983	523	460	2.01	1.07	0.94	113.70
33	1016	520	496	2.08	1.06	1.01	104.84
34	931	501	430	1.90	1.02	0.88	116.51
35-39岁	**3840**	**1967**	**1873**	**7.85**	**4.02**	**3.83**	**105.02**
35	847	433	414	1.73	0.89	0.85	104.59
36	825	419	406	1.69	0.86	0.83	103.20
37	744	404	340	1.52	0.83	0.70	118.82
38	814	407	407	1.67	0.83	0.83	100.00
39	610	304	306	1.25	0.62	0.63	99.35
40-44岁	**2913**	**1484**	**1429**	**5.96**	**3.04**	**2.92**	**103.85**
40	605	317	288	1.24	0.65	0.59	110.07
41	573	308	265	1.17	0.63	0.54	116.23
42	531	276	255	1.09	0.56	0.52	108.24
43	546	272	274	1.12	0.56	0.56	99.27
44	658	311	347	1.35	0.64	0.71	89.63
45-49岁	**3547**	**1860**	**1687**	**7.26**	**3.80**	**3.45**	**110.25**
45	657	349	308	1.34	0.71	0.63	113.31
46	751	366	385	1.54	0.75	0.79	95.06
47	740	389	351	1.51	0.80	0.72	110.83
48	714	373	341	1.46	0.76	0.70	109.38
49	685	383	302	1.40	0.78	0.62	126.82
50-54岁	**2862**	**1532**	**1330**	**5.85**	**3.13**	**2.72**	**115.19**
50	662	354	308	1.35	0.72	0.63	114.94
51	553	288	265	1.13	0.59	0.54	108.68
52	603	324	279	1.23	0.66	0.57	116.13
53	519	267	252	1.06	0.55	0.52	105.95
54	525	299	226	1.07	0.61	0.46	132.30
55-59岁	**2503**	**1320**	**1183**	**5.12**	**2.70**	**2.42**	**111.58**
55	617	344	273	1.26	0.70	0.56	126.01
56	554	299	255	1.13	0.61	0.52	117.25
57	576	298	278	1.18	0.61	0.57	107.19
58	514	248	266	1.05	0.51	0.54	93.23
59	242	131	111	0.50	0.27	0.23	118.02
60-64岁	**1794**	**928**	**866**	**3.67**	**1.90**	**1.77**	**107.16**
60	412	207	205	0.84	0.42	0.42	100.98
61	347	179	168	0.71	0.37	0.34	106.55
62	318	176	142	0.65	0.36	0.29	123.94
63	390	204	186	0.80	0.42	0.38	109.68
64	327	162	165	0.67	0.33	0.34	98.18

1-4b 续表 2

单位：人、%

年 龄	人口数			占总人口比重			性别比
	合计	男	女	合计	男	女	(女=100)
65-69岁	**1530**	**734**	**796**	**3.13**	**1.50**	**1.63**	**92.21**
65	332	162	170	0.68	0.33	0.35	95.29
66	348	171	177	0.71	0.35	0.36	96.61
67	310	153	157	0.63	0.31	0.32	97.45
68	289	134	155	0.59	0.27	0.32	86.45
69	251	114	137	0.51	0.23	0.28	83.21
70-74岁	**940**	**473**	**467**	**1.92**	**0.97**	**0.96**	**101.28**
70	274	130	144	0.56	0.27	0.29	90.28
71	177	81	96	0.36	0.17	0.20	84.38
72	154	81	73	0.32	0.17	0.15	110.96
73	155	82	73	0.32	0.17	0.15	112.33
74	180	99	81	0.37	0.20	0.17	122.22
75-79岁	**596**	**289**	**307**	**1.22**	**0.59**	**0.63**	**94.14**
75	126	68	58	0.26	0.14	0.12	117.24
76	131	58	73	0.27	0.12	0.15	79.45
77	115	54	61	0.24	0.11	0.12	88.52
78	124	57	67	0.25	0.12	0.14	85.07
79	100	52	48	0.20	0.11	0.10	108.33
80-84岁	**319**	**154**	**165**	**0.65**	**0.32**	**0.34**	**93.33**
80	78	40	38	0.16	0.08	0.08	105.26
81	72	33	39	0.15	0.07	0.08	84.62
82	72	35	37	0.15	0.07	0.08	94.59
83	45	21	24	0.09	0.04	0.05	87.50
84	52	25	27	0.11	0.05	0.06	92.59
85-89岁	**184**	**101**	**83**	**0.38**	**0.21**	**0.17**	**121.69**
85	61	35	26	0.12	0.07	0.05	134.62
86	36	20	16	0.07	0.04	0.03	125.00
87	49	22	27	0.10	0.05	0.06	81.48
88	19	9	10	0.04	0.02	0.02	90.00
89	19	15	4	0.04	0.03	0.01	375.00
90-94岁	**53**	**20**	**33**	**0.11**	**0.04**	**0.07**	**60.61**
90	17	7	10	0.03	0.01	0.02	70.00
91	16	6	10	0.03	0.01	0.02	60.00
92	4	3	1	0.01	0.01		300.00
93	11	3	8	0.02	0.01	0.02	37.50
94	5	1	4	0.01		0.01	25.00
95-99岁	**12**	**6**	**6**	**0.02**	**0.01**	**0.01**	**100.00**
95	4	3	1	0.01	0.01		300.00
96	3	1	2	0.01			50.00
97	4	2	2	0.01			100.00
98	1		1				
99							
100岁及以上	**1**	**1**					

1-4c　全市分年龄、性别的人口(乡村)

单位：人、%

年　龄	人　口　数			占总人口比重			性别比
	合计	男	女	合计	男	女	(女=100)
总　计	**54789**	**29237**	**25552**	**100.00**	**53.36**	**46.64**	**114.42**
0–4岁	**2900**	**1516**	**1384**	**5.29**	**2.77**	**2.53**	**109.54**
0	543	292	251	0.99	0.53	0.46	116.33
1	558	298	260	1.02	0.54	0.47	114.62
2	587	303	284	1.07	0.55	0.52	106.69
3	643	314	329	1.17	0.57	0.60	95.44
4	569	309	260	1.04	0.56	0.47	118.85
5–9岁	**2788**	**1446**	**1342**	**5.09**	**2.64**	**2.45**	**107.75**
5	474	243	231	0.87	0.44	0.42	105.19
6	587	313	274	1.07	0.57	0.50	114.23
7	563	301	262	1.03	0.55	0.48	114.89
8	607	313	294	1.11	0.57	0.54	106.46
9	557	276	281	1.02	0.50	0.51	98.22
10–14岁	**2620**	**1365**	**1255**	**4.78**	**2.49**	**2.29**	**108.76**
10	525	257	268	0.96	0.47	0.49	95.90
11	561	290	271	1.02	0.53	0.49	107.01
12	534	290	244	0.97	0.53	0.45	118.85
13	478	252	226	0.87	0.46	0.41	111.50
14	522	276	246	0.95	0.50	0.45	112.20
15–19岁	**2360**	**1355**	**1005**	**4.31**	**2.47**	**1.83**	**134.83**
15	449	249	200	0.82	0.45	0.37	124.50
16	473	294	179	0.86	0.54	0.33	164.25
17	404	224	180	0.74	0.41	0.33	124.44
18	451	256	195	0.82	0.47	0.36	131.28
19	583	332	251	1.06	0.61	0.46	132.27
20–24岁	**2947**	**1607**	**1340**	**5.38**	**2.93**	**2.45**	**119.93**
20	590	334	256	1.08	0.61	0.47	130.47
21	467	257	210	0.85	0.47	0.38	122.38
22	621	346	275	1.13	0.63	0.50	125.82
23	589	317	272	1.08	0.58	0.50	116.54
24	680	353	327	1.24	0.64	0.60	107.95
25–29岁	**4084**	**2203**	**1881**	**7.45**	**4.02**	**3.43**	**117.12**
25	800	450	350	1.46	0.82	0.64	128.57
26	737	393	344	1.35	0.72	0.63	114.24
27	857	437	420	1.56	0.80	0.77	104.05
28	836	486	350	1.53	0.89	0.64	138.86
29	854	437	417	1.56	0.80	0.76	104.80

1−4c 续表 1

单位：人、%

年 龄	人 口 数			占总人口比重			性别比
	合计	男	女	合计	男	女	(女=100)
30−34岁	**4427**	**2408**	**2019**	**8.08**	**4.40**	**3.69**	**119.27**
30	1012	544	468	1.85	0.99	0.85	116.24
31	958	545	413	1.75	0.99	0.75	131.96
32	823	432	391	1.50	0.79	0.71	110.49
33	859	464	395	1.57	0.85	0.72	117.47
34	775	423	352	1.41	0.77	0.64	120.17
35−39岁	**3400**	**1934**	**1466**	**6.21**	**3.53**	**2.68**	**131.92**
35	732	397	335	1.34	0.72	0.61	118.51
36	673	362	311	1.23	0.66	0.57	116.40
37	681	414	267	1.24	0.76	0.49	155.06
38	738	419	319	1.35	0.76	0.58	131.35
39	576	342	234	1.05	0.62	0.43	146.15
40−44岁	**3089**	**1717**	**1372**	**5.64**	**3.13**	**2.50**	**125.15**
40	569	338	231	1.04	0.62	0.42	146.32
41	550	296	254	1.00	0.54	0.46	116.54
42	563	310	253	1.03	0.57	0.46	122.53
43	644	364	280	1.18	0.66	0.51	130.00
44	763	409	354	1.39	0.75	0.65	115.54
45−49岁	**4587**	**2518**	**2069**	**8.37**	**4.60**	**3.78**	**121.70**
45	806	443	363	1.47	0.81	0.66	122.04
46	904	498	406	1.65	0.91	0.74	122.66
47	954	517	437	1.74	0.94	0.80	118.31
48	938	514	424	1.71	0.94	0.77	121.23
49	985	546	439	1.80	1.00	0.80	124.37
50−54岁	**4867**	**2646**	**2221**	**8.88**	**4.83**	**4.05**	**119.14**
50	1034	562	472	1.89	1.03	0.86	119.07
51	1032	546	486	1.88	1.00	0.89	112.35
52	972	518	454	1.77	0.95	0.83	114.10
53	869	496	373	1.59	0.91	0.68	132.98
54	960	524	436	1.75	0.96	0.80	120.18
55−59岁	**4554**	**2398**	**2156**	**8.31**	**4.38**	**3.94**	**111.22**
55	992	507	485	1.81	0.93	0.89	104.54
56	967	517	450	1.76	0.94	0.82	114.89
57	1161	621	540	2.12	1.13	0.99	115.00
58	926	498	428	1.69	0.91	0.78	116.36
59	508	255	253	0.93	0.47	0.46	100.79
60−64岁	**3934**	**1984**	**1950**	**7.18**	**3.62**	**3.56**	**101.74**
60	805	411	394	1.47	0.75	0.72	104.31
61	758	380	378	1.38	0.69	0.69	100.53
62	759	381	378	1.39	0.70	0.69	100.79
63	825	427	398	1.51	0.78	0.73	107.29
64	787	385	402	1.44	0.70	0.73	95.77

1-4c 续表 2 单位：人、%

年 龄	人口数			占总人口比重			性别比
	合计	男	女	合计	男	女	(女=100)
65-69岁	**3609**	**1780**	**1829**	**6.59**	**3.25**	**3.34**	**97.32**
65	774	390	384	1.41	0.71	0.70	101.56
66	800	407	393	1.46	0.74	0.72	103.56
67	704	355	349	1.28	0.65	0.64	101.72
68	660	315	345	1.20	0.57	0.63	91.30
69	671	313	358	1.22	0.57	0.65	87.43
70-74岁	**2007**	**1057**	**950**	**3.66**	**1.93**	**1.73**	**111.26**
70	597	313	284	1.09	0.57	0.52	110.21
71	362	199	163	0.66	0.36	0.30	122.09
72	338	185	153	0.62	0.34	0.28	120.92
73	320	159	161	0.58	0.29	0.29	98.76
74	390	201	189	0.71	0.37	0.34	106.35
75-79岁	**1283**	**650**	**633**	**2.34**	**1.19**	**1.16**	**102.69**
75	271	129	142	0.49	0.24	0.26	90.85
76	300	145	155	0.55	0.26	0.28	93.55
77	254	131	123	0.46	0.24	0.22	106.50
78	270	143	127	0.49	0.26	0.23	112.60
79	188	102	86	0.34	0.19	0.16	118.60
80-84岁	**800**	**415**	**385**	**1.46**	**0.76**	**0.70**	**107.79**
80	178	89	89	0.32	0.16	0.16	100.00
81	177	93	84	0.32	0.17	0.15	110.71
82	166	96	70	0.30	0.18	0.13	137.14
83	136	66	70	0.25	0.12	0.13	94.29
84	143	71	72	0.26	0.13	0.13	98.61
85-89岁	**382**	**173**	**209**	**0.70**	**0.32**	**0.38**	**82.78**
85	110	52	58	0.20	0.09	0.11	89.66
86	84	36	48	0.15	0.07	0.09	75.00
87	85	40	45	0.16	0.07	0.08	88.89
88	61	26	35	0.11	0.05	0.06	74.29
89	42	19	23	0.08	0.03	0.04	82.61
90-94岁	**134**	**60**	**74**	**0.24**	**0.11**	**0.14**	**81.08**
90	55	24	31	0.10	0.04	0.06	77.42
91	21	13	8	0.04	0.02	0.01	162.50
92	29	9	20	0.05	0.02	0.04	45.00
93	15	7	8	0.03	0.01	0.01	87.50
94	14	7	7	0.03	0.01	0.01	100.00
95-99岁	**17**	**5**	**12**	**0.03**	**0.01**	**0.02**	**41.67**
95	5	3	2	0.01	0.01		150.00
96	7	1	6	0.01		0.01	16.67
97	2		2				
98	2		2				
99	1	1					
100岁及以上							

第二部分　长表数据资料

第二卷　民族

2-1　全市各民族分性别、行业的人口

单位：人

民　族	人口数			农、林、牧、渔业			采矿业		
	合计	男	女	小计	男	女	小计	男	女
总　计	**204972**	**126351**	**78621**	**8936**	**6109**	**2827**	**7041**	**5953**	**1088**
汉　族	203755	125592	78163	8925	6104	2821	7012	5929	1083
蒙古族	128	74	54	3	1	2	6	5	1
回　族	435	267	168	1	1		8	7	1
藏　族	32	17	15	1		1			
维吾尔族	3	2	1						
苗　族	116	84	32	1		1	2	2	
彝　族	66	45	21						
壮　族	19	11	8	1		1	1	1	
布依族	11	5	6						
朝鲜族	14	4	10						
满　族	278	171	107	1	1		9	7	2
侗　族	16	14	2				1	1	
瑶　族	3		3						
白　族	5	4	1	1	1				
土家族	47	27	20	1	1				
哈尼族	4	3	1						
哈萨克族									
傣　族	2	2							
黎　族	4	3	1				1		1
傈僳族									
佤　族									
畲　族									
高山族	2	1	1						
拉祜族									
水　族									
东乡族									
纳西族									
景颇族									
柯尔克孜族									
土　族	4	2	2						
达斡尔族	2	2							
仫佬族	2	2							
羌　族	6	6							
布朗族									
撒拉族	4	3	1						
毛南族									
仡佬族	6	6							
锡伯族	3	2	1						
阿昌族									
普米族									
塔吉克族									
怒　族									
乌孜别克族									
俄罗斯族									
鄂温克族	2	2					1	1	
德昂族									
保安族									
裕固族									
京　族									
塔塔尔族									
独龙族									
鄂伦春族									
赫哲族									
门巴族									
珞巴族									
基诺族									
未定族称人口	3		3	1		1			
入　籍									

2-1 续表 1 单位：人

民　族	制造业			电力、热力、燃气及水生产和供应业			建筑业		
	小计	男	女	小计	男	女	小计	男	女
总　计	**25344**	**18031**	**7313**	**4278**	**3027**	**1251**	**20862**	**16913**	**3949**
汉　族	25195	17926	7269	4254	3006	1248	20606	16714	3892
蒙古族	16	11	5	1		1	16	15	1
回　族	41	32	9	17	16	1	34	26	8
藏　族	1	1					13	10	3
维吾尔族									
苗　族	34	24	10				61	48	13
彝　族	5	4	1	1	1		46	33	13
壮　族	4	3	1				2	1	1
布依族	1		1	1		1	4	3	1
朝鲜族	4	1	3						
满　族	31	22	9	4	4		29	20	9
侗　族	2	1	1				12	12	
瑶　族									
白　族									
土家族	6	3	3				19	13	6
哈尼族							4	3	1
哈萨克族									
傣　族							2	2	
黎　族	1	1							
傈僳族									
佤　族									
畲　族									
高山族							2	1	1
拉祜族									
水　族									
东乡族									
纳西族									
景颇族									
柯尔克孜族									
土　族	2	1	1						
达斡尔族							1	1	
仫佬族							2	2	
羌　族							3	3	
布朗族									
撒拉族									
毛南族									
仡佬族	1	1					4	4	
锡伯族							2	2	
阿昌族									
普米族									
塔吉克族									
怒　族									
乌孜别克族									
俄罗斯族									
鄂温克族									
德昂族									
保安族									
裕固族									
京　族									
塔塔尔族									
独龙族									
鄂伦春族									
赫哲族									
门巴族									
珞巴族									
基诺族									
未定族称人口									
入　籍									

2-1　续表 2　　　　单位：人

民　族	批发和零售业			交通运输、仓储和邮政业			住宿和餐饮业		
	小计	男	女	小计	男	女	小计	男	女
总　计	**34263**	**18349**	**15914**	**14634**	**12282**	**2352**	**9777**	**5586**	**4191**
汉　族	34089	18257	15832	14571	12233	2338	9693	5537	4156
蒙古族	27	11	16	3	2	1	4	2	2
回　族	64	33	31	43	36	7	55	33	22
藏　族	4	1	3	1	1				
维吾尔族							1	1	
苗　族	6	3	3				1		1
彝　族	2	2					1		1
壮　族	4	2	2				4	3	1
布依族	3	1	2						
朝鲜族				1	1				
满　族	52	33	19	14	9	5	12	5	7
侗　族									
瑶　族							1		1
白　族	2	1	1						
土家族	8	4	4				1	1	
哈尼族									
哈萨克族									
傣　族									
黎　族	1	1							
傈僳族									
佤　族									
畲　族									
高山族									
拉祜族									
水　族									
东乡族									
纳西族									
景颇族									
柯尔克孜族									
土　族									
达斡尔族									
仫佬族									
羌　族									
布朗族									
撒拉族							3	3	
毛南族									
仡佬族									
锡伯族				1		1			
阿昌族									
普米族									
塔吉克族									
怒　族									
乌孜别克族									
俄罗斯族									
鄂温克族							1	1	
德昂族									
保安族									
裕固族									
京　族									
塔塔尔族									
独龙族									
鄂伦春族									
赫哲族									
门巴族									
珞巴族									
基诺族									
未定族称人口	1		1						
入　籍									

2-1 续表 3

单位：人

民族	信息传输、软件和信息技术服务业			金融业			房地产业		
	小计	男	女	小计	男	女	小计	男	女
总　计	**5291**	**3334**	**1957**	**6212**	**2937**	**3275**	**6509**	**3991**	**2518**
汉　族	5266	3316	1950	6178	2924	3254	6467	3963	2504
蒙古族	2	2		4	2	2	5	3	2
回　族	10	5	5	13	6	7	14	10	4
藏　族	1	1							
维吾尔族									
苗　族	1	1					4	3	1
彝　族							2	2	
壮　族									
布依族									
朝鲜族									
满　族	9	8	1	15	5	10	10	4	6
侗　族									
瑶　族				1		1			
白　族							2	2	
土家族	1		1				2	1	1
哈尼族									
哈萨克族									
傣　族									
黎　族	1	1							
傈僳族									
佤　族									
畲　族									
高山族									
拉祜族									
水　族									
东乡族									
纳西族									
景颇族									
柯尔克孜族									
土　族				1		1			
达斡尔族									
仫佬族									
羌　族							3	3	
布朗族									
撒拉族									
毛南族									
仡佬族									
锡伯族									
阿昌族									
普米族									
塔吉克族									
怒　族									
乌孜别克族									
俄罗斯族									
鄂温克族									
德昂族									
保安族									
裕固族									
京　族									
塔塔尔族									
独龙族									
鄂伦春族									
赫哲族									
门巴族									
珞巴族									
基诺族									
未定族称人口									
入　籍									

2-1　续表 4

单位：人

民　族	租赁和商务服务业			科学研究和技术服务业			水利、环境和公共设施管理业		
	小计	男	女	小计	男	女	小计	男	女
总　计	**8949**	**5250**	**3699**	**5936**	**3791**	**2145**	**2749**	**1775**	**974**
汉　族	8903	5224	3679	5891	3763	2128	2727	1764	963
蒙古族	5	3	2	7	5	2	2	1	1
回　族	18	12	6	17	9	8	5	4	1
藏　族							8	2	6
维吾尔族				1	1				
苗　族	2	1	1	1	1				
彝　族	1	1							
壮　族				1	1				
布依族									
朝鲜族	2		2	2	1	1			
满　族	15	7	8	11	7	4	5	2	3
侗　族									
瑶　族									
白　族									
土家族	2	1	1	3	1	2	2	2	
哈尼族									
哈萨克族									
傣　族									
黎　族									
傈僳族									
佤　族									
畲　族									
高山族									
拉祜族									
水　族									
东乡族									
纳西族									
景颇族									
柯尔克孜族									
土　族				1	1				
达斡尔族				1	1				
仫佬族									
羌　族									
布朗族									
撒拉族									
毛南族									
仡佬族	1	1							
锡伯族									
阿昌族									
普米族									
塔吉克族									
怒　族									
乌孜别克族									
俄罗斯族									
鄂温克族									
德昂族									
保安族									
裕固族									
京　族									
塔塔尔族									
独龙族									
鄂伦春族									
赫哲族									
门巴族									
珞巴族									
基诺族									
未定族称人口									
入　籍									

2-1 续表 5

单位：人

民族	居民服务、修理和其他服务业			教育			卫生和社会工作		
	小计	男	女	小计	男	女	小计	男	女
总计	**7225**	**3894**	**3331**	**14677**	**4426**	**10251**	**7401**	**2005**	**5396**
汉族	7187	3875	3312	14601	4403	10198	7370	1995	5375
蒙古族	2	2		14	5	9	2		2
回族	15	7	8	31	7	24	12	4	8
藏族				2	1	1	1		1
维吾尔族				1		1			
苗族				3	1	2			
彝族	7	2	5						
壮族				1		1	1		1
布依族	1		1				1	1	
朝鲜族	1		1	1		1	1		1
满族	11	8	3	22	9	13	10	5	5
侗族				1		1			
瑶族									
白族									
土家族	1		1				1		1
哈尼族									
哈萨克族									
傣族									
黎族									
傈僳族									
佤族									
畲族									
高山族									
拉祜族									
水族									
东乡族									
纳西族									
景颇族									
柯尔克孜族									
土族									
达斡尔族									
仫佬族									
羌族									
布朗族									
撒拉族							1		1
毛南族									
仡佬族									
锡伯族									
阿昌族									
普米族									
塔吉克族									
怒族									
乌孜别克族									
俄罗斯族									
鄂温克族									
德昂族									
保安族									
裕固族									
京族									
塔塔尔族									
独龙族									
鄂伦春族									
赫哲族									
门巴族									
珞巴族									
基诺族									
未定族称人口							1		1
入籍									

2-1　续表 6　　　　单位：人

民　族	文化、体育和娱乐业			公共管理、社会保障和社会组织			国际组织		
	小计	男	女	小计	男	女	小计	男	女
总　计	**2964**	**1533**	**1431**	**11919**	**7163**	**4756**	**5**	**2**	**3**
汉　族	2945	1523	1422	11871	7135	4736	4	1	3
蒙古族	2		2	7	4	3			
回　族	8	6	2	29	13	16			
藏　族									
维吾尔族									
苗　族									
彝　族				1		1			
壮　族									
布依族									
朝鲜族	1		1	1	1				
满　族	7	4	3	10	10		1	1	
侗　族									
瑶　族	1		1						
白　族									
土家族									
哈尼族									
哈萨克族									
傣　族									
黎　族									
傈僳族									
佤　族									
畲　族									
高山族									
拉祜族									
水　族									
东乡族									
纳西族									
景颇族									
柯尔克孜族									
土　族									
达斡尔族									
仫佬族									
羌　族									
布朗族									
撒拉族									
毛南族									
仡佬族									
锡伯族									
阿昌族									
普米族									
塔吉克族									
怒　族									
乌孜别克族									
俄罗斯族									
鄂温克族									
德昂族									
保安族									
裕固族									
京　族									
塔塔尔族									
独龙族									
鄂伦春族									
赫哲族									
门巴族									
珞巴族									
基诺族									
未定族称人口									
入　籍									

2-2 全市各民族分性别、职业的人口

单位：人

民族	人口数			党的机关、国家机关、群众团体和社会组织、企事业单位负责人		
	合计	男	女	小计	男	女
总计	**204972**	**126351**	**78621**	**7934**	**5943**	**1991**
汉族	203755	125592	78163	7885	5911	1974
蒙古族	128	74	54	6	5	1
回族	435	267	168	23	15	8
藏族	32	17	15	1	1	
维吾尔族	3	2	1			
苗族	116	84	32			
彝族	66	45	21			
壮族	19	11	8	1	1	
布依族	11	5	6			
朝鲜族	14	4	10			
满族	278	171	107	14	9	5
侗族	16	14	2			
瑶族	3		3	1		1
白族	5	4	1			
土家族	47	27	20	2	1	1
哈尼族	4	3	1			
哈萨克族						
傣族	2	2				
黎族	4	3	1			
傈僳族						
佤族						
畲族						
高山族	2	1	1			
拉祜族						
水族						
东乡族						
纳西族						
景颇族						
柯尔克孜族						
土族	4	2	2	1		1
达斡尔族	2	2				
仫佬族	2	2				
羌族	6	6				
布朗族						
撒拉族	4	3	1			
毛南族						
仡佬族	6	6				
锡伯族	3	2	1			
阿昌族						
普米族						
塔吉克族						
怒族						
乌孜别克族						
俄罗斯族						
鄂温克族	2	2				
德昂族						
保安族						
裕固族						
京族						
塔塔尔族						
独龙族						
鄂伦春族						
赫哲族						
门巴族						
珞巴族						
基诺族						
未定族称人口	3		3			
入籍						

2-2　续表 1

单位：人

民　族	专业技术人员			办事人员和有关人员			社会生产服务和生活服务人员		
	小计	男	女	小计	男	女	小计	男	女
总　计	**40684**	**16713**	**23971**	**30339**	**17973**	**12366**	**78706**	**48124**	**30582**
汉　族	40456	16610	23846	30188	17885	12303	78287	47876	30411
蒙古族	31	13	18	13	5	8	46	23	23
回　族	98	45	53	69	42	27	195	124	71
藏　族	3	1	2				7	4	3
维吾尔族	1		1				1	1	
苗　族	9	6	3	4	2	2	6	4	2
彝　族	1	1		2		2	10	4	6
壮　族	3	1	2	1	1		9	6	3
布依族	3	1	2	1	1		3		3
朝鲜族	4		4	1	1		7	2	5
满　族	65	31	34	50	30	20	112	69	43
侗　族	1		1						
瑶　族	1		1	1		1			
白　族							2	1	1
土家族	5	3	2	4	2	2	12	4	8
哈尼族									
哈萨克族									
傣　族									
黎　族							3	2	1
傈僳族									
佤　族									
畲　族									
高山族									
拉祜族									
水　族									
东乡族									
纳西族									
景颇族									
柯尔克孜族									
土　族	1	1		2	1	1			
达斡尔族				2	2				
仫佬族									
羌　族									
布朗族									
撒拉族							4	3	1
毛南族									
仡佬族									
锡伯族	1		1	1	1				
阿昌族									
普米族									
塔吉克族									
怒　族									
乌孜别克族									
俄罗斯族									
鄂温克族							1	1	
德昂族									
保安族									
裕固族									
京　族									
塔塔尔族									
独龙族									
鄂伦春族									
赫哲族									
门巴族									
珞巴族									
基诺族									
未定族称人口	1		1				1		1
入　籍									

2-2 续表 2

单位：人

民族	农、林、牧、渔业生产及辅助人员			生产制造及有关人员			不便分类的其他从业人员		
	小计	男	女	小计	男	女	小计	男	女
总计	**8403**	**5799**	**2604**	**38184**	**31322**	**6862**	**722**	**477**	**245**
汉族	8395	5795	2600	37823	31038	6785	721	477	244
蒙古族	1	1		31	27	4			
回族	1	1		48	40	8	1		1
藏族	1		1	20	11	9			
维吾尔族				1	1				
苗族	1		1	96	72	24			
彝族				53	40	13			
壮族	1		1	4	2	2			
布依族				4	3	1			
朝鲜族				2	1	1			
满族				37	32	5			
侗族				15	14	1			
瑶族									
白族	1	1		2	2				
土家族	1	1		23	16	7			
哈尼族				4	3	1			
哈萨克族									
傣族				2	2				
黎族				1	1				
傈僳族									
佤族									
畲族									
高山族				2	1	1			
拉祜族									
水族									
东乡族									
纳西族									
景颇族									
柯尔克孜族									
土族									
达斡尔族									
仫佬族				2	2				
羌族				6	6				
布朗族									
撒拉族									
毛南族									
仡佬族				6	6				
锡伯族				1	1				
阿昌族									
普米族									
塔吉克族									
怒族									
乌孜别克族									
俄罗斯族									
鄂温克族				1	1				
德昂族									
保安族									
裕固族									
京族									
塔塔尔族									
独龙族									
鄂伦春族									
赫哲族									
门巴族									
珞巴族									
基诺族									
未定族称人口	1		1						
入籍									

2-3　全市各民族分性别、主要生活来源的15岁及以上人口

单位：人

民　族	15岁及以上人口			劳动收入		
	合计	男	女	小计	男	女
总　计	**416471**	**210029**	**206442**	**207732**	**128624**	**79108**
汉　族	413870	208648	205222	206499	127855	78644
蒙古族	236	108	128	128	74	54
回　族	1060	528	532	439	269	170
藏　族	68	30	38	32	17	15
维吾尔族	34	25	9	4	3	1
苗　族	166	108	58	119	87	32
彝　族	90	52	38	66	45	21
壮　族	50	25	25	20	11	9
布依族	23	11	12	11	5	6
朝鲜族	44	19	25	16	6	10
满　族	578	329	249	283	173	110
侗　族	29	19	10	16	14	2
瑶　族	14	3	11	3		3
白　族	10	4	6	5	4	1
土家族	108	64	44	47	27	20
哈尼族	5	3	2	4	3	1
哈萨克族	5	2	3			
傣　族	2	2		2	2	
黎　族	12	5	7	4	3	1
傈僳族						
佤　族						
畲　族	4	2	2			
高山族	2	1	1	2	1	1
拉祜族						
水　族	2	1	1			
东乡族						
纳西族	2	1	1			
景颇族						
柯尔克孜族						
土　族	7	3	4	4	2	2
达斡尔族	3	3		2	2	
仫佬族	2	2		2	2	
羌　族	10	8	2	6	6	
布朗族						
撒拉族	5	4	1	4	3	1
毛南族						
仡佬族	12	9	3	6	6	
锡伯族	12	8	4	3	2	1
阿昌族						
普米族						
塔吉克族						
怒　族						
乌孜别克族						
俄罗斯族						
鄂温克族	2	2		2	2	
德昂族						
保安族						
裕固族						
京　族						
塔塔尔族						
独龙族						
鄂伦春族						
赫哲族						
门巴族	1		1			
珞巴族						
基诺族						
未定族称人口	3		3	3		3
入　籍						

2-3 续表 1 单位：人

民族	离退休金/养老金			最低生活保障金			失业保险金		
	小计	男	女	小计	男	女	小计	男	女
总计	**69076**	**30808**	**38268**	**4057**	**2122**	**1935**	**103**	**65**	**38**
汉族	68535	30575	37960	4043	2114	1929	103	65	38
蒙古族	26	8	18						
回族	345	135	210	10	6	4			
藏族	3	1	2						
维吾尔族									
苗族	9	5	4						
彝族									
壮族	1	1							
布依族	1	1							
朝鲜族	15	7	8						
满族	120	60	60	3	2	1			
侗族									
瑶族	1	1							
白族	1		1						
土家族	10	8	2	1		1			
哈尼族									
哈萨克族									
傣族									
黎族	2	1	1						
傈僳族									
佤族									
畲族									
高山族									
拉祜族									
水族									
东乡族									
纳西族									
景颇族									
柯尔克孜族									
土族	1		1						
达斡尔族	1	1							
仫佬族									
羌族									
布朗族									
撒拉族									
毛南族									
仡佬族									
锡伯族	5	4	1						
阿昌族									
普米族									
塔吉克族									
怒族									
乌孜别克族									
俄罗斯族									
鄂温克族									
德昂族									
保安族									
裕固族									
京族									
塔塔尔族									
独龙族									
鄂伦春族									
赫哲族									
门巴族									
珞巴族									
基诺族									
未定族称人口									
入籍									

2-3　续表 2　　单位：人

民　族	财产性收入			家庭其他成员供养			其　他		
	小计	男	女	小计	男	女	小计	男	女
总　计	**3642**	**2030**	**1612**	**107481**	**33647**	**73834**	**24380**	**12733**	**11647**
汉　族	3636	2024	1612	106753	33327	73426	24301	12688	11613
蒙古族	1	1		71	22	49	10	3	7
回　族	2	2		235	96	139	29	20	9
藏　族				32	11	21	1	1	
维吾尔族				29	21	8	1	1	
苗　族				38	16	22			
彝　族				22	7	15	2		2
壮　族				28	12	16	1	1	
布依族				9	4	5	2	1	1
朝鲜族				10	5	5	3	1	2
满　族	3	3		141	76	65	28	15	13
侗　族				13	5	8			
瑶　族				10	2	8			
白　族				4		4			
土家族				48	27	21	2	2	
哈尼族				1		1			
哈萨克族				5	2	3			
傣　族									
黎　族				6	1	5			
傈僳族									
佤　族									
畲　族				4	2	2			
高山族									
拉祜族									
水　族				2	1	1			
东乡族									
纳西族				2	1	1			
景颇族									
柯尔克孜族									
土　族				2	1	1			
达斡尔族									
仫佬族									
羌　族				4	2	2			
布朗族									
撒拉族				1	1				
毛南族									
仡佬族				6	3	3			
锡伯族				4	2	2			
阿昌族									
普米族									
塔吉克族									
怒　族									
乌孜别克族									
俄罗斯族									
鄂温克族									
德昂族									
保安族									
裕固族									
京　族									
塔塔尔族									
独龙族									
鄂伦春族									
赫哲族									
门巴族				1		1			
珞巴族									
基诺族									
未定族称人口									
入　籍									

2-4 全市各民族分性别、婚姻状况的15岁及以上人口

单位：人

民族	15岁及以上人口			未婚		
	合计	男	女	小计	男	女
总计	**416471**	**210029**	**206442**	**88855**	**48836**	**40019**
汉族	413870	208648	205222	88133	48412	39721
蒙古族	236	108	128	68	32	36
回族	1060	528	532	205	118	87
藏族	68	30	38	36	14	22
维吾尔族	34	25	9	34	25	9
苗族	166	108	58	45	36	9
彝族	90	52	38	35	25	10
壮族	50	25	25	23	15	8
布依族	23	11	12	11	5	6
朝鲜族	44	19	25	9	4	5
满族	578	329	249	138	83	55
侗族	29	19	10	19	12	7
瑶族	14	3	11	6	1	5
白族	10	4	6	2		2
土家族	108	64	44	51	32	19
哈尼族	5	3	2	2	1	1
哈萨克族	5	2	3	5	2	3
傣族	2	2		2	2	
黎族	12	5	7	5	1	4
傈僳族						
佤族						
畲族	4	2	2	2	2	
高山族	2	1	1			
拉祜族						
水族	2	1	1	1		1
东乡族						
纳西族	2	1	1	2	1	1
景颇族						
柯尔克孜族						
土族	7	3	4	2	1	1
达斡尔族	3	3				
仫佬族	2	2				
羌族	10	8	2	4	2	2
布朗族						
撒拉族	5	4	1	3	3	
毛南族						
仡佬族	12	9	3	6	4	2
锡伯族	12	8	4	4	2	2
阿昌族						
普米族						
塔吉克族						
怒族						
乌孜别克族						
俄罗斯族						
鄂温克族	2	2		1	1	
德昂族						
保安族						
裕固族						
京族						
塔塔尔族						
独龙族						
鄂伦春族						
赫哲族						
门巴族	1		1	1		1
珞巴族						
基诺族						
未定族称人口	3		3			
入籍						

2-4　续表　　　　单位：人

民　族	有配偶			离　婚			丧　偶		
	小计	男	女	小计	男	女	小计	男	女
总　计	**301923**	**152954**	**148969**	**8786**	**4234**	**4552**	**16907**	**4005**	**12902**
汉　族	300212	152050	148162	8711	4201	4510	16814	3985	12829
蒙古族	163	76	87				5		5
回　族	753	381	372	43	19	24	59	10	49
藏　族	27	15	12	4	1	3	1		1
维吾尔族									
苗　族	117	70	47	2	1	1	2	1	1
彝　族	55	27	28						
壮　族	27	10	17						
布依族	11	5	6				1	1	
朝鲜族	34	15	19				1		1
满　族	399	229	170	19	9	10	22	8	14
侗　族	9	6	3	1	1				
瑶　族	7	2	5	1		1			
白　族	7	4	3	1		1			
土家族	52	30	22	3	2	1	2		2
哈尼族	3	2	1						
哈萨克族									
傣　族									
黎　族	6	4	2	1		1			
傈僳族									
佤　族									
畲　族	2		2						
高山族	2	1	1						
拉祜族									
水　族	1	1							
东乡族									
纳西族									
景颇族									
柯尔克孜族									
土　族	5	2	3						
达斡尔族	3	3							
仫佬族	2	2							
羌　族	6	6							
布朗族									
撒拉族	2	1	1						
毛南族									
仡佬族	6	5	1						
锡伯族	8	6	2						
阿昌族									
普米族									
塔吉克族									
怒　族									
乌孜别克族									
俄罗斯族									
鄂温克族	1	1							
德昂族									
保安族									
裕固族									
京　族									
塔塔尔族									
独龙族									
鄂伦春族									
赫哲族									
门巴族									
珞巴族									
基诺族									
未定族称人口	3		3						
入　籍									

2-5 全市各民族分性别、初婚年龄的人口

单位：人

民族	合计			15岁以下		
	合计	男	女	小计	男	女
总计	**327616**	**161193**	**166423**	**251**	**40**	**211**
汉族	325737	160236	165501	251	40	211
蒙古族	168	76	92			
回族	855	410	445			
藏族	32	16	16			
维吾尔族						
苗族	121	72	49			
彝族	55	27	28			
壮族	27	10	17			
布依族	12	6	6			
朝鲜族	35	15	20			
满族	440	246	194			
侗族	10	7	3			
瑶族	8	2	6			
白族	8	4	4			
土家族	57	32	25			
哈尼族	3	2	1			
哈萨克族						
傣族						
黎族	7	4	3			
傈僳族						
佤族						
畲族	2		2			
高山族	2	1	1			
拉祜族						
水族	1	1				
东乡族						
纳西族						
景颇族						
柯尔克孜族						
土族	5	2	3			
达斡尔族	3	3				
仫佬族	2	2				
羌族	6	6				
布朗族						
撒拉族	2	1	1			
毛南族						
仡佬族	6	5	1			
锡伯族	8	6	2			
阿昌族						
普米族						
塔吉克族						
怒族						
乌孜别克族						
俄罗斯族						
鄂温克族	1	1				
德昂族						
保安族						
裕固族						
京族						
塔塔尔族						
独龙族						
鄂伦春族						
赫哲族						
门巴族						
珞巴族						
基诺族						
未定族称人口	3		3			
入籍						

2-5　续表 1　　　　单位：人

民　　族	15岁			16岁		
	小计	男	女	小计	男	女
总　计	**1474**	**256**	**1218**	**2663**	**415**	**2248**
汉　族	1461	254	1207	2646	410	2236
蒙古族	1		1			
回　族	3		3	9	2	7
藏　族						
维吾尔族						
苗　族	4	1	3	1		1
彝　族				4	1	3
壮　族	1		1			
布依族						
朝鲜族						
满　族	4	1	3	2	2	
侗　族						
瑶　族				1		1
白　族						
土家族						
哈尼族						
哈萨克族						
傣　族						
黎　族						
傈僳族						
佤　族						
畲　族						
高山族						
拉祜族						
水　族						
东乡族						
纳西族						
景颇族						
柯尔克孜族						
土　族						
达斡尔族						
仫佬族						
羌　族						
布朗族						
撒拉族						
毛南族						
仡佬族						
锡伯族						
阿昌族						
普米族						
塔吉克族						
怒　族						
乌孜别克族						
俄罗斯族						
鄂温克族						
德昂族						
保安族						
裕固族						
京　族						
塔塔尔族						
独龙族						
鄂伦春族						
赫哲族						
门巴族						
珞巴族						
基诺族						
未定族称人口						
入　籍						

2-5 续表 2 单位：人

民族	17岁			18岁			19岁		
	小计	男	女	小计	男	女	小计	男	女
总　计	**4674**	**808**	**3866**	**8025**	**1691**	**6334**	**12888**	**3630**	**9258**
汉　族	4647	799	3848	7969	1674	6295	12816	3612	9204
蒙古族	2	1	1	6	4	2	4	1	3
回　族	14	4	10	17	5	12	26	2	24
藏　族	2	1	1	4	1	3	4	2	2
维吾尔族									
苗　族	1	1		8	1	7	10	3	7
彝　族	4		4	6	2	4	3	2	1
壮　族				2		2	2		2
布依族							1	1	
朝鲜族							1		1
满　族	2	1	1	11	2	9	18	6	12
侗　族									
瑶　族									
白　族									
土家族	2	1	1				2	1	1
哈尼族									
哈萨克族									
傣　族									
黎　族									
傈僳族									
佤　族									
畲　族									
高山族									
拉祜族									
水　族									
东乡族									
纳西族									
景颇族									
柯尔克孜族									
土　族									
达斡尔族									
仫佬族				1	1				
羌　族									
布朗族									
撒拉族									
毛南族									
仡佬族							1		1
锡伯族				1	1				
阿昌族									
普米族									
塔吉克族									
怒　族									
乌孜别克族									
俄罗斯族									
鄂温克族									
德昂族									
保安族									
裕固族									
京　族									
塔塔尔族									
独龙族									
鄂伦春族									
赫哲族									
门巴族									
珞巴族									
基诺族									
未定族称人口									
入　籍									

2-5 续表 3

单位：人

民 族	20岁			21岁			22岁		
	小计	男	女	小计	男	女	小计	男	女
总 计	**19345**	**6293**	**13052**	**25996**	**10119**	**15877**	**34833**	**15586**	**19247**
汉 族	19249	6255	12994	25869	10070	15799	34664	15504	19160
蒙古族	6	1	5	13	6	7	14	3	11
回 族	32	13	19	53	14	39	84	36	48
藏 族	5	2	3	3	2	1			
维吾尔族									
苗 族	12	7	5	13	8	5	15	10	5
彝 族	3	1	2	5	2	3	5	4	1
壮 族	2		2	1		1	4	2	2
布依族	1	1		2		2	2	1	1
朝鲜族	3		3	5	1	4	4		4
满 族	25	8	17	21	8	13	24	16	8
侗 族	1	1					3	2	1
瑶 族							1		1
白 族	2	1	1				1		1
土家族	1		1	4	2	2	6	4	2
哈尼族	1	1		1		1			
哈萨克族									
傣 族									
黎 族	1	1					2	1	1
傈僳族									
佤 族									
畲 族									
高山族									
拉祜族									
水 族									
东乡族									
纳西族									
景颇族									
柯尔克孜族									
土 族									
达斡尔族									
仫佬族									
羌 族	1	1		3	3		1	1	
布朗族									
撒拉族							1		1
毛南族									
仡佬族				2	2		2	2	
锡伯族				1	1				
阿昌族									
普米族									
塔吉克族									
怒 族									
乌孜别克族									
俄罗斯族									
鄂温克族									
德昂族									
保安族									
裕固族									
京 族									
塔塔尔族									
独龙族									
鄂伦春族									
赫哲族									
门巴族									
珞巴族									
基诺族									
未定族称人口									
入 籍									

2-5 续表 4

单位：人

民 族	23岁			24岁			25岁		
	小计	男	女	小计	男	女	小计	男	女
总 计	**37514**	**17597**	**19917**	**37883**	**19319**	**18564**	**36306**	**19575**	**16731**
汉 族	37313	17491	19822	37660	19205	18455	36097	19454	16643
蒙古族	17	8	9	13	5	8	16	9	7
回 族	102	53	49	120	57	63	102	51	51
藏 族	1	1		2	1	1	3	1	2
维吾尔族									
苗 族	10	9	1	11	7	4	9	7	2
彝 族	5	4	1	3	2	1	8	4	4
壮 族				4	1	3	1	1	
布依族	1	1		2		2			
朝鲜族	2	1	1	2	2		3	3	
满 族	45	18	27	50	30	20	54	36	18
侗 族	2	1	1	1	1		2	1	1
瑶 族							1		1
白 族	1	1		1	1		1	1	
土家族	12	6	6	8	3	5	4	3	1
哈尼族				1	1				
哈萨克族									
傣 族									
黎 族									
傈僳族									
佤 族									
畲 族				1		1			
高山族									
拉祜族									
水 族				1	1				
东乡族									
纳西族									
景颇族									
柯尔克孜族									
土 族				1		1			
达斡尔族				1	1		1	1	
仫佬族	1	1							
羌 族	1	1							
布朗族									
撒拉族	1	1							
毛南族									
仡佬族							1	1	
锡伯族							2	2	
阿昌族									
普米族									
塔吉克族									
怒 族									
乌孜别克族									
俄罗斯族									
鄂温克族				1	1				
德昂族									
保安族									
裕固族									
京 族									
塔塔尔族									
独龙族									
鄂伦春族									
赫哲族									
门巴族									
珞巴族									
基诺族									
未定族称人口							1		1
入 籍									

2-5　续表 5　　　　单位：人

民　族	26岁			27岁			28岁		
	小计	男	女	小计	男	女	小计	男	女
总　计	**29597**	**17107**	**12490**	**22210**	**13635**	**8575**	**15622**	**10000**	**5622**
汉　族	29439	17025	12414	22074	13550	8524	15511	9931	5580
蒙古族	16	7	9	21	10	11	11	5	6
回　族	82	46	36	54	30	24	45	25	20
藏　族				1	1		1	1	
维吾尔族									
苗　族	6	4	2	3	3		4	2	2
彝　族	1	1		1	1				
壮　族	2	1	1	1		1	2	2	
布依族				1	1		1	1	
朝鲜族	1		1	7	4	3	3	2	1
满　族	38	19	19	34	26	8	35	25	10
侗　族				1	1				
瑶　族	1		1	1	1				
白　族	1		1				1		1
土家族	7	3	4	7	6	1	2	2	
哈尼族									
哈萨克族									
傣　族									
黎　族	1		1	1	1				
傈僳族									
佤　族									
畲　族							1		1
高山族									
拉祜族									
水　族									
东乡族									
纳西族									
景颇族									
柯尔克孜族									
土　族				1		1	3	2	1
达斡尔族	1	1							
仫佬族									
羌　族									
布朗族									
撒拉族									
毛南族									
仡佬族									
锡伯族	1		1	1		1	2	2	
阿昌族									
普米族									
塔吉克族									
怒　族									
乌孜别克族									
俄罗斯族									
鄂温克族									
德昂族									
保安族									
裕固族									
京　族									
塔塔尔族									
独龙族									
鄂伦春族									
赫哲族									
门巴族									
珞巴族									
基诺族									
未定族称人口				1		1			
入　籍									

2-5 续表 6 单位：人

民　族	29岁			30岁			31岁		
	小计	男	女	小计	男	女	小计	男	女
总　计	**10367**	**6765**	**3602**	**6901**	**4592**	**2309**	**4767**	**3218**	**1549**
汉　族	10307	6728	3579	6849	4558	2291	4731	3191	1540
蒙古族	5	3	2	7	6	1	7	5	2
回　族	27	16	11	23	13	10	13	10	3
藏　族	2	1	1	1	1				
维吾尔族									
苗　族	2	2		1		1	3	2	1
彝　族	2	1	1	1	1		2	1	1
壮　族				2	2				
布依族									
朝鲜族	1	1					1	1	
满　族	19	12	7	14	9	5	9	8	1
侗　族									
瑶　族				2	1	1			
白　族									
土家族	1		1						
哈尼族									
哈萨克族									
傣　族									
黎　族	1	1							
傈僳族									
佤　族									
畲　族									
高山族				1	1		1		1
拉祜族									
水　族									
东乡族									
纳西族									
景颇族									
柯尔克孜族									
土　族									
达斡尔族									
仫佬族									
羌　族									
布朗族									
撒拉族									
毛南族									
仡佬族									
锡伯族									
阿昌族									
普米族									
塔吉克族									
怒　族									
乌孜别克族									
俄罗斯族									
鄂温克族									
德昂族									
保安族									
裕固族									
京　族									
塔塔尔族									
独龙族									
鄂伦春族									
赫哲族									
门巴族									
珞巴族									
基诺族									
未定族称人口									
入　籍									

2-5　续表 7　　单位：人

民　族	32岁			33岁			34岁		
	小计	男	女	小计	男	女	小计	男	女
总　计	**3412**	**2231**	**1181**	**2663**	**1722**	**941**	**1968**	**1247**	**721**
汉　族	3384	2213	1171	2647	1710	937	1959	1244	715
蒙古族	3	1	2	1	1				
回　族	13	10	3	8	6	2	2	2	
藏　族				1	1				
维吾尔族									
苗　族	4	4		1		1			
彝　族									
壮　族				1	1		1		1
布依族									
朝鲜族									
满　族	5	3	2	4	3	1	6	1	5
侗　族									
瑶　族	1		1						
白　族									
土家族									
哈尼族									
哈萨克族									
傣　族									
黎　族	1		1						
傈僳族									
佤　族									
畲　族									
高山族									
拉祜族									
水　族									
东乡族									
纳西族									
景颇族									
柯尔克孜族									
土　族									
达斡尔族									
仫佬族									
羌　族									
布朗族									
撒拉族									
毛南族									
仡佬族									
锡伯族									
阿昌族									
普米族									
塔吉克族									
怒　族									
乌孜别克族									
俄罗斯族									
鄂温克族									
德昂族									
保安族									
裕固族									
京　族									
塔塔尔族									
独龙族									
鄂伦春族									
赫哲族									
门巴族									
珞巴族									
基诺族									
未定族称人口	1		1						
入　籍									

2−5 续表 8

单位：人

民族	35岁			36岁			37岁		
	小计	男	女	小计	男	女	小计	男	女
总 计	**1569**	**993**	**576**	**1225**	**777**	**448**	**909**	**603**	**306**
汉 族	1555	988	567	1215	771	444	901	599	302
蒙古族	1		1	1		1	2		2
回 族	5	3	2	3	2	1	1	1	
藏 族	1		1						
维吾尔族									
苗 族				1	1				
彝 族									
壮 族	1		1						
布依族	1		1						
朝鲜族				1		1			
满 族	5	2	3	4	3	1	5	3	2
侗 族									
瑶 族									
白 族									
土家族									
哈尼族									
哈萨克族									
傣 族									
黎 族									
傈僳族									
佤 族									
畲 族									
高山族									
拉祜族									
水 族									
东乡族									
纳西族									
景颇族									
柯尔克孜族									
土 族									
达斡尔族									
仫佬族									
羌 族									
布朗族									
撒拉族									
毛南族									
仡佬族									
锡伯族									
阿昌族									
普米族									
塔吉克族									
怒 族									
乌孜别克族									
俄罗斯族									
鄂温克族									
德昂族									
保安族									
裕固族									
京 族									
塔塔尔族									
独龙族									
鄂伦春族									
赫哲族									
门巴族									
珞巴族									
基诺族									
未定族称人口									
入 籍									

2-5　续表 9

单位：人

民　族	38岁			39岁			40岁及以上		
	小计	男	女	小计	男	女	小计	男	女
总　计	**732**	**480**	**252**	**650**	**435**	**215**	**3172**	**2059**	**1113**
汉　族	723	477	246	646	434	212	3154	2049	1105
蒙古族							1		1
回　族	6	3	3	2		2	9	6	3
藏　族				1		1			
维吾尔族									
苗　族							2		2
彝　族	1		1				1		1
壮　族									
布依族									
朝鲜族	1		1						
满　族	1		1	1	1		4	3	1
侗　族									
瑶　族									
白　族									
土家族							1	1	
哈尼族									
哈萨克族									
傣　族									
黎　族									
傈僳族									
佤　族									
畲　族									
高山族									
拉祜族									
水　族									
东乡族									
纳西族									
景颇族									
柯尔克孜族									
土　族									
达斡尔族									
仫佬族									
羌　族									
布朗族									
撒拉族									
毛南族									
仡佬族									
锡伯族									
阿昌族									
普米族									
塔吉克族									
怒　族									
乌孜别克族									
俄罗斯族									
鄂温克族									
德昂族									
保安族									
裕固族									
京　族									
塔塔尔族									
独龙族									
鄂伦春族									
赫哲族									
门巴族									
珞巴族									
基诺族									
未定族称人口									
入　籍									

2—6 全市按民族、生育孩次分的育龄妇女人数
(2019.11.1—2020.10.31)

单位：人

民族	合计	生男孩的妇女人数	生女孩的妇女人数	一孩			二孩		
				小计	男	女	小计	男	女
总计	**4747**	**2457**	**2290**	**2701**	**1385**	**1316**	**1893**	**989**	**904**
汉族	4721	2442	2279	2688	1377	1311	1880	982	898
蒙古族	5	4	1	2	1	1	3	3	
回族	7	3	4	4	2	2	3	1	2
藏族									
维吾尔族									
苗族	1		1				1		1
彝族									
壮族									
布依族									
朝鲜族	1	1					1	1	
满族	12	7	5	7	5	2	5	2	3
侗族									
瑶族									
白族									
土家族									
哈尼族									
哈萨克族									
傣族									
黎族									
傈僳族									
佤族									
畲族									
高山族									
拉祜族									
水族									
东乡族									
纳西族									
景颇族									
柯尔克孜族									
土族									
达斡尔族									
仫佬族									
羌族									
布朗族									
撒拉族									
毛南族									
仡佬族									
锡伯族									
阿昌族									
普米族									
塔吉克族									
怒族									
乌孜别克族									
俄罗斯族									
鄂温克族									
德昂族									
保安族									
裕固族									
京族									
塔塔尔族									
独龙族									
鄂伦春族									
赫哲族									
门巴族									
珞巴族									
基诺族									
未定族称人口									
入籍									

2-6　续表　　　　单位：人

民　族	三　孩			四　孩			五孩及以上		
	小计	男	女	小计	男	女	小计	男	女
总　计	**133**	**71**	**62**	**17**	**9**	**8**	**3**	**3**	
汉　族	133	71	62	17	9	8	3	3	
蒙古族									
回　族									
藏　族									
维吾尔族									
苗　族									
彝　族									
壮　族									
布依族									
朝鲜族									
满　族									
侗　族									
瑶　族									
白　族									
土家族									
哈尼族									
哈萨克族									
傣　族									
黎　族									
傈僳族									
佤　族									
畲　族									
高山族									
拉祜族									
水　族									
东乡族									
纳西族									
景颇族									
柯尔克孜族									
土　族									
达斡尔族									
仫佬族									
羌　族									
布朗族									
撒拉族									
毛南族									
仡佬族									
锡伯族									
阿昌族									
普米族									
塔吉克族									
怒　族									
乌孜别克族									
俄罗斯族									
鄂温克族									
德昂族									
保安族									
裕固族									
京　族									
塔塔尔族									
独龙族									
鄂伦春族									
赫哲族									
门巴族									
珞巴族									
基诺族									
未定族称人口									
入　籍									

2-7 全市各民族15-64岁妇女平均活产子女数和平均存活子女数

单位：人、%

民族	15-64岁妇女人数	活产子女总数			存活子女总数			存活子女数占活产子女数的百分比	妇女平均活产子女数	妇女平均存活子女数
		小计	男	女	小计	男	女			
总　计	**179054**	**195661**	**102089**	**93572**	**192197**	**99994**	**92203**	**98.23**	**1.09**	**1.07**
汉　族	177990	194624	101521	93103	191182	99440	91742	98.23	1.09	1.07
蒙古族	121	104	42	62	102	41	61	98.08	0.86	0.84
回　族	424	423	244	179	416	239	177	98.35	1.00	0.98
藏　族	37	28	15	13	28	15	13	100.00	0.76	0.76
维吾尔族	9									
苗　族	56	93	56	37	87	53	34	93.55	1.66	1.55
彝　族	38	63	33	30	63	33	30	100.00	1.66	1.66
壮　族	25	24	17	7	24	17	7	100.00	0.96	0.96
布依族	12	9	3	6	9	3	6	100.00	0.75	0.75
朝鲜族	19	15	10	5	14	9	5	93.33	0.79	0.74
满　族	220	196	100	96	194	99	95	98.98	0.89	0.88
侗　族	10	8	3	5	5	1	4	62.50	0.80	0.50
瑶　族	11	8	6	2	8	6	2	100.00	0.73	0.73
白　族	6	6	4	2	6	4	2	100.00	1.00	1.00
土家族	43	33	19	14	32	18	14	96.97	0.77	0.74
哈尼族	2	2	1	1	2	1	1	100.00	1.00	1.00
哈萨克族	3									
傣　族										
黎　族	7	8	3	5	8	3	5	100.00	1.14	1.14
傈僳族										
佤　族										
畲　族	2	4	4		4	4		100.00	2.00	2.00
高山族	1									
拉祜族										
水　族	1									
东乡族										
纳西族	1									
景颇族										
柯尔克孜族										
土　族	3	3	1	2	3	1	2	100.00	1.00	1.00
达斡尔族										
仫佬族										
羌　族	2									
布朗族										
撒拉族	1	3	2	1	3	2	1	100.00	3.00	3.00
毛南族										
仡佬族	3	1	1		1	1		100.00	0.33	0.33
锡伯族	3	2	1	1	2	1	1	100.00	0.67	0.67
阿昌族										
普米族										
塔吉克族										
怒　族										
乌孜别克族										
俄罗斯族										
鄂温克族										
德昂族										
保安族										
裕固族										
京　族										
塔塔尔族										
独龙族										
鄂伦春族										
赫哲族										
门巴族	1									
珞巴族										
基诺族										
未定族称人口	3	4	3	1	4	3	1	100.00	1.33	1.33
入　籍										

第二部分 长表数据资料

第三卷 教育

3-1　全市分学业完成情况、性别、受教育程度的3岁及以上人口

单位：人

学业完成情况	合计			小学		
	合计	男	女	小计	男	女
总计	**455852**	**231305**	**224547**	**65208**	**31732**	**33476**
在校	84652	43052	41600	30758	15878	14880
毕业	359930	182471	177459	30607	14121	16486
肄业	1574	795	779	706	297	409
辍学	2884	1548	1336	1573	723	850
其他	6812	3439	3373	1564	713	851

3-1　续表 1　　单位：人

学业完成情况	初中			高中			大学专科		
	小计	男	女	小计	男	女	小计	男	女
总计	**137534**	**73230**	**64304**	**90829**	**46335**	**44494**	**71201**	**35550**	**35651**
在校	13134	6863	6271	12705	6484	6221	6619	3300	3319
毕业	120040	63894	56146	76613	39047	37566	63722	31802	31920
肄业	581	346	235	173	96	77	68	35	33
辍学	1049	655	394	229	152	77	23	16	7
其他	2730	1472	1258	1109	556	553	769	397	372

3-1　续表 2　　单位：人

学业完成情况	大学本科			硕士研究生			博士研究生		
	小计	男	女	小计	男	女	小计	男	女
总计	**79596**	**39345**	**40251**	**10258**	**4497**	**5761**	**1226**	**616**	**610**
在校	18663	9312	9351	2488	1100	1388	285	115	170
毕业	60315	29741	30574	7711	3371	4340	922	495	427
肄业	42	21	21	3		3	1		1
辍学	10	2	8						
其他	566	269	297	56	26	30	18	6	12

3-1a 全市分学业完成情况、性别、受教育程度的3岁及以上人口(城市)

单位：人

学业完成情况	合计			小学		
	合计	男	女	小计	男	女
总　计	**360534**	**180975**	**179559**	**45400**	**21896**	**23504**
在　校	65742	33864	31878	24470	12648	11822
毕　业	288405	143895	144510	19184	8504	10680
肄　业	1039	500	539	451	170	281
辍　学	1404	754	650	639	280	359
其　他	3944	1962	1982	656	294	362

3-1a　续表 1

单位：人

学业完成情况	初中			高中			大学专科		
	小计	男	女	小计	男	女	小计	男	女
总　计	**98104**	**51128**	**46976**	**73216**	**36577**	**36639**	**62223**	**31021**	**31202**
在　校	10138	5252	4886	10023	5095	4928	4359	2212	2147
毕　业	85541	44529	41012	62161	30933	31228	57227	28491	28736
肄　业	401	239	162	112	58	54	50	24	26
辍　学	566	350	216	174	111	63	16	11	5
其　他	1458	758	700	746	380	366	571	283	288

3-1a　续表 2

单位：人

学业完成情况	大学本科			硕士研究生			博士研究生		
	小计	男	女	小计	男	女	小计	男	女
总　计	**70567**	**35422**	**35145**	**9820**	**4329**	**5491**	**1204**	**602**	**602**
在　校	14083	7479	6604	2394	1069	1325	275	109	166
毕　业	56008	27715	28293	7374	3236	4138	910	487	423
肄　业	21	9	12	3		3	1		1
辍　学	9	2	7						
其　他	446	217	229	49	24	25	18	6	12

3-1b　全市分学业完成情况、性别、受教育程度的3岁及以上人口(镇)

单位：人

学业完成情况	合计			小学		
	合计	男	女	小计	男	女
总　计	**45499**	**23397**	**22102**	**6704**	**3314**	**3390**
在　校	11543	5321	6222	2930	1486	1444
毕　业	32254	17210	15044	3276	1585	1691
肄　业	175	96	79	49	23	26
辍　学	442	249	193	247	135	112
其　他	1085	521	564	202	85	117

3-1b　续表 1

单位：人

学业完成情况	初中			高中			大学专科		
	小计	男	女	小计	男	女	小计	男	女
总　计	**14686**	**8056**	**6630**	**10608**	**5843**	**4765**	**5573**	**2772**	**2801**
在　校	1371	753	618	1497	743	754	1367	610	757
毕　业	12648	6946	5702	8850	4983	3867	4054	2069	1985
肄　业	57	31	26	37	22	15	13	9	4
辍　学	175	101	74	20	13	7			
其　他	435	225	210	204	82	122	139	84	55

3-1b　续表 2

单位：人

学业完成情况	大学本科			硕士研究生			博士研究生		
	小计	男	女	小计	男	女	小计	男	女
总　计	**7588**	**3272**	**4316**	**325**	**130**	**195**	**15**	**10**	**5**
在　校	4319	1709	2610	53	16	37	6	4	2
毕　业	3150	1509	1641	267	112	155	9	6	3
肄　业	19	11	8						
辍　学									
其　他	100	43	57	5	2	3			

3-1c 全市分学业完成情况、性别、受教育程度的3岁及以上人口(乡村)

单位：人

学业完成情况	合计			小学		
	合计	男	女	小计	男	女
总　计	**49819**	**26933**	**22886**	**13104**	**6522**	**6582**
在　校	7367	3867	3500	3358	1744	1614
毕　业	39271	21366	17905	8147	4032	4115
肄　业	360	199	161	206	104	102
辍　学	1038	545	493	687	308	379
其　他	1783	956	827	706	334	372

3-1c 续表 1

单位：人

学业完成情况	初中			高中			大学专科		
	小计	男	女	小计	男	女	小计	男	女
总　计	**24744**	**14046**	**10698**	**7005**	**3915**	**3090**	**3405**	**1757**	**1648**
在　校	1625	858	767	1185	646	539	893	478	415
毕　业	21851	12419	9432	5602	3131	2471	2441	1242	1199
肄　业	123	76	47	24	16	8	5	2	3
辍　学	308	204	104	35	28	7	7	5	2
其　他	837	489	348	159	94	65	59	30	29

3-1c 续表 2

单位：人

学业完成情况	大学本科			硕士研究生			博士研究生		
	小计	男	女	小计	男	女	小计	男	女
总　计	**1441**	**651**	**790**	**113**	**38**	**75**	**7**	**4**	**3**
在　校	261	124	137	41	15	26	4	2	2
毕　业	1157	517	640	70	23	47	3	2	1
肄　业	2	1	1						
辍　学	1		1						
其　他	20	9	11	2		2			

3–2　全市分年龄、性别、学业完成情况的3岁及以上各种受教育程度人口

单位：人

年龄	合计								
	合计			在校			毕业		
	合计	男	女	小计	男	女	小计	男	女
总计	**455852**	**231305**	**224547**	**84652**	**43052**	**41600**	**359930**	**182471**	**177459**
3									
4									
5–9岁	**20893**	**10774**	**10119**	**20418**	**10504**	**9914**	**407**	**224**	**183**
5	287	153	134	276	147	129	7	3	4
6	4829	2489	2340	4712	2418	2294	103	61	42
7	5329	2735	2594	5219	2666	2553	95	57	38
8	5600	2859	2741	5472	2790	2682	105	55	50
9	4848	2538	2310	4739	2483	2256	97	48	49
10–14岁	**22706**	**11689**	**11017**	**21875**	**11280**	**10595**	**739**	**359**	**380**
10	4800	2448	2352	4669	2383	2286	121	60	61
11	4671	2443	2228	4517	2371	2146	139	65	74
12	4603	2404	2199	4420	2312	2108	163	82	81
13	4451	2225	2226	4262	2145	2117	163	66	97
14	4181	2169	2012	4007	2069	1938	153	86	67
15–19岁	**24358**	**12582**	**11776**	**22282**	**11243**	**11039**	**1934**	**1253**	**681**
15	4030	2076	1954	3949	2023	1926	63	43	20
16	4813	2438	2375	4654	2346	2308	145	84	61
17	3744	1942	1802	3470	1759	1711	251	170	81
18	4473	2360	2113	3897	1986	1911	536	351	185
19	7298	3766	3532	6312	3129	3183	939	605	334
20–24岁	**36122**	**18537**	**17585**	**17928**	**9020**	**8908**	**17771**	**9294**	**8477**
20	8340	4328	4012	6679	3320	3359	1609	972	637
21	7796	4126	3670	5376	2773	2603	2369	1327	1042
22	7310	3753	3557	3293	1675	1618	3924	2026	1898
23	6220	3118	3102	1625	794	831	4483	2266	2217
24	6456	3212	3244	955	458	497	5386	2703	2683
25–29岁	**39571**	**19790**	**19781**	**1594**	**730**	**864**	**37198**	**18606**	**18592**
25	7352	3681	3671	727	335	392	6487	3265	3222
26	7473	3747	3726	410	171	239	6905	3480	3425
27	7994	3917	4077	232	109	123	7617	3728	3889
28	8339	4209	4130	144	75	69	8026	4028	3998
29	8413	4236	4177	81	40	41	8163	4105	4058
30–34岁	**51064**	**25669**	**25395**	**291**	**143**	**148**	**49823**	**25017**	**24806**
30	10611	5326	5285	109	48	61	10304	5167	5137
31	10914	5525	5389	66	39	27	10655	5384	5271
32	9858	4881	4977	42	24	18	9632	4767	4865
33	10303	5174	5129	42	19	23	10065	5046	5019
34	9378	4763	4615	32	13	19	9167	4653	4514
35–39岁	**41362**	**20882**	**20480**	**103**	**41**	**62**	**40424**	**20417**	**20007**
35	8478	4250	4228	28	11	17	8288	4158	4130
36	8500	4283	4217	27	7	20	8295	4183	4112
37	8297	4251	4046	15	9	6	8120	4156	3964
38	9139	4554	4585	18	8	10	8928	4445	4483
39	6948	3544	3404	15	6	9	6793	3475	3318
40–44岁	**32339**	**16333**	**16006**	**48**	**30**	**18**	**31478**	**15848**	**15630**
40	6448	3300	3148	12	7	5	6271	3197	3074
41	6258	3200	3058	9	4	5	6097	3107	2990
42	6240	3135	3105	9	6	3	6093	3061	3032
43	6314	3228	3086	7	5	2	6146	3127	3019
44	7079	3470	3609	11	8	3	6871	3356	3515
45–49岁	**38495**	**19455**	**19040**	**34**	**11**	**23**	**37358**	**18855**	**18503**
45	7017	3557	3460	3		3	6827	3452	3375
46	7688	3853	3835	7	1	6	7453	3736	3717
47	7874	3980	3894	8	5	3	7632	3857	3775
48	7966	4017	3949	6	1	5	7740	3896	3844
49	7950	4048	3902	10	4	6	7706	3914	3792
50岁及以上	**148942**	**75594**	**73348**	**79**	**50**	**29**	**142798**	**72598**	**70200**

3-2　续表 1　　单位：人

年　龄	合计								
	肄　业			辍　学			其　他		
	小计	男	女	小计	男	女	小计	男	女
总　计	**1574**	**795**	**779**	**2884**	**1548**	**1336**	**6812**	**3439**	**3373**
3									
4									
5-9岁	**5**	**3**	**2**	**3**	**2**	**1**	**60**	**41**	**19**
5							4	3	1
6				1		1	13	10	3
7	1	1					14	11	3
8	3	2	1	1	1		19	11	8
9	1		1	1	1		10	6	4
10-14岁	**9**	**6**	**3**	**15**	**10**	**5**	**68**	**34**	**34**
10							10	5	5
11	3	2	1				12	5	7
12				5	3	2	15	7	8
13	3	2	1	4	3	1	19	9	10
14	3	2	1	6	4	2	12	8	4
15-19岁	**18**	**11**	**7**	**47**	**29**	**18**	**77**	**46**	**31**
15				12	6	6	6	4	2
16	1	1		5	3	2	8	4	4
17	3	1	2	8	6	2	12	6	6
18	8	5	3	10	7	3	22	11	11
19	6	4	2	12	7	5	29	21	8
20-24岁	**49**	**27**	**22**	**64**	**44**	**20**	**310**	**152**	**158**
20	7	4	3	7	6	1	38	26	12
21	9	4	5	6	4	2	36	18	18
22	9	6	3	20	12	8	64	34	30
23	14	10	4	16	13	3	82	35	47
24	10	3	7	15	9	6	90	39	51
25-29岁	**87**	**59**	**28**	**149**	**110**	**39**	**543**	**285**	**258**
25	16	9	7	24	18	6	98	54	44
26	17	14	3	37	25	12	104	57	47
27	19	13	6	24	18	6	102	49	53
28	17	11	6	36	28	8	116	67	49
29	18	12	6	28	21	7	123	58	65
30-34岁	**107**	**64**	**43**	**176**	**116**	**60**	**667**	**329**	**338**
30	28	18	10	30	21	9	140	72	68
31	27	17	10	34	20	14	132	65	67
32	20	8	12	31	24	7	133	58	75
33	16	11	5	42	24	18	138	74	64
34	16	10	6	39	27	12	124	60	64
35-39岁	**80**	**37**	**43**	**159**	**101**	**58**	**596**	**286**	**310**
35	16	9	7	35	22	13	111	50	61
36	8	5	3	39	28	11	131	60	71
37	22	11	11	26	16	10	114	59	55
38	19	7	12	38	23	15	136	71	65
39	15	5	10	21	12	9	104	46	58
40-44岁	**85**	**52**	**33**	**206**	**134**	**72**	**522**	**269**	**253**
40	16	9	7	41	33	8	108	54	54
41	19	12	7	30	20	10	103	57	46
42	11	7	4	29	13	16	98	48	50
43	17	10	7	46	32	14	98	54	44
44	22	14	8	60	36	24	115	56	59
45-49岁	**135**	**80**	**55**	**283**	**154**	**129**	**685**	**355**	**330**
45	28	18	10	42	23	19	117	64	53
46	29	17	12	60	29	31	139	70	69
47	26	13	13	56	30	26	152	75	77
48	21	14	7	60	32	28	139	74	65
49	31	18	13	65	40	25	138	72	66
50岁及以上	**999**	**456**	**543**	**1782**	**848**	**934**	**3284**	**1642**	**1642**

3-2　续表 2　　　　　　　　　　　　　　　　单位：人

年　龄	小　学								
	合　计			在　校			毕　业		
	合计	男	女	小计	男	女	小计	男	女
总　计	**65208**	**31732**	**33476**	**30758**	**15878**	**14880**	**30607**	**14121**	**16486**
3									
4									
5－9岁	**20735**	**10688**	**10047**	**20271**	**10427**	**9844**	**400**	**217**	**183**
5	287	153	134	276	147	129	7	3	4
6	4790	2470	2320	4676	2402	2274	100	58	42
7	5293	2712	2581	5187	2647	2540	93	55	38
8	5564	2840	2724	5437	2771	2666	105	55	50
9	4801	2513	2288	4695	2460	2235	95	46	49
10－14岁	**10812**	**5612**	**5200**	**10463**	**5436**	**5027**	**311**	**153**	**158**
10	4727	2410	2317	4605	2349	2256	112	56	56
11	4450	2325	2125	4318	2265	2053	117	53	64
12	1330	720	610	1270	684	586	56	32	24
13	217	107	110	196	97	99	16	6	10
14	88	50	38	74	41	33	10	6	4
15－19岁	**75**	**56**	**19**	**8**	**6**	**2**	**54**	**43**	**11**
15	12	10	2	1	1		7	7	
16	12	7	5	5	3	2	6	3	3
17	14	10	4				10	9	1
18	17	12	5	2	2		14	9	5
19	20	17	3				17	15	2
20－24岁	**252**	**161**	**91**	**1**	**1**		**236**	**154**	**82**
20	33	25	8	1	1		29	23	6
21	29	17	12				29	17	12
22	55	36	19				49	33	16
23	49	29	20				47	28	19
24	86	54	32				82	53	29
25－29岁	**525**	**322**	**203**	**2**	**2**		**485**	**294**	**191**
25	83	57	26				78	54	24
26	83	60	23				76	56	20
27	102	58	44				96	54	42
28	115	69	46	2	2		102	58	44
29	142	78	64				133	72	61
30－34岁	**1022**	**566**	**456**				**950**	**524**	**426**
30	183	113	70				173	107	66
31	209	122	87				194	112	82
32	181	108	73				165	97	68
33	252	130	122				230	119	111
34	197	93	104				188	89	99
35－39岁	**1060**	**578**	**482**	**2**	**1**	**1**	**960**	**523**	**437**
35	177	102	75				161	90	71
36	206	105	101	1		1	185	95	90
37	187	105	82				168	95	73
38	254	137	117	1	1		225	121	104
39	236	129	107				221	122	99
40－44岁	**1542**	**795**	**747**				**1399**	**714**	**685**
40	225	125	100				201	108	93
41	271	136	135				250	122	128
42	292	148	144				269	139	130
43	340	176	164				307	156	151
44	414	210	204				372	189	183
45－49岁	**2955**	**1520**	**1435**	**1**		**1**	**2664**	**1348**	**1316**
45	459	240	219				419	212	207
46	584	281	303				533	253	280
47	602	321	281				548	291	257
48	626	318	308	1		1	556	282	274
49	684	360	324				608	310	298
50岁及以上	**26230**	**11434**	**14796**	**10**	**5**	**5**	**23148**	**10151**	**12997**

3-2 续表 3 单位：人

年龄	小学								
	肄业			辍学			其他		
	小计	男	女	小计	男	女	小计	男	女
总计	**706**	**297**	**409**	**1573**	**723**	**850**	**1564**	**713**	**851**
3									
4									
5-9岁	**4**	**3**	**1**	**3**	**2**	**1**	**57**	**39**	**18**
5							4	3	1
6				1		1	13	10	3
7	1	1					12	9	3
8	3	2	1	1	1		18	11	7
9				1	1		10	6	4
10-14岁	**4**	**3**	**1**	**5**	**4**	**1**	**29**	**16**	**13**
10							10	5	5
11	3	2	1				12	5	7
12				2	2		2	2	
13				1	1		4	3	1
14	1	1		2	1	1	1	1	
15-19岁	**3**	**1**	**2**	**6**	**4**	**2**	**4**	**2**	**2**
15				3	1	2	1	1	
16				1	1				
17	1		1	1	1		2		2
18	1	1							
19	1		1	1	1		1	1	
20-24岁	**5**	**1**	**4**	**2**	**1**	**1**	**8**	**4**	**4**
20	1		1				2	1	1
21									
22	3	1	2				3	2	1
23	1		1	1	1				
24				1		1	3	1	2
25-29岁	**8**	**5**	**3**	**14**	**10**	**4**	**16**	**11**	**5**
25	2	1	1	1	1		2	1	1
26	1	1		4	1	3	2	2	
27				1	1		5	3	2
28	3	2	1	5	5		3	2	1
29	2	1	1	3	2	1	4	3	1
30-34岁	**13**	**8**	**5**	**40**	**27**	**13**	**19**	**7**	**12**
30	5	3	2	4	2	2	1	1	
31	3	2	1	8	6	2	4	2	2
32	4	2	2	9	8	1	3	1	2
33	1	1		15	9	6	6	1	5
34				4	2	2	5	2	3
35-39岁	**17**	**9**	**8**	**43**	**24**	**19**	**38**	**21**	**17**
35	3	2	1	8	5	3	5	5	
36	2	2		8	5	3	10	3	7
37	4	1	3	6	3	3	9	6	3
38	7	3	4	12	8	4	9	4	5
39	1	1		9	3	6	5	3	2
40-44岁	**14**	**8**	**6**	**78**	**46**	**32**	**51**	**27**	**24**
40	3	1	2	12	9	3	9	7	2
41	2	2		9	7	2	10	5	5
42	3		3	10	3	7	10	6	4
43	3	2	1	23	15	8	7	3	4
44	3	3		24	12	12	15	6	9
45-49岁	**48**	**33**	**15**	**142**	**79**	**63**	**100**	**60**	**40**
45	7	7		20	12	8	13	9	4
46	7	3	4	28	18	10	16	7	9
47	6	4	2	22	12	10	26	14	12
48	12	9	3	33	14	19	24	13	11
49	16	10	6	39	23	16	21	17	4
50岁及以上	**590**	**226**	**364**	**1240**	**526**	**714**	**1242**	**526**	**716**

3-2　续表 4　　　　单位：人

年　龄	初　　中								
	合　计			在　校			毕　业		
	合计	男	女	小计	男	女	小计	男	女
总　计	**137534**	**73230**	**64304**	**13134**	**6863**	**6271**	**120040**	**63894**	**56146**
3									
4									
5-9岁	**158**	**86**	**72**	**147**	**77**	**70**	**7**	**7**	
5									
6	39	19	20	36	16	20	3	3	
7	36	23	13	32	19	13	2	2	
8	36	19	17	35	19	16			
9	47	25	22	44	23	21	2	2	
10-14岁	**11534**	**5916**	**5618**	**11072**	**5693**	**5379**	**412**	**198**	**214**
10	73	38	35	64	34	30	9	4	5
11	220	118	102	199	106	93	21	12	9
12	3270	1684	1586	3147	1628	1519	107	50	57
13	4173	2092	2081	4015	2025	1990	138	57	81
14	3798	1984	1814	3647	1900	1747	137	75	62
15-19岁	**2575**	**1541**	**1034**	**1877**	**1068**	**809**	**651**	**443**	**208**
15	1234	686	548	1189	657	532	38	26	12
16	467	278	189	372	217	155	88	57	31
17	290	179	111	163	94	69	116	78	38
18	288	206	82	109	77	32	168	121	47
19	296	192	104	44	23	21	241	161	80
20-24岁	**3278**	**2073**	**1205**	**8**	**4**	**4**	**3140**	**1985**	**1155**
20	411	282	129				396	270	126
21	463	292	171	2		2	440	282	158
22	684	444	240	1	1		655	422	233
23	725	450	275	1		1	690	425	265
24	995	605	390	4	3	1	959	586	373
25-29岁	**7322**	**4339**	**2983**	**1**	**1**		**7044**	**4157**	**2887**
25	1227	744	483				1187	718	469
26	1338	797	541				1284	758	526
27	1504	876	628				1445	838	607
28	1549	949	600				1490	911	579
29	1704	973	731	1	1		1638	932	706
30-34岁	**11302**	**6310**	**4992**	**4**	**3**	**1**	**10899**	**6072**	**4827**
30	2231	1276	955	3	2	1	2134	1214	920
31	2304	1298	1006				2230	1257	973
32	2089	1173	916				2012	1131	881
33	2398	1309	1089	1	1		2317	1260	1057
34	2280	1254	1026				2206	1210	996
35-39岁	**11705**	**6284**	**5421**	**8**	**6**	**2**	**11303**	**6070**	**5233**
35	2286	1200	1086	2	2		2213	1162	1051
36	2297	1231	1066	1	1		2203	1174	1029
37	2355	1279	1076	1		1	2283	1241	1042
38	2662	1431	1231	4	3	1	2570	1382	1188
39	2105	1143	962				2034	1111	923
40-44岁	**11492**	**5971**	**5521**	**4**	**2**	**2**	**11071**	**5715**	**5356**
40	2123	1142	981	2	1	1	2040	1087	953
41	2122	1104	1018	1		1	2044	1056	988
42	2211	1156	1055				2144	1119	1025
43	2264	1191	1073				2179	1141	1038
44	2772	1378	1394	1	1		2664	1312	1352
45-49岁	**16541**	**8517**	**8024**	**4**	**2**	**2**	**15991**	**8229**	**7762**
45	2917	1538	1379				2815	1485	1330
46	3301	1705	1596	1		1	3187	1652	1535
47	3395	1722	1673	1	1		3271	1661	1610
48	3504	1785	1719	1		1	3398	1721	1677
49	3424	1767	1657	1	1		3320	1710	1610
50岁及以上	**61627**	**32193**	**29434**	**9**	**7**	**2**	**59522**	**31018**	**28504**

3−2 续表 5 单位：人

年龄	初中								
	肄业			辍学			其他		
	小计	男	女	小计	男	女	小计	男	女
总计	**581**	**346**	**235**	**1049**	**655**	**394**	**2730**	**1472**	**1258**
3									
4									
5−9岁	**1**		**1**				**3**	**2**	**1**
5									
6									
7							2	2	
8							1		1
9	1		1						
10−14岁	**5**	**3**	**2**	**9**	**5**	**4**	**36**	**17**	**19**
10									
11									
12				3	1	2	13	5	8
13	3	2	1	3	2	1	14	6	8
14	2	1	1	3	2	1	9	6	3
15−19岁	**6**	**4**	**2**	**23**	**13**	**10**	**18**	**13**	**5**
15				6	2	4	1	1	
16	1	1		4	2	2	2	1	1
17	2	1	1	4	3	1	5	3	2
18	2	1	1	4	4		5	3	2
19	1	1		5	2	3	5	5	
20−24岁	**18**	**13**	**5**	**42**	**31**	**11**	**70**	**40**	**30**
20	3	3		5	4	1	7	5	2
21	4	2	2	5	3	2	12	5	7
22	2	2		10	7	3	16	12	4
23	6	5	1	11	10	1	17	10	7
24	3	1	2	11	7	4	18	8	10
25−29岁	**44**	**34**	**10**	**81**	**62**	**19**	**152**	**85**	**67**
25	7	4	3	14	12	2	19	10	9
26	9	9		19	14	5	26	16	10
27	14	11	3	16	13	3	29	14	15
28	4	2	2	17	11	6	38	25	13
29	10	8	2	15	12	3	40	20	20
30−34岁	**50**	**37**	**13**	**99**	**69**	**30**	**250**	**129**	**121**
30	12	9	3	21	17	4	61	34	27
31	11	8	3	19	13	6	44	20	24
32	9	5	4	15	12	3	53	25	28
33	10	8	2	20	12	8	50	28	22
34	8	7	1	24	15	9	42	22	20
35−39岁	**33**	**18**	**15**	**85**	**57**	**28**	**276**	**133**	**143**
35	6	4	2	18	11	7	47	21	26
36	2	1	1	26	19	7	65	36	29
37	11	8	3	14	9	5	46	21	25
38	6	3	3	20	12	8	62	31	31
39	8	2	6	7	6	1	56	24	32
40−44岁	**49**	**32**	**17**	**106**	**76**	**30**	**262**	**146**	**116**
40	8	5	3	23	20	3	50	29	21
41	10	7	3	16	11	5	51	30	21
42	6	5	1	16	8	8	45	24	21
43	10	5	5	19	15	4	56	30	26
44	15	10	5	32	22	10	60	33	27
45−49岁	**64**	**32**	**32**	**124**	**67**	**57**	**358**	**187**	**171**
45	17	8	9	21	10	11	64	35	29
46	15	9	6	24	8	16	74	36	38
47	12	5	7	31	16	15	80	39	41
48	8	4	4	23	16	7	74	44	30
49	12	6	6	25	17	8	66	33	33
50岁及以上	**311**	**173**	**138**	**480**	**275**	**205**	**1305**	**720**	**585**

3-2　续表 6

单位：人

年　龄	高　中								
	合　计			在　校			毕　业		
	合计	男	女	小计	男	女	小计	男	女
总　计	**90829**	**46335**	**44494**	**12705**	**6484**	**6221**	**76613**	**39047**	**37566**
3									
4									
5-9岁									
5									
6									
7									
8									
9									
10-14岁	**359**	**161**	**198**	**340**	**151**	**189**	**15**	**8**	**7**
10									
11									
12	3		3	3		3			
13	61	26	35	51	23	28	9	3	6
14	295	135	160	286	128	158	6	5	1
15-19岁	**12975**	**6743**	**6232**	**11969**	**6103**	**5866**	**951**	**608**	**343**
15	2735	1350	1385	2712	1336	1376	16	9	7
16	4237	2121	2116	4185	2096	2089	46	22	24
17	3107	1590	1517	2992	1514	1478	108	72	36
18	1897	1099	798	1597	906	691	283	183	100
19	999	583	416	483	251	232	498	322	176
20-24岁	**5171**	**3006**	**2165**	**381**	**219**	**162**	**4695**	**2739**	**1956**
20	875	534	341	189	107	82	673	418	255
21	909	568	341	88	56	32	810	507	303
22	1052	598	454	50	25	25	979	562	417
23	1126	632	494	33	20	13	1071	602	469
24	1209	674	535	21	11	10	1162	650	512
25-29岁	**7629**	**4240**	**3389**	**5**	**4**	**1**	**7427**	**4123**	**3304**
25	1339	762	577	1	1		1297	737	560
26	1446	839	607	1		1	1404	814	590
27	1543	844	699	3	3		1512	827	685
28	1580	882	698				1542	856	686
29	1721	913	808				1672	889	783
30-34岁	**8952**	**4752**	**4200**	**3**	**2**	**1**	**8747**	**4646**	**4101**
30	2071	1118	953				2034	1102	932
31	1976	1051	925				1934	1029	905
32	1690	881	809				1656	865	791
33	1698	885	813				1655	861	794
34	1517	817	700	3	2	1	1468	789	679
35-39岁	**6888**	**3446**	**3442**	**1**		**1**	**6746**	**3377**	**3369**
35	1315	686	629	1		1	1280	667	613
36	1336	684	652				1308	671	637
37	1328	671	657				1297	653	644
38	1638	774	864				1612	761	851
39	1271	631	640				1249	625	624
40-44岁	**6608**	**3285**	**3323**	**1**	**1**		**6501**	**3229**	**3272**
40	1228	611	617				1208	603	605
41	1267	641	626				1244	629	615
42	1283	632	651	1	1		1260	617	643
43	1313	672	641				1297	661	636
44	1517	729	788				1492	719	773
45-49岁	**7701**	**3747**	**3954**	**1**	**1**		**7561**	**3679**	**3882**
45	1416	693	723				1394	680	714
46	1534	711	823				1498	696	802
47	1570	775	795	1	1		1538	759	779
48	1570	761	809				1550	752	798
49	1611	807	804				1581	792	789
50岁及以上	**34546**	**16955**	**17591**	**4**	**3**	**1**	**33970**	**16638**	**17332**

3-2 续表 7 单位：人

年龄	高中								
	肄业			辍学			其他		
	小计	男	女	小计	男	女	小计	男	女
总计	**173**	**96**	**77**	**229**	**152**	**77**	**1109**	**556**	**553**
3									
4									
5—9岁									
5									
6									
7									
8									
9									
10—14岁				**1**	**1**		**3**	**1**	**2**
10									
11									
12									
13							1		1
14				1	1		2	1	1
15—19岁	**6**	**3**	**3**	**17**	**11**	**6**	**32**	**18**	**14**
15				3	3		4	2	2
16							6	3	3
17				3	2	1	4	2	2
18	4	2	2	6	3	3	7	5	2
19	2	1	1	5	3	2	11	6	5
20—24岁	**15**	**7**	**8**	**16**	**11**	**5**	**64**	**30**	**34**
20	1		1	2	2		10	7	3
21	2	1	1	1	1		8	3	5
22	3	2	1	6	4	2	14	5	9
23	4	2	2	4	2	2	14	6	8
24	5	2	3	3	2	1	18	9	9
25—29岁	**17**	**10**	**7**	**46**	**34**	**12**	**134**	**69**	**65**
25	4	2	2	8	5	3	29	17	12
26	2	2		13	10	3	26	13	13
27	2		2	6	4	2	20	10	10
28	5	4	1	12	10	2	21	12	9
29	4	2	2	7	5	2	38	17	21
30—34岁	**24**	**13**	**11**	**29**	**16**	**13**	**149**	**75**	**74**
30	9	5	4	3		3	25	11	14
31	6	4	2	5	1	4	31	17	14
32	4	1	3	5	3	2	25	12	13
33				5	2	3	38	22	16
34	5	3	2	11	10	1	30	13	17
35—39岁	**14**	**6**	**8**	**28**	**18**	**10**	**99**	**45**	**54**
35	3	2	1	9	6	3	22	11	11
36	1	1		5	4	1	22	8	14
37	2	1	1	6	4	2	23	13	10
38	4	1	3	5	3	2	17	9	8
39	4	1	3	3	1	2	15	4	11
40—44岁	**11**	**6**	**5**	**18**	**10**	**8**	**77**	**39**	**38**
40	2	1	1	4	2	2	14	5	9
41	4	2	2	5	2	3	14	8	6
42	2	2		3	2	1	17	10	7
43				3	2	1	13	9	4
44	3	1	2	3	2	1	19	7	12
45—49岁	**15**	**9**	**6**	**14**	**6**	**8**	**110**	**52**	**58**
45	3	2	1				19	11	8
46	4	3	1	7	2	5	25	10	15
47	5	2	3	3	2	1	23	11	12
48				3	2	1	17	7	10
49	3	2	1	1		1	26	13	13
50岁及以上	**71**	**42**	**29**	**60**	**45**	**15**	**441**	**227**	**214**

3-2　续表 8　　　　单位：人

年　龄	大学专科								
	合　　计			在　　校			毕　　业		
	合计	男	女	小计	男	女	小计	男	女
总　计	**71201**	**35550**	**35651**	**6619**	**3300**	**3319**	**63722**	**31802**	**31920**
3									
4									
5—9岁									
5									
6									
7									
8									
9									
10—14岁									
10									
11									
12									
13									
14									
15—19岁	**3543**	**1758**	**1785**	**3299**	**1613**	**1686**	**229**	**133**	**96**
15	42	25	17	41	24	17	1	1	
16	79	25	54	75	24	51	4	1	3
17	190	96	94	175	86	89	14	9	5
18	937	433	504	876	400	476	56	30	26
19	2295	1179	1116	2132	1079	1053	154	92	62
20—24岁	**8823**	**4343**	**4480**	**3070**	**1567**	**1503**	**5643**	**2723**	**2920**
20	2229	1149	1080	1783	911	872	428	225	203
21	1634	811	823	765	392	373	855	411	444
22	1638	805	833	315	163	152	1306	632	674
23	1608	772	836	135	67	68	1443	694	749
24	1714	806	908	72	34	38	1611	761	850
25—29岁	**10667**	**5127**	**5540**	**119**	**57**	**62**	**10398**	**4989**	**5409**
25	2007	937	1070	43	17	26	1930	903	1027
26	1965	931	1034	30	14	16	1910	904	1006
27	2207	1076	1131	17	9	8	2156	1048	1108
28	2239	1064	1175	12	7	5	2193	1037	1156
29	2249	1119	1130	17	10	7	2209	1097	1112
30—34岁	**13100**	**6344**	**6756**	**47**	**22**	**25**	**12909**	**6247**	**6662**
30	2695	1268	1427	13	5	8	2652	1247	1405
31	2840	1419	1421	9	3	6	2794	1397	1397
32	2636	1226	1410	6	3	3	2601	1208	1393
33	2598	1295	1303	12	8	4	2565	1276	1289
34	2331	1136	1195	7	3	4	2297	1119	1178
35—39岁	**8989**	**4378**	**4611**	**30**	**11**	**19**	**8856**	**4317**	**4539**
35	1959	942	1017	8	2	6	1926	932	994
36	1910	917	993	4		4	1887	909	978
37	1791	907	884	8	5	3	1765	891	874
38	1921	940	981	4	1	3	1891	926	965
39	1408	672	736	6	3	3	1387	659	728
40—44岁	**5811**	**2891**	**2920**	**14**	**10**	**4**	**5724**	**2849**	**2875**
40	1181	608	573	3	3		1157	597	560
41	1147	595	552	2	2		1127	585	542
42	1123	534	589	4	2	2	1109	528	581
43	1169	575	594	4	2	2	1152	565	587
44	1191	579	612	1	1		1179	574	605
45—49岁	**5657**	**2805**	**2852**	**17**	**6**	**11**	**5561**	**2757**	**2804**
45	1130	532	598	2		2	1114	525	589
46	1105	546	559	2		2	1083	532	551
47	1172	592	580	5	2	3	1152	581	571
48	1145	570	575	1	1		1130	563	567
49	1105	565	540	7	3	4	1082	556	526
50岁及以上	**14611**	**7904**	**6707**	**23**	**14**	**9**	**14402**	**7787**	**6615**

3-2 续表 9 单位：人

年 龄	大学专科								
	肄 业			辍 学			其 他		
	小计	男	女	小计	男	女	小计	男	女
总 计	**68**	**35**	**33**	**23**	**16**	**7**	**769**	**397**	**372**
3									
4									
5-9岁									
5									
6									
7									
8									
9									
10-14岁									
10									
11									
12									
13									
14									
15-19岁	**3**	**3**		**1**	**1**		**11**	**8**	**3**
15									
16									
17							1	1	
18	1	1					4	2	2
19	2	2		1	1		6	5	1
20-24岁	**8**	**4**	**4**	**2**	**1**	**1**	**100**	**48**	**52**
20	2	1	1				16	12	4
21	2	1	1				12	7	5
22	1	1		2	1	1	14	8	6
23	1	1					29	10	19
24	2		2				29	11	18
25-29岁	**11**	**6**	**5**	**5**	**2**	**3**	**134**	**73**	**61**
25	1		1	1		1	32	17	15
26	1		1	1		1	23	13	10
27	3	2	1				31	17	14
28	5	3	2	1	1		28	16	12
29	1	1		2	1	1	20	10	10
30-34岁	**10**	**3**	**7**	**6**	**4**	**2**	**128**	**68**	**60**
30	1		1	2	2		27	14	13
31	5	2	3	1		1	31	17	14
32	1		1	2	1	1	26	14	12
33	2	1	1	1	1		18	9	9
34	1		1				26	14	12
35-39岁	**11**	**3**	**8**	**2**	**2**		**90**	**45**	**45**
35	4	1	3				21	7	14
36	2	1	1				17	7	10
37	2		2				16	11	5
38	1		1				25	13	12
39	2	1	1	2	2		11	7	4
40-44岁	**8**	**5**	**3**	**3**	**2**	**1**	**62**	**25**	**37**
40	2	2		2	2		17	4	13
41	2	1	1				16	7	9
42							10	4	6
43	3	2	1				10	6	4
44	1		1	1		1	9	4	5
45-49岁	**6**	**5**	**1**	**2**	**2**		**71**	**35**	**36**
45				1	1		13	6	7
46	3	2	1	1	1		16	11	5
47	2	2					13	7	6
48	1	1					13	5	8
49							16	6	10
50岁及以上	**11**	**6**	**5**	**2**	**2**		**173**	**95**	**78**

3-2　续表 10　　　　单位：人

年　龄	大学本科								
	合　计			在　校			毕　业		
	合计	男	女	小计	男	女	小计	男	女
总　计	**79596**	**39345**	**40251**	**18663**	**9312**	**9351**	**60315**	**29741**	**30574**
3									
4									
5–9岁									
5									
6									
7									
8									
9									
10–14岁	**1**		**1**				**1**		**1**
10									
11	1		1				1		1
12									
13									
14									
15–19岁	**5187**	**2483**	**2704**	**5126**	**2452**	**2674**	**49**	**26**	**23**
15	7	5	2	6	5	1	1		1
16	17	7	10	16	6	10	1	1	
17	143	67	76	140	65	75	3	2	1
18	1333	609	724	1312	600	712	15	8	7
19	3687	1795	1892	3652	1776	1876	29	15	14
20–24岁	**17074**	**8306**	**8768**	**13043**	**6623**	**6420**	**3961**	**1652**	**2309**
20	4783	2334	2449	4697	2297	2400	83	36	47
21	4707	2414	2293	4469	2303	2166	233	108	125
22	3611	1759	1852	2659	1376	1283	933	376	557
23	2159	1004	1155	934	486	448	1203	508	695
24	1814	795	1019	284	161	123	1509	624	885
25–29岁	**10805**	**4786**	**6019**	**332**	**156**	**176**	**10371**	**4583**	**5788**
25	2013	897	1116	161	86	75	1835	801	1034
26	2046	904	1142	82	30	52	1939	862	1077
27	2144	893	1251	43	19	24	2084	869	1215
28	2392	1090	1302	28	14	14	2341	1064	1277
29	2210	1002	1208	18	7	11	2172	987	1185
30–34岁	**13914**	**6569**	**7345**	**74**	**35**	**39**	**13721**	**6484**	**7237**
30	2872	1351	1521	25	13	12	2820	1325	1495
31	2984	1384	1600	13	9	4	2950	1365	1585
32	2695	1282	1413	15	8	7	2654	1268	1386
33	2804	1316	1488	13	2	11	2764	1299	1465
34	2559	1236	1323	8	3	5	2533	1227	1306
35–39岁	**10687**	**5281**	**5406**	**30**	**13**	**17**	**10572**	**5232**	**5340**
35	2326	1145	1181	4	3	1	2308	1136	1172
36	2312	1152	1160	13	3	10	2285	1145	1140
37	2234	1101	1133	4	3	1	2211	1092	1119
38	2226	1070	1156	5	2	3	2199	1055	1144
39	1589	813	776	4	2	2	1569	804	765
40–44岁	**5898**	**2868**	**3030**	**19**	**11**	**8**	**5816**	**2826**	**2990**
40	1438	685	753	5	2	3	1419	676	743
41	1201	590	611	4	2	2	1185	581	604
42	1132	560	572	4	3	1	1116	553	563
43	1079	530	549	1	1		1065	522	543
44	1048	503	545	5	3	2	1031	494	537
45–49岁	**4989**	**2499**	**2490**	**9**	**2**	**7**	**4936**	**2478**	**2458**
45	963	474	489	1		1	953	470	483
46	1034	529	505	3	1	2	1024	523	501
47	993	494	499	1	1		981	489	492
48	999	520	479	2		2	986	516	470
49	1000	482	518	2		2	992	480	512
50岁及以上	**11041**	**6553**	**4488**	**30**	**20**	**10**	**10888**	**6460**	**4428**

3-2 续表 11　　　　单位：人

年龄	大学本科								
	肄业			辍学			其他		
	小计	男	女	小计	男	女	小计	男	女
总计	**42**	**21**	**21**	**10**	**2**	**8**	**566**	**269**	**297**
3									
4									
5-9岁									
5									
6									
7									
8									
9									
10-14岁									
10									
11									
12									
13									
14									
15-19岁							**12**	**5**	**7**
15									
16									
17									
18							6	1	5
19							6	4	2
20-24岁	**3**	**2**	**1**	**2**		**2**	**65**	**29**	**36**
20							3	1	2
21	1		1				4	3	1
22				2		2	17	7	10
23	2	2					20	8	12
24							21	10	11
25-29岁	**6**	**4**	**2**	**3**	**2**	**1**	**93**	**41**	**52**
25	2	2					15	8	7
26	4	2	2				21	10	11
27				1		1	16	5	11
28				1	1		22	11	11
29				1	1		19	7	12
30-34岁	**8**	**3**	**5**	**2**		**2**	**109**	**47**	**62**
30	1	1					26	12	14
31	1	1		1		1	19	9	10
32	2		2				24	6	18
33	3	1	2	1		1	23	14	9
34	1		1				17	6	11
35-39岁	**5**	**1**	**4**	**1**		**1**	**79**	**35**	**44**
35							14	6	8
36	1		1				13	4	9
37	3	1	2				16	5	11
38	1		1	1		1	20	13	7
39							16	7	9
40-44岁	**2**	**1**	**1**	**1**		**1**	**60**	**30**	**30**
40	1		1				13	7	6
41							12	7	5
42							12	4	8
43	1	1		1		1	11	6	5
44							12	6	6
45-49岁	**2**	**1**	**1**	**1**		**1**	**41**	**18**	**23**
45	1	1					8	3	5
46							7	5	2
47	1		1				10	4	6
48				1		1	10	4	6
49							6	2	4
50岁及以上	**16**	**9**	**7**				**107**	**64**	**43**

3-2　续表 12　　　　　　　　　　　　　　　　　　　　　　　　　　　　　　　　单位：人

年　龄	硕士研究生								
	合　　计			在　　校			毕　　业		
	合计	男	女	小计	男	女	小计	男	女
总　计	**10258**	**4497**	**5761**	**2488**	**1100**	**1388**	**7711**	**3371**	**4340**
3									
4									
5−9岁									
5									
6									
7									
8									
9									
10−14岁									
10									
11									
12									
13									
14									
15−19岁	**3**	**1**	**2**	**3**	**1**	**2**			
15									
16	1		1	1		1			
17									
18	1	1		1	1				
19	1		1	1		1			
20−24岁	**1488**	**635**	**853**	**1393**	**595**	**798**	**92**	**39**	**53**
20	9	4	5	9	4	5			
21	53	24	29	51	22	29	2	2	
22	266	108	158	265	107	158	1	1	
23	546	228	318	517	220	297	27	7	20
24	614	271	343	551	242	309	62	29	33
25−29岁	**2440**	**908**	**1532**	**989**	**456**	**533**	**1436**	**446**	**990**
25	651	268	383	492	216	276	158	51	107
26	554	204	350	261	116	145	287	85	202
27	460	160	300	140	70	70	319	90	229
28	420	140	280	68	40	28	348	99	249
29	355	136	219	28	14	14	324	121	203
30−34岁	**2477**	**977**	**1500**	**83**	**41**	**42**	**2384**	**934**	**1450**
30	500	174	326	36	14	22	464	160	304
31	546	220	326	20	12	8	523	208	315
32	508	179	329	15	8	7	492	171	321
33	490	210	280	7	6	1	480	204	276
34	433	194	239	5	1	4	425	191	234
35−39岁	**1786**	**801**	**985**	**13**	**4**	**9**	**1761**	**790**	**971**
35	362	150	212	5	1	4	357	149	208
36	389	170	219	2		2	383	168	215
37	361	167	194	1	1		356	163	193
38	384	180	204	2	1	1	379	178	201
39	290	134	156	3	1	2	286	132	154
40−44岁	**794**	**420**	**374**	**4**	**3**	**1**	**783**	**415**	**368**
40	211	106	105	1		1	205	104	101
41	200	108	92				200	108	92
42	159	82	77				158	82	76
43	115	68	47	1	1		113	67	46
44	109	56	53	2	2		107	54	53
45−49岁	**539**	**302**	**237**	**2**		**2**	**534**	**300**	**234**
45	104	64	40				104	64	40
46	108	67	41	1		1	106	66	40
47	113	57	56				113	57	56
48	109	56	53	1		1	108	56	52
49	105	58	47				103	57	46
50岁及以上	**731**	**453**	**278**	**1**		**1**	**721**	**447**	**274**

3-2 续表 13

单位：人

年 龄	硕士研究生								
	肄 业			辍 学			其 他		
	小计	男	女	小计	男	女	小计	男	女
总 计	**3**		**3**				**56**	**26**	**30**
3									
4									
5-9岁									
5									
6									
7									
8									
9									
10-14岁									
10									
11									
12									
13									
14									
15-19岁									
15									
16									
17									
18									
19									
20-24岁							**3**	**1**	**2**
20									
21									
22									
23							2	1	1
24							1		1
25-29岁	**1**		**1**				**14**	**6**	**8**
25							1	1	
26							6	3	3
27							1		1
28							4	1	3
29	1		1				2	1	1
30-34岁	**2**		**2**				**8**	**2**	**6**
30									
31	1		1				2		2
32							1		1
33							3		3
34	1		1				2	2	
35-39岁							**12**	**7**	**5**
35									
36							4	2	2
37							4	3	1
38							3	1	2
39							1	1	
40-44岁							**7**	**2**	**5**
40							5	2	3
41									
42							1		1
43							1		1
44									
45-49岁							**3**	**2**	**1**
45									
46							1	1	
47									
48									
49							2	1	1
50岁及以上							**9**	**6**	**3**

3-2 续表 14

单位：人

年 龄	博士研究生								
	合 计			在 校			毕 业		
	合计	男	女	小计	男	女	小计	男	女
总 计	**1226**	**616**	**610**	**285**	**115**	**170**	**922**	**495**	**427**
3									
4									
5-9岁									
5									
6									
7									
8									
9									
10-14岁									
10									
11									
12									
13									
14									
15-19岁									
15									
16									
17									
18									
19									
20-24岁	**36**	**13**	**23**	**32**	**11**	**21**	**4**	**2**	**2**
20									
21	1		1	1		1			
22	4	3	1	3	3		1		1
23	7	3	4	5	1	4	2	2	
24	24	7	17	23	7	16	1		1
25-29岁	**183**	**68**	**115**	**146**	**54**	**92**	**37**	**14**	**23**
25	32	16	16	30	15	15	2	1	1
26	41	12	29	36	11	25	5	1	4
27	34	10	24	29	8	21	5	2	3
28	44	15	29	34	12	22	10	3	7
29	32	15	17	17	8	9	15	7	8
30-34岁	**297**	**151**	**146**	**80**	**40**	**40**	**213**	**110**	**103**
30	59	26	33	32	14	18	27	12	15
31	55	31	24	24	15	9	30	16	14
32	59	32	27	6	5	1	52	27	25
33	63	29	34	9	2	7	54	27	27
34	61	33	28	9	4	5	50	28	22
35-39岁	**247**	**114**	**133**	**19**	**6**	**13**	**226**	**108**	**118**
35	53	25	28	8	3	5	43	22	21
36	50	24	26	6	3	3	44	21	23
37	41	21	20	1		1	40	21	19
38	54	22	32	2		2	52	22	30
39	49	22	27	2		2	47	22	25
40-44岁	**194**	**103**	**91**	**6**	**3**	**3**	**184**	**100**	**84**
40	42	23	19	1	1		41	22	19
41	50	26	24	2		2	47	26	21
42	40	23	17				37	23	14
43	34	16	18	1	1		33	15	18
44	28	15	13	2	1	1	26	14	12
45-49岁	**113**	**65**	**48**				**111**	**64**	**47**
45	28	16	12				28	16	12
46	22	14	8				22	14	8
47	29	19	10				29	19	10
48	13	7	6				12	6	6
49	21	9	12				20	9	11
50岁及以上	**156**	**102**	**54**	**2**	**1**	**1**	**147**	**97**	**50**

3-2 续表 15

单位：人

年 龄	博士研究生								
	肄 业			辍 学			其 他		
	小计	男	女	小计	男	女	小计	男	女
总 计	**1**		**1**				**18**	**6**	**12**
3									
4									
5-9岁									
5									
6									
7									
8									
9									
10-14岁									
10									
11									
12									
13									
14									
15-19岁									
15									
16									
17									
18									
19									
20-24岁									
20									
21									
22									
23									
24									
25-29岁									
25									
26									
27									
28									
29									
30-34岁							**4**	**1**	**3**
30									
31							1		1
32							1		1
33									
34							2	1	1
35-39岁							**2**		**2**
35							2		2
36									
37									
38									
39									
40-44岁	**1**		**1**				**3**		**3**
40									
41	1		1						
42							3		3
43									
44									
45-49岁							**2**	**1**	**1**
45									
46									
47									
48							1	1	
49							1		1
50岁及以上							**7**	**4**	**3**

3-2a　全市分年龄、性别、学业完成情况的3岁及以上各种受教育程度人口(城市)

单位：人

年　龄	合计								
	合　计			在　校			毕　业		
	合计	男	女	小计	男	女	小计	男	女
总　计	**360534**	**180975**	**179559**	**65742**	**33864**	**31878**	**288405**	**143895**	**144510**
3									
4									
5—9岁	**16780**	**8674**	**8106**	**16385**	**8447**	**7938**	**347**	**194**	**153**
5	215	112	103	205	107	98	6	2	4
6	4009	2067	1942	3912	2008	1904	88	53	35
7	4257	2200	2057	4171	2145	2026	76	47	29
8	4475	2269	2206	4365	2209	2156	93	49	44
9	3824	2026	1798	3732	1978	1754	84	43	41
10—14岁	**17854**	**9169**	**8685**	**17217**	**8865**	**8352**	**586**	**278**	**308**
10	3796	1943	1853	3698	1897	1801	91	42	49
11	3671	1935	1736	3548	1879	1669	113	51	62
12	3620	1873	1747	3485	1806	1679	125	63	62
13	3542	1752	1790	3391	1690	1701	137	56	81
14	3225	1666	1559	3095	1593	1502	120	66	54
15—19岁	**17995**	**9332**	**8663**	**16711**	**8534**	**8177**	**1194**	**742**	**452**
15	3129	1589	1540	3075	1552	1523	45	30	15
16	3734	1851	1883	3627	1789	1838	98	57	41
17	2842	1474	1368	2653	1352	1301	176	116	60
18	3238	1753	1485	2883	1531	1352	323	202	121
19	5052	2665	2387	4473	2310	2163	552	337	215
20—24岁	**26380**	**13596**	**12784**	**13449**	**7095**	**6354**	**12673**	**6369**	**6304**
20	5797	3143	2654	4782	2550	2232	985	569	416
21	5680	3094	2586	4035	2207	1828	1616	870	746
22	5298	2688	2610	2479	1289	1190	2760	1369	1391
23	4686	2302	2384	1308	654	654	3303	1615	1688
24	4919	2369	2550	845	395	450	4009	1946	2063
25—29岁	**31002**	**15120**	**15882**	**1485**	**678**	**807**	**29039**	**14161**	**14878**
25	5716	2771	2945	673	312	361	4960	2413	2547
26	5854	2858	2996	381	157	224	5367	2632	2735
27	6224	2992	3232	221	104	117	5926	2848	3078
28	6608	3225	3383	138	72	66	6361	3083	3278
29	6600	3274	3326	72	33	39	6425	3185	3240
30—34岁	**41435**	**20515**	**20920**	**264**	**130**	**134**	**40550**	**20056**	**20494**
30	8428	4176	4252	98	42	56	8205	4062	4143
31	8836	4376	4460	59	36	23	8653	4281	4372
32	8059	3931	4128	39	22	17	7896	3848	4048
33	8434	4191	4243	39	18	21	8266	4099	4167
34	7678	3841	3837	29	12	17	7530	3766	3764
35—39岁	**34148**	**16995**	**17153**	**92**	**36**	**56**	**33536**	**16694**	**16842**
35	6909	3423	3486	24	9	15	6776	3360	3416
36	7007	3504	3503	25	7	18	6874	3438	3436
37	6875	3435	3440	12	7	5	6769	3381	3388
38	7590	3731	3859	17	8	9	7444	3658	3786
39	5767	2902	2865	14	5	9	5673	2857	2816
40—44岁	**26377**	**13151**	**13226**	**39**	**26**	**13**	**25848**	**12851**	**12997**
40	5285	2651	2634	11	7	4	5171	2589	2582
41	5141	2599	2542	7	3	4	5040	2541	2499
42	5153	2553	2600	6	5	1	5067	2511	2556
43	5130	2595	2535	5	4	1	5024	2529	2495
44	5668	2753	2915	10	7	3	5546	2681	2865
45—49岁	**30429**	**15110**	**15319**	**29**	**9**	**20**	**29762**	**14779**	**14983**
45	5565	2771	2794	1		1	5456	2712	2744
46	6046	2995	3051	7	1	6	5910	2931	2979
47	6193	3077	3116	7	5	2	6050	3011	3039
48	6324	3136	3188	6	1	5	6191	3069	3122
49	6301	3131	3170	8	2	6	6155	3056	3099
50岁及以上	**118134**	**59313**	**58821**	**71**	**44**	**27**	**114870**	**57771**	**57099**

3-2a　续表 1　　　　　　　　　　　　　　　　　　　　　　　　　　　　单位：人

年　龄	合　计								
	肄　业			辍　学			其　他		
	小计	男	女	小计	男	女	小计	男	女
总　计	**1039**	**500**	**539**	**1404**	**754**	**650**	**3944**	**1962**	**1982**
3									
4									
5–9岁	**2**		**2**	**3**	**2**	**1**	**43**	**31**	**12**
5							4	3	1
6				1		1	8	6	2
7							10	8	2
8	1		1	1	1		15	10	5
9	1		1	1	1		6	4	2
10–14岁	**3**	**3**		**6**	**4**	**2**	**42**	**19**	**23**
10							7	4	3
11	2	2					8	3	5
12				2	1	1	8	3	5
13	1	1		1	1		12	4	8
14				3	2	1	7	5	2
15–19岁	**12**	**6**	**6**	**25**	**19**	**6**	**53**	**31**	**22**
15				4	3	1	5	4	1
16				2	2		7	3	4
17	3	1	2	5	4	1	5	1	4
18	5	3	2	9	7	2	18	10	8
19	4	2	2	5	3	2	18	13	5
20–24岁	**21**	**11**	**10**	**43**	**29**	**14**	**194**	**92**	**102**
20	4	3	1	3	3		23	18	5
21	5	3	2	3	2	1	21	12	9
22	4	1	3	17	10	7	38	19	19
23	6	4	2	11	9	2	58	20	38
24	2		2	9	5	4	54	23	31
25–29岁	**48**	**28**	**20**	**99**	**71**	**28**	**331**	**182**	**149**
25	6	3	3	14	9	5	63	34	29
26	13	10	3	26	18	8	67	41	26
27	9	4	5	15	10	5	53	26	27
28	10	6	4	23	17	6	76	47	29
29	10	5	5	21	17	4	72	34	38
30–34岁	**70**	**39**	**31**	**109**	**68**	**41**	**442**	**222**	**220**
30	21	13	8	16	11	5	88	48	40
31	15	7	8	23	12	11	86	40	46
32	12	6	6	19	14	5	93	41	52
33	13	9	4	26	14	12	90	51	39
34	9	4	5	25	17	8	85	42	43
35–39岁	**56**	**25**	**31**	**99**	**64**	**35**	**365**	**176**	**189**
35	9	6	3	24	16	8	76	32	44
36	5	3	2	22	17	5	81	39	42
37	17	8	9	15	8	7	62	31	31
38	15	4	11	25	14	11	89	47	42
39	10	4	6	13	9	4	57	27	30
40–44岁	**65**	**40**	**25**	**110**	**73**	**37**	**315**	**161**	**154**
40	13	7	6	24	19	5	66	29	37
41	15	9	6	15	11	4	64	35	29
42	6	5	1	16	7	9	58	25	33
43	16	9	7	21	14	7	64	39	25
44	15	10	5	34	22	12	63	33	30
45–49岁	**86**	**53**	**33**	**138**	**69**	**69**	**414**	**200**	**214**
45	16	11	5	15	8	7	77	40	37
46	19	11	8	24	9	15	86	43	43
47	17	8	9	30	14	16	89	39	50
48	15	10	5	30	13	17	82	43	39
49	19	13	6	39	25	14	80	35	45
50岁及以上	**676**	**295**	**381**	**772**	**355**	**417**	**1745**	**848**	**897**

3-2a　续表 2　　　　单位：人

年　龄	小　　学								
	合　　计			在　　校			毕　　业		
	合计	男	女	小计	男	女	小计	男	女
总　计	**45400**	**21896**	**23504**	**24470**	**12648**	**11822**	**19184**	**8504**	**10680**
3									
4									
5—9岁	**16655**	**8606**	**8049**	**16271**	**8388**	**7883**	**340**	**187**	**153**
5	215	112	103	205	107	98	6	2	4
6	3976	2053	1923	3882	1997	1885	85	50	35
7	4226	2180	2046	4144	2129	2015	74	45	29
8	4448	2255	2193	4339	2195	2144	93	49	44
9	3790	2006	1784	3701	1960	1741	82	41	41
10—14岁	**8441**	**4376**	**4065**	**8180**	**4249**	**3931**	**238**	**113**	**125**
10	3739	1914	1825	3647	1871	1776	85	39	46
11	3504	1842	1662	3400	1796	1604	94	41	53
12	993	519	474	950	493	457	41	24	17
13	156	78	78	142	70	72	11	5	6
14	49	23	26	41	19	22	7	4	3
15—19岁	**38**	**30**	**8**	**6**	**4**	**2**	**26**	**22**	**4**
15	8	8		1	1		5	5	
16	6	2	4	3	1	2	3	1	2
17	5	4	1				3	3	
18	9	8	1	2	2		6	5	1
19	10	8	2				9	8	1
20—24岁	**130**	**84**	**46**				**119**	**80**	**39**
20	18	15	3				17	15	2
21	13	6	7				13	6	7
22	26	16	10				21	14	7
23	24	14	10				22	13	9
24	49	33	16				46	32	14
25—29岁	**308**	**187**	**121**	**2**	**2**		**289**	**174**	**115**
25	38	28	10				38	28	10
26	52	40	12				47	37	10
27	60	33	27				58	32	26
28	70	40	30	2	2		60	32	28
29	88	46	42				86	45	41
30—34岁	**654**	**359**	**295**				**617**	**339**	**278**
30	114	69	45				108	65	43
31	126	67	59				119	63	56
32	119	72	47				111	67	44
33	172	92	80				159	86	73
34	123	59	64				120	58	62
35—39岁	**645**	**351**	**294**	**2**	**1**	**1**	**593**	**321**	**272**
35	111	65	46				106	60	46
36	136	70	66	1		1	125	65	60
37	112	56	56				99	49	50
38	147	79	68	1	1		131	71	60
39	139	81	58				132	76	56
40—44岁	**959**	**483**	**476**				**900**	**446**	**454**
40	145	74	71				132	66	66
41	171	87	84				163	80	83
42	194	97	97				186	94	92
43	194	99	95				182	91	91
44	255	126	129				237	115	122
45—49岁	**1823**	**892**	**931**	**1**		**1**	**1686**	**816**	**870**
45	275	136	139				259	125	134
46	361	156	205				343	147	196
47	376	193	183				343	178	165
48	388	190	198	1		1	354	174	180
49	423	217	206				387	192	195
50岁及以上	**15747**	**6528**	**9219**	**8**	**4**	**4**	**14376**	**6006**	**8370**

3-2a 续表 3 单位：人

年龄	小学								
	肄业			辍学			其他		
	小计	男	女	小计	男	女	小计	男	女
总计	**451**	**170**	**281**	**639**	**280**	**359**	**656**	**294**	**362**
3									
4									
5-9岁	**1**		**1**	**3**	**2**	**1**	**40**	**29**	**11**
5							4	3	1
6				1		1	8	6	2
7							8	6	2
8	1		1	1	1		14	10	4
9				1	1		6	4	2
10-14岁	**2**	**2**		**2**	**1**	**1**	**19**	**11**	**8**
10							7	4	3
11	2	2					8	3	5
12							2	2	
13				1	1		2	2	
14				1		1			
15-19岁	**3**	**1**	**2**	**2**	**2**		**1**	**1**	
15				1	1		1	1	
16									
17	1		1	1	1				
18	1	1							
19	1		1						
20-24岁	**5**	**1**	**4**	**2**	**1**	**1**	**4**	**2**	**2**
20	1		1						
21									
22	3	1	2				2	1	1
23	1		1	1	1				
24				1		1	2	1	1
25-29岁	**3**	**1**	**2**	**7**	**5**	**2**	**7**	**5**	**2**
25									
26				3	1	2	2	2	
27							2	1	1
28	2	1	1	4	4		2	1	1
29	1		1				1	1	
30-34岁	**8**	**5**	**3**	**19**	**11**	**8**	**10**	**4**	**6**
30	3	2	1	2	1	1	1	1	
31	2	1	1	3	2	1	2	1	1
32	2	1	1	5	4	1	1		1
33	1	1		8	4	4	4	1	3
34				1		1	2	1	1
35-39岁	**12**	**5**	**7**	**19**	**13**	**6**	**19**	**11**	**8**
35	1	1		2	2		2	2	
36	1	1		5	3	2	4	1	3
37	4	1	3	2	1	1	7	5	2
38	5	1	4	7	5	2	3	1	2
39	1	1		3	2	1	3	2	1
40-44岁	**8**	**5**	**3**	**31**	**20**	**11**	**20**	**12**	**8**
40	3	1	2	6	5	1	4	2	2
41				4	4		4	3	1
42				4	1	3	4	2	2
43	3	2	1	7	5	2	2	1	1
44	2	2		10	5	5	6	4	2
45-49岁	**30**	**21**	**9**	**61**	**29**	**32**	**45**	**26**	**19**
45	4	4		7	3	4	5	4	1
46	4	2	2	5	2	3	9	5	4
47	4	2	2	13	6	7	16	7	9
48	8	6	2	17	6	11	8	4	4
49	10	7	3	19	12	7	7	6	1
50岁及以上	**379**	**129**	**250**	**493**	**196**	**297**	**491**	**193**	**298**

3-2a 续表 4 单位：人

年龄	初中								
	合计			在校			毕业		
	合计	男	女	小计	男	女	小计	男	女
总计	**98104**	**51128**	**46976**	**10138**	**5252**	**4886**	**85541**	**44529**	**41012**
3									
4									
5-9岁	**125**	**68**	**57**	**114**	**59**	**55**	**7**	**7**	
5									
6	33	14	19	30	11	19	3	3	
7	31	20	11	27	16	11	2	2	
8	27	14	13	26	14	12			
9	34	20	14	31	18	13	2	2	
10-14岁	**9098**	**4655**	**4443**	**8741**	**4487**	**4254**	**332**	**157**	**175**
10	57	29	28	51	26	25	6	3	3
11	166	93	73	148	83	65	18	10	8
12	2624	1354	1270	2532	1313	1219	84	39	45
13	3332	1654	1678	3205	1603	1602	117	48	69
14	2919	1525	1394	2805	1462	1343	107	57	50
15-19岁	**1671**	**965**	**706**	**1249**	**684**	**565**	**398**	**265**	**133**
15	853	463	390	825	445	380	26	17	9
16	286	161	125	227	119	108	56	40	16
17	184	110	74	103	59	44	75	48	27
18	178	127	51	70	48	22	99	72	27
19	170	104	66	24	13	11	142	88	54
20-24岁	**1798**	**1159**	**639**	**6**	**3**	**3**	**1728**	**1111**	**617**
20	225	163	62				218	156	62
21	271	175	96	1		1	262	171	91
22	364	235	129	1	1		344	221	123
23	404	253	151	1		1	384	239	145
24	534	333	201	3	2	1	520	324	196
25-29岁	**4310**	**2531**	**1779**				**4171**	**2434**	**1737**
25	690	414	276				674	402	272
26	776	465	311				745	441	304
27	865	510	355				841	492	349
28	932	548	384				901	527	374
29	1047	594	453				1010	572	438
30-34岁	**7303**	**4072**	**3231**	**3**	**2**	**1**	**7062**	**3927**	**3135**
30	1399	808	591	2	1	1	1349	776	573
31	1471	812	659				1422	788	634
32	1366	774	592				1319	746	573
33	1574	865	709	1	1		1525	832	693
34	1493	813	680				1447	785	662
35-39岁	**7907**	**4166**	**3741**	**8**	**6**	**2**	**7694**	**4052**	**3642**
35	1539	807	732	2	2		1496	784	712
36	1563	829	734	1	1		1507	794	713
37	1558	810	748	1		1	1528	796	732
38	1812	956	856	4	3	1	1759	929	830
39	1435	764	671				1404	749	655
40-44岁	**7882**	**3981**	**3901**	**4**	**2**	**2**	**7621**	**3829**	**3792**
40	1435	747	688	2	1	1	1385	716	669
41	1448	720	728	1		1	1404	695	709
42	1526	774	752				1489	756	733
43	1573	803	770				1514	769	745
44	1900	937	963	1	1		1829	893	936
45-49岁	**11345**	**5701**	**5644**	**4**	**2**	**2**	**11044**	**5549**	**5495**
45	1983	1027	956				1926	997	929
46	2266	1156	1110	1		1	2199	1128	1071
47	2311	1141	1170	1	1		2251	1113	1138
48	2419	1197	1222	1		1	2361	1164	1197
49	2366	1180	1186	1	1		2307	1147	1160
50岁及以上	**46665**	**23830**	**22835**	**9**	**7**	**2**	**45484**	**23198**	**22286**

3−2a 续表 5 单位：人

年 龄	初中								
	肄业			辍学			其他		
	小计	男	女	小计	男	女	小计	男	女
总 计	**401**	**239**	**162**	**566**	**350**	**216**	**1458**	**758**	**700**
3									
4									
5−9岁	**1**		**1**				**3**	**2**	**1**
5									
6									
7							2	2	
8							1		1
9	1		1						
10−14岁	**1**	**1**		**4**	**3**	**1**	**20**	**7**	**13**
10									
11									
12				2	1	1	6	1	5
13	1	1					9	2	7
14				2	2		5	4	1
15−19岁	**4**	**2**	**2**	**11**	**9**	**2**	**9**	**5**	**4**
15				1		1	1	1	
16				2	2		1		1
17	2	1	1	2	2		2		2
18	2	1	1	4	4		3	2	1
19				2	1	1	2	2	
20−24岁	**7**	**6**	**1**	**26**	**19**	**7**	**31**	**20**	**11**
20	2	2		2	2		3	3	
21	2	1	1	2	1	1	4	2	2
22				9	6	3	10	7	3
23	3	3		7	6	1	9	5	4
24				6	4	2	5	3	2
25−29岁	**23**	**19**	**4**	**48**	**36**	**12**	**68**	**42**	**26**
25	2	2		8	6	2	6	4	2
26	7	7		11	8	3	13	9	4
27	6	4	2	9	7	2	9	7	2
28	2	1	1	9	5	4	20	15	5
29	6	5	1	11	10	1	20	7	13
30−34岁	**35**	**25**	**10**	**62**	**42**	**20**	**141**	**76**	**65**
30	9	6	3	10	8	2	29	17	12
31	6	4	2	15	9	6	28	11	17
32	6	4	2	8	7	1	33	17	16
33	9	7	2	13	8	5	26	17	9
34	5	4	1	16	10	6	25	14	11
35−39岁	**19**	**11**	**8**	**52**	**32**	**20**	**134**	**65**	**69**
35	2	2		14	8	6	25	11	14
36	2	1	1	13	11	2	40	22	18
37	6	5	1	7	3	4	16	6	10
38	5	2	3	13	6	7	31	16	15
39	4	1	3	5	4	1	22	10	12
40−44岁	**38**	**25**	**13**	**63**	**45**	**18**	**156**	**80**	**76**
40	5	3	2	14	12	2	29	15	14
41	8	6	2	7	5	2	28	14	14
42	5	4	1	10	5	5	22	9	13
43	9	4	5	11	8	3	39	22	17
44	11	8	3	21	15	6	38	20	18
45−49岁	**37**	**19**	**18**	**63**	**34**	**29**	**197**	**97**	**100**
45	9	5	4	7	4	3	41	21	20
46	9	4	5	13	5	8	44	19	25
47	6	3	3	15	7	8	38	17	21
48	6	3	3	9	5	4	42	25	17
49	7	4	3	19	13	6	32	15	17
50岁及以上	**236**	**131**	**105**	**237**	**130**	**107**	**699**	**364**	**335**

3-2a　续表 6　　　　单位：人

年　龄	高　中								
	合　计			在　校			毕　业		
	合计	男	女	小计	男	女	小计	男	女
总　计	**73216**	**36577**	**36639**	**10023**	**5095**	**4928**	**62161**	**30933**	**31228**
3									
4									
5-9岁									
5									
6									
7									
8									
9									
10-14岁	**314**	**138**	**176**	**296**	**129**	**167**	**15**	**8**	**7**
10									
11									
12	3		3	3		3			
13	54	20	34	44	17	27	9	3	6
14	257	118	139	249	112	137	6	5	1
15-19岁	**10031**	**5154**	**4877**	**9443**	**4798**	**4645**	**549**	**332**	**217**
15	2230	1096	1134	2213	1085	1128	12	7	5
16	3384	1664	1720	3344	1647	1697	34	14	20
17	2413	1239	1174	2323	1180	1143	85	57	28
18	1396	808	588	1225	706	519	158	93	65
19	608	347	261	338	180	158	260	161	99
20-24岁	**2872**	**1569**	**1303**	**270**	**157**	**113**	**2551**	**1385**	**1166**
20	478	274	204	133	77	56	340	193	147
21	488	297	191	64	44	20	415	248	167
22	556	297	259	38	18	20	506	272	234
23	639	344	295	21	12	9	606	327	279
24	711	357	354	14	6	8	684	345	339
25-29岁	**5032**	**2735**	**2297**	**5**	**4**	**1**	**4902**	**2654**	**2248**
25	823	450	373	1	1		795	433	362
26	942	527	415	1		1	912	506	406
27	1030	559	471	3	3		1009	548	461
28	1077	578	499				1054	562	492
29	1160	621	539				1132	605	527
30-34岁	**6551**	**3408**	**3143**	**3**	**2**	**1**	**6416**	**3339**	**3077**
30	1446	767	679				1421	754	667
31	1431	745	686				1409	734	675
32	1237	637	600				1212	626	586
33	1284	653	631				1253	636	617
34	1153	606	547	3	2	1	1121	589	532
35-39岁	**5560**	**2759**	**2801**	**1**		**1**	**5453**	**2702**	**2751**
35	997	507	490	1		1	967	490	477
36	1046	541	505				1031	533	498
37	1081	541	540				1059	527	532
38	1366	652	714				1345	640	705
39	1070	518	552				1051	512	539
40-44岁	**5651**	**2835**	**2816**	**1**	**1**		**5575**	**2792**	**2783**
40	1031	516	515				1017	511	506
41	1079	552	527				1059	540	519
42	1125	563	562	1	1		1109	552	557
43	1114	582	532				1103	574	529
44	1302	622	680				1287	615	672
45-49岁	**6712**	**3260**	**3452**	**1**	**1**		**6601**	**3204**	**3397**
45	1231	598	633				1211	586	625
46	1324	618	706				1297	604	693
47	1350	666	684	1	1		1324	654	670
48	1382	676	706				1367	669	698
49	1425	702	723				1402	691	711
50岁及以上	**30493**	**14719**	**15774**	**3**	**3**		**30099**	**14517**	**15582**

3−2a　续表 7　　　　单位：人

年　龄	高中								
	肄　业			辍　学			其　他		
	小计	男	女	小计	男	女	小计	男	女
总　计	**112**	**58**	**54**	**174**	**111**	**63**	**746**	**380**	**366**
3									
4									
5−9岁									
5									
6									
7									
8									
9									
10−14岁							**3**	**1**	**2**
10									
11									
12									
13							1		1
14							2	1	1
15−19岁	**4**	**2**	**2**	**11**	**7**	**4**	**24**	**15**	**9**
15				2	2		3	2	1
16							6	3	3
17				2	1	1	3	1	2
18	2	1	1	5	3	2	6	5	1
19	2	1	1	2	1	1	6	4	2
20−24岁	**4**	**1**	**3**	**12**	**9**	**3**	**35**	**17**	**18**
20				1	1		4	3	1
21	2	1	1	1	1		6	3	3
22	1		1	5	4	1	6	3	3
23	1		1	3	2	1	8	3	5
24				2	1	1	11	5	6
25−29岁	**11**	**5**	**6**	**37**	**26**	**11**	**77**	**46**	**31**
25	3	1	2	6	3	3	18	12	6
26	2	2		11	9	2	16	10	6
27	2		2	5	3	2	11	5	6
28	2	2		8	6	2	13	8	5
29	2		2	7	5	2	19	11	8
30−34岁	**15**	**6**	**9**	**22**	**12**	**10**	**95**	**49**	**46**
30	7	4	3	2		2	16	9	7
31	3	1	2	3	1	2	16	9	7
32	3	1	2	4	2	2	18	8	10
33				5	2	3	26	15	11
34	2		2	8	7	1	19	8	11
35−39岁	**11**	**5**	**6**	**25**	**17**	**8**	**70**	**35**	**35**
35	3	2	1	8	6	2	18	9	9
36				4	3	1	11	5	6
37	2	1	1	6	4	2	14	9	5
38	3	1	2	4	3	1	14	8	6
39	3	1	2	3	1	2	13	4	9
40−44岁	**8**	**4**	**4**	**14**	**7**	**7**	**53**	**31**	**22**
40	2	1	1	3	1	2	9	3	6
41	4	2	2	4	2	2	12	8	4
42	1	1		2	1	1	12	8	4
43				2	1	1	9	7	2
44	1		1	3	2	1	11	5	6
45−49岁	**13**	**9**	**4**	**12**	**5**	**7**	**85**	**41**	**44**
45	3	2	1				17	10	7
46	3	3		6	2	4	18	9	9
47	5	2	3	2	1	1	18	8	10
48				3	2	1	12	5	7
49	2	2		1		1	20	9	11
50岁及以上	**46**	**26**	**20**	**41**	**28**	**13**	**304**	**145**	**159**

3-2a　续表 8　　　　单位：人

年　龄	大学专科								
	合　计			在　校			毕　业		
	合计	男	女	小计	男	女	小计	男	女
总　计	**62223**	**31021**	**31202**	**4359**	**2212**	**2147**	**57227**	**28491**	**28736**
3									
4									
5-9岁									
5									
6									
7									
8									
9									
10-14岁									
10									
11									
12									
13									
14									
15-19岁	**2352**	**1160**	**1192**	**2163**	**1052**	**1111**	**179**	**101**	**78**
15	31	17	14	30	16	14	1	1	
16	42	18	24	38	17	21	4	1	3
17	124	62	62	114	56	58	10	6	4
18	656	307	349	606	280	326	46	25	21
19	1499	756	743	1375	683	692	118	68	50
20-24岁	**6746**	**3372**	**3374**	**1995**	**1066**	**929**	**4671**	**2272**	**2399**
20	1469	786	683	1122	601	521	332	173	159
21	1231	630	601	516	283	233	706	342	364
22	1288	641	647	214	108	106	1064	529	535
23	1316	629	687	97	53	44	1195	570	625
24	1442	686	756	46	21	25	1374	658	716
25-29岁	**9168**	**4413**	**4755**	**95**	**47**	**48**	**8961**	**4309**	**4652**
25	1722	803	919	31	12	19	1664	780	884
26	1674	789	885	21	10	11	1634	770	864
27	1889	931	958	15	9	6	1852	912	940
28	1931	926	1005	12	7	5	1894	902	992
29	1952	964	988	16	9	7	1917	945	972
30-34岁	**11464**	**5526**	**5938**	**39**	**17**	**22**	**11320**	**5453**	**5867**
30	2326	1109	1217	11	4	7	2292	1091	1201
31	2473	1226	1247	7	3	4	2440	1210	1230
32	2305	1055	1250	4	1	3	2280	1043	1237
33	2276	1119	1157	11	7	4	2249	1104	1145
34	2084	1017	1067	6	2	4	2059	1005	1054
35-39岁	**8110**	**3934**	**4176**	**24**	**7**	**17**	**8011**	**3892**	**4119**
35	1728	834	894	5		5	1704	828	876
36	1695	813	882	4		4	1679	807	872
37	1639	819	820	6	4	2	1623	811	812
38	1755	850	905	4	1	3	1728	838	890
39	1293	618	675	5	2	3	1277	608	669
40-44岁	**5403**	**2659**	**2744**	**10**	**8**	**2**	**5342**	**2628**	**2714**
40	1086	552	534	3	3		1067	544	523
41	1075	552	523	2	2		1059	544	515
42	1061	500	561	3	2	1	1050	495	555
43	1086	528	558	2	1	1	1075	520	555
44	1095	527	568				1091	525	566
45-49岁	**5243**	**2573**	**2670**	**13**	**4**	**9**	**5175**	**2545**	**2630**
45	1051	488	563	1		1	1041	484	557
46	1008	501	507	2		2	995	494	501
47	1088	545	543	4	2	2	1074	538	536
48	1067	522	545	1	1		1054	516	538
49	1029	517	512	5	1	4	1011	513	498
50岁及以上	**13737**	**7384**	**6353**	**20**	**11**	**9**	**13568**	**7291**	**6277**

3-2a 续表 9 单位：人

年龄	大学专科								
	肄业			辍学			其他		
	小计	男	女	小计	男	女	小计	男	女
总计	**50**	**24**	**26**	**16**	**11**	**5**	**571**	**283**	**288**
3									
4									
5-9岁									
5									
6									
7									
8									
9									
10-14岁									
10									
11									
12									
13									
14									
15-19岁	**1**	**1**		**1**	**1**		**8**	**5**	**3**
15									
16									
17									
18							4	2	2
19	1	1		1	1		4	3	1
20-24岁	**5**	**3**	**2**	**1**		**1**	**74**	**31**	**43**
20	1	1					14	11	3
21	1	1					8	4	4
22				1		1	9	4	5
23	1	1					23	5	18
24	2		2				20	7	13
25-29岁	**7**	**2**	**5**	**4**	**2**	**2**	**101**	**53**	**48**
25	1		1				26	11	15
26	1		1	1		1	17	9	8
27	1		1				21	10	11
28	4	2	2	1	1		20	14	6
29				2	1	1	17	9	8
30-34岁	**7**	**2**	**5**	**5**	**3**	**2**	**93**	**51**	**42**
30	1		1	2	2		20	12	8
31	3	1	2	1		1	22	12	10
32	1		1	2	1	1	18	10	8
33	2	1	1				14	7	7
34							19	10	9
35-39岁	**10**	**3**	**7**	**2**	**2**		**63**	**30**	**33**
35	3	1	2				16	5	11
36	2	1	1				10	5	5
37	2		2				8	4	4
38	1		1				22	11	11
39	2	1	1	2	2		7	5	2
40-44岁	**8**	**5**	**3**	**1**	**1**		**42**	**17**	**25**
40	2	2		1	1		13	2	11
41	2	1	1				12	5	7
42							8	3	5
43	3	2	1				6	5	1
44	1		1				3	2	1
45-49岁	**5**	**4**	**1**	**1**	**1**		**49**	**19**	**30**
45				1	1		8	3	5
46	3	2	1				8	5	3
47	1	1					9	4	5
48	1	1					11	4	7
49							13	3	10
50岁及以上	**7**	**4**	**3**	**1**	**1**		**141**	**77**	**64**

3-2a　续表 10　　　　单位：人

年龄	大学本科								
	合计			在校			毕业		
	合计	男	女	小计	男	女	小计	男	女
总计	**70567**	**35422**	**35145**	**14083**	**7479**	**6604**	**56008**	**27715**	**28293**
3									
4									
5-9岁									
5									
6									
7									
8									
9									
10-14岁	**1**		**1**				**1**		**1**
10									
11	1		1				1		1
12									
13									
14									
15-19岁	**3900**	**2022**	**1878**	**3847**	**1995**	**1852**	**42**	**22**	**20**
15	7	5	2	6	5	1	1		1
16	15	6	9	14	5	9	1	1	
17	116	59	57	113	57	56	3	2	1
18	998	502	496	979	494	485	14	7	7
19	2764	1450	1314	2735	1434	1301	23	12	11
20-24岁	**13372**	**6782**	**6590**	**9808**	**5279**	**4529**	**3514**	**1482**	**2032**
20	3599	1901	1698	3519	1868	1651	78	32	46
21	3626	1962	1664	3405	1858	1547	218	101	117
22	2808	1392	1416	1972	1056	916	823	332	491
23	1769	836	933	685	373	312	1068	457	611
24	1570	691	879	227	124	103	1327	560	767
25-29岁	**9730**	**4335**	**5395**	**293**	**135**	**158**	**9365**	**4166**	**5199**
25	1792	803	989	140	75	65	1640	722	918
26	1853	835	1018	72	24	48	1763	801	962
27	1930	803	1127	41	18	23	1879	782	1097
28	2160	985	1175	26	14	12	2116	962	1154
29	1995	909	1086	14	4	10	1967	899	1068
30-34岁	**12807**	**6073**	**6734**	**59**	**29**	**30**	**12652**	**6004**	**6648**
30	2611	1234	1377	19	10	9	2569	1214	1355
31	2760	1288	1472	8	6	2	2736	1275	1461
32	2488	1188	1300	15	8	7	2452	1174	1278
33	2596	1231	1365	11	2	9	2566	1218	1348
34	2352	1132	1220	6	3	3	2329	1123	1206
35-39岁	**9954**	**4897**	**5057**	**26**	**12**	**14**	**9858**	**4856**	**5002**
35	2138	1043	1095	4	3	1	2121	1035	1086
36	2144	1064	1080	11	3	8	2121	1057	1064
37	2097	1025	1072	3	2	1	2078	1018	1060
38	2078	996	1082	4	2	2	2056	984	1072
39	1497	769	728	4	2	2	1482	762	720
40-44岁	**5511**	**2682**	**2829**	**14**	**9**	**5**	**5458**	**2653**	**2805**
40	1338	635	703	4	2	2	1326	628	698
41	1121	557	564	2	1	1	1111	551	560
42	1052	516	536	2	2		1042	511	531
43	1019	503	516	1	1		1008	497	511
44	981	471	510	5	3	2	971	466	505
45-49岁	**4678**	**2329**	**2349**	**8**	**2**	**6**	**4634**	**2312**	**2322**
45	894	442	452				888	440	448
46	962	485	477	3	1	2	953	480	473
47	930	458	472	1	1		920	454	466
48	954	493	461	2		2	943	489	454
49	938	451	487	2		2	930	449	481
50岁及以上	**10614**	**6302**	**4312**	**28**	**18**	**10**	**10484**	**6220**	**4264**

3-2a 续表 11　　　　单位：人

年 龄	大学本科								
	肄业			辍学			其他		
	小计	男	女	小计	男	女	小计	男	女
总 计	**21**	**9**	**12**	**9**	**2**	**7**	**446**	**217**	**229**
3									
4									
5-9岁									
5									
6									
7									
8									
9									
10-14岁									
10									
11									
12									
13									
14									
15-19岁							**11**	**5**	**6**
15									
16									
17									
18							5	1	4
19							6	4	2
20-24岁				**2**		**2**	**48**	**21**	**27**
20							2	1	1
21							3	3	
22				2		2	11	4	7
23							16	6	10
24							16	7	9
25-29岁	**3**	**1**	**2**	**3**	**2**	**1**	**66**	**31**	**35**
25							12	6	6
26	3	1	2				15	9	6
27				1		1	9	3	6
28				1	1		17	8	9
29				1	1		13	5	8
30-34岁	**3**	**1**	**2**	**1**		**1**	**92**	**39**	**53**
30	1	1					22	9	13
31				1		1	15	7	8
32							21	6	15
33	1		1				18	11	7
34	1		1				16	6	10
35-39岁	**4**	**1**	**3**	**1**		**1**	**65**	**28**	**37**
35							13	5	8
36							12	4	8
37	3	1	2				13	4	9
38	1		1	1		1	16	10	6
39							11	5	6
40-44岁	**2**	**1**	**1**	**1**		**1**	**36**	**19**	**17**
40	1		1				7	5	2
41							8	5	3
42							8	3	5
43	1	1		1		1	8	4	4
44							5	2	3
45-49岁	**1**		**1**	**1**		**1**	**34**	**15**	**19**
45							6	2	4
46							6	4	2
47	1		1				8	3	5
48				1		1	8	4	4
49							6	2	4
50岁及以上	**8**	**5**	**3**				**94**	**59**	**35**

3-2a 续表 12

单位：人

年 龄	硕士研究生								
	合 计			在 校			毕 业		
	合计	男	女	小计	男	女	小计	男	女
总 计	**9820**	**4329**	**5491**	**2394**	**1069**	**1325**	**7374**	**3236**	**4138**
3									
4									
5-9岁									
5									
6									
7									
8									
9									
10-14岁									
10									
11									
12									
13									
14									
15-19岁	**3**	**1**	**2**	**3**	**1**	**2**			
15									
16	1		1	1		1			
17									
18	1	1		1	1				
19	1		1	1		1			
20-24岁	**1427**	**617**	**810**	**1339**	**579**	**760**	**86**	**37**	**49**
20	8	4	4	8	4	4			
21	50	24	26	48	22	26	2	2	
22	252	104	148	251	103	148	1	1	
23	528	223	305	500	215	285	26	7	19
24	589	262	327	532	235	297	57	27	30
25-29岁	**2280**	**857**	**1423**	**951**	**441**	**510**	**1316**	**411**	**905**
25	622	259	363	474	211	263	147	47	100
26	516	190	326	251	112	139	261	76	185
27	420	148	272	135	67	68	284	81	203
28	395	134	261	65	38	27	326	95	231
29	327	126	201	26	13	13	298	112	186
30-34岁	**2365**	**931**	**1434**	**81**	**41**	**40**	**2275**	**888**	**1387**
30	477	166	311	35	14	21	442	152	290
31	520	207	313	20	12	8	497	195	302
32	485	173	312	14	8	6	470	165	305
33	471	204	267	7	6	1	462	198	264
34	412	181	231	5	1	4	404	178	226
35-39岁	**1729**	**776**	**953**	**13**	**4**	**9**	**1704**	**765**	**939**
35	345	143	202	5	1	4	340	142	198
36	373	163	210	2		2	367	161	206
37	348	163	185	1	1		343	159	184
38	378	176	202	2	1	1	373	174	199
39	285	131	154	3	1	2	281	129	152
40-44岁	**778**	**409**	**369**	**4**	**3**	**1**	**769**	**404**	**365**
40	208	104	104	1		1	203	102	101
41	197	105	92				197	105	92
42	155	80	75				154	80	74
43	111	65	46	1	1		110	64	46
44	107	55	52	2	2		105	53	52
45-49岁	**516**	**290**	**226**	**2**		**2**	**512**	**289**	**223**
45	103	64	39				103	64	39
46	104	65	39	1		1	102	64	38
47	109	55	54				109	55	54
48	101	51	50	1		1	100	51	49
49	99	55	44				98	55	43
50岁及以上	**722**	**448**	**274**	**1**		**1**	**712**	**442**	**270**

3-2a 续表 13

单位：人

年 龄	硕士研究生								
	肄 业			辍 学			其 他		
	小计	男	女	小计	男	女	小计	男	女
总 计	**3**		**3**				**49**	**24**	**25**
3									
4									
5-9岁									
5									
6									
7									
8									
9									
10-14岁									
10									
11									
12									
13									
14									
15-19岁									
15									
16									
17									
18									
19									
20-24岁							**2**	**1**	**1**
20									
21									
22									
23							2	1	1
24									
25-29岁	**1**		**1**				**12**	**5**	**7**
25							1	1	
26							4	2	2
27							1		1
28							4	1	3
29	1		1				2	1	1
30-34岁	**2**		**2**				**7**	**2**	**5**
30									
31	1		1				2		2
32							1		1
33							2		2
34	1		1				2	2	
35-39岁							**12**	**7**	**5**
35									
36							4	2	2
37							4	3	1
38							3	1	2
39							1	1	
40-44岁							**5**	**2**	**3**
40							4	2	2
41									
42							1		1
43									
44									
45-49岁							**2**	**1**	**1**
45									
46							1	1	
47									
48									
49							1		1
50岁及以上							**9**	**6**	**3**

3-2a　续表 14　　　　　　　　　　　　　　　　　　　　　　　　　　　　　　　　单位：人

年　龄	博士研究生								
	合　计			在　校			毕　业		
	合计	男	女	小计	男	女	小计	男	女
总　计	**1204**	**602**	**602**	**275**	**109**	**166**	**910**	**487**	**423**
3									
4									
5-9岁									
5									
6									
7									
8									
9									
10-14岁									
10									
11									
12									
13									
14									
15-19岁									
15									
16									
17									
18									
19									
20-24岁	**35**	**13**	**22**	**31**	**11**	**20**	**4**	**2**	**2**
20									
21	1		1	1		1			
22	4	3	1	3	3		1		1
23	6	3	3	4	1	3	2	2	
24	24	7	17	23	7	16	1		1
25-29岁	**174**	**62**	**112**	**139**	**49**	**90**	**35**	**13**	**22**
25	29	14	15	27	13	14	2	1	1
26	41	12	29	36	11	25	5	1	4
27	30	8	22	27	7	20	3	1	2
28	43	14	29	33	11	22	10	3	7
29	31	14	17	16	7	9	15	7	8
30-34岁	**291**	**146**	**145**	**79**	**39**	**40**	**208**	**106**	**102**
30	55	23	32	31	13	18	24	10	14
31	55	31	24	24	15	9	30	16	14
32	59	32	27	6	5	1	52	27	25
33	61	27	34	9	2	7	52	25	27
34	61	33	28	9	4	5	50	28	22
35-39岁	**243**	**112**	**131**	**18**	**6**	**12**	**223**	**106**	**117**
35	51	24	27	7	3	4	42	21	21
36	50	24	26	6	3	3	44	21	23
37	40	21	19	1		1	39	21	18
38	54	22	32	2		2	52	22	30
39	48	21	27	2		2	46	21	25
40-44岁	**193**	**102**	**91**	**6**	**3**	**3**	**183**	**99**	**84**
40	42	23	19	1	1		41	22	19
41	50	26	24	2		2	47	26	21
42	40	23	17				37	23	14
43	33	15	18	1	1		32	14	18
44	28	15	13	2	1	1	26	14	12
45-49岁	**112**	**65**	**47**				**110**	**64**	**46**
45	28	16	12				28	16	12
46	21	14	7				21	14	7
47	29	19	10				29	19	10
48	13	7	6				12	6	6
49	21	9	12				20	9	11
50岁及以上	**156**	**102**	**54**	**2**	**1**	**1**	**147**	**97**	**50**

3-2a 续表 15 单位：人

年 龄	博士研究生								
	肄 业			辍 学			其 他		
	小计	男	女	小计	男	女	小计	男	女
总 计	**1**		**1**				**18**	**6**	**12**
3									
4									
5-9岁									
5									
6									
7									
8									
9									
10-14岁									
10									
11									
12									
13									
14									
15-19岁									
15									
16									
17									
18									
19									
20-24岁									
20									
21									
22									
23									
24									
25-29岁									
25									
26									
27									
28									
29									
30-34岁							**4**	**1**	**3**
30									
31							1		1
32							1		1
33									
34							2	1	1
35-39岁							**2**		**2**
35							2		2
36									
37									
38									
39									
40-44岁	**1**		**1**				**3**		**3**
40									
41	1		1						
42							3		3
43									
44									
45-49岁							**2**	**1**	**1**
45									
46									
47									
48							1	1	
49							1		1
50岁及以上							**7**	**4**	**3**

3-2b　全市分年龄、性别、学业完成情况的3岁及以上各种受教育程度人口(镇)

单位：人

年龄	合计								
	合计			在校			毕业		
	合计	男	女	小计	男	女	小计	男	女
总计	**45499**	**23397**	**22102**	**11543**	**5321**	**6222**	**32254**	**17210**	**15044**
3									
4									
5—9岁	**1965**	**987**	**978**	**1925**	**971**	**954**	**33**	**12**	**21**
5	28	16	12	28	16	12			
6	418	212	206	410	208	202	6	3	3
7	524	241	283	509	234	275	13	6	7
8	524	280	244	515	276	239	8	3	5
9	471	238	233	463	237	226	6		6
10—14岁	**2248**	**1169**	**1079**	**2157**	**1124**	**1033**	**76**	**37**	**39**
10	481	250	231	464	237	227	16	12	4
11	442	221	221	428	214	214	12	6	6
12	452	243	209	431	235	196	18	6	12
13	434	224	210	414	216	198	15	5	10
14	439	231	208	420	222	198	15	8	7
15—19岁	**4008**	**1898**	**2110**	**3564**	**1603**	**1961**	**415**	**281**	**134**
15	453	238	215	440	232	208	9	5	4
16	607	294	313	591	287	304	13	6	7
17	498	244	254	467	220	247	26	21	5
18	785	352	433	660	266	394	120	84	36
19	1665	770	895	1406	598	808	247	165	82
20—24岁	**6809**	**3346**	**3463**	**3799**	**1580**	**2219**	**2936**	**1724**	**1212**
20	1956	853	1103	1568	597	971	378	252	126
21	1653	779	874	1168	480	688	479	297	182
22	1392	720	672	724	336	388	655	377	278
23	948	502	446	263	118	145	664	369	295
24	860	492	368	76	49	27	760	429	331
25—29岁	**4504**	**2478**	**2026**	**51**	**23**	**28**	**4311**	**2387**	**1924**
25	842	463	379	23	8	15	798	444	354
26	884	497	387	15	8	7	850	483	367
27	916	490	426	6	2	4	872	467	405
28	897	500	397	3	2	1	869	486	383
29	965	528	437	4	3	1	922	507	415
30—34岁	**5221**	**2756**	**2465**	**20**	**7**	**13**	**5039**	**2663**	**2376**
30	1175	608	567	8	4	4	1135	585	550
31	1122	606	516	7	3	4	1078	582	496
32	980	521	459	1		1	950	507	443
33	1014	520	494	2		2	982	505	477
34	930	501	429	2		2	894	484	410
35—39岁	**3830**	**1961**	**1869**	**8**	**4**	**4**	**3676**	**1884**	**1792**
35	843	431	412	2	1	1	819	420	399
36	823	417	406	1		1	788	398	390
37	743	404	339	3	2	1	704	380	324
38	813	406	407	1		1	789	394	395
39	608	303	305	1	1		576	292	284
40—44岁	**2900**	**1478**	**1422**	**9**	**4**	**5**	**2734**	**1398**	**1336**
40	602	315	287	1		1	571	299	272
41	572	307	265	2	1	1	541	289	252
42	528	274	254	3	1	2	499	260	239
43	543	271	272	2	1	1	509	256	253
44	655	311	344	1	1		614	294	320
45—49岁	**3527**	**1850**	**1677**	**3**		**3**	**3359**	**1758**	**1601**
45	655	348	307	2		2	620	329	291
46	747	364	383				714	349	365
47	737	387	350	1		1	696	367	329
48	709	370	339				678	349	329
49	679	381	298				651	364	287
50岁及以上	**10487**	**5474**	**5013**	**7**	**5**	**2**	**9675**	**5066**	**4609**

3-2b 续表 1 单位：人

年 龄	合计								
	肄业			辍学			其他		
	小计	男	女	小计	男	女	小计	男	女
总 计	**175**	**96**	**79**	**442**	**249**	**193**	**1085**	**521**	**564**
3									
4									
5-9岁	**1**	**1**					**6**	**3**	**3**
5									
6							2	1	1
7							2	1	1
8	1	1							
9							2	1	1
10-14岁	**3**	**1**	**2**	**3**	**1**	**2**	**9**	**6**	**3**
10							1	1	
11							2	1	1
12				1		1	2	2	
13	2	1	1	1	1		2	1	1
14	1		1	1		1	2	1	1
15-19岁	**4**	**3**	**1**	**11**	**5**	**6**	**14**	**6**	**8**
15				3	1	2	1		1
16				3	1	2			
17				1	1		4	2	2
18	3	2	1				2		2
19	1	1		4	2	2	7	4	3
20-24岁	**18**	**11**	**7**	**3**	**2**	**1**	**53**	**29**	**24**
20	2	1	1	1		1	7	3	4
21	2		2				4	2	2
22	2	2					11	5	6
23	6	5	1	2	2		13	8	5
24	6	3	3				18	11	7
25-29岁	**19**	**16**	**3**	**16**	**11**	**5**	**107**	**41**	**66**
25	5	3	2	4	4		12	4	8
26	2	2		1		1	16	4	12
27	6	6		4	3	1	28	12	16
28	2	2		3	2	1	20	8	12
29	4	3	1	4	2	2	31	13	18
30-34岁	**19**	**12**	**7**	**26**	**19**	**7**	**117**	**55**	**62**
30	2	1	1	5	4	1	25	14	11
31	7	6	1	5	3	2	25	12	13
32	4		4	3	3		22	11	11
33	3	2	1	4	3	1	23	10	13
34	3	3		9	6	3	22	8	14
35-39岁	**6**	**3**	**3**	**29**	**18**	**11**	**111**	**52**	**59**
35				3	2	1	19	8	11
36				9	5	4	25	14	11
37	1	1		7	6	1	28	15	13
38	1	1		6	4	2	16	7	9
39	4	1	3	4	1	3	23	8	15
40-44岁	**3**	**1**	**2**	**40**	**24**	**16**	**114**	**51**	**63**
40				5	4	1	25	12	13
41				10	6	4	19	11	8
42	1	1		7	3	4	18	9	9
43				10	7	3	22	7	15
44	2		2	8	4	4	30	12	18
45-49岁	**12**	**7**	**5**	**50**	**28**	**22**	**103**	**57**	**46**
45	5	3	2	11	6	5	17	10	7
46	1	1		9	3	6	23	11	12
47	3	1	2	8	4	4	29	15	14
48	1	1		10	8	2	20	12	8
49	2	1	1	12	7	5	14	9	5
50岁及以上	**90**	**41**	**49**	**264**	**141**	**123**	**451**	**221**	**230**

3-2b　续表 2　　　　　　　　　　　　　　　　　　　　　　　　单位：人

年　龄	小　学								
	合　计			在　校			毕　业		
	合计	男	女	小计	男	女	小计	男	女
总　计	**6704**	**3314**	**3390**	**2930**	**1486**	**1444**	**3276**	**1585**	**1691**
3									
4									
5-9岁	**1945**	**973**	**972**	**1905**	**957**	**948**	**33**	**12**	**21**
5	28	16	12	28	16	12			
6	413	208	205	405	204	201	6	3	3
7	520	238	282	505	231	274	13	6	7
8	520	278	242	511	274	237	8	3	5
9	464	233	231	456	232	224	6		6
10-14岁	**1061**	**552**	**509**	**1023**	**528**	**495**	**35**	**22**	**13**
10	476	248	228	460	235	225	15	12	3
11	418	211	207	405	204	201	11	6	5
12	136	79	57	131	77	54	5	2	3
13	20	8	12	17	7	10	3	1	2
14	11	6	5	10	5	5	1	1	
15-19岁	**16**	**10**	**6**				**12**	**8**	**4**
15									
16	1	1							
17	5	3	2				3	3	
18	5	2	3				5	2	3
19	5	4	1				4	3	1
20-24岁	**40**	**27**	**13**	**1**	**1**		**37**	**26**	**11**
20	7	4	3	1	1		5	3	2
21	3	2	1				3	2	1
22	10	7	3				10	7	3
23	8	7	1				8	7	1
24	12	7	5				11	7	4
25-29岁	**57**	**38**	**19**				**50**	**33**	**17**
25	9	5	4				9	5	4
26	11	7	4				10	6	4
27	12	9	3				9	7	2
28	11	9	2				10	8	2
29	14	8	6				12	7	5
30-34岁	**140**	**75**	**65**				**127**	**68**	**59**
30	18	11	7				17	10	7
31	32	20	12				29	18	11
32	23	14	9				21	12	9
33	37	17	20				34	16	18
34	30	13	17				26	12	14
35-39岁	**166**	**91**	**75**				**148**	**77**	**71**
35	28	13	15				26	11	15
36	24	15	9				20	11	9
37	32	22	10				29	19	10
38	45	23	22				40	19	21
39	37	18	19				33	17	16
40-44岁	**206**	**113**	**93**				**179**	**99**	**80**
40	28	18	10				22	13	9
41	35	17	18				32	15	17
42	36	20	16				31	18	13
43	49	26	23				41	23	18
44	58	32	26				53	30	23
45-49岁	**351**	**204**	**147**				**313**	**179**	**134**
45	61	35	26				51	28	23
46	73	40	33				66	37	29
47	61	36	25				57	33	24
48	78	49	29				70	42	28
49	78	44	34				69	39	30
50岁及以上	**2722**	**1231**	**1491**	**1**		**1**	**2342**	**1061**	**1281**

3-2b 续表 3 单位：人

年龄	小学								
	肄业			辍学			其他		
	小计	男	女	小计	男	女	小计	男	女
总计	**49**	**23**	**26**	**247**	**135**	**112**	**202**	**85**	**117**
3									
4									
5-9岁	**1**	**1**					**6**	**3**	**3**
5									
6							2	1	1
7							2	1	1
8	1	1							
9							2	1	1
10-14岁							**3**	**2**	**1**
10							1	1	
11							2	1	1
12									
13									
14									
15-19岁				**2**	**2**		**2**		**2**
15									
16				1	1				
17							2		2
18									
19				1	1				
20-24岁							**2**		**2**
20							1		1
21									
22									
23									
24							1		1
25-29岁	**1**	**1**		**2**	**2**		**4**	**2**	**2**
25									
26	1	1							
27				1	1		2	1	1
28							1	1	
29				1	1		1		1
30-34岁				**7**	**6**	**1**	**6**	**1**	**5**
30				1	1				
31				1	1		2	1	1
32				2	2				
33				1	1		2		2
34				2	1	1	2		2
35-39岁	**1**	**1**		**12**	**9**	**3**	**5**	**4**	**1**
35				2	2				
36				2	2		2	2	
37				2	2		1	1	
38	1	1		2	2		2	1	1
39				4	1	3			
40-44岁				**18**	**10**	**8**	**9**	**4**	**5**
40				3	2	1	3	3	
41				3	2	1			
42				3	1	2	2	1	1
43				5	3	2	3		3
44				4	2	2	1		1
45-49岁				**29**	**18**	**11**	**9**	**7**	**2**
45				8	5	3	2	2	
46				6	3	3	1		1
47				1	1		3	2	1
48				5	4	1	3	3	
49				9	5	4			
50岁及以上	**46**	**20**	**26**	**177**	**88**	**89**	**156**	**62**	**94**

3-2b 续表 4

单位：人

年 龄	初中								
	合计			在校			毕业		
	合计	男	女	小计	男	女	小计	男	女
总 计	**14686**	**8056**	**6630**	**1371**	**753**	**618**	**12648**	**6946**	**5702**
3									
4									
5-9岁	**20**	**14**	**6**	**20**	**14**	**6**			
5									
6	5	4	1	5	4	1			
7	4	3	1	4	3	1			
8	4	2	2	4	2	2			
9	7	5	2	7	5	2			
10-14岁	**1155**	**599**	**556**	**1102**	**578**	**524**	**41**	**15**	**26**
10	5	2	3	4	2	2	1		1
11	24	10	14	23	10	13	1		1
12	316	164	152	300	158	142	13	4	9
13	410	212	198	393	205	188	12	4	8
14	400	211	189	382	203	179	14	7	7
15-19岁	**340**	**218**	**122**	**247**	**159**	**88**	**83**	**55**	**28**
15	163	99	64	155	96	59	6	3	3
16	67	42	25	56	38	18	9	4	5
17	29	22	7	15	10	5	12	10	2
18	35	24	11	15	11	4	20	13	7
19	46	31	15	6	4	2	36	25	11
20-24岁	**533**	**324**	**209**	**1**	**1**		**518**	**314**	**204**
20	67	45	22				64	43	21
21	67	41	26				66	41	25
22	103	67	36				103	67	36
23	122	69	53				116	64	52
24	174	102	72	1	1		169	99	70
25-29岁	**1066**	**647**	**419**				**1013**	**621**	**392**
25	181	108	73				172	105	67
26	198	122	76				197	122	75
27	220	123	97				205	115	90
28	219	143	76				208	138	70
29	248	151	97				231	141	90
30-34岁	**1621**	**883**	**738**	**1**	**1**		**1560**	**844**	**716**
30	329	176	153	1	1		310	162	148
31	339	194	145				330	186	144
32	280	152	128				271	147	124
33	343	177	166				330	171	159
34	330	184	146				319	178	141
35-39岁	**1589**	**827**	**762**				**1516**	**791**	**725**
35	307	148	159				296	144	152
36	318	173	145				300	161	139
37	335	182	153				318	172	146
38	348	176	172				338	172	166
39	281	148	133				264	142	122
40-44岁	**1430**	**755**	**675**				**1363**	**717**	**646**
40	291	154	137				279	147	132
41	285	169	116				269	158	111
42	266	150	116				255	142	113
43	258	135	123				244	129	115
44	330	147	183				316	141	175
45-49岁	**1964**	**1050**	**914**				**1880**	**1006**	**874**
45	357	197	160				342	189	153
46	399	201	198				386	196	190
47	418	221	197				392	211	181
48	408	213	195				393	201	192
49	382	218	164				367	209	158
50岁及以上	**4968**	**2739**	**2229**				**4674**	**2583**	**2091**

3-2b 续表 5　　　　单位：人

年龄	初中								
	肄业			辍学			其他		
	小计	男	女	小计	男	女	小计	男	女
总计	**57**	**31**	**26**	**175**	**101**	**74**	**435**	**225**	**210**
3									
4									
5-9岁									
5									
6									
7									
8									
9									
10-14岁	**3**	**1**	**2**	**3**	**1**	**2**	**6**	**4**	**2**
10									
11									
12				1		1	2	2	
13	2	1	1	1	1		2	1	1
14	1		1	1		1	2	1	1
15-19岁	**1**	**1**		**7**	**1**	**6**	**2**	**2**	
15				2		2			
16				2		2			
17				1	1		1	1	
18									
19	1	1		2		2	1	1	
20-24岁	**5**	**4**	**1**	**3**	**2**	**1**	**6**	**3**	**3**
20	1	1		1		1	1	1	
21	1		1						
22									
23	2	2		2	2		2	1	1
24	1	1					3	1	2
25-29岁	**8**	**5**	**3**	**12**	**8**	**4**	**33**	**13**	**20**
25	2		2	3	3		4		4
26							1		1
27	4	4		3	2	1	8	2	6
28				3	2	1	8	3	5
29	2	1	1	3	1	2	12	8	4
30-34岁	**6**	**5**	**1**	**15**	**11**	**4**	**39**	**22**	**17**
30	1	1		4	3	1	13	9	4
31	3	3		2	2		4	3	1
32	1		1	1	1		7	4	3
33	1	1		3	2	1	9	3	6
34				5	3	2	6	3	3
35-39岁	**4**	**2**	**2**	**15**	**9**	**6**	**54**	**25**	**29**
35							11	4	7
36				7	3	4	11	9	2
37	1	1		5	4	1	11	5	6
38				3	2	1	7	2	5
39	3	1	2				14	5	9
40-44岁	**2**	**1**	**1**	**21**	**13**	**8**	**44**	**24**	**20**
40				2	2		10	5	5
41				7	4	3	9	7	2
42	1	1		4	2	2	6	5	1
43				4	3	1	10	3	7
44	1		1	4	2	2	9	4	5
45-49岁	**10**	**5**	**5**	**19**	**9**	**10**	**55**	**30**	**25**
45	4	2	2	3	1	2	8	5	3
46	1	1		2		2	10	4	6
47	2		2	6	2	4	18	8	10
48	1	1		5	4	1	9	7	2
49	2	1	1	3	2	1	10	6	4
50岁及以上	**18**	**7**	**11**	**80**	**47**	**33**	**196**	**102**	**94**

3-2b 续表 6 单位：人

年 龄	高中								
	合计			在校			毕业		
	合计	男	女	小计	男	女	小计	男	女
总 计	**10608**	**5843**	**4765**	**1497**	**743**	**754**	**8850**	**4983**	**3867**
3									
4									
5–9岁									
5									
6									
7									
8									
9									
10–14岁	**32**	**18**	**14**	**32**	**18**	**14**			
10									
11									
12									
13	4	4		4	4				
14	28	14	14	28	14	14			
15–19岁	**1731**	**911**	**820**	**1422**	**698**	**724**	**297**	**207**	**90**
15	285	136	149	280	133	147	3	2	1
16	509	247	262	505	245	260	4	2	2
17	408	199	209	396	190	206	11	8	3
18	283	173	110	190	105	85	90	67	23
19	246	156	90	51	25	26	189	128	61
20–24岁	**1659**	**1064**	**595**	**42**	**27**	**15**	**1590**	**1025**	**565**
20	280	192	88	26	17	9	251	174	77
21	325	211	114	6	3	3	318	208	110
22	357	224	133	3	3		349	220	129
23	340	202	138	5	2	3	328	196	132
24	357	235	122	2	2		344	227	117
25–29岁	**1726**	**1052**	**674**				**1688**	**1039**	**649**
25	345	210	135				339	207	132
26	356	224	132				348	223	125
27	327	200	127				320	197	123
28	332	210	122				328	208	120
29	366	208	158				353	204	149
30–34岁	**1511**	**861**	**650**				**1468**	**842**	**626**
30	402	238	164				397	237	160
31	334	184	150				321	179	142
32	287	161	126				279	157	122
33	255	145	110				250	143	107
34	233	133	100				221	126	95
35–39岁	**859**	**426**	**433**				**836**	**421**	**415**
35	205	114	91				201	113	88
36	181	78	103				175	77	98
37	163	87	76				155	84	71
38	178	81	97				176	81	95
39	132	66	66				129	66	63
40–44岁	**636**	**272**	**364**				**615**	**267**	**348**
40	126	54	72				123	54	69
41	124	53	71				122	53	69
42	111	42	69				107	41	66
43	125	51	74				122	49	73
44	150	72	78				141	70	71
45–49岁	**647**	**298**	**349**				**632**	**293**	**339**
45	122	60	62				121	60	61
46	141	56	85				136	55	81
47	146	68	78				142	65	77
48	130	54	76				126	53	73
49	108	60	48				107	60	47
50岁及以上	**1807**	**941**	**866**	**1**		**1**	**1724**	**889**	**835**

3-2b 续表 7 单位：人

年龄	高中								
	肄业			辍学			其他		
	小计	男	女	小计	男	女	小计	男	女
总计	**37**	**22**	**15**	**20**	**13**	**7**	**204**	**82**	**122**
3									
4									
5-9岁									
5									
6									
7									
8									
9									
10-14岁									
10									
11									
12									
13									
14									
15-19岁	**2**	**1**	**1**	**2**	**2**		**8**	**3**	**5**
15				1	1		1		1
16									
17							1	1	
18	2	1	1				1		1
19				1	1		5	2	3
20-24岁	**9**	**5**	**4**				**18**	**7**	**11**
20							3	1	2
21							1		1
22	1	1					4		4
23	3	2	1				4	2	2
24	5	2	3				6	4	2
25-29岁	**3**	**3**		**2**	**1**	**1**	**33**	**9**	**24**
25	1	1		1	1		4	1	3
26				1		1	7	1	6
27							7	3	4
28	1	1					3	1	2
29	1	1					12	3	9
30-34岁	**7**	**5**	**2**	**4**	**2**	**2**	**32**	**12**	**20**
30	1		1				4	1	3
31	2	2		2		2	9	3	6
32	1		1				7	4	3
33							5	2	3
34	3	3		2	2		7	2	5
35-39岁	**1**		**1**	**2**		**2**	**20**	**5**	**15**
35				1		1	3	1	2
36							6	1	5
37							8	3	5
38				1		1	1		1
39	1		1				2		2
40-44岁	**1**		**1**	**1**	**1**		**19**	**4**	**15**
40							3		3
41							2		2
42							4	1	3
43				1	1		2	1	1
44	1		1				8	2	6
45-49岁				**2**	**1**	**1**	**13**	**4**	**9**
45							1		1
46				1		1	4	1	3
47				1	1		3	2	1
48							4	1	3
49							1		1
50岁及以上	**14**	**8**	**6**	**7**	**6**	**1**	**61**	**38**	**23**

3-2b　续表 8　　　　单位：人

年　龄	大学专科								
	合　计			在　校			毕　业		
	合计	男	女	小计	男	女	小计	男	女
总　计	**5573**	**2772**	**2801**	**1367**	**610**	**757**	**4054**	**2069**	**1985**
3									
4									
5-9岁									
5									
6									
7									
8									
9									
10-14岁									
10									
11									
12									
13									
14									
15-19岁	**744**	**346**	**398**	**723**	**335**	**388**	**19**	**9**	**10**
15	5	3	2	5	3	2			
16	29	4	25	29	4	25			
17	31	13	18	31	13	18			
18	173	66	107	168	64	104	4	1	3
19	506	260	246	490	251	239	15	8	7
20-24岁	**1156**	**526**	**630**	**618**	**262**	**356**	**520**	**250**	**270**
20	453	195	258	396	166	230	54	28	26
21	222	96	126	135	52	83	85	42	43
22	185	85	100	59	29	30	122	52	70
23	149	83	66	16	8	8	129	71	58
24	147	67	80	12	7	5	130	57	73
25-29岁	**873**	**425**	**448**	**10**	**5**	**5**	**845**	**407**	**438**
25	168	85	83	4	3	1	163	81	82
26	163	83	80	3	1	2	157	80	77
27	190	89	101	2		2	181	83	98
28	169	67	102				164	65	99
29	183	101	82	1	1		180	98	82
30-34岁	**1042**	**529**	**513**	**2**		**2**	**1014**	**516**	**498**
30	216	90	126				212	89	123
31	237	124	113	2		2	227	120	107
32	224	122	102				219	119	100
33	206	113	93				203	111	92
34	159	80	79				153	77	76
35-39岁	**575**	**286**	**289**	**5**	**3**	**2**	**552**	**272**	**280**
35	141	66	75	2	1	1	135	63	72
36	149	71	78				144	69	75
37	94	54	40	2	1	1	87	48	39
38	115	60	55				113	59	54
39	76	35	41	1	1		73	33	40
40-44岁	**285**	**168**	**117**	**4**	**2**	**2**	**263**	**158**	**105**
40	70	43	27				66	41	25
41	53	33	20				49	31	18
42	45	25	20	1		1	42	24	18
43	57	34	23	2	1	1	52	32	20
44	60	33	27	1	1		54	30	24
45-49岁	**274**	**144**	**130**	**2**		**2**	**252**	**130**	**122**
45	54	31	23	1		1	48	28	20
46	64	24	40				57	19	38
47	56	31	25	1		1	51	28	23
48	47	27	20				45	26	19
49	53	31	22				51	29	22
50岁及以上	**624**	**348**	**276**	**3**	**3**		**589**	**327**	**262**

3-2b 续表 9 单位：人

年龄	大学专科								
	肄业			辍学			其他		
	小计	男	女	小计	男	女	小计	男	女
总计	**13**	**9**	**4**				**139**	**84**	**55**
3									
4									
5-9岁									
5									
6									
7									
8									
9									
10-14岁									
10									
11									
12									
13									
14									
15-19岁	**1**	**1**					**1**	**1**	
15									
16									
17									
18	1	1							
19							1	1	
20-24岁	**2**	**1**	**1**				**16**	**13**	**3**
20	1		1				2	1	1
21							2	2	
22	1	1					3	3	
23							4	4	
24							5	3	2
25-29岁	**4**	**4**					**14**	**9**	**5**
25							1	1	
26							3	2	1
27	2	2					5	4	1
28	1	1					4	1	3
29	1	1					1	1	
30-34岁	**1**		**1**				**25**	**13**	**12**
30							4	1	3
31	1		1				7	4	3
32							5	3	2
33							3	2	1
34							6	3	3
35-39岁							**18**	**11**	**7**
35							4	2	2
36							5	2	3
37							5	5	
38							2	1	1
39							2	1	1
40-44岁							**18**	**8**	**10**
40							4	2	2
41							4	2	2
42							2	1	1
43							3	1	2
44							5	2	3
45-49岁	**1**	**1**					**19**	**13**	**6**
45							5	3	2
46							7	5	2
47	1	1					3	2	1
48							2	1	1
49							2	2	
50岁及以上	**4**	**2**	**2**				**28**	**16**	**12**

3-2b　续表 10　　　　　　　　　　　　　　　　　　　　　　　　　　单位：人

年　龄	大学本科								
	合　计			在　校			毕　业		
	合计	男	女	小计	男	女	小计	男	女
总　计	**7588**	**3272**	**4316**	**4319**	**1709**	**2610**	**3150**	**1509**	**1641**
3									
4									
5-9岁									
5									
6									
7									
8									
9									
10-14岁									
10									
11									
12									
13									
14									
15-19岁	**1177**	**413**	**764**	**1172**	**411**	**761**	**4**	**2**	**2**
15									
16	1		1	1		1			
17	25	7	18	25	7	18			
18	289	87	202	287	86	201	1	1	
19	862	319	543	859	318	541	3	1	2
20-24岁	**3380**	**1392**	**1988**	**3102**	**1278**	**1824**	**265**	**107**	**158**
20	1148	417	731	1144	413	731	4	4	
21	1034	429	605	1025	425	600	7	4	3
22	731	335	396	656	302	354	71	31	40
23	317	139	178	231	106	125	82	31	51
24	150	72	78	46	32	14	101	37	64
25-29岁	**680**	**284**	**396**	**20**	**10**	**10**	**636**	**264**	**372**
25	126	52	74	11	3	8	110	45	65
26	133	51	82	6	4	2	123	46	77
27	134	60	74	1	1		127	57	70
28	150	67	83				146	65	81
29	137	54	83	2	2		130	51	79
30-34岁	**813**	**367**	**446**	**14**	**5**	**9**	**779**	**353**	**426**
30	185	83	102	5	2	3	176	78	98
31	162	76	86	5	3	2	153	71	82
32	148	66	82				143	66	77
33	157	62	95	2		2	149	58	91
34	161	80	81	2		2	158	80	78
35-39岁	**584**	**305**	**279**	**3**	**1**	**2**	**567**	**297**	**270**
35	146	83	63				145	82	63
36	135	73	62	1		1	133	73	60
37	106	55	51	1	1		102	53	49
38	121	62	59	1		1	116	59	57
39	76	32	44				71	30	41
40-44岁	**327**	**159**	**168**	**5**	**2**	**3**	**300**	**146**	**154**
40	84	44	40	1		1	79	42	37
41	72	32	40	2	1	1	66	29	37
42	67	36	31	2	1	1	61	34	27
43	49	21	28				46	19	27
44	55	26	29				48	22	26
45-49岁	**268**	**142**	**126**	**1**		**1**	**260**	**139**	**121**
45	60	25	35	1		1	57	24	33
46	65	41	24				64	40	24
47	52	29	23				50	28	22
48	39	22	17				37	22	15
49	52	25	27				52	25	27
50岁及以上	**359**	**210**	**149**	**2**	**2**		**339**	**201**	**138**

3-2b 续表 11 单位：人

年龄	大学本科								
	肄业			辍学			其他		
	小计	男	女	小计	男	女	小计	男	女
总计	**19**	**11**	**8**				**100**	**43**	**57**
3									
4									
5-9岁									
5									
6									
7									
8									
9									
10-14岁									
10									
11									
12									
13									
14									
15-19岁							**1**		**1**
15									
16									
17									
18							1		1
19									
20-24岁	**2**	**1**	**1**				**11**	**6**	**5**
20									
21	1		1				1		1
22							4	2	2
23	1	1					3	1	2
24							3	3	
25-29岁	**3**	**3**					**21**	**7**	**14**
25	2	2					3	2	1
26	1	1					3		3
27							6	2	4
28							4	2	2
29							5	1	4
30-34岁	**5**	**2**	**3**				**15**	**7**	**8**
30							4	3	1
31	1	1					3	1	2
32	2		2				3		3
33	2	1	1				4	3	1
34							1		1
35-39岁							**14**	**7**	**7**
35							1	1	
36							1		1
37							3	1	2
38							4	3	1
39							5	2	3
40-44岁							**22**	**11**	**11**
40							4	2	2
41							4	2	2
42							4	1	3
43							3	2	1
44							7	4	3
45-49岁	**1**	**1**					**6**	**2**	**4**
45	1	1					1		1
46							1	1	
47							2	1	1
48							2		2
49									
50岁及以上	**8**	**4**	**4**				**10**	**3**	**7**

3-2b　续表 12　　　　　　　　　　　　　　　　　　　　　　　　　　　单位：人

年龄	硕士研究生								
	合计			在校			毕业		
	合计	男	女	小计	男	女	小计	男	女
总计	**325**	**130**	**195**	**53**	**16**	**37**	**267**	**112**	**155**
3									
4									
5-9岁									
5									
6									
7									
8									
9									
10-14岁									
10									
11									
12									
13									
14									
15-19岁									
15									
16									
17									
18									
19									
20-24岁	**41**	**13**	**28**	**35**	**11**	**24**	**6**	**2**	**4**
20	1		1	1		1			
21	2		2	2		2			
22	6	2	4	6	2	4			
23	12	2	10	11	2	9	1		1
24	20	9	11	15	7	8	5	2	3
25-29岁	**95**	**28**	**67**	**16**	**5**	**11**	**77**	**22**	**55**
25	10	1	9	5		5	5	1	4
26	23	10	13	6	3	3	15	6	9
27	30	8	22	2	1	1	28	7	21
28	15	3	12	2	1	1	13	2	11
29	17	6	11	1		1	16	6	10
30-34岁	**90**	**38**	**52**	**2**		**2**	**88**	**38**	**50**
30	21	7	14	1		1	20	7	13
31	18	8	10				18	8	10
32	18	6	12	1		1	17	6	11
33	16	6	10				16	6	10
34	17	11	6				17	11	6
35-39岁	**55**	**24**	**31**				**55**	**24**	**31**
35	15	6	9				15	6	9
36	16	7	9				16	7	9
37	13	4	9				13	4	9
38	6	4	2				6	4	2
39	5	3	2				5	3	2
40-44岁	**15**	**10**	**5**				**13**	**10**	**3**
40	3	2	1				2	2	
41	3	3					3	3	
42	3	1	2				3	1	2
43	4	3	1				3	3	
44	2	1	1				2	1	1
45-49岁	**22**	**12**	**10**				**21**	**11**	**10**
45	1		1				1		1
46	4	2	2				4	2	2
47	4	2	2				4	2	2
48	7	5	2				7	5	2
49	6	3	3				5	2	3
50岁及以上	**7**	**5**	**2**				**7**	**5**	**2**

3-2b 续表 13

单位：人

年龄	硕士研究生								
	肄业			辍学			其他		
	小计	男	女	小计	男	女	小计	男	女
总计							**5**	**2**	**3**
3									
4									
5-9岁									
5									
6									
7									
8									
9									
10-14岁									
10									
11									
12									
13									
14									
15-19岁									
15									
16									
17									
18									
19									
20-24岁									
20									
21									
22									
23									
24									
25-29岁							**2**	**1**	**1**
25									
26							2	1	1
27									
28									
29									
30-34岁									
30									
31									
32									
33									
34									
35-39岁									
35									
36									
37									
38									
39									
40-44岁							**2**		**2**
40							1		1
41									
42									
43							1		1
44									
45-49岁							**1**	**1**	
45									
46									
47									
48									
49							1	1	
50岁及以上									

3-2b　续表 14　　　　　　　　　　　　　　　　　　　　　　　　　单位：人

年龄	博士研究生								
	合计			在校			毕业		
	合计	男	女	小计	男	女	小计	男	女
总　计	**15**	**10**	**5**	**6**	**4**	**2**	**9**	**6**	**3**
3									
4									
5-9岁									
5									
6									
7									
8									
9									
10-14岁									
10									
11									
12									
13									
14									
15-19岁									
15									
16									
17									
18									
19									
20-24岁									
20									
21									
22									
23									
24									
25-29岁	**7**	**4**	**3**	**5**	**3**	**2**	**2**	**1**	**1**
25	3	2	1	3	2	1			
26									
27	3	1	2	1		1	2	1	1
28	1	1		1	1				
29									
30-34岁	**4**	**3**	**1**	**1**	**1**		**3**	**2**	**1**
30	4	3	1	1	1		3	2	1
31									
32									
33									
34									
35-39岁	**2**	**2**					**2**	**2**	
35	1	1					1	1	
36									
37									
38									
39	1	1					1	1	
40-44岁	**1**	**1**					**1**	**1**	
40									
41									
42									
43	1	1					1	1	
44									
45-49岁	**1**		**1**				**1**		**1**
45									
46	1		1				1		1
47									
48									
49									
50岁及以上									

3-2b 续表 15

单位：人

年龄	博士研究生								
	肄业			辍学			其他		
	小计	男	女	小计	男	女	小计	男	女
总计									
3									
4									
5-9岁									
5									
6									
7									
8									
9									
10-14岁									
10									
11									
12									
13									
14									
15-19岁									
15									
16									
17									
18									
19									
20-24岁									
20									
21									
22									
23									
24									
25-29岁									
25									
26									
27									
28									
29									
30-34岁									
30									
31									
32									
33									
34									
35-39岁									
35									
36									
37									
38									
39									
40-44岁									
40									
41									
42									
43									
44									
45-49岁									
45									
46									
47									
48									
49									
50岁及以上									

3-2c　全市分年龄、性别、学业完成情况的3岁及以上各种受教育程度人口(乡村)

单位：人

年　龄	合　计								
	合　计			在　校			毕　业		
	合计	男	女	小计	男	女	小计	男	女
总　计	**49819**	**26933**	**22886**	**7367**	**3867**	**3500**	**39271**	**21366**	**17905**
3									
4									
5—9岁	**2148**	**1113**	**1035**	**2108**	**1086**	**1022**	**27**	**18**	**9**
5	44	25	19	43	24	19	1	1	
6	402	210	192	390	202	188	9	5	4
7	548	294	254	539	287	252	6	4	2
8	601	310	291	592	305	287	4	3	1
9	553	274	279	544	268	276	7	5	2
10—14岁	**2604**	**1351**	**1253**	**2501**	**1291**	**1210**	**77**	**44**	**33**
10	523	255	268	507	249	258	14	6	8
11	558	287	271	541	278	263	14	8	6
12	531	288	243	504	271	233	20	13	7
13	475	249	226	457	239	218	11	5	6
14	517	272	245	492	254	238	18	12	6
15—19岁	**2355**	**1352**	**1003**	**2007**	**1106**	**901**	**325**	**230**	**95**
15	448	249	199	434	239	195	9	8	1
16	472	293	179	436	270	166	34	21	13
17	404	224	180	350	187	163	49	33	16
18	450	255	195	354	189	165	93	65	28
19	581	331	250	433	221	212	140	103	37
20—24岁	**2933**	**1595**	**1338**	**680**	**345**	**335**	**2162**	**1201**	**961**
20	587	332	255	329	173	156	246	151	95
21	463	253	210	173	86	87	274	160	114
22	620	345	275	90	50	40	509	280	229
23	586	314	272	54	22	32	516	282	234
24	677	351	326	34	14	20	617	328	289
25—29岁	**4065**	**2192**	**1873**	**58**	**29**	**29**	**3848**	**2058**	**1790**
25	794	447	347	31	15	16	729	408	321
26	735	392	343	14	6	8	688	365	323
27	854	435	419	5	3	2	819	413	406
28	834	484	350	3	1	2	796	459	337
29	848	434	414	5	4	1	816	413	403
30—34岁	**4408**	**2398**	**2010**	**7**	**6**	**1**	**4234**	**2298**	**1936**
30	1008	542	466	3	2	1	964	520	444
31	956	543	413				924	521	403
32	819	429	390	2	2		786	412	374
33	855	463	392	1	1		817	442	375
34	770	421	349	1	1		743	403	340
35—39岁	**3384**	**1926**	**1458**	**3**	**1**	**2**	**3212**	**1839**	**1373**
35	726	396	330	2	1	1	693	378	315
36	670	362	308	1		1	633	347	286
37	679	412	267				647	395	252
38	736	417	319				695	393	302
39	573	339	234				544	326	218
40—44岁	**3062**	**1704**	**1358**				**2896**	**1599**	**1297**
40	561	334	227				529	309	220
41	545	294	251				516	277	239
42	559	308	251				527	290	237
43	641	362	279				613	342	271
44	756	406	350				711	381	330
45—49岁	**4539**	**2495**	**2044**	**2**	**2**		**4237**	**2318**	**1919**
45	797	438	359				751	411	340
46	895	494	401				829	456	373
47	944	516	428				886	479	407
48	933	511	422				871	478	393
49	970	536	434	2	2		900	494	406
50岁及以上	**20321**	**10807**	**9514**	**1**	**1**		**18253**	**9761**	**8492**

3-2c 续表 1 单位：人

年 龄	合 计								
	肄 业			辍 学			其 他		
	小计	男	女	小计	男	女	小计	男	女
总 计	**360**	**199**	**161**	**1038**	**545**	**493**	**1783**	**956**	**827**
3									
4									
5-9岁	**2**	**2**					**11**	**7**	**4**
5									
6							3	3	
7	1	1					2	2	
8	1	1					4	1	3
9							2	1	1
10-14岁	**3**	**2**	**1**	**6**	**5**	**1**	**17**	**9**	**8**
10							2		2
11	1		1				2	1	1
12				2	2		5	2	3
13				2	1	1	5	4	1
14	2	2		2	2		3	2	1
15-19岁	**2**	**2**		**11**	**5**	**6**	**10**	**9**	**1**
15				5	2	3			
16	1	1					1	1	
17				2	1	1	3	3	
18				1		1	2	1	1
19	1	1		3	2	1	4	4	
20-24岁	**10**	**5**	**5**	**18**	**13**	**5**	**63**	**31**	**32**
20	1		1	3	3		8	5	3
21	2	1	1	3	2	1	11	4	7
22	3	3		3	2	1	15	10	5
23	2	1	1	3	2	1	11	7	4
24	2		2	6	4	2	18	5	13
25-29岁	**20**	**15**	**5**	**34**	**28**	**6**	**105**	**62**	**43**
25	5	3	2	6	5	1	23	16	7
26	2	2		10	7	3	21	12	9
27	4	3	1	5	5		21	11	10
28	5	3	2	10	9	1	20	12	8
29	4	4		3	2	1	20	11	9
30-34岁	**18**	**13**	**5**	**41**	**29**	**12**	**108**	**52**	**56**
30	5	4	1	9	6	3	27	10	17
31	5	4	1	6	5	1	21	13	8
32	4	2	2	9	7	2	18	6	12
33				12	7	5	25	13	12
34	4	3	1	5	4	1	17	10	7
35-39岁	**18**	**9**	**9**	**31**	**19**	**12**	**120**	**58**	**62**
35	7	3	4	8	4	4	16	10	6
36	3	2	1	8	6	2	25	7	18
37	4	2	2	4	2	2	24	13	11
38	3	2	1	7	5	2	31	17	14
39	1		1	4	2	2	24	11	13
40-44岁	**17**	**11**	**6**	**56**	**37**	**19**	**93**	**57**	**36**
40	3	2	1	12	10	2	17	13	4
41	4	3	1	5	3	2	20	11	9
42	4	1	3	6	3	3	22	14	8
43	1	1		15	11	4	12	8	4
44	5	4	1	18	10	8	22	11	11
45-49岁	**37**	**20**	**17**	**95**	**57**	**38**	**168**	**98**	**70**
45	7	4	3	16	9	7	23	14	9
46	9	5	4	27	17	10	30	16	14
47	6	4	2	18	12	6	34	21	13
48	5	3	2	20	11	9	37	19	18
49	10	4	6	14	8	6	44	28	16
50岁及以上	**233**	**120**	**113**	**746**	**352**	**394**	**1088**	**573**	**515**

3-2c　续表 2　　　　单位：人

年龄	小学								
	合计			在校			毕业		
	合计	男	女	小计	男	女	小计	男	女
总　计	**13104**	**6522**	**6582**	**3358**	**1744**	**1614**	**8147**	**4032**	**4115**
3									
4									
5–9岁	**2135**	**1109**	**1026**	**2095**	**1082**	**1013**	**27**	**18**	**9**
5	44	25	19	43	24	19	1	1	
6	401	209	192	389	201	188	9	5	4
7	547	294	253	538	287	251	6	4	2
8	596	307	289	587	302	285	4	3	1
9	547	274	273	538	268	270	7	5	2
10–14岁	**1310**	**684**	**626**	**1260**	**659**	**601**	**38**	**18**	**20**
10	512	248	264	498	243	255	12	5	7
11	528	272	256	513	265	248	12	6	6
12	201	122	79	189	114	75	10	6	4
13	41	21	20	37	20	17	2		2
14	28	21	7	23	17	6	2	1	1
15–19岁	**21**	**16**	**5**	**2**	**2**		**16**	**13**	**3**
15	4	2	2				2	2	
16	5	4	1	2	2		3	2	1
17	4	3	1				4	3	1
18	3	2	1				3	2	1
19	5	5					4	4	
20–24岁	**82**	**50**	**32**				**80**	**48**	**32**
20	8	6	2				7	5	2
21	13	9	4				13	9	4
22	19	13	6				18	12	6
23	17	8	9				17	8	9
24	25	14	11				25	14	11
25–29岁	**160**	**97**	**63**				**146**	**87**	**59**
25	36	24	12				31	21	10
26	20	13	7				19	13	6
27	30	16	14				29	15	14
28	34	20	14				32	18	14
29	40	24	16				35	20	15
30–34岁	**228**	**132**	**96**				**206**	**117**	**89**
30	51	33	18				48	32	16
31	51	35	16				46	31	15
32	39	22	17				33	18	15
33	43	21	22				37	17	20
34	44	21	23				42	19	23
35–39岁	**249**	**136**	**113**				**219**	**125**	**94**
35	38	24	14				29	19	10
36	46	20	26				40	19	21
37	43	27	16				40	27	13
38	62	35	27				54	31	23
39	60	30	30				56	29	27
40–44岁	**377**	**199**	**178**				**320**	**169**	**151**
40	52	33	19				47	29	18
41	65	32	33				55	27	28
42	62	31	31				52	27	25
43	97	51	46				84	42	42
44	101	52	49				82	44	38
45–49岁	**781**	**424**	**357**				**665**	**353**	**312**
45	123	69	54				109	59	50
46	150	85	65				124	69	55
47	165	92	73				148	80	68
48	160	79	81				132	66	66
49	183	99	84				152	79	73
50岁及以上	**7761**	**3675**	**4086**	**1**	**1**		**6430**	**3084**	**3346**

3-2c　续表 3　　　　　　　　　　　　　　　　　　　　　　　　　　　　单位：人

年　龄	小学								
	肄　业			辍　学			其　他		
	小计	男	女	小计	男	女	小计	男	女
总　计	**206**	**104**	**102**	**687**	**308**	**379**	**706**	**334**	**372**
3									
4									
5—9岁	**2**	**2**					**11**	**7**	**4**
5									
6							3	3	
7	1	1					2	2	
8	1	1					4	1	3
9							2	1	1
10—14岁	**2**	**1**	**1**	**3**	**3**		**7**	**3**	**4**
10							2		2
11	1		1				2	1	1
12				2	2				
13							2	1	1
14	1	1		1	1		1	1	
15—19岁				**2**		**2**	**1**	**1**	
15				2		2			
16									
17									
18									
19							1	1	
20—24岁							**2**	**2**	
20							1	1	
21									
22							1	1	
23									
24									
25—29岁	**4**	**3**	**1**	**5**	**3**	**2**	**5**	**4**	**1**
25	2	1	1	1	1		2	1	1
26				1		1			
27							1	1	
28	1	1		1	1				
29	1	1		2	1	1	2	2	
30—34岁	**5**	**3**	**2**	**14**	**10**	**4**	**3**	**2**	**1**
30	2	1	1	1		1			
31	1	1		4	3	1			
32	2	1	1	2	2		2	1	1
33				6	4	2			
34				1	1		1	1	
35—39岁	**4**	**3**	**1**	**12**	**2**	**10**	**14**	**6**	**8**
35	2	1	1	4	1	3	3	3	
36	1	1		1		1	4		4
37				2		2	1		1
38	1	1		3	1	2	4	2	2
39				2		2	2	1	1
40—44岁	**6**	**3**	**3**	**29**	**16**	**13**	**22**	**11**	**11**
40				3	2	1	2	2	
41	2	2		2	1	1	6	2	4
42	3		3	3	1	2	4	3	1
43				11	7	4	2	2	
44	1	1		10	5	5	8	2	6
45—49岁	**18**	**12**	**6**	**52**	**32**	**20**	**46**	**27**	**19**
45	3	3		5	4	1	6	3	3
46	3	1	2	17	13	4	6	2	4
47	2	2		8	5	3	7	5	2
48	4	3	1	11	4	7	13	6	7
49	6	3	3	11	6	5	14	11	3
50岁及以上	**165**	**77**	**88**	**570**	**242**	**328**	**595**	**271**	**324**

3-2c　续表 4　　　　单位：人

年　龄	初　中								
	合　计			在　校			毕　业		
	合计	男	女	小计	男	女	小计	男	女
总　计	**24744**	**14046**	**10698**	**1625**	**858**	**767**	**21851**	**12419**	**9432**
3									
4									
5-9岁	**13**	**4**	**9**	**13**	**4**	**9**			
5									
6	1	1		1	1				
7	1		1	1		1			
8	5	3	2	5	3	2			
9	6		6	6		6			
10-14岁	**1281**	**662**	**619**	**1229**	**628**	**601**	**39**	**26**	**13**
10	11	7	4	9	6	3	2	1	1
11	30	15	15	28	13	15	2	2	
12	330	166	164	315	157	158	10	7	3
13	431	226	205	417	217	200	9	5	4
14	479	248	231	460	235	225	16	11	5
15-19岁	**564**	**358**	**206**	**381**	**225**	**156**	**170**	**123**	**47**
15	218	124	94	209	116	93	6	6	
16	114	75	39	89	60	29	23	13	10
17	77	47	30	45	25	20	29	20	9
18	75	55	20	24	18	6	49	36	13
19	80	57	23	14	6	8	63	48	15
20-24岁	**947**	**590**	**357**	**1**		**1**	**894**	**560**	**334**
20	119	74	45				114	71	43
21	125	76	49	1		1	112	70	42
22	217	142	75				208	134	74
23	199	128	71				190	122	68
24	287	170	117				270	163	107
25-29岁	**1946**	**1161**	**785**	**1**	**1**		**1860**	**1102**	**758**
25	356	222	134				341	211	130
26	364	210	154				342	195	147
27	419	243	176				399	231	168
28	398	258	140				381	246	135
29	409	228	181	1	1		397	219	178
30-34岁	**2378**	**1355**	**1023**				**2277**	**1301**	**976**
30	503	292	211				475	276	199
31	494	292	202				478	283	195
32	443	247	196				422	238	184
33	481	267	214				462	257	205
34	457	257	200				440	247	193
35-39岁	**2209**	**1291**	**918**				**2093**	**1227**	**866**
35	440	245	195				421	234	187
36	416	229	187				396	219	177
37	462	287	175				437	273	164
38	502	299	203				473	281	192
39	389	231	158				366	220	146
40-44岁	**2180**	**1235**	**945**				**2087**	**1169**	**918**
40	397	241	156				376	224	152
41	389	215	174				371	203	168
42	419	232	187				400	221	179
43	433	253	180				421	243	178
44	542	294	248				519	278	241
45-49岁	**3232**	**1766**	**1466**				**3067**	**1674**	**1393**
45	577	314	263				547	299	248
46	636	348	288				602	328	274
47	666	360	306				628	337	291
48	677	375	302				644	356	288
49	676	369	307				646	354	292
50岁及以上	**9994**	**5624**	**4370**				**9364**	**5237**	**4127**

3-2c 续表 5 单位：人

年龄	初中								
	肄业			辍学			其他		
	小计	男	女	小计	男	女	小计	男	女
总计	**123**	**76**	**47**	**308**	**204**	**104**	**837**	**489**	**348**
3									
4									
5-9岁									
5									
6									
7									
8									
9									
10-14岁	**1**	**1**		**2**	**1**	**1**	**10**	**6**	**4**
10									
11									
12							5	2	3
13				2	1	1	3	3	
14	1	1					2	1	1
15-19岁	**1**	**1**		**5**	**3**	**2**	**7**	**6**	**1**
15				3	2	1			
16	1	1					1	1	
17				1		1	2	2	
18							2	1	1
19				1	1		2	2	
20-24岁	**6**	**3**	**3**	**13**	**10**	**3**	**33**	**17**	**16**
20				2	2		3	1	2
21	1	1		3	2	1	8	3	5
22	2	2		1	1		6	5	1
23	1		1	2	2		6	4	2
24	2		2	5	3	2	10	4	6
25-29岁	**13**	**10**	**3**	**21**	**18**	**3**	**51**	**30**	**21**
25	3	2	1	3	3		9	6	3
26	2	2		8	6	2	12	7	5
27	4	3	1	4	4		12	5	7
28	2	1	1	5	4	1	10	7	3
29	2	2		1	1		8	5	3
30-34岁	**9**	**7**	**2**	**22**	**16**	**6**	**70**	**31**	**39**
30	2	2		7	6	1	19	8	11
31	2	1	1	2	2		12	6	6
32	2	1	1	6	4	2	13	4	9
33				4	2	2	15	8	7
34	3	3		3	2	1	11	5	6
35-39岁	**10**	**5**	**5**	**18**	**16**	**2**	**88**	**43**	**45**
35	4	2	2	4	3	1	11	6	5
36				6	5	1	14	5	9
37	4	2	2	2	2		19	10	9
38	1	1		4	4		24	13	11
39	1		1	2	2		20	9	11
40-44岁	**9**	**6**	**3**	**22**	**18**	**4**	**62**	**42**	**20**
40	3	2	1	7	6	1	11	9	2
41	2	1	1	2	2		14	9	5
42				2	1	1	17	10	7
43	1	1		4	4		7	5	2
44	3	2	1	7	5	2	13	9	4
45-49岁	**17**	**8**	**9**	**42**	**24**	**18**	**106**	**60**	**46**
45	4	1	3	11	5	6	15	9	6
46	5	4	1	9	3	6	20	13	7
47	4	2	2	10	7	3	24	14	10
48	1		1	9	7	2	23	12	11
49	3	1	2	3	2	1	24	12	12
50岁及以上	**57**	**35**	**22**	**163**	**98**	**65**	**410**	**254**	**156**

3-2c 续表 6

单位：人

年龄	高中								
	合计			在校			毕业		
	合计	男	女	小计	男	女	小计	男	女
总计	**7005**	**3915**	**3090**	**1185**	**646**	**539**	**5602**	**3131**	**2471**
3									
4									
5–9岁									
5									
6									
7									
8									
9									
10–14岁	**13**	**5**	**8**	**12**	**4**	**8**			
10									
11									
12									
13	3	2	1	3	2	1			
14	10	3	7	9	2	7			
15–19岁	**1213**	**678**	**535**	**1104**	**607**	**497**	**105**	**69**	**36**
15	220	118	102	219	118	101	1		1
16	344	210	134	336	204	132	8	6	2
17	286	152	134	273	144	129	12	7	5
18	218	118	100	182	95	87	35	23	12
19	145	80	65	94	46	48	49	33	16
20–24岁	**640**	**373**	**267**	**69**	**35**	**34**	**554**	**329**	**225**
20	117	68	49	30	13	17	82	51	31
21	96	60	36	18	9	9	77	51	26
22	139	77	62	9	4	5	124	70	54
23	147	86	61	7	6	1	137	79	58
24	141	82	59	5	3	2	134	78	56
25–29岁	**871**	**453**	**418**				**837**	**430**	**407**
25	171	102	69				163	97	66
26	148	88	60				144	85	59
27	186	85	101				183	82	101
28	171	94	77				160	86	74
29	195	84	111				187	80	107
30–34岁	**890**	**483**	**407**				**863**	**465**	**398**
30	223	113	110				216	111	105
31	211	122	89				204	116	88
32	166	83	83				165	82	83
33	159	87	72				152	82	70
34	131	78	53				126	74	52
35–39岁	**469**	**261**	**208**				**457**	**254**	**203**
35	113	65	48				112	64	48
36	109	65	44				102	61	41
37	84	43	41				83	42	41
38	94	41	53				91	40	51
39	69	47	22				69	47	22
40–44岁	**321**	**178**	**143**				**311**	**170**	**141**
40	71	41	30				68	38	30
41	64	36	28				63	36	27
42	47	27	20				44	24	20
43	74	39	35				72	38	34
44	65	35	30				64	34	30
45–49岁	**342**	**189**	**153**				**328**	**182**	**146**
45	63	35	28				62	34	28
46	69	37	32				65	37	28
47	74	41	33				72	40	32
48	58	31	27				57	30	27
49	78	45	33				72	41	31
50岁及以上	**2246**	**1295**	**951**				**2147**	**1232**	**915**

3-2c 续表 7 单位：人

年 龄	高中								
	肄业			辍学			其他		
	小计	男	女	小计	男	女	小计	男	女
总 计	**24**	**16**	**8**	**35**	**28**	**7**	**159**	**94**	**65**
3									
4									
5-9岁									
5									
6									
7									
8									
9									
10-14岁				**1**	**1**				
10									
11									
12									
13									
14				1	1				
15-19岁				**4**	**2**	**2**			
15									
16									
17				1	1				
18				1		1			
19				2	1	1			
20-24岁	**2**	**1**	**1**	**4**	**2**	**2**	**11**	**6**	**5**
20	1		1	1	1		3	3	
21							1		1
22	1	1		1		1	4	2	2
23				1		1	2	1	1
24				1	1		1		1
25-29岁	**3**	**2**	**1**	**7**	**7**		**24**	**14**	**10**
25				1	1		7	4	3
26				1	1		3	2	1
27				1	1		2	2	
28	2	1	1	4	4		5	3	2
29	1	1					7	3	4
30-34岁	**2**	**2**		**3**	**2**	**1**	**22**	**14**	**8**
30	1	1		1		1	5	1	4
31	1	1					6	5	1
32				1	1				
33							7	5	2
34				1	1		4	3	1
35-39岁	**2**	**1**	**1**	**1**	**1**		**9**	**5**	**4**
35							1	1	
36	1	1		1	1		5	2	3
37							1	1	
38	1		1				2	1	1
39									
40-44岁	**2**	**2**		**3**	**2**	**1**	**5**	**4**	**1**
40				1	1		2	2	
41				1		1			
42	1	1		1	1		1	1	
43							2	1	1
44	1	1							
45-49岁	**2**		**2**				**12**	**7**	**5**
45							1	1	
46	1		1				3		3
47							2	1	1
48							1	1	
49	1		1				5	4	1
50岁及以上	**11**	**8**	**3**	**12**	**11**	**1**	**76**	**44**	**32**

3-2c 续表 8

单位：人

年龄	大学专科								
	合计			在校			毕业		
	合计	男	女	小计	男	女	小计	男	女
总计	**3405**	**1757**	**1648**	**893**	**478**	**415**	**2441**	**1242**	**1199**
3									
4									
5–9岁									
5									
6									
7									
8									
9									
10–14岁									
10									
11									
12									
13									
14									
15–19岁	**447**	**252**	**195**	**413**	**226**	**187**	**31**	**23**	**8**
15	6	5	1	6	5	1			
16	8	3	5	8	3	5			
17	35	21	14	30	17	13	4	3	1
18	108	60	48	102	56	46	6	4	2
19	290	163	127	267	145	122	21	16	5
20–24岁	**921**	**445**	**476**	**457**	**239**	**218**	**452**	**201**	**251**
20	307	168	139	265	144	121	42	24	18
21	181	85	96	114	57	57	64	27	37
22	165	79	86	42	26	16	120	51	69
23	143	60	83	22	6	16	119	53	66
24	125	53	72	14	6	8	107	46	61
25–29岁	**626**	**289**	**337**	**14**	**5**	**9**	**592**	**273**	**319**
25	117	49	68	8	2	6	103	42	61
26	128	59	69	6	3	3	119	54	65
27	128	56	72				123	53	70
28	139	71	68				135	70	65
29	114	54	60				112	54	58
30–34岁	**594**	**289**	**305**	**6**	**5**	**1**	**575**	**278**	**297**
30	153	69	84	2	1	1	148	67	81
31	130	69	61				127	67	60
32	107	49	58	2	2		102	46	56
33	116	63	53	1	1		113	61	52
34	88	39	49	1	1		85	37	48
35–39岁	**304**	**158**	**146**	**1**	**1**		**293**	**153**	**140**
35	90	42	48	1	1		87	41	46
36	66	33	33				64	33	31
37	58	34	24				55	32	23
38	51	30	21				50	29	21
39	39	19	20				37	18	19
40–44岁	**123**	**64**	**59**				**119**	**63**	**56**
40	25	13	12				24	12	12
41	19	10	9				19	10	9
42	17	9	8				17	9	8
43	26	13	13				25	13	12
44	36	19	17				34	19	15
45–49岁	**140**	**88**	**52**	**2**	**2**		**134**	**82**	**52**
45	25	13	12				25	13	12
46	33	21	12				31	19	12
47	28	16	12				27	15	12
48	31	21	10				31	21	10
49	23	17	6	2	2		20	14	6
50岁及以上	**250**	**172**	**78**				**245**	**169**	**76**

3-2c 续表 9 单位：人

年 龄	大学专科								
	肄 业			辍 学			其 他		
	小计	男	女	小计	男	女	小计	男	女
总 计	**5**	**2**	**3**	**7**	**5**	**2**	**59**	**30**	**29**
3									
4									
5-9岁									
5									
6									
7									
8									
9									
10-14岁									
10									
11									
12									
13									
14									
15-19岁	**1**	**1**					**2**	**2**	
15									
16									
17							1	1	
18									
19	1	1					1	1	
20-24岁	**1**		**1**	**1**	**1**		**10**	**4**	**6**
20									
21	1		1				2	1	1
22				1	1		2	1	1
23							2	1	1
24							4	1	3
25-29岁				**1**		**1**	**19**	**11**	**8**
25				1		1	5	5	
26							3	2	1
27							5	3	2
28							4	1	3
29							2		2
30-34岁	**2**	**1**	**1**	**1**	**1**		**10**	**4**	**6**
30							3	1	2
31	1	1					2	1	1
32							3	1	2
33				1	1		1		1
34	1		1				1	1	
35-39岁	**1**		**1**				**9**	**4**	**5**
35	1		1				1		1
36							2		2
37							3	2	1
38							1	1	
39							2	1	1
40-44岁				**2**	**1**	**1**	**2**		**2**
40				1	1				
41									
42									
43							1		1
44				1		1	1		1
45-49岁				**1**	**1**		**3**	**3**	
45									
46				1	1		1	1	
47							1	1	
48									
49							1	1	
50岁及以上				**1**	**1**		**4**	**2**	**2**

3-2c　续表 10　　　　　　　　　　　　　　　　　　　　　　　单位：人

年龄	大学本科								
	合计			在校			毕业		
	合计	男	女	小计	男	女	小计	男	女
总计	**1441**	**651**	**790**	**261**	**124**	**137**	**1157**	**517**	**640**
3									
4									
5-9岁									
5									
6									
7									
8									
9									
10-14岁									
10									
11									
12									
13									
14									
15-19岁	**110**	**48**	**62**	**107**	**46**	**61**	**3**	**2**	**1**
15									
16	1	1		1	1				
17	2	1	1	2	1	1			
18	46	20	26	46	20	26			
19	61	26	35	58	24	34	3	2	1
20-24岁	**322**	**132**	**190**	**133**	**66**	**67**	**182**	**63**	**119**
20	36	16	20	34	16	18	1		1
21	47	23	24	39	20	19	8	3	5
22	72	32	40	31	18	13	39	13	26
23	73	29	44	18	7	11	53	20	33
24	94	32	62	11	5	6	81	27	54
25-29岁	**395**	**167**	**228**	**19**	**11**	**8**	**370**	**153**	**217**
25	95	42	53	10	8	2	85	34	51
26	60	18	42	4	2	2	53	15	38
27	80	30	50	1		1	78	30	48
28	82	38	44	2		2	79	37	42
29	78	39	39	2	1	1	75	37	38
30-34岁	**294**	**129**	**165**	**1**	**1**		**290**	**127**	**163**
30	76	34	42	1	1		75	33	42
31	62	20	42				61	19	42
32	59	28	31				59	28	31
33	51	23	28				49	23	26
34	46	24	22				46	24	22
35-39岁	**149**	**79**	**70**	**1**		**1**	**147**	**79**	**68**
35	42	19	23				42	19	23
36	33	15	18	1		1	31	15	16
37	31	21	10				31	21	10
38	27	12	15				27	12	15
39	16	12	4				16	12	4
40-44岁	**60**	**27**	**33**				**58**	**27**	**31**
40	16	6	10				14	6	8
41	8	1	7				8	1	7
42	13	8	5				13	8	5
43	11	6	5				11	6	5
44	12	6	6				12	6	6
45-49岁	**43**	**28**	**15**				**42**	**27**	**15**
45	9	7	2				8	6	2
46	7	3	4				7	3	4
47	11	7	4				11	7	4
48	6	5	1				6	5	1
49	10	6	4				10	6	4
50岁及以上	**68**	**41**	**27**				**65**	**39**	**26**

3-2c 续表 11 单位：人

年龄	大学本科								
	肄业			辍学			其他		
	小计	男	女	小计	男	女	小计	男	女
总计	**2**	**1**	**1**	**1**		**1**	**20**	**9**	**11**
3									
4									
5-9岁									
5									
6									
7									
8									
9									
10-14岁									
10									
11									
12									
13									
14									
15-19岁									
15									
16									
17									
18									
19									
20-24岁	**1**	**1**					**6**	**2**	**4**
20							1		1
21									
22							2	1	1
23	1	1					1	1	
24							2		2
25-29岁							**6**	**3**	**3**
25									
26							3	1	2
27							1		1
28							1	1	
29							1	1	
30-34岁				**1**		**1**	**2**	**1**	**1**
30									
31							1	1	
32									
33				1		1	1		1
34									
35-39岁	**1**		**1**						
35									
36	1		1						
37									
38									
39									
40-44岁							**2**		**2**
40							2		2
41									
42									
43									
44									
45-49岁							**1**	**1**	
45							1	1	
46									
47									
48									
49									
50岁及以上							**3**	**2**	**1**

3-2c 续表 12 单位：人

年 龄	硕士研究生								
	合 计			在 校			毕 业		
	合计	男	女	小计	男	女	小计	男	女
总 计	**113**	**38**	**75**	**41**	**15**	**26**	**70**	**23**	**47**
3									
4									
5-9岁									
5									
6									
7									
8									
9									
10-14岁									
10									
11									
12									
13									
14									
15-19岁									
15									
16									
17									
18									
19									
20-24岁	**20**	**5**	**15**	**19**	**5**	**14**			
20									
21	1		1	1		1			
22	8	2	6	8	2	6			
23	6	3	3	6	3	3			
24	5		5	4		4			
25-29岁	**65**	**23**	**42**	**22**	**10**	**12**	**43**	**13**	**30**
25	19	8	11	13	5	8	6	3	3
26	15	4	11	4	1	3	11	3	8
27	10	4	6	3	2	1	7	2	5
28	10	3	7	1	1		9	2	7
29	11	4	7	1	1		10	3	7
30-34岁	**22**	**8**	**14**				**21**	**8**	**13**
30	2	1	1				2	1	1
31	8	5	3				8	5	3
32	5		5				5		5
33	3		3				2		2
34	4	2	2				4	2	2
35-39岁	**2**	**1**	**1**				**2**	**1**	**1**
35	2	1	1				2	1	1
36									
37									
38									
39									
40-44岁	**1**	**1**					**1**	**1**	
40									
41									
42	1	1					1	1	
43									
44									
45-49岁	**1**		**1**				**1**		**1**
45									
46									
47									
48	1		1				1		1
49									
50岁及以上	**2**		**2**				**2**		**2**

3-2c 续表 13

单位：人

年 龄	硕士研究生								
	肄 业			辍 学			其 他		
	小计	男	女	小计	男	女	小计	男	女
总 计							**2**		**2**
3									
4									
5-9岁									
5									
6									
7									
8									
9									
10-14岁									
10									
11									
12									
13									
14									
15-19岁									
15									
16									
17									
18									
19									
20-24岁							**1**		**1**
20									
21									
22									
23									
24							1		1
25-29岁									
25									
26									
27									
28									
29									
30-34岁							**1**		**1**
30									
31									
32									
33							1		1
34									
35-39岁									
35									
36									
37									
38									
39									
40-44岁									
40									
41									
42									
43									
44									
45-49岁									
45									
46									
47									
48									
49									
50岁及以上									

3-2c 续表 14 单位：人

年 龄	博士研究生								
	合 计			在 校			毕 业		
	合计	男	女	小计	男	女	小计	男	女
总 计	**7**	**4**	**3**	**4**	**2**	**2**	**3**	**2**	**1**
3									
4									
5-9岁									
5									
6									
7									
8									
9									
10-14岁									
10									
11									
12									
13									
14									
15-19岁									
15									
16									
17									
18									
19									
20-24岁	**1**		**1**	**1**		**1**			
20									
21									
22									
23	1		1	1		1			
24									
25-29岁	**2**	**2**		**2**	**2**				
25									
26									
27	1	1		1	1				
28									
29	1	1		1	1				
30-34岁	**2**	**2**					**2**	**2**	
30									
31									
32									
33	2	2					2	2	
34									
35-39岁	**2**		**2**	**1**		**1**	**1**		**1**
35	1		1	1		1			
36									
37	1		1				1		1
38									
39									
40-44岁									
40									
41									
42									
43									
44									
45-49岁									
45									
46									
47									
48									
49									
50岁及以上									

3-2c 续表 15

单位：人

年 龄	博士研究生								
	肄 业			辍 学			其 他		
	小计	男	女	小计	男	女	小计	男	女
总 计									
3									
4									
5-9岁									
5									
6									
7									
8									
9									
10-14岁									
10									
11									
12									
13									
14									
15-19岁									
15									
16									
17									
18									
19									
20-24岁									
20									
21									
22									
23									
24									
25-29岁									
25									
26									
27									
28									
29									
30-34岁									
30									
31									
32									
33									
34									
35-39岁									
35									
36									
37									
38									
39									
40-44岁									
40									
41									
42									
43									
44									
45-49岁									
45									
46									
47									
48									
49									
50岁及以上									

第二部分　长表数据资料

第四卷　就业

4-1 各地区分性别、年龄的就业人口

单位：人

地区 性别	合计	16-19岁	20-24岁	25-29岁	30-34岁	35-39岁	40-44岁
太原市	**204938**	**1341**	**12473**	**28078**	**38385**	**31307**	**24216**
小店区	53234	598	4970	9078	11073	8398	5586
迎泽区	25289	119	1289	3047	4350	4272	3323
杏花岭区	30758	129	1249	3635	5668	5269	4132
尖草坪区	17896	72	914	2202	3237	2578	2243
万柏林区	36605	160	1791	5175	7717	5745	4405
晋源区	11263	67	686	1656	2367	1671	1217
清徐县	15819	127	1021	1867	2082	1802	1598
阳曲县	5072	33	264	527	550	474	514
娄烦县	2562	13	101	221	252	254	347
古交市	6440	23	188	670	1089	844	851
男	**126332**	**888**	**7050**	**16183**	**22695**	**18416**	**14176**
小店区	31765	393	2821	5218	6516	4818	3165
迎泽区	14146	75	641	1575	2267	2268	1745
杏花岭区	18370	82	686	1940	3164	3013	2324
尖草坪区	11462	45	540	1309	1946	1576	1328
万柏林区	22430	110	917	2906	4548	3352	2633
晋源区	7260	46	413	989	1450	1048	762
清徐县	10903	87	682	1269	1437	1224	1061
阳曲县	3419	25	159	348	383	324	339
娄烦县	1830	8	63	158	176	188	236
古交市	4747	17	128	471	808	605	583
女	**78606**	**453**	**5423**	**11895**	**15690**	**12891**	**10040**
小店区	21469	205	2149	3860	4557	3580	2421
迎泽区	11143	44	648	1472	2083	2004	1578
杏花岭区	12388	47	563	1695	2504	2256	1808
尖草坪区	6434	27	374	893	1291	1002	915
万柏林区	14175	50	874	2269	3169	2393	1772
晋源区	4003	21	273	667	917	623	455
清徐县	4916	40	339	598	645	578	537
阳曲县	1653	8	105	179	167	150	175
娄烦县	732	5	38	63	76	66	111
古交市	1693	6	60	199	281	239	268

4-1　续表　　　　　　　　　　　　　　　　　　　　　　　　　　　　单位：人

地　区 性　别	45-49岁	50-54岁	55-59岁	60-64岁	65-69岁	70-74岁	75岁及以　上
太原市	**27515**	**21682**	**13578**	**3732**	**1865**	**553**	**213**
小店区	5769	4147	2611	665	241	65	33
迎泽区	3690	2814	1904	303	128	35	15
杏花岭区	4575	3510	2083	353	106	31	18
尖草坪区	2717	2270	1213	280	127	31	12
万柏林区	4907	3878	2244	393	141	33	16
晋源区	1376	1154	737	213	91	22	6
清徐县	2122	1941	1463	883	656	215	42
阳曲县	741	710	589	332	233	62	43
娄烦县	484	351	242	160	89	37	11
古交市	1134	907	492	150	53	22	17
男	**16256**	**15005**	**10859**	**2798**	**1398**	**444**	**164**
小店区	3263	2746	2046	501	199	52	27
迎泽区	1951	1787	1513	209	82	23	10
杏花岭区	2594	2443	1748	266	76	26	8
尖草坪区	1696	1658	998	229	103	24	10
万柏林区	2883	2767	1878	299	103	24	10
晋源区	870	830	586	174	68	19	5
清徐县	1418	1340	1056	640	476	175	38
阳曲县	453	476	422	229	175	57	29
娄烦县	339	244	186	119	72	30	11
古交市	789	714	426	132	44	14	16
女	**11259**	**6677**	**2719**	**934**	**467**	**109**	**49**
小店区	2506	1401	565	164	42	13	6
迎泽区	1739	1027	391	94	46	12	5
杏花岭区	1981	1067	335	87	30	5	10
尖草坪区	1021	612	215	51	24	7	2
万柏林区	2024	1111	366	94	38	9	6
晋源区	506	324	151	39	23	3	1
清徐县	704	601	407	243	180	40	4
阳曲县	288	234	167	103	58	5	14
娄烦县	145	107	56	41	17	7	
古交市	345	193	66	18	9	8	1

4-1a　各地区分性别、年龄的就业人口(城市)

单位：人

地　区 性　别	合计	16-19岁	20-24岁	25-29岁	30-34岁	35-39岁	40-44岁
太原市	**161118**	**791**	**8631**	**22029**	**31586**	**26156**	**19953**
小店区	39972	268	2919	6486	8218	6660	4562
迎泽区	24796	117	1261	2976	4262	4191	3276
杏花岭区	28760	115	1130	3396	5349	4988	3877
尖草坪区	16937	62	840	2110	3122	2475	2157
万柏林区	36447	160	1780	5156	7689	5734	4383
晋源区	9507	56	558	1379	2057	1429	1051
清徐县							
阳曲县							
娄烦县							
古交市	4699	13	143	526	889	679	647
男	**96436**	**502**	**4567**	**12147**	**18132**	**14987**	**11403**
小店区	23200	161	1507	3544	4698	3752	2575
迎泽区	13802	74	625	1525	2209	2205	1714
杏花岭区	16979	70	609	1780	2952	2817	2151
尖草坪区	10768	38	490	1248	1863	1505	1265
万柏林区	22310	110	912	2891	4523	3345	2619
晋源区	6056	37	332	806	1244	889	652
清徐县							
阳曲县							
娄烦县							
古交市	3321	12	92	353	643	474	427
女	**64682**	**289**	**4064**	**9882**	**13454**	**11169**	**8550**
小店区	16772	107	1412	2942	3520	2908	1987
迎泽区	10994	43	636	1451	2053	1986	1562
杏花岭区	11781	45	521	1616	2397	2171	1726
尖草坪区	6169	24	350	862	1259	970	892
万柏林区	14137	50	868	2265	3166	2389	1764
晋源区	3451	19	226	573	813	540	399
清徐县							
阳曲县							
娄烦县							
古交市	1378	1	51	173	246	205	220

4-1a 续表 单位：人

地 区 性 别	45-49岁	50-54岁	55-59岁	60-64岁	65-69岁	70-74岁	75岁及 以 上
太原市	**22054**	**16983**	**10151**	**1862**	**657**	**176**	**89**
小店区	4730	3417	2094	415	139	43	21
迎泽区	3616	2763	1869	293	124	33	15
杏花岭区	4288	3267	1934	290	81	27	18
尖草坪区	2568	2148	1106	235	86	20	8
万柏林区	4876	3857	2235	388	140	33	16
晋源区	1168	971	592	165	63	13	5
清徐县							
阳曲县							
娄烦县							
古交市	808	560	321	76	24	7	6
男	**12630**	**11680**	**8308**	**1407**	**484**	**128**	**61**
小店区	2626	2217	1655	303	112	33	17
迎泽区	1906	1748	1488	199	78	21	10
杏花岭区	2400	2270	1632	212	55	23	8
尖草坪区	1588	1575	917	191	68	14	6
万柏林区	2858	2750	1870	296	102	24	10
晋源区	717	705	472	139	48	11	4
清徐县							
阳曲县							
娄烦县							
古交市	535	415	274	67	21	2	6
女	**9424**	**5303**	**1843**	**455**	**173**	**48**	**28**
小店区	2104	1200	439	112	27	10	4
迎泽区	1710	1015	381	94	46	12	5
杏花岭区	1888	997	302	78	26	4	10
尖草坪区	980	573	189	44	18	6	2
万柏林区	2018	1107	365	92	38	9	6
晋源区	451	266	120	26	15	2	1
清徐县							
阳曲县							
娄烦县							
古交市	273	145	47	9	3	5	

4-1b 各地区分性别、年龄的就业人口(镇)

单位：人

地区 性别	合计	16-19岁	20-24岁	25-29岁	30-34岁	35-39岁	40-44岁
太原市	**20596**	**353**	**2388**	**3414**	**3837**	**2764**	**2108**
小店区	10054	303	1828	2157	2309	1329	746
迎泽区							
杏花岭区							
尖草坪区	38			2	7	5	4
万柏林区	150		11	18	27	10	21
晋源区	336	3	28	49	43	55	32
清徐县	5669	31	321	695	813	794	719
阳曲县	2665	7	145	342	393	351	339
娄烦县	1191	7	50	116	179	168	188
古交市	493	2	5	35	66	52	59
男	**13412**	**246**	**1522**	**2195**	**2449**	**1713**	**1273**
小店区	6268	212	1171	1378	1434	787	395
迎泽区							
杏花岭区							
尖草坪区	21			1	2	2	3
万柏林区	113		5	14	24	7	13
晋源区	235	2	20	31	30	32	22
清徐县	3805	20	210	457	534	503	451
阳曲县	1746	5	83	206	260	230	224
娄烦县	820	5	29	78	113	117	121
古交市	404	2	4	30	52	35	44
女	**7184**	**107**	**866**	**1219**	**1388**	**1051**	**835**
小店区	3786	91	657	779	875	542	351
迎泽区							
杏花岭区							
尖草坪区	17			1	5	3	1
万柏林区	37		6	4	3	3	8
晋源区	101	1	8	18	13	23	10
清徐县	1864	11	111	238	279	291	268
阳曲县	919	2	62	136	133	121	115
娄烦县	371	2	21	38	66	51	67
古交市	89		1	5	14	17	15

4-1b 续表

单位：人

地区 性别	45-49岁	50-54岁	55-59岁	60-64岁	65-69岁	70-74岁	75岁及以上
太原市	**2375**	**1661**	**1044**	**390**	**191**	**56**	**15**
小店区	657	381	234	79	22	5	4
迎泽区							
杏花岭区							
尖草坪区	10	7	3				
万柏林区	31	20	8	3	1		
晋源区	55	30	28	11	2		
清徐县	856	634	437	195	129	38	7
阳曲县	445	321	214	68	31	7	2
娄烦县	203	159	81	26	6	6	2
古交市	118	109	39	8			
男	**1513**	**1168**	**824**	**294**	**154**	**49**	**12**
小店区	367	261	169	64	22	5	3
迎泽区							
杏花岭区							
尖草坪区	6	4	3				
万柏林区	25	16	7	1	1		
晋源区	45	20	24	7	2		
清徐县	563	437	348	148	96	32	6
阳曲县	274	217	167	45	28	6	1
娄烦县	141	112	70	21	5	6	2
古交市	92	101	36	8			
女	**862**	**493**	**220**	**96**	**37**	**7**	**3**
小店区	290	120	65	15			1
迎泽区							
杏花岭区							
尖草坪区	4	3					
万柏林区	6	4	1	2			
晋源区	10	10	4	4			
清徐县	293	197	89	47	33	6	1
阳曲县	171	104	47	23	3	1	1
娄烦县	62	47	11	5	1		
古交市	26	8	3				

4-1c 各地区分性别、年龄的就业人口(乡村)

单位：人

地区 性别	合计	16-19岁	20-24岁	25-29岁	30-34岁	35-39岁	40-44岁
太原市	**23224**	**197**	**1454**	**2635**	**2962**	**2387**	**2155**
小店区	3208	27	223	435	546	409	278
迎泽区	493	2	28	71	88	81	47
杏花岭区	1998	14	119	239	319	281	255
尖草坪区	921	10	74	90	108	98	82
万柏林区	8			1	1	1	1
晋源区	1420	8	100	228	267	187	134
清徐县	10150	96	700	1172	1269	1008	879
阳曲县	2407	26	119	185	157	123	175
娄烦县	1371	6	51	105	73	86	159
古交市	1248	8	40	109	134	113	145
男	**16484**	**140**	**961**	**1841**	**2114**	**1716**	**1500**
小店区	2297	20	143	296	384	279	195
迎泽区	344	1	16	50	58	63	31
杏花岭区	1391	12	77	160	212	196	173
尖草坪区	673	7	50	60	81	69	60
万柏林区	7			1	1		1
晋源区	969	7	61	152	176	127	88
清徐县	7098	67	472	812	903	721	610
阳曲县	1673	20	76	142	123	94	115
娄烦县	1010	3	34	80	63	71	115
古交市	1022	3	32	88	113	96	112
女	**6740**	**57**	**493**	**794**	**848**	**671**	**655**
小店区	911	7	80	139	162	130	83
迎泽区	149	1	12	21	30	18	16
杏花岭区	607	2	42	79	107	85	82
尖草坪区	248	3	24	30	27	29	22
万柏林区	1					1	
晋源区	451	1	39	76	91	60	46
清徐县	3052	29	228	360	366	287	269
阳曲县	734	6	43	43	34	29	60
娄烦县	361	3	17	25	10	15	44
古交市	226	5	8	21	21	17	33

4-1c 续表 单位：人

地区 性别	45-49岁	50-54岁	55-59岁	60-64岁	65-69岁	70-74岁	75岁及以上
太原市	**3086**	**3038**	**2383**	**1480**	**1017**	**321**	**109**
小店区	382	349	283	171	80	17	8
迎泽区	74	51	35	10	4	2	
杏花岭区	287	243	149	63	25	4	
尖草坪区	139	115	104	45	41	11	4
万柏林区		1	1	2			
晋源区	153	153	117	37	26	9	1
清徐县	1266	1307	1026	688	527	177	35
阳曲县	296	389	375	264	202	55	41
娄烦县	281	192	161	134	83	31	9
古交市	208	238	132	66	29	15	11
男	**2113**	**2157**	**1727**	**1097**	**760**	**267**	**91**
小店区	270	268	222	134	65	14	7
迎泽区	45	39	25	10	4	2	
杏花岭区	194	173	116	54	21	3	
尖草坪区	102	79	78	38	35	10	4
万柏林区		1	1	2			
晋源区	108	105	90	28	18	8	1
清徐县	855	903	708	492	380	143	32
阳曲县	179	259	255	184	147	51	28
娄烦县	198	132	116	98	67	24	9
古交市	162	198	116	57	23	12	10
女	**973**	**881**	**656**	**383**	**257**	**54**	**18**
小店区	112	81	61	37	15	3	1
迎泽区	29	12	10				
杏花岭区	93	70	33	9	4	1	
尖草坪区	37	36	26	7	6	1	
万柏林区							
晋源区	45	48	27	9	8	1	
清徐县	411	404	318	196	147	34	3
阳曲县	117	130	120	80	55	4	13
娄烦县	83	60	45	36	16	7	
古交市	46	40	16	9	6	3	1

4-2　各地区分性别、受教育程度的就业人口

单位：人

地区 性别	合计	未上过学	学前教育	小学	初中	高中	大学专科	大学本科	硕士 研究生	博士 研究生
太原市	**204938**	**424**	**45**	**9649**	**56953**	**40069**	**43082**	**46943**	**6877**	**896**
小店区	53234	64	8	1863	11707	11992	11721	13377	2229	273
迎泽区	25289	42	4	697	4897	4588	5812	7765	1314	170
杏花岭区	30758	36	6	810	6771	6387	7456	8168	1031	93
尖草坪区	17896	22	3	807	5924	3832	3640	3133	408	127
万柏林区	36605	83	13	1321	8532	6575	8679	9693	1502	207
晋源区	11263	22	3	835	3998	1914	2071	2119	281	20
清徐县	15819	45	4	1780	8859	2504	1446	1131	45	5
阳曲县	5072	36	1	684	2586	696	555	485	28	1
娄烦县	2562	61		534	999	314	381	259	14	
古交市	6440	13	3	318	2680	1267	1321	813	25	
男	**126332**	**229**	**26**	**6793**	**40713**	**26119**	**24600**	**24280**	**3090**	**482**
小店区	31765	31	4	1298	8261	7491	6459	7094	993	134
迎泽区	14146	18	3	426	3143	2809	3162	3885	609	91
杏花岭区	18370	23	1	550	4672	4167	4260	4186	461	50
尖草坪区	11462	12	2	562	4297	2602	2135	1593	173	86
万柏林区	22430	61	9	948	6101	4366	5046	5106	688	105
晋源区	7260	9	2	630	2949	1237	1221	1081	120	11
清徐县	10903	25	2	1285	6444	1725	872	529	17	4
阳曲县	3419	10	1	444	1894	516	315	225	13	1
娄烦县	1830	32		400	788	224	243	138	5	
古交市	4747	8	2	250	2164	982	887	443	11	
女	**78606**	**195**	**19**	**2856**	**16240**	**13950**	**18482**	**22663**	**3787**	**414**
小店区	21469	33	4	565	3446	4501	5262	6283	1236	139
迎泽区	11143	24	1	271	1754	1779	2650	3880	705	79
杏花岭区	12388	13	5	260	2099	2220	3196	3982	570	43
尖草坪区	6434	10	1	245	1627	1230	1505	1540	235	41
万柏林区	14175	22	4	373	2431	2209	3633	4587	814	102
晋源区	4003	13	1	205	1049	677	850	1038	161	9
清徐县	4916	20	2	495	2415	779	574	602	28	1
阳曲县	1653	26		240	692	180	240	260	15	
娄烦县	732	29		134	211	90	138	121	9	
古交市	1693	5	1	68	516	285	434	370	14	

4-2a 各地区分性别、受教育程度的就业人口(城市)

单位：人

地区 性别	合计	未上过学	学前教育	小学	初中	高中	大学专科	大学本科	硕士 研究生	博士 研究生
太原市	**161118**	**233**	**36**	**5207**	**36737**	**29795**	**38319**	**43313**	**6595**	**883**
小店区	39972	42	7	1251	7693	6508	10140	12012	2051	268
迎泽区	24796	38	4	653	4618	4509	5759	7734	1311	170
杏花岭区	28760	30	5	556	5763	5992	7212	8079	1030	93
尖草坪区	16937	21	3	692	5371	3645	3571	3102	405	127
万柏林区	36447	83	13	1312	8446	6548	8657	9681	1501	206
晋源区	9507	13	2	604	3122	1621	1859	1991	276	19
清徐县										
阳曲县										
娄烦县										
古交市	4699	6	2	139	1724	972	1121	714	21	
男	**96436**	**131**	**21**	**3574**	**25681**	**19372**	**21772**	**22443**	**2969**	**473**
小店区	23200	16	3	838	5288	4118	5548	6344	913	132
迎泽区	13802	15	3	392	2944	2755	3124	3871	607	91
杏花岭区	16979	19	1	361	3911	3898	4136	4142	461	50
尖草坪区	10768	12	2	474	3875	2471	2093	1583	172	86
万柏林区	22310	61	9	943	6032	4342	5030	5101	688	104
晋源区	6056	5	2	459	2282	1053	1102	1024	119	10
清徐县										
阳曲县										
娄烦县										
古交市	3321	3	1	107	1349	735	739	378	9	
女	**64682**	**102**	**15**	**1633**	**11056**	**10423**	**16547**	**20870**	**3626**	**410**
小店区	16772	26	4	413	2405	2390	4592	5668	1138	136
迎泽区	10994	23	1	261	1674	1754	2635	3863	704	79
杏花岭区	11781	11	4	195	1852	2094	3076	3937	569	43
尖草坪区	6169	9	1	218	1496	1174	1478	1519	233	41
万柏林区	14137	22	4	369	2414	2206	3627	4580	813	102
晋源区	3451	8		145	840	568	757	967	157	9
清徐县										
阳曲县										
娄烦县										
古交市	1378	3	1	32	375	237	382	336	12	

4–2b　各地区分性别、受教育程度的就业人口(镇)

单位：人

地　区 性　别	合　计	未上过学	学前教育	小　学	初　中	高　中	大学专科	大学本科	硕　士 研究生	博　士 研究生
太原市	**20596**	**34**	**4**	**1077**	**6713**	**6796**	**2999**	**2731**	**232**	**10**
小店区	10054	13	1	247	2094	4944	1330	1248	172	5
迎泽区										
杏花岭区										
尖草坪区	38				14	12	7	5		
万柏林区	150			8	80	27	22	11	1	1
晋源区	336	3		42	174	52	33	31		1
清徐县	5669	8	3	448	2498	1119	811	752	28	2
阳曲县	2665	2		183	1165	393	462	440	19	1
娄烦县	1191	8		141	430	144	252	206	10	
古交市	493			8	258	105	82	38	2	
男	**13412**	**24**	**2**	**823**	**4984**	**4307**	**1774**	**1391**	**100**	**7**
小店区	6268	9	1	178	1520	3014	771	696	77	2
迎泽区										
杏花岭区										
尖草坪区	21				9	8	4			
万柏林区	113			4	64	24	16	4		1
晋源区	235	2		31	137	32	18	14		1
清徐县	3805	6	1	348	1851	756	484	347	10	2
阳曲县	1746	1		137	844	289	263	202	9	1
娄烦县	820	6		117	339	97	156	102	3	
古交市	404			8	220	87	62	26	1	
女	**7184**	**10**	**2**	**254**	**1729**	**2489**	**1225**	**1340**	**132**	**3**
小店区	3786	4		69	574	1930	559	552	95	3
迎泽区										
杏花岭区										
尖草坪区	17				5	4	3	5		
万柏林区	37			4	16	3	6	7	1	
晋源区	101	1		11	37	20	15	17		
清徐县	1864	2	2	100	647	363	327	405	18	
阳曲县	919	1		46	321	104	199	238	10	
娄烦县	371	2		24	91	47	96	104	7	
古交市	89				38	18	20	12	1	

4−2c 各地区分性别、受教育程度的就业人口(乡村)

单位：人

地区 性别	合计	未上过学	学前教育	小学	初中	高中	大学专科	大学本科	硕士 研究生	博士 研究生
太原市	**23224**	**157**	**5**	**3365**	**13503**	**3478**	**1764**	**899**	**50**	**3**
小店区	3208	9		365	1920	540	251	117	6	
迎泽区	493	4		44	279	79	53	31	3	
杏花岭区	1998	6	1	254	1008	395	244	89	1	
尖草坪区	921	1		115	539	175	62	26	3	
万柏林区	8			1	6			1		
晋源区	1420	6	1	189	702	241	179	97	5	
清徐县	10150	37	1	1332	6361	1385	635	379	17	3
阳曲县	2407	34	1	501	1421	303	93	45	9	
娄烦县	1371	53		393	569	170	129	53	4	
古交市	1248	7	1	171	698	190	118	61	2	
男	**16484**	**74**	**3**	**2396**	**10048**	**2440**	**1054**	**446**	**21**	**2**
小店区	2297	6		282	1453	359	140	54	3	
迎泽区	344	3		34	199	54	38	14	2	
杏花岭区	1391	4		189	761	269	124	44		
尖草坪区	673			88	413	123	38	10	1	
万柏林区	7			1	5			1		
晋源区	969	2		140	530	152	101	43	1	
清徐县	7098	19	1	937	4593	969	388	182	7	2
阳曲县	1673	9	1	307	1050	227	52	23	4	
娄烦县	1010	26		283	449	127	87	36	2	
古交市	1022	5	1	135	595	160	86	39	1	
女	**6740**	**83**	**2**	**969**	**3455**	**1038**	**710**	**453**	**29**	**1**
小店区	911	3		83	467	181	111	63	3	
迎泽区	149	1		10	80	25	15	17	1	
杏花岭区	607	2	1	65	247	126	120	45	1	
尖草坪区	248	1		27	126	52	24	16	2	
万柏林区	1				1					
晋源区	451	4	1	49	172	89	78	54	4	
清徐县	3052	18		395	1768	416	247	197	10	1
阳曲县	734	25		194	371	76	41	22	5	
娄烦县	361	27		110	120	43	42	17	2	
古交市	226	2		36	103	30	32	22	1	

4-3　全市分年龄、性别、受教育程度的就业人口

单位：人

年龄组 性别	合计	未上过学	学前教育	小学	初中	高中	大学专科	大学本科	硕士研究生	博士研究生
总计	**204938**	**424**	**45**	**9649**	**56953**	**40069**	**43082**	**46943**	**6877**	**896**
16-19岁	1341	1		25	421	705	166	23		
20-24岁	12473	1	2	142	2173	3633	4170	2305	45	2
25-29岁	28078	11	3	302	4770	5475	7865	8448	1169	35
30-34岁	38385	19	8	607	7446	6374	9777	11716	2232	206
35-39岁	31307	16	4	630	7651	4944	6867	9304	1669	222
40-44岁	24216	33	4	969	7546	4836	4623	5265	747	193
45-49岁	27515	69	4	1808	10422	5455	4631	4517	501	108
50-54岁	21682	73	7	2051	8680	4159	3030	3318	295	69
55-59岁	13578	52	4	1175	5068	3439	1706	1873	205	56
60-64岁	3732	59	7	826	1731	809	161	121	13	5
65-69岁	1865	62	2	755	781	176	54	34	1	
70-74岁	553	15		261	202	46	21	8		
75岁及以上	213	13		98	62	18	11	11		
男	**126332**	**229**	**26**	**6793**	**40713**	**26119**	**24600**	**24280**	**3090**	**482**
16-19岁	888			21	304	461	93	9		
20-24岁	7050	1	1	109	1616	2283	2062	958	19	1
25-29岁	16183	5	1	241	3629	3627	4311	3971	382	16
30-34岁	22695	12	2	444	5444	4133	5641	6008	905	106
35-39岁	18416	15	2	462	5287	2975	3899	4902	768	106
40-44岁	14176	20	3	645	4961	2838	2547	2658	401	103
45-49岁	16256	36	2	1167	6770	3115	2497	2321	284	64
50-54岁	15005	43	5	1434	6449	3061	1936	1860	179	38
55-59岁	10859	22	4	860	4043	2837	1436	1471	143	43
60-64岁	2798	33	5	570	1364	607	122	83	9	5
65-69岁	1398	28	1	547	632	134	34	22		
70-74岁	444	8		214	166	35	14	7		
75岁及以上	164	6		79	48	13	8	10		
女	**78606**	**195**	**19**	**2856**	**16240**	**13950**	**18482**	**22663**	**3787**	**414**
16-19岁	453	1		4	117	244	73	14		
20-24岁	5423		1	33	557	1350	2108	1347	26	1
25-29岁	11895	6	2	61	1141	1848	3554	4477	787	19
30-34岁	15690	7	6	163	2002	2241	4136	5708	1327	100
35-39岁	12891	1	2	168	2364	1969	2968	4402	901	116
40-44岁	10040	13	1	324	2585	1998	2076	2607	346	90
45-49岁	11259	33	2	641	3652	2340	2134	2196	217	44
50-54岁	6677	30	2	617	2231	1098	1094	1458	116	31
55-59岁	2719	30		315	1025	602	270	402	62	13
60-64岁	934	26	2	256	367	202	39	38	4	
65-69岁	467	34	1	208	149	42	20	12	1	
70-74岁	109	7		47	36	11	7	1		
75岁及以上	49	7		19	14	5	3	1		

4-3a 全市分年龄、性别、受教育程度的就业人口(城市)

单位：人

年龄组 性别	合计	未上过学	学前教育	小学	初中	高中	大学专科	大学本科	硕士研究生	博士研究生
总计	**161118**	**233**	**36**	**5207**	**36737**	**29795**	**38319**	**43313**	**6595**	**883**
16-19岁	791			11	269	364	131	16		
20-24岁	8631		2	73	1206	1816	3469	2021	42	2
25-29岁	22029	6	2	183	2835	3450	6819	7624	1078	32
30-34岁	31586	12	8	411	4888	4509	8616	10808	2133	201
35-39岁	26156	10	4	405	5161	3896	6185	8657	1619	219
40-44岁	19953	20	3	620	5155	4056	4273	4902	732	192
45-49岁	22054	53	4	1137	7078	4700	4276	4218	481	107
50-54岁	16983	48	5	1188	5843	3651	2774	3113	292	69
55-59岁	10151	30	4	619	3140	2752	1559	1787	204	56
60-64岁	1862	23	3	303	793	467	137	118	13	5
65-69岁	657	24	1	183	274	92	51	31	1	
70-74岁	176	5		50	64	30	19	8		
75岁及以上	89	2		24	31	12	10	10		
男	**96436**	**131**	**21**	**3574**	**25681**	**19372**	**21772**	**22443**	**2969**	**473**
16-19岁	502			9	192	222	72	7		
20-24岁	4567		1	60	892	1065	1695	834	19	1
25-29岁	12147	2	1	138	2080	2247	3712	3600	353	14
30-34岁	18132	6	2	290	3498	2895	4925	5551	863	102
35-39岁	14987	9	2	288	3462	2343	3493	4542	744	104
40-44岁	11403	10	2	403	3255	2426	2335	2480	390	102
45-49岁	12630	28	2	688	4450	2685	2285	2155	273	64
50-54岁	11680	27	3	827	4374	2706	1778	1751	176	38
55-59岁	8308	16	4	465	2568	2340	1323	1407	142	43
60-64岁	1407	17	3	218	624	349	102	80	9	5
65-69岁	484	12	1	135	219	65	32	20		
70-74岁	128	3		39	45	22	12	7		
75岁及以上	61	1		14	22	7	8	9		
女	**64682**	**102**	**15**	**1633**	**11056**	**10423**	**16547**	**20870**	**3626**	**410**
16-19岁	289			2	77	142	59	9		
20-24岁	4064		1	13	314	751	1774	1187	23	1
25-29岁	9882	4	1	45	755	1203	3107	4024	725	18
30-34岁	13454	6	6	121	1390	1614	3691	5257	1270	99
35-39岁	11169	1	2	117	1699	1553	2692	4115	875	115
40-44岁	8550	10	1	217	1900	1630	1938	2422	342	90
45-49岁	9424	25	2	449	2628	2015	1991	2063	208	43
50-54岁	5303	21	2	361	1469	945	996	1362	116	31
55-59岁	1843	14		154	572	412	236	380	62	13
60-64岁	455	6		85	169	118	35	38	4	
65-69岁	173	12		48	55	27	19	11	1	
70-74岁	48	2		11	19	8	7	1		
75岁及以上	28	1		10	9	5	2	1		

4-3b　全市分年龄、性别、受教育程度的就业人口(镇)

单位：人

年龄组 性别	合计	未上过学	学前教育	小学	初中	高中	大学专科	大学本科	硕士研究生	博士研究生
总计	**20596**	**34**	**4**	**1077**	**6713**	**6796**	**2999**	**2731**	**232**	**10**
16-19岁	353			6	54	276	12	5		
20-24岁	2388			20	358	1461	373	173	3	
25-29岁	3414	3		28	672	1488	624	536	60	3
30-34岁	3837	2		63	1012	1247	748	680	82	3
35-39岁	2764	3		83	957	702	454	514	49	2
40-44岁	2108	5		116	880	530	254	308	14	1
45-49岁	2375	2		208	1153	500	233	258	20	1
50-54岁	1661	7	1	212	830	254	179	175	3	
55-59岁	1044	3		135	487	236	105	77	1	
60-64岁	390	5	2	88	201	79	13	2		
65-69岁	191	2	1	82	88	15	1	2		
70-74岁	56			30	18	6	2			
75岁及以上	15	2		6	3	2	1	1		
男	**13412**	**24**	**2**	**823**	**4984**	**4307**	**1774**	**1391**	**100**	**7**
16-19岁	246			5	40	195	5	1		
20-24岁	1522			14	257	970	201	80		
25-29岁	2195	1		24	537	1007	362	245	17	2
30-34岁	2449	2		52	750	807	461	340	35	2
35-39岁	1713	3		64	682	393	262	284	23	2
40-44岁	1273	4		90	615	248	153	152	10	1
45-49岁	1513	1		152	821	257	133	138	11	
50-54岁	1168	5	1	156	637	173	103	90	3	
55-59岁	824	1		107	397	180	81	57	1	
60-64岁	294	4	1	63	156	58	10	2		
65-69岁	154	2		65	72	13	1	1		
70-74岁	49			25	18	4	2			
75岁及以上	12	1		6	2	2		1		
女	**7184**	**10**	**2**	**254**	**1729**	**2489**	**1225**	**1340**	**132**	**3**
16-19岁	107			1	14	81	7	4		
20-24岁	866			6	101	491	172	93	3	
25-29岁	1219	2		4	135	481	262	291	43	1
30-34岁	1388			11	262	440	287	340	47	1
35-39岁	1051			19	275	309	192	230	26	
40-44岁	835	1		26	265	282	101	156	4	
45-49岁	862	1		56	332	243	100	120	9	1
50-54岁	493	2		56	193	81	76	85		
55-59岁	220	2		28	90	56	24	20		
60-64岁	96	1	1	25	45	21	3			
65-69岁	37		1	17	16	2		1		
70-74岁	7			5		2				
75岁及以上	3	1			1		1			

4-3c 全市分年龄、性别、受教育程度的就业人口(乡村)

单位：人

年龄组 性别	合计	未上过学	学前教育	小学	初中	高中	大学专科	大学本科	硕士研究生	博士研究生
总计	**23224**	**157**	**5**	**3365**	**13503**	**3478**	**1764**	**899**	**50**	**3**
16-19岁	197	1		8	98	65	23	2		
20-24岁	1454	1		49	609	356	328	111		
25-29岁	2635	2	1	91	1263	537	422	288	31	
30-34岁	2962	5		133	1546	618	413	228	17	2
35-39岁	2387	3		142	1533	346	228	133	1	1
40-44岁	2155	8	1	233	1511	250	96	55	1	
45-49岁	3086	14		463	2191	255	122	41		
50-54岁	3038	18	1	651	2007	254	77	30		
55-59岁	2383	19		421	1441	451	42	9		
60-64岁	1480	31	2	435	737	263	11	1		
65-69岁	1017	36		490	419	69	2	1		
70-74岁	321	10		181	120	10				
75岁及以上	109	9		68	28	4				
男	**16484**	**74**	**3**	**2396**	**10048**	**2440**	**1054**	**446**	**21**	**2**
16-19岁	140			7	72	44	16	1		
20-24岁	961	1		35	467	248	166	44		
25-29岁	1841	2		79	1012	373	237	126	12	
30-34岁	2114	4		102	1196	431	255	117	7	2
35-39岁	1716	3		110	1143	239	144	76	1	
40-44岁	1500	6	1	152	1091	164	59	26	1	
45-49岁	2113	7		327	1499	173	79	28		
50-54岁	2157	11	1	451	1438	182	55	19		
55-59岁	1727	5		288	1078	317	32	7		
60-64岁	1097	12	1	289	584	200	10	1		
65-69岁	760	14		347	341	56	1	1		
70-74岁	267	5		150	103	9				
75岁及以上	91	4		59	24	4				
女	**6740**	**83**	**2**	**969**	**3455**	**1038**	**710**	**453**	**29**	**1**
16-19岁	57	1		1	26	21	7	1		
20-24岁	493			14	142	108	162	67		
25-29岁	794		1	12	251	164	185	162	19	
30-34岁	848	1		31	350	187	158	111	10	
35-39岁	671			32	390	107	84	57		1
40-44岁	655	2		81	420	86	37	29		
45-49岁	973	7		136	692	82	43	13		
50-54岁	881	7		200	569	72	22	11		
55-59岁	656	14		133	363	134	10	2		
60-64岁	383	19	1	146	153	63	1			
65-69岁	257	22		143	78	13	1			
70-74岁	54	5		31	17	1				
75岁及以上	18	5		9	4					

4-4 各地区分性别、行业大类的就业人口

单位：人

地区 性别	合计	农、林、牧、渔业						采矿业	
		小计	农业	林业	畜牧业	渔业	农、林、牧、渔专业及辅助性活动	小计	煤炭开采和洗选业
太原市	**204938**	**8936**	**7810**	**309**	**542**	**34**	**241**	**7041**	**5960**
小店区	53234	911	765	31	62	6	47	375	279
迎泽区	25289	96	50	10	18	2	16	161	118
杏花岭区	30758	327	194	41	30	19	43	413	268
尖草坪区	17896	573	495	26	35	1	16	182	130
万柏林区	36605	143	72	39	16	1	15	2337	2125
晋源区	11263	275	195	53	15	2	10	109	86
清徐县	15819	4434	4201	34	155	3	41	545	524
阳曲县	5072	1439	1317	13	89		20	50	16
娄烦县	2562	499	354	46	88		11	411	114
古交市	6440	239	167	16	34		22	2458	2300
男	**126332**	**6109**	**5254**	**250**	**414**	**22**	**169**	**5953**	**5080**
小店区	31765	637	537	18	47	3	32	276	204
迎泽区	14146	56	27	7	12	1	9	107	72
杏花岭区	18370	222	138	30	21	13	20	338	226
尖草坪区	11462	421	366	19	28		8	146	105
万柏林区	22430	107	51	35	12		9	1973	1803
晋源区	7260	230	160	48	12	2	8	73	59
清徐县	10903	2936	2757	24	116	3	36	485	465
阳曲县	3419	958	863	11	66		18	42	12
娄烦县	1830	354	226	44	74		10	343	105
古交市	4747	188	129	14	26		19	2170	2029
女	**78606**	**2827**	**2556**	**59**	**128**	**12**	**72**	**1088**	**880**
小店区	21469	274	228	13	15	3	15	99	75
迎泽区	11143	40	23	3	6	1	7	54	46
杏花岭区	12388	105	56	11	9	6	23	75	42
尖草坪区	6434	152	129	7	7	1	8	36	25
万柏林区	14175	36	21	4	4	1	6	364	322
晋源区	4003	45	35	5	3		2	36	27
清徐县	4916	1498	1444	10	39		5	60	59
阳曲县	1653	481	454	2	23		2	8	4
娄烦县	732	145	128	2	14		1	68	9
古交市	1693	51	38	2	8		3	288	271

4-4 续表 1　　单位：人

地区 性别	采矿业						制造业		
	石油和天然气开采业	黑色金属矿采选业	有色金属矿采选业	非金属矿采选业	开采专业及辅助性活动	其他采矿业	小计	农副食品加工业	食品制造业
太原市	**41**	**401**	**20**	**109**	**328**	**182**	**25341**	**584**	**897**
小店区	11	10	2	18	43	12	9890	205	214
迎泽区	6	10	1	3	18	5	1151	32	52
杏花岭区	7	46	8	12	55	17	3194	60	118
尖草坪区		31		7	8	6	3236	43	80
万柏林区	12	17	5	7	155	16	3373	33	85
晋源区		3	2	3	12	3	986	31	54
清徐县		3	2		14	2	2550	117	232
阳曲县		3		30		1	579	37	46
娄烦县	1	269		22	4	1	100	10	2
古交市	4	9		7	19	119	282	16	14
男	**30**	**315**	**15**	**96**	**257**	**160**	**18029**	**372**	**487**
小店区	8	8	1	13	32	10	6399	124	123
迎泽区	5	9	1	2	15	3	782	24	21
杏花岭区	5	33	5	12	44	13	2414	37	69
尖草坪区		23		6	6	6	2505	25	33
万柏林区	8	12	5	7	122	16	2510	20	45
晋源区		3	1	1	7	2	730	20	26
清徐县		3	2		13	2	1959	75	143
阳曲县		2		27		1	430	28	21
娄烦县	1	213		21	2	1	78	8	1
古交市	3	9		7	16	106	222	11	5
女	**11**	**86**	**5**	**13**	**71**	**22**	**7312**	**212**	**410**
小店区	3	2	1	5	11	2	3491	81	91
迎泽区	1	1		1	3	2	369	8	31
杏花岭区	2	13	3		11	4	780	23	49
尖草坪区		8		1	2		731	18	47
万柏林区	4	5			33		863	13	40
晋源区			1	2	5	1	256	11	28
清徐县					1		591	42	89
阳曲县		1		3			149	9	25
娄烦县		56		1	2		22	2	1
古交市	1				3	13	60	5	9

4-4　续表 2　　　　单位：人

地　区 性　别	制造业								
	酒、饮料和精制茶制造业	烟　草制品业	纺织业	纺织服装、服饰业	皮革、毛皮、羽毛及其制品和制鞋业	木材加工和木、竹、藤、棕、草制品业	家　具制造业	造纸和纸制品业	印刷和记录媒介复制业
太原市	**278**	**129**	**159**	**224**	**38**	**159**	**327**	**102**	**373**
小店区	96	48	42	45	9	15	48	23	146
迎泽区	35	66	19	40	3	3	11	2	59
杏花岭区	56	9	33	53	11	22	29	13	68
尖草坪区	12	2	13	26	3	21	94	6	23
万柏林区	41	4	19	36	6	25	41	5	52
晋源区	12		12	8	1	23	58	31	13
清徐县	19		14	13	2	42	22	20	6
阳曲县	4		5	1	2	6	22		3
娄烦县			1	1		1			1
古交市	3		1	1	1	1	2	2	2
男	**147**	**74**	**85**	**86**	**19**	**122**	**244**	**71**	**213**
小店区	48	23	23	18	4	8	37	17	87
迎泽区	17	41	10	21	2	3	9	1	34
杏花岭区	32	5	22	20	4	17	23	7	38
尖草坪区	3	2	4	8	1	12	69	3	10
万柏林区	22	3	10	14	4	19	31	4	33
晋源区	9		6	2	1	19	39	25	6
清徐县	12		7	3	2	36	21	13	4
阳曲县	1		2			6	14		
娄烦县			1			1			1
古交市	3				1	1	1	1	
女	**131**	**55**	**74**	**138**	**19**	**37**	**83**	**31**	**160**
小店区	48	25	19	27	5	7	11	6	59
迎泽区	18	25	9	19	1		2	1	25
杏花岭区	24	4	11	33	7	5	6	6	30
尖草坪区	9		9	18	2	9	25	3	13
万柏林区	19	1	9	22	2	6	10	1	19
晋源区	3		6	6		4	19	6	7
清徐县	7		7	10		6	1	7	2
阳曲县	3		3	1	2		8		3
娄烦县				1					
古交市			1	1			1	1	2

4-4 续表 3 单位：人

地区 性别	制造业								
	文教、工美、体育和娱乐用品制造业	石油、煤炭及其他燃料加工业	化学原料和化学制品制造业	医药制造业	化学纤维制造业	橡胶和塑料制品业	非金属矿物制品业	黑色金属冶炼和压延加工业	有色金属冶炼和压延加工业
太原市	**116**	**1118**	**794**	**298**	**25**	**304**	**1606**	**1864**	**206**
小店区	19	48	114	105	4	61	206	39	22
迎泽区	14	24	78	48	4	28	50	60	12
杏花岭区	31	41	84	34	1	44	166	645	25
尖草坪区	17	46	228	10	5	48	266	668	62
万柏林区	21	98	127	31	5	28	303	121	24
晋源区	4	21	125	17	3	27	171	12	5
清徐县	3	677	30	21		63	238	289	44
阳曲县	2	58	1	32	3	5	160	18	6
娄烦县	3	9	4				18	4	3
古交市	2	96	3				28	8	3
男	**57**	**892**	**565**	**165**	**17**	**208**	**1293**	**1577**	**166**
小店区	12	32	84	59	3	45	162	33	13
迎泽区	6	19	45	25	4	19	45	51	12
杏花岭区	12	33	52	20	1	27	131	561	22
尖草坪区	8	39	163	6	2	32	218	562	48
万柏林区	12	73	88	18	3	21	248	104	21
晋源区	3	12	103	11	2	18	144	9	5
清徐县		554	24	7		42	181	232	35
阳曲县	1	47	1	19	2	4	127	15	5
娄烦县	2	8	3				13	4	3
古交市	1	75	2				24	6	2
女	**59**	**226**	**229**	**133**	**8**	**96**	**313**	**287**	**40**
小店区	7	16	30	46	1	16	44	6	9
迎泽区	8	5	33	23		9	5	9	
杏花岭区	19	8	32	14		17	35	84	3
尖草坪区	9	7	65	4	3	16	48	106	14
万柏林区	9	25	39	13	2	7	55	17	3
晋源区	1	9	22	6	1	9	27	3	
清徐县	3	123	6	14		21	57	57	9
阳曲县	1	11		13	1	1	33	3	1
娄烦县	1	1	1				5		
古交市	1	21	1				4	2	1

4-4 续表 4

单位：人

地 区 性 别	制造业								
	金 属 制品业	通用设备 制造业	专用设备 制造业	汽 车 制造业	铁路、船舶、 航空航天和 其他运输 设备制造业	电气机械 和器材 制造业	计算机、 通信和其 他电子设 备制造业	仪器仪表 制造业	其 他 制造业
太原市	**2118**	**2160**	**1433**	**214**	**684**	**507**	**7027**	**305**	**320**
小店区	388	328	347	91	101	151	6593	173	48
迎泽区	49	115	85	15	32	29	59	23	19
杏花岭区	306	353	231	33	216	54	82	25	51
尖草坪区	626	371	141	15	110	43	36	21	69
万柏林区	283	714	460	25	205	144	131	30	118
晋源区	70	79	41	6	3	53	59	13	2
清徐县	349	130	72	21	9	18	35	15	11
阳曲县	20	53	33	5	5	5	10	2	1
娄烦县	13	4	4	2	1		9		1
古交市	14	13	19	1	2	10	13	3	
男	**1695**	**1708**	**1051**	**172**	**556**	**372**	**4362**	**218**	**231**
小店区	293	267	256	71	80	111	4081	114	40
迎泽区	36	86	59	12	24	24	35	18	13
杏花岭区	242	279	165	28	173	38	51	18	37
尖草坪区	519	293	96	14	99	31	22	16	51
万柏林区	224	553	349	18	162	102	87	22	77
晋源区	60	59	26	6	2	37	41	11	2
清徐县	280	110	56	16	8	15	23	15	10
阳曲县	16	44	26	5	5	5	7	1	
娄烦县	12	4	2	1	1		5		1
古交市	13	13	16	1	2	9	10	3	
女	**423**	**452**	**382**	**42**	**128**	**135**	**2665**	**87**	**89**
小店区	95	61	91	20	21	40	2512	59	8
迎泽区	13	29	26	3	8	5	24	5	6
杏花岭区	64	74	66	5	43	16	31	7	14
尖草坪区	107	78	45	1	11	12	14	5	18
万柏林区	59	161	111	7	43	42	44	8	41
晋源区	10	20	15		1	16	18	2	
清徐县	69	20	16	5	1	3	12		1
阳曲县	4	9	7				3	1	1
娄烦县	1		2	1			4		
古交市	1		3			1	3		

4-4 续表 5 单位：人

地区 性别	制造业		电力、热力、燃气及水生产和供应业				建筑业		
	废弃资源综合利用业	金属制品、机械和设备修理业	小计	电力、热力生产和供应业	燃气生产和供应业	水的生产和供应业	小计	房屋建筑业	土木工程建筑业
太原市	**274**	**698**	**4278**	**2652**	**1078**	**548**	**20861**	**8428**	**4205**
小店区	69	92	946	644	233	69	6024	2168	1466
迎泽区	14	71	664	428	142	94	2085	886	517
杏花岭区	37	263	811	503	172	136	2457	834	508
尖草坪区	46	85	364	257	43	64	1694	648	203
万柏林区	63	95	811	424	301	86	4528	1971	716
晋源区	2	30	211	143	39	29	1648	741	298
清徐县	27	11	151	76	43	32	1416	716	257
阳曲县	7	27	74	40	29	5	499	304	88
娄烦县	2	7	37	28	4	5	196	69	44
古交市	7	17	209	109	72	28	314	91	108
男	**219**	**585**	**3027**	**1954**	**723**	**350**	**16912**	**6798**	**3216**
小店区	53	78	639	455	143	41	4773	1725	1074
迎泽区	10	56	446	302	90	54	1623	670	371
杏花岭区	31	219	571	371	110	90	1955	633	401
尖草坪区	37	79	273	196	34	43	1376	537	156
万柏林区	50	73	581	314	211	56	3623	1571	523
晋源区	2	24	152	104	27	21	1373	602	239
清徐县	25	10	121	63	36	22	1256	631	233
阳曲县	3	25	57	35	19	3	461	279	82
娄烦县	1	6	35	26	4	5	191	68	43
古交市	7	15	152	88	49	15	281	82	94
女	**55**	**113**	**1251**	**698**	**355**	**198**	**3949**	**1630**	**989**
小店区	16	14	307	189	90	28	1251	443	392
迎泽区	4	15	218	126	52	40	462	216	146
杏花岭区	6	44	240	132	62	46	502	201	107
尖草坪区	9	6	91	61	9	21	318	111	47
万柏林区	13	22	230	110	90	30	905	400	193
晋源区		6	59	39	12	8	275	139	59
清徐县	2	1	30	13	7	10	160	85	24
阳曲县	4	2	17	5	10	2	38	25	6
娄烦县	1	1	2	2			5	1	1
古交市		2	57	21	23	13	33	9	14

4-4　续表 6　　单位：人

地区 性别	建筑业		批发和零售业			交通运输、仓储和邮政业			
	建筑安装业	建筑装饰、装修和其他建筑业	小计	批发业	零售业	小计	铁路运输业	道路运输业	水上运输业
太原市	**1526**	**6702**	**34258**	**11635**	**22623**	**14634**	**1856**	**9299**	**30**
小店区	403	1987	7971	2693	5278	3063	145	1742	4
迎泽区	140	542	5623	2057	3566	1797	484	938	8
杏花岭区	187	928	6075	2111	3964	2853	993	1367	8
尖草坪区	139	704	3540	1315	2225	1379	62	1046	1
万柏林区	287	1554	6519	2045	4474	1981	102	1413	5
晋源区	130	479	2020	725	1295	866	20	654	3
清徐县	146	297	1452	399	1053	1604	21	1241	1
阳曲县	39	68	384	95	289	464	22	383	
娄烦县	19	64	194	26	168	202	3	175	
古交市	36	79	480	169	311	425	4	340	
男	**1299**	**5599**	**18346**	**7345**	**11001**	**12282**	**1484**	**8249**	**20**
小店区	334	1640	4300	1662	2638	2405	103	1482	3
迎泽区	119	463	2827	1163	1664	1408	389	743	6
杏花岭区	155	766	3156	1303	1853	2343	797	1183	4
尖草坪区	121	562	1988	879	1109	1208	55	952	
万柏林区	235	1294	3500	1347	2153	1656	85	1235	3
晋源区	115	417	1175	500	675	785	13	612	3
清徐县	132	260	809	277	532	1455	13	1179	1
阳曲县	37	63	206	68	138	431	22	365	
娄烦县	18	62	110	20	90	191	3	173	
古交市	33	72	275	126	149	400	4	325	
女	**227**	**1103**	**15912**	**4290**	**11622**	**2352**	**372**	**1050**	**10**
小店区	69	347	3671	1031	2640	658	42	260	1
迎泽区	21	79	2796	894	1902	389	95	195	2
杏花岭区	32	162	2919	808	2111	510	196	184	4
尖草坪区	18	142	1552	436	1116	171	7	94	1
万柏林区	52	260	3019	698	2321	325	17	178	2
晋源区	15	62	845	225	620	81	7	42	
清徐县	14	37	643	122	521	149	8	62	
阳曲县	2	5	178	27	151	33		18	
娄烦县	1	2	84	6	78	11		2	
古交市	3	7	205	43	162	25		15	

4-4 续表 7 单位：人

地区 性别	交通运输、仓储和邮政业					住宿和餐饮业		
	航空运输业	管道运输业	多式联运和运输代理业	装卸搬运和仓储业	邮政业	小计	住宿业	餐饮业
太原市	**560**	**30**	**340**	**687**	**1832**	**9770**	**1424**	**8346**
小店区	368	13	82	170	539	2752	356	2396
迎泽区	59		29	51	228	1434	399	1035
杏花岭区	50	12	40	80	303	1632	207	1425
尖草坪区	8		60	64	138	752	78	674
万柏林区	48	2	63	103	245	1709	236	1473
晋源区	17		31	45	96	507	86	421
清徐县	7		24	107	203	499	31	468
阳曲县	2		6	23	28	189	15	174
娄烦县			1	7	16	96	3	93
古交市	1	3	4	37	36	200	13	187
男	**328**	**20**	**262**	**589**	**1330**	**5580**	**639**	**4941**
小店区	212	6	59	143	397	1641	167	1474
迎泽区	40		23	42	165	772	167	605
杏花岭区	29	9	30	68	223	951	93	858
尖草坪区	5		49	55	92	419	36	383
万柏林区	26	2	48	84	173	970	109	861
晋源区	12		26	44	75	293	40	253
清徐县	2		19	91	150	285	14	271
阳曲县	2		3	20	19	95	5	90
娄烦县			1	7	7	51	1	50
古交市		3	4	35	29	103	7	96
女	**232**	**10**	**78**	**98**	**502**	**4190**	**785**	**3405**
小店区	156	7	23	27	142	1111	189	922
迎泽区	19		6	9	63	662	232	430
杏花岭区	21	3	10	12	80	681	114	567
尖草坪区	3		11	9	46	333	42	291
万柏林区	22		15	19	72	739	127	612
晋源区	5		5	1	21	214	46	168
清徐县	5		5	16	53	214	17	197
阳曲县			3	3	9	94	10	84
娄烦县					9	45	2	43
古交市	1			2	7	97	6	91

4-4　续表 8　　　　单位：人

地　区 性　别	信息传输、软件和信息技术服务业				金融业				
	小计	电信、广播电视和卫星传输服务	互联网和相关服务	软件和信息技术服务业	小计	货币金融服务	资本市场服务	保险业	其他金融业
太原市	**5291**	**1500**	**1231**	**2560**	**6212**	**3149**	**525**	**1829**	**709**
小店区	1948	350	522	1076	1615	760	171	481	203
迎泽区	784	341	101	342	1347	764	121	343	119
杏花岭区	790	262	189	339	1036	515	97	296	128
尖草坪区	301	98	63	140	341	140	19	127	55
万柏林区	941	269	230	442	1209	567	94	392	156
晋源区	267	79	62	126	270	157	16	72	25
清徐县	126	41	32	53	182	102	4	65	11
阳曲县	42	27	6	9	78	50		26	2
娄烦县	24	13	7	4	43	34		8	1
古交市	68	20	19	29	91	60	3	19	9
男	**3334**	**786**	**777**	**1771**	**2937**	**1510**	**285**	**763**	**379**
小店区	1248	213	321	714	789	369	104	217	99
迎泽区	493	182	70	241	680	395	62	149	74
杏花岭区	499	124	131	244	467	223	59	118	67
尖草坪区	176	42	37	97	141	66	7	42	26
万柏林区	580	126	139	315	553	260	43	164	86
晋源区	166	39	40	87	133	80	8	32	13
清徐县	79	22	19	38	76	48	2	20	6
阳曲县	29	17	5	7	34	22		11	1
娄烦县	16	9	5	2	22	17		4	1
古交市	48	12	10	26	42	30		6	6
女	**1957**	**714**	**454**	**789**	**3275**	**1639**	**240**	**1066**	**330**
小店区	700	137	201	362	826	391	67	264	104
迎泽区	291	159	31	101	667	369	59	194	45
杏花岭区	291	138	58	95	569	292	38	178	61
尖草坪区	125	56	26	43	200	74	12	85	29
万柏林区	361	143	91	127	656	307	51	228	70
晋源区	101	40	22	39	137	77	8	40	12
清徐县	47	19	13	15	106	54	2	45	5
阳曲县	13	10	1	2	44	28		15	1
娄烦县	8	4	2	2	21	17		4	
古交市	20	8	9	3	49	30	3	13	3

4-4 续表 9 单位：人

地区 性别	房地产业		租赁和商务服务业			科学研究和技术服务业			
	小计	房地产业	小计	租赁业	商务服务业	小计	研究和试验发展	专业技术服务业	科技推广和应用服务业
太原市	**6509**	**6509**	**8949**	**638**	**8311**	**5935**	**1198**	**3833**	**904**
小店区	1833	1833	2744	167	2577	1952	422	1166	364
迎泽区	776	776	1246	71	1175	865	143	607	115
杏花岭区	1127	1127	1427	86	1341	825	126	601	98
尖草坪区	571	571	690	93	597	529	163	306	60
万柏林区	1451	1451	1818	101	1717	1199	270	754	175
晋源区	484	484	537	54	483	268	26	186	56
清徐县	120	120	200	45	155	191	43	135	13
阳曲县	41	41	65	7	58	39	1	25	13
娄烦县	27	27	34	9	25	12		7	5
古交市	79	79	188	5	183	55	4	46	5
男	**3991**	**3991**	**5250**	**532**	**4718**	**3790**	**770**	**2460**	**560**
小店区	1112	1112	1516	133	1383	1199	262	715	222
迎泽区	490	490	717	57	660	525	90	362	73
杏花岭区	705	705	847	69	778	532	74	400	58
尖草坪区	340	340	445	82	363	355	110	207	38
万柏林区	879	879	1055	81	974	794	176	504	114
晋源区	303	303	334	47	287	162	15	115	32
清徐县	76	76	124	42	82	144	39	97	8
阳曲县	25	25	49	7	42	29		21	8
娄烦县	16	16	26	9	17	7		5	2
古交市	45	45	137	5	132	43	4	34	5
女	**2518**	**2518**	**3699**	**106**	**3593**	**2145**	**428**	**1373**	**344**
小店区	721	721	1228	34	1194	753	160	451	142
迎泽区	286	286	529	14	515	340	53	245	42
杏花岭区	422	422	580	17	563	293	52	201	40
尖草坪区	231	231	245	11	234	174	53	99	22
万柏林区	572	572	763	20	743	405	94	250	61
晋源区	181	181	203	7	196	106	11	71	24
清徐县	44	44	76	3	73	47	4	38	5
阳曲县	16	16	16		16	10	1	4	5
娄烦县	11	11	8		8	5		2	3
古交市	34	34	51		51	12		12	

4-4　续表 10　　　　　　　　　　　　　　　　　　　　　　　　　　　　　　单位：人

地　区 性　别	水利、环境和公共设施管理业					居民服务、修理和其他服务业			
	小计	水　利 管理业	生态保护 和环境 治理业	公共设施 管理业	土　地 管理业	小计	居　民 服务业	机动车、 电子产品 和日用产 品修理业	其　他 服务业
太原市	**2749**	**301**	**242**	**2144**	**62**	**7221**	**4330**	**1617**	**1274**
小店区	554	68	60	397	29	1796	1085	410	301
迎泽区	316	86	31	193	6	900	651	150	99
杏花岭区	420	42	58	312	8	1077	681	206	190
尖草坪区	255	11	14	225	5	601	333	127	141
万柏林区	454	48	40	354	12	1254	757	282	215
晋源区	375	18	27	329	1	499	241	119	139
清徐县	208	14	4	190		528	251	219	58
阳曲县	72	6	4	62		222	156	36	30
娄烦县	39	2	2	35		74	45	17	12
古交市	56	6	2	47	1	270	130	51	89
男	**1775**	**182**	**157**	**1397**	**39**	**3891**	**1843**	**1378**	**670**
小店区	354	40	25	270	19	910	406	338	166
迎泽区	189	44	17	123	5	457	285	117	55
杏花岭区	276	24	43	207	2	567	301	173	93
尖草坪区	168	8	11	144	5	329	132	113	84
万柏林区	290	34	26	223	7	625	299	238	88
晋源区	261	9	23	228	1	303	118	108	77
清徐县	135	10	4	121		326	100	197	29
阳曲县	45	6	4	35		161	109	33	19
娄烦县	25	2	2	21		50	25	16	9
古交市	32	5	2	25		163	68	45	50
女	**974**	**119**	**85**	**747**	**23**	**3330**	**2487**	**239**	**604**
小店区	200	28	35	127	10	886	679	72	135
迎泽区	127	42	14	70	1	443	366	33	44
杏花岭区	144	18	15	105	6	510	380	33	97
尖草坪区	87	3	3	81		272	201	14	57
万柏林区	164	14	14	131	5	629	458	44	127
晋源区	114	9	4	101		196	123	11	62
清徐县	73	4		69		202	151	22	29
阳曲县	27			27		61	47	3	11
娄烦县	14			14		24	20	1	3
古交市	24	1		22	1	107	62	6	39

4-4 续表 11 单位：人

地 区 性 别	教育		卫生和社会工作			文化、体育和娱乐业				
	小计	教育	小计	卫生	社会工作	小计	新闻和出版业	广播、电视、电影和录音制作业	文 化艺术业	体育
太原市	**14664**	**14664**	**7401**	**7219**	**182**	**2964**	**608**	**509**	**717**	**403**
小店区	4118	4118	1594	1558	36	747	163	110	155	123
迎泽区	1940	1940	1489	1459	30	631	194	129	137	68
杏花岭区	2124	2124	1717	1684	33	468	97	86	128	59
尖草坪区	1390	1390	487	472	15	189	23	23	46	25
万柏林区	2844	2844	1294	1256	38	617	98	120	172	71
晋源区	709	709	241	238	3	168	19	22	38	44
清徐县	714	714	226	219	7	75	12	7	22	5
阳曲县	307	307	135	124	11	32	1	2	7	1
娄烦县	152	152	56	48	8	8		3	2	2
古交市	366	366	162	161	1	29	1	7	10	5
男	**4423**	**4423**	**2005**	**1933**	**72**	**1533**	**269**	**274**	**361**	**216**
小店区	1291	1291	432	418	14	379	60	60	79	68
迎泽区	639	639	398	380	18	329	86	66	73	41
杏花岭区	657	657	470	456	14	239	46	46	59	29
尖草坪区	461	461	114	108	6	105	13	17	28	8
万柏林区	814	814	365	355	10	303	48	60	79	38
晋源区	179	179	65	64	1	91	9	14	17	26
清徐县	166	166	57	55	2	46	6	5	16	2
阳曲县	90	90	39	35	4	21		2	3	
娄烦县	39	39	18	16	2	3		2		1
古交市	87	87	47	46	1	17	1	2	7	3
女	**10241**	**10241**	**5396**	**5286**	**110**	**1431**	**339**	**235**	**356**	**187**
小店区	2827	2827	1162	1140	22	368	103	50	76	55
迎泽区	1301	1301	1091	1079	12	302	108	63	64	27
杏花岭区	1467	1467	1247	1228	19	229	51	40	69	30
尖草坪区	929	929	373	364	9	84	10	6	18	17
万柏林区	2030	2030	929	901	28	314	50	60	93	33
晋源区	530	530	176	174	2	77	10	8	21	18
清徐县	548	548	169	164	5	29	6	2	6	3
阳曲县	217	217	96	89	7	11	1		4	1
娄烦县	113	113	38	32	6	5		1	2	1
古交市	279	279	115	115		12		5	3	2

4-4　续表 12　　　　　　　　　　　　　　　　　　　　　　　　　　　单位：人

地　区 性　别	娱乐业	公共管理、社会保障和社会组织							国际组织	
		小计	中国共产党机关	国家机构	人民政协、民主党派	社会保障	群众团体、社会团体和其他成员组织	基层群众自治组织	小计	国际组织
太原市	**727**	**11919**	**289**	**9623**	**37**	**104**	**477**	**1389**	**5**	**5**
小店区	196	2400	54	2070	6	15	50	205	1	1
迎泽区	103	1984	48	1742	8	7	62	117		
杏花岭区	98	1984	71	1574	12	24	135	168	1	1
尖草坪区	72	822	16	604	1	4	54	143		
万柏林区	156	2122	53	1619	3	24	105	318	1	1
晋源区	45	823	13	631	1		32	146		
清徐县	29	598	3	483	4	8	11	89		
阳曲县	21	361	11	307	1	2	5	35		
娄烦县	1	358		240	1	1	4	112		
古交市	6	467	20	353		19	19	56	2	2
男	**413**	**7163**	**184**	**6001**	**24**	**52**	**220**	**682**	**2**	**2**
小店区	112	1465	33	1299	3	10	27	93		
迎泽区	63	1208	30	1098	8	5	29	38		
杏花岭区	59	1160	46	974	6	10	63	61	1	1
尖草坪区	39	492	9	383	1	2	23	74		
万柏林区	78	1252	34	1015	1	8	49	145		
晋源区	25	452	6	351	1		13	81		
清徐县	17	368	1	309	2	1	5	50		
阳曲县	16	217	8	185	1	2	2	19		
娄烦县		255		166	1	1	1	86		
古交市	4	294	17	221		13	8	35	1	1
女	**314**	**4756**	**105**	**3622**	**13**	**52**	**257**	**707**	**3**	**3**
小店区	84	935	21	771	3	5	23	112	1	1
迎泽区	40	776	18	644		2	33	79		
杏花岭区	39	824	25	600	6	14	72	107		
尖草坪区	33	330	7	221		2	31	69		
万柏林区	78	870	19	604	2	16	56	173	1	1
晋源区	20	371	7	280			19	65		
清徐县	12	230	2	174	2	7	6	39		
阳曲县	5	144	3	122			3	16		
娄烦县	1	103		74			3	26		
古交市	2	173	3	132		6	11	21	1	1

4-4a 各地区分性别、行业大类的就业人口(城市)

单位：人

地区 性别	合计	农、林、牧、渔业						采矿业	
		小计	农业	林业	畜牧业	渔业	农、林、牧、渔专业及辅助性活动	小计	煤炭开采和洗选业
太原市	**161118**	**1427**	**930**	**200**	**129**	**29**	**139**	**5060**	**4380**
小店区	39972	330	226	30	33	6	35	320	235
迎泽区	24796	86	45	9	16	2	14	158	117
杏花岭区	28760	268	151	36	24	17	40	391	253
尖草坪区	16937	358	293	25	26	1	13	181	130
万柏林区	36447	142	71	39	16	1	15	2261	2060
晋源区	9507	167	98	50	10	2	7	100	81
清徐县									
阳曲县									
娄烦县									
古交市	4699	76	46	11	4		15	1649	1504
男	**96436**	**1006**	**659**	**156**	**94**	**17**	**80**	**4197**	**3653**
小店区	23200	221	156	17	23	3	22	228	166
迎泽区	13802	49	24	6	11	1	7	105	71
杏花岭区	16979	175	105	25	16	11	18	318	211
尖草坪区	10768	250	207	18	20		5	145	105
万柏林区	22310	106	50	35	12		9	1900	1740
晋源区	6056	146	83	46	8	2	7	66	54
清徐县									
阳曲县									
娄烦县									
古交市	3321	59	34	9	4		12	1435	1306
女	**64682**	**421**	**271**	**44**	**35**	**12**	**59**	**863**	**727**
小店区	16772	109	70	13	10	3	13	92	69
迎泽区	10994	37	21	3	5	1	7	53	46
杏花岭区	11781	93	46	11	8	6	22	73	42
尖草坪区	6169	108	86	7	6	1	8	36	25
万柏林区	14137	36	21	4	4	1	6	361	320
晋源区	3451	21	15	4	2			34	27
清徐县									
阳曲县									
娄烦县									
古交市	1378	17	12	2			3	214	198

4-4a　续表 1　　　　　　　　　　　　　　　　　　　　　　　　　　单位：人

地区 性别	采矿业						制造业		
	石油和天然气开采业	黑色金属矿采选业	有色金属矿采选业	非金属矿采选业	开采专业及辅助性活动	其他采矿业	小计	农副食品加工业	食品制造业
太原市	**38**	**115**	**15**	**50**	**288**	**174**	**14887**	**334**	**498**
小店区	9	8	1	17	40	10	3481	144	132
迎泽区	6	8	1	3	18	5	1121	31	50
杏花岭区	7	45	6	11	52	17	2883	49	105
尖草坪区		31		6	8	6	3056	42	72
万柏林区	12	17	5	7	144	16	3364	33	85
晋源区		3	2	2	10	2	808	27	45
清徐县									
阳曲县									
娄烦县									
古交市	4	3		4	16	118	174	8	9
男	**27**	**89**	**11**	**42**	**223**	**152**	**10866**	**211**	**257**
小店区	6	7		12	29	8	2334	90	75
迎泽区	5	8	1	2	15	3	763	24	21
杏花岭区	5	33	4	11	41	13	2171	30	62
尖草坪区		23		5	6	6	2356	24	30
万柏林区	8	12	5	7	112	16	2504	20	45
晋源区		3	1	1	6	1	599	17	22
清徐县									
阳曲县									
娄烦县									
古交市	3	3		4	14	105	139	6	2
女	**11**	**26**	**4**	**8**	**65**	**22**	**4021**	**123**	**241**
小店区	3	1	1	5	11	2	1147	54	57
迎泽区	1			1	3	2	358	7	29
杏花岭区	2	12	2		11	4	712	19	43
尖草坪区		8		1	2		700	18	42
万柏林区	4	5			32		860	13	40
晋源区			1	1	4	1	209	10	23
清徐县									
阳曲县									
娄烦县									
古交市	1				2	13	35	2	7

4-4a 续表 2 单位：人

地 区 性 别	制造业								
	酒、饮料和精制茶制造业	烟 草制品业	纺织业	纺织服装、服饰业	皮革、毛皮、羽毛及其制品和制鞋业	木材加工和木、竹、藤、棕、草制品业	家 具制造业	造纸和纸制品业	印刷和记录媒介复制业
太原市	**218**	**97**	**123**	**182**	**30**	**92**	**179**	**41**	**320**
小店区	63	16	33	41	6	12	20	12	117
迎泽区	35	66	17	34	3	3	11	2	59
杏花岭区	55	9	31	42	10	11	21	6	57
尖草坪区	11	2	13	25	3	21	40	6	23
万柏林区	41	4	19	35	6	25	41	5	52
晋源区	11		9	4	1	19	45	10	11
清徐县									
阳曲县									
娄烦县									
古交市	2		1	1	1	1	1		1
男	**113**	**56**	**62**	**67**	**15**	**67**	**128**	**30**	**185**
小店区	31	5	16	14	2	6	16	9	72
迎泽区	17	41	8	19	2	3	9	1	34
杏花岭区	31	5	20	11	4	10	16	6	32
尖草坪区	2	2	4	8	1	12	25	3	10
万柏林区	22	3	10	14	4	19	31	4	33
晋源区	8		4	1	1	16	31	7	4
清徐县									
阳曲县									
娄烦县									
古交市	2				1	1			
女	**105**	**41**	**61**	**115**	**15**	**25**	**51**	**11**	**135**
小店区	32	11	17	27	4	6	4	3	45
迎泽区	18	25	9	15	1		2	1	25
杏花岭区	24	4	11	31	6	1	5		25
尖草坪区	9		9	17	2	9	15	3	13
万柏林区	19	1	9	21	2	6	10	1	19
晋源区	3		5	3		3	14	3	7
清徐县									
阳曲县									
娄烦县									
古交市			1	1			1		1

4-4a　续表 3　　　　　　　　　　　　　　　　　　　　　　　　　　　　　　单位：人

地　区 性　别	制造业								
	文教、工美、体育和娱乐用品制造业	石油、煤炭及其他燃料加工业	化学原料和化学制品制造业	医　药制造业	化学纤维制造业	橡胶和塑　料制品业	非金属矿　物制品业	黑色金属冶炼和压延加工业	有色金属冶炼和压延加工业
太原市	**103**	**318**	**721**	**196**	**21**	**221**	**939**	**1478**	**146**
小店区	17	43	87	62	3	47	111	33	21
迎泽区	13	23	78	48	4	28	42	60	12
杏花岭区	30	39	78	31	1	44	138	581	20
尖草坪区	16	44	225	10	5	48	206	663	61
万柏林区	21	98	127	31	5	28	301	121	24
晋源区	4	19	123	14	3	26	131	12	5
清徐县									
阳曲县									
娄烦县									
古交市	2	52	3				10	8	3
男	**53**	**243**	**508**	**111**	**14**	**150**	**761**	**1258**	**117**
小店区	12	29	62	34	2	34	83	27	12
迎泽区	6	18	45	25	4	19	37	51	12
杏花岭区	12	31	49	18	1	27	108	503	18
尖草坪区	7	37	160	6	2	32	164	558	47
万柏林区	12	73	88	18	3	21	246	104	21
晋源区	3	11	102	10	2	17	114	9	5
清徐县									
阳曲县									
娄烦县									
古交市	1	44	2				9	6	2
女	**50**	**75**	**213**	**85**	**7**	**71**	**178**	**220**	**29**
小店区	5	14	25	28	1	13	28	6	9
迎泽区	7	5	33	23		9	5	9	
杏花岭区	18	8	29	13		17	30	78	2
尖草坪区	9	7	65	4	3	16	42	105	14
万柏林区	9	25	39	13	2	7	55	17	3
晋源区	1	8	21	4	1	9	17	3	
清徐县									
阳曲县									
娄烦县									
古交市	1	8	1				1	2	1

4-4a 续表 4　　单位：人

地区 性别	制造业								
	金属制品业	通用设备制造业	专用设备制造业	汽车制造业	铁路、船舶、航空航天和其他运输设备制造业	电气机械和器材制造业	计算机、通信和其他电子设备制造业	仪器仪表制造业	其他制造业
太原市	**1455**	**1803**	**1190**	**147**	**639**	**427**	**1612**	**271**	**277**
小店区	195	227	238	56	77	104	1266	159	21
迎泽区	48	112	84	15	32	29	58	23	18
杏花岭区	267	310	226	30	213	52	75	24	50
尖草坪区	604	361	140	15	107	42	32	21	69
万柏林区	283	714	457	25	205	144	129	30	117
晋源区	47	70	32	5	3	47	42	12	2
清徐县									
阳曲县									
娄烦县									
古交市	11	9	13	1	2	9	10	2	
男	**1165**	**1396**	**866**	**121**	**517**	**309**	**1044**	**188**	**193**
小店区	145	174	174	45	61	77	816	103	15
迎泽区	35	84	58	12	24	24	35	18	12
杏花岭区	207	243	162	26	170	37	49	17	37
尖草坪区	503	283	95	14	96	30	20	16	51
万柏林区	224	553	347	18	162	102	86	22	76
晋源区	41	50	20	5	2	31	30	10	2
清徐县									
阳曲县									
娄烦县									
古交市	10	9	10	1	2	8	8	2	
女	**290**	**407**	**324**	**26**	**122**	**118**	**568**	**83**	**84**
小店区	50	53	64	11	16	27	450	56	6
迎泽区	13	28	26	3	8	5	23	5	6
杏花岭区	60	67	64	4	43	15	26	7	13
尖草坪区	101	78	45	1	11	12	12	5	18
万柏林区	59	161	110	7	43	42	43	8	41
晋源区	6	20	12		1	16	12	2	
清徐县									
阳曲县									
娄烦县									
古交市	1		3			1	2		

4-4a　续表 5　　　　　　　　　　　　　　　　　　　　　　　　　　　　单位：人

地区 性别	制造业		电力、热力、燃气及水生产和供应业				建筑业		
	废弃资源综合利用业	金属制品、机械和设备修理业	小计	电力、热力生产和供应业	燃气生产和供应业	水的生产和供应业	小计	房屋建筑业	土木工程建筑业
太原市	**200**	**609**	**3783**	**2358**	**937**	**488**	**16880**	**6491**	**3439**
小店区	39	79	794	542	194	58	4782	1538	1255
迎泽区	12	71	656	424	138	94	1989	820	511
杏花岭区	31	247	799	496	168	135	2274	796	454
尖草坪区	46	83	356	251	43	62	1648	632	200
万柏林区	63	95	810	424	300	86	4516	1966	711
晋源区	2	27	199	134	37	28	1449	672	247
清徐县									
阳曲县									
娄烦县									
古交市	7	7	169	87	57	25	222	67	61
男	**158**	**503**	**2648**	**1717**	**623**	**308**	**13368**	**5082**	**2527**
小店区	28	65	535	382	119	34	3707	1183	891
迎泽区	9	56	440	298	88	54	1540	614	366
杏花岭区	25	204	562	366	107	89	1785	596	349
尖草坪区	37	77	266	190	34	42	1337	522	155
万柏林区	50	73	580	314	210	56	3611	1566	518
晋源区	2	22	144	99	25	20	1193	543	196
清徐县									
阳曲县									
娄烦县									
古交市	7	6	121	68	40	13	195	58	52
女	**42**	**106**	**1135**	**641**	**314**	**180**	**3512**	**1409**	**912**
小店区	11	14	259	160	75	24	1075	355	364
迎泽区	3	15	216	126	50	40	449	206	145
杏花岭区	6	43	237	130	61	46	489	200	105
尖草坪区	9	6	90	61	9	20	311	110	45
万柏林区	13	22	230	110	90	30	905	400	193
晋源区		5	55	35	12	8	256	129	51
清徐县									
阳曲县									
娄烦县									
古交市		1	48	19	17	12	27	9	9

4-4a 续表 6 单位：人

地区 性别	建筑业		批发和零售业			交通运输、仓储和邮政业			
	建筑安装业	建筑装饰、装修和其他建筑业	小计	批发业	零售业	小计	铁路运输业	道路运输业	水上运输业
太原市	**1159**	**5791**	**30105**	**10418**	**19687**	**10764**	**1791**	**6310**	**27**
小店区	305	1684	6802	2284	4518	2256	134	1215	2
迎泽区	136	522	5528	2032	3496	1728	481	886	8
杏花岭区	170	854	5681	1970	3711	2601	992	1154	8
尖草坪区	130	686	3421	1285	2136	1261	60	940	1
万柏林区	287	1552	6505	2042	4463	1977	102	1410	5
晋源区	103	427	1790	681	1109	606	18	445	3
清徐县									
阳曲县									
娄烦县									
古交市	28	66	378	124	254	335	4	260	
男	**965**	**4794**	**16035**	**6523**	**9512**	**8775**	**1433**	**5407**	**18**
小店区	249	1384	3655	1414	2241	1720	97	991	2
迎泽区	116	444	2785	1151	1634	1344	386	696	6
杏花岭区	138	702	2934	1201	1733	2107	796	980	4
尖草坪区	112	548	1918	860	1058	1093	53	848	
万柏林区	235	1292	3491	1344	2147	1654	85	1233	3
晋源区	89	365	1043	465	578	545	12	413	3
清徐县									
阳曲县									
娄烦县									
古交市	26	59	209	88	121	312	4	246	
女	**194**	**997**	**14070**	**3895**	**10175**	**1989**	**358**	**903**	**9**
小店区	56	300	3147	870	2277	536	37	224	
迎泽区	20	78	2743	881	1862	384	95	190	2
杏花岭区	32	152	2747	769	1978	494	196	174	4
尖草坪区	18	138	1503	425	1078	168	7	92	1
万柏林区	52	260	3014	698	2316	323	17	177	2
晋源区	14	62	747	216	531	61	6	32	
清徐县									
阳曲县									
娄烦县									
古交市	2	7	169	36	133	23		14	

4-4a　续表 7　　　　单位：人

地　区 性　别	交通运输、仓储和邮政业					住宿和餐饮业		
	航　空 运输业	管　道 运输业	多式联运 和运输 代理业	装卸搬运 和仓储业	邮政业	小计	住宿业	餐饮业
太原市	**524**	**29**	**287**	**445**	**1351**	**8201**	**1297**	**6904**
小店区	347	12	72	104	370	2335	311	2024
迎泽区	59		27	44	223	1409	396	1013
杏花岭区	48	12	39	66	282	1488	194	1294
尖草坪区	8		60	60	132	706	74	632
万柏林区	47	2	63	103	245	1698	235	1463
晋源区	14		22	33	71	422	76	346
清徐县								
阳曲县								
娄烦县								
古交市	1	3	4	35	28	143	11	132
男	**310**	**20**	**224**	**379**	**984**	**4686**	**587**	**4099**
小店区	203	6	54	89	278	1386	147	1239
迎泽区	40		21	35	160	758	164	594
杏花岭区	27	9	29	55	207	862	88	774
尖草坪区	5		49	51	87	394	36	358
万柏林区	26	2	48	84	173	968	109	859
晋源区	9		19	32	57	248	37	211
清徐县								
阳曲县								
娄烦县								
古交市		3	4	33	22	70	6	64
女	**214**	**9**	**63**	**66**	**367**	**3515**	**710**	**2805**
小店区	144	6	18	15	92	949	164	785
迎泽区	19		6	9	63	651	232	419
杏花岭区	21	3	10	11	75	626	106	520
尖草坪区	3		11	9	45	312	38	274
万柏林区	21		15	19	72	730	126	604
晋源区	5		3	1	14	174	39	135
清徐县								
阳曲县								
娄烦县								
古交市	1			2	6	73	5	68

4-4a 续表 8 单位：人

地区 性别	信息传输、软件和信息技术服务业				金融业				
	小计	电信、广播电视和卫星传输服务	互联网和相关服务	软件和信息技术服务业	小计	货币金融服务	资本市场服务	保险业	其他金融业
太原市	**4738**	**1354**	**1066**	**2318**	**5716**	**2879**	**506**	**1661**	**670**
小店区	1681	309	426	946	1477	704	158	435	180
迎泽区	777	339	101	337	1339	759	121	340	119
杏花岭区	756	253	179	324	1012	505	95	285	127
尖草坪区	295	95	63	137	336	139	19	123	55
万柏林区	938	269	229	440	1208	567	94	391	156
晋源区	243	71	52	120	256	146	16	70	24
清徐县									
阳曲县									
娄烦县									
古交市	48	18	16	14	88	59	3	17	9
男	**2985**	**703**	**687**	**1595**	**2711**	**1380**	**277**	**695**	**359**
小店区	1094	195	276	623	719	340	100	191	88
迎泽区	488	181	70	237	675	391	62	148	74
杏花岭区	475	118	126	231	455	218	57	114	66
尖草坪区	172	39	37	96	141	66	7	42	26
万柏林区	579	126	138	315	552	260	43	163	86
晋源区	147	34	31	82	127	75	8	31	13
清徐县									
阳曲县									
娄烦县									
古交市	30	10	9	11	42	30		6	6
女	**1753**	**651**	**379**	**723**	**3005**	**1499**	**229**	**966**	**311**
小店区	587	114	150	323	758	364	58	244	92
迎泽区	289	158	31	100	664	368	59	192	45
杏花岭区	281	135	53	93	557	287	38	171	61
尖草坪区	123	56	26	41	195	73	12	81	29
万柏林区	359	143	91	125	656	307	51	228	70
晋源区	96	37	21	38	129	71	8	39	11
清徐县									
阳曲县									
娄烦县									
古交市	18	8	7	3	46	29	3	11	3

4-4a　续表 9　　　　单位：人

地区 性别	房地产业		租赁和商务服务业			科学研究和技术服务业			
	小计	房地产业	小计	租赁业	商务服务业	小计	研究和试验发展	专业技术服务业	科技推广和应用服务业
太原市	**5913**	**5913**	**8146**	**506**	**7640**	**5440**	**1112**	**3485**	**843**
小店区	1631	1631	2465	120	2345	1773	383	1050	340
迎泽区	761	761	1218	64	1154	853	143	595	115
杏花岭区	1004	1004	1361	80	1281	797	123	578	96
尖草坪区	560	560	667	86	581	525	163	303	59
万柏林区	1447	1447	1817	101	1716	1199	270	754	175
晋源区	435	435	477	50	427	251	26	169	56
清徐县									
阳曲县									
娄烦县									
古交市	75	75	141	5	136	42	4	36	2
男	**3604**	**3604**	**4678**	**407**	**4271**	**3434**	**699**	**2211**	**524**
小店区	985	985	1324	89	1235	1077	231	637	209
迎泽区	479	479	692	50	642	514	90	351	73
杏花岭区	619	619	800	63	737	515	73	386	56
尖草坪区	332	332	425	76	349	354	110	206	38
万柏林区	875	875	1054	81	973	794	176	504	114
晋源区	273	273	289	43	246	148	15	101	32
清徐县									
阳曲县									
娄烦县									
古交市	41	41	94	5	89	32	4	26	2
女	**2309**	**2309**	**3468**	**99**	**3369**	**2006**	**413**	**1274**	**319**
小店区	646	646	1141	31	1110	696	152	413	131
迎泽区	282	282	526	14	512	339	53	244	42
杏花岭区	385	385	561	17	544	282	50	192	40
尖草坪区	228	228	242	10	232	171	53	97	21
万柏林区	572	572	763	20	743	405	94	250	61
晋源区	162	162	188	7	181	103	11	68	24
清徐县									
阳曲县									
娄烦县									
古交市	34	34	47		47	10		10	

4-4a 续表 10 单位：人

地区 性别	水利、环境和公共设施管理业					居民服务、修理和其他服务业			
	小计	水利管理业	生态保护和环境治理业	公共设施管理业	土地管理业	小计	居民服务业	机动车、电子产品和日用产品修理业	其他服务业
太原市	**2087**	**268**	**209**	**1557**	**53**	**5733**	**3536**	**1187**	**1010**
小店区	397	61	48	268	20	1487	928	328	231
迎泽区	305	86	30	183	6	872	633	148	91
杏花岭区	375	42	54	271	8	976	629	186	161
尖草坪区	229	10	13	201	5	554	312	112	130
万柏林区	453	48	39	354	12	1252	756	282	214
晋源区	282	16	23	242	1	381	177	96	108
清徐县									
阳曲县									
娄烦县									
古交市	46	5	2	38	1	211	101	35	75
男	**1329**	**157**	**131**	**1011**	**30**	**2954**	**1430**	**992**	**532**
小店区	244	35	19	180	10	723	328	267	128
迎泽区	178	44	16	113	5	438	275	115	48
杏花岭区	244	24	40	178	2	511	273	154	84
尖草坪区	155	7	10	133	5	304	125	100	79
万柏林区	289	34	25	223	7	625	299	238	88
晋源区	191	8	19	163	1	231	81	86	64
清徐县									
阳曲县									
娄烦县									
古交市	28	5	2	21		122	49	32	41
女	**758**	**111**	**78**	**546**	**23**	**2779**	**2106**	**195**	**478**
小店区	153	26	29	88	10	764	600	61	103
迎泽区	127	42	14	70	1	434	358	33	43
杏花岭区	131	18	14	93	6	465	356	32	77
尖草坪区	74	3	3	68		250	187	12	51
万柏林区	164	14	14	131	5	627	457	44	126
晋源区	91	8	4	79		150	96	10	44
清徐县									
阳曲县									
娄烦县									
古交市	18			17	1	89	52	3	34

4-4a　续表 11　　　　单位：人

地区 性别	教育		卫生和社会工作			文化、体育和娱乐业				
	小计	教育	小计	卫生	社会工作	小计	新闻和出版业	广播、电视、电影和录音制作业	文化艺术业	体育
太原市	**12701**	**12701**	**6725**	**6579**	**146**	**2754**	**582**	**488**	**662**	**381**
小店区	3630	3630	1431	1400	31	692	157	104	140	116
迎泽区	1927	1927	1483	1453	30	625	192	129	137	68
杏花岭区	2050	2050	1678	1648	30	452	94	84	124	56
尖草坪区	1342	1342	474	461	13	185	23	23	45	25
万柏林区	2831	2831	1293	1255	38	617	98	120	172	71
晋源区	608	608	219	216	3	156	17	21	36	40
清徐县										
阳曲县										
娄烦县										
古交市	313	313	147	146	1	27	1	7	8	5
男	**3909**	**3909**	**1839**	**1777**	**62**	**1414**	**259**	**258**	**327**	**209**
小店区	1153	1153	398	386	12	352	59	56	69	67
迎泽区	638	638	398	380	18	328	85	66	73	41
杏花岭区	635	635	463	449	14	230	45	44	56	29
尖草坪区	445	445	112	106	6	102	13	17	27	8
万柏林区	809	809	365	355	10	303	48	60	79	38
晋源区	159	159	58	57	1	83	8	13	17	23
清徐县										
阳曲县										
娄烦县										
古交市	70	70	45	44	1	16	1	2	6	3
女	**8792**	**8792**	**4886**	**4802**	**84**	**1340**	**323**	**230**	**335**	**172**
小店区	2477	2477	1033	1014	19	340	98	48	71	49
迎泽区	1289	1289	1085	1073	12	297	107	63	64	27
杏花岭区	1415	1415	1215	1199	16	222	49	40	68	27
尖草坪区	897	897	362	355	7	83	10	6	18	17
万柏林区	2022	2022	928	900	28	314	50	60	93	33
晋源区	449	449	161	159	2	73	9	8	19	17
清徐县										
阳曲县										
娄烦县										
古交市	243	243	102	102		11		5	2	2

4-4a 续表 12　　单位：人

地区 性别	公共管理、社会保障和社会组织								国际组织	
	娱乐业	小计	中国共产党机关	国家机构	人民政协、民主党派	社会保障	群众团体、社会团体和其他成员组织	基层群众自治组织	小计	国际组织
太原市	**641**	**10053**	**265**	**8239**	**31**	**88**	**431**	**999**	**5**	**5**
小店区	175	2207	51	1934	6	12	40	164	1	1
迎泽区	99	1961	48	1730	8	7	62	106		
杏花岭区	94	1913	69	1528	12	23	132	149	1	1
尖草坪区	69	783	14	585	1	4	52	127		
万柏林区	156	2118	53	1618	3	24	105	315	1	1
晋源区	42	658	13	528	1		22	94		
清徐县										
阳曲县										
娄烦县										
古交市	6	413	17	316		18	18	44	2	2
男	**361**	**5996**	**167**	**5136**	**20**	**45**	**198**	**430**	**2**	**2**
小店区	101	1345	31	1218	3	8	22	63		
迎泽区	63	1190	30	1088	8	5	29	30		
杏花岭区	56	1117	44	944	6	9	61	53	1	1
尖草坪区	37	467	8	370	1	2	22	64		
万柏林区	78	1251	34	1014	1	8	49	145		
晋源区	22	366	6	303	1		8	48		
清徐县										
阳曲县										
娄烦县										
古交市	4	260	14	199		13	7	27	1	1
女	**280**	**4057**	**98**	**3103**	**11**	**43**	**233**	**569**	**3**	**3**
小店区	74	862	20	716	3	4	18	101	1	1
迎泽区	36	771	18	642		2	33	76		
杏花岭区	38	796	25	584	6	14	71	96		
尖草坪区	32	316	6	215		2	30	63		
万柏林区	78	867	19	604	2	16	56	170	1	1
晋源区	20	292	7	225			14	46		
清徐县										
阳曲县										
娄烦县										
古交市	2	153	3	117		5	11	17	1	1

4-4b　各地区分性别、行业大类的就业人口(镇)

单位：人

地　区 性　别	合计	农、林、牧、渔业						采矿业	
		小计	农业	林业	畜牧业	渔业	农、林、牧、渔专业及辅助性活动	小计	煤炭开采和洗选业
太原市	**20596**	**925**	**797**	**33**	**66**	**1**	**28**	**697**	**607**
小店区	10054	96	77		11		8	34	25
迎泽区									
杏花岭区									
尖草坪区	38								
万柏林区	150							76	65
晋源区	336	11	10				1	5	3
清徐县	5669	610	558	8	38	1	5	164	161
阳曲县	2665	146	119	3	13		11	38	15
娄烦县	1191	60	32	21	4		3	64	23
古交市	493	2	1	1				316	315
男	**13412**	**683**	**577**	**31**	**51**	**1**	**23**	**629**	**545**
小店区	6268	66	52		8		6	27	19
迎泽区									
杏花岭区									
尖草坪区	21								
万柏林区	113							73	63
晋源区	235	10	9				1	5	3
清徐县	3805	440	399	6	30	1	4	142	139
阳曲县	1746	110	88	3	9		10	33	12
娄烦县	820	55	28	21	4		2	62	23
古交市	404	2	1	1				287	286
女	**7184**	**242**	**220**	**2**	**15**		**5**	**68**	**62**
小店区	3786	30	25		3		2	7	6
迎泽区									
杏花岭区									
尖草坪区	17								
万柏林区	37							3	2
晋源区	101	1	1						
清徐县	1864	170	159	2	8		1	22	22
阳曲县	919	36	31		4		1	5	3
娄烦县	371	5	4				1	2	
古交市	89							29	29

4-4b 续表 1 单位：人

地区 性别	采矿业						制造业		
	石油和天然气开采业	黑色金属矿采选业	有色金属矿采选业	非金属矿采选业	开采专业及辅助性活动	其他采矿业	小计	农副食品加工业	食品制造业
太原市	**2**	**37**	**2**	**28**	**19**	**2**	**7182**	**51**	**154**
小店区	1	2	1	1	3	1	5876	15	40
迎泽区									
杏花岭区									
尖草坪区							15		
万柏林区					11		9		
晋源区					1	1	44	1	2
清徐县		1	1		1		849	18	84
阳曲县		1		22			302	12	26
娄烦县	1	33		5	2		38	5	2
古交市					1		49		
男	**2**	**35**	**2**	**26**	**17**	**2**	**4688**	**39**	**96**
小店区	1	1	1	1	3	1	3672	9	27
迎泽区									
杏花岭区									
尖草坪区							12		
万柏林区					10		6		
晋源区					1	1	31	1	1
清徐县		1	1		1		672	13	56
阳曲县		1		20			230	12	11
娄烦县	1	32		5	1		28	4	1
古交市					1		37		
女		**2**		**2**	**2**		**2494**	**12**	**58**
小店区		1					2204	6	13
迎泽区									
杏花岭区									
尖草坪区							3		
万柏林区					1		3		
晋源区							13		1
清徐县							177	5	28
阳曲县				2			72		15
娄烦县		1			1		10	1	1
古交市							12		

4-4b　续表 2　　　　单位：人

地区 性别	制造业								
	酒、饮料和精制茶制造业	烟草制品业	纺织业	纺织服装、服饰业	皮革、毛皮、羽毛及其制品和制鞋业	木材加工和木、竹、藤、棕、草制品业	家具制造业	造纸和纸制品业	印刷和记录媒介复制业
太原市	**34**	**27**	**17**	**9**	**4**	**6**	**31**	**13**	**29**
小店区	26	27	5	4	3		9	6	23
迎泽区									
杏花岭区									
尖草坪区									
万柏林区				1					
晋源区			1	1		1	4	5	1
清徐县	6		5	2	1	5	10	2	3
阳曲县	2		5				8		2
娄烦县			1	1					
古交市									
男	**17**	**14**	**12**	**4**	**3**	**4**	**25**	**8**	**16**
小店区	13	14	4	4	2		6	4	13
迎泽区									
杏花岭区									
尖草坪区									
万柏林区									
晋源区			1				3	3	1
清徐县	3		4		1	4	10	1	2
阳曲县	1		2				6		
娄烦县			1						
古交市									
女	**17**	**13**	**5**	**5**	**1**	**2**	**6**	**5**	**13**
小店区	13	13	1		1		3	2	10
迎泽区									
杏花岭区									
尖草坪区									
万柏林区				1					
晋源区				1		1	1	2	
清徐县	3		1	2		1		1	1
阳曲县	1		3				2		2
娄烦县				1					
古交市									

4-4b 续表 3 单位：人

地区 性别	制造业								
	文教、工美、体育和娱乐用品制造业	石油、煤炭及其他燃料加工业	化学原料和化学制品制造业	医药制造业	化学纤维制造业	橡胶和塑料制品业	非金属矿物制品业	黑色金属冶炼和压延加工业	有色金属冶炼和压延加工业
太原市	**6**	**377**	**37**	**74**	**1**	**48**	**236**	**81**	**11**
小店区	2	2	17	41	1	14	44	3	1
迎泽区									
杏花岭区									
尖草坪区							15		
万柏林区							2		
晋源区		1	1				13		
清徐县	2	306	16	6		29	80	67	7
阳曲县		26		27		5	78	10	3
娄烦县	2	1	3				3	1	
古交市		41					1		
男	**1**	**306**	**31**	**44**	**1**	**36**	**191**	**66**	**8**
小店区		1	16	24	1	11	36	3	1
迎泽区									
杏花岭区									
尖草坪区							12		
万柏林区							2		
晋源区		1					9		
清徐县		253	12	2		21	66	53	5
阳曲县		21		18		4	62	9	2
娄烦县	1	1	3				3	1	
古交市		29					1		
女	**5**	**71**	**6**	**30**		**12**	**45**	**15**	**3**
小店区	2	1	1	17		3	8		
迎泽区									
杏花岭区									
尖草坪区							3		
万柏林区									
晋源区			1				4		
清徐县	2	53	4	4		8	14	14	2
阳曲县		5		9		1	16	1	1
娄烦县	1								
古交市		12							

4-4b　续表 4　　　　单位：人

地区 性别	制造业								
	金属制品业	通用设备制造业	专用设备制造业	汽车制造业	铁路、船舶、航空航天和其他运输设备制造业	电气机械和器材制造业	计算机、通信和其他电子设备制造业	仪器仪表制造业	其他制造业
太原市	**129**	**129**	**141**	**49**	**31**	**58**	**5324**	**16**	**7**
小店区	24	57	92	33	21	41	5293	13	2
迎泽区									
杏花岭区									
尖草坪区									
万柏林区			3				2		1
晋源区	5	1	1	1		4	1		
清徐县	84	41	16	9	4	9	13	2	3
阳曲县	12	28	28	5	5	4	7	1	
娄烦县	4	1	1	1	1		7		1
古交市		1					1		
男	**110**	**109**	**109**	**37**	**25**	**44**	**3266**	**13**	**6**
小店区	22	51	68	25	16	29	3244	10	2
迎泽区									
杏花岭区									
尖草坪区									
万柏林区			2				1		1
晋源区	4	1	1	1		4			
清徐县	71	33	13	6	3	7	12	2	2
阳曲县	9	22	25	5	5	4	5	1	
娄烦县	4	1			1		3		1
古交市		1					1		
女	**19**	**20**	**32**	**12**	**6**	**14**	**2058**	**3**	**1**
小店区	2	6	24	8	5	12	2049	3	
迎泽区									
杏花岭区									
尖草坪区									
万柏林区			1				1		
晋源区	1						1		
清徐县	13	8	3	3	1	2	1		1
阳曲县	3	6	3				2		
娄烦县			1	1			4		
古交市									

4-4b 续表 5

单位：人

地区 性别	制造业		电力、热力、燃气及水生产和供应业				建筑业		
	废弃资源综合利用业	金属制品、机械和设备修理业	小计	电力、热力生产和供应业	燃气生产和供应业	水的生产和供应业	小计	房屋建筑业	土木工程建筑业
太原市	**25**	**27**	**295**	**165**	**92**	**38**	**2007**	**1108**	**292**
小店区	7	10	130	86	34	10	849	447	149
迎泽区									
杏花岭区									
尖草坪区							5		1
万柏林区			1		1		8	5	1
晋源区			2	1		1	34	5	10
清徐县	15	4	77	30	28	19	711	416	76
阳曲县	3	5	52	26	22	4	295	203	40
娄烦县		3	28	21	4	3	100	31	15
古交市		5	5	1	3	1	5	1	
男	**21**	**26**	**213**	**122**	**64**	**27**	**1712**	**954**	**245**
小店区	6	10	84	57	21	6	702	376	123
迎泽区									
杏花岭区									
尖草坪区							3		1
万柏林区			1		1		8	5	1
晋源区			2	1		1	33	5	9
清徐县	13	4	61	23	23	15	598	354	61
阳曲县	2	4	37	21	14	2	266	183	35
娄烦县		3	26	19	4	3	97	30	15
古交市		5	2	1	1		5	1	
女	**4**	**1**	**82**	**43**	**28**	**11**	**295**	**154**	**47**
小店区	1		46	29	13	4	147	71	26
迎泽区									
杏花岭区									
尖草坪区							2		
万柏林区									
晋源区							1		1
清徐县	2		16	7	5	4	113	62	15
阳曲县	1	1	15	5	8	2	29	20	5
娄烦县			2	2			3	1	
古交市			3		2	1			

4-4b 续表 6 单位：人

地区 性别	建筑业		批发和零售业			交通运输、仓储和邮政业			
	建筑安装业	建筑装饰、装修和其他建筑业	小计	批发业	零售业	小计	铁路运输业	道路运输业	水上运输业
太原市	**139**	**468**	**1913**	**555**	**1358**	**1490**	**34**	**1147**	
小店区	58	195	729	263	466	350	7	220	
迎泽区									
杏花岭区									
尖草坪区		4	9	6	3	1	1		
万柏林区		2	13	3	10	4		3	
晋源区	7	12	51	18	33	42	1	33	
清徐县	44	175	689	185	504	599	7	475	
阳曲县	15	37	273	57	216	339	15	285	
娄烦县	13	41	119	13	106	147	3	125	
古交市	2	2	30	10	20	8		6	
男	**113**	**400**	**1053**	**369**	**684**	**1319**	**29**	**1074**	
小店区	46	157	403	156	247	280	4	195	
迎泽区									
杏花岭区									
尖草坪区		2	4	3	1	1	1		
万柏林区		2	8	3	5	2		2	
晋源区	7	12	31	14	17	39	1	32	
清徐县	32	151	390	136	254	539	5	444	
阳曲县	14	34	138	40	98	314	15	272	
娄烦县	12	40	63	9	54	137	3	123	
古交市	2	2	16	8	8	7		6	
女	**26**	**68**	**860**	**186**	**674**	**171**	**5**	**73**	
小店区	12	38	326	107	219	70	3	25	
迎泽区									
杏花岭区									
尖草坪区		2	5	3	2				
万柏林区			5		5	2		1	
晋源区			20	4	16	3		1	
清徐县	12	24	299	49	250	60	2	31	
阳曲县	1	3	135	17	118	25		13	
娄烦县	1	1	56	4	52	10		2	
古交市			14	2	12	1			

4-4b 续表 7 单位：人

地区 性别	交通运输、仓储和邮政业					住宿和餐饮业		
	航空运输业	管道运输业	多式联运和运输代理业	装卸搬运和仓储业	邮政业	小计	住宿业	餐饮业
太原市	**19**	**1**	**22**	**72**	**195**	**700**	**55**	**645**
小店区	13	1	3	24	82	276	27	249
迎泽区								
杏花岭区								
尖草坪区								
万柏林区	1					11	1	10
晋源区	1		2	1	4	21		21
清徐县	4		12	29	72	198	16	182
阳曲县			4	12	23	125	10	115
娄烦县			1	5	13	58	1	57
古交市				1	1	11		11
男	**9**		**15**	**62**	**130**	**394**	**23**	**371**
小店区	7			18	56	171	11	160
迎泽区								
杏花岭区								
尖草坪区								
万柏林区						2		2
晋源区	1		2	1	2	12		12
清徐县	1		10	27	52	108	8	100
阳曲县			2	10	15	62	3	59
娄烦县			1	5	5	33	1	32
古交市				1		6		6
女	**10**	**1**	**7**	**10**	**65**	**306**	**32**	**274**
小店区	6	1	3	6	26	105	16	89
迎泽区								
杏花岭区								
尖草坪区								
万柏林区	1					9	1	8
晋源区					2	9		9
清徐县	3		2	2	20	90	8	82
阳曲县			2	2	8	63	7	56
娄烦县					8	25		25
古交市					1	5		5

4-4b 续表 8 单位：人

地区 性别	信息传输、软件和信息技术服务业				金融业				
	小计	电信、广播电视和卫星传输服务	互联网和相关服务	软件和信息技术服务业	小计	货币金融服务	资本市场服务	保险业	其他金融业
太原市	**346**	**93**	**99**	**154**	**348**	**195**	**16**	**106**	**31**
小店区	227	34	75	118	115	44	13	37	21
迎泽区									
杏花岭区									
尖草坪区									
万柏林区	3		1	2	1			1	
晋源区	5	2	2	1	4	3		1	
清徐县	59	23	15	21	120	72	3	37	8
阳曲县	37	23	5	9	71	46		24	1
娄烦县	13	10	1	2	37	30		6	1
古交市	2	1		1					
男	**212**	**48**	**50**	**114**	**163**	**91**	**6**	**49**	**17**
小店区	131	14	32	85	56	23	4	19	10
迎泽区									
杏花岭区									
尖草坪区									
万柏林区	1		1		1			1	
晋源区	4	1	2	1	3	2		1	
清徐县	40	11	10	19	52	31	2	14	5
阳曲县	25	14	4	7	32	21		10	1
娄烦县	9	7	1	1	19	14		4	1
古交市	2	1		1					
女	**134**	**45**	**49**	**40**	**185**	**104**	**10**	**57**	**14**
小店区	96	20	43	33	59	21	9	18	11
迎泽区									
杏花岭区									
尖草坪区									
万柏林区	2			2					
晋源区	1	1			1	1			
清徐县	19	12	5	2	68	41	1	23	3
阳曲县	12	9	1	2	39	25		14	
娄烦县	4	3		1	18	16		2	
古交市									

4-4b 续表 9 单位：人

地区 性别	房地产业		租赁和商务服务业			科学研究和技术服务业			
	小计	房地产业	小计	租赁业	商务服务业	小计	研究和试验发展	专业技术服务业	科技推广和应用服务业
太原市	**268**	**268**	**387**	**52**	**335**	**260**	**45**	**176**	**39**
小店区	144	144	183	22	161	158	37	100	21
迎泽区									
杏花岭区									
尖草坪区	1	1				1			1
万柏林区	4	4	1		1				
晋源区	2	2	12	2	10	1		1	
清徐县	73	73	117	15	102	63	7	51	5
阳曲县	29	29	41	6	35	27	1	15	11
娄烦县	15	15	23	7	16	4		3	1
古交市			10		10	6		6	
男	**159**	**159**	**252**	**50**	**202**	**180**	**34**	**126**	**20**
小店区	89	89	112	21	91	107	29	68	10
迎泽区									
杏花岭区									
尖草坪区									
万柏林区	4	4	1		1				
晋源区	1	1	11	2	9	1		1	
清徐县	41	41	70	14	56	42	5	35	2
阳曲县	14	14	30	6	24	20		13	7
娄烦县	10	10	19	7	12	4		3	1
古交市			9		9	6		6	
女	**109**	**109**	**135**	**2**	**133**	**80**	**11**	**50**	**19**
小店区	55	55	71	1	70	51	8	32	11
迎泽区									
杏花岭区									
尖草坪区	1	1				1			1
万柏林区									
晋源区	1	1	1		1				
清徐县	32	32	47	1	46	21	2	16	3
阳曲县	15	15	11		11	7	1	2	4
娄烦县	5	5	4		4				
古交市			1		1				

4-4b　续表 10　　　　单位：人

地　区 性　别	水利、环境和公共设施管理业					居民服务、修理和其他服务业			
	小计	水　利 管理业	生态保护 和环境 治理业	公共设施 管理业	土　地 管理业	小计	居　民 服务业	机动车、 电子产品 和日用产 品修理业	其　他 服务业
太原市	**208**	**19**	**20**	**161**	**8**	**589**	**374**	**162**	**53**
小店区	70	3	11	48	8	160	92	46	22
迎泽区									
杏花岭区									
尖草坪区						1	1		
万柏林区						2	1		1
晋源区	16	1	2	13		14	10	4	
清徐县	63	11	3	49		221	135	69	17
阳曲县	44	4	2	38		137	103	24	10
娄烦县	15		2	13		46	28	15	3
古交市						8	4	4	
男	**138**	**13**	**15**	**102**	**8**	**358**	**197**	**137**	**24**
小店区	49	2	6	33	8	92	44	39	9
迎泽区									
杏花岭区									
尖草坪区									
万柏林区									
晋源区	12		2	10		8	5	3	
清徐县	41	7	3	31		125	62	56	7
阳曲县	28	4	2	22		93	67	21	5
娄烦县	8		2	6		34	17	14	3
古交市						6	2	4	
女	**70**	**6**	**5**	**59**		**231**	**177**	**25**	**29**
小店区	21	1	5	15		68	48	7	13
迎泽区									
杏花岭区									
尖草坪区						1	1		
万柏林区						2	1		1
晋源区	4	1		3		6	5	1	
清徐县	22	4		18		96	73	13	10
阳曲县	16			16		44	36	3	5
娄烦县	7			7		12	11	1	
古交市						2	2		

4-4b 续表 11 单位：人

地区 性别	教育		卫生和社会工作			文化、体育和娱乐业				
	小计	教育	小计	卫生	社会工作	小计	新闻和出版业	广播、电视、电影和录音制作业	文化艺术业	体育
太原市	**1220**	**1220**	**406**	**384**	**22**	**127**	**18**	**15**	**30**	**10**
小店区	367	367	109	105	4	44	6	5	12	5
迎泽区										
杏花岭区										
尖草坪区	3	3								
万柏林区	13	13	1	1						
晋源区	34	34	4	4		5	2	1		1
清徐县	418	418	127	125	2	47	9	5	13	3
阳曲县	245	245	114	104	10	26	1	1	4	1
娄烦县	123	123	47	41	6	5		3	1	
古交市	17	17	4	4						
男	**324**	**324**	**107**	**101**	**6**	**71**	**6**	**12**	**16**	**3**
小店区	105	105	19	18	1	24	1	4	8	1
迎泽区										
杏花岭区										
尖草坪区										
万柏林区	5	5								
晋源区	9	9	2	2		4	1	1		1
清徐县	97	97	36	36		25	4	4	7	1
阳曲县	71	71	34	30	4	16		1	1	
娄烦县	32	32	15	14	1	2		2		
古交市	5	5	1	1						
女	**896**	**896**	**299**	**283**	**16**	**56**	**12**	**3**	**14**	**7**
小店区	262	262	90	87	3	20	5	1	4	4
迎泽区										
杏花岭区										
尖草坪区	3	3								
万柏林区	8	8	1	1						
晋源区	25	25	2	2		1	1			
清徐县	321	321	91	89	2	22	5	1	6	2
阳曲县	174	174	80	74	6	10	1		3	1
娄烦县	91	91	32	27	5	3		1	1	
古交市	12	12	3	3						

4-4b　续表 12

单位：人

地　区 性　别	娱乐业	公共管理、社会保障和社会组织							国际组织	
		小计	中国共产党机关	国家机构	人民政协、民主党派	社会保障	群众团体、社会团体和其他成员组织	基层群众自治组织	小计	国际组织
太原市	**54**	**1228**	**13**	**1039**	**6**	**11**	**27**	**132**		
小店区	16	137	2	106		3	10	16		
迎泽区										
杏花岭区										
尖草坪区		2						2		
万柏林区		3		1				2		
晋源区	1	29		15			2	12		
清徐县	17	464	1	408	4	5	8	38		
阳曲县	19	324	10	284	1	2	4	23		
娄烦县	1	249		206	1	1	3	38		
古交市		20		19				1		
男	**34**	**757**	**8**	**656**	**4**	**6**	**10**	**73**		
小店区	10	79	1	61		2	5	10		
迎泽区										
杏花岭区										
尖草坪区		1						1		
万柏林区		1		1						
晋源区	1	17		7				10		
清徐县	9	286		263	2	1	4	16		
阳曲县	14	193	7	172	1	2	1	10		
娄烦县		167		140	1	1		25		
古交市		13		12				1		
女	**20**	**471**	**5**	**383**	**2**	**5**	**17**	**59**		
小店区	6	58	1	45		1	5	6		
迎泽区										
杏花岭区										
尖草坪区		1						1		
万柏林区		2						2		
晋源区		12		8			2	2		
清徐县	8	178	1	145	2	4	4	22		
阳曲县	5	131	3	112			3	13		
娄烦县	1	82		66			3	13		
古交市		7		7						

4-4c 各地区分性别、行业大类的就业人口(乡村)

单位：人

地区 性别	合计	农、林、牧、渔业						采矿业	
		小计	农业	林业	畜牧业	渔业	农、林、牧、渔专业及辅助性活动	小计	煤炭开采和洗选业
太原市	**23224**	**6584**	**6083**	**76**	**347**	**4**	**74**	**1284**	**973**
小店区	3208	485	462	1	18		4	21	19
迎泽区	493	10	5	1	2		2	3	1
杏花岭区	1998	59	43	5	6	2	3	22	15
尖草坪区	921	215	202	1	9		3	1	
万柏林区	8	1	1						
晋源区	1420	97	87	3	5		2	4	2
清徐县	10150	3824	3643	26	117	2	36	381	363
阳曲县	2407	1293	1198	10	76		9	12	1
娄烦县	1371	439	322	25	84		8	347	91
古交市	1248	161	120	4	30		7	493	481
男	**16484**	**4420**	**4018**	**63**	**269**	**4**	**66**	**1127**	**882**
小店区	2297	350	329	1	16		4	21	19
迎泽区	344	7	3	1	1		2	2	1
杏花岭区	1391	47	33	5	5	2	2	20	15
尖草坪区	673	171	159	1	8		3	1	
万柏林区	7	1	1						
晋源区	969	74	68	2	4			2	2
清徐县	7098	2496	2358	18	86	2	32	343	326
阳曲县	1673	848	775	8	57		8	9	
娄烦县	1010	299	198	23	70		8	281	82
古交市	1022	127	94	4	22		7	448	437
女	**6740**	**2164**	**2065**	**13**	**78**		**8**	**157**	**91**
小店区	911	135	133		2				
迎泽区	149	3	2		1			1	
杏花岭区	607	12	10		1		1	2	
尖草坪区	248	44	43		1				
万柏林区	1								
晋源区	451	23	19	1	1		2	2	
清徐县	3052	1328	1285	8	31		4	38	37
阳曲县	734	445	423	2	19		1	3	1
娄烦县	361	140	124	2	14			66	9
古交市	226	34	26		8			45	44

4-4c　续表 1　　　　单位：人

地区 性别	采矿业						制造业		
	石油和天然气开采业	黑色金属矿采选业	有色金属矿采选业	非金属矿采选业	开采专业及辅助性活动	其他采矿业	小计	农副食品加工业	食品制造业
太原市	**1**	**249**	**3**	**31**	**21**	**6**	**3272**	**199**	**245**
小店区	1					1	533	46	42
迎泽区		2					30	1	2
杏花岭区		1	2	1	3		311	11	13
尖草坪区				1			165	1	8
万柏林区									
晋源区				1	1		134	3	7
清徐县		2	1		13	2	1701	99	148
阳曲县		2		8		1	277	25	20
娄烦县		236		17	2	1	62	5	
古交市		6		3	2	1	59	8	5
男	**1**	**191**	**2**	**28**	**17**	**6**	**2475**	**122**	**134**
小店区	1					1	393	25	21
迎泽区		1					19		
杏花岭区			1	1	3		243	7	7
尖草坪区				1			137	1	3
万柏林区									
晋源区							100	2	3
清徐县		2	1		12	2	1287	62	87
阳曲县		1		7		1	200	16	10
娄烦县		181		16	1	1	50	4	
古交市		6		3	1	1	46	5	3
女		**58**	**1**	**3**	**4**		**797**	**77**	**111**
小店区							140	21	21
迎泽区		1					11	1	2
杏花岭区		1	1				68	4	6
尖草坪区							28		5
万柏林区									
晋源区				1	1		34	1	4
清徐县					1		414	37	61
阳曲县		1		1			77	9	10
娄烦县		55		1	1		12	1	
古交市					1		13	3	2

4-4c 续表 2 单位：人

地区 性别	制造业								
	酒、饮料和精制茶制造业	烟草制品业	纺织业	纺织服装、服饰业	皮革、毛皮、羽毛及其制品和制鞋业	木材加工和木、竹、藤、棕、草制品业	家具制造业	造纸和纸制品业	印刷和记录媒介复制业
太原市	**26**	**5**	**19**	**33**	**4**	**61**	**117**	**48**	**24**
小店区	7	5	4			3	19	5	6
迎泽区			2	6					
杏花岭区	1		2	11	1	11	8	7	11
尖草坪区	1			1			54		
万柏林区									
晋源区	1		2	3		3	9	16	1
清徐县	13		9	11	1	37	12	18	3
阳曲县	2			1	2	6	14		1
娄烦县						1			1
古交市	1						1	2	1
男	**17**	**4**	**11**	**15**	**1**	**51**	**91**	**33**	**12**
小店区	4	4	3			2	15	4	2
迎泽区			2	2					
杏花岭区	1		2	9		7	7	1	6
尖草坪区	1						44		
万柏林区									
晋源区	1		1	1		3	5	15	1
清徐县	9		3	3	1	32	11	12	2
阳曲县						6	8		
娄烦县						1			1
古交市	1						1	1	
女	**9**	**1**	**8**	**18**	**3**	**10**	**26**	**15**	**12**
小店区	3	1	1			1	4	1	4
迎泽区				4					
杏花岭区				2	1	4	1	6	5
尖草坪区				1			10		
万柏林区									
晋源区			1	2			4	1	
清徐县	4		6	8		5	1	6	1
阳曲县	2			1	2		6		1
娄烦县									
古交市								1	1

4-4c　续表 3　　　　　　　　　　　　　　　　　　　　　　　　　　单位：人

地　区 性　别	制造业								
	文教、工美、体育和娱乐用品制造业	石油、煤炭及其他燃料加工业	化学原料和化学制品制造业	医　药制造业	化学纤维制造业	橡胶和塑　料制品业	非金属矿　物制品业	黑色金属冶炼和压延加工业	有色金属冶炼和压延加工业
太原市	**7**	**423**	**36**	**28**	**3**	**35**	**431**	**305**	**49**
小店区		3	10	2			51	3	
迎泽区	1	1					8		
杏花岭区	1	2	6	3			28	64	5
尖草坪区	1	2	3				45	5	1
万柏林区									
晋源区		1	1	3		1	27		
清徐县	1	371	14	15		34	158	222	37
阳曲县	2	32	1	5	3		82	8	3
娄烦县	1	8	1				15	3	3
古交市		3					17		
男	**3**	**343**	**26**	**10**	**2**	**22**	**341**	**253**	**41**
小店区		2	6	1			43	3	
迎泽区		1					8		
杏花岭区		2	3	2			23	58	4
尖草坪区	1	2	3				42	4	1
万柏林区									
晋源区			1	1		1	21		
清徐县		301	12	5		21	115	179	30
阳曲县	1	26	1	1	2		65	6	3
娄烦县	1	7					10	3	3
古交市		2					14		
女	**4**	**80**	**10**	**18**	**1**	**13**	**90**	**52**	**8**
小店区		1	4	1			8		
迎泽区	1								
杏花岭区	1		3	1			5	6	1
尖草坪区							3	1	
万柏林区									
晋源区		1		2			6		
清徐县	1	70	2	10		13	43	43	7
阳曲县	1	6		4	1		17	2	
娄烦县		1	1				5		
古交市		1					3		

4-4c　续表 4　　单位：人

地区 性别	制造业								
	金属制品业	通用设备制造业	专用设备制造业	汽车制造业	铁路、船舶、航空航天和其他运输设备制造业	电气机械和器材制造业	计算机、通信和其他电子设备制造业	仪器仪表制造业	其他制造业
太原市	**534**	**228**	**102**	**18**	**14**	**22**	**91**	**18**	**36**
小店区	169	44	17	2	3	6	34	1	25
迎泽区	1	3	1				1		1
杏花岭区	39	43	5	3	3	2	7	1	1
尖草坪区	22	10	1		3	1	4		
万柏林区									
晋源区	18	8	8			2	16	1	
清徐县	265	89	56	12	5	9	22	13	8
阳曲县	8	25	5			1	3	1	1
娄烦县	9	3	3	1			2		
古交市	3	3	6			1	2	1	
男	**420**	**203**	**76**	**14**	**14**	**19**	**52**	**17**	**32**
小店区	126	42	14	1	3	5	21	1	23
迎泽区	1	2	1						1
杏花岭区	35	36	3	2	3	1	2	1	
尖草坪区	16	10	1		3	1	2		
万柏林区									
晋源区	15	8	5			2	11	1	
清徐县	209	77	43	10	5	8	11	13	8
阳曲县	7	22	1			1	2		
娄烦县	8	3	2	1			2		
古交市	3	3	6			1	1	1	
女	**114**	**25**	**26**	**4**		**3**	**39**	**1**	**4**
小店区	43	2	3	1		1	13		2
迎泽区		1					1		
杏花岭区	4	7	2	1		1	5		1
尖草坪区	6						2		
万柏林区									
晋源区	3		3				5		
清徐县	56	12	13	2		1	11		
阳曲县	1	3	4				1	1	1
娄烦县	1		1						
古交市							1		

4-4c　续表 5

单位：人

地区 性别	制造业		电力、热力、燃气及水生产和供应业				建筑业		
	废弃资源综合利用业	金属制品、机械和设备修理业	小计	电力、热力生产和供应业	燃气生产和供应业	水的生产和供应业	小计	房屋建筑业	土木工程建筑业
太原市	**49**	**62**	**200**	**129**	**49**	**22**	**1974**	**829**	**474**
小店区	23	3	22	16	5	1	393	183	62
迎泽区	2		8	4	4		96	66	6
杏花岭区	6	16	12	7	4	1	183	38	54
尖草坪区		2	8	6		2	41	16	2
万柏林区							4		4
晋源区		3	10	8	2		165	64	41
清徐县	12	7	74	46	15	13	705	300	181
阳曲县	4	22	22	14	7	1	204	101	48
娄烦县	2	4	9	7		2	96	38	29
古交市		5	35	21	12	2	87	23	47
男	**40**	**56**	**166**	**115**	**36**	**15**	**1832**	**762**	**444**
小店区	19	3	20	16	3	1	364	166	60
迎泽区	1		6	4	2		83	56	5
杏花岭区	6	15	9	5	3	1	170	37	52
尖草坪区		2	7	6		1	36	15	
万柏林区							4		4
晋源区		2	6	4	2		147	54	34
清徐县	12	6	60	40	13	7	658	277	172
阳曲县	1	21	20	14	5	1	195	96	47
娄烦县	1	3	9	7		2	94	38	28
古交市		4	29	19	8	2	81	23	42
女	**9**	**6**	**34**	**14**	**13**	**7**	**142**	**67**	**30**
小店区	4		2		2		29	17	2
迎泽区	1		2		2		13	10	1
杏花岭区		1	3	2	1		13	1	2
尖草坪区			1			1	5	1	2
万柏林区									
晋源区		1	4	4			18	10	7
清徐县		1	14	6	2	6	47	23	9
阳曲县	3	1	2		2		9	5	1
娄烦县	1	1					2		1
古交市		1	6	2	4		6		5

4-4c 续表 6

单位：人

地区 性别	建筑业		批发和零售业			交通运输、仓储和邮政业			
	建筑安装业	建筑装饰、装修和其他建筑业	小计	批发业	零售业	小计	铁路运输业	道路运输业	水上运输业
太原市	**228**	**443**	**2240**	**662**	**1578**	**2380**	**31**	**1842**	**3**
小店区	40	108	440	146	294	457	4	307	2
迎泽区	4	20	95	25	70	69	3	52	
杏花岭区	17	74	394	141	253	252	1	213	
尖草坪区	9	14	110	24	86	117	1	106	
万柏林区			1		1				
晋源区	20	40	179	26	153	218	1	176	
清徐县	102	122	763	214	549	1005	14	766	1
阳曲县	24	31	111	38	73	125	7	98	
娄烦县	6	23	75	13	62	55		50	
古交市	6	11	72	35	37	82		74	
男	**221**	**405**	**1258**	**453**	**805**	**2188**	**22**	**1768**	**2**
小店区	39	99	242	92	150	405	2	296	1
迎泽区	3	19	42	12	30	64	3	47	
杏花岭区	17	64	222	102	120	236	1	203	
尖草坪区	9	12	66	16	50	114	1	104	
万柏林区			1		1				
晋源区	19	40	101	21	80	201		167	
清徐县	100	109	419	141	278	916	8	735	1
阳曲县	23	29	68	28	40	117	7	93	
娄烦县	6	22	47	11	36	54		50	
古交市	5	11	50	30	20	81		73	
女	**7**	**38**	**982**	**209**	**773**	**192**	**9**	**74**	**1**
小店区	1	9	198	54	144	52	2	11	1
迎泽区	1	1	53	13	40	5		5	
杏花岭区		10	172	39	133	16		10	
尖草坪区		2	44	8	36	3		2	
万柏林区									
晋源区	1		78	5	73	17	1	9	
清徐县	2	13	344	73	271	89	6	31	
阳曲县	1	2	43	10	33	8		5	
娄烦县		1	28	2	26	1			
古交市	1		22	5	17	1		1	

4-4c　续表 7　　单位：人

地　区 性　别	交通运输、仓储和邮政业					住宿和餐饮业		
	航　空 运输业	管　道 运输业	多式联运 和运输 代理业	装卸搬运 和仓储业	邮政业	小计	住宿业	餐饮业
太原市	**17**		**31**	**170**	**286**	**869**	**72**	**797**
小店区	8		7	42	87	141	18	123
迎泽区			2	7	5	25	3	22
杏花岭区	2		1	14	21	144	13	131
尖草坪区				4	6	46	4	42
万柏林区								
晋源区	2		7	11	21	64	10	54
清徐县	3		12	78	131	301	15	286
阳曲县	2		2	11	5	64	5	59
娄烦县				2	3	38	2	36
古交市				1	7	46	2	44
男	**9**		**23**	**148**	**216**	**500**	**29**	**471**
小店区	2		5	36	63	84	9	75
迎泽区			2	7	5	14	3	11
杏花岭区	2		1	13	16	89	5	84
尖草坪区				4	5	25		25
万柏林区								
晋源区	2		5	11	16	33	3	30
清徐县	1		9	64	98	177	6	171
阳曲县	2		1	10	4	33	2	31
娄烦县				2	2	18		18
古交市				1	7	27	1	26
女	**8**		**8**	**22**	**70**	**369**	**43**	**326**
小店区	6		2	6	24	57	9	48
迎泽区						11		11
杏花岭区				1	5	55	8	47
尖草坪区					1	21	4	17
万柏林区								
晋源区			2		5	31	7	24
清徐县	2		3	14	33	124	9	115
阳曲县			1	1	1	31	3	28
娄烦县					1	20	2	18
古交市						19	1	18

4−4c　续表 8　　　　单位：人

地　区 性　别	信息传输、软件和信息技术服务业				金融业				
	小计	电信、广播电视和卫星传输服务	互联网和相关服务	软件和信息技术服务业	小计	货币金融服务	资本市场服务	保险业	其他金融业
太原市	**207**	**53**	**66**	**88**	**148**	**75**	**3**	**62**	**8**
小店区	40	7	21	12	23	12		9	2
迎泽区	7	2		5	8	5		3	
杏花岭区	34	9	10	15	24	10	2	11	1
尖草坪区	6	3		3	5	1		4	
万柏林区									
晋源区	19	6	8	5	10	8		1	1
清徐县	67	18	17	32	62	30	1	28	3
阳曲县	5	4	1		7	4		2	1
娄烦县	11	3	6	2	6	4		2	
古交市	18	1	3	14	3	1		2	
男	**137**	**35**	**40**	**62**	**63**	**39**	**2**	**19**	**3**
小店区	23	4	13	6	14	6		7	1
迎泽区	5	1		4	5	4		1	
杏花岭区	24	6	5	13	12	5	2	4	1
尖草坪区	4	3		1					
万柏林区									
晋源区	15	4	7	4	3	3			
清徐县	39	11	9	19	24	17		6	1
阳曲县	4	3	1		2	1		1	
娄烦县	7	2	4	1	3	3			
古交市	16	1	1	14					
女	**70**	**18**	**26**	**26**	**85**	**36**	**1**	**43**	**5**
小店区	17	3	8	6	9	6		2	1
迎泽区	2	1		1	3	1		2	
杏花岭区	10	3	5	2	12	5		7	
尖草坪区	2			2	5	1		4	
万柏林区									
晋源区	4	2	1	1	7	5		1	1
清徐县	28	7	8	13	38	13	1	22	2
阳曲县	1	1			5	3		1	1
娄烦县	4	1	2	1	3	1		2	
古交市	2		2		3	1		2	

4-4c 续表 9

单位：人

地区 性别	房地产业		租赁和商务服务业			科学研究和技术服务业			
	小计	房地产业	小计	租赁业	商务服务业	小计	研究和试验发展	专业技术服务业	科技推广和应用服务业
太原市	**328**	**328**	**416**	**80**	**336**	**235**	**41**	**172**	**22**
小店区	58	58	96	25	71	21	2	16	3
迎泽区	15	15	28	7	21	12		12	
杏花岭区	123	123	66	6	60	28	3	23	2
尖草坪区	10	10	23	7	16	3		3	
万柏林区									
晋源区	47	47	48	2	46	16		16	
清徐县	47	47	83	30	53	128	36	84	8
阳曲县	12	12	24	1	23	12		10	2
娄烦县	12	12	11	2	9	8		4	4
古交市	4	4	37		37	7		4	3
男	**228**	**228**	**320**	**75**	**245**	**176**	**37**	**123**	**16**
小店区	38	38	80	23	57	15	2	10	3
迎泽区	11	11	25	7	18	11		11	
杏花岭区	86	86	47	6	41	17	1	14	2
尖草坪区	8	8	20	6	14	1		1	
万柏林区									
晋源区	29	29	34	2	32	13		13	
清徐县	35	35	54	28	26	102	34	62	6
阳曲县	11	11	19	1	18	9		8	1
娄烦县	6	6	7	2	5	3		2	1
古交市	4	4	34		34	5		2	3
女	**100**	**100**	**96**	**5**	**91**	**59**	**4**	**49**	**6**
小店区	20	20	16	2	14	6		6	
迎泽区	4	4	3		3	1		1	
杏花岭区	37	37	19		19	11	2	9	
尖草坪区	2	2	3	1	2	2		2	
万柏林区									
晋源区	18	18	14		14	3		3	
清徐县	12	12	29	2	27	26	2	22	2
阳曲县	1	1	5		5	3		2	1
娄烦县	6	6	4		4	5		2	3
古交市			3		3	2		2	

4-4c 续表 10 单位：人

地区 性别	水利、环境和公共设施管理业					居民服务、修理和其他服务业			
	小计	水利管理业	生态保护和环境治理业	公共设施管理业	土地管理业	小计	居民服务业	机动车、电子产品和日用产品修理业	其他服务业
太原市	**454**	**14**	**13**	**426**	**1**	**899**	**420**	**268**	**211**
小店区	87	4	1	81	1	149	65	36	48
迎泽区	11		1	10		28	18	2	8
杏花岭区	45		4	41		101	52	20	29
尖草坪区	26	1	1	24		46	20	15	11
万柏林区	1		1						
晋源区	77	1	2	74		104	54	19	31
清徐县	145	3	1	141		307	116	150	41
阳曲县	28	2	2	24		85	53	12	20
娄烦县	24	2		22		28	17	2	9
古交市	10	1		9		51	25	12	14
男	**308**	**12**	**11**	**284**	**1**	**579**	**216**	**249**	**114**
小店区	61	3		57	1	95	34	32	29
迎泽区	11		1	10		19	10	2	7
杏花岭区	32		3	29		56	28	19	9
尖草坪区	13	1	1	11		25	7	13	5
万柏林区	1		1						
晋源区	58	1	2	55		64	32	19	13
清徐县	94	3	1	90		201	38	141	22
阳曲县	17	2	2	13		68	42	12	14
娄烦县	17	2		15		16	8	2	6
古交市	4			4		35	17	9	9
女	**146**	**2**	**2**	**142**		**320**	**204**	**19**	**97**
小店区	26	1	1	24		54	31	4	19
迎泽区						9	8		1
杏花岭区	13		1	12		45	24	1	20
尖草坪区	13			13		21	13	2	6
万柏林区									
晋源区	19			19		40	22		18
清徐县	51			51		106	78	9	19
阳曲县	11			11		17	11		6
娄烦县	7			7		12	9		3
古交市	6	1		5		16	8	3	5

4-4c　续表 11　　单位：人

地　区 性　别	教育		卫生和社会工作			文化、体育和娱乐业				
	小计	教育	小计	卫生	社会工作	小计	新闻和出版业	广播、电视、电影和录音制作业	文化艺术业	体育
太原市	**743**	**743**	**270**	**256**	**14**	**83**	**8**	**6**	**25**	**12**
小店区	121	121	54	53	1	11		1	3	2
迎泽区	13	13	6	6		6	2			
杏花岭区	74	74	39	36	3	16	3	2	4	3
尖草坪区	45	45	13	11	2	4			1	
万柏林区										
晋源区	67	67	18	18		7			2	3
清徐县	296	296	99	94	5	28	3	2	9	2
阳曲县	62	62	21	20	1	6		1	3	
娄烦县	29	29	9	7	2	3			1	2
古交市	36	36	11	11		2			2	
男	**190**	**190**	**59**	**55**	**4**	**48**	**4**	**4**	**18**	**4**
小店区	33	33	15	14	1	3			2	
迎泽区	1	1				1	1			
杏花岭区	22	22	7	7		9	1	2	3	
尖草坪区	16	16	2	2		3			1	
万柏林区										
晋源区	11	11	5	5		4				2
清徐县	69	69	21	19	2	21	2	1	9	1
阳曲县	19	19	5	5		5		1	2	
娄烦县	7	7	3	2	1	1				1
古交市	12	12	1	1		1			1	
女	**553**	**553**	**211**	**201**	**10**	**35**	**4**	**2**	**7**	**8**
小店区	88	88	39	39		8		1	1	2
迎泽区	12	12	6	6		5	1			
杏花岭区	52	52	32	29	3	7	2		1	3
尖草坪区	29	29	11	9	2	1				
万柏林区										
晋源区	56	56	13	13		3			2	1
清徐县	227	227	78	75	3	7	1	1		1
阳曲县	43	43	16	15	1	1			1	
娄烦县	22	22	6	5	1	2			1	1
古交市	24	24	10	10		1			1	

4-4c 续表 12 单位：人

地区 性别	娱乐业	公共管理、社会保障和社会组织						国际组织	
		小计	中国共产党机关	国家机构	人民政协、民主党派	社会保障	群众团体、社会团体和其他成员组织	基层群众自治组织	小计	国际组织
太原市	**32**	**638**	**11**	**345**		**5**	**19**	**258**		
小店区	5	56	1	30				25		
迎泽区	4	23		12				11		
杏花岭区	4	71	2	46		1	3	19		
尖草坪区	3	37	2	19			2	14		
万柏林区		1						1		
晋源区	2	136		88			8	40		
清徐县	12	134	2	75		3	3	51		
阳曲县	2	37	1	23			1	12		
娄烦县		109		34			1	74		
古交市		34	3	18		1	1	11		
男	**18**	**410**	**9**	**209**		**1**	**12**	**179**		
小店区	1	41	1	20				20		
迎泽区		18		10				8		
杏花岭区	3	43	2	30		1	2	8		
尖草坪区	2	24	1	13			1	9		
万柏林区										
晋源区	2	69		41			5	23		
清徐县	8	82	1	46			1	34		
阳曲县	2	24	1	13			1	9		
娄烦县		88		26			1	61		
古交市		21	3	10			1	7		
女	**14**	**228**	**2**	**136**		**4**	**7**	**79**		
小店区	4	15		10				5		
迎泽区	4	5		2				3		
杏花岭区	1	28		16			1	11		
尖草坪区	1	13	1	6			1	5		
万柏林区		1						1		
晋源区		67		47			3	17		
清徐县	4	52	1	29		3	2	17		
阳曲县		13		10				3		
娄烦县		21		8				13		
古交市		13		8		1		4		

4-5 全市分年龄、性别、行业大类的就业人口

单位：人

年龄组 性别	合计	农、林、牧、渔业						采矿业	
		小计	农业	林业	畜牧业	渔业	农、林、牧、渔专业及辅助性活动	小计	煤炭开采和洗选业
总　计	**204938**	**8936**	**7810**	**309**	**542**	**34**	**241**	**7041**	**5960**
16-19岁	1341	28	24	1	1		2	5	1
20-24岁	12473	224	185	8	18	2	11	83	74
25-29岁	28078	428	351	14	37	8	18	612	539
30-34岁	38385	567	462	24	49	3	29	1324	1160
35-39岁	31307	567	463	35	39	3	27	977	837
40-44岁	24216	677	541	39	60	5	32	874	711
45-49岁	27515	1184	981	58	91	8	46	1332	1069
50-54岁	21682	1388	1220	54	80	1	33	1115	960
55-59岁	13578	1404	1253	44	78	4	25	603	514
60-64岁	3732	1142	1058	19	54		11	84	67
65-69岁	1865	918	878	10	23		7	21	17
70-74岁	553	306	295	3	8			6	6
75岁及以上	213	103	99		4			5	5
男	**126332**	**6109**	**5254**	**250**	**414**	**22**	**169**	**5953**	**5080**
16-19岁	888	22	18	1	1		2	4	
20-24岁	7050	165	138	7	13	2	5	74	68
25-29岁	16183	323	261	11	32	6	13	539	476
30-34岁	22695	411	328	21	38	1	23	1096	966
35-39岁	18416	384	312	27	28	1	16	760	651
40-44岁	14176	442	345	29	44	3	21	715	593
45-49岁	16256	737	598	40	64	4	31	1075	874
50-54岁	15005	875	744	46	62	1	22	1011	872
55-59岁	10859	942	819	41	58	4	20	575	495
60-64岁	2798	793	723	16	44		10	74	59
65-69岁	1398	679	644	9	20		6	20	16
70-74岁	444	252	243	2	7			5	5
75岁及以上	164	84	81		3			5	5
女	**78606**	**2827**	**2556**	**59**	**128**	**12**	**72**	**1088**	**880**
16-19岁	453	6	6					1	1
20-24岁	5423	59	47	1	5		6	9	6
25-29岁	11895	105	90	3	5	2	5	73	63
30-34岁	15690	156	134	3	11	2	6	228	194
35-39岁	12891	183	151	8	11	2	11	217	186
40-44岁	10040	235	196	10	16	2	11	159	118
45-49岁	11259	447	383	18	27	4	15	257	195
50-54岁	6677	513	476	8	18		11	104	88
55-59岁	2719	462	434	3	20		5	28	19
60-64岁	934	349	335	3	10		1	10	8
65-69岁	467	239	234	1	3		1	1	1
70-74岁	109	54	52	1	1			1	1
75岁及以上	49	19	18		1				

4-5 续表 1 单位：人

年龄组 性别	采矿业						制造业		
	石油和天然气开采业	黑色金属矿采选业	有色金属矿采选业	非金属矿采选业	开采专业及辅助性活动	其他采矿业	小计	农副食品加工业	食品制造业
总计	**41**	**401**	**20**	**109**	**328**	**182**	**25341**	**584**	**897**
16-19岁		1		1	2		399	6	19
20-24岁	3	2	1	2	1		2461	43	94
25-29岁	11	7	1	11	26	17	3669	68	117
30-34岁	7	26	1	16	71	43	4670	88	151
35-39岁	8	33	4	14	52	29	3402	77	125
40-44岁	3	85	4	17	42	12	2785	66	104
45-49岁	2	150	3	20	56	32	3340	105	127
50-54岁	5	63	3	13	47	24	2702	59	88
55-59岁	2	20	3	11	29	24	1517	49	51
60-64岁		10		4	2	1	244	13	13
65-69岁		4					103	8	6
70-74岁							33	2	2
75岁及以上							16		
男	**30**	**315**	**15**	**96**	**257**	**160**	**18029**	**372**	**487**
16-19岁		1		1	2		285	3	12
20-24岁	2	1	1	1	1		1671	27	49
25-29岁	8	7	1	11	23	13	2570	45	59
30-34岁	6	25		15	49	35	3279	54	75
35-39岁	6	29	3	11	35	25	2265	51	62
40-44岁	1	58	2	16	33	12	1796	39	54
45-49岁	2	107	3	17	45	27	2249	61	61
50-54岁	3	56	2	11	43	24	2241	36	54
55-59岁	2	17	3	10	25	23	1355	37	43
60-64岁		10		3	1	1	199	10	11
65-69岁		4					81	7	5
70-74岁							26	2	2
75岁及以上							12		
女	**11**	**86**	**5**	**13**	**71**	**22**	**7312**	**212**	**410**
16-19岁							114	3	7
20-24岁	1	1		1			790	16	45
25-29岁	3				3	4	1099	23	58
30-34岁	1	1	1	1	22	8	1391	34	76
35-39岁	2	4	1	3	17	4	1137	26	63
40-44岁	2	27	2	1	9		989	27	50
45-49岁		43		3	11	5	1091	44	66
50-54岁	2	7	1	2	4		461	23	34
55-59岁		3		1	4	1	162	12	8
60-64岁				1	1		45	3	2
65-69岁							22	1	1
70-74岁							7		
75岁及以上							4		

4-5　续表 2

单位：人

年龄组 性　别	制造业								
	酒、饮料和精制茶制造业	烟　草制品业	纺织业	纺织服装、服饰业	皮革、毛皮、羽毛及其制品和制鞋业	木材加工和木、竹、藤、棕、草制品业	家　具制造业	造纸和纸制品业	印刷和记录媒介复制业
总　计	**278**	**129**	**159**	**224**	**38**	**159**	**327**	**102**	**373**
16–19岁	2		4	3		3	3		2
20–24岁	17	2	4	7	1	8	18	5	17
25–29岁	34	4	7	14	4	22	51	13	47
30–34岁	61	10	20	33	7	29	60	15	52
35–39岁	49	13	14	36	8	18	51	11	73
40–44岁	36	29	23	40	6	16	40	16	44
45–49岁	36	29	34	52	4	26	41	17	52
50–54岁	24	23	26	17	3	22	38	14	46
55–59岁	16	17	22	13	4	8	20	8	31
60–64岁			1	4	1	6	4	2	3
65–69岁	3	2	2			1		1	4
70–74岁			2	4			1		1
75岁及以上				1					1
男	**147**	**74**	**85**	**86**	**19**	**122**	**244**	**71**	**213**
16–19岁				2		3	3		1
20–24岁	9	1	4	1		5	10	5	6
25–29岁	13	2	4	4	2	18	40	10	26
30–34岁	30	5	15	10	4	22	45	9	22
35–39岁	28	8	4	17	2	12	35	7	40
40–44岁	19	15	10	11	5	12	32	7	29
45–49岁	13	11	18	22	2	19	32	15	25
50–54岁	18	18	12	8	1	18	29	10	33
55–59岁	14	14	16	6	3	8	14	6	25
60–64岁				3		4	3	1	2
65–69岁	3		1			1		1	2
70–74岁			1	1			1		1
75岁及以上				1					1
女	**131**	**55**	**74**	**138**	**19**	**37**	**83**	**31**	**160**
16–19岁	2		4	1					1
20–24岁	8	1		6	1	3	8		11
25–29岁	21	2	3	10	2	4	11	3	21
30–34岁	31	5	5	23	3	7	15	6	30
35–39岁	21	5	10	19	6	6	16	4	33
40–44岁	17	14	13	29	1	4	8	9	15
45–49岁	23	18	16	30	2	7	9	2	27
50–54岁	6	5	14	9	2	4	9	4	13
55–59岁	2	3	6	7	1		6	2	6
60–64岁			1	1	1	2	1	1	1
65–69岁		2	1						2
70–74岁			1	3					
75岁及以上									

4-5 续表 3 单位：人

年龄组 性别	制造业								
	文教、工美、体育和娱乐用品制造业	石油、煤炭及其他燃料加工业	化学原料和化学制品制造业	医药制造业	化学纤维制造业	橡胶和塑料制品业	非金属矿物制品业	黑色金属冶炼和压延加工业	有色金属冶炼和压延加工业
总计	**116**	**1118**	**794**	**298**	**25**	**304**	**1606**	**1864**	**206**
16-19岁		2	1	5		3	6	2	
20-24岁	8	64	22	17	1	10	65	48	5
25-29岁	19	104	70	45	1	19	155	128	16
30-34岁	24	184	96	71	6	44	245	256	36
35-39岁	17	139	103	53	5	50	188	206	20
40-44岁	18	121	94	41	2	34	195	278	34
45-49岁	14	192	165	31	2	65	291	404	43
50-54岁	8	171	167	22	2	51	273	350	32
55-59岁	5	114	62	9	4	17	145	169	18
60-64岁	2	24	8	4	1	8	34	13	2
65-69岁	1	3	4			2	7	9	
70-74岁			2			1	1	1	
75岁及以上					1		1		
男	**57**	**892**	**565**	**165**	**17**	**208**	**1293**	**1577**	**166**
16-19岁		2	1	2		3	6	2	
20-24岁	4	52	14	8		7	58	45	4
25-29岁	9	87	45	22	1	11	114	108	14
30-34岁	13	143	60	42	3	26	190	233	25
35-39岁	7	105	56	27	5	33	146	159	17
40-44岁	6	90	60	24	2	20	153	209	29
45-49岁	5	135	118	16	1	43	225	323	32
50-54岁	6	146	143	15	1	42	231	316	26
55-59岁	4	108	56	7	3	15	134	162	17
60-64岁	2	21	7	2		6	27	12	2
65-69岁	1	3	3			1	7	7	
70-74岁			2			1	1	1	
75岁及以上					1		1		
女	**59**	**226**	**229**	**133**	**8**	**96**	**313**	**287**	**40**
16-19岁				3					
20-24岁	4	12	8	9	1	3	7	3	1
25-29岁	10	17	25	23		8	41	20	2
30-34岁	11	41	36	29	3	18	55	23	11
35-39岁	10	34	47	26		17	42	47	3
40-44岁	12	31	34	17		14	42	69	5
45-49岁	9	57	47	15	1	22	66	81	11
50-54岁	2	25	24	7	1	9	42	34	6
55-59岁	1	6	6	2	1	2	11	7	1
60-64岁		3	1	2	1	2	7	1	
65-69岁			1			1		2	
70-74岁									
75岁及以上									

4-5　续表 4　　　　单位：人

年龄组 性　别	制造业								
	金　属 制品业	通用设备 制造业	专用设备 制造业	汽　车 制造业	铁路、船舶、航空航天和其他运输设备制造业	电气机械和器材制造业	计算机、通信和其他电子设备制造业	仪器仪表 制造业	其　他 制造业
总　计	**2118**	**2160**	**1433**	**214**	**684**	**507**	**7027**	**305**	**320**
16–19岁	8	13	8	1	2		299	1	
20–24岁	69	85	53	10	18	20	1703	10	3
25–29岁	220	231	165	37	67	70	1778	37	34
30–34岁	349	424	294	65	119	97	1558	62	58
35–39岁	303	352	249	29	78	92	840	52	42
40–44岁	278	262	190	15	85	68	460	38	34
45–49岁	375	302	175	24	94	63	291	53	53
50–54岁	320	278	179	14	117	57	51	31	60
55–59岁	155	167	107	16	92	30	36	16	31
60–64岁	29	20	7	2	7	6	10	2	
65–69岁	9	18	3	1	4	2			4
70–74岁	2	4	2		1	1		3	
75岁及以上	1	4	1			1	1		1
男	**1695**	**1708**	**1051**	**172**	**556**	**372**	**4362**	**218**	**231**
16–19岁	7	13	7	1	1		210		
20–24岁	65	75	37	7	15	17	1107	9	1
25–29岁	177	176	115	33	52	57	1195	29	25
30–34岁	276	336	219	49	94	67	999	45	42
35–39岁	244	259	172	22	64	59	468	34	32
40–44岁	206	193	126	11	59	49	189	26	23
45–49岁	277	218	127	19	70	38	123	30	28
50–54岁	272	248	141	12	108	50	35	26	49
55–59岁	136	153	95	16	84	28	27	15	28
60–64岁	23	19	7	2	5	4	8	2	
65–69岁	9	13	3		3	1			3
70–74岁	2	2	2		1	1		2	
75岁及以上	1	3				1	1		
女	**423**	**452**	**382**	**42**	**128**	**135**	**2665**	**87**	**89**
16–19岁	1		1		1		89	1	
20–24岁	4	10	16	3	3	3	596	1	2
25–29岁	43	55	50	4	15	13	583	8	9
30–34岁	73	88	75	16	25	30	559	17	16
35–39岁	59	93	77	7	14	33	372	18	10
40–44岁	72	69	64	4	26	19	271	12	11
45–49岁	98	84	48	5	24	25	168	23	25
50–54岁	48	30	38	2	9	7	16	5	11
55–59岁	19	14	12		8	2	9	1	3
60–64岁	6	1			2	2	2		
65–69岁		5		1	1	1			1
70–74岁		2						1	
75岁及以上		1	1						1

4-5 续表 5　　单位：人

年龄组 性　别	制造业		电力、热力、燃气及水生产和供应业				建筑业		
	废弃资源综合利用业	金属制品、机械和设备修理业	小计	电力、热力生产和供应业	燃气生产和供应业	水的生产和供应业	小计	房屋建筑业	土木工程建筑业
总　计	**274**	**698**	**4278**	**2652**	**1078**	**548**	**20861**	**8428**	**4205**
16-19岁	2	4	7	7			78	32	18
20-24岁	10	24	140	96	28	16	840	315	139
25-29岁	12	80	499	298	133	68	2603	1011	453
30-34岁	34	122	911	513	280	118	3957	1523	884
35-39岁	23	86	633	368	166	99	3006	1119	618
40-44岁	34	84	518	321	126	71	2605	967	494
45-49岁	68	112	689	468	152	69	2966	1260	596
50-54岁	48	111	519	339	122	58	2649	1173	528
55-59岁	23	62	316	208	63	45	1618	754	362
60-64岁	10	8	29	24	4	1	396	206	79
65-69岁	6	3	11	6	2	3	120	57	31
70-74岁	2	1	5	4	1		19	8	3
75岁及以上	2	1	1		1		4	3	
男	**219**	**585**	**3027**	**1954**	**723**	**350**	**16912**	**6798**	**3216**
16-19岁	2	4	7	7			67	27	16
20-24岁	9	20	109	80	23	6	661	241	116
25-29岁	11	66	342	216	84	42	2029	770	334
30-34岁	27	99	611	366	184	61	3062	1165	613
35-39岁	18	72	419	264	99	56	2390	886	452
40-44岁	25	63	329	204	81	44	2085	774	362
45-49岁	53	89	453	311	95	47	2341	986	425
50-54岁	38	99	416	277	90	49	2276	1006	446
55-59岁	20	61	299	198	60	41	1498	686	346
60-64岁	9	7	27	22	4	1	372	193	75
65-69岁	4	3	10	5	2	3	112	54	28
70-74岁	2	1	5	4	1		15	7	3
75岁及以上	1	1					4	3	
女	**55**	**113**	**1251**	**698**	**355**	**198**	**3949**	**1630**	**989**
16-19岁							11	5	2
20-24岁	1	4	31	16	5	10	179	74	23
25-29岁	1	14	157	82	49	26	574	241	119
30-34岁	7	23	300	147	96	57	895	358	271
35-39岁	5	14	214	104	67	43	616	233	166
40-44岁	9	21	189	117	45	27	520	193	132
45-49岁	15	23	236	157	57	22	625	274	171
50-54岁	10	12	103	62	32	9	373	167	82
55-59岁	3	1	17	10	3	4	120	68	16
60-64岁	1	1	2	2			24	13	4
65-69岁	2		1	1			8	3	3
70-74岁							4	1	
75岁及以上	1		1		1				

4-5 续表 6 单位：人

年龄组 性别	建筑业		批发和零售业			交通运输、仓储和邮政业			
	建筑安装业	建筑装饰、装修和其他建筑业	小计	批发业	零售业	小计	铁路运输业	道路运输业	水上运输业
总计	**1526**	**6702**	**34258**	**11635**	**22623**	**14634**	**1856**	**9299**	**30**
16-19岁	6	22	171	36	135	36	1	14	2
20-24岁	66	320	2033	513	1520	633	55	317	3
25-29岁	195	944	4828	1448	3380	1765	163	988	4
30-34岁	300	1250	7191	2397	4794	2713	247	1709	5
35-39岁	249	1020	6095	1985	4110	2441	219	1673	6
40-44岁	194	950	4590	1531	3059	2041	226	1422	4
45-49岁	203	907	4647	1700	2947	2289	347	1537	3
50-54岁	188	760	2808	1204	1604	1610	323	1014	2
55-59岁	97	405	1402	622	780	940	251	527	1
60-64岁	22	89	327	136	191	125	17	73	
65-69岁	4	28	102	33	69	29	4	17	
70-74岁	2	6	50	23	27	5		4	
75岁及以上		1	14	7	7	7	3	4	
男	**1299**	**5599**	**18346**	**7345**	**11001**	**12282**	**1484**	**8249**	**20**
16-19岁	6	18	88	25	63	28		10	2
20-24岁	57	247	1020	299	721	487	37	266	2
25-29岁	166	759	2503	868	1635	1420	120	866	2
30-34岁	248	1036	3812	1451	2361	2249	193	1500	2
35-39岁	207	845	3169	1229	1940	2037	176	1488	5
40-44岁	163	786	2261	872	1389	1690	162	1251	2
45-49岁	169	761	2321	1034	1287	1878	246	1342	2
50-54岁	164	660	1790	895	895	1447	286	932	2
55-59岁	93	373	1034	521	513	900	244	506	1
60-64岁	22	82	237	105	132	114	14	69	
65-69岁	3	27	63	23	40	25	4	15	
70-74岁	1	4	39	18	21	4		3	
75岁及以上		1	9	5	4	3	2	1	
女	**227**	**1103**	**15912**	**4290**	**11622**	**2352**	**372**	**1050**	**10**
16-19岁		4	83	11	72	8	1	4	
20-24岁	9	73	1013	214	799	146	18	51	1
25-29岁	29	185	2325	580	1745	345	43	122	2
30-34岁	52	214	3379	946	2433	464	54	209	3
35-39岁	42	175	2926	756	2170	404	43	185	1
40-44岁	31	164	2329	659	1670	351	64	171	2
45-49岁	34	146	2326	666	1660	411	101	195	1
50-54岁	24	100	1018	309	709	163	37	82	
55-59岁	4	32	368	101	267	40	7	21	
60-64岁		7	90	31	59	11	3	4	
65-69岁	1	1	39	10	29	4		2	
70-74岁	1	2	11	5	6	1		1	
75岁及以上			5	2	3	4	1	3	

4－5 续表 7

单位：人

年龄组 性 别	交通运输、仓储和邮政业					住宿和餐饮业		
	航 空 运输业	管 道 运输业	多式联运 和运输 代理业	装卸搬运 和仓储业	邮政业	小计	住宿业	餐饮业
总 计	**560**	**30**	**340**	**687**	**1832**	**9770**	**1424**	**8346**
16－19岁	1		1	4	13	260	26	234
20－24岁	48	1	15	34	160	987	155	832
25－29岁	98	5	52	80	375	1379	167	1212
30－34岁	129	9	63	89	462	1752	212	1540
35－39岁	80	6	62	86	309	1389	169	1220
40－44岁	60	2	50	94	183	1176	187	989
45－49岁	68	4	54	117	159	1292	233	1059
50－54岁	41		29	94	107	883	166	717
55－59岁	34	1	11	61	54	454	80	374
60－64岁	1	2	1	23	8	151	24	127
65－69岁			2	5	1	32	4	28
70－74岁					1	8	1	7
75岁及以上						7		7
男	**328**	**20**	**262**	**589**	**1330**	**5580**	**639**	**4941**
16－19岁	1		1	2	12	198	15	183
20－24岁	22	1	10	26	123	643	59	584
25－29岁	44	3	39	69	277	865	66	799
30－34岁	75	5	52	78	344	1077	103	974
35－39岁	45	3	47	67	206	829	93	736
40－44岁	29	2	36	81	127	590	86	504
45－49岁	47	3	42	98	98	574	81	493
50－54岁	31		23	84	89	409	66	343
55－59岁	33	1	11	58	46	261	50	211
60－64岁	1	2	1	21	6	96	18	78
65－69岁				5	1	25	2	23
70－74岁					1	7		7
75岁及以上						6		6
女	**232**	**10**	**78**	**98**	**502**	**4190**	**785**	**3405**
16－19岁				2	1	62	11	51
20－24岁	26		5	8	37	344	96	248
25－29岁	54	2	13	11	98	514	101	413
30－34岁	54	4	11	11	118	675	109	566
35－39岁	35	3	15	19	103	560	76	484
40－44岁	31		14	13	56	586	101	485
45－49岁	21	1	12	19	61	718	152	566
50－54岁	10		6	10	18	474	100	374
55－59岁	1			3	8	193	30	163
60－64岁				2	2	55	6	49
65－69岁			2			7	2	5
70－74岁						1	1	
75岁及以上						1		1

4-5 续表 8 单位：人

年龄组 性 别	信息传输、软件和信息技术服务业				金融业				
	小计	电信、广播电视和卫星传输服务	互联网和相关服务	软件和信息技术服务业	小计	货币金融服务	资本市场服务	保险业	其他金融业
总 计	**5291**	**1500**	**1231**	**2560**	**6212**	**3149**	**525**	**1829**	**709**
16-19岁	26	4	12	10	6	2		2	2
20-24岁	549	58	211	280	252	121	17	78	36
25-29岁	1186	183	332	671	1008	418	111	327	152
30-34岁	1304	352	299	653	1586	812	113	465	196
35-39岁	925	297	173	455	1163	552	106	389	116
40-44岁	550	232	94	224	676	311	56	249	60
45-49岁	396	180	64	152	711	394	69	178	70
50-54岁	194	106	26	62	533	358	38	91	46
55-59岁	142	79	15	48	245	159	12	45	29
60-64岁	13	6	3	4	24	17	3	2	2
65-69岁	1		1		5	2		3	
70-74岁	2	1	1						
75岁及以上	3	2		1	3	3			
男	**3334**	**786**	**777**	**1771**	**2937**	**1510**	**285**	**763**	**379**
16-19岁	15	1	7	7	2	2			
20-24岁	311	30	107	174	123	56	9	42	16
25-29岁	733	85	199	449	499	199	51	162	87
30-34岁	799	149	192	458	698	335	57	200	106
35-39岁	589	144	121	324	542	254	70	163	55
40-44岁	359	131	69	159	270	136	27	81	26
45-49岁	246	103	45	98	293	177	35	46	35
50-54岁	140	68	18	54	286	198	22	37	29
55-59岁	126	69	14	43	203	139	11	30	23
60-64岁	11	4	3	4	17	11	3	1	2
65-69岁	1		1		2	1		1	
70-74岁	2	1	1						
75岁及以上	2	1		1	2	2			
女	**1957**	**714**	**454**	**789**	**3275**	**1639**	**240**	**1066**	**330**
16-19岁	11	3	5	3	4			2	2
20-24岁	238	28	104	106	129	65	8	36	20
25-29岁	453	98	133	222	509	219	60	165	65
30-34岁	505	203	107	195	888	477	56	265	90
35-39岁	336	153	52	131	621	298	36	226	61
40-44岁	191	101	25	65	406	175	29	168	34
45-49岁	150	77	19	54	418	217	34	132	35
50-54岁	54	38	8	8	247	160	16	54	17
55-59岁	16	10	1	5	42	20	1	15	6
60-64岁	2	2			7	6		1	
65-69岁					3	1		2	
70-74岁									
75岁及以上	1	1			1	1			

4−5　续表 9　　　　单位：人

年龄组 性　别	房地产业		租赁和商务服务业			科学研究和技术服务业			
	小计	房地产业	小计	租赁业	商　务 服务业	小计	研究和 试验发展	专业技术 服务业	科技推广 和应用 服务业
总　计	**6509**	**6509**	**8949**	**638**	**8311**	**5935**	**1198**	**3833**	**904**
16−19岁	17	17	40	3	37	10	3	6	1
20−24岁	442	442	669	19	650	346	43	226	77
25−29岁	1032	1032	1615	113	1502	969	153	627	189
30−34岁	1251	1251	1824	139	1685	1267	232	841	194
35−39岁	850	850	1387	119	1268	1077	214	699	164
40−44岁	559	559	961	72	889	614	124	414	76
45−49岁	780	780	1010	85	925	615	139	383	93
50−54岁	674	674	792	51	741	578	165	355	58
55−59岁	568	568	479	31	448	391	111	234	46
60−64岁	219	219	107	3	104	45	9	32	4
65−69岁	91	91	54	3	51	20	4	14	2
70−74岁	18	18	8		8	1		1	
75岁及以上	8	8	3		3	2	1	1	
男	**3991**	**3991**	**5250**	**532**	**4718**	**3790**	**770**	**2460**	**560**
16−19岁	12	12	23	2	21	9	3	5	1
20−24岁	245	245	292	17	275	208	27	140	41
25−29岁	616	616	804	97	707	564	89	364	111
30−34岁	745	745	1028	115	913	781	145	521	115
35−39岁	484	484	809	101	708	681	127	449	105
40−44岁	299	299	563	60	503	365	81	237	47
45−49岁	430	430	594	66	528	400	89	250	61
50−54岁	435	435	591	42	549	410	112	261	37
55−59岁	457	457	409	26	383	320	87	196	37
60−64岁	170	170	90	3	87	37	8	25	4
65−69岁	74	74	39	3	36	14	2	11	1
70−74岁	16	16	5		5	1		1	
75岁及以上	8	8	3		3				
女	**2518**	**2518**	**3699**	**106**	**3593**	**2145**	**428**	**1373**	**344**
16−19岁	5	5	17	1	16	1		1	
20−24岁	197	197	377	2	375	138	16	86	36
25−29岁	416	416	811	16	795	405	64	263	78
30−34岁	506	506	796	24	772	486	87	320	79
35−39岁	366	366	578	18	560	396	87	250	59
40−44岁	260	260	398	12	386	249	43	177	29
45−49岁	350	350	416	19	397	215	50	133	32
50−54岁	239	239	201	9	192	168	53	94	21
55−59岁	111	111	70	5	65	71	24	38	9
60−64岁	49	49	17		17	8	1	7	
65−69岁	17	17	15		15	6	2	3	1
70−74岁	2	2	3		3				
75岁及以上						2	1	1	

4-5　续表 10　　　　单位：人

年龄组 性　别	水利、环境和公共设施管理业					居民服务、修理和其他服务业			
	小计	水　利 管理业	生态保护 和环境 治理业	公共设施 管理业	土　地 管理业	小计	居　民 服务业	机动车、 电子产品 和日用产 品修理业	其　他 服务业
总　计	**2749**	**301**	**242**	**2144**	**62**	**7221**	**4330**	**1617**	**1274**
16−19岁	8		1	7		130	102	25	3
20−24岁	76	6	5	57	8	660	461	155	44
25−29岁	216	23	29	152	12	1062	695	264	103
30−34岁	339	60	43	221	15	1239	782	323	134
35−39岁	318	44	51	209	14	976	576	279	121
40−44岁	305	35	36	230	4	814	460	196	158
45−49岁	442	53	26	358	5	971	545	167	259
50−54岁	467	59	25	380	3	647	349	104	194
55−59岁	339	16	16	306	1	395	198	67	130
60−64岁	149	4	6	139		204	96	21	87
65−69岁	73		3	70		94	46	13	35
70−74岁	15		1	14		23	14	3	6
75岁及以上	2	1		1		6	6		
男	**1775**	**182**	**157**	**1397**	**39**	**3891**	**1843**	**1378**	**670**
16−19岁	6		1	5		79	53	24	2
20−24岁	40	2	3	33	2	372	203	142	27
25−29岁	135	9	15	104	7	587	292	225	70
30−34岁	222	42	24	148	8	689	328	280	81
35−39岁	190	22	33	124	11	563	268	233	62
40−44岁	169	16	26	124	3	397	166	163	68
45−49岁	238	27	13	194	4	445	208	134	103
50−54岁	328	44	19	262	3	331	153	85	93
55−59岁	260	15	15	229	1	221	92	58	71
60−64岁	115	4	4	107		129	47	19	63
65−69岁	56		3	53		59	22	12	25
70−74岁	14		1	13		15	7	3	5
75岁及以上	2	1		1		4	4		
女	**974**	**119**	**85**	**747**	**23**	**3330**	**2487**	**239**	**604**
16−19岁	2			2		51	49	1	1
20−24岁	36	4	2	24	6	288	258	13	17
25−29岁	81	14	14	48	5	475	403	39	33
30−34岁	117	18	19	73	7	550	454	43	53
35−39岁	128	22	18	85	3	413	308	46	59
40−44岁	136	19	10	106	1	417	294	33	90
45−49岁	204	26	13	164	1	526	337	33	156
50−54岁	139	15	6	118		316	196	19	101
55−59岁	79	1	1	77		174	106	9	59
60−64岁	34		2	32		75	49	2	24
65−69岁	17			17		35	24	1	10
70−74岁	1			1		8	7		1
75岁及以上						2	2		

4-5 续表 11 单位：人

年龄组 性 别	教育		卫生和社会工作			文化、体育和娱乐业				
	小计	教育	小计	卫生	社会工作	小计	新闻和出版业	广播、电视、电影和录音制作业	文 化艺术业	体育
总 计	**14664**	**14664**	**7401**	**7219**	**182**	**2964**	**608**	**509**	**717**	**403**
16-19岁	68	68	23	23		18			3	8
20-24岁	937	937	503	496	7	281	12	42	44	86
25-29岁	2269	2269	1103	1087	16	554	56	99	130	123
30-34岁	2637	2637	1613	1586	27	573	113	112	136	58
35-39岁	2505	2505	1359	1342	17	453	108	88	108	40
40-44岁	1963	1963	713	683	30	337	106	51	81	28
45-49岁	1770	1770	802	773	29	323	107	44	89	23
50-54岁	1431	1431	697	673	24	233	56	44	68	19
55-59岁	872	872	416	394	22	160	48	26	50	11
60-64岁	140	140	102	95	7	21	2	1	6	3
65-69岁	48	48	50	48	2	7		1		4
70-74岁	13	13	11	10	1	3			2	
75岁及以上	11	11	9	9		1		1		
男	**4423**	**4423**	**2005**	**1933**	**72**	**1533**	**269**	**274**	**361**	**216**
16-19岁	22	22	3	3		11			1	4
20-24岁	184	184	83	80	3	145	3	23	12	50
25-29岁	522	522	189	183	6	290	16	50	68	75
30-34岁	666	666	353	345	8	264	36	50	64	29
35-39岁	700	700	395	389	6	216	40	51	45	15
40-44岁	606	606	234	218	16	180	50	28	48	14
45-49岁	548	548	216	208	8	152	51	21	47	7
50-54岁	498	498	204	195	9	131	34	27	31	11
55-59岁	541	541	226	216	10	122	38	22	39	7
60-64岁	86	86	55	51	4	15	1		6	1
65-69岁	37	37	31	30	1	6		1		3
70-74岁	8	8	9	8	1					
75岁及以上	5	5	7	7		1		1		
女	**10241**	**10241**	**5396**	**5286**	**110**	**1431**	**339**	**235**	**356**	**187**
16-19岁	46	46	20	20		7			2	4
20-24岁	753	753	420	416	4	136	9	19	32	36
25-29岁	1747	1747	914	904	10	264	40	49	62	48
30-34岁	1971	1971	1260	1241	19	309	77	62	72	29
35-39岁	1805	1805	964	953	11	237	68	37	63	25
40-44岁	1357	1357	479	465	14	157	56	23	33	14
45-49岁	1222	1222	586	565	21	171	56	23	42	16
50-54岁	933	933	493	478	15	102	22	17	37	8
55-59岁	331	331	190	178	12	38	10	4	11	4
60-64岁	54	54	47	44	3	6	1	1		2
65-69岁	11	11	19	18	1	1				1
70-74岁	5	5	2	2		3			2	
75岁及以上	6	6	2	2						

4-5　续表 12　　　　单位：人

年龄组 性　别	娱乐业	公共管理、社会保障和社会组织							国际组织	
		小计	中国共产党机关	国家机构	人民政协、民主党派	社会保障	群众团体、社会团体和其他成员组织	基层群众自治组织	小计	国际组织
总　计	**727**	**11919**	**289**	**9623**	**37**	**104**	**477**	**1389**	**5**	**5**
16-19岁	7	11		11						
20-24岁	97	357	4	308		2	20	23		
25-29岁	146	1279	19	1065	2	16	58	119	2	2
30-34岁	154	1667	50	1350	2	20	73	172		
35-39岁	109	1784	46	1459	4	12	93	170		
40-44岁	71	1458	31	1216	4	8	49	150		
45-49岁	60	1954	43	1561	8	21	67	254	2	2
50-54岁	46	1761	46	1454	7	15	60	179	1	1
55-59岁	25	1317	42	1044	8	10	45	168		
60-64岁	9	210	6	98	2		4	100		
65-69岁	2	86	1	40			8	37		
70-74岁	1	27	1	13				13		
75岁及以上		8		4				4		
男	**413**	**7163**	**184**	**6001**	**24**	**52**	**220**	**682**	**2**	**2**
16-19岁	6	7		7						
20-24岁	57	217	1	195		1	13	7		
25-29岁	81	652	7	577	1	8	18	41	1	1
30-34岁	85	853	26	746	1	6	23	51		
35-39岁	65	994	31	852	2	5	38	66		
40-44岁	40	826	18	727	3	1	25	52		
45-49岁	26	1066	23	898	4	12	36	93		
50-54岁	28	1185	34	987	4	11	28	121	1	1
55-59岁	16	1110	40	892	7	8	33	130		
60-64岁	7	161	3	77	2		2	77		
65-69岁	2	64		28			4	32		
70-74岁		21	1	11				9		
75岁及以上		7		4				3		
女	**314**	**4756**	**105**	**3622**	**13**	**52**	**257**	**707**	**3**	**3**
16-19岁	1	4		4						
20-24岁	40	140	3	113		1	7	16		
25-29岁	65	627	12	488	1	8	40	78	1	1
30-34岁	69	814	24	604	1	14	50	121		
35-39岁	44	790	15	607	2	7	55	104		
40-44岁	31	632	13	489	1	7	24	98		
45-49岁	34	888	20	663	4	9	31	161	2	2
50-54岁	18	576	12	467	3	4	32	58		
55-59岁	9	207	2	152	1	2	12	38		
60-64岁	2	49	3	21			2	23		
65-69岁		22	1	12			4	5		
70-74岁	1	6		2				4		
75岁及以上		1						1		

4-5a 全市分年龄、性别、行业大类的就业人口(城市)

单位：人

年龄组 性 别	合计	农、林、牧、渔业						采矿业	
		小计	农业	林业	畜牧业	渔业	农、林、牧、渔专业及辅助性活动	小计	煤炭开采和洗选业
总　计	**161118**	**1427**	**930**	**200**	**129**	**29**	**139**	**5060**	**4380**
16-19岁	791	5	3	1			1	3	1
20-24岁	8631	44	25	5	7	1	6	55	50
25-29岁	22029	120	76	10	11	7	16	444	390
30-34岁	31586	198	134	19	26	3	16	1096	968
35-39岁	26156	180	119	24	16	3	18	769	661
40-44岁	19953	172	97	32	17	5	21	602	524
45-49岁	22054	226	132	38	20	7	29	861	734
50-54岁	16983	179	112	32	15	1	19	715	615
55-59岁	10151	142	93	28	10	2	9	447	376
60-64岁	1862	83	73	4	4		2	50	43
65-69岁	657	55	48	4	1		2	12	12
70-74岁	176	18	14	3	1			3	3
75岁及以上	89	5	4		1			3	3
男	**96436**	**1006**	**659**	**156**	**94**	**17**	**80**	**4197**	**3653**
16-19岁	502	5	3	1			1	2	
20-24岁	4567	29	19	4	4	1	1	48	45
25-29岁	12147	85	54	7	8	5	11	388	344
30-34岁	18132	145	98	16	20	1	10	888	792
35-39岁	14987	119	82	17	11	1	8	577	498
40-44岁	11403	115	65	23	13	3	11	492	430
45-49岁	12630	142	83	26	13	3	17	674	577
50-54岁	11680	132	84	26	11	1	10	640	550
55-59岁	8308	119	74	27	8	2	8	427	362
60-64岁	1407	58	50	4	3		1	44	38
65-69岁	484	42	36	3	1		2	12	12
70-74岁	128	12	9	2	1			2	2
75岁及以上	61	3	2		1			3	3
女	**64682**	**421**	**271**	**44**	**35**	**12**	**59**	**863**	**727**
16-19岁	289							1	1
20-24岁	4064	15	6	1	3		5	7	5
25-29岁	9882	35	22	3	3	2	5	56	46
30-34岁	13454	53	36	3	6	2	6	208	176
35-39岁	11169	61	37	7	5	2	10	192	163
40-44岁	8550	57	32	9	4	2	10	110	94
45-49岁	9424	84	49	12	7	4	12	187	157
50-54岁	5303	47	28	6	4		9	75	65
55-59岁	1843	23	19	1	2		1	20	14
60-64岁	455	25	23		1		1	6	5
65-69岁	173	13	12	1					
70-74岁	48	6	5	1				1	1
75岁及以上	28	2	2						

4-5a　续表 1　　　　单位：人

年龄组 性　别	采矿业						制造业		
	石油和天然气开采业	黑色金属矿采选业	有色金属矿采选业	非金属矿采选业	开采专业及辅助性活　动	其　他采矿业	小计	农副食品加工业	食　品制造业
总　计	**38**	**115**	**15**	**50**	**288**	**174**	**14887**	**334**	**498**
16-19岁					2		78	2	13
20-24岁	3	1			1		621	23	55
25-29岁	10	5	1	2	20	16	1627	46	76
30-34岁	6	13	1	5	62	41	2698	53	93
35-39岁	7	14	3	9	48	27	2220	41	75
40-44岁	3	20	3	6	34	12	1885	35	62
45-49岁	2	28	2	13	51	31	2378	61	55
50-54岁	5	20	2	8	42	23	2056	39	48
55-59岁	2	11	3	6	26	23	1112	28	17
60-64岁		3		1	2	1	114	2	3
65-69岁							62	4	
70-74岁							23		1
75岁及以上							13		
男	**27**	**89**	**11**	**42**	**223**	**152**	**10866**	**211**	**257**
16-19岁					2		50	1	9
20-24岁	2				1		413	14	28
25-29岁	7	5	1	2	17	12	1127	30	39
30-34岁	5	12		4	42	33	1920	32	45
35-39岁	5	11	2	7	31	23	1516	25	38
40-44岁	1	15	2	5	27	12	1285	21	30
45-49岁	2	17	2	10	40	26	1651	34	22
50-54岁	3	17	1	7	39	23	1734	26	27
55-59岁	2	9	3	6	23	22	1012	23	15
60-64岁		3		1	1	1	89	2	3
65-69岁							43	3	
70-74岁							16		1
75岁及以上							10		
女	**11**	**26**	**4**	**8**	**65**	**22**	**4021**	**123**	**241**
16-19岁							28	1	4
20-24岁	1	1					208	9	27
25-29岁	3				3	4	500	16	37
30-34岁	1	1	1	1	20	8	778	21	48
35-39岁	2	3	1	2	17	4	704	16	37
40-44岁	2	5	1	1	7		600	14	32
45-49岁		11		3	11	5	727	27	33
50-54岁	2	3	1	1	3		322	13	21
55-59岁		2			3	1	100	5	2
60-64岁					1		25		
65-69岁							19	1	
70-74岁							7		
75岁及以上							3		

4-5a　续表 2　　单位：人

年龄组 性　别	制造业								
	酒、饮料和精制茶制造业	烟　草制品业	纺织业	纺织服装、服饰业	皮革、毛皮、羽毛及其制品和制鞋业	木材加工和木、竹、藤、棕、草制品业	家　具制造业	造纸和纸制品业	印刷和记录媒介复制业
总　计	**218**	**97**	**123**	**182**	**30**	**92**	**179**	**41**	**320**
16-19岁	2		4			1	1		1
20-24岁	12	2	3	5	1	6	9	1	14
25-29岁	25	4	7	11	4	12	29	2	36
30-34岁	50	4	12	28	6	15	37	6	42
35-39岁	39	12	12	27	6	12	32	8	58
40-44岁	30	21	16	36	5	10	19	7	43
45-49岁	27	24	31	45	2	18	21	6	48
50-54岁	20	14	20	14	2	8	18	8	42
55-59岁	12	14	14	8	3	6	9	3	29
60-64岁			1	3	1	4	4		1
65-69岁	1	2	1						4
70-74岁			2	4					1
75岁及以上				1					1
男	**113**	**56**	**62**	**67**	**15**	**67**	**128**	**30**	**185**
16-19岁						1	1		
20-24岁	5	1	3			3	4	1	5
25-29岁	10	2	4	3	2	8	21	1	19
30-34岁	24	2	8	9	4	10	26	3	16
35-39岁	24	8	3	13		8	21	6	32
40-44岁	17	11	6	9	5	7	15	3	29
45-49岁	7	10	18	18		13	16	6	24
50-54岁	15	10	8	8	1	8	14	7	30
55-59岁	10	12	11	3	3	6	7	3	25
60-64岁				2		3	3		1
65-69岁	1								2
70-74岁			1	1					1
75岁及以上				1					1
女	**105**	**41**	**61**	**115**	**15**	**25**	**51**	**11**	**135**
16-19岁	2		4						1
20-24岁	7	1		5	1	3	5		9
25-29岁	15	2	3	8	2	4	8	1	17
30-34岁	26	2	4	19	2	5	11	3	26
35-39岁	15	4	9	14	6	4	11	2	26
40-44岁	13	10	10	27		3	4	4	14
45-49岁	20	14	13	27	2	5	5		24
50-54岁	5	4	12	6	1		4	1	12
55-59岁	2	2	3	5			2		4
60-64岁			1	1	1	1	1		
65-69岁		2	1						2
70-74岁			1	3					
75岁及以上									

4-5a　续表 3　　　　单位：人

年龄组 性　别	制造业								
	文教、工美、体育和娱乐用品制造业	石油、煤炭及其他燃料加工业	化学原料和化学制品制造业	医　药制造业	化学纤维制造业	橡胶和塑　料制品业	非金属矿　物制品业	黑色金属冶炼和压延加工业	有色金属冶炼和压延加工业
总　计	**103**	**318**	**721**	**196**	**21**	**221**	**939**	**1478**	**146**
16-19岁			1	5		1	1		
20-24岁	7	3	13	10	1	4	25	18	4
25-29岁	17	33	54	31	1	11	84	82	10
30-34岁	23	59	87	49	5	19	150	191	30
35-39岁	14	42	98	36	5	38	125	150	15
40-44岁	16	39	89	23	2	28	117	236	26
45-49岁	13	68	156	20	2	55	180	336	29
50-54岁	7	47	159	15	2	42	162	305	20
55-59岁	4	26	54	5	2	16	82	148	11
60-64岁	1	1	6	2		4	11	7	1
65-69岁	1		3			2	1	5	
70-74岁			1			1			
75岁及以上					1		1		
男	**53**	**243**	**508**	**111**	**14**	**150**	**761**	**1258**	**117**
16-19岁			1	2		1	1		
20-24岁	4	3	8	5		3	22	17	3
25-29岁	9	25	30	15	1	5	64	69	8
30-34岁	13	45	51	30	2	11	116	175	19
35-39岁	6	31	53	19	5	23	96	117	13
40-44岁	6	28	59	13	2	18	97	176	22
45-49岁	4	47	114	12	1	35	140	278	22
50-54岁	6	39	136	10	1	36	138	276	18
55-59岁	3	24	48	5	1	14	76	141	11
60-64岁	1	1	5			2	9	6	1
65-69岁	1		2			1	1	3	
70-74岁			1			1			
75岁及以上					1		1		
女	**50**	**75**	**213**	**85**	**7**	**71**	**178**	**220**	**29**
16-19岁				3					
20-24岁	3		5	5	1	1	3	1	1
25-29岁	8	8	24	16		6	20	13	2
30-34岁	10	14	36	19	3	8	34	16	11
35-39岁	8	11	45	17		15	29	33	2
40-44岁	10	11	30	10		10	20	60	4
45-49岁	9	21	42	8	1	20	40	58	7
50-54岁	1	8	23	5	1	6	24	29	2
55-59岁	1	2	6		1	2	6	7	
60-64岁			1	2		2	2	1	
65-69岁			1			1		2	
70-74岁									
75岁及以上									

4-5a 续表 4 单位：人

年龄组 性 别	制造业								
	金 属 制品业	通用设备 制造业	专用设备 制造业	汽 车 制造业	铁路、船舶、 航空航天和 其他运输 设备制造业	电气机械 和器材 制造业	计算机、 通信和其 他电子设 备制造业	仪器仪表 制造业	其 他 制造业
总 计	**1455**	**1803**	**1190**	**147**	**639**	**427**	**1612**	**271**	**277**
16-19岁	5	7	4	1	2		22	1	
20-24岁	42	54	37	4	14	9	212	8	2
25-29岁	137	178	112	23	59	52	366	36	23
30-34岁	252	350	224	41	104	82	453	53	48
35-39岁	199	296	220	20	75	87	302	46	36
40-44岁	194	219	173	12	81	60	119	32	33
45-49岁	260	257	163	19	92	57	82	48	50
50-54岁	222	255	156	14	110	51	32	28	55
55-59岁	116	156	92	12	90	21	21	16	28
60-64岁	20	11	3		7	5	2	1	
65-69岁	6	13	3	1	4	1			1
70-74岁	1	3	2		1	1		2	
75岁及以上	1	4	1			1	1		1
男	**1165**	**1396**	**866**	**121**	**517**	**309**	**1044**	**188**	**193**
16-19岁	4	7	3	1	1		13		
20-24岁	39	44	25	2	11	6	130	8	1
25-29岁	105	132	75	23	44	41	247	29	14
30-34岁	203	268	164	30	80	57	300	36	33
35-39岁	159	214	148	16	61	56	191	28	26
40-44岁	145	157	113	9	57	43	71	20	22
45-49岁	193	180	121	16	69	33	45	27	27
50-54岁	188	228	126	12	103	47	26	23	44
55-59岁	106	143	83	12	82	21	18	15	25
60-64岁	15	10	3		5	3	2	1	
65-69岁	6	9	3		3				1
70-74岁	1	1	2		1	1		1	
75岁及以上	1	3				1	1		
女	**290**	**407**	**324**	**26**	**122**	**118**	**568**	**83**	**84**
16-19岁	1		1		1		9	1	
20-24岁	3	10	12	2	3	3	82		1
25-29岁	32	46	37		15	11	119	7	9
30-34岁	49	82	60	11	24	25	153	17	15
35-39岁	40	82	72	4	14	31	111	18	10
40-44岁	49	62	60	3	24	17	48	12	11
45-49岁	67	77	42	3	23	24	37	21	23
50-54岁	34	27	30	2	7	4	6	5	11
55-59岁	10	13	9		8		3	1	3
60-64岁	5	1			2	2			
65-69岁		4		1	1	1			
70-74岁		2						1	
75岁及以上		1	1						1

4-5a　续表 5　　　　　　　　　　　　　　　　　　　　　　　　　单位：人

年龄组 性　别	制造业		电力、热力、燃气及水生产和供应业				建筑业		
	废弃资源综　合利用业	金属制品、机械和设备修理业	小计	电力、热力生产和供应业	燃气生产和供应业	水的生产和供应业	小计	房　屋建筑业	土木工程建筑业
总　计	**200**	**609**	**3783**	**2358**	**937**	**488**	**16880**	**6491**	**3439**
16-19岁		4	6	6			49	19	8
20-24岁	7	16	101	72	17	12	627	221	95
25-29岁	6	60	429	259	114	56	2101	805	356
30-34岁	26	106	805	459	242	104	3296	1219	744
35-39岁	16	78	582	335	155	92	2543	924	523
40-44岁	28	74	465	290	112	63	2174	763	426
45-49岁	49	104	619	425	129	65	2383	954	497
50-54岁	39	102	462	303	107	52	2095	866	430
55-59岁	13	56	285	186	56	43	1252	550	291
60-64岁	8	5	21	18	2	1	266	128	49
65-69岁	6	3	3	2	1		79	36	18
70-74岁	2	1	4	3	1		13	5	2
75岁及以上			1		1		2	1	
男	**158**	**503**	**2648**	**1717**	**623**	**308**	**13368**	**5082**	**2527**
16-19岁		4	6	6			41	15	7
20-24岁	6	12	77	59	13	5	475	159	75
25-29岁	5	47	292	186	72	34	1598	592	252
30-34岁	22	86	531	321	157	53	2478	904	490
35-39岁	11	65	382	240	92	50	1976	712	369
40-44岁	20	54	292	184	70	38	1706	595	299
45-49岁	38	81	400	277	79	44	1829	713	341
50-54岁	32	91	373	247	82	44	1781	736	355
55-59岁	11	55	269	176	54	39	1155	501	277
60-64岁	7	4	19	16	2	1	246	117	45
65-69岁	4	3	3	2	1		71	33	15
70-74岁	2	1	4	3	1		10	4	2
75岁及以上							2	1	
女	**42**	**106**	**1135**	**641**	**314**	**180**	**3512**	**1409**	**912**
16-19岁							8	4	1
20-24岁	1	4	24	13	4	7	152	62	20
25-29岁	1	13	137	73	42	22	503	213	104
30-34岁	4	20	274	138	85	51	818	315	254
35-39岁	5	13	200	95	63	42	567	212	154
40-44岁	8	20	173	106	42	25	468	168	127
45-49岁	11	23	219	148	50	21	554	241	156
50-54岁	7	11	89	56	25	8	314	130	75
55-59岁	2	1	16	10	2	4	97	49	14
60-64岁	1	1	2	2			20	11	4
65-69岁	2						8	3	3
70-74岁							3	1	
75岁及以上			1		1				

4-5a 续表 6 单位：人

年龄组 性 别	建筑业		批发和零售业			交通运输、仓储和邮政业			
	建 筑 安装业	建筑装饰、装修和其他建筑业	小计	批发业	零售业	小计	铁 路 运输业	道 路 运输业	水 上 运输业
总 计	**1159**	**5791**	**30105**	**10418**	**19687**	**10764**	**1791**	**6310**	**27**
16-19岁	4	18	139	28	111	21		9	2
20-24岁	46	265	1710	439	1271	427	49	199	3
25-29岁	140	800	4219	1264	2955	1209	147	605	4
30-34岁	238	1095	6362	2131	4231	1978	237	1172	3
35-39岁	194	902	5443	1803	3640	1744	207	1123	5
40-44岁	144	841	4119	1417	2702	1517	223	977	4
45-49岁	152	780	4143	1545	2598	1722	342	1055	3
50-54岁	139	660	2445	1091	1354	1262	314	720	2
55-59岁	78	333	1181	554	627	778	251	388	1
60-64岁	19	70	230	101	129	81	14	46	
65-69岁	3	22	68	22	46	15	4	9	
70-74岁	2	4	36	17	19	4		4	
75岁及以上		1	10	6	4	6	3	3	
男	**965**	**4794**	**16035**	**6523**	**9512**	**8775**	**1433**	**5407**	**18**
16-19岁	4	15	73	19	54	17		6	2
20-24岁	41	200	867	253	614	315	33	157	2
25-29岁	116	638	2180	755	1425	934	110	504	2
30-34岁	188	896	3358	1277	2081	1602	184	996	1
35-39岁	158	737	2805	1105	1700	1403	168	962	4
40-44岁	118	694	2001	797	1204	1203	159	829	2
45-49岁	126	649	2064	930	1134	1346	241	873	2
50-54岁	118	572	1571	816	755	1119	277	654	2
55-59岁	74	303	877	466	411	745	244	372	1
60-64岁	19	65	164	75	89	73	11	43	
65-69岁	2	21	41	14	27	13	4	8	
70-74岁	1	3	28	12	16	3		3	
75岁及以上		1	6	4	2	2	2		
女	**194**	**997**	**14070**	**3895**	**10175**	**1989**	**358**	**903**	**9**
16-19岁		3	66	9	57	4		3	
20-24岁	5	65	843	186	657	112	16	42	1
25-29岁	24	162	2039	509	1530	275	37	101	2
30-34岁	50	199	3004	854	2150	376	53	176	2
35-39岁	36	165	2638	698	1940	341	39	161	1
40-44岁	26	147	2118	620	1498	314	64	148	2
45-49岁	26	131	2079	615	1464	376	101	182	1
50-54岁	21	88	874	275	599	143	37	66	
55-59岁	4	30	304	88	216	33	7	16	
60-64岁		5	66	26	40	8	3	3	
65-69岁	1	1	27	8	19	2		1	
70-74岁	1	1	8	5	3	1		1	
75岁及以上			4	2	2	4	1	3	

4-5a 续表 7

单位：人

年龄组 性 别	交通运输、仓储和邮政业					住宿和餐饮业		
	航 空 运输业	管 道 运输业	多式联运和运输代理业	装卸搬运和仓储业	邮政业	小计	住宿业	餐饮业
总 计	**524**	**29**	**287**	**445**	**1351**	**8201**	**1297**	**6904**
16-19岁			1	1	8	218	21	197
20-24岁	44	1	14	7	110	800	144	656
25-29岁	92	5	47	49	260	1145	147	998
30-34岁	119	9	51	62	325	1458	186	1272
35-39岁	77	5	48	52	227	1194	148	1046
40-44岁	57	2	44	62	148	1012	174	838
45-49岁	61	4	46	88	123	1105	218	887
50-54岁	40		25	68	93	743	156	587
55-59岁	34	1	10	42	51	375	75	300
60-64岁		2		13	6	116	23	93
65-69岁			1	1		22	4	18
70-74岁						6	1	5
75岁及以上						7		7
男	**310**	**20**	**224**	**379**	**984**	**4686**	**587**	**4099**
16-19岁			1		8	164	12	152
20-24岁	22	1	10	7	83	511	54	457
25-29岁	42	3	35	42	196	716	59	657
30-34岁	69	5	44	56	247	887	92	795
35-39岁	43	3	37	37	149	722	85	637
40-44岁	29	2	32	52	98	508	80	428
45-49岁	42	3	35	73	77	507	79	428
50-54岁	30		20	60	76	350	60	290
55-59岁	33	1	10	39	45	218	47	171
60-64岁		2		12	5	75	17	58
65-69岁				1		17	2	15
70-74岁						5		5
75岁及以上						6		6
女	**214**	**9**	**63**	**66**	**367**	**3515**	**710**	**2805**
16-19岁				1		54	9	45
20-24岁	22		4		27	289	90	199
25-29岁	50	2	12	7	64	429	88	341
30-34岁	50	4	7	6	78	571	94	477
35-39岁	34	2	11	15	78	472	63	409
40-44岁	28		12	10	50	504	94	410
45-49岁	19	1	11	15	46	598	139	459
50-54岁	10		5	8	17	393	96	297
55-59岁	1			3	6	157	28	129
60-64岁				1	1	41	6	35
65-69岁			1			5	2	3
70-74岁						1	1	
75岁及以上						1		1

4-5a 续表 8 单位：人

年龄组 性 别	信息传输、软件和信息技术服务业				金融业				
	小计	电信、广播电视和卫星传输服务	互联网和相关服务	软件和信息技术服务业	小计	货币金融服务	资本市场服务	保险业	其他金融业
总 计	**4738**	**1354**	**1066**	**2318**	**5716**	**2879**	**506**	**1661**	**670**
16-19岁	20	4	7	9	4	1		1	2
20-24岁	452	51	160	241	219	101	17	70	31
25-29岁	1052	157	289	606	918	371	105	295	147
30-34岁	1163	311	265	587	1452	744	110	418	180
35-39岁	850	273	162	415	1085	509	103	359	114
40-44岁	512	216	85	211	631	291	53	228	59
45-49岁	365	166	56	143	666	369	67	163	67
50-54岁	179	96	24	59	504	340	37	84	43
55-59岁	127	71	14	42	212	136	11	39	26
60-64岁	12	6	2	4	17	12	3	1	1
65-69岁	1		1		5	2		3	
70-74岁	2	1	1						
75岁及以上	3	2		1	3	3			
男	**2985**	**703**	**687**	**1595**	**2711**	**1380**	**277**	**695**	**359**
16-19岁	13	1	6	6	1	1			
20-24岁	270	24	96	150	107	46	9	37	15
25-29岁	638	69	167	402	456	176	49	147	84
30-34岁	716	134	171	411	640	305	56	182	97
35-39岁	534	130	113	291	509	239	69	147	54
40-44岁	333	120	62	151	252	129	24	73	26
45-49岁	223	96	38	89	280	167	35	45	33
50-54岁	129	60	17	52	269	183	22	36	28
55-59岁	114	63	13	38	181	123	10	27	21
60-64岁	10	4	2	4	12	8	3		1
65-69岁	1		1		2	1		1	
70-74岁	2	1	1						
75岁及以上	2	1		1	2	2			
女	**1753**	**651**	**379**	**723**	**3005**	**1499**	**229**	**966**	**311**
16-19岁	7	3	1	3	3			1	2
20-24岁	182	27	64	91	112	55	8	33	16
25-29岁	414	88	122	204	462	195	56	148	63
30-34岁	447	177	94	176	812	439	54	236	83
35-39岁	316	143	49	124	576	270	34	212	60
40-44岁	179	96	23	60	379	162	29	155	33
45-49岁	142	70	18	54	386	202	32	118	34
50-54岁	50	36	7	7	235	157	15	48	15
55-59岁	13	8	1	4	31	13	1	12	5
60-64岁	2	2			5	4		1	
65-69岁					3	1		2	
70-74岁									
75岁及以上	1	1			1	1			

4-5a 续表 9

单位：人

年龄组 性别	房地产业		租赁和商务服务业			科学研究和技术服务业			
	小计	房地产业	小计	租赁业	商务服务业	小计	研究和试验发展	专业技术服务业	科技推广和应用服务业
总　计	**5913**	**5913**	**8146**	**506**	**7640**	**5440**	**1112**	**3485**	**843**
16–19岁	15	15	30	2	28	9	3	6	
20–24岁	390	390	592	11	581	293	38	184	71
25–29岁	942	942	1469	83	1386	862	132	561	169
30–34岁	1153	1153	1663	111	1552	1164	213	766	185
35–39岁	789	789	1283	96	1187	1001	199	643	159
40–44岁	520	520	903	60	843	587	120	394	73
45–49岁	712	712	927	71	856	567	124	359	84
50–54岁	603	603	715	44	671	536	162	320	54
55–59岁	503	503	425	25	400	368	108	216	44
60–64岁	188	188	90	2	88	33	8	22	3
65–69岁	75	75	43	1	42	17	4	12	1
70–74岁	16	16	5		5	1		1	
75岁及以上	7	7	1		1	2	1	1	
男	**3604**	**3604**	**4678**	**407**	**4271**	**3434**	**699**	**2211**	**524**
16–19岁	11	11	14	1	13	8	3	5	
20–24岁	215	215	247	9	238	171	24	110	37
25–29岁	558	558	709	69	640	490	73	320	97
30–34岁	684	684	919	89	830	709	128	468	113
35–39岁	445	445	737	79	658	623	114	408	101
40–44岁	276	276	523	48	475	347	77	225	45
45–49岁	389	389	533	53	480	369	77	233	59
50–54岁	391	391	527	36	491	377	109	234	34
55–59岁	412	412	360	20	340	303	85	183	35
60–64岁	142	142	76	2	74	25	7	15	3
65–69岁	60	60	29	1	28	11	2	9	
70–74岁	14	14	3		3	1		1	
75岁及以上	7	7	1		1				
女	**2309**	**2309**	**3468**	**99**	**3369**	**2006**	**413**	**1274**	**319**
16–19岁	4	4	16	1	15	1		1	
20–24岁	175	175	345	2	343	122	14	74	34
25–29岁	384	384	760	14	746	372	59	241	72
30–34岁	469	469	744	22	722	455	85	298	72
35–39岁	344	344	546	17	529	378	85	235	58
40–44岁	244	244	380	12	368	240	43	169	28
45–49岁	323	323	394	18	376	198	47	126	25
50–54岁	212	212	188	8	180	159	53	86	20
55–59岁	91	91	65	5	60	65	23	33	9
60–64岁	46	46	14		14	8	1	7	
65–69岁	15	15	14		14	6	2	3	1
70–74岁	2	2	2		2				
75岁及以上						2	1	1	

4-5a 续表 10 单位：人

年龄组 性别	水利、环境和公共设施管理业					居民服务、修理和其他服务业			
	小计	水利管理业	生态保护和环境治理业	公共设施管理业	土地管理业	小计	居民服务业	机动车、电子产品和日用产品修理业	其他服务业
总计	**2087**	**268**	**209**	**1557**	**53**	**5733**	**3536**	**1187**	**1010**
16-19岁	4		1	3		106	88	16	2
20-24岁	59	6	4	43	6	522	383	102	37
25-29岁	168	19	27	112	10	848	579	183	86
30-34岁	281	57	37	173	14	1005	653	239	113
35-39岁	261	40	42	168	11	775	479	203	93
40-44岁	254	33	33	184	4	686	394	158	134
45-49岁	357	46	25	282	4	786	437	133	216
50-54岁	363	51	19	290	3	511	276	78	157
55-59岁	246	14	13	218	1	292	141	56	95
60-64岁	67	2	6	59		137	67	10	60
65-69岁	23		1	22		51	28	8	15
70-74岁	4		1	3		9	6	1	2
75岁及以上						5	5		
男	**1329**	**157**	**131**	**1011**	**30**	**2954**	**1430**	**992**	**532**
16-19岁	4		1	3		61	45	15	1
20-24岁	26	2	2	22		275	164	90	21
25-29岁	99	7	13	74	5	447	235	156	56
30-34岁	175	39	20	109	7	541	272	204	65
35-39岁	158	20	27	103	8	433	216	166	51
40-44岁	140	14	24	99	3	327	137	130	60
45-49岁	184	24	12	145	3	342	150	104	88
50-54岁	265	36	14	212	3	252	110	62	80
55-59岁	198	13	12	172	1	158	59	48	51
60-64岁	58	2	4	52		81	27	9	45
65-69岁	19		1	18		30	10	7	13
70-74岁	3		1	2		4	2	1	1
75岁及以上						3	3		
女	**758**	**111**	**78**	**546**	**23**	**2779**	**2106**	**195**	**478**
16-19岁						45	43	1	1
20-24岁	33	4	2	21	6	247	219	12	16
25-29岁	69	12	14	38	5	401	344	27	30
30-34岁	106	18	17	64	7	464	381	35	48
35-39岁	103	20	15	65	3	342	263	37	42
40-44岁	114	19	9	85	1	359	257	28	74
45-49岁	173	22	13	137	1	444	287	29	128
50-54岁	98	15	5	78		259	166	16	77
55-59岁	48	1	1	46		134	82	8	44
60-64岁	9		2	7		56	40	1	15
65-69岁	4			4		21	18	1	2
70-74岁	1			1		5	4		1
75岁及以上						2	2		

4-5a 续表 11

单位：人

年龄组 性 别	教育		卫生和社会工作			文化、体育和娱乐业				
	小计	教育	小计	卫生	社会工作	小计	新闻和出版业	广播、电视、电影和录音制作业	文化艺术业	体育
总 计	**12701**	**12701**	**6725**	**6579**	**146**	**2754**	**582**	**488**	**662**	**381**
16-19岁	46	46	12	12		18			3	8
20-24岁	770	770	415	410	5	256	11	39	39	79
25-29岁	1944	1944	944	930	14	515	53	95	122	116
30-34岁	2333	2333	1501	1482	19	543	108	110	130	56
35-39岁	2170	2170	1281	1266	15	424	106	84	102	37
40-44岁	1699	1699	649	626	23	310	101	49	72	28
45-49岁	1537	1537	744	723	21	295	100	42	78	23
50-54岁	1258	1258	656	634	22	214	53	41	65	18
55-59岁	788	788	374	355	19	149	48	25	44	9
60-64岁	102	102	92	86	6	19	2	1	5	3
65-69岁	36	36	38	37	1	7		1		4
70-74岁	11	11	10	9	1	3			2	
75岁及以上	7	7	9	9		1		1		
男	**3909**	**3909**	**1839**	**1777**	**62**	**1414**	**259**	**258**	**327**	**209**
16-19岁	14	14	2	2		11			1	4
20-24岁	150	150	69	67	2	132	2	20	10	48
25-29岁	452	452	163	157	6	267	15	47	64	73
30-34岁	615	615	329	323	6	250	35	49	59	28
35-39岁	620	620	365	359	6	199	40	48	41	14
40-44岁	524	524	216	203	13	164	48	27	42	14
45-49岁	481	481	202	195	7	138	48	20	41	7
50-54岁	447	447	196	187	9	119	32	24	30	11
55-59岁	505	505	209	200	9	114	38	21	34	6
60-64岁	64	64	49	46	3	13	1		5	1
65-69岁	27	27	24	24		6		1		3
70-74岁	8	8	8	7	1					
75岁及以上	2	2	7	7		1		1		
女	**8792**	**8792**	**4886**	**4802**	**84**	**1340**	**323**	**230**	**335**	**172**
16-19岁	32	32	10	10		7			2	4
20-24岁	620	620	346	343	3	124	9	19	29	31
25-29岁	1492	1492	781	773	8	248	38	48	58	43
30-34岁	1718	1718	1172	1159	13	293	73	61	71	28
35-39岁	1550	1550	916	907	9	225	66	36	61	23
40-44岁	1175	1175	433	423	10	146	53	22	30	14
45-49岁	1056	1056	542	528	14	157	52	22	37	16
50-54岁	811	811	460	447	13	95	21	17	35	7
55-59岁	283	283	165	155	10	35	10	4	10	3
60-64岁	38	38	43	40	3	6	1	1		2
65-69岁	9	9	14	13	1	1				1
70-74岁	3	3	2	2		3			2	
75岁及以上	5	5	2	2						

4－5a 续表 12

单位：人

年龄组 性 别	娱乐业	公共管理、社会保障和社会组织						国际组织	
		小计	中国共产党机关	国家机构	人民政协、民主党派	社会保障	群众团体、社会团体和其他成员组织	基层群众自治组织	小计	国际组织
总 计	**641**	**10053**	**265**	**8239**	**31**	**88**	**431**	**999**	**5**	**5**
16－19岁	7	8		8						
20－24岁	88	278	3	238		2	16	19		
25－29岁	129	1071	18	887	1	12	53	100	2	2
30－34岁	139	1437	47	1171	2	16	69	132		
35－39岁	95	1562	45	1279	4	11	91	132		
40－44岁	60	1256	29	1052	3	7	46	119		
45－49岁	52	1659	40	1327	8	16	61	207	2	2
50－54岁	37	1486	37	1261	5	15	50	118	1	1
55－59岁	23	1095	39	901	6	9	36	104		
60－64岁	8	144	5	79	2		4	54		
65－69岁	2	45	1	27			5	12		
70－74岁	1	8	1	6				1		
75岁及以上		4		3				1		
男	**361**	**5996**	**167**	**5136**	**20**	**45**	**198**	**430**	**2**	**2**
16－19岁	6	5		5						
20－24岁	52	170		152		1	10	7		
25－29岁	68	547	7	482		6	17	35	1	1
30－34岁	79	745	23	661	1	6	22	32		
35－39岁	56	864	31	742	2	5	37	47		
40－44岁	33	699	17	620	3	1	24	34		
45－49岁	22	876	21	748	4	8	32	63		
50－54岁	22	1007	28	865	2	11	23	78	1	1
55－59岁	15	932	37	773	6	7	27	82		
60－64岁	6	109	2	62	2		2	41		
65－69岁	2	33		19			4	10		
70－74岁		5	1	4						
75岁及以上		4		3				1		
女	**280**	**4057**	**98**	**3103**	**11**	**43**	**233**	**569**	**3**	**3**
16－19岁	1	3		3						
20－24岁	36	108	3	86		1	6	12		
25－29岁	61	524	11	405	1	6	36	65	1	1
30－34岁	60	692	24	510	1	10	47	100		
35－39岁	39	698	14	537	2	6	54	85		
40－44岁	27	557	12	432		6	22	85		
45－49岁	30	783	19	579	4	8	29	144	2	2
50－54岁	15	479	9	396	3	4	27	40		
55－59岁	8	163	2	128		2	9	22		
60－64岁	2	35	3	17			2	13		
65－69岁		12	1	8			1	2		
70－74岁	1	3		2				1		
75岁及以上										

4-5b　全市分年龄、性别、行业大类的就业人口(镇)

单位：人

年龄组 性　别	合计	农、林、牧、渔业						采矿业	
		小计	农业	林业	畜牧业	渔业	农、林、牧、渔专业及辅助性活动	小计	煤炭开采和洗选业
总　计	**20596**	**925**	**797**	**33**	**66**	**1**	**28**	**697**	**607**
16-19岁	353	1	1						
20-24岁	2388	22	14	2	3		3	14	12
25-29岁	3414	40	33	3	3		1	74	64
30-34岁	3837	34	23	1	4		6	97	81
35-39岁	2764	58	53	2	3			91	77
40-44岁	2108	75	59	3	9		4	88	70
45-49岁	2375	155	128	4	20		3	139	125
50-54岁	1661	141	124	7	7		3	130	120
55-59岁	1044	152	131	6	9	1	5	53	49
60-64岁	390	115	100	5	8		2	11	9
65-69岁	191	101	100				1		
70-74岁	56	29	29						
75岁及以上	15	2	2						
男	**13412**	**683**	**577**	**31**	**51**	**1**	**23**	**629**	**545**
16-19岁	246								
20-24岁	1522	15	9	2	2		2	13	11
25-29岁	2195	35	28	3	3		1	66	56
30-34岁	2449	30	19	1	4		6	89	73
35-39岁	1713	43	39	2	2			75	63
40-44岁	1273	51	39	2	6		4	74	58
45-49岁	1513	107	84	4	16		3	126	113
50-54岁	1168	94	79	7	6		2	126	116
55-59岁	824	116	101	6	6	1	2	51	47
60-64岁	294	84	72	4	6		2	9	8
65-69岁	154	80	79				1		
70-74岁	49	26	26						
75岁及以上	12	2	2						
女	**7184**	**242**	**220**	**2**	**15**		**5**	**68**	**62**
16-19岁	107	1	1						
20-24岁	866	7	5		1		1	1	1
25-29岁	1219	5	5					8	8
30-34岁	1388	4	4					8	8
35-39岁	1051	15	14		1			16	14
40-44岁	835	24	20	1	3			14	12
45-49岁	862	48	44		4			13	12
50-54岁	493	47	45		1		1	4	4
55-59岁	220	36	30		3		3	2	2
60-64岁	96	31	28	1	2			2	1
65-69岁	37	21	21						
70-74岁	7	3	3						
75岁及以上	3								

4-5b 续表 1 单位：人

年龄组 性别	采矿业						制造业		
	石油和天然气开采业	黑色金属矿采选业	有色金属矿采选业	非金属矿采选业	开采专业及辅助性活动	其他采矿业	小计	农副食品加工业	食品制造业
总计	**2**	**37**	**2**	**28**	**19**	**2**	**7182**	**51**	**154**
16-19岁							279		1
20-24岁		1	1				1597	4	13
25-29岁	1	1		5	2	1	1633	4	19
30-34岁		5		7	3	1	1459	6	27
35-39岁	1	6		5	2		776	9	22
40-44岁		7		5	6		569	11	17
45-49岁		7	1	2	4		463	5	25
50-54岁		9		1			228		16
55-59岁		1		1	2		123	7	10
60-64岁				2			39	1	3
65-69岁							12	3	
70-74岁							2	1	1
75岁及以上							2		
男	**2**	**35**	**2**	**26**	**17**	**2**	**4688**	**39**	**96**
16-19岁							200		1
20-24岁		1	1				1072	3	11
25-29岁	1	1		5	2	1	1123	4	11
30-34岁		5		7	3	1	971	4	15
35-39岁	1	5		4	2		451	7	11
40-44岁		7		5	4		283	7	10
45-49岁		6	1	2	4		262	4	16
50-54岁		9		1			178		11
55-59岁		1		1	2		105	6	8
60-64岁				1			29		1
65-69岁							11	3	
70-74岁							2	1	1
75岁及以上							1		
女		**2**		**2**	**2**		**2494**	**12**	**58**
16-19岁							79		
20-24岁							525	1	2
25-29岁							510		8
30-34岁							488	2	12
35-39岁		1		1			325	2	11
40-44岁					2		286	4	7
45-49岁		1					201	1	9
50-54岁							50		5
55-59岁							18	1	2
60-64岁				1			10	1	2
65-69岁							1		
70-74岁									
75岁及以上							1		

4-5b 续表 2

单位：人

年龄组 性 别	制造业								
	酒、饮料和精制茶制造业	烟 草制品业	纺织业	纺织服装、服饰业	皮革、毛皮、羽毛及其制品和制鞋业	木材加工和木、竹、藤、棕、草制品业	家 具制造业	造纸和纸制品业	印刷和记录媒介复制业
总 计	**34**	**27**	**17**	**9**	**4**	**6**	**31**	**13**	**29**
16−19岁									
20−24岁	3		1	1					1
25−29岁	4			1		1	5	3	6
30−34岁	7	5	2	1			7	3	5
35−39岁	7	1	2	2	2		5	2	12
40−44岁	5	7	3		1	1	3	4	1
45−49岁	5	5	3	2	1		5	1	1
50−54岁	2	8	4	2		3	3		1
55−59岁	1	1	2				3		
60−64岁						1			2
65−69岁									
70−74岁									
75岁及以上									
男	**17**	**14**	**12**	**4**	**3**	**4**	**25**	**8**	**16**
16−19岁									
20−24岁	3		1						
25−29岁						1	5	2	4
30−34岁	4	2	2	1			6	2	4
35−39岁	3		1	1	2		3	1	5
40−44岁	1	4	3			1	3	2	
45−49岁	3	1		2	1		5	1	1
50−54岁	2	7	3			2	1		1
55−59岁	1		2				2		
60−64岁									1
65−69岁									
70−74岁									
75岁及以上									
女	**17**	**13**	**5**	**5**	**1**	**2**	**6**	**5**	**13**
16−19岁									
20−24岁				1					1
25−29岁	4			1				1	2
30−34岁	3	3					1	1	1
35−39岁	4	1	1	1			2	1	7
40−44岁	4	3			1			2	1
45−49岁	2	4	3						
50−54岁		1	1	2		1	2		
55−59岁		1					1		
60−64岁						1			1
65−69岁									
70−74岁									
75岁及以上									

4−5b 续表 3 单位：人

年龄组 性 别	制造业								
	文教、工美、体育和娱乐用品制造业	石油、煤炭及其他燃料加工业	化学原料和化学制品制造业	医 药制造业	化学纤维制造业	橡胶和塑 料制品业	非金属矿 物制品业	黑色金属冶炼和压延加工业	有色金属冶炼和压延加工业
总 计	**6**	**377**	**37**	**74**	**1**	**48**	**236**	**81**	**11**
16−19岁		1				2			
20−24岁		20	6	5		3	6	8	
25−29岁	1	24	10	8		5	24	10	3
30−34岁	1	60	7	20	1	12	39	15	1
35−39岁	2	39	3	11		8	31	13	2
40−44岁	2	38	3	14		4	33	13	
45−49岁		82	1	7		8	40	14	2
50−54岁		65	3	5		3	37	7	3
55−59岁		38	3	3			16	1	
60−64岁		8	1	1		3	7		
65−69岁		2					3		
70−74岁									
75岁及以上									
男	**1**	**306**	**31**	**44**	**1**	**36**	**191**	**66**	**8**
16−19岁		1				2			
20−24岁		17	5	3		2	6	7	
25−29岁		20	9	4		3	17	10	3
30−34岁		48	7	11	1	8	30	14	1
35−39岁	1	30	2	5		7	25	9	1
40−44岁		28	1	10		2	26	11	
45−49岁		58		4		7	32	9	1
50−54岁		60	3	4		2	31	5	2
55−59岁		36	3	2			16	1	
60−64岁		6	1	1		3	5		
65−69岁		2					3		
70−74岁									
75岁及以上									
女	**5**	**71**	**6**	**30**		**12**	**45**	**15**	**3**
16−19岁									
20−24岁		3	1	2		1		1	
25−29岁	1	4	1	4		2	7		
30−34岁	1	12		9		4	9	1	
35−39岁	1	9	1	6		1	6	4	1
40−44岁	2	10	2	4		2	7	2	
45−49岁		24	1	3		1	8	5	1
50−54岁		5		1		1	6	2	1
55−59岁		2		1					
60−64岁		2					2		
65−69岁									
70−74岁									
75岁及以上									

4-5b 续表 4

单位：人

年龄组 性 别	制造业								
	金 属 制品业	通用设备 制造业	专用设备 制造业	汽 车 制造业	铁路、船舶、 航空航天和 其他运输 设备制造业	电气机械 和器材 制造业	计算机、 通信和其 他电子设 备制造业	仪器仪表 制造业	其 他 制造业
总 计	**129**	**129**	**141**	**49**	**31**	**58**	**5324**	**16**	**7**
16-19岁	1		1				273		
20-24岁	9	5	10	4	2	11	1479	1	
25-29岁	19	25	30	10	5	14	1395		1
30-34岁	21	30	53	19	10	12	1080	3	3
35-39岁	21	22	19	8	3	3	517	4	
40-44岁	19	19	11	3	4	4	339	3	
45-49岁	20	14	6	3	1	2	202	2	
50-54岁	10	11	6		6	5	17	2	2
55-59岁	7	2	5	1		5	15		
60-64岁		1		1		1	7	1	
65-69岁	2					1			1
70-74岁									
75岁及以上									
男	**110**	**109**	**109**	**37**	**25**	**44**	**3266**	**13**	**6**
16-19岁	1		1				194		
20-24岁	9	5	9	4	2	11	969		
25-29岁	18	20	22	6	5	13	939		1
30-34岁	17	25	40	16	9	8	683	3	3
35-39岁	19	17	17	5	3	1	265	4	
40-44岁	14	17	9	2	2	2	118	3	
45-49岁	17	12	4	2		2	75		
50-54岁	7	10	3		4	2	8	2	2
55-59岁	6	2	4	1		3	9		
60-64岁		1		1		1	6	1	
65-69岁	2					1			
70-74岁									
75岁及以上									
女	**19**	**20**	**32**	**12**	**6**	**14**	**2058**	**3**	**1**
16-19岁							79		
20-24岁			1				510	1	
25-29岁	1	5	8	4		1	456		
30-34岁	4	5	13	3	1	4	397		
35-39岁	2	5	2	3		2	252		
40-44岁	5	2	2	1	2	2	221		
45-49岁	3	2	2	1	1		127	2	
50-54岁	3	1	3		2	3	9		
55-59岁	1		1			2	6		
60-64岁							1		
65-69岁									1
70-74岁									
75岁及以上									

4-5b 续表 5

单位：人

年龄组 性别	制造业		电力、热力、燃气及水生产和供应业				建筑业		
	废弃资源综合利用业	金属制品、机械和设备修理业	小计	电力、热力生产和供应业	燃气生产和供应业	水的生产和供应业	小计	房屋建筑业	土木工程建筑业
总 计	**25**	**27**	**295**	**165**	**92**	**38**	**2007**	**1108**	**292**
16-19岁							10	6	2
20-24岁	2	3	18	10	5	3	94	52	17
25-29岁	3	3	45	23	13	9	263	112	52
30-34岁	3	6	62	27	27	8	366	200	63
35-39岁	3	3	34	23	6	5	237	110	41
40-44岁	1	6	33	18	10	5	233	129	29
45-49岁	5	1	48	30	15	3	307	176	35
50-54岁	3	4	29	18	7	4	271	176	19
55-59岁	2	1	20	13	6	1	161	100	24
60-64岁	1		4	2	2		50	36	8
65-69岁			2	1	1		12	8	2
70-74岁							2	2	
75岁及以上	2						1	1	
男	**21**	**26**	**213**	**122**	**64**	**27**	**1712**	**954**	**245**
16-19岁							9	6	2
20-24岁	2	3	14	8	5	1	76	43	15
25-29岁	3	3	28	15	7	6	212	94	40
30-34岁	2	5	44	21	19	4	316	170	54
35-39岁	3	3	24	15	4	5	204	95	35
40-44岁	1	6	21	10	7	4	194	108	25
45-49岁	4	1	38	24	11	3	259	152	26
50-54岁	2	4	19	13	3	3	235	153	16
55-59岁	2	1	19	13	5	1	144	87	22
60-64岁	1		4	2	2		48	35	8
65-69岁			2	1	1		12	8	2
70-74岁							2	2	
75岁及以上	1						1	1	
女	**4**	**1**	**82**	**43**	**28**	**11**	**295**	**154**	**47**
16-19岁							1		
20-24岁			4	2		2	18	9	2
25-29岁			17	8	6	3	51	18	12
30-34岁	1	1	18	6	8	4	50	30	9
35-39岁			10	8	2		33	15	6
40-44岁			12	8	3	1	39	21	4
45-49岁	1		10	6	4		48	24	9
50-54岁	1		10	5	4	1	36	23	3
55-59岁			1		1		17	13	2
60-64岁							2	1	
65-69岁									
70-74岁									
75岁及以上	1								

4-5b 续表 6 单位：人

年龄组 性别	建筑业		批发和零售业			交通运输、仓储和邮政业			
	建筑安装业	建筑装饰、装修和其他建筑业	小计	批发业	零售业	小计	铁路运输业	道路运输业	水上运输业
总 计	**139**	**468**	**1913**	**555**	**1358**	**1490**	**34**	**1147**	
16-19岁	1	1	7		7	6	1	3	
20-24岁	7	18	105	32	73	70	2	40	
25-29岁	22	77	261	86	175	183	7	126	
30-34岁	21	82	408	138	270	314	6	232	
35-39岁	22	64	329	82	247	298	7	236	
40-44岁	15	60	216	51	165	216	2	179	
45-49岁	24	72	259	77	182	220	3	182	
50-54岁	21	55	178	45	133	118	5	98	
55-59岁	6	31	90	24	66	50		43	
60-64岁		6	41	15	26	11	1	6	
65-69岁		2	10	2	8	3		2	
70-74岁			6	3	3	1			
75岁及以上			3		3				
男	**113**	**400**	**1053**	**369**	**684**	**1319**	**29**	**1074**	
16-19岁	1		3		3	4		2	
20-24岁	4	14	56	22	34	56	2	35	
25-29岁	18	60	140	52	88	153	5	115	
30-34岁	19	73	222	89	133	266	6	211	
35-39岁	17	57	177	53	124	265	5	224	
40-44岁	13	48	116	32	84	200	2	169	
45-49岁	17	64	125	51	74	205	3	178	
50-54岁	18	48	102	31	71	107	5	89	
55-59岁	6	29	70	23	47	49		43	
60-64岁		5	30	11	19	11	1	6	
65-69岁		2	5	2	3	2		2	
70-74岁			5	3	2	1			
75岁及以上			2		2				
女	**26**	**68**	**860**	**186**	**674**	**171**	**5**	**73**	
16-19岁		1	4		4	2	1	1	
20-24岁	3	4	49	10	39	14		5	
25-29岁	4	17	121	34	87	30	2	11	
30-34岁	2	9	186	49	137	48		21	
35-39岁	5	7	152	29	123	33	2	12	
40-44岁	2	12	100	19	81	16		10	
45-49岁	7	8	134	26	108	15		4	
50-54岁	3	7	76	14	62	11		9	
55-59岁		2	20	1	19	1			
60-64岁		1	11	4	7				
65-69岁			5		5	1			
70-74岁			1		1				
75岁及以上			1		1				

4-5b 续表 7

单位：人

年龄组 性 别	交通运输、仓储和邮政业					住宿和餐饮业		
	航 空 运输业	管 道 运输业	多式联运 和运输 代理业	装卸搬运 和仓储业	邮政业	小计	住宿业	餐饮业
总 计	**19**	**1**	**22**	**72**	**195**	**700**	**55**	**645**
16-19岁				1	1	19	3	16
20-24岁	1		1	9	17	69	6	63
25-29岁	3		2	8	37	108	8	100
30-34岁	6		5	9	56	147	14	133
35-39岁	2	1	6	8	38	98	10	88
40-44岁	1		4	10	20	84	5	79
45-49岁	5		3	10	17	79	5	74
50-54岁				9	6	56	2	54
55-59岁				5	2	28	2	26
60-64岁	1			3		11		11
65-69岁			1			1		1
70-74岁					1			
75岁及以上								
男	**9**		**15**	**62**	**130**	**394**	**23**	**371**
16-19岁				1	1	18	2	16
20-24岁				6	13	46	3	43
25-29岁			2	7	24	64	2	62
30-34岁	3		2	9	35	98	7	91
35-39岁	1		5	7	23	52	3	49
40-44岁			3	9	17	38	2	36
45-49岁	4		3	8	9	31	1	30
50-54岁				7	6	26	2	24
55-59岁				5	1	16	1	15
60-64岁	1			3		4		4
65-69岁						1		1
70-74岁					1			
75岁及以上								
女	**10**	**1**	**7**	**10**	**65**	**306**	**32**	**274**
16-19岁						1	1	
20-24岁	1		1	3	4	23	3	20
25-29岁	3			1	13	44	6	38
30-34岁	3		3		21	49	7	42
35-39岁	1	1	1	1	15	46	7	39
40-44岁	1		1	1	3	46	3	43
45-49岁	1			2	8	48	4	44
50-54岁				2		30		30
55-59岁					1	12	1	11
60-64岁						7		7
65-69岁			1					
70-74岁								
75岁及以上								

4-5b　续表 8　　　　单位：人

年龄组 性　别	信息传输、软件和信息技术服务业				金融业				
	小计	电信、广播电视和卫星传输服务	互联网和相关服务	软件和信息技术服务业	小计	货币金融服务	资本市场服务	保险业	其他金融业
总　计	**346**	**93**	**99**	**154**	**348**	**195**	**16**	**106**	**31**
16-19岁	2		2						
20-24岁	64	3	37	24	21	9		7	5
25-29岁	74	17	25	32	57	33	4	18	2
30-34岁	91	23	19	49	94	51	3	26	14
35-39岁	53	16	5	32	55	32	2	21	
40-44岁	23	9	5	9	35	16	3	15	1
45-49岁	22	12	5	5	32	20	2	8	2
50-54岁	9	7	1	1	24	14	1	6	3
55-59岁	8	6		2	26	18	1	4	3
60-64岁					4	2		1	1
65-69岁									
70-74岁									
75岁及以上									
男	**212**	**48**	**50**	**114**	**163**	**91**	**6**	**49**	**17**
16-19岁									
20-24岁	28	2	9	17	9	3		5	1
25-29岁	49	9	16	24	29	18	1	8	2
30-34岁	54	7	12	35	44	23	1	12	8
35-39岁	39	8	4	27	20	9		11	
40-44岁	15	6	4	5	18	7	3	8	
45-49岁	15	6	4	5	9	7			2
50-54岁	7	6	1		14	12		1	1
55-59岁	5	4		1	17	11	1	3	2
60-64岁					3	1		1	1
65-69岁									
70-74岁									
75岁及以上									
女	**134**	**45**	**49**	**40**	**185**	**104**	**10**	**57**	**14**
16-19岁	2		2						
20-24岁	36	1	28	7	12	6		2	4
25-29岁	25	8	9	8	28	15	3	10	
30-34岁	37	16	7	14	50	28	2	14	6
35-39岁	14	8	1	5	35	23	2	10	
40-44岁	8	3	1	4	17	9		7	1
45-49岁	7	6	1		23	13	2	8	
50-54岁	2	1		1	10	2	1	5	2
55-59岁	3	2		1	9	7		1	1
60-64岁					1	1			
65-69岁									
70-74岁									
75岁及以上									

4-5b 续表 9　　　　单位：人

年龄组 性别	房地产业		租赁和商务服务业			科学研究和技术服务业			
	小计	房地产业	小计	租赁业	商务服务业	小计	研究和试验发展	专业技术服务业	科技推广和应用服务业
总计	**268**	**268**	**387**	**52**	**335**	**260**	**45**	**176**	**39**
16-19岁			4		4				
20-24岁	24	24	34	3	31	28	2	22	4
25-29岁	33	33	72	13	59	49	12	23	14
30-34岁	53	53	88	12	76	59	10	41	8
35-39岁	33	33	54	9	45	50	10	37	3
40-44岁	21	21	33	7	26	14	1	11	2
45-49岁	32	32	41	4	37	28	6	16	6
50-54岁	27	27	24	1	23	18	2	15	1
55-59岁	24	24	27	3	24	11	2	9	
60-64岁	14	14	6		6	3		2	1
65-69岁	4	4	2		2				
70-74岁	2	2	2		2				
75岁及以上	1	1							
男	**159**	**159**	**252**	**50**	**202**	**180**	**34**	**126**	**20**
16-19岁			3		3				
20-24岁	11	11	17	3	14	21	1	18	2
25-29岁	20	20	48	12	36	34	9	14	11
30-34岁	29	29	52	11	41	37	8	28	1
35-39岁	20	20	36	9	27	38	8	28	2
40-44岁	11	11	20	7	13	8	1	6	1
45-49岁	17	17	27	4	23	17	4	11	2
50-54岁	16	16	18	1	17	14	2	12	
55-59岁	16	16	25	3	22	8	1	7	
60-64岁	12	12	3		3	3		2	1
65-69岁	4	4	2		2				
70-74岁	2	2	1		1				
75岁及以上	1	1							
女	**109**	**109**	**135**	**2**	**133**	**80**	**11**	**50**	**19**
16-19岁			1		1				
20-24岁	13	13	17		17	7	1	4	2
25-29岁	13	13	24	1	23	15	3	9	3
30-34岁	24	24	36	1	35	22	2	13	7
35-39岁	13	13	18		18	12	2	9	1
40-44岁	10	10	13		13	6		5	1
45-49岁	15	15	14		14	11	2	5	4
50-54岁	11	11	6		6	4		3	1
55-59岁	8	8	2		2	3	1	2	
60-64岁	2	2	3		3				
65-69岁									
70-74岁			1		1				
75岁及以上									

4-5b　续表 10　　　　单位：人

年龄组 性　别	水利、环境和公共设施管理业					居民服务、修理和其他服务业			
	小计	水　利 管理业	生态保护 和环境 治理业	公共设施 管理业	土　地 管理业	小计	居　民 服务业	机动车、 电子产品 和日用产 品修理业	其　他 服务业
总　计	**208**	**19**	**20**	**161**	**8**	**589**	**374**	**162**	**53**
16-19岁	2			2		8	6	2	
20-24岁	8		1	5	2	47	35	11	1
25-29岁	15	3	1	9	2	72	46	25	1
30-34岁	25	1	6	17	1	112	76	30	6
35-39岁	30	3	6	19	2	98	52	40	6
40-44岁	14	1	1	12		48	25	19	4
45-49岁	31	4	1	25	1	84	57	13	14
50-54岁	35	5	4	26		45	29	12	4
55-59岁	15	1		14		42	29	4	9
60-64岁	19			19		18	9	4	5
65-69岁	12			12		13	8	2	3
70-74岁	1			1		2	2		
75岁及以上	1	1							
男	**138**	**13**	**15**	**102**	**8**	**358**	**197**	**137**	**24**
16-19岁	1			1		5	3	2	
20-24岁	6		1	3	2	31	20	11	
25-29岁	10	1	1	6	2	44	21	22	1
30-34岁	21	1	4	15	1	62	36	23	3
35-39岁	15	1	4	8	2	63	27	34	2
40-44岁	9	1	1	7		31	12	17	2
45-49岁	21	2	1	17	1	44	30	10	4
50-54岁	24	5	3	16		28	18	10	
55-59岁	9	1		8		24	16	3	5
60-64岁	11			11		14	7	3	4
65-69岁	9			9		11	6	2	3
70-74岁	1			1		1	1		
75岁及以上	1	1							
女	**70**	**6**	**5**	**59**		**231**	**177**	**25**	**29**
16-19岁	1			1		3	3		
20-24岁	2			2		16	15		1
25-29岁	5	2		3		28	25	3	
30-34岁	4		2	2		50	40	7	3
35-39岁	15	2	2	11		35	25	6	4
40-44岁	5			5		17	13	2	2
45-49岁	10	2		8		40	27	3	10
50-54岁	11		1	10		17	11	2	4
55-59岁	6			6		18	13	1	4
60-64岁	8			8		4	2	1	1
65-69岁	3			3		2	2		
70-74岁						1	1		
75岁及以上									

4-5b 续表 11

单位：人

年龄组 性 别	教育		卫生和社会工作			文化、体育和娱乐业				
	小计	教育	小计	卫生	社会工作	小计	新闻和出版业	广播、电视、电影和录音制作业	文 化艺术业	体育
总 计	**1220**	**1220**	**406**	**384**	**22**	**127**	**18**	**15**	**30**	**10**
16-19岁	7	7	6	6						
20-24岁	77	77	45	45		16	1	2	4	3
25-29岁	184	184	94	92	2	24	2	2	4	3
30-34岁	182	182	72	65	7	16	2	2	3	
35-39岁	238	238	52	51	1	20	1	3	5	2
40-44岁	193	193	41	36	5	18	3	2	5	
45-49岁	163	163	33	30	3	15	7	1	4	
50-54岁	102	102	25	23	2	12	2	3		1
55-59岁	44	44	26	25	1	6			5	1
60-64岁	19	19	6	6						
65-69岁	7	7	5	4	1					
70-74岁	1	1	1	1						
75岁及以上	3	3								
男	**324**	**324**	**107**	**101**	**6**	**71**	**6**	**12**	**16**	**3**
16-19岁	2	2								
20-24岁	14	14	6	6		8	1	2	1	1
25-29岁	43	43	17	17		14		2	1	1
30-34岁	27	27	12	10	2	7		1	2	
35-39岁	63	63	21	21		10		2	3	
40-44岁	66	66	13	11	2	10	1	1	3	
45-49岁	48	48	10	9	1	8	3	1	2	
50-54岁	25	25	7	7		9	1	3		
55-59岁	19	19	12	12		5			4	1
60-64岁	10	10	4	4						
65-69岁	5	5	4	3	1					
70-74岁			1	1						
75岁及以上	2	2								
女	**896**	**896**	**299**	**283**	**16**	**56**	**12**	**3**	**14**	**7**
16-19岁	5	5	6	6						
20-24岁	63	63	39	39		8			3	2
25-29岁	141	141	77	75	2	10	2		3	2
30-34岁	155	155	60	55	5	9	2	1	1	
35-39岁	175	175	31	30	1	10	1	1	2	2
40-44岁	127	127	28	25	3	8	2	1	2	
45-49岁	115	115	23	21	2	7	4		2	
50-54岁	77	77	18	16	2	3	1			1
55-59岁	25	25	14	13	1	1			1	
60-64岁	9	9	2	2						
65-69岁	2	2	1	1						
70-74岁	1	1								
75岁及以上	1	1								

4-5b　续表 12　　　　单位：人

年龄组 性　别	娱乐业	公共管理、社会保障和社会组织 小计	中国共产党机关	国家机构	人民政协、民主党派	社会保障	群众团体、社会团体和其他成员组织	基层群众自治组织	国际组织 小计	国际组织
总　计	**54**	**1228**	**13**	**1039**	**6**	**11**	**27**	**132**		
16-19岁		2		2						
20-24岁	6	35		33				2		
25-29岁	13	133		112	1	2	3	15		
30-34岁	9	158	3	127		2	4	22		
35-39岁	9	160		143		1	1	15		
40-44岁	8	154	2	138	1	1	2	10		
45-49岁	3	224	1	194		4	5	20		
50-54岁	6	189	4	159	2		7	17		
55-59岁		138	2	109	2	1	4	20		
60-64岁		19	1	11				7		
65-69岁		7		4			1	2		
70-74岁		7		6				1		
75岁及以上		2		1				1		
男	**34**	**757**	**8**	**656**	**4**	**6**	**10**	**73**		
16-19岁		1		1						
20-24岁	3	23		23						
25-29岁	10	66		57	1	2	1	5		
30-34岁	4	68	3	58			1	6		
35-39岁	5	97		90				7		
40-44岁	5	95	1	90				4		
45-49岁	2	144		127		3	3	11		
50-54岁	5	119	1	99	2		3	14		
55-59岁		114	2	91	1	1	2	17		
60-64岁		15	1	9				5		
65-69岁		6		4				2		
70-74岁		7		6				1		
75岁及以上		2		1				1		
女	**20**	**471**	**5**	**383**	**2**	**5**	**17**	**59**		
16-19岁		1		1						
20-24岁	3	12		10				2		
25-29岁	3	67		55			2	10		
30-34岁	5	90		69		2	3	16		
35-39岁	4	63		53		1	1	8		
40-44岁	3	59	1	48	1	1	2	6		
45-49岁	1	80	1	67		1	2	9		
50-54岁	1	70	3	60			4	3		
55-59岁		24		18	1		2	3		
60-64岁		4		2				2		
65-69岁		1					1			
70-74岁										
75岁及以上										

4-5c 全市分年龄、性别、行业大类的就业人口(乡村)

单位：人

年龄组 性别	合计	农、林、牧、渔业						采矿业	
		小计	农业	林业	畜牧业	渔业	农、林、牧、渔专业及辅助性活动	小计	煤炭开采和洗选业
总计	**23224**	**6584**	**6083**	**76**	**347**	**4**	**74**	**1284**	**973**
16-19岁	197	22	20		1		1	2	
20-24岁	1454	158	146	1	8	1	2	14	12
25-29岁	2635	268	242	1	23	1	1	94	85
30-34岁	2962	335	305	4	19		7	131	111
35-39岁	2387	329	291	9	20		9	117	99
40-44岁	2155	430	385	4	34		7	184	117
45-49岁	3086	803	721	16	51	1	14	332	210
50-54岁	3038	1068	984	15	58		11	270	225
55-59岁	2383	1110	1029	10	59	1	11	103	89
60-64岁	1480	944	885	10	42		7	23	15
65-69岁	1017	762	730	6	22		4	9	5
70-74岁	321	259	252		7			3	3
75岁及以上	109	96	93		3			2	2
男	**16484**	**4420**	**4018**	**63**	**269**	**4**	**66**	**1127**	**882**
16-19岁	140	17	15		1		1	2	
20-24岁	961	121	110	1	7	1	2	13	12
25-29岁	1841	203	179	1	21	1	1	85	76
30-34岁	2114	236	211	4	14		7	119	101
35-39岁	1716	222	191	8	15		8	108	90
40-44岁	1500	276	241	4	25		6	149	105
45-49岁	2113	488	431	10	35	1	11	275	184
50-54岁	2157	649	581	13	45		10	245	206
55-59岁	1727	707	644	8	44	1	10	97	86
60-64岁	1097	651	601	8	35		7	21	13
65-69岁	760	557	529	6	19		3	8	4
70-74岁	267	214	208		6			3	3
75岁及以上	91	79	77		2			2	2
女	**6740**	**2164**	**2065**	**13**	**78**		**8**	**157**	**91**
16-19岁	57	5	5						
20-24岁	493	37	36		1			1	
25-29岁	794	65	63		2			9	9
30-34岁	848	99	94		5			12	10
35-39岁	671	107	100	1	5		1	9	9
40-44岁	655	154	144		9		1	35	12
45-49岁	973	315	290	6	16		3	57	26
50-54岁	881	419	403	2	13		1	25	19
55-59岁	656	403	385	2	15		1	6	3
60-64岁	383	293	284	2	7			2	2
65-69岁	257	205	201		3		1	1	1
70-74岁	54	45	44		1				
75岁及以上	18	17	16		1				

4–5c　续表 1

单位：人

年龄组 性　别	采矿业						制造业		
	石油和天然气开采业	黑色金属矿采选业	有色金属矿采选业	非金属矿采选业	开采专业及辅助性活　动	其　他采矿业	小计	农副食品加工业	食　品制造业
总　计	**1**	**249**	**3**	**31**	**21**	**6**	**3272**	**199**	**245**
16–19岁		1		1			42	4	5
20–24岁				2			243	16	26
25–29岁		1		4	4		409	18	22
30–34岁	1	8		4	6	1	513	29	31
35–39岁		13	1		2	2	406	27	28
40–44岁		58	1	6	2		331	20	25
45–49岁		115		5	1	1	499	39	47
50–54岁		34	1	4	5	1	418	20	24
55–59岁		8		4	1	1	282	14	24
60–64岁		7		1			91	10	7
65–69岁		4					29	1	6
70–74岁							8	1	
75岁及以上							1		
男	**1**	**191**	**2**	**28**	**17**	**6**	**2475**	**122**	**134**
16–19岁		1		1			35	2	2
20–24岁				1			186	10	10
25–29岁		1		4	4		320	11	9
30–34岁	1	8		4	4	1	388	18	15
35–39岁		13	1		2	2	298	19	13
40–44岁		36		6	2		228	11	14
45–49岁		84		5	1	1	336	23	23
50–54岁		30	1	3	4	1	329	10	16
55–59岁		7		3		1	238	8	20
60–64岁		7		1			81	8	7
65–69岁		4					27	1	5
70–74岁							8	1	
75岁及以上							1		
女		**58**	**1**	**3**	**4**		**797**	**77**	**111**
16–19岁							7	2	3
20–24岁				1			57	6	16
25–29岁							89	7	13
30–34岁					2		125	11	16
35–39岁							108	8	15
40–44岁		22	1				103	9	11
45–49岁		31					163	16	24
50–54岁		4		1	1		89	10	8
55–59岁		1		1	1		44	6	4
60–64岁							10	2	
65–69岁							2		1
70–74岁									
75岁及以上									

4-5c 续表 2 单位：人

年龄组 性别	制造业								
	酒、饮料和精制茶制造业	烟草制品业	纺织业	纺织服装、服饰业	皮革、毛皮、羽毛及其制品和制鞋业	木材加工和木、竹、藤、棕、草制品业	家具制造业	造纸和纸制品业	印刷和记录媒介复制业
总计	**26**	**5**	**19**	**33**	**4**	**61**	**117**	**48**	**24**
16-19岁				3		2	2		1
20-24岁	2			1		2	9	4	2
25-29岁	5			2		9	17	8	5
30-34岁	4	1	6	4	1	14	16	6	5
35-39岁	3			7		6	14	1	3
40-44岁	1	1	4	4		5	18	5	
45-49岁	4			5	1	8	15	10	3
50-54岁	2	1	2	1	1	11	17	6	3
55-59岁	3	2	6	5	1	2	8	5	2
60-64岁				1		1		2	
65-69岁	2		1			1		1	
70-74岁							1		
75岁及以上									
男	**17**	**4**	**11**	**15**	**1**	**51**	**91**	**33**	**12**
16-19岁				2		2	2		1
20-24岁	1			1		2	6	4	1
25-29岁	3			1		9	14	7	3
30-34岁	2	1	5			12	13	4	2
35-39岁	1			3		4	11		3
40-44岁	1		1	2		4	14	2	
45-49岁	3			2	1	6	11	8	
50-54岁	1	1	1			8	14	3	2
55-59岁	3	2	3	3		2	5	3	
60-64岁				1		1		1	
65-69岁	2		1			1		1	
70-74岁							1		
75岁及以上									
女	**9**	**1**	**8**	**18**	**3**	**10**	**26**	**15**	**12**
16-19岁				1					
20-24岁	1						3		1
25-29岁	2			1			3	1	2
30-34岁	2		1	4	1	2	3	2	3
35-39岁	2			4		2	3	1	
40-44岁		1	3	2		1	4	3	
45-49岁	1			3		2	4	2	3
50-54岁	1		1	1	1	3	3	3	1
55-59岁			3	2	1		3	2	2
60-64岁								1	
65-69岁									
70-74岁									
75岁及以上									

4-5c 续表 3

单位：人

年龄组 性别	制造业								
	文教、工美、体育和娱乐用品制造业	石油、煤炭及其他燃料加工业	化学原料和化学制品制造业	医药制造业	化学纤维制造业	橡胶和塑料制品业	非金属矿物制品业	黑色金属冶炼和压延加工业	有色金属冶炼和压延加工业
总计	**7**	**423**	**36**	**28**	**3**	**35**	**431**	**305**	**49**
16-19岁		1					5	2	
20-24岁	1	41	3	2		3	34	22	1
25-29岁	1	47	6	6		3	47	36	3
30-34岁		65	2	2		13	56	50	5
35-39岁	1	58	2	6		4	32	43	3
40-44岁		44	2	4		2	45	29	8
45-49岁	1	42	8	4		2	71	54	12
50-54岁	1	59	5	2		6	74	38	9
55-59岁	1	50	5	1	2	1	47	20	7
60-64岁	1	15	1	1	1	1	16	6	1
65-69岁		1	1				3	4	
70-74岁			1				1	1	
75岁及以上									
男	**3**	**343**	**26**	**10**	**2**	**22**	**341**	**253**	**41**
16-19岁		1					5	2	
20-24岁		32	1			2	30	21	1
25-29岁		42	6	3		3	33	29	3
30-34岁		50	2	1		7	44	44	5
35-39岁		44	1	3		3	25	33	3
40-44岁		34		1			30	22	7
45-49岁	1	30	4			1	53	36	9
50-54岁		47	4	1		4	62	35	6
55-59岁	1	48	5		2	1	42	20	6
60-64岁	1	14	1	1		1	13	6	1
65-69岁		1	1				3	4	
70-74岁			1				1	1	
75岁及以上									
女	**4**	**80**	**10**	**18**	**1**	**13**	**90**	**52**	**8**
16-19岁									
20-24岁	1	9	2	2		1	4	1	
25-29岁	1	5		3			14	7	
30-34岁		15		1		6	12	6	
35-39岁	1	14	1	3		1	7	10	
40-44岁		10	2	3		2	15	7	1
45-49岁		12	4	4		1	18	18	3
50-54岁	1	12	1	1		2	12	3	3
55-59岁		2		1			5		1
60-64岁		1			1		3		
65-69岁									
70-74岁									
75岁及以上									

4-5c 续表 4 单位：人

年龄组 性 别	制造业								
	金 属 制品业	通用设备 制造业	专用设备 制造业	汽 车 制造业	铁路、船舶、航空航天和其他运输设备制造业	电气机械和器材制造业	计算机、通信和其他电子设备制造业	仪器仪表 制造业	其 他 制造业
总 计	**534**	**228**	**102**	**18**	**14**	**22**	**91**	**18**	**36**
16-19岁	2	6	3				4		
20-24岁	18	26	6	2	2		12	1	1
25-29岁	64	28	23	4	3	4	17	1	10
30-34岁	76	44	17	5	5	3	25	6	7
35-39岁	83	34	10	1		2	21	2	6
40-44岁	65	24	6			4	2	3	1
45-49岁	95	31	6	2	1	4	7	3	3
50-54岁	88	12	17		1	1	2	1	3
55-59岁	32	9	10	3	2	4			3
60-64岁	9	8	4	1			1		
65-69岁	1	5							2
70-74岁	1	1						1	
75岁及以上									
男	**420**	**203**	**76**	**14**	**14**	**19**	**52**	**17**	**32**
16-19岁	2	6	3				3		
20-24岁	17	26	3	1	2		8	1	
25-29岁	54	24	18	4	3	3	9		10
30-34岁	56	43	15	3	5	2	16	6	6
35-39岁	66	28	7	1		2	12	2	6
40-44岁	47	19	4			4		3	1
45-49岁	67	26	2	1	1	3	3	3	1
50-54岁	77	10	12		1	1	1	1	3
55-59岁	24	8	8	3	2	4			3
60-64岁	8	8	4	1					
65-69岁	1	4							2
70-74岁	1	1						1	
75岁及以上									
女	**114**	**25**	**26**	**4**		**3**	**39**	**1**	**4**
16-19岁							1		
20-24岁	1		3	1			4		1
25-29岁	10	4	5			1	8	1	
30-34岁	20	1	2	2		1	9		1
35-39岁	17	6	3				9		
40-44岁	18	5	2				2		
45-49岁	28	5	4	1		1	4		2
50-54岁	11	2	5				1		
55-59岁	8	1	2						
60-64岁	1						1		
65-69岁		1							
70-74岁									
75岁及以上									

4-5c 续表 5

单位：人

年龄组 性别	制造业		电力、热力、燃气及水生产和供应业				建筑业		
	废弃资源综合利用业	金属制品、机械和设备修理业	小计	电力、热力生产和供应业	燃气生产和供应业	水的生产和供应业	小计	房屋建筑业	土木工程建筑业
总计	**49**	**62**	**200**	**129**	**49**	**22**	**1974**	**829**	**474**
16-19岁	2		1	1			19	7	8
20-24岁	1	5	21	14	6	1	119	42	27
25-29岁	3	17	25	16	6	3	239	94	45
30-34岁	5	10	44	27	11	6	295	104	77
35-39岁	4	5	17	10	5	2	226	85	54
40-44岁	5	4	20	13	4	3	198	75	39
45-49岁	14	7	22	13	8	1	276	130	64
50-54岁	6	5	28	18	8	2	283	131	79
55-59岁	8	5	11	9	1	1	205	104	47
60-64岁	1	3	4	4			80	42	22
65-69岁			6	3		3	29	13	11
70-74岁			1	1			4	1	1
75岁及以上		1					1	1	
男	**40**	**56**	**166**	**115**	**36**	**15**	**1832**	**762**	**444**
16-19岁	2		1	1			17	6	7
20-24岁	1	5	18	13	5		110	39	26
25-29岁	3	16	22	15	5	2	219	84	42
30-34岁	3	8	36	24	8	4	268	91	69
35-39岁	4	4	13	9	3	1	210	79	48
40-44岁	4	3	16	10	4	2	185	71	38
45-49岁	11	7	15	10	5		253	121	58
50-54岁	4	4	24	17	5	2	260	117	75
55-59岁	7	5	11	9	1	1	199	98	47
60-64岁	1	3	4	4			78	41	22
65-69岁			5	2		3	29	13	11
70-74岁			1	1			3	1	1
75岁及以上		1					1	1	
女	**9**	**6**	**34**	**14**	**13**	**7**	**142**	**67**	**30**
16-19岁							2	1	1
20-24岁			3	1	1	1	9	3	1
25-29岁		1	3	1	1	1	20	10	3
30-34岁	2	2	8	3	3	2	27	13	8
35-39岁		1	4	1	2	1	16	6	6
40-44岁	1	1	4	3		1	13	4	1
45-49岁	3		7	3	3	1	23	9	6
50-54岁	2	1	4	1	3		23	14	4
55-59岁	1						6	6	
60-64岁							2	1	
65-69岁			1	1					
70-74岁							1		
75岁及以上									

4－5c 续表 6

单位：人

年龄组 性别	建筑业		批发和零售业			交通运输、仓储和邮政业			
	建筑安装业	建筑装饰、装修和其他建筑业	小计	批发业	零售业	小计	铁路运输业	道路运输业	水上运输业
总计	**228**	**443**	**2240**	**662**	**1578**	**2380**	**31**	**1842**	**3**
16－19岁	1	3	25	8	17	9		2	
20－24岁	13	37	218	42	176	136	4	78	
25－29岁	33	67	348	98	250	373	9	257	
30－34岁	41	73	421	128	293	421	4	305	2
35－39岁	33	54	323	100	223	399	5	314	1
40－44岁	35	49	255	63	192	308	1	266	
45－49岁	27	55	245	78	167	347	2	300	
50－54岁	28	45	185	68	117	230	4	196	
55－59岁	13	41	131	44	87	112		96	
60－64岁	3	13	56	20	36	33	2	21	
65－69岁	1	4	24	9	15	11		6	
70－74岁		2	8	3	5				
75岁及以上			1	1		1		1	
男	**221**	**405**	**1258**	**453**	**805**	**2188**	**22**	**1768**	**2**
16－19岁	1	3	12	6	6	7		2	
20－24岁	12	33	97	24	73	116	2	74	
25－29岁	32	61	183	61	122	333	5	247	
30－34岁	41	67	232	85	147	381	3	293	1
35－39岁	32	51	187	71	116	369	3	302	1
40－44岁	32	44	144	43	101	287	1	253	
45－49岁	26	48	132	53	79	327	2	291	
50－54岁	28	40	117	48	69	221	4	189	
55－59岁	13	41	87	32	55	106		91	
60－64岁	3	12	43	19	24	30	2	20	
65－69岁	1	4	17	7	10	10		5	
70－74岁		1	6	3	3				
75岁及以上			1	1		1		1	
女	**7**	**38**	**982**	**209**	**773**	**192**	**9**	**74**	**1**
16－19岁			13	2	11	2			
20－24岁	1	4	121	18	103	20	2	4	
25－29岁	1	6	165	37	128	40	4	10	
30－34岁		6	189	43	146	40	1	12	1
35－39岁	1	3	136	29	107	30	2	12	
40－44岁	3	5	111	20	91	21		13	
45－49岁	1	7	113	25	88	20		9	
50－54岁		5	68	20	48	9		7	
55－59岁			44	12	32	6		5	
60－64岁		1	13	1	12	3		1	
65－69岁			7	2	5	1		1	
70－74岁		1	2		2				
75岁及以上									

4-5c　续表 7　　　　单位：人

年龄组 性　别	交通运输、仓储和邮政业					住宿和餐饮业		
	航　空 运输业	管　道 运输业	多式联运 和运输 代理业	装卸搬运 和仓储业	邮政业	小计	住宿业	餐饮业
总　计	**17**		**31**	**170**	**286**	**869**	**72**	**797**
16-19岁	1			2	4	23	2	21
20-24岁	3			18	33	118	5	113
25-29岁	3		3	23	78	126	12	114
30-34岁	4		7	18	81	147	12	135
35-39岁	1		8	26	44	97	11	86
40-44岁	2		2	22	15	80	8	72
45-49岁	2		5	19	19	108	10	98
50-54岁	1		4	17	8	84	8	76
55-59岁			1	14	1	51	3	48
60-64岁			1	7	2	24	1	23
65-69岁				4	1	9		9
70-74岁						2		2
75岁及以上								
男	**9**		**23**	**148**	**216**	**500**	**29**	**471**
16-19岁	1			1	3	16	1	15
20-24岁				13	27	86	2	84
25-29岁	2		2	20	57	85	5	80
30-34岁	3		6	13	62	92	4	88
35-39岁	1		5	23	34	55	5	50
40-44岁			1	20	12	44	4	40
45-49岁	1		4	17	12	36	1	35
50-54岁	1		3	17	7	33	4	29
55-59岁			1	14		27	2	25
60-64岁			1	6	1	17	1	16
65-69岁				4	1	7		7
70-74岁						2		2
75岁及以上								
女	**8**		**8**	**22**	**70**	**369**	**43**	**326**
16-19岁				1	1	7	1	6
20-24岁	3			5	6	32	3	29
25-29岁	1		1	3	21	41	7	34
30-34岁	1		1	5	19	55	8	47
35-39岁			3	3	10	42	6	36
40-44岁	2		1	2	3	36	4	32
45-49岁	1		1	2	7	72	9	63
50-54岁			1		1	51	4	47
55-59岁					1	24	1	23
60-64岁				1	1	7		7
65-69岁						2		2
70-74岁								
75岁及以上								

-5c 续表 8　　单位：人

年龄组 性别	信息传输、软件和信息技术服务业				金融业				
	小计	电信、广播电视和卫星传输服务	互联网和相关服务	软件和信息技术服务业	小计	货币金融服务	资本市场服务	保险业	其他金融业
总计	**207**	**53**	**66**	**88**	**148**	**75**	**3**	**62**	**8**
16-19岁	4		3	1	2	1		1	
20-24岁	33	4	14	15	12	11		1	
25-29岁	60	9	18	33	33	14	2	14	3
30-34岁	50	18	15	17	40	17		21	2
35-39岁	22	8	6	8	23	11	1	9	2
40-44岁	15	7	4	4	10	4		6	
45-49岁	9	2	3	4	13	5		7	1
50-54岁	6	3	1	2	5	4		1	
55-59岁	7	2	1	4	7	5		2	
60-64岁	1		1		3	3			
65-69岁									
70-74岁									
75岁及以上									
男	**137**	**35**	**40**	**62**	**63**	**39**	**2**	**19**	**3**
16-19岁	2		1	1	1	1			
20-24岁	13	4	2	7	7	7			
25-29岁	46	7	16	23	14	5	1	7	1
30-34岁	29	8	9	12	14	7		6	1
35-39岁	16	6	4	6	13	6	1	5	1
40-44岁	11	5	3	3					
45-49岁	8	1	3	4	4	3		1	
50-54岁	4	2		2	3	3			
55-59岁	7	2	1	4	5	5			
60-64岁	1		1		2	2			
65-69岁									
70-74岁									
75岁及以上									
女	**70**	**18**	**26**	**26**	**85**	**36**	**1**	**43**	**5**
16-19岁	2		2		1			1	
20-24岁	20		12	8	5	4		1	
25-29岁	14	2	2	10	19	9	1	7	2
30-34岁	21	10	6	5	26	10		15	1
35-39岁	6	2	2	2	10	5		4	1
40-44岁	4	2	1	1	10	4		6	
45-49岁	1	1			9	2		6	1
50-54岁	2	1	1		2	1		1	
55-59岁					2			2	
60-64岁					1	1			
65-69岁									
70-74岁									
75岁及以上									

4-5c 续表 9

单位：人

年龄组 性 别	房地产业		租赁和商务服务业			科学研究和技术服务业			
	小计	房地产业	小计	租赁业	商 务 服务业	小计	研究和 试验发展	专业技术 服务业	科技推广 和应用 服务业
总 计	**328**	**328**	**416**	**80**	**336**	**235**	**41**	**172**	**22**
16–19岁	2	2	6	1	5	1			1
20–24岁	28	28	43	5	38	25	3	20	2
25–29岁	57	57	74	17	57	58	9	43	6
30–34岁	45	45	73	16	57	44	9	34	1
35–39岁	28	28	50	14	36	26	5	19	2
40–44岁	18	18	25	5	20	13	3	9	1
45–49岁	36	36	42	10	32	20	9	8	3
50–54岁	44	44	53	6	47	24	1	20	3
55–59岁	41	41	27	3	24	12	1	9	2
60–64岁	17	17	11	1	10	9	1	8	
65–69岁	12	12	9	2	7	3		2	1
70–74岁			1		1				
75岁及以上			2		2				
男	**228**	**228**	**320**	**75**	**245**	**176**	**37**	**123**	**16**
16–19岁	1	1	6	1	5	1			1
20–24岁	19	19	28	5	23	16	2	12	2
25–29岁	38	38	47	16	31	40	7	30	3
30–34岁	32	32	57	15	42	35	9	25	1
35–39岁	19	19	36	13	23	20	5	13	2
40–44岁	12	12	20	5	15	10	3	6	1
45–49岁	24	24	34	9	25	14	8	6	
50–54岁	28	28	46	5	41	19	1	15	3
55–59岁	29	29	24	3	21	9	1	6	2
60–64岁	16	16	11	1	10	9	1	8	
65–69岁	10	10	8	2	6	3		2	1
70–74岁			1		1				
75岁及以上			2		2				
女	**100**	**100**	**96**	**5**	**91**	**59**	**4**	**49**	**6**
16–19岁	1	1							
20–24岁	9	9	15		15	9	1	8	
25–29岁	19	19	27	1	26	18	2	13	3
30–34岁	13	13	16	1	15	9		9	
35–39岁	9	9	14	1	13	6		6	
40–44岁	6	6	5		5	3		3	
45–49岁	12	12	8	1	7	6	1	2	3
50–54岁	16	16	7	1	6	5		5	
55–59岁	12	12	3		3	3		3	
60–64岁	1	1							
65–69岁	2	2	1		1				
70–74岁									
75岁及以上									

4-5c 续表 10

单位：人

年龄组 性 别	水利、环境和公共设施管理业					居民服务、修理和其他服务业			
	小计	水 利 管理业	生态保护 和环境 治理业	公共设施 管理业	土 地 管理业	小计	居 民 服务业	机动车、 电子产品 和日用产 品修理业	其 他 服务业
总 计	**454**	**14**	**13**	**426**	**1**	**899**	**420**	**268**	**211**
16-19岁	2			2		16	8	7	1
20-24岁	9			9		91	43	42	6
25-29岁	33	1	1	31		142	70	56	16
30-34岁	33	2		31		122	53	54	15
35-39岁	27	1	3	22	1	103	45	36	22
40-44岁	37	1	2	34		80	41	19	20
45-49岁	54	3		51		101	51	21	29
50-54岁	69	3	2	64		91	44	14	33
55-59岁	78	1	3	74		61	28	7	26
60-64岁	63	2		61		49	20	7	22
65-69岁	38		2	36		30	10	3	17
70-74岁	10			10		12	6	2	4
75岁及以上	1			1		1	1		
男	**308**	**12**	**11**	**284**	**1**	**579**	**216**	**249**	**114**
16-19岁	1			1		13	5	7	1
20-24岁	8			8		66	19	41	6
25-29岁	26	1	1	24		96	36	47	13
30-34岁	26	2		24		86	20	53	13
35-39岁	17	1	2	13	1	67	25	33	9
40-44岁	20	1	1	18		39	17	16	6
45-49岁	33	1		32		59	28	20	11
50-54岁	39	3	2	34		51	25	13	13
55-59岁	53	1	3	49		39	17	7	15
60-64岁	46	2		44		34	13	7	14
65-69岁	28		2	26		18	6	3	9
70-74岁	10			10		10	4	2	4
75岁及以上	1			1		1	1		
女	**146**	**2**	**2**	**142**		**320**	**204**	**19**	**97**
16-19岁	1			1		3	3		
20-24岁	1			1		25	24	1	
25-29岁	7			7		46	34	9	3
30-34岁	7			7		36	33	1	2
35-39岁	10		1	9		36	20	3	13
40-44岁	17		1	16		41	24	3	14
45-49岁	21	2		19		42	23	1	18
50-54岁	30			30		40	19	1	20
55-59岁	25			25		22	11		11
60-64岁	17			17		15	7		8
65-69岁	10			10		12	4		8
70-74岁						2	2		
75岁及以上									

4-5c　续表 11　　单位：人

年龄组 性　别	教育		卫生和社会工作			文化、体育和娱乐业				
	小计	教育	小计	卫生	社会工作	小计	新闻和出版业	广播、电视、电影和录音制作业	文化艺术业	体育
总　计	**743**	**743**	**270**	**256**	**14**	**83**	**8**	**6**	**25**	**12**
16-19岁	15	15	5	5						
20-24岁	90	90	43	41	2	9		1	1	4
25-29岁	141	141	65	65		15	1	2	4	4
30-34岁	122	122	40	39	1	14	3		3	2
35-39岁	97	97	26	25	1	9	1	1	1	1
40-44岁	71	71	23	21	2	9	2		4	
45-49岁	70	70	25	20	5	13		1	7	
50-54岁	71	71	16	16		7	1		3	
55-59岁	40	40	16	14	2	5		1	1	1
60-64岁	19	19	4	3	1	2			1	
65-69岁	5	5	7	7						
70-74岁	1	1								
75岁及以上	1	1								
男	**190**	**190**	**59**	**55**	**4**	**48**	**4**	**4**	**18**	**4**
16-19岁	6	6	1	1						
20-24岁	20	20	8	7	1	5		1	1	1
25-29岁	27	27	9	9		9	1	1	3	1
30-34岁	24	24	12	12		7	1		3	1
35-39岁	17	17	9	9		7		1	1	1
40-44岁	16	16	5	4	1	6	1		3	
45-49岁	19	19	4	4		6			4	
50-54岁	26	26	1	1		3	1		1	
55-59岁	17	17	5	4	1	3		1	1	
60-64岁	12	12	2	1	1	2			1	
65-69岁	5	5	3	3						
70-74岁										
75岁及以上	1	1								
女	**553**	**553**	**211**	**201**	**10**	**35**	**4**	**2**	**7**	**8**
16-19岁	9	9	4	4						
20-24岁	70	70	35	34	1	4				3
25-29岁	114	114	56	56		6		1	1	3
30-34岁	98	98	28	27	1	7	2			1
35-39岁	80	80	17	16	1	2	1			
40-44岁	55	55	18	17	1	3	1		1	
45-49岁	51	51	21	16	5	7		1	3	
50-54岁	45	45	15	15		4			2	
55-59岁	23	23	11	10	1	2				1
60-64岁	7	7	2	2						
65-69岁			4	4						
70-74岁	1	1								
75岁及以上										

4-5c 续表 12 单位：人

年龄组 性 别	娱乐业	公共管理、社会保障和社会组织							国际组织	
		小计	中国共产党机关	国家机构	人民政协、民主党派	社会保障	群众团体、社会团体和其他成员组织	基层群众自治组织	小计	国际组织
总 计	**32**	**638**	**11**	**345**		**5**	**19**	**258**		
16-19岁		1		1						
20-24岁	3	44	1	37			4	2		
25-29岁	4	75	1	66		2	2	4		
30-34岁	6	72		52		2		18		
35-39岁	5	62	1	37			1	23		
40-44岁	3	48		26			1	21		
45-49岁	5	71	2	40		1	1	27		
50-54岁	3	86	5	34			3	44		
55-59岁	2	84	1	34			5	44		
60-64岁	1	47		8				39		
65-69岁		34		9			2	23		
70-74岁		12		1				11		
75岁及以上		2						2		
男	**18**	**410**	**9**	**209**		**1**	**12**	**179**		
16-19岁		1		1						
20-24岁	2	24	1	20			3			
25-29岁	3	39		38				1		
30-34岁	2	40		27				13		
35-39岁	4	33		20			1	12		
40-44岁	2	32		17			1	14		
45-49岁	2	46	2	23		1	1	19		
50-54岁	1	59	5	23			2	29		
55-59岁	1	64	1	28			4	31		
60-64岁	1	37		6				31		
65-69岁		25		5				20		
70-74岁		9		1				8		
75岁及以上		1						1		
女	**14**	**228**	**2**	**136**		**4**	**7**	**79**		
16-19岁										
20-24岁	1	20		17			1	2		
25-29岁	1	36	1	28		2	2	3		
30-34岁	4	32		25		2		5		
35-39岁	1	29	1	17				11		
40-44岁	1	16		9				7		
45-49岁	3	25		17				8		
50-54岁	2	27		11			1	15		
55-59岁	1	20		6			1	13		
60-64岁		10		2				8		
65-69岁		9		4			2	3		
70-74岁		3						3		
75岁及以上		1						1		

4-6　各地区分性别、职业中类的就业人口

单位：人

地　区 性　别	合计	党的机关、国家机关、群众团体和社会组织、企事业单位负责人						
		小计	中国共产党机关负责人	国家机关负责人	民主党派和工商联负责人	人民团体和群众团体、社会组织及其他成员组织负责人	基层群众自治组织负责人	企事业单位负责人
太原市	**204938**	**7934**	**22**	**266**	**1**	**216**	**67**	**7362**
小店区	53234	2515	4	61		62	6	2382
迎泽区	25289	1090	2	27		7		1054
杏花岭区	30758	1475	3	40		30	11	1391
尖草坪区	17896	628	2	24		15	6	581
万柏林区	36605	1155	1	51		45	5	1053
晋源区	11263	599		21		33	2	543
清徐县	15819	228	1	9		7	15	196
阳曲县	5072	82	3	9		1	7	62
娄烦县	2562	48		11		8	7	22
古交市	6440	114	6	13	1	8	8	78
男	**126332**	**5943**	**19**	**206**		**131**	**51**	**5536**
小店区	31765	1862	4	47		35	4	1772
迎泽区	14146	803	2	20		2		779
杏花岭区	18370	1096	2	28		18	6	1042
尖草坪区	11462	459	2	19		11	4	423
万柏林区	22430	891		42		27	3	819
晋源区	7260	460		16		24	2	418
清徐县	10903	176	1	7		1	13	154
阳曲县	3419	62	2	8		1	5	46
娄烦县	1830	40		8		7	7	18
古交市	4747	94	6	11		5	7	65
女	**78606**	**1991**	**3**	**60**	**1**	**85**	**16**	**1826**
小店区	21469	653		14		27	2	610
迎泽区	11143	287		7		5		275
杏花岭区	12388	379	1	12		12	5	349
尖草坪区	6434	169		5		4	2	158
万柏林区	14175	264	1	9		18	2	234
晋源区	4003	139		5		9		125
清徐县	4916	52		2		6	2	42
阳曲县	1653	20	1	1			2	16
娄烦县	732	8		3		1		4
古交市	1693	20		2	1	3	1	13

4-6 续表 1

单位：人

地区 性别	专业技术人员									
	小计	科学研究人员	工程技术人员	农业技术人员	飞机和船舶技术人员	卫生专业技术人员	经济和金融专业人员	法律、社会和宗教专业人员	教学人员	文学艺术、体育专业人员
太原市	**40678**	**406**	**9815**	**127**	**46**	**6019**	**9449**	**933**	**11773**	**629**
小店区	11056	192	2738	19	37	1302	2742	267	3202	138
迎泽区	6058	65	1172	19	1	1174	1603	138	1503	107
杏花岭区	6817	48	1574	19	4	1417	1466	136	1779	109
尖草坪区	3268	23	930	12	2	421	633	67	1054	45
万柏林区	8253	59	2218	18	1	1040	1950	209	2342	135
晋源区	1935	12	506	9	1	183	509	57	546	60
清徐县	1529	4	321	13		191	283	20	606	24
阳曲县	525		64	12		107	75	12	239	7
娄烦县	318	2	66	3		49	39	5	142	1
古交市	919	1	226	3		135	149	22	360	3
男	**16711**	**235**	**7848**	**85**	**35**	**1426**	**2594**	**410**	**3021**	**368**
小店区	4575	117	2148	15	29	317	715	130	829	83
迎泽区	2345	28	892	12	1	264	480	70	431	61
杏花岭区	2765	31	1264	13	4	334	375	53	489	60
尖草坪区	1424	16	757	8		89	160	22	299	29
万柏林区	3517	34	1783	12		264	570	82	580	77
晋源区	807	5	414	6	1	36	144	29	108	38
清徐县	563	2	268	9		44	63	5	115	14
阳曲县	178		58	4		23	23	5	59	3
娄烦县	147	2	61	3		17	17	4	37	
古交市	390		203	3		38	47	10	74	3
女	**23967**	**171**	**1967**	**42**	**11**	**4593**	**6855**	**523**	**8752**	**261**
小店区	6481	75	590	4	8	985	2027	137	2373	55
迎泽区	3713	37	280	7		910	1123	68	1072	46
杏花岭区	4052	17	310	6		1083	1091	83	1290	49
尖草坪区	1844	7	173	4	2	332	473	45	755	16
万柏林区	4736	25	435	6	1	776	1380	127	1762	58
晋源区	1128	7	92	3		147	365	28	438	22
清徐县	966	2	53	4		147	220	15	491	10
阳曲县	347		6	8		84	52	7	180	4
娄烦县	171		5			32	22	1	105	1
古交市	529	1	23			97	102	12	286	

4-6　续表 2

单位：人

地　区 性　别	专业技术人员		办事人员和有关人员				社会生产服务和生活服务人员		
	新闻出版、文化专业人员	其他专业技术人员	小计	办事人员	安全和消防人员	其他办事人员和有关人员	小计	批发与零售服务人员	交通运输、仓储和邮政业服务人员
太原市	**1111**	**370**	**30339**	**26095**	**3877**	**367**	**78689**	**30845**	**15674**
小店区	309	110	7610	6745	770	95	19127	7537	2936
迎泽区	258	18	4983	4493	472	18	10903	4607	1692
杏花岭区	180	85	5236	4536	626	74	12809	5329	2641
尖草坪区	54	27	2184	1796	371	17	7199	3019	1615
万柏林区	214	67	6375	5448	872	55	14208	6070	2447
晋源区	47	5	1526	1254	256	16	4941	1883	1071
清徐县	25	42	958	698	191	69	4965	1360	1791
阳曲县	8	1	424	327	92	5	1629	349	580
娄烦县	6	5	301	235	63	3	874	183	274
古交市	10	10	742	563	164	15	2034	508	627
男	**422**	**267**	**17973**	**14313**	**3432**	**228**	**48111**	**16067**	**13906**
小店区	117	75	4332	3600	682	50	11578	4087	2507
迎泽区	92	14	2865	2461	391	13	6276	2241	1462
杏花岭区	81	61	3151	2564	544	43	7621	2627	2296
尖草坪区	23	21	1305	953	340	12	4382	1559	1447
万柏林区	70	45	3786	2984	771	31	8516	3218	2133
晋源区	22	4	898	656	231	11	3175	1044	998
清徐县	9	34	640	408	178	54	3456	741	1665
阳曲县	2	1	272	185	84	3	1112	163	547
娄烦县	2	4	215	153	60	2	603	99	261
古交市	4	8	509	349	151	9	1392	288	590
女	**689**	**103**	**12366**	**11782**	**445**	**139**	**30578**	**14778**	**1768**
小店区	192	35	3278	3145	88	45	7549	3450	429
迎泽区	166	4	2118	2032	81	5	4627	2366	230
杏花岭区	99	24	2085	1972	82	31	5188	2702	345
尖草坪区	31	6	879	843	31	5	2817	1460	168
万柏林区	144	22	2589	2464	101	24	5692	2852	314
晋源区	25	1	628	598	25	5	1766	839	73
清徐县	16	8	318	290	13	15	1509	619	126
阳曲县	6		152	142	8	2	517	186	33
娄烦县	4	1	86	82	3	1	271	84	13
古交市	6	2	233	214	13	6	642	220	37

4-6 续表 3 单位：人

地区 性别	社会生产服务和生活服务人员								
	住宿和餐饮服务人员	信息传输、软件和信息技术服务人员	金融服务人员	房地产服务人员	租赁和商务服务人员	技术辅助服务人员	水利、环境和公共设施管理服务人员	居民服务人员	电力、燃气及水供应服务人员
太原市	**8898**	**2527**	**2699**	**1639**	**2130**	**2648**	**3934**	**3573**	**985**
小店区	2443	911	663	438	518	835	822	968	170
迎泽区	1227	380	591	303	454	418	358	452	101
杏花岭区	1378	337	489	271	311	400	512	529	145
尖草坪区	712	168	145	124	132	208	395	295	119
万柏林区	1445	438	478	357	391	502	707	618	187
晋源区	477	125	97	80	178	160	483	163	47
清徐县	591	73	126	30	57	57	279	223	112
阳曲县	253	30	26	16	24	24	124	111	33
娄烦县	114	18	27	1	17	16	96	57	26
古交市	258	47	57	19	48	28	158	157	45
男	**4980**	**1648**	**1175**	**973**	**1331**	**1631**	**1658**	**1392**	**809**
小店区	1467	594	313	261	298	508	331	373	137
迎泽区	635	267	276	193	304	244	152	176	74
杏花岭区	798	220	193	166	182	254	195	204	115
尖草坪区	380	101	52	54	75	129	166	99	100
万柏林区	819	266	197	216	249	311	274	227	158
晋源区	254	86	51	50	111	103	230	58	39
清徐县	315	52	49	17	37	29	138	76	99
阳曲县	124	19	10	8	17	19	53	66	32
娄烦县	54	13	12		17	12	52	23	21
古交市	134	30	22	8	41	22	67	90	34
女	**3918**	**879**	**1524**	**666**	**799**	**1017**	**2276**	**2181**	**176**
小店区	976	317	350	177	220	327	491	595	33
迎泽区	592	113	315	110	150	174	206	276	27
杏花岭区	580	117	296	105	129	146	317	325	30
尖草坪区	332	67	93	70	57	79	229	196	19
万柏林区	626	172	281	141	142	191	433	391	29
晋源区	223	39	46	30	67	57	253	105	8
清徐县	276	21	77	13	20	28	141	147	13
阳曲县	129	11	16	8	7	5	71	45	1
娄烦县	60	5	15	1		4	44	34	5
古交市	124	17	35	11	7	6	91	67	11

4-6　续表 4　　　　单位：人

地区 性别	社会生产服务和生活服务人员				农、林、牧、渔业生产及辅助人员				
	修理及制作服务人员	文化、体育和娱乐服务人员	健康服务人员	其他社会生产和生活服务人员	小计	农业生产人员	林业生产人员	畜牧业生产人员	渔业生产人员
太原市	**2349**	**481**	**245**	**62**	**8403**	**7485**	**302**	**519**	**5**
小店区	643	138	90	15	697	631	16	37	1
迎泽区	222	74	19	5	76	46	14	13	1
杏花岭区	345	76	38	8	73	34	8	25	1
尖草坪区	200	43	14	10	508	454	18	33	1
万柏林区	406	105	48	9	117	62	40	11	
晋源区	146	18	11	2	253	189	48	10	
清徐县	234	13	12	7	4465	4210	41	179	1
阳曲县	48	3	5	3	1439	1309	34	87	
娄烦县	40	3	1	1	524	370	59	89	
古交市	65	8	7	2	251	180	24	35	
男	**2161**	**268**	**71**	**41**	**5799**	**5048**	**267**	**410**	**3**
小店区	588	81	25	8	504	452	11	33	
迎泽区	202	44	5	1	46	25	10	9	
杏花岭区	313	40	12	6	59	27	8	20	1
尖草坪区	186	22	4	8	394	348	16	28	1
万柏林区	371	54	14	9	87	39	35	10	
晋源区	135	11	4	1	215	157	45	8	
清徐县	222	8	4	4	2958	2761	32	135	1
阳曲县	46	3	2	3	965	859	33	67	
娄烦县	37	1	1		375	240	55	75	
古交市	61	4		1	196	140	22	25	
女	**188**	**213**	**174**	**21**	**2604**	**2437**	**35**	**109**	**2**
小店区	55	57	65	7	193	179	5	4	1
迎泽区	20	30	14	4	30	21	4	4	1
杏花岭区	32	36	26	2	14	7		5	
尖草坪区	14	21	10	2	114	106	2	5	
万柏林区	35	51	34		30	23	5	1	
晋源区	11	7	7	1	38	32	3	2	
清徐县	12	5	8	3	1507	1449	9	44	
阳曲县	2		3		474	450	1	20	
娄烦县	3	2		1	149	130	4	14	
古交市	4	4	7	1	55	40	2	10	

4-6 续表 5 单位：人

地区 性别	农林牧渔生产辅助人员	其他农、林、牧、渔业生产加工人员	生产制造及有关人员						
			小计	农副产品加工人员	食品、饮料生产加工人员	烟草及其制品加工人员	纺织、针织、印染人员	纺织品、服装和皮革、毛皮制品加工制作人员	木材加工、家具与木制品制作人员
太原市	**78**	**14**	**38180**	**184**	**662**	**40**	**25**	**336**	**1024**
小店区	11	1	11934	36	180	16	7	54	254
迎泽区	2		2159	7	44	22	1	50	75
杏花岭区	4	1	4238	14	102	1	5	60	76
尖草坪区	2		3976	15	65		3	56	110
万柏林区	2	2	6416	17	82	1	3	53	206
晋源区	6		1985	9	35		1	25	129
清徐县	24	10	3641	50	117		4	18	122
阳曲县	9		971	25	25			8	36
娄烦县	6		481	8				5	2
古交市	12		2379	3	12		1	7	14
男	**60**	**11**	**31319**	**128**	**384**	**24**	**11**	**142**	**872**
小店区	7	1	8723	20	107	9	1	23	204
迎泽区	2		1797	4	19	14	1	20	71
杏花岭区	2	1	3611	12	62	1	3	28	63
尖草坪区	1		3402	10	32		2	29	97
万柏林区	1	2	5577	13	46		1	21	181
晋源区	5		1687	5	24		1	9	104
清徐县	22	7	3088	36	75		1	4	103
阳曲县	6		830	19	15			2	34
娄烦县	5		439	7				3	2
古交市	9		2165	2	4		1	3	13
女	**18**	**3**	**6861**	**56**	**278**	**16**	**14**	**194**	**152**
小店区	4		3211	16	73	7	6	31	50
迎泽区			362	3	25	8		30	4
杏花岭区	2		627	2	40		2	32	13
尖草坪区	1		574	5	33		1	27	13
万柏林区	1		839	4	36	1	2	32	25
晋源区	1		298	4	11			16	25
清徐县	2	3	553	14	42		3	14	19
阳曲县	3		141	6	10			6	2
娄烦县	1		42	1				2	
古交市	3		214	1	8			4	1

4-6　续表 6

单位：人

地区 性别	生产制造及有关人员								
	纸及纸制品生产加工人员	印刷和记录媒介复制人员	文教、工美、体育和娱乐用品制造人员	石油加工和炼焦、煤化工生产人员	化学原料和化学制品制造人员	医药制造人员	化学纤维制造人员	橡胶和塑料制品制造人员	非金属矿物制品制造人员
太原市	**44**	**229**	**68**	**441**	**260**	**103**	**3**	**91**	**424**
小店区	10	82	16	12	23	30		22	43
迎泽区		38	7	5	23	19		13	15
杏花岭区	6	39	16	14	24	19		10	28
尖草坪区	2	16	6	11	109	4	3	7	55
万柏林区	3	34	15	29	33	16		8	67
晋源区	12	5	1	8	14	6		2	82
清徐县	9	9	3	286	25	4		28	81
阳曲县		3		25		3		1	38
娄烦县	2		3	6	4	2			6
古交市		3	1	45	5				9
男	**28**	**135**	**35**	**390**	**208**	**48**	**3**	**64**	**353**
小店区	3	52	11	11	13	19		16	34
迎泽区		25	3	5	17	8		8	13
杏花岭区	2	26	5	11	16	9		9	27
尖草坪区	1	8	6	10	88		3	4	40
万柏林区	3	17	6	25	30	6		5	52
晋源区	10	3		6	11	3		2	74
清徐县	7	4	2	257	25	2		19	66
阳曲县				22				1	32
娄烦县	2		1	6	3	1			6
古交市			1	37	5				9
女	**16**	**94**	**33**	**51**	**52**	**55**		**27**	**71**
小店区	7	30	5	1	10	11		6	9
迎泽区		13	4		6	11		5	2
杏花岭区	4	13	11	3	8	10		1	1
尖草坪区	1	8		1	21	4		3	15
万柏林区		17	9	4	3	10		3	15
晋源区	2	2	1	2	3	3			8
清徐县	2	5	1	29		2		9	15
阳曲县		3		3		3			6
娄烦县			2		1	1			
古交市		3		8					

4-6 续表 7

单位：人

地区 性别	生产制造及有关人员								
	采矿人员	金属冶炼和压延加工人员	机械制造基础加工人员	金属制品制造人员	通用设备制造人员	专用设备制造人员	汽车制造人员	铁路、船舶、航空设备制造人员	电气机械和器材制造人员
太原市	**2942**	**882**	**2317**	**445**	**433**	**122**	**80**	**63**	**109**
小店区	84	105	329	82	45	33	23	17	31
迎泽区	35	27	71	11	13	9	2	10	2
杏花岭区	177	226	379	80	75	13	20	17	10
尖草坪区	77	291	497	89	69	14	12	13	10
万柏林区	947	73	557	74	74	17	8	4	28
晋源区	16	8	43	19	18	4	4		11
清徐县	258	130	316	66	118	5	9		10
阳曲县	14	11	75	12	7	23	1	1	3
娄烦县	90	6	27	7	3				2
古交市	1244	5	23	5	11	4	1	1	2
男	**2736**	**785**	**2110**	**367**	**398**	**96**	**70**	**51**	**87**
小店区	71	83	297	70	39	22	17	14	24
迎泽区	32	24	67	9	11	6	2	8	2
杏花岭区	154	203	344	69	73	11	18	14	6
尖草坪区	67	269	456	72	66	11	12	12	8
万柏林区	880	68	499	58	62	15	8	2	22
晋源区	13	8	42	16	18	2	3		9
清徐县	252	110	283	53	108	5	8		9
阳曲县	14	10	74	11	7	20	1	1	3
娄烦县	84	5	25	4	3				2
古交市	1169	5	23	5	11	4	1		2
女	**206**	**97**	**207**	**78**	**35**	**26**	**10**	**12**	**22**
小店区	13	22	32	12	6	11	6	3	7
迎泽区	3	3	4	2	2	3		2	
杏花岭区	23	23	35	11	2	2	2	3	4
尖草坪区	10	22	41	17	3	3		1	2
万柏林区	67	5	58	16	12	2		2	6
晋源区	3		1	3		2	1		2
清徐县	6	20	33	13	10		1		1
阳曲县		1	1	1		3			
娄烦县	6	1	2	3					
古交市	75							1	

4-6　续表 8　　　　单位：人

地　　区 性　　别	生产制造及有关人员								不便分类的其他从业人员
	计算机、通信和其他电子设备制造人员	仪器仪表制造人员	废弃资源综合利用人员	电力、热力、气体、水生产和输配人员	建筑施工人员	运输设备和通用工程机械操作人员及有关人员	生产辅助人员	其他生产制造及有关人员	
太原市	**6219**	**61**	**37**	**552**	**11692**	**1922**	**6177**	**193**	**715**
小店区	5383	10	11	77	3084	393	1367	75	295
迎泽区	44	6	1	78	968	106	452	5	20
杏花岭区	232	8	7	94	1270	261	932	23	110
尖草坪区	189	12	8	63	1134	324	692	20	133
万柏林区	224	12	2	79	2303	287	1121	39	81
晋源区	38	2	1	28	1085	112	266	1	24
清徐县	44	9	2	57	1071	200	568	22	33
阳曲县	21			10	399	69	157	4	2
娄烦县	7		1	13	132	53	102		16
古交市	37	2	4	53	246	117	520	4	1
男	**3956**	**45**	**24**	**451**	**10492**	**1796**	**4869**	**161**	**476**
小店区	3304	8	6	62	2735	382	1000	66	191
迎泽区	31	5		65	872	93	359	3	14
杏花岭区	183	6	6	80	1149	240	763	18	67
尖草坪区	148	8	5	53	992	304	572	17	96
万柏林区	177	7	2	59	2086	258	935	33	56
晋源区	30	2	1	22	954	107	207	1	18
清徐县	33	8	1	48	980	181	389	19	22
阳曲县	19			9	366	67	102	1	
娄烦县	4		1	11	130	52	87		11
古交市	27	1	2	42	228	112	455	3	1
女	**2263**	**16**	**13**	**101**	**1200**	**126**	**1308**	**32**	**239**
小店区	2079	2	5	15	349	11	367	9	104
迎泽区	13	1	1	13	96	13	93	2	6
杏花岭区	49	2	1	14	121	21	169	5	43
尖草坪区	41	4	3	10	142	20	120	3	37
万柏林区	47	5		20	217	29	186	6	25
晋源区	8			6	131	5	59		6
清徐县	11	1	1	9	91	19	179	3	11
阳曲县	2			1	33	2	55	3	2
娄烦县	3			2	2	1	15		5
古交市	10	1	2	11	18	5	65	1	

4-6a 各地区分性别、职业中类的就业人口(城市)

单位：人

地 区 性 别	合计	党的机关、国家机关、群众团体和社会组织、企事业单位负责人						
		小计	中国共产党机关负责人	国家机关负责人	民主党派和工商联负责人	人民团体和群众团体、社会组织及其他成员组织负责人	基层群众自治组织负责人	企事业单位负责人
太原市	**161118**	**7186**	**15**	**227**	**1**	**172**	**25**	**6746**
小店区	39972	2280	2	57		47	2	2172
迎泽区	24796	1058	2	27		7		1022
杏花岭区	28760	1433	2	40		29	11	1351
尖草坪区	16937	606	2	21		12	3	568
万柏林区	36447	1154	1	51		45	4	1053
晋源区	9507	568		20		27		521
清徐县								
阳曲县								
娄烦县								
古交市	4699	87	6	11	1	5	5	59
男	**96436**	**5357**	**13**	**174**		**102**	**16**	**5052**
小店区	23200	1679	2	44		23	1	1609
迎泽区	13802	774	2	20		2		750
杏花岭区	16979	1066	1	28		18	6	1013
尖草坪区	10768	441	2	16		9	2	412
万柏林区	22310	891		42		27	3	819
晋源区	6056	436		15		20		401
清徐县								
阳曲县								
娄烦县								
古交市	3321	70	6	9		3	4	48
女	**64682**	**1829**	**2**	**53**	**1**	**70**	**9**	**1694**
小店区	16772	601		13		24	1	563
迎泽区	10994	284		7		5		272
杏花岭区	11781	367	1	12		11	5	338
尖草坪区	6169	165		5		3	1	156
万柏林区	14137	263	1	9		18	1	234
晋源区	3451	132		5		7		120
清徐县								
阳曲县								
娄烦县								
古交市	1378	17		2	1	2	1	11

4-6a　续表 1　　　　单位：人

地区 性别	专业技术人员 小计	科学研究人员	工程技术人员	农业技术人员	飞机和船舶技术人员	卫生专业技术人员	经济和金融专业人员	法律、社会和宗教专业人员	教学人员	文学艺术、体育专业人员
太原市	**36311**	**381**	**8740**	**92**	**45**	**5488**	**8609**	**859**	**10197**	**562**
小店区	9708	173	2271	17	36	1195	2416	243	2859	116
迎泽区	6017	65	1153	17	1	1169	1599	137	1496	106
杏花岭区	6645	48	1536	18	4	1386	1434	133	1725	102
尖草坪区	3191	23	920	11	2	410	617	67	1017	43
万柏林区	8237	59	2214	18	1	1039	1948	208	2335	135
晋源区	1720	12	456	8	1	167	469	50	456	57
清徐县										
阳曲县										
娄烦县										
古交市	793	1	190	3		122	126	21	309	3
男	**14937**	**219**	**6951**	**64**	**34**	**1305**	**2368**	**377**	**2686**	**330**
小店区	3957	105	1780	13	28	294	622	118	758	69
迎泽区	2321	28	875	11	1	263	479	69	429	61
杏花岭区	2695	31	1229	12	4	329	368	52	475	56
尖草坪区	1399	16	749	7		87	156	22	290	28
万柏林区	3511	34	1779	12		264	569	82	579	77
晋源区	722	5	370	6	1	32	135	24	93	36
清徐县										
阳曲县										
娄烦县										
古交市	332		169	3		36	39	10	62	3
女	**21374**	**162**	**1789**	**28**	**11**	**4183**	**6241**	**482**	**7511**	**232**
小店区	5751	68	491	4	8	901	1794	125	2101	47
迎泽区	3696	37	278	6		906	1120	68	1067	45
杏花岭区	3950	17	307	6		1057	1066	81	1250	46
尖草坪区	1792	7	171	4	2	323	461	45	727	15
万柏林区	4726	25	435	6	1	775	1379	126	1756	58
晋源区	998	7	86	2		135	334	26	363	21
清徐县										
阳曲县										
娄烦县										
古交市	461	1	21			86	87	11	247	

4-6a 续表 2　　　　单位：人

地区 性别	专业技术人员		办事人员和有关人员				社会生产服务和生活服务人员		
	新闻出版、文化专业人员	其他专业技术人员	小计	办事人员	安全和消防人员	其他办事人员和有关人员	小计	批发与零售服务人员	交通运输、仓储和邮政业服务人员
太原市	**1039**	**299**	**27322**	**23839**	**3213**	**270**	**64339**	**27107**	**10949**
小店区	287	95	6804	6122	593	89	15440	6500	1950
迎泽区	257	17	4950	4474	458	18	10650	4531	1611
杏花岭区	175	84	5111	4439	602	70	11716	5001	2277
尖草坪区	54	27	2119	1761	341	17	6812	2939	1462
万柏林区	213	67	6366	5444	867	55	14160	6054	2441
晋源区	43	1	1363	1133	223	7	4030	1674	762
清徐县									
阳曲县									
娄烦县									
古交市	10	8	609	466	129	14	1531	408	446
男	**396**	**207**	**16011**	**13033**	**2821**	**157**	**38347**	**14066**	**9541**
小店区	108	62	3840	3272	522	46	9168	3504	1640
迎泽区	92	13	2844	2453	378	13	6118	2212	1394
杏花岭区	79	60	3079	2511	526	42	6897	2475	1955
尖草坪区	23	21	1262	939	311	12	4111	1516	1297
万柏林区	70	45	3778	2981	766	31	8490	3207	2128
晋源区	20		802	595	202	5	2547	927	709
清徐县									
阳曲县									
娄烦县									
古交市	4	6	406	282	116	8	1016	225	418
女	**643**	**92**	**11311**	**10806**	**392**	**113**	**25992**	**13041**	**1408**
小店区	179	33	2964	2850	71	43	6272	2996	310
迎泽区	165	4	2106	2021	80	5	4532	2319	217
杏花岭区	96	24	2032	1928	76	28	4819	2526	322
尖草坪区	31	6	857	822	30	5	2701	1423	165
万柏林区	143	22	2588	2463	101	24	5670	2847	313
晋源区	23	1	561	538	21	2	1483	747	53
清徐县									
阳曲县									
娄烦县									
古交市	6	2	203	184	13	6	515	183	28

4-6a　续表 3　　单位：人

地　区 性　别	社会生产服务和生活服务人员								
	住宿和餐饮服务人　员	信息传输、软件和信息技术服务人　员	金融服务人　员	房地产服务人员	租赁和商务服务人　员	技术辅助服务人员	水利、环境和公共设施管理服务人员	居民服务人　员	电力、燃气及水供应服务人　员
太原市	**7025**	**2186**	**2429**	**1509**	**1846**	**2325**	**2870**	**2862**	**753**
小店区	1937	756	596	381	430	669	572	787	137
迎泽区	1201	375	586	299	448	408	338	442	98
杏花岭区	1234	319	480	263	284	377	426	494	140
尖草坪区	658	161	143	120	130	202	353	279	115
万柏林区	1434	436	478	357	391	501	701	615	186
晋源区	387	109	90	71	128	147	356	121	45
清徐县									
阳曲县									
娄烦县									
古交市	174	30	56	18	35	21	124	124	32
男	**3972**	**1436**	**1056**	**901**	**1130**	**1428**	**1171**	**1072**	**606**
小店区	1163	509	277	228	247	406	232	277	109
迎泽区	624	264	273	190	299	237	137	172	71
杏花岭区	719	206	188	164	159	240	160	187	112
尖草坪区	355	96	52	51	74	123	150	96	96
万柏林区	816	265	197	216	249	311	272	226	157
晋源区	209	78	47	45	72	95	168	44	38
清徐县									
阳曲县									
娄烦县									
古交市	86	18	22	7	30	16	52	70	23
女	**3053**	**750**	**1373**	**608**	**716**	**897**	**1699**	**1790**	**147**
小店区	774	247	319	153	183	263	340	510	28
迎泽区	577	111	313	109	149	171	201	270	27
杏花岭区	515	113	292	99	125	137	266	307	28
尖草坪区	303	65	91	69	56	79	203	183	19
万柏林区	618	171	281	141	142	190	429	389	29
晋源区	178	31	43	26	56	52	188	77	7
清徐县									
阳曲县									
娄烦县									
古交市	88	12	34	11	5	5	72	54	9

4–6a 续表 4

单位：人

地区 性别	社会生产服务和生活服务人员				农、林、牧、渔业生产及辅助人员				
	修理及制作服务人员	文化、体育和娱乐服务人员	健康服务人员	其他社会生产和生活服务人员	小计	农业生产人员	林业生产人员	畜牧业生产人员	渔业生产人员
太原市	**1792**	**443**	**196**	**47**	**874**	**625**	**131**	**92**	**4**
小店区	521	129	63	12	144	106	12	18	1
迎泽区	215	74	19	5	68	41	11	13	1
杏花岭区	305	71	37	8	48	22	3	18	1
尖草坪区	185	41	14	10	293	249	17	24	1
万柏林区	406	104	48	8	115	61	39	11	
晋源区	114	16	8	2	142	97	37	5	
清徐县									
阳曲县									
娄烦县									
古交市	46	8	7	2	64	49	12	3	
男	**1634**	**244**	**58**	**32**	**669**	**468**	**110**	**74**	**2**
小店区	473	75	21	7	109	82	7	16	
迎泽区	195	44	5	1	40	22	7	9	
杏花岭区	275	39	12	6	37	18	3	13	1
尖草坪区	173	20	4	8	223	186	15	20	1
万柏林区	371	53	14	8	85	38	34	10	
晋源区	103	9	2	1	126	85	34	4	
清徐县									
阳曲县									
娄烦县									
古交市	44	4		1	49	37	10	2	
女	**158**	**199**	**138**	**15**	**205**	**157**	**21**	**18**	**2**
小店区	48	54	42	5	35	24	5	2	1
迎泽区	20	30	14	4	28	19	4	4	1
杏花岭区	30	32	25	2	11	4		5	
尖草坪区	12	21	10	2	70	63	2	4	
万柏林区	35	51	34		30	23	5	1	
晋源区	11	7	6	1	16	12	3	1	
清徐县									
阳曲县									
娄烦县									
古交市	2	4	7	1	15	12	2	1	

4-6a　续表 5　　　　单位：人

地　区 性　别	农林牧渔生产辅助人员	其他农、林、牧、渔业生产加工人员	生产制造及有关人员 小计	农副产品加工人员	食品、饮料生产加工人员	烟草及其制品加工人员	纺织、针织、印染人员	纺织品、服装和皮革、毛皮制品加工制作人员	木材加工、家具与木制品制作人员
太原市	**19**	**3**	**24478**	**83**	**425**	**33**	**19**	**252**	**760**
小店区	7		5330	23	119	9	6	34	212
迎泽区	2		2033	7	41	22		46	73
杏花岭区	3	1	3718	11	91	1	5	48	64
尖草坪区	2		3784	14	58		3	55	79
万柏林区	2	2	6334	17	82	1	3	53	206
晋源区	3		1665	8	25		1	13	115
清徐县									
阳曲县									
娄烦县									
古交市			1614	3	9		1	3	11
男	**12**	**3**	**20713**	**54**	**247**	**20**	**8**	**103**	**641**
小店区	4		4276	12	79	5		12	170
迎泽区	2		1691	4	18	14		19	69
杏花岭区	1	1	3154	9	56	1	3	19	51
尖草坪区	1		3237	10	28		2	29	68
万柏林区	1	2	5499	13	46		1	21	181
晋源区	3		1409	4	18		1	3	92
清徐县									
阳曲县									
娄烦县									
古交市			1447	2	2		1		10
女	**7**		**3765**	**29**	**178**	**13**	**11**	**149**	**119**
小店区	3		1054	11	40	4	6	22	42
迎泽区			342	3	23	8		27	4
杏花岭区	2		564	2	35		2	29	13
尖草坪区	1		547	4	30		1	26	11
万柏林区	1		835	4	36	1	2	32	25
晋源区			256	4	7			10	23
清徐县									
阳曲县									
娄烦县									
古交市			167	1	7			3	1

4-6a 续表 6　　　　单位：人

地区 性别	生产制造及有关人员								
	纸及纸制品生产加工人员	印刷和记录媒介复制人员	文教、工美、体育和娱乐用品制造人员	石油加工和炼焦、煤化工生产人员	化学原料和化学制品制造人员	医药制造人员	化学纤维制造人员	橡胶和塑料制品制造人员	非金属矿物制品制造人员
太原市	**19**	**185**	**51**	**99**	**218**	**80**	**3**	**58**	**245**
小店区	7	60	10	8	15	18		20	24
迎泽区		37	7	5	23	19		13	10
杏花岭区	4	34	13	10	23	18		10	21
尖草坪区	2	15	5	11	108	4	3	5	51
万柏林区	3	33	15	29	33	16		8	67
晋源区	3	3	1	8	13	5		2	69
清徐县									
阳曲县									
娄烦县									
古交市		3		28	3				3
男	**10**	**110**	**25**	**86**	**170**	**35**	**3**	**42**	**202**
小店区	2	37	7	7	7	11		15	19
迎泽区		25	3	5	17	8		8	8
杏花岭区	2	22	4	7	16	8		9	20
尖草坪区	1	8	5	10	87		3	3	36
万柏林区	3	17	6	25	30	6		5	52
晋源区	2	1		6	10	2		2	64
清徐县									
阳曲县									
娄烦县									
古交市				26	3				3
女	**9**	**75**	**26**	**13**	**48**	**45**		**16**	**43**
小店区	5	23	3	1	8	7		5	5
迎泽区		12	4		6	11		5	2
杏花岭区	2	12	9	3	7	10		1	1
尖草坪区	1	7		1	21	4		2	15
万柏林区		16	9	4	3	10		3	15
晋源区	1	2	1	2	3	3			5
清徐县									
阳曲县									
娄烦县									
古交市		3		2					

4−6a　续表 7　　单位：人

地区 性别	生产制造及有关人员								
	采矿人员	金属冶炼和压延加工人员	机械制造基础加工人员	金属制品制造人员	通用设备制造人员	专用设备制造人员	汽车制造人员	铁路、船舶、航空设备制造人员	电气机械和器材制造人员
太原市	**2078**	**633**	**1638**	**306**	**245**	**84**	**57**	**57**	**75**
小店区	59	29	170	50	22	28	13	12	16
迎泽区	35	27	68	11	13	9	2	10	2
杏花岭区	167	204	322	69	56	13	18	17	10
尖草坪区	76	288	477	88	61	13	12	13	8
万柏林区	892	73	556	74	74	17	8	4	28
晋源区	14	8	36	10	11	3	3		9
清徐县									
阳曲县									
娄烦县									
古交市	835	4	9	4	8	1	1	1	2
男	**1899**	**579**	**1482**	**253**	**223**	**62**	**53**	**45**	**57**
小店区	46	26	150	43	19	18	11	9	12
迎泽区	32	24	64	9	11	6	2	8	2
杏花岭区	144	183	290	60	54	11	17	14	6
尖草坪区	66	266	436	71	58	10	12	12	6
万柏林区	825	68	498	58	62	15	8	2	22
晋源区	11	8	35	8	11	1	2		7
清徐县									
阳曲县									
娄烦县									
古交市	775	4	9	4	8	1	1		2
女	**179**	**54**	**156**	**53**	**22**	**22**	**4**	**12**	**18**
小店区	13	3	20	7	3	10	2	3	4
迎泽区	3	3	4	2	2	3		2	
杏花岭区	23	21	32	9	2	2	1	3	4
尖草坪区	10	22	41	17	3	3		1	2
万柏林区	67	5	58	16	12	2		2	6
晋源区	3		1	2		2	1		2
清徐县									
阳曲县									
娄烦县									
古交市	60							1	

4−6a　续表 8　　　　　　　　　　　　　　　　　　　　　　　　　　　　　　单位：人

地　区 性　别	生产制造及有关人员								不便分类的其他从业人员
	计算机、通信和其他电子设备制造人　员	仪器仪表制造人员	废弃资源综合利用人　员	电力、热力、气体、水生产和输配人员	建筑施工人　员	运输设备和通用工程机械操作人员及有关人员	生产辅助人　员	其他生产制造及有关人员	
太原市	**1585**	**49**	**28**	**414**	**8720**	**1316**	**4528**	**135**	**608**
小店区	867	8	8	54	2267	224	892	46	266
迎泽区	43	6		75	886	98	440	5	20
杏花岭区	218	8	7	93	1052	244	846	21	89
尖草坪区	183	12	8	60	1080	308	664	20	132
万柏林区	222	12	2	79	2296	286	1107	38	81
晋源区	28	2		23	948	73	230	1	19
清徐县									
阳曲县									
娄烦县									
古交市	24	1	3	30	191	83	349	4	1
男	**1147**	**35**	**19**	**329**	**7773**	**1220**	**3669**	**112**	**402**
小店区	587	6	4	40	1992	217	673	40	171
迎泽区	30	5		62	802	85	348	3	14
杏花岭区	174	6	6	79	949	224	694	16	51
尖草坪区	143	8	5	51	945	288	553	17	95
万柏林区	176	7	2	59	2079	257	923	32	56
晋源区	21	2		17	831	69	180	1	14
清徐县									
阳曲县									
娄烦县									
古交市	16	1	2	21	175	80	298	3	1
女	**438**	**14**	**9**	**85**	**947**	**96**	**859**	**23**	**206**
小店区	280	2	4	14	275	7	219	6	95
迎泽区	13	1		13	84	13	92	2	6
杏花岭区	44	2	1	14	103	20	152	5	38
尖草坪区	40	4	3	9	135	20	111	3	37
万柏林区	46	5		20	217	29	184	6	25
晋源区	7			6	117	4	50		5
清徐县									
阳曲县									
娄烦县									
古交市	8		1	9	16	3	51	1	

4-6b　各地区分性别、职业中类的就业人口(镇)

单位：人

地区 性别	合计	党的机关、国家机关、群众团体和社会组织、企事业单位负责人						
		小计	中国共产党机关负责人	国家机关负责人	民主党派和工商联负责人	人民团体和群众团体、社会组织及其他成员组织负责人	基层群众自治组织负责人	企事业单位负责人
太原市	**20596**	**445**	**4**	**31**		**22**	**8**	**380**
小店区	10054	172		4		12		156
迎泽区								
杏花岭区								
尖草坪区	38	4						4
万柏林区	150							
晋源区	336	10						10
清徐县	5669	145	1	7		5	5	127
阳曲县	2665	69	3	9			2	55
娄烦县	1191	32		10		4	1	17
古交市	493	13		1		1		11
男	**13412**	**339**	**3**	**25**		**13**	**7**	**291**
小店区	6268	134		3		10		121
迎泽区								
杏花岭区								
尖草坪区	21	2						2
万柏林区	113							
晋源区	235	9						9
清徐县	3805	107	1	5			5	96
阳曲县	1746	51	2	8			1	40
娄烦县	820	25		8		3	1	13
古交市	404	11		1				10
女	**7184**	**106**	**1**	**6**		**9**	**1**	**89**
小店区	3786	38		1		2		35
迎泽区								
杏花岭区								
尖草坪区	17	2						2
万柏林区	37							
晋源区	101	1						1
清徐县	1864	38		2		5		31
阳曲县	919	18	1	1			1	15
娄烦县	371	7		2		1		4
古交市	89	2				1		1

4-6b 续表 1 单位：人

地区 性别	专业技术人员									
	小计	科学研究人员	工程技术人员	农业技术人员	飞机和船舶技术人员	卫生专业技术人员	经济和金融专业人员	法律、社会和宗教专业人员	教学人员	文学艺术、体育专业人员
太原市	**2700**	**21**	**618**	**23**	**1**	**302**	**546**	**59**	**1021**	**36**
小店区	1111	18	406	1	1	75	281	24	263	20
迎泽区										
杏花岭区										
尖草坪区	4		1						3	
万柏林区	15		3			1	2	1	7	
晋源区	55		8			1	7		33	1
清徐县	836	2	126	10		96	167	17	382	10
阳曲县	426		39	11		87	62	12	201	5
娄烦县	222	1	29	1		39	21	5	116	
古交市	31		6			3	6		16	
男	**1046**	**14**	**496**	**12**	**1**	**65**	**154**	**26**	**224**	**18**
小店区	513	12	315	1	1	13	77	12	56	13
迎泽区										
杏花岭区										
尖草坪区										
万柏林区	5		3				1		1	
晋源区	21		8				3		7	
清徐县	274	1	101	6		22	47	5	76	4
阳曲县	135		37	4		18	17	5	50	1
娄烦县	85	1	26	1		11	7	4	30	
古交市	13		6			1	2		4	
女	**1654**	**7**	**122**	**11**		**237**	**392**	**33**	**797**	**18**
小店区	598	6	91			62	204	12	207	7
迎泽区										
杏花岭区										
尖草坪区	4		1						3	
万柏林区	10					1	1	1	6	
晋源区	34					1	4		26	1
清徐县	562	1	25	4		74	120	12	306	6
阳曲县	291		2	7		69	45	7	151	4
娄烦县	137		3			28	14	1	86	
古交市	18					2	4		12	

4-6b　续表 2　　　　单位：人

地区 性别	专业技术人员		办事人员和有关人员				社会生产服务和生活服务人员		
	新闻出版、文化专业人员	其他专业技术人员	小计	办事人员	安全和消防人员	其他办事人员和有关人员	小计	批发与零售服务人员	交通运输、仓储和邮政业服务人员
太原市	**51**	**22**	**1973**	**1612**	**332**	**29**	**6192**	**1685**	**1863**
小店区	18	4	659	536	121	2	2242	640	485
迎泽区									
杏花岭区									
尖草坪区			4	3	1		9	4	3
万柏林区	1		8	4	4		47	15	6
晋源区	4	1	33	24	4	5	156	25	65
清徐县	14	12	643	529	99	15	2046	615	681
阳曲县	8	1	358	294	59	5	1125	258	421
娄烦县	6	4	224	186	36	2	474	102	174
古交市			44	36	8		93	26	28
男	**18**	**18**	**1247**	**925**	**303**	**19**	**4096**	**882**	**1701**
小店区	9	4	396	286	108	2	1419	359	416
迎泽区									
杏花岭区									
尖草坪区			3	2	1		4	1	3
万柏林区			7	3	4		25	10	5
晋源区	2	1	20	13	4	3	113	11	58
清徐县	3	9	415	314	91	10	1371	320	631
阳曲县	2	1	222	167	52	3	766	116	396
娄烦县	2	3	154	118	35	1	338	51	167
古交市			30	22	8		60	14	25
女	**33**	**4**	**726**	**687**	**29**	**10**	**2096**	**803**	**162**
小店区	9		263	250	13		823	281	69
迎泽区									
杏花岭区									
尖草坪区			1	1			5	3	
万柏林区	1		1	1			22	5	1
晋源区	2		13	11		2	43	14	7
清徐县	11	3	228	215	8	5	675	295	50
阳曲县	6		136	127	7	2	359	142	25
娄烦县	4	1	70	68	1	1	136	51	7
古交市			14	14			33	12	3

4-6b 续表 3 单位：人

地区 性别	社会生产服务和生活服务人员								
	住宿和餐饮服务人员	信息传输、软件和信息技术服务人员	金融服务人员	房地产服务人员	租赁和商务服务人员	技术辅助服务人员	水利、环境和公共设施管理服务人员	居民服务人员	电力、燃气及水供应服务人员
太原市	**843**	**207**	**185**	**74**	**111**	**216**	**309**	**316**	**103**
小店区	350	129	52	42	53	153	125	88	18
迎泽区									
杏花岭区									
尖草坪区	1							1	
万柏林区	11	2				1	6	3	1
晋源区	22	4	2	1	10	2	12	7	
清徐县	227	32	83	16	25	35	71	111	55
阳曲县	164	24	24	14	15	13	61	67	22
娄烦县	52	13	24	1	4	10	28	34	6
古交市	16	3			4	2	6	5	1
男	**473**	**121**	**85**	**40**	**69**	**134**	**132**	**141**	**87**
小店区	215	70	30	27	24	94	47	44	14
迎泽区									
杏花岭区									
尖草坪区									
万柏林区	3	1					2	1	1
晋源区	13	2	2		9	2	8	3	
清徐县	116	24	33	7	19	18	35	42	45
阳曲县	86	14	9	6	10	10	28	33	21
娄烦县	32	9	11		4	8	10	15	6
古交市	8	1			3	2	2	3	
女	**370**	**86**	**100**	**34**	**42**	**82**	**177**	**175**	**16**
小店区	135	59	22	15	29	59	78	44	4
迎泽区									
杏花岭区									
尖草坪区	1							1	
万柏林区	8	1				1	4	2	
晋源区	9	2		1	1		4	4	
清徐县	111	8	50	9	6	17	36	69	10
阳曲县	78	10	15	8	5	3	33	34	1
娄烦县	20	4	13	1		2	18	19	
古交市	8	2			1		4	2	1

4-6b　续表 4　　　　单位：人

地区 性别	社会生产服务和生活服务人员				农、林、牧、渔业生产及辅助人员				
	修理及制作服务人员	文化、体育和娱乐服务人员	健康服务人员	其他社会生产和生活服务人员	小计	农业生产人员	林业生产人员	畜牧业生产人员	渔业生产人员
太原市	**217**	**21**	**36**	**6**	**940**	**809**	**55**	**69**	
小店区	78	7	21	1	80	73		5	
迎泽区									
杏花岭区									
尖草坪区									
万柏林区		1		1					
晋源区	2	2	2		11	10	1		
清徐县	79	8	7	1	624	564	13	44	
阳曲县	32	2	5	3	152	118	18	15	
娄烦县	24	1	1		71	43	22	5	
古交市	2				2	1	1		
男	**202**	**17**	**8**	**4**	**699**	**586**	**53**	**54**	
小店区	72	5	2		57	50		5	
迎泽区									
杏花岭区									
尖草坪区									
万柏林区		1		1					
晋源区	2	2	1		10	9	1		
清徐县	73	6	2		450	404	11	33	
阳曲县	30	2	2	3	117	87	18	11	
娄烦县	23	1	1		63	35	22	5	
古交市	2				2	1	1		
女	**15**	**4**	**28**	**2**	**241**	**223**	**2**	**15**	
小店区	6	2	19	1	23	23			
迎泽区									
杏花岭区									
尖草坪区									
万柏林区									
晋源区			1		1	1			
清徐县	6	2	5	1	174	160	2	11	
阳曲县	2		3		35	31		4	
娄烦县	1				8	8			
古交市									

4-6b 续表 5 单位：人

地区 性别	农林牧渔生产辅助人员	其他农、林、牧、渔业生产加工人员	生产制造及有关人员						
			小计	农副产品加工人员	食品、饮料生产加工人员	烟草及其制品加工人员	纺织、针织、印染人员	纺织品、服装和皮革、毛皮制品加工制作人员	木材加工、家具与木制品制作人员
太原市	**7**		**8313**	**34**	**80**	**7**	**1**	**34**	**111**
小店区	2		5778	5	34	7	1	15	10
迎泽区									
杏花岭区									
尖草坪区			17		2				
万柏林区			80						
晋源区			69	1	2			3	10
清徐县	3		1366	15	32			8	72
阳曲县	1		534	8	10			4	16
娄烦县	1		159	5				4	2
古交市			310						1
男	**6**		**5962**	**31**	**44**	**4**	**1**	**14**	**96**
小店区	2		3741	4	13	4	1	8	9
迎泽区									
杏花岭区									
尖草坪区			12		1				
万柏林区			76						
晋源区			60	1	1			1	9
清徐县	2		1182	13	24			2	61
阳曲县	1		455	8	5			1	14
娄烦县	1		148	5				2	2
古交市			288						1
女	**1**		**2351**	**3**	**36**	**3**		**20**	**15**
小店区			2037	1	21	3		7	1
迎泽区									
杏花岭区									
尖草坪区			5		1				
万柏林区			4						
晋源区			9		1			2	1
清徐县	1		184	2	8			6	11
阳曲县			79		5			3	2
娄烦县			11					2	
古交市			22						

4-6b　续表 6　　　　　　　　　　　　　　　　　　　　　　　单位：人

地　区 性　别	生产制造及有关人员								
	纸及纸制品生产加工人员	印刷和记录媒介复制人员	文教、工美、体育和娱乐用品制造人　员	石油加工和炼焦、煤化工生产人员	化学原料和化学制品制造人　员	医药制造人　　员	化学纤维制造人员	橡胶和塑料制品制造人员	非金属矿物制品制造人员
太原市	**4**	**27**	**5**	**164**	**13**	**16**		**14**	**61**
小店区	1	20	3	4	3	10		2	11
迎泽区									
杏花岭区									
尖草坪区									
万柏林区		1							
晋源区	1					1			9
清徐县	1	4	1	137	8	2		11	24
阳曲县		2		13		2		1	14
娄烦县	1		1	1		1			3
古交市				9	2				
男	**2**	**16**	**2**	**142**	**13**	**8**		**11**	**46**
小店区		14	2	4	3	7		1	7
迎泽区									
杏花岭区									
尖草坪区									
万柏林区									
晋源区						1			6
清徐县	1	2		121	8			9	19
阳曲县				11				1	11
娄烦县	1			1					3
古交市				5	2				
女	**2**	**11**	**3**	**22**		**8**		**3**	**15**
小店区	1	6	1			3		1	4
迎泽区									
杏花岭区									
尖草坪区									
万柏林区		1							
晋源区	1								3
清徐县		2	1	16		2		2	5
阳曲县		2		2		2			3
娄烦县			1			1			
古交市				4					

4−6b 续表 7 单位：人

地区 性别	生产制造及有关人员								
	采矿人员	金属冶炼和压延加工人员	机械制造基础加工人员	金属制品制造人员	通用设备制造人员	专用设备制造人员	汽车制造人员	铁路、船舶、航空设备制造人员	电气机械和器材制造人员
太原市	**328**	**50**	**210**	**48**	**38**	**29**	**13**	**5**	**18**
小店区	5	4	91	16	16	4	8	4	13
迎泽区									
杏花岭区									
尖草坪区									
万柏林区	55		1						
晋源区	2			1	1		1		1
清徐县	63	38	75	18	16		3		1
阳曲县	6	4	32	7	3	22	1	1	3
娄烦县	18	4	6	5					
古交市	179		5	1	2	3			
男	**318**	**45**	**203**	**41**	**31**	**26**	**10**	**5**	**15**
小店区	5	3	86	15	14	3	5	4	10
迎泽区									
杏花岭区									
尖草坪区									
万柏林区	55		1						
晋源区	2			1	1		1		1
清徐县	63	34	73	16	11		3		1
阳曲县	6	4	32	6	3	20	1	1	3
娄烦县	18	4	6	2					
古交市	169		5	1	2	3			
女	**10**	**5**	**7**	**7**	**7**	**3**	**3**		**3**
小店区		1	5	1	2	1	3		3
迎泽区									
杏花岭区									
尖草坪区									
万柏林区									
晋源区									
清徐县		4	2	2	5				
阳曲县				1		2			
娄烦县				3					
古交市	10								

4-6b 续表 8 单位：人

地区 性别	生产制造及有关人员								不便分类的其他从业人员
	计算机、通信和其他电子设备制造人员	仪器仪表制造人员	废弃资源综合利用人员	电力、热力、气体、水生产和输配人员	建筑施工人员	运输设备和通用工程机械操作人员及有关人员	生产辅助人员	其他生产制造及有关人员	
太原市	**4498**	**5**	**3**	**36**	**1429**	**216**	**794**	**22**	**33**
小店区	4465	1	1	10	537	71	397	9	12
迎泽区									
杏花岭区									
尖草坪区	2				12		1		
万柏林区	2				6	1	13	1	
晋源区	2		1	2	19	8	4		2
清徐县	15	3		16	543	63	188	9	9
阳曲县	6			8	239	52	77	3	1
娄烦县	3		1		64	14	26		9
古交市	3	1			9	7	88		
男	**2710**	**4**	**2**	**30**	**1277**	**205**	**593**	**17**	**23**
小店区	2682	1		9	477	68	275	7	8
迎泽区									
杏花岭区									
尖草坪区	2				8		1		
万柏林区	1				6	1	11	1	
晋源区	2		1	2	19	8	3		2
清徐县	15	3		12	479	58	146	8	6
阳曲县	6			7	215	50	49	1	
娄烦县			1		64	14	25		7
古交市	2				9	6	83		
女	**1788**	**1**	**1**	**6**	**152**	**11**	**201**	**5**	**10**
小店区	1783		1	1	60	3	122	2	4
迎泽区									
杏花岭区									
尖草坪区					4				
万柏林区	1						2		
晋源区							1		
清徐县				4	64	5	42	1	3
阳曲县				1	24	2	28	2	1
娄烦县	3						1		2
古交市	1	1				1	5		

4-6c 各地区分性别、职业中类的就业人口(乡村)

单位：人

地区 性别	合计	党的机关、国家机关、群众团体和社会组织、企事业单位负责人						
		小计	中国共产党机关负责人	国家机关负责人	民主党派和工商联负责人	人民团体和群众团体、社会组织及其他成员组织负责人	基层群众自治组织负责人	企事业单位负责人
太原市	**23224**	**303**	**3**	**8**		**22**	**34**	**236**
小店区	3208	63	2			3	4	54
迎泽区	493	32						32
杏花岭区	1998	42	1			1		40
尖草坪区	921	18		3		3	3	9
万柏林区	8	1					1	
晋源区	1420	21		1		6	2	12
清徐县	10150	83		2		2	10	69
阳曲县	2407	13				1	5	7
娄烦县	1371	16		1		4	6	5
古交市	1248	14		1		2	3	8
男	**16484**	**247**	**3**	**7**		**16**	**28**	**193**
小店区	2297	49	2			2	3	42
迎泽区	344	29						29
杏花岭区	1391	30	1					29
尖草坪区	673	16		3		2	2	9
万柏林区	7							
晋源区	969	15		1		4	2	8
清徐县	7098	69		2		1	8	58
阳曲县	1673	11				1	4	6
娄烦县	1010	15				4	6	5
古交市	1022	13		1		2	3	7
女	**6740**	**56**		**1**		**6**	**6**	**43**
小店区	911	14				1	1	12
迎泽区	149	3						3
杏花岭区	607	12				1		11
尖草坪区	248	2				1	1	
万柏林区	1	1					1	
晋源区	451	6				2		4
清徐县	3052	14				1	2	11
阳曲县	734	2					1	1
娄烦县	361	1		1				
古交市	226	1						1

4-6c　续表 1　　　单位：人

地区 性别	专业技术人员 小计	科学研究人员	工程技术人员	农业技术人员	飞机和船舶技术人员	卫生专业技术人员	经济和金融专业人员	法律、社会和宗教专业人员	教学人员	文学艺术、体育专业人员
太原市	**1667**	**4**	**457**	**12**		**229**	**294**	**15**	**555**	**31**
小店区	237	1	61	1		32	45		80	2
迎泽区	41		19	2		5	4	1	7	1
杏花岭区	172		38	1		31	32	3	54	7
尖草坪区	73		9	1		11	16		34	2
万柏林区	1		1							
晋源区	160		42	1		15	33	7	57	2
清徐县	693	2	195	3		95	116	3	224	14
阳曲县	99		25	1		20	13		38	2
娄烦县	96	1	37	2		10	18		26	1
古交市	95		30			10	17	1	35	
男	**728**	**2**	**401**	**9**		**56**	**72**	**7**	**111**	**20**
小店区	105		53	1		10	16		15	1
迎泽区	24		17	1		1	1	1	2	
杏花岭区	70		35	1		5	7	1	14	4
尖草坪区	25		8	1		2	4		9	1
万柏林区	1		1							
晋源区	64		36			4	6	5	8	2
清徐县	289	1	167	3		22	16		39	10
阳曲县	43		21			5	6		9	2
娄烦县	62	1	35	2		6	10		7	
古交市	45		28			1	6		8	
女	**939**	**2**	**56**	**3**		**173**	**222**	**8**	**444**	**11**
小店区	132	1	8			22	29		65	1
迎泽区	17		2	1		4	3		5	1
杏花岭区	102		3			26	25	2	40	3
尖草坪区	48		1			9	12		25	1
万柏林区										
晋源区	96		6	1		11	27	2	49	
清徐县	404	1	28			73	100	3	185	4
阳曲县	56		4	1		15	7		29	
娄烦县	34		2			4	8		19	1
古交市	50		2			9	11	1	27	

4−6c 续表 2

单位：人

地区 性别	专业技术人员		办事人员和有关人员				社会生产服务和生活服务人员		
	新闻出版、文化专业人员	其他专业技术人员	小计	办事人员	安全和消防人员	其他办事人员和有关人员	小计	批发与零售服务人员	交通运输、仓储和邮政业服务人员
太原市	**21**	**49**	**1044**	**644**	**332**	**68**	**8158**	**2053**	**2862**
小店区	4	11	147	87	56	4	1445	397	501
迎泽区	1	1	33	19	14		253	76	81
杏花岭区	5	1	125	97	24	4	1093	328	364
尖草坪区			61	32	29		378	76	150
万柏林区			1		1		1	1	
晋源区		3	130	97	29	4	755	184	244
清徐县	11	30	315	169	92	54	2919	745	1110
阳曲县			66	33	33		504	91	159
娄烦县		1	77	49	27	1	400	81	100
古交市		2	89	61	27	1	410	74	153
男	**8**	**42**	**715**	**355**	**308**	**52**	**5668**	**1119**	**2664**
小店区		9	96	42	52	2	991	224	451
迎泽区		1	21	8	13		158	29	68
杏花岭区	2	1	72	53	18	1	724	152	341
尖草坪区			40	12	28		267	42	147
万柏林区			1		1		1	1	
晋源区		3	76	48	25	3	515	106	231
清徐县	6	25	225	94	87	44	2085	421	1034
阳曲县			50	18	32		346	47	151
娄烦县		1	61	35	25	1	265	48	94
古交市		2	73	45	27	1	316	49	147
女	**13**	**7**	**329**	**289**	**24**	**16**	**2490**	**934**	**198**
小店区	4	2	51	45	4	2	454	173	50
迎泽区	1		12	11	1		95	47	13
杏花岭区	3		53	44	6	3	369	176	23
尖草坪区			21	20	1		111	34	3
万柏林区									
晋源区			54	49	4	1	240	78	13
清徐县	5	5	90	75	5	10	834	324	76
阳曲县			16	15	1		158	44	8
娄烦县			16	14	2		135	33	6
古交市			16	16			94	25	6

4-6c　续表 3　　　　单位：人

地　区 性　别	社会生产服务和生活服务人员								
	住宿和餐饮服务人员	信息传输、软件和信息技术服务人员	金融服务人员	房地产服务人员	租赁和商务服务人员	技术辅助服务人员	水利、环境和公共设施管理服务人员	居民服务人员	电力、燃气及水供应服务人员
太原市	**1030**	**134**	**85**	**56**	**173**	**107**	**755**	**395**	**129**
小店区	156	26	15	15	35	13	125	93	15
迎泽区	26	5	5	4	6	10	20	10	3
杏花岭区	144	18	9	8	27	23	86	35	5
尖草坪区	53	7	2	4	2	6	42	15	4
万柏林区									
晋源区	68	12	5	8	40	11	115	35	2
清徐县	364	41	43	14	32	22	208	112	57
阳曲县	89	6	2	2	9	11	63	44	11
娄烦县	62	5	3		13	6	68	23	20
古交市	68	14	1	1	9	5	28	28	12
男	**535**	**91**	**34**	**32**	**132**	**69**	**355**	**179**	**116**
小店区	89	15	6	6	27	8	52	52	14
迎泽区	11	3	3	3	5	7	15	4	3
杏花岭区	79	14	5	2	23	14	35	17	3
尖草坪区	25	5		3	1	6	16	3	4
万柏林区									
晋源区	32	6	2	5	30	6	54	11	1
清徐县	199	28	16	10	18	11	103	34	54
阳曲县	38	5	1	2	7	9	25	33	11
娄烦县	22	4	1		13	4	42	8	15
古交市	40	11		1	8	4	13	17	11
女	**495**	**43**	**51**	**24**	**41**	**38**	**400**	**216**	**13**
小店区	67	11	9	9	8	5	73	41	1
迎泽区	15	2	2	1	1	3	5	6	
杏花岭区	65	4	4	6	4	9	51	18	2
尖草坪区	28	2	2	1	1		26	12	
万柏林区									
晋源区	36	6	3	3	10	5	61	24	1
清徐县	165	13	27	4	14	11	105	78	3
阳曲县	51	1	1		2	2	38	11	
娄烦县	40	1	2			2	26	15	5
古交市	28	3	1		1	1	15	11	1

4-6c 续表 4 单位：人

地区 性别	社会生产服务和生活服务人员				农、林、牧、渔业生产及辅助人员				
	修理及制作服务人员	文化、体育和娱乐服务人员	健康服务人员	其他社会生产和生活服务人员	小计	农业生产人员	林业生产人员	畜牧业生产人员	渔业生产人员
太原市	**340**	**17**	**13**	**9**	**6589**	**6051**	**116**	**358**	**1**
小店区	44	2	6	2	473	452	4	14	
迎泽区	7				8	5	3		
杏花岭区	40	5	1		25	12	5	7	
尖草坪区	15	2			215	205	1	9	
万柏林区					2	1	1		
晋源区	30		1		100	82	10	5	
清徐县	155	5	5	6	3841	3646	28	135	1
阳曲县	16	1			1287	1191	16	72	
娄烦县	16	2		1	453	327	37	84	
古交市	17				185	130	11	32	
男	**325**	**7**	**5**	**5**	**4431**	**3994**	**104**	**282**	**1**
小店区	43	1	2	1	338	320	4	12	
迎泽区	7				6	3	3		
杏花岭区	38	1			22	9	5	7	
尖草坪区	13	2			171	162	1	8	
万柏林区					2	1	1		
晋源区	30		1		79	63	10	4	
清徐县	149	2	2	4	2508	2357	21	102	1
阳曲县	16	1			848	772	15	56	
娄烦县	14				312	205	33	70	
古交市	15				145	102	11	23	
女	**15**	**10**	**8**	**4**	**2158**	**2057**	**12**	**76**	
小店区	1	1	4	1	135	132		2	
迎泽区					2	2			
杏花岭区	2	4	1		3	3			
尖草坪区	2				44	43		1	
万柏林区									
晋源区					21	19		1	
清徐县	6	3	3	2	1333	1289	7	33	
阳曲县					439	419	1	16	
娄烦县	2	2		1	141	122	4	14	
古交市	2				40	28		9	

4-6c 续表 5

单位：人

地区 性别			生产制造及有关人员						
	农林牧渔生产辅助人员	其他农、林、牧、渔业生产加工人员	小计	农副产品加工人员	食品、饮料生产加工人员	烟草及其制品加工人员	纺织、针织、印染人员	纺织品、服装和皮革、毛皮制品加工制作人员	木材加工、家具与木制品制作人员
太原市	**52**	**11**	**5389**	**67**	**157**		**5**	**50**	**153**
小店区	2	1	826	8	27			5	32
迎泽区			126		3		1	4	2
杏花岭区	1		520	3	11			12	12
尖草坪区			175	1	5			1	31
万柏林区			2						
晋源区	3		251		8			9	4
清徐县	21	10	2275	35	85		4	10	50
阳曲县	8		437	17	15			4	20
娄烦县	5		322	3				1	
古交市	12		455		3			4	2
男	**42**	**8**	**4644**	**43**	**93**		**2**	**25**	**135**
小店区	1	1	706	4	15			3	25
迎泽区			106		1		1	1	2
杏花岭区	1		457	3	6			9	12
尖草坪区			153		3				29
万柏林区			2						
晋源区	2		218		5			5	3
清徐县	20	7	1906	23	51		1	2	42
阳曲县	5		375	11	10			1	20
娄烦县	4		291	2				1	
古交市	9		430		2			3	2
女	**10**	**3**	**745**	**24**	**64**		**3**	**25**	**18**
小店区	1		120	4	12			2	7
迎泽区			20		2			3	
杏花岭区			63		5			3	
尖草坪区			22	1	2			1	2
万柏林区									
晋源区	1		33		3			4	1
清徐县	1	3	369	12	34		3	8	8
阳曲县	3		62	6	5			3	
娄烦县	1		31	1					
古交市	3		25		1			1	

4-6c 续表 6 单位：人

地 区 性 别	生产制造及有关人员								
	纸及纸制品生产加工人员	印刷和记录媒介复制人员	文教、工美、体育和娱乐用品制造人员	石油加工和炼焦、煤化工生产人员	化学原料和化学制品制造人员	医药制造人员	化学纤维制造人员	橡胶和塑料制品制造人员	非金属矿物制品制造人员
太原市	**21**	**17**	**12**	**178**	**29**	**7**		**19**	**118**
小店区	2	2	3		5	2			8
迎泽区		1							5
杏花岭区	2	5	3	4	1	1			7
尖草坪区		1	1		1			2	4
万柏林区									
晋源区	8	2			1				4
清徐县	8	5	2	149	17	2		17	57
阳曲县		1		12		1			24
娄烦县	1		2	5	4	1			3
古交市			1	8					6
男	**16**	**9**	**8**	**162**	**25**	**5**		**11**	**105**
小店区	1	1	2		3	1			8
迎泽区									5
杏花岭区		4	1	4		1			7
尖草坪区			1		1			1	4
万柏林区									
晋源区	8	2			1				4
清徐县	6	2	2	136	17	2		10	47
阳曲县				11					21
娄烦县	1		1	5	3	1			3
古交市			1	6					6
女	**5**	**8**	**4**	**16**	**4**	**2**		**8**	**13**
小店区	1	1	1		2	1			
迎泽区		1							
杏花岭区	2	1	2		1				
尖草坪区		1						1	
万柏林区									
晋源区									
清徐县	2	3		13				7	10
阳曲县		1		1		1			3
娄烦县			1		1				
古交市				2					

4-6c　续表 7　　单位：人

地区 性别	生产制造及有关人员								
	采矿人员	金属冶炼和压延加工人员	机械制造基础加工人员	金属制品制造人员	通用设备制造人员	专用设备制造人员	汽车制造人员	铁路、船舶、航空设备制造人员	电气机械和器材制造人员
太原市	**536**	**199**	**469**	**91**	**150**	**9**	**10**	**1**	**16**
小店区	20	72	68	16	7	1	2	1	2
迎泽区			3						
杏花岭区	10	22	57	11	19		2		
尖草坪区	1	3	20	1	8	1			2
万柏林区									
晋源区			7	8	6	1			1
清徐县	195	92	241	48	102	5	6		9
阳曲县	8	7	43	5	4	1			
娄烦县	72	2	21	2	3				2
古交市	230	1	9		1				
男	**519**	**161**	**425**	**73**	**144**	**8**	**7**	**1**	**15**
小店区	20	54	61	12	6	1	1	1	2
迎泽区			3						
杏花岭区	10	20	54	9	19		1		
尖草坪区	1	3	20	1	8	1			2
万柏林区									
晋源区			7	7	6	1			1
清徐县	189	76	210	37	97	5	5		8
阳曲县	8	6	42	5	4				
娄烦县	66	1	19	2	3				2
古交市	225	1	9		1				
女	**17**	**38**	**44**	**18**	**6**	**1**	**3**		**1**
小店区		18	7	4	1		1		
迎泽区									
杏花岭区		2	3	2			1		
尖草坪区									
万柏林区									
晋源区				1					
清徐县	6	16	31	11	5		1		1
阳曲县		1	1			1			
娄烦县	6	1	2						
古交市	5								

4-6c 续表 8 单位：人

地　区 性　别	生产制造及有关人员								不便分类的其他从业人员
	计算机、通信和其他电子设备制造人员	仪器仪表制造人员	废弃资源综合利用人员	电力、热力、气体、水生产和输配人员	建筑施工人员	运输设备和通用工程机械操作人员及有关人员	生产辅助人员	其他生产制造及有关人员	
太原市	**136**	**7**	**6**	**102**	**1543**	**390**	**855**	**36**	**74**
小店区	51	1	2	13	280	98	78	20	17
迎泽区	1		1	3	82	8	12		
杏花岭区	14			1	218	17	86	2	21
尖草坪区	4			3	42	16	27		1
万柏林区					1		1		
晋源区	8			3	118	31	32		3
清徐县	29	6	2	41	528	137	380	13	24
阳曲县	15			2	160	17	80	1	1
娄烦县	4			13	68	39	76		7
古交市	10		1	23	46	27	83		
男	**99**	**6**	**3**	**92**	**1442**	**371**	**607**	**32**	**51**
小店区	35	1	2	13	266	97	52	19	12
迎泽区	1			3	70	8	11		
杏花岭区	9			1	200	16	69	2	16
尖草坪区	3			2	39	16	18		1
万柏林区					1		1		
晋源区	7			3	104	30	24		2
清徐县	18	5	1	36	501	123	243	11	16
阳曲县	13			2	151	17	53		
娄烦县	4			11	66	38	62		4
古交市	9			21	44	26	74		
女	**37**	**1**	**3**	**10**	**101**	**19**	**248**	**4**	**23**
小店区	16				14	1	26	1	5
迎泽区			1		12		1		
杏花岭区	5				18	1	17		5
尖草坪区	1			1	3		9		
万柏林区									
晋源区	1				14	1	8		1
清徐县	11	1	1	5	27	14	137	2	8
阳曲县	2				9		27	1	1
娄烦县				2	2	1	14		3
古交市	1		1	2	2	1	9		

4-7 全市分年龄、性别、职业中类的就业人口

单位：人

年龄组 性别	合计	党的机关、国家机关、群众团体和社会组织、企事业单位负责人						
		小计	中国共产党机关负责人	国家机关负责人	民主党派和工商联负责人	人民团体和群众团体、社会组织及其他成员组织负责人	基层群众自治组织负责人	企事业单位负责人
总　计	**204938**	**7934**	**22**	**266**	**1**	**216**	**67**	**7362**
16–19岁	1341	4						4
20–24岁	12473	146	1	1		4		140
25–29岁	28078	663	1	5		10	1	646
30–34岁	38385	1506	2	22		28	3	1451
35–39岁	31307	1668	6	29		47	7	1579
40–44岁	24216	1230	1	26	1	33	6	1163
45–49岁	27515	1140	2	54		36	10	1038
50–54岁	21682	858	4	61		25	15	753
55–59岁	13578	588	4	58		22	13	491
60–64岁	3732	97	1	7		7	9	73
65–69岁	1865	28		3		4	3	18
70–74岁	553	4						4
75岁及以上	213	2						2
男	**126332**	**5943**	**19**	**206**		**131**	**51**	**5536**
16–19岁	888	2						2
20–24岁	7050	102	1	1		3		97
25–29岁	16183	490		2		9	1	478
30–34岁	22695	1137	1	13		16	1	1106
35–39岁	18416	1206	6	20		24	4	1152
40–44岁	14176	885	1	20		21	4	839
45–49岁	16256	813	2	39		19	7	746
50–54岁	15005	662	3	45		15	11	588
55–59岁	10859	536	4	56		17	13	446
60–64岁	2798	80	1	7		4	7	61
65–69岁	1398	24		3		3	3	15
70–74岁	444	4						4
75岁及以上	164	2						2
女	**78606**	**1991**	**3**	**60**	**1**	**85**	**16**	**1826**
16–19岁	453	2						2
20–24岁	5423	44				1		43
25–29岁	11895	173	1	3		1		168
30–34岁	15690	369	1	9		12	2	345
35–39岁	12891	462		9		23	3	427
40–44岁	10040	345		6	1	12	2	324
45–49岁	11259	327		15		17	3	292
50–54岁	6677	196	1	16		10	4	165
55–59岁	2719	52		2		5		45
60–64岁	934	17				3	2	12
65–69岁	467	4				1		3
70–74岁	109							
75岁及以上	49							

4-7 续表 1　　单位：人

年龄组 性别	专业技术人员									
	小计	科学研究人员	工程技术人员	农业技术人员	飞机和船舶技术人员	卫生专业技术人员	经济和金融专业人员	法律、社会和宗教专业人员	教学人员	文学艺术、体育专业人员
总计	**40678**	**406**	**9815**	**127**	**46**	**6019**	**9449**	**933**	**11773**	**629**
16-19岁	108		23	1		24	8		41	9
20-24岁	2484	10	469	7	7	438	548	38	775	98
25-29岁	6622	50	1403	9	7	960	1666	179	1945	169
30-34岁	8948	93	2288	16	13	1366	2311	222	2219	117
35-39岁	7166	75	1700	10	3	1133	1598	155	2130	95
40-44岁	4780	53	1084	12	4	579	1115	86	1628	45
45-49岁	4616	34	1106	24	3	595	1185	128	1321	42
50-54岁	3508	41	966	22	4	526	643	69	1065	30
55-59岁	2003	43	666	21	5	277	306	47	546	20
60-64岁	271	6	69	4		71	41	4	64	3
65-69岁	117	1	34	1		32	19	5	20	1
70-74岁	25		4			9	3		9	
75岁及以上	30		3			9	6		10	
男	**16711**	**235**	**7848**	**85**	**35**	**1426**	**2594**	**410**	**3021**	**368**
16-19岁	43		19	1		4	2		10	7
20-24岁	784	5	373	3	3	63	114	11	126	55
25-29岁	2335	23	1091	7	5	140	427	72	383	94
30-34岁	3481	54	1806	12	9	251	598	82	476	68
35-39岁	2854	44	1339	5	3	297	412	65	523	53
40-44岁	1948	30	842	8	3	181	272	39	452	32
45-49岁	1896	18	852	15	3	156	311	51	375	30
50-54岁	1677	19	816	15	4	132	242	44	315	11
55-59岁	1404	36	612	15	5	137	179	41	305	15
60-64岁	174	5	64	3		33	20	2	36	2
65-69岁	80	1	30	1		18	10	3	12	1
70-74岁	16		3			7	2		4	
75岁及以上	19		1			7	5		4	
女	**23967**	**171**	**1967**	**42**	**11**	**4593**	**6855**	**523**	**8752**	**261**
16-19岁	65		4			20	6		31	2
20-24岁	1700	5	96	4	4	375	434	27	649	43
25-29岁	4287	27	312	2	2	820	1239	107	1562	75
30-34岁	5467	39	482	4	4	1115	1713	140	1743	49
35-39岁	4312	31	361	5		836	1186	90	1607	42
40-44岁	2832	23	242	4	1	398	843	47	1176	13
45-49岁	2720	16	254	9		439	874	77	946	12
50-54岁	1831	22	150	7		394	401	25	750	19
55-59岁	599	7	54	6		140	127	6	241	5
60-64岁	97	1	5	1		38	21	2	28	1
65-69岁	37		4			14	9	2	8	
70-74岁	9		1			2	1		5	
75岁及以上	11		2			2	1		6	

4-7　续表 2　　　　　　　　　　　　　　　　　　　　　　　　　　　　　单位：人

年龄组 性　别	专业技术人员		办事人员和有关人员				社会生产服务和生活服务人员		
	新闻出版、文化专业人员	其他专业技术人员	小计	办事人员	安全和消防人员	其他办事人员和有关人员	小计	批发与零售服务人　员	交通运输、仓储和邮政业服务人员
总　计	**1111**	**370**	**30339**	**26095**	**3877**	**367**	**78689**	**30845**	**15674**
16–19岁	2		65	35	28	2	685	193	47
20–24岁	79	15	1198	985	187	26	5540	2109	692
25–29岁	178	56	3748	3301	398	49	11586	4867	1830
30–34岁	227	76	5506	4983	447	76	15324	6837	2778
35–39岁	215	52	4843	4402	384	57	12325	5621	2518
40–44岁	128	46	3647	3291	319	37	9587	4017	2201
45–49岁	123	55	4338	3803	501	34	10519	3738	2561
50–54岁	96	46	3650	2897	708	45	7123	2104	1787
55–59岁	54	18	2723	2101	589	33	4161	977	1059
60–64岁	5	4	402	206	192	4	1209	238	153
65–69岁	2	2	154	58	94	2	466	91	36
70–74岁			47	24	22	1	121	37	7
75岁及以上	2		18	9	8	1	43	16	5
男	**422**	**267**	**17973**	**14313**	**3432**	**228**	**48111**	**16067**	**13906**
16–19岁			42	18	23	1	444	101	40
20–24岁	23	8	565	382	173	10	3282	1033	593
25–29岁	57	36	1781	1410	350	21	7171	2548	1615
30–34岁	70	55	2873	2426	395	52	9417	3637	2444
35–39岁	82	31	2654	2301	320	33	7538	2879	2216
40–44岁	53	36	2046	1757	266	23	5497	1912	1920
45–49岁	43	42	2453	2022	409	22	5811	1759	2214
50–54岁	43	36	2605	1929	646	30	4603	1234	1669
55–59岁	42	17	2437	1845	562	30	3044	687	1011
60–64岁	5	4	345	162	179	4	850	177	143
65–69岁	2	2	121	39	82		325	61	32
70–74岁			35	14	20	1	99	29	6
75岁及以上	2		16	8	7	1	30	10	3
女	**689**	**103**	**12366**	**11782**	**445**	**139**	**30578**	**14778**	**1768**
16–19岁	2		23	17	5	1	241	92	7
20–24岁	56	7	633	603	14	16	2258	1076	99
25–29岁	121	20	1967	1891	48	28	4415	2319	215
30–34岁	157	21	2633	2557	52	24	5907	3200	334
35–39岁	133	21	2189	2101	64	24	4787	2742	302
40–44岁	75	10	1601	1534	53	14	4090	2105	281
45–49岁	80	13	1885	1781	92	12	4708	1979	347
50–54岁	53	10	1045	968	62	15	2520	870	118
55–59岁	12	1	286	256	27	3	1117	290	48
60–64岁			57	44	13		359	61	10
65–69岁			33	19	12	2	141	30	4
70–74岁			12	10	2		22	8	1
75岁及以上			2	1	1		13	6	2

4-7 续表 3 单位：人

年龄组 性 别	社会生产服务和生活服务人员								
	住宿和餐饮服务人员	信息传输、软件和信息技术服务人员	金融服务人员	房地产服务人员	租赁和商务服务人员	技术辅助服务人员	水利、环境和公共设施管理服务人员	居民服务人员	电力、燃气及水供应服务人员
总 计	**8898**	**2527**	**2699**	**1639**	**2130**	**2648**	**3934**	**3573**	**985**
16-19岁	243	16	2	10	11	24	4	90	1
20-24岁	919	324	129	124	146	338	26	343	37
25-29岁	1162	682	449	285	347	682	94	505	93
30-34岁	1457	602	768	304	405	640	199	590	157
35-39岁	1193	380	490	199	252	410	231	446	139
40-44岁	1057	201	288	157	208	224	433	371	118
45-49岁	1281	163	307	203	242	135	862	514	177
50-54岁	885	88	183	172	247	113	793	345	140
55-59岁	487	58	73	136	175	70	681	204	104
60-64岁	160	7	8	35	50	7	403	96	10
65-69岁	40	4	1	9	33	3	178	51	4
70-74岁	8			4	10	1	29	15	3
75岁及以上	6	2	1	1	4	1	1	3	2
男	**4980**	**1648**	**1175**	**973**	**1331**	**1631**	**1658**	**1392**	**809**
16-19岁	188	6		6	8	15	3	41	1
20-24岁	627	197	58	64	65	180	15	149	34
25-29岁	768	443	223	186	170	394	65	215	75
30-34岁	903	382	328	180	220	395	101	222	122
35-39岁	711	264	209	106	141	275	83	172	112
40-44岁	513	130	102	71	118	141	131	116	91
45-49岁	512	97	106	100	160	85	217	171	135
50-54岁	370	65	88	110	208	82	288	140	122
55-59岁	251	55	55	111	162	57	344	91	98
60-64岁	96	5	6	25	41	5	259	44	10
65-69岁	30	2		9	25	1	124	22	4
70-74岁	6			4	9	1	27	8	3
75岁及以上	5	2		1	4		1	1	2
女	**3918**	**879**	**1524**	**666**	**799**	**1017**	**2276**	**2181**	**176**
16-19岁	55	10	2	4	3	9	1	49	
20-24岁	292	127	71	60	81	158	11	194	3
25-29岁	394	239	226	99	177	288	29	290	18
30-34岁	554	220	440	124	185	245	98	368	35
35-39岁	482	116	281	93	111	135	148	274	27
40-44岁	544	71	186	86	90	83	302	255	27
45-49岁	769	66	201	103	82	50	645	343	42
50-54岁	515	23	95	62	39	31	505	205	18
55-59岁	236	3	18	25	13	13	337	113	6
60-64岁	64	2	2	10	9	2	144	52	
65-69岁	10	2	1		8	2	54	29	
70-74岁	2				1		2	7	
75岁及以上	1		1			1		2	

4-7　续表 4　　　　单位：人

年龄组 性　别	社会生产服务和生活服务人员				农、林、牧、渔业生产及辅助人员				
	修理及制作服务人　员	文化、体育和娱乐服务人员	健康服务人　员	其他社会生产和生活服务人　员	小计	农业生产人　员	林业生产人　员	畜牧业生产人员	渔业生产人　员
总　计	**2349**	**481**	**245**	**62**	**8403**	**7485**	**302**	**519**	**5**
16-19岁	32	10	2		27	21	3	2	
20-24岁	218	97	31	7	194	169	6	15	1
25-29岁	402	138	42	8	340	294	12	30	1
30-34岁	460	84	35	8	454	386	18	41	
35-39岁	355	49	35	7	471	390	29	39	2
40-44岁	240	36	27	9	569	484	24	51	
45-49岁	255	35	33	13	1101	951	47	92	
50-54岁	220	20	20	6	1359	1198	66	80	1
55-59岁	112	9	13	3	1405	1262	55	80	
60-64岁	36	1	5		1146	1054	25	57	
65-69岁	13	1	2		923	879	13	21	
70-74岁	6	1			312	298	4	8	
75岁及以上				1	102	99		3	
男	**2161**	**268**	**71**	**41**	**5799**	**5048**	**267**	**410**	**3**
16-19岁	30	5			21	15	3	2	
20-24岁	205	55	4	3	147	126	5	13	1
25-29岁	368	84	11	6	261	220	10	28	1
30-34岁	420	45	13	5	335	277	16	35	
35-39岁	324	27	14	5	336	271	27	29	
40-44岁	223	15	6	8	374	307	19	41	
45-49岁	228	16	6	5	692	583	38	63	
50-54岁	203	12	7	5	864	729	57	65	1
55-59岁	106	7	6	3	943	823	53	61	
60-64岁	35	1	3		799	723	22	46	
65-69岁	13	1	1		683	645	13	18	
70-74岁	6				259	246	4	7	
75岁及以上				1	85	83		2	
女	**188**	**213**	**174**	**21**	**2604**	**2437**	**35**	**109**	**2**
16-19岁	2	5	2		6	6			
20-24岁	13	42	27	4	47	43	1	2	
25-29岁	34	54	31	2	79	74	2	2	
30-34岁	40	39	22	3	119	109	2	6	
35-39岁	31	22	21	2	135	119	2	10	2
40-44岁	17	21	21	1	195	177	5	10	
45-49岁	27	19	27	8	409	368	9	29	
50-54岁	17	8	13	1	495	469	9	15	
55-59岁	6	2	7		462	439	2	19	
60-64岁	1		2		347	331	3	11	
65-69岁			1		240	234		3	
70-74岁		1			53	52		1	
75岁及以上					17	16		1	

4-7 续表 5 单位：人

年龄组 性别	农林牧渔生产辅助人员	其他农、林、牧、渔业生产加工人员	生产制造及有关人员						
			小计	农副产品加工人员	食品、饮料生产加工人员	烟草及其制品加工人员	纺织、针织、印染人员	纺织品、服装和皮革、毛皮制品加工制作人员	木材加工、家具与木制品制作人员
总　计	**78**	**14**	**38180**	**184**	**662**	**40**	**25**	**336**	**1024**
16-19岁	1		430	1	22			4	10
20-24岁	3		2849	8	76			12	39
25-29岁	3		5046	11	98			12	98
30-34岁	6	3	6538	28	108	3		42	121
35-39岁	10	1	4732	28	89	6	4	51	114
40-44岁	9	1	4318	26	69	7	1	52	123
45-49岁	11		5689	25	79	15	5	78	187
50-54岁	13	1	5098	26	65	6	8	40	188
55-59岁	7	1	2654	17	39	3	5	27	109
60-64岁	7	3	598	9	13			12	27
65-69岁	7	3	171	5	2			3	8
70-74岁	1	1	39		1		2	1	
75岁及以上			18		1			2	
男	**60**	**11**	**31319**	**128**	**384**	**24**	**11**	**142**	**872**
16-19岁	1		327		13			1	9
20-24岁	2		2129	7	37			7	35
25-29岁	2		4095	7	56			7	86
30-34岁	4	3	5389	18	60	2		17	109
35-39岁	9		3767	21	50	4	3	14	95
40-44岁	6	1	3369	18	41	4	1	21	110
45-49岁	8		4517	14	44	7	1	36	146
50-54岁	11	1	4525	17	38	4	2	20	156
55-59岁	5	1	2460	14	32	3	4	11	98
60-64岁	6	2	543	7	11			6	23
65-69岁	5	2	159	5	1			2	5
70-74岁	1	1	27		1				
75岁及以上			12						
女	**18**	**3**	**6861**	**56**	**278**	**16**	**14**	**194**	**152**
16-19岁			103	1	9			3	1
20-24岁	1		720	1	39			5	4
25-29岁	1		951	4	42			5	12
30-34岁	2		1149	10	48	1		25	12
35-39岁	1	1	965	7	39	2	1	37	19
40-44岁	3		949	8	28	3		31	13
45-49岁	3		1172	11	35	8	4	42	41
50-54岁	2		573	9	27	2	6	20	32
55-59岁	2		194	3	7		1	16	11
60-64岁	1	1	55	2	2			6	4
65-69岁	2	1	12		1			1	3
70-74岁			12				2	1	
75岁及以上			6		1			2	

4-7　续表 6　　　　单位：人

年龄组 性　别	生产制造及有关人员								
	纸及纸制品生产加工人员	印刷和记录媒介复制人员	文教、工美、体育和娱乐用品制造人　员	石油加工和炼焦、煤化工生产人员	化学原料和化学制品制造人　员	医药制造人　　员	化学纤维制造人员	橡胶和塑料制品制造人员	非金属矿物制品制造人员
总　计	**44**	**229**	**68**	**441**	**260**	**103**	**3**	**91**	**424**
16-19岁		5		1		2			2
20-24岁	1	18	3	19	8	8		2	18
25-29岁	6	25	10	39	22	14		3	42
30-34岁	3	41	13	64	31	20	1	15	64
35-39岁	5	33	13	39	18	21	1	15	46
40-44岁	6	23	8	56	33	10	1	10	52
45-49岁	10	37	14	82	66	8		20	70
50-54岁	8	28	4	66	66	12		21	75
55-59岁	4	13	3	57	11	6		4	43
60-64岁	1	4		15	4	1		1	11
65-69岁		2		2	1	1			1
70-74岁				1					
75岁及以上									
男	**28**	**135**	**35**	**390**	**208**	**48**	**3**	**64**	**353**
16-19岁		2		1		2			2
20-24岁	1	7	1	18	6	6		2	17
25-29岁	4	15	4	37	19	7		3	38
30-34岁	2	25	7	54	23	9	1	11	54
35-39岁		21	7	36	10	11	1	9	34
40-44岁	4	15	5	45	24	3	1	5	43
45-49岁	8	14	7	65	54	1		14	58
50-54岁	5	21	2	61	58	3		16	56
55-59岁	3	12	2	57	10	5		4	41
60-64岁	1	2		13	3				9
65-69岁		1		2	1	1			1
70-74岁				1					
75岁及以上									
女	**16**	**94**	**33**	**51**	**52**	**55**		**27**	**71**
16-19岁		3							
20-24岁		11	2	1	2	2			1
25-29岁	2	10	6	2	3	7			4
30-34岁	1	16	6	10	8	11		4	10
35-39岁	5	12	6	3	8	10		6	12
40-44岁	2	8	3	11	9	7		5	9
45-49岁	2	23	7	17	12	7		6	12
50-54岁	3	7	2	5	8	9		5	19
55-59岁	1	1	1		1	1			2
60-64岁		2		2	1	1		1	2
65-69岁		1							
70-74岁									
75岁及以上									

4-7 续表 7 单位：人

年龄组 性　别	生产制造及有关人员								
	采矿人员	金属冶炼和压延加工人员	机械制造基础加工人员	金属制品制造人员	通用设备制造人员	专用设备制造人员	汽车制造人员	铁路、船舶、航空设备制造人员	电气机械和器材制造人员
总　计	**2942**	**882**	**2317**	**445**	**433**	**122**	**80**	**63**	**109**
16-19岁		3	13	5	4	1			
20-24岁	41	23	98	22	21	7	7	2	7
25-29岁	273	72	257	59	45	27	8	10	22
30-34岁	524	128	399	81	88	29	27	8	20
35-39岁	387	95	302	68	53	13	6	10	20
40-44岁	369	128	267	58	58	11	6	7	9
45-49岁	619	185	353	73	64	14	11	4	11
50-54岁	510	180	407	48	64	14	10	15	12
55-59岁	168	58	191	26	29	6	3	7	5
60-64岁	36	5	16	3	6		2		2
65-69岁	9	3	11	1	1				1
70-74岁	4	1	3	1					
75岁及以上	2	1							
男	**2736**	**785**	**2110**	**367**	**398**	**96**	**70**	**51**	**87**
16-19岁		3	12	4	3	1			
20-24岁	40	22	97	18	20	4	6	1	7
25-29岁	259	62	238	54	43	22	7	8	19
30-34岁	481	122	374	69	83	26	23	5	14
35-39岁	357	87	269	55	47	11	5	9	16
40-44岁	337	109	223	41	50	7	5	5	5
45-49岁	568	150	307	57	59	8	9	2	9
50-54岁	489	168	383	43	59	12	10	14	10
55-59岁	158	53	180	22	27	5	3	7	5
60-64岁	34	4	15	3	6		2		1
65-69岁	9	3	10	1	1				1
70-74岁	3	1	2						
75岁及以上	1	1							
女	**206**	**97**	**207**	**78**	**35**	**26**	**10**	**12**	**22**
16-19岁			1	1	1				
20-24岁	1	1	1	4	1	3	1	1	
25-29岁	14	10	19	5	2	5	1	2	3
30-34岁	43	6	25	12	5	3	4	3	6
35-39岁	30	8	33	13	6	2	1	1	4
40-44岁	32	19	44	17	8	4	1	2	4
45-49岁	51	35	46	16	5	6	2	2	2
50-54岁	21	12	24	5	5	2		1	2
55-59岁	10	5	11	4	2	1			
60-64岁	2	1	1						1
65-69岁			1						
70-74岁	1		1	1					
75岁及以上	1								

4-7 续表 8

单位：人

年龄组 性 别	生产制造及有关人员								不便分类的其他从业人员
	计算机、通信和其他电子设备制造人员	仪器仪表制造人员	废弃资源综合利用人员	电力、热力、气体、水生产和输配人员	建筑施工人员	运输设备和通用工程机械操作人员及有关人员	生产辅助人员	其他生产制造及有关人员	
总 计	**6219**	**61**	**37**	**552**	**11692**	**1922**	**6177**	**193**	**715**
16–19岁	240			3	64	8	40	2	22
20–24岁	1453	2	1	30	453	108	352	10	62
25–29岁	1548	9		47	1231	284	747	27	73
30–34岁	1289	8	4	110	1833	344	1072	20	109
35–39岁	644	7	2	73	1524	275	750	20	102
40–44岁	466	8	6	67	1454	225	684	18	85
45–49岁	386	9	10	81	1898	288	951	36	112
50–54岁	117	12	6	78	1815	236	924	37	86
55–59岁	61	5	5	54	1018	132	531	14	44
60–64岁	8		2	9	300	14	91	6	9
65–69岁	4		1		85	5	23	2	6
70–74岁	2	1			13		8	1	5
75岁及以上	1				4	3	4		
男	**3956**	**45**	**24**	**451**	**10492**	**1796**	**4869**	**161**	**476**
16–19岁	170			3	58	8	33	2	9
20–24岁	952	2	1	28	409	105	266	7	41
25–29岁	1054	6		42	1130	269	573	26	50
30–34岁	845	8	3	95	1663	326	842	18	63
35–39岁	364	3	1	53	1366	250	541	17	61
40–44岁	208	6	3	46	1278	203	489	14	57
45–49岁	199	6	5	53	1629	256	705	26	74
50–54岁	102	11	4	70	1622	227	807	35	69
55–59岁	53	3	4	52	954	131	496	11	35
60–64岁	4		2	9	285	14	85	4	7
65–69岁	3		1		84	5	21	1	6
70–74岁	2				10		7		4
75岁及以上					4	2	4		
女	**2263**	**16**	**13**	**101**	**1200**	**126**	**1308**	**32**	**239**
16–19岁	70				6		7		13
20–24岁	501			2	44	3	86	3	21
25–29岁	494	3		5	101	15	174	1	23
30–34岁	444		1	15	170	18	230	2	46
35–39岁	280	4	1	20	158	25	209	3	41
40–44岁	258	2	3	21	176	22	195	4	28
45–49岁	187	3	5	28	269	32	246	10	38
50–54岁	15	1	2	8	193	9	117	2	17
55–59岁	8	2	1	2	64	1	35	3	9
60–64岁	4				15		6	2	2
65–69岁	1				1		2	1	
70–74岁		1			3		1	1	1
75岁及以上	1					1			

4-7a 全市分年龄、性别、职业中类的就业人口(城市)

单位：人

年龄组 性别	合计	党的机关、国家机关、群众团体和社会组织、企事业单位负责人						
		小计	中国共产党机关负责人	国家机关负责人	民主党派和工商联负责人	人民团体和群众团体、社会组织及其他成员组织负责人	基层群众自治组织负责人	企事业单位负责人
总　计	**161118**	**7186**	**15**	**227**	**1**	**172**	**25**	**6746**
16-19岁	791	4						4
20-24岁	8631	127	1	1		2		123
25-29岁	22029	595	1	5		9		580
30-34岁	31586	1370	2	20		21	2	1325
35-39岁	26156	1550	5	27		38	4	1476
40-44岁	19953	1127		19	1	27	1	1079
45-49岁	22054	1019		44		28	5	942
50-54岁	16983	762	2	51		19	5	685
55-59岁	10151	530	3	52		20	5	450
60-64岁	1862	76	1	6		6	2	61
65-69岁	657	21		2		2	1	16
70-74岁	176	3						3
75岁及以上	89	2						2
男	**96436**	**5357**	**13**	**174**		**102**	**16**	**5052**
16-19岁	502	2						2
20-24岁	4567	90	1	1		1		87
25-29岁	12147	442		2		8		432
30-34岁	18132	1038	1	11		12		1014
35-39岁	14987	1115	5	18		17	3	1072
40-44岁	11403	799		14		17		768
45-49岁	12630	718		31		15	3	669
50-54岁	11680	588	2	39		10	3	534
55-59岁	8308	480	3	50		16	5	406
60-64岁	1407	62	1	6		4	1	50
65-69岁	484	18		2		2	1	13
70-74岁	128	3						3
75岁及以上	61	2						2
女	**64682**	**1829**	**2**	**53**	**1**	**70**	**9**	**1694**
16-19岁	289	2						2
20-24岁	4064	37				1		36
25-29岁	9882	153	1	3		1		148
30-34岁	13454	332	1	9		9	2	311
35-39岁	11169	435		9		21	1	404
40-44岁	8550	328		5	1	10	1	311
45-49岁	9424	301		13		13	2	273
50-54岁	5303	174		12		9	2	151
55-59岁	1843	50		2		4		44
60-64岁	455	14				2	1	11
65-69岁	173	3						3
70-74岁	48							
75岁及以上	28							

4-7a 续表 1 单位：人

年龄组 性 别	专业技术人员									
	小计	科学研究人员	工程技术人员	农业技术人员	飞机和船舶技术人员	卫生专业技术人员	经济和金融专业人员	法律、社会和宗教专业人员	教学人员	文学艺术、体育专业人员
总 计	**36311**	**381**	**8740**	**92**	**45**	**5488**	**8609**	**859**	**10197**	**562**
16–19岁	83		17			16	8		32	9
20–24岁	2075	9	387	5	7	368	461	34	639	87
25–29岁	5748	43	1199	6	7	813	1492	163	1664	154
30–34岁	8060	87	2030	15	12	1285	2097	207	1947	105
35–39岁	6465	70	1530	9	3	1064	1484	145	1834	83
40–44岁	4325	52	992	10	4	528	1041	81	1415	41
45–49岁	4167	32	994	19	3	560	1103	121	1139	36
50–54岁	3190	39	887	10	4	497	602	60	932	25
55–59岁	1838	42	619	15	5	254	271	42	505	18
60–64岁	230	6	53	2		66	32	4	57	3
65–69岁	84	1	26	1		21	12	2	17	1
70–74岁	20		3			7	2		8	
75岁及以上	26		3			9	4		8	
男	**14937**	**219**	**6951**	**64**	**34**	**1305**	**2368**	**377**	**2686**	**330**
16–19岁	34		14			3	2		8	7
20–24岁	646	5	305	1	3	51	95	11	102	48
25–29岁	2021	18	924	5	5	121	385	65	335	86
30–34岁	3132	50	1586	11	8	238	550	78	438	62
35–39岁	2567	40	1197	4	3	272	388	58	460	47
40–44岁	1764	29	772	7	3	168	247	38	393	28
45–49岁	1700	18	759	12	3	148	288	47	327	25
50–54岁	1541	18	749	9	4	123	231	40	283	10
55–59岁	1305	35	570	12	5	128	162	36	289	14
60–64岁	144	5	49	2		31	13	2	33	2
65–69岁	55	1	23	1		10	3	2	11	1
70–74岁	12		2			5	1		4	
75岁及以上	16		1			7	3		3	
女	**21374**	**162**	**1789**	**28**	**11**	**4183**	**6241**	**482**	**7511**	**232**
16–19岁	49		3			13	6		24	2
20–24岁	1429	4	82	4	4	317	366	23	537	39
25–29岁	3727	25	275	1	2	692	1107	98	1329	68
30–34岁	4928	37	444	4	4	1047	1547	129	1509	43
35–39岁	3898	30	333	5		792	1096	87	1374	36
40–44岁	2561	23	220	3	1	360	794	43	1022	13
45–49岁	2467	14	235	7		412	815	74	812	11
50–54岁	1649	21	138	1		374	371	20	649	15
55–59岁	533	7	49	3		126	109	6	216	4
60–64岁	86	1	4			35	19	2	24	1
65–69岁	29		3			11	9		6	
70–74岁	8		1			2	1		4	
75岁及以上	10		2			2	1		5	

4-7a 续表 2 单位：人

年龄组 性别	专业技术人员		办事人员和有关人员				社会生产服务和生活服务人员		
	新闻出版、文化专业人员	其他专业技术人员	小计	办事人员	安全和消防人员	其他办事人员和有关人员	小计	批发与零售服务人员	交通运输、仓储和邮政业服务人员
总　计	**1039**	**299**	**27322**	**23839**	**3213**	**270**	**64339**	**27107**	**10949**
16-19岁	1		30	23	6	1	535	153	24
20-24岁	68	10	1005	850	140	15	4397	1792	434
25-29岁	162	45	3306	2958	310	38	9542	4283	1195
30-34岁	214	61	4963	4518	386	59	12774	6073	1920
35-39岁	204	39	4449	4071	331	47	10307	5039	1720
40-44岁	121	40	3345	3048	270	27	8014	3591	1577
45-49岁	117	43	3993	3527	438	28	8600	3315	1824
50-54岁	92	42	3339	2683	628	28	5742	1798	1327
55-59岁	51	16	2448	1929	496	23	3237	797	806
60-64岁	5	2	299	163	135	1	800	163	94
65-69岁	2	1	104	43	59	2	286	63	20
70-74岁			31	18	12	1	72	30	4
75岁及以上	2		10	8	2		33	10	4
男	**396**	**207**	**16011**	**13033**	**2821**	**157**	**38347**	**14066**	**9541**
16-19岁			19	13	6		343	81	21
20-24岁	21	4	468	334	129	5	2548	891	367
25-29岁	51	26	1548	1262	271	15	5739	2229	1031
30-34岁	68	43	2561	2183	340	38	7649	3234	1671
35-39岁	76	22	2410	2115	271	24	6123	2568	1479
40-44岁	49	30	1852	1617	220	15	4452	1690	1346
45-49岁	42	31	2224	1853	352	19	4582	1557	1523
50-54岁	41	33	2369	1782	569	18	3689	1057	1229
55-59岁	39	15	2200	1702	477	21	2394	567	765
60-64岁	5	2	251	127	123	1	556	120	87
65-69岁	2	1	78	28	50		192	41	17
70-74岁			22	10	11	1	57	24	3
75岁及以上	2		9	7	2		23	7	2
女	**643**	**92**	**11311**	**10806**	**392**	**113**	**25992**	**13041**	**1408**
16-19岁	1		11	10		1	192	72	3
20-24岁	47	6	537	516	11	10	1849	901	67
25-29岁	111	19	1758	1696	39	23	3803	2054	164
30-34岁	146	18	2402	2335	46	21	5125	2839	249
35-39岁	128	17	2039	1956	60	23	4184	2471	241
40-44岁	72	10	1493	1431	50	12	3562	1901	231
45-49岁	75	12	1769	1674	86	9	4018	1758	301
50-54岁	51	9	970	901	59	10	2053	741	98
55-59岁	12	1	248	227	19	2	843	230	41
60-64岁			48	36	12		244	43	7
65-69岁			26	15	9	2	94	22	3
70-74岁			9	8	1		15	6	1
75岁及以上			1	1			10	3	2

4-7a　续表 3　　　　单位：人

年龄组 性　别	社会生产服务和生活服务人员								
	住宿和餐饮服务人　员	信息传输、软件和信息技术服务人　员	金融服务人　　员	房地产服务人员	租赁和商务服务人　员	技术辅助服务人员	水利、环境和公共设施管理服务人员	居民服务人　　员	电力、燃气及水供应服务人　员
总　计	**7025**	**2186**	**2429**	**1509**	**1846**	**2325**	**2870**	**2862**	**753**
16－19岁	199	11	1	9	9	17	2	80	
20－24岁	725	251	114	113	116	270	21	282	21
25－29岁	927	588	393	260	299	592	72	401	70
30－34岁	1151	525	684	269	370	567	149	479	119
35－39岁	968	348	450	185	232	366	169	362	113
40－44岁	854	180	269	142	190	212	337	314	92
45－49岁	1003	142	285	193	207	119	691	410	131
50－54岁	685	76	171	165	220	106	590	272	113
55－59岁	365	52	55	128	137	67	485	149	84
60－64岁	109	7	5	32	35	5	252	66	6
65－69岁	27	4	1	8	23	2	94	35	2
70－74岁	6			4	5	1	7	9	1
75岁及以上	6	2	1	1	3	1	1	3	1
男	**3972**	**1436**	**1056**	**901**	**1130**	**1428**	**1171**	**1072**	**606**
16－19岁	152	5		6	7	10	1	37	
20－24岁	486	163	50	59	48	136	12	123	18
25－29岁	610	378	196	172	145	348	50	163	57
30－34岁	703	334	289	160	199	349	72	177	86
35－39岁	589	242	197	100	125	241	67	137	91
40－44岁	425	116	96	64	107	134	104	96	71
45－49岁	417	83	100	93	135	76	168	128	96
50－54岁	301	56	80	106	186	76	210	107	98
55－59岁	195	50	44	105	125	54	246	64	79
60－64岁	66	5	4	23	28	3	166	23	6
65－69岁	19	2		8	17		68	11	2
70－74岁	4			4	5	1	6	5	1
75岁及以上	5	2		1	3		1	1	1
女	**3053**	**750**	**1373**	**608**	**716**	**897**	**1699**	**1790**	**147**
16－19岁	47	6	1	3	2	7	1	43	
20－24岁	239	88	64	54	68	134	9	159	3
25－29岁	317	210	197	88	154	244	22	238	13
30－34岁	448	191	395	109	171	218	77	302	33
35－39岁	379	106	253	85	107	125	102	225	22
40－44岁	429	64	173	78	83	78	233	218	21
45－49岁	586	59	185	100	72	43	523	282	35
50－54岁	384	20	91	59	34	30	380	165	15
55－59岁	170	2	11	23	12	13	239	85	5
60－64岁	43	2	1	9	7	2	86	43	
65－69岁	8	2	1		6	2	26	24	
70－74岁	2						1	4	
75岁及以上	1		1			1		2	

4-7a 续表 4 单位：人

年龄组 性别	社会生产服务和生活服务人员				农、林、牧、渔业生产及辅助人员				
	修理及制作服务人员	文化、体育和娱乐服务人员	健康服务人员	其他社会生产和生活服务人员	小计	农业生产人员	林业生产人员	畜牧业生产人员	渔业生产人员
总　计	**1792**	**443**	**196**	**47**	**874**	**625**	**131**	**92**	**4**
16-19岁	20	10			3		2	1	
20-24岁	148	89	16	5	18	12	2	4	
25-29岁	300	127	30	5	44	31	5	6	1
30-34岁	355	78	30	5	98	65	12	18	
35-39岁	271	49	30	5	88	55	14	12	2
40-44岁	193	31	24	8	73	47	13	11	
45-49岁	207	31	30	12	129	89	22	14	
50-54岁	177	19	19	4	144	102	26	12	1
55-59岁	89	7	13	3	124	90	24	8	
60-64岁	22		4		83	71	7	4	
65-69岁	6	1			53	48	3	1	
70-74岁	4	1			14	12	1	1	
75岁及以上					3	3			
男	**1634**	**244**	**58**	**32**	**669**	**468**	**110**	**74**	**2**
16-19岁	18	5			3		2	1	
20-24岁	138	52	3	2	13	9	1	3	
25-29岁	272	76	8	4	34	24	3	6	1
30-34岁	320	40	11	4	80	53	10	16	
35-39岁	245	27	10	5	73	46	14	9	
40-44岁	178	13	5	7	51	31	8	10	
45-49岁	183	13	6	4	90	62	17	8	
50-54岁	163	11	6	3	111	76	22	10	1
55-59岁	85	6	6	3	99	70	22	6	
60-64岁	22		3		62	51	7	3	
65-69岁	6	1			41	36	3	1	
70-74岁	4				10	8	1	1	
75岁及以上					2	2			
女	**158**	**199**	**138**	**15**	**205**	**157**	**21**	**18**	**2**
16-19岁	2	5							
20-24岁	10	37	13	3	5	3	1	1	
25-29岁	28	51	22	1	10	7	2		
30-34岁	35	38	19	1	18	12	2	2	
35-39岁	26	22	20		15	9		3	2
40-44岁	15	18	19	1	22	16	5	1	
45-49岁	24	18	24	8	39	27	5	6	
50-54岁	14	8	13	1	33	26	4	2	
55-59岁	4	1	7		25	20	2	2	
60-64岁			1		21	20		1	
65-69岁					12	12			
70-74岁		1			4	4			
75岁及以上					1	1			

4-7a　续表 5　　　　单位：人

年龄组 性　别	农林牧渔生产辅助人　　员	其他农、林、牧、渔业生产加工人员	生产制造及有关人员						
			小计	农副产品加工人员	食品、饮料生产加工人员	烟草及其制品加工人员	纺织、针织、印染人员	纺织品、服装和皮革、毛皮制品加工制作人员	木材加工、家具与木制品制作人员
总　计	**19**	**3**	**24478**	**83**	**425**	**33**	**19**	**252**	**760**
16-19岁			124	1	19			1	6
20-24岁			963	3	49			6	29
25-29岁	1		2733	5	70			7	69
30-34岁	2	1	4223	14	74	3		32	87
35-39岁	5		3208	15	64	6	2	36	90
40-44岁	2		2990	11	46	4	1	42	86
45-49岁	4		4046	9	44	12	5	62	145
50-54岁	2	1	3734	15	35	5	6	34	138
55-59岁	2		1936	6	16	3	3	18	86
60-64岁	1		369	2	6			9	20
65-69岁		1	106	2	1			2	4
70-74岁			31				2	1	
75岁及以上			15		1			2	
男	**12**	**3**	**20713**	**54**	**247**	**20**	**8**	**103**	**641**
16-19岁			97		13				5
20-24岁			770	3	21			3	26
25-29岁			2322	3	41			4	61
30-34岁		1	3618	8	45	2		12	80
35-39岁	4		2648	10	36	4	1	9	76
40-44岁	2		2431	7	28	2	1	15	75
45-49岁	3		3248	6	24	6	1	30	108
50-54岁	1	1	3323	9	18	3	2	18	115
55-59岁	1		1801	5	14	3	3	7	77
60-64岁	1		329	1	6			4	17
65-69岁		1	97	2	1			1	1
70-74岁			20						
75岁及以上			9						
女	**7**		**3765**	**29**	**178**	**13**	**11**	**149**	**119**
16-19岁			27	1	6			1	1
20-24岁			193		28			3	3
25-29岁	1		411	2	29			3	8
30-34岁	2		605	6	29	1		20	7
35-39岁	1		560	5	28	2	1	27	14
40-44岁			559	4	18	2		27	11
45-49岁	1		798	3	20	6	4	32	37
50-54岁	1		411	6	17	2	4	16	23
55-59岁	1		135	1	2			11	9
60-64岁			40	1				5	3
65-69岁			9					1	3
70-74岁			11				2	1	
75岁及以上			6		1			2	

4-7a 续表 6 单位：人

年龄组 性　别	生产制造及有关人员								
	纸及纸制品生产加工人员	印刷和记录媒介复制人员	文教、工美、体育和娱乐用品制造人　员	石油加工和炼焦、煤化工生产人员	化学原料和化学制品制造人　员	医药制造人　　员	化学纤维制造人员	橡胶和塑料制品制造人员	非金属矿物制品制造人员
总　计	**19**	**185**	**51**	**99**	**218**	**80**	**3**	**58**	**245**
16-19岁		4				2			2
20-24岁		9	2		5	7			7
25-29岁	2	19	7	10	15	8			24
30-34岁	1	31	10	23	25	15	1	5	37
35-39岁	3	26	8	11	14	16	1	8	29
40-44岁	3	20	6	10	27	8	1	9	38
45-49岁	3	33	12	25	62	6		15	47
50-54岁	5	26	4	12	57	11		17	37
55-59岁	2	13	2	7	9	5		3	22
60-64岁		2		1	3	1		1	2
65-69岁		2			1	1			
70-74岁									
75岁及以上									
男	**10**	**110**	**25**	**86**	**170**	**35**	**3**	**42**	**202**
16-19岁		1				2			2
20-24岁		2			3	5			6
25-29岁		10	2	10	12	3			23
30-34岁		18	5	19	17	6	1	4	32
35-39岁		17	5	10	7	8	1	4	22
40-44岁	3	15	4	8	19	3	1	5	31
45-49岁	2	13	6	21	51	1		11	38
50-54岁	3	19	2	10	50	2		15	28
55-59岁	2	12	1	7	8	4		3	20
60-64岁		2		1	2				
65-69岁		1			1	1			
70-74岁									
75岁及以上									
女	**9**	**75**	**26**	**13**	**48**	**45**		**16**	**43**
16-19岁		3							
20-24岁		7	2		2	2			1
25-29岁	2	9	5		3	5			1
30-34岁	1	13	5	4	8	9		1	5
35-39岁	3	9	3	1	7	8		4	7
40-44岁		5	2	2	8	5		4	7
45-49岁	1	20	6	4	11	5		4	9
50-54岁	2	7	2	2	7	9		2	9
55-59岁		1	1		1	1			2
60-64岁					1	1		1	2
65-69岁		1							
70-74岁									
75岁及以上									

4-7a 续表 7 单位：人

年龄组 性 别	生产制造及有关人员								
	采矿人员	金属冶炼和压延加工人员	机械制造基础加工人员	金属制品制造人员	通用设备制造人员	专用设备制造人员	汽车制造人员	铁路、船舶、航空设备制造人员	电气机械和器材制造人员
总 计	**2078**	**633**	**1638**	**306**	**245**	**84**	**57**	**57**	**75**
16-19岁		2	8		2	1			
20-24岁	26	12	45	9	8	2	3	2	
25-29岁	209	39	152	36	22	14	6	7	13
30-34岁	428	89	275	57	53	19	16	7	15
35-39岁	293	63	202	42	33	11	4	9	18
40-44岁	267	102	191	47	26	9	5	6	7
45-49岁	400	139	256	57	41	11	10	4	7
50-54岁	299	133	331	38	37	11	10	15	10
55-59岁	117	45	160	18	18	6	3	7	3
60-64岁	24	4	8	1	4				2
65-69岁	9	3	7		1				
70-74岁	4	1	3	1					
75岁及以上	2	1							
男	**1899**	**579**	**1482**	**253**	**223**	**62**	**53**	**45**	**57**
16-19岁		2	7		1	1			
20-24岁	25	12	44	8	7		3	1	
25-29岁	199	37	136	33	22	9	6	5	11
30-34岁	388	86	259	46	48	16	14	4	12
35-39岁	267	60	177	35	28	9	4	8	14
40-44岁	238	88	158	34	22	5	4	4	3
45-49岁	357	117	224	46	37	6	9	2	5
50-54岁	282	128	312	33	36	11	10	14	8
55-59岁	108	41	150	17	17	5	3	7	3
60-64岁	22	3	7	1	4				1
65-69岁	9	3	6		1				
70-74岁	3	1	2						
75岁及以上	1	1							
女	**179**	**54**	**156**	**53**	**22**	**22**	**4**	**12**	**18**
16-19岁			1		1				
20-24岁	1		1	1	1	2		1	
25-29岁	10	2	16	3		5		2	2
30-34岁	40	3	16	11	5	3	2	3	3
35-39岁	26	3	25	7	5	2		1	4
40-44岁	29	14	33	13	4	4	1	2	4
45-49岁	43	22	32	11	4	5	1	2	2
50-54岁	17	5	19	5	1			1	2
55-59岁	9	4	10	1	1	1			
60-64岁	2	1	1						1
65-69岁			1						
70-74岁	1		1	1					
75岁及以上	1								

4-7a 续表 8 单位：人

年龄组 性别	生产制造及有关人员								不便分类的其他从业人员
	计算机、通信和其他电子设备制造人员	仪器仪表制造人员	废弃资源综合利用人员	电力、热力、气体、水生产和输配人员	建筑施工人员	运输设备和通用工程机械操作人员及有关人员	生产辅助人员	其他生产制造及有关人员	
总　计	**1585**	**49**	**28**	**414**	**8720**	**1316**	**4528**	**135**	**608**
16-19岁	17			3	37	5	12	2	12
20-24岁	175	1	1	17	311	47	179	8	46
25-29岁	326	8		32	948	172	498	15	61
30-34岁	357	5	4	84	1408	236	801	11	98
35-39岁	192	4	1	56	1199	182	557	13	89
40-44岁	157	7	5	53	1115	157	514	10	79
45-49岁	194	8	6	60	1421	212	711	29	100
50-54岁	101	11	5	65	1330	177	728	31	72
55-59岁	52	4	3	40	702	112	441	10	38
60-64岁	7		2	4	186	10	66	4	5
65-69岁	4		1		53	3	11	1	3
70-74岁	2	1			8		7	1	5
75岁及以上	1				2	3	3		
男	**1147**	**35**	**19**	**329**	**7773**	**1220**	**3669**	**112**	**402**
16-19岁	10			3	34	5	9	2	4
20-24岁	116	1	1	16	278	44	139	6	32
25-29岁	242	5		28	860	162	383	15	41
30-34岁	271	5	3	72	1274	221	640	10	54
35-39岁	139	2	1	38	1065	163	418	10	51
40-44岁	103	5	2	36	980	139	385	8	54
45-49岁	125	5	3	37	1207	188	542	20	68
50-54岁	86	10	4	57	1182	172	655	29	59
55-59岁	47	2	2	38	658	111	418	8	29
60-64岁	3		2	4	175	10	61	3	3
65-69岁	3		1		52	3	10	1	3
70-74岁	2				6		6		4
75岁及以上					2	2	3		
女	**438**	**14**	**9**	**85**	**947**	**96**	**859**	**23**	**206**
16-19岁	7				3		3		8
20-24岁	59			1	33	3	40	2	14
25-29岁	84	3		4	88	10	115		20
30-34岁	86		1	12	134	15	161	1	44
35-39岁	53	2		18	134	19	139	3	38
40-44岁	54	2	3	17	135	18	129	2	25
45-49岁	69	3	3	23	214	24	169	9	32
50-54岁	15	1	1	8	148	5	73	2	13
55-59岁	5	2	1	2	44	1	23	2	9
60-64岁	4				11		5	1	2
65-69岁	1				1		1		
70-74岁		1			2		1	1	1
75岁及以上	1					1			

4-7b　全市分年龄、性别、职业中类的就业人口(镇)

单位：人

年龄组 性　别	合计	党的机关、国家机关、群众团体和社会组织、企事业单位负责人						
		小计	中国共产党机关负责人	国家机关负责人	民主党派和工商联负责人	人民团体和群众团体、社会组织及其他成员组织负责人	基层群众自治组织负责人	企事业单位负责人
总　计	**20596**	**445**	**4**	**31**		**22**	**8**	**380**
16-19岁	353							
20-24岁	2388	7				2		5
25-29岁	3414	36				1	1	34
30-34岁	3837	86		2		4		80
35-39岁	2764	63		2		3	1	57
40-44岁	2108	65		6		2	2	55
45-49岁	2375	91	2	8		7	2	72
50-54岁	1661	62	2	9		2	1	48
55-59岁	1044	26		3		1		22
60-64岁	390	8		1				7
65-69岁	191	1					1	
70-74岁	56							
75岁及以上	15							
男	**13412**	**339**	**3**	**25**		**13**	**7**	**291**
16-19岁	246							
20-24岁	1522	3				2		1
25-29岁	2195	23				1	1	21
30-34岁	2449	64		2		2		60
35-39岁	1713	47		2		2		43
40-44岁	1273	52		5		1	2	44
45-49岁	1513	71	2	7		3	2	57
50-54岁	1168	46	1	5		2	1	37
55-59岁	824	24		3				21
60-64岁	294	8		1				7
65-69岁	154	1					1	
70-74岁	49							
75岁及以上	12							
女	**7184**	**106**	**1**	**6**		**9**	**1**	**89**
16-19岁	107							
20-24岁	866	4						4
25-29岁	1219	13						13
30-34岁	1388	22				2		20
35-39岁	1051	16				1	1	14
40-44岁	835	13		1		1		11
45-49岁	862	20		1		4		15
50-54岁	493	16	1	4				11
55-59岁	220	2				1		1
60-64岁	96							
65-69岁	37							
70-74岁	7							
75岁及以上	3							

4－7b 续表 1 单位：人

年龄组 性 别	专业技术人员									
	小计	科学研究人员	工程技术人员	农业技术人员	飞机和船舶技术人员	卫生专业技术人员	经济和金融专业人员	法律、社会和宗教专业人员	教学人员	文学艺术、体育专业人员
总 计	**2700**	**21**	**618**	**23**	**1**	**302**	**546**	**59**	**1021**	**36**
16－19岁	9		2			4			2	
20－24岁	211		45	1		31	48	4	65	5
25－29岁	504	5	118	2		87	106	13	150	10
30－34岁	564	6	162		1	50	148	15	167	6
35－39岁	477	5	103	1		43	78	9	216	9
40－44岁	321	1	58	2		27	53	5	164	1
45－49岁	287	2	52	5		21	59	4	134	2
50－54岁	194	2	40	9		13	30	6	89	1
55－59岁	101		30	3		15	22	3	23	2
60－64岁	17		7			4			6	
65－69岁	11		1			6	2		2	
70－74岁	2					1			1	
75岁及以上	2								2	
男	**1046**	**14**	**496**	**12**	**1**	**65**	**154**	**26**	**224**	**18**
16－19岁	2		2							
20－24岁	75		38	1		6	14		10	3
25－29岁	185	4	94	2		14	29	7	25	5
30－34岁	210	4	131		1	3	38	4	22	3
35－39岁	182	4	79	1		15	16	6	49	4
40－44岁	131	1	45	1		7	17	1	50	1
45－49岁	109		40	3		4	17	2	39	1
50－54岁	69	1	32	3		4	8	3	16	
55－59岁	64		28	1		6	13	3	9	1
60－64岁	10		6			1			3	
65－69岁	7		1			4	2			
70－74岁	1					1				
75岁及以上	1								1	
女	**1654**	**7**	**122**	**11**		**237**	**392**	**33**	**797**	**18**
16－19岁	7					4			2	
20－24岁	136		7			25	34	4	55	2
25－29岁	319	1	24			73	77	6	125	5
30－34岁	354	2	31			47	110	11	145	3
35－39岁	295	1	24			28	62	3	167	5
40－44岁	190		13	1		20	36	4	114	
45－49岁	178	2	12	2		17	42	2	95	1
50－54岁	125	1	8	6		9	22	3	73	1
55－59岁	37		2	2		9	9		14	1
60－64岁	7		1			3			3	
65－69岁	4					2			2	
70－74岁	1								1	
75岁及以上	1								1	

4-7b 续表 2

单位：人

年龄组 性 别	专业技术人员		办事人员和有关人员				社会生产服务和生活服务人员		
	新闻出版、文化专业人员	其他专业技术人员	小计	办事人员	安全和消防人员	其他办事人员和有关人员	小计	批发与零售服务人员	交通运输、仓储和邮政业服务人员
总 计	**51**	**22**	**1973**	**1612**	**332**	**29**	**6192**	**1685**	**1863**
16-19岁	1		27	8	18	1	55	6	8
20-24岁	10	2	110	76	31	3	495	112	109
25-29岁	10	3	293	240	51	2	862	247	217
30-34岁	5	4	386	338	39	9	1205	366	376
35-39岁	8	5	278	242	33	3	969	293	336
40-44岁	6	4	216	190	24	2	713	198	268
45-49岁	5	3	235	207	26	2	828	204	285
50-54岁	3	1	196	151	39	6	541	141	161
55-59岁	3		164	130	34		342	74	86
60-64岁			41	21	20		124	29	12
65-69岁			16	5	11		40	6	4
70-74岁			8	3	5		11	4	1
75岁及以上			3	1	1	1	7	5	
男	**18**	**18**	**1247**	**925**	**303**	**19**	**4096**	**882**	**1701**
16-19岁			17	3	13	1	36	2	6
20-24岁	1	2	57	26	29	2	308	53	94
25-29岁	2	3	156	111	44	1	583	134	197
30-34岁		4	214	175	33	6	806	190	334
35-39岁	5	3	169	135	31	3	658	153	306
40-44岁	4	4	137	112	24	1	462	101	242
45-49岁	1	2	149	125	24		524	95	270
50-54岁	2		142	101	37	4	354	72	152
55-59岁	3		146	113	33		234	52	83
60-64岁			36	17	19		86	21	12
65-69岁			14	3	11		31	3	4
70-74岁			7	3	4		9	3	1
75岁及以上			3	1	1	1	5	3	
女	**33**	**4**	**726**	**687**	**29**	**10**	**2096**	**803**	**162**
16-19岁	1		10	5	5		19	4	2
20-24岁	9		53	50	2	1	187	59	15
25-29岁	8		137	129	7	1	279	113	20
30-34岁	5		172	163	6	3	399	176	42
35-39岁	3	2	109	107	2		311	140	30
40-44岁	2		79	78		1	251	97	26
45-49岁	4	1	86	82	2	2	304	109	15
50-54岁	1	1	54	50	2	2	187	69	9
55-59岁			18	17	1		108	22	3
60-64岁			5	4	1		38	8	
65-69岁			2	2			9	3	
70-74岁			1		1		2	1	
75岁及以上							2	2	

4-7b 续表 3　　单位：人

年龄组 性　别	社会生产服务和生活服务人员								
	住宿和餐饮服务人　员	信息传输、软件和信息技术服务人　员	金融服务人　　员	房地产服务人员	租赁和商务服务人　员	技术辅助服务人员	水利、环境和公共设施管理服务人员	居民服务人　　员	电力、燃气及水供应服务人　员
总　计	**843**	**207**	**185**	**74**	**111**	**216**	**309**	**316**	**103**
16-19岁	21	3			1	5		5	
20-24岁	75	54	9	8	11	48		24	7
25-29岁	113	51	33	9	23	57	7	43	12
30-34岁	154	44	55	18	14	49	13	63	11
35-39岁	118	19	30	11	10	34	21	37	16
40-44岁	99	14	13	9	8	7	33	22	11
45-49岁	115	14	17	8	14	11	67	51	22
50-54岁	83	6	11	5	9	3	58	27	11
55-59岁	48	2	14	4	11	1	52	26	10
60-64岁	15		3	2	5	1	39	9	2
65-69岁	2				1		18	7	
70-74岁					3		1	2	
75岁及以上					1				1
男	**473**	**121**	**85**	**40**	**69**	**134**	**132**	**141**	**87**
16-19岁	19					3		2	
20-24岁	52	24	4	4	5	30		13	7
25-29岁	77	37	18	5	9	31	4	23	8
30-34岁	107	25	26	9	6	31	7	25	9
35-39岁	65	13	9	6	6	25	8	12	13
40-44岁	39	9	6	4	6	3	10	8	8
45-49岁	48	8	4	6	9	7	20	21	21
50-54岁	33	4	8	3	8	2	26	13	9
55-59岁	24	1	8	2	11	1	19	11	9
60-64岁	7		2	1	4	1	23	7	2
65-69岁	2				1		14	5	
70-74岁					3		1	1	
75岁及以上					1				1
女	**370**	**86**	**100**	**34**	**42**	**82**	**177**	**175**	**16**
16-19岁	2	3			1	2		3	
20-24岁	23	30	5	4	6	18		11	
25-29岁	36	14	15	4	14	26	3	20	4
30-34岁	47	19	29	9	8	18	6	38	2
35-39岁	53	6	21	5	4	9	13	25	3
40-44岁	60	5	7	5	2	4	23	14	3
45-49岁	67	6	13	2	5	4	47	30	1
50-54岁	50	2	3	2	1	1	32	14	2
55-59岁	24	1	6	2			33	15	1
60-64岁	8		1	1	1		16	2	
65-69岁							4	2	
70-74岁								1	
75岁及以上									

4−7b　续表 4

单位：人

年龄组 性　别	社会生产服务和生活服务人员				农、林、牧、渔业生产及辅助人员				
	修理及制作服务人　员	文化、体育和娱乐服务人员	健康服务人　　员	其他社会生产和生活服务人　员	小计	农业生产人　　员	林业生产人　　员	畜牧业生产人员	渔业生产人　　员
总　计	**217**	**21**	**36**	**6**	**940**	**809**	**55**	**69**	
16−19岁	4		2		2	1	1		
20−24岁	20	4	13	1	21	15	2	4	
25−29岁	35	6	9		40	32	5	2	
30−34岁	35	2	3	2	30	22	3	4	
35−39岁	41		2	1	61	52	4	3	
40−44岁	23	4	3	1	68	57	5	6	
45−49岁	15	2	3		162	134	7	20	
50−54岁	23	1	1	1	146	127	12	7	
55−59岁	13	1			156	136	8	11	
60−64岁	6	1			117	101	4	12	
65−69岁	2				103	100	2		
70−74岁					32	30	2		
75岁及以上					2	2			
男	**202**	**17**	**8**	**4**	**699**	**586**	**53**	**54**	
16−19岁	4				1		1		
20−24岁	18	3		1	15	10	2	3	
25−29岁	32	5	3		36	28	5	2	
30−34岁	32	2	2	1	26	18	3	4	
35−39岁	41		1		47	40	3	2	
40−44岁	22	2	1	1	48	38	5	5	
45−49岁	13	2			110	87	7	16	
50−54岁	21	1	1	1	98	80	12	6	
55−59岁	12	1			122	105	8	8	
60−64岁	5	1			83	72	3	8	
65−69岁	2				82	79	2		
70−74岁					29	27	2		
75岁及以上					2	2			
女	**15**	**4**	**28**	**2**	**241**	**223**	**2**	**15**	
16−19岁			2		1	1			
20−24岁	2	1	13		6	5		1	
25−29岁	3	1	6		4	4			
30−34岁	3		1	1	4	4			
35−39岁			1	1	14	12	1	1	
40−44岁	1	2	2		20	19		1	
45−49岁	2		3		52	47		4	
50−54岁	2				48	47		1	
55−59岁	1				34	31		3	
60−64岁	1				34	29	1	4	
65−69岁					21	21			
70−74岁					3	3			
75岁及以上									

4-7b 续表 5

单位：人

年龄组 性别	农林牧渔生产辅助人员	其他农、林、牧、渔业生产加工人员	生产制造及有关人员 小计	农副产品加工人员	食品、饮料生产加工人员	烟草及其制品加工人员	纺织、针织、印染人员	纺织品、服装和皮革、毛皮制品加工制作人员	木材加工、家具与木制品制作人员
总　计	**7**		**8313**	**34**	**80**	**7**	**1**	**34**	**111**
16-19岁			257					1	1
20-24岁			1539	1	10			5	6
25-29岁	1		1676	1	12			3	10
30-34岁	1		1561	4	14			4	18
35-39岁	2		910	5	6		1	6	14
40-44岁			723	5	9	3		2	16
45-49岁	1		769	4	9	3		9	19
50-54岁			519	4	10	1		2	16
55-59岁	1		252	6	6				7
60-64岁			83	1	3			2	4
65-69岁	1		20	3					
70-74岁			3		1				
75岁及以上			1						
男	**6**		**5962**	**31**	**44**	**4**	**1**	**14**	**96**
16-19岁			188						1
20-24岁			1061	1	8			4	5
25-29岁	1		1210	1	4			1	7
30-34岁	1		1125	4	6			2	15
35-39岁	2		606	5	4		1	1	10
40-44岁			442	5	4	2		2	16
45-49岁			548	2	4	1		2	19
50-54岁			457	3	8	1		1	13
55-59岁	1		231	6	4				7
60-64岁			71	1	1			1	3
65-69岁	1		19	3					
70-74岁			3		1				
75岁及以上			1						
女	**1**		**2351**	**3**	**36**	**3**		**20**	**15**
16-19岁			69					1	
20-24岁			478		2			1	1
25-29岁			466		8			2	3
30-34岁			436		8			2	3
35-39岁			304		2			5	4
40-44岁			281		5	1			
45-49岁	1		221	2	5	2		7	
50-54岁			62	1	2			1	3
55-59岁			21		2				
60-64岁			12		2			1	1
65-69岁			1						
70-74岁									
75岁及以上									

4-7b　续表 6　　　　　　　　　　　　　　　　　　　　　　　　　　　　　单位：人

年龄组 性　别	生产制造及有关人员								
	纸及纸制品生产加工人员	印刷和记录媒介复制人员	文教、工美、体育和娱乐用品制造人　员	石油加工和炼焦、煤化工生产人员	化学原料和化学制品制造人　员	医药制造人　　员	化学纤维制造人员	橡胶和塑料制品制造人员	非金属矿物制品制造人员
总　计	**4**	**27**	**5**	**164**	**13**	**16**		**14**	**61**
16−19岁									
20−24岁		6		8	2	1			3
25−29岁	1	5	2	11	3	3			5
30−34岁		4	2	20	1	4		5	14
35−39岁	1	4	1	13	2	4		4	8
40−44岁	1	2		23	1	2		1	8
45−49岁		3		31		2		3	8
50−54岁	1	1		31	2			1	11
55−59岁				20	1				2
60−64岁		2		6	1				2
65−69岁				1					
70−74岁									
75岁及以上									
男	**2**	**16**	**2**	**142**	**13**	**8**		**11**	**46**
16−19岁									
20−24岁		4		8	2	1			3
25−29岁	1	5	1	11	3	3			3
30−34岁		4	1	15	1	2		5	11
35−39岁		1		12	2	2		3	7
40−44岁				20	1				6
45−49岁		1		22				3	7
50−54岁	1	1		29	2				5
55−59岁				20	1				2
60−64岁				4	1				2
65−69岁				1					
70−74岁									
75岁及以上									
女	**2**	**11**	**3**	**22**		**8**		**3**	**15**
16−19岁									
20−24岁		2							
25−29岁			1						2
30−34岁			1	5		2			3
35−39岁	1	3	1	1		2		1	1
40−44岁	1	2		3		2		1	2
45−49岁		2		9		2			1
50−54岁				2				1	6
55−59岁									
60−64岁		2		2					
65−69岁									
70−74岁									
75岁及以上									

4-7b 续表 7　　单位：人

年龄组 性 别	生产制造及有关人员								
	采矿人员	金属冶炼和压延加工人员	机械制造基础加工人员	金属制品制造人员	通用设备制造人员	专用设备制造人员	汽车制造人员	铁路、船舶、航空设备制造人员	电气机械和器材制造人员
总 计	**328**	**50**	**210**	**48**	**38**	**29**	**13**	**5**	**18**
16-19岁			3	2					
20-24岁	7	2	23	4	4	5	3		3
25-29岁	25	11	40	8	5	11		3	7
30-34岁	48	5	54	9	9	7	5	1	3
35-39岁	41	9	26	12	5	1	2		1
40-44岁	33	5	24	3	6	2	1	1	1
45-49岁	81	9	20	6	5	1	1		1
50-54岁	72	7	11	3	4	2			1
55-59岁	16	2	6	1					1
60-64岁	5		2				1		
65-69岁			1						
70-74岁									
75岁及以上									
男	**318**	**45**	**203**	**41**	**31**	**26**	**10**	**5**	**15**
16-19岁			3	1					
20-24岁	7	2	23	2	4	4	3		3
25-29岁	24	10	40	7	3	11		3	7
30-34岁	47	5	53	9	9	7	4	1	
35-39岁	37	8	24	11	4	1	1		1
40-44岁	32	5	22	2	5	2	1	1	1
45-49岁	78	8	18	5	4	1			1
50-54岁	72	5	11	3	2				1
55-59岁	16	2	6	1					1
60-64岁	5		2				1		
65-69岁			1						
70-74岁									
75岁及以上									
女	**10**	**5**	**7**	**7**	**7**	**3**	**3**		**3**
16-19岁				1					
20-24岁				2		1			
25-29岁	1	1		1	2				
30-34岁	1		1				1		3
35-39岁	4	1	2	1	1		1		
40-44岁	1		2	1	1				
45-49岁	3	1	2	1	1		1		
50-54岁		2			2	2			
55-59岁									
60-64岁									
65-69岁									
70-74岁									
75岁及以上									

4-7b　续表 8　　　　单位：人

年龄组 性　别	生产制造及有关人员								不便分类的其他从业人员
	计算机、通信和其他电子设备制造人　员	仪器仪表制造人员	废弃资源综合利用人　　员	电力、热力、气体、水生产和输配人员	建筑施工人　　员	运输设备和通用工程机械操作人员及有关人员	生产辅助人　　员	其他生产制造及有关人员	
总　计	**4498**	**5**	**3**	**36**	**1429**	**216**	**794**	**22**	**33**
16-19岁	219				9	1	21		3
20-24岁	1260			5	59	16	106		5
25-29岁	1203	1		5	132	38	128	3	3
30-34岁	900			6	215	41	165	3	5
35-39岁	430	1		5	165	43	97	3	6
40-44岁	301	1	1		170	26	70	5	2
45-49岁	177	1	1	7	253	27	86	2	3
50-54岁	5	1		1	235	14	82	1	3
55-59岁	2		1	6	133	9	31	2	3
60-64岁	1			1	45		5	2	
65-69岁					10	1	3	1	
70-74岁					2				
75岁及以上					1				
男	**2710**	**4**	**2**	**30**	**1277**	**205**	**593**	**17**	**23**
16-19岁	157				8	1	17		2
20-24岁	820			4	56	16	81		3
25-29岁	797	1		4	125	37	99	2	2
30-34岁	554			6	195	39	127	3	4
35-39岁	212			4	152	41	59	3	4
40-44岁	99	1	1		143	24	42	5	1
45-49岁	64	1		4	215	25	62	1	2
50-54岁	5	1		1	208	12	71	1	2
55-59岁	1		1	6	119	9	28	1	3
60-64岁	1			1	43		4	1	
65-69岁					10	1	3		
70-74岁					2				
75岁及以上					1				
女	**1788**	**1**	**1**	**6**	**152**	**11**	**201**	**5**	**10**
16-19岁	62				1		4		1
20-24岁	440			1	3		25		2
25-29岁	406			1	7	1	29	1	1
30-34岁	346				20	2	38		1
35-39岁	218	1		1	13	2	38		2
40-44岁	202				27	2	28		1
45-49岁	113		1	3	38	2	24	1	1
50-54岁					27	2	11		1
55-59岁	1				14		3	1	
60-64岁					2		1	1	
65-69岁								1	
70-74岁									
75岁及以上									

4-7c 全市分年龄、性别、职业中类的就业人口(乡村)

单位：人

年龄组 性 别	合计	党的机关、国家机关、群众团体和社会组织、企事业单位负责人						
		小计	中国共产党机关负责人	国家机关负责人	民主党派和工商联负责人	人民团体和群众团体、社会组织及其他成员组织负责人	基层群众自治组织负责人	企事业单位负责人
总 计	**23224**	**303**	**3**	**8**		**22**	**34**	**236**
16-19岁	197							
20-24岁	1454	12						12
25-29岁	2635	32						32
30-34岁	2962	50				3	1	46
35-39岁	2387	55	1			6	2	46
40-44岁	2155	38	1	1		4	3	29
45-49岁	3086	30		2		1	3	24
50-54岁	3038	34		1		4	9	20
55-59岁	2383	32	1	3		1	8	19
60-64岁	1480	13				1	7	5
65-69岁	1017	6		1		2	1	2
70-74岁	321	1						1
75岁及以上	109							
男	**16484**	**247**	**3**	**7**		**16**	**28**	**193**
16-19岁	140							
20-24岁	961	9						9
25-29岁	1841	25						25
30-34岁	2114	35				2	1	32
35-39岁	1716	44	1			5	1	37
40-44岁	1500	34	1	1		3	2	27
45-49岁	2113	24		1		1	2	20
50-54岁	2157	28		1		3	7	17
55-59岁	1727	32	1	3		1	8	19
60-64岁	1097	10					6	4
65-69岁	760	5		1		1	1	2
70-74岁	267	1						1
75岁及以上	91							
女	**6740**	**56**		**1**		**6**	**6**	**43**
16-19岁	57							
20-24岁	493	3						3
25-29岁	794	7						7
30-34岁	848	15				1		14
35-39岁	671	11				1	1	9
40-44岁	655	4				1	1	2
45-49岁	973	6		1			1	4
50-54岁	881	6				1	2	3
55-59岁	656							
60-64岁	383	3				1	1	1
65-69岁	257	1				1		
70-74岁	54							
75岁及以上	18							

4–7c　续表 1　　　　单位：人

年龄组 性　别	专业技术人员									
	小计	科学研究人员	工程技术人员	农业技术人员	飞机和船舶技术人员	卫生专业技术人员	经济和金融专业人员	法律、社会和宗教专业人员	教学人员	文学艺术、体育专业人员
总　计	**1667**	**4**	**457**	**12**		**229**	**294**	**15**	**555**	**31**
16–19岁	16		4	1		4			7	
20–24岁	198	1	37	1		39	39		71	6
25–29岁	370	2	86	1		60	68	3	131	5
30–34岁	324		96	1		31	66		105	6
35–39岁	224		67			26	36	1	80	3
40–44岁	134		34			24	21		49	3
45–49岁	162		60			14	23	3	48	4
50–54岁	124		39	3		16	11	3	44	4
55–59岁	64	1	17	3		8	13	2	18	
60–64岁	24		9	2		1	9		1	
65–69岁	22		7			5	5	3	1	
70–74岁	3		1			1	1			
75岁及以上	2						2			
男	**728**	**2**	**401**	**9**		**56**	**72**	**7**	**111**	**20**
16–19岁	7		3	1		1			2	
20–24岁	63		30	1		6	5		14	4
25–29岁	129	1	73			5	13		23	3
30–34岁	139		89	1		10	10		16	3
35–39岁	105		63			10	8	1	14	2
40–44岁	53		25			6	8		9	3
45–49岁	87		53			4	6	2	9	4
50–54岁	67		35	3		5	3	1	16	1
55–59岁	35	1	14	2		3	4	2	7	
60–64岁	20		9	1		1	7			
65–69岁	18		6			4	5	1	1	
70–74岁	3		1			1	1			
75岁及以上	2						2			
女	**939**	**2**	**56**	**3**		**173**	**222**	**8**	**444**	**11**
16–19岁	9		1			3			5	
20–24岁	135	1	7			33	34		57	2
25–29岁	241	1	13	1		55	55	3	108	2
30–34岁	185		7			21	56		89	3
35–39岁	119		4			16	28		66	1
40–44岁	81		9			18	13		40	
45–49岁	75		7			10	17	1	39	
50–54岁	57		4			11	8	2	28	3
55–59岁	29		3	1		5	9		11	
60–64岁	4			1			2		1	
65–69岁	4		1			1		2		
70–74岁										
75岁及以上										

4-7c 续表 2 单位：人

年龄组 性 别	专业技术人员		办事人员和有关人员				社会生产服务和生活服务人员		
	新闻出版、文化专业人员	其他专业技术人员	小计	办事人员	安全和消防人员	其他办事人员和有关人员	小计	批发与零售服务人员	交通运输、仓储和邮政业服务人员
总 计	**21**	**49**	**1044**	**644**	**332**	**68**	**8158**	**2053**	**2862**
16-19岁			8	4	4		95	34	15
20-24岁	1	3	83	59	16	8	648	205	149
25-29岁	6	8	149	103	37	9	1182	337	418
30-34岁	8	11	157	127	22	8	1345	398	482
35-39岁	3	8	116	89	20	7	1049	289	462
40-44岁	1	2	86	53	25	8	860	228	356
45-49岁	1	9	110	69	37	4	1091	219	452
50-54岁	1	3	115	63	41	11	840	165	299
55-59岁		2	111	42	59	10	582	106	167
60-64岁		2	62	22	37	3	285	46	47
65-69岁		1	34	10	24		140	22	12
70-74岁			8	3	5		38	3	2
75岁及以上			5		5		3	1	1
男	**8**	**42**	**715**	**355**	**308**	**52**	**5668**	**1119**	**2664**
16-19岁			6	2	4		65	18	13
20-24岁	1	2	40	22	15	3	426	89	132
25-29岁	4	7	77	37	35	5	849	185	387
30-34岁	2	8	98	68	22	8	962	213	439
35-39岁	1	6	75	51	18	6	757	158	431
40-44岁		2	57	28	22	7	583	121	332
45-49岁		9	80	44	33	3	705	107	421
50-54岁		3	94	46	40	8	560	105	288
55-59岁		2	91	30	52	9	416	68	163
60-64岁		2	58	18	37	3	208	36	44
65-69岁		1	29	8	21		102	17	11
70-74岁			6	1	5		33	2	2
75岁及以上			4		4		2		1
女	**13**	**7**	**329**	**289**	**24**	**16**	**2490**	**934**	**198**
16-19岁			2	2			30	16	2
20-24岁		1	43	37	1	5	222	116	17
25-29岁	2	1	72	66	2	4	333	152	31
30-34岁	6	3	59	59			383	185	43
35-39岁	2	2	41	38	2	1	292	131	31
40-44岁	1		29	25	3	1	277	107	24
45-49岁	1		30	25	4	1	386	112	31
50-54岁	1		21	17	1	3	280	60	11
55-59岁			20	12	7	1	166	38	4
60-64岁			4	4			77	10	3
65-69岁			5	2	3		38	5	1
70-74岁			2	2			5	1	
75岁及以上			1		1		1	1	

4-7c　续表 3　　　　单位：人

年龄组 性　别	社会生产服务和生活服务人员								
	住宿和餐饮服务人　员	信息传输、软件和信息技术服务人　员	金融服务人　　员	房地产服务人员	租赁和商务服务人　员	技术辅助服务人员	水利、环境和公共设施管理服务人员	居民服务人　　员	电力、燃气及水供应服务人　员
总　计	**1030**	**134**	**85**	**56**	**173**	**107**	**755**	**395**	**129**
16–19岁	23	2	1	1	1	2	2	5	1
20–24岁	119	19	6	3	19	20	5	37	9
25–29岁	122	43	23	16	25	33	15	61	11
30–34岁	152	33	29	17	21	24	37	48	27
35–39岁	107	13	10	3	10	10	41	47	10
40–44岁	104	7	6	6	10	5	63	35	15
45–49岁	163	7	5	2	21	5	104	53	24
50–54岁	117	6	1	2	18	4	145	46	16
55–59岁	74	4	4	4	27	2	144	29	10
60–64岁	36			1	10	1	112	21	2
65–69岁	11			1	9	1	66	9	2
70–74岁	2				2		21	4	2
75岁及以上									
男	**535**	**91**	**34**	**32**	**132**	**69**	**355**	**179**	**116**
16–19岁	17	1			1	2	2	2	1
20–24岁	89	10	4	1	12	14	3	13	9
25–29岁	81	28	9	9	16	15	11	29	10
30–34岁	93	23	13	11	15	15	22	20	27
35–39岁	57	9	3		10	9	8	23	8
40–44岁	49	5		3	5	4	17	12	12
45–49岁	47	6	2	1	16	2	29	22	18
50–54岁	36	5		1	14	4	52	20	15
55–59岁	32	4	3	4	26	2	79	16	10
60–64岁	23			1	9	1	70	14	2
65–69岁	9			1	7	1	42	6	2
70–74岁	2				1		20	2	2
75岁及以上									
女	**495**	**43**	**51**	**24**	**41**	**38**	**400**	**216**	**13**
16–19岁	6	1	1	1				3	
20–24岁	30	9	2	2	7	6	2	24	
25–29岁	41	15	14	7	9	18	4	32	1
30–34岁	59	10	16	6	6	9	15	28	
35–39岁	50	4	7	3		1	33	24	2
40–44岁	55	2	6	3	5	1	46	23	3
45–49岁	116	1	3	1	5	3	75	31	6
50–54岁	81	1	1	1	4		93	26	1
55–59岁	42		1		1		65	13	
60–64岁	13				1		42	7	
65–69岁	2				2		24	3	
70–74岁					1		1	2	
75岁及以上									

4-7c 续表 4

单位：人

年龄组 性 别	社会生产服务和生活服务人员				农、林、牧、渔业生产及辅助人员				
	修理及制作服务人员	文化、体育和娱乐服务人员	健康服务人员	其他社会生产和生活服务人员	小计	农业生产人员	林业生产人员	畜牧业生产人员	渔业生产人员
总 计	**340**	**17**	**13**	**9**	**6589**	**6051**	**116**	**358**	**1**
16-19岁	8				22	20		1	
20-24岁	50	4	2	1	155	142	2	7	1
25-29岁	67	5	3	3	256	231	2	22	
30-34岁	70	4	2	1	326	299	3	19	
35-39岁	43		3	1	322	283	11	24	
40-44岁	24	1			428	380	6	34	
45-49岁	33	2		1	810	728	18	58	
50-54岁	20			1	1069	969	28	61	
55-59岁	10	1			1125	1036	23	61	
60-64岁	8		1		946	882	14	41	
65-69岁	5		2		767	731	8	20	
70-74岁	2				266	256	1	7	
75岁及以上				1	97	94		3	
男	**325**	**7**	**5**	**5**	**4431**	**3994**	**104**	**282**	**1**
16-19岁	8				17	15		1	
20-24岁	49		1		119	107	2	7	1
25-29岁	64	3		2	191	168	2	20	
30-34岁	68	3			229	206	3	15	
35-39岁	38		3		216	185	10	18	
40-44岁	23				275	238	6	26	
45-49岁	32	1		1	492	434	14	39	
50-54岁	19			1	655	573	23	49	
55-59岁	9				722	648	23	47	
60-64岁	8				654	600	12	35	
65-69岁	5		1		560	530	8	17	
70-74岁	2				220	211	1	6	
75岁及以上				1	81	79		2	
女	**15**	**10**	**8**	**4**	**2158**	**2057**	**12**	**76**	
16-19岁					5	5			
20-24岁	1	4	1	1	36	35			
25-29岁	3	2	3	1	65	63		2	
30-34岁	2	1	2	1	97	93		4	
35-39岁	5			1	106	98	1	6	
40-44岁	1	1			153	142		8	
45-49岁	1	1			318	294	4	19	
50-54岁	1				414	396	5	12	
55-59岁	1	1			403	388		14	
60-64岁			1		292	282	2	6	
65-69岁			1		207	201		3	
70-74岁					46	45		1	
75岁及以上					16	15		1	

4-7c　续表 5　　　　单位：人

年龄组 性　别			生产制造及有关人员						
	农林牧渔生产辅助人员	其他农、林、牧、渔业生产加工人员	小计	农副产品加工人员	食品、饮料生产加工人员	烟草及其制品加工人员	纺织、针织、印染人员	纺织品、服装和皮革、毛皮制品加工制作人员	木材加工、家具与木制品制作人员
总　计	**52**	**11**	**5389**	**67**	**157**		**5**	**50**	**153**
16−19岁	1		49		3			2	3
20−24岁	3		347	4	17			1	4
25−29岁	1		637	5	16			2	19
30−34岁	3	2	754	10	20			6	16
35−39岁	3	1	614	8	19		1	9	10
40−44岁	7	1	605	10	14			8	21
45−49岁	6		874	12	26			7	23
50−54岁	11		845	7	20		2	4	34
55−59岁	4	1	466	5	17		2	9	16
60−64岁	6	3	146	6	4			1	3
65−69岁	6	2	45		1			1	4
70−74岁	1	1	5						
75岁及以上			2						
男	**42**	**8**	**4644**	**43**	**93**		**2**	**25**	**135**
16−19岁	1		42					1	3
20−24岁	2		298	3	8				4
25−29岁	1		563	3	11			2	18
30−34岁	3	2	646	6	9			3	14
35−39岁	3		513	6	10		1	4	9
40−44岁	4	1	496	6	9			4	19
45−49岁	5		721	6	16			4	19
50−54岁	10		745	5	12			1	28
55−59岁	3	1	428	3	14		1	4	14
60−64岁	5	2	143	5	4			1	3
65−69岁	4	1	43					1	4
70−74岁	1	1	4						
75岁及以上			2						
女	**10**	**3**	**745**	**24**	**64**		**3**	**25**	**18**
16−19岁			7		3			1	
20−24岁	1		49	1	9			1	
25−29岁			74	2	5				1
30−34岁			108	4	11			3	2
35−39岁		1	101	2	9			5	1
40−44岁	3		109	4	5			4	2
45−49岁	1		153	6	10			3	4
50−54岁	1		100	2	8		2	3	6
55−59岁	1		38	2	3		1	5	2
60−64岁	1	1	3	1					
65−69岁	2	1	2		1				
70−74岁			1						
75岁及以上									

4-7c 续表 6 单位：人

年龄组 性 别	生产制造及有关人员								
	纸及纸制品生产加工人员	印刷和记录媒介复制人员	文教、工美、体育和娱乐用品制造人员	石油加工和炼焦、煤化工生产人员	化学原料和化学制品制造人员	医药制造人员	化学纤维制造人员	橡胶和塑料制品制造人员	非金属矿物制品制造人员
总 计	**21**	**17**	**12**	**178**	**29**	**7**		**19**	**118**
16-19岁		1		1					
20-24岁	1	3	1	11	1			2	8
25-29岁	3	1	1	18	4	3		3	13
30-34岁	2	6	1	21	5	1		5	13
35-39岁	1	3	4	15	2	1		3	9
40-44岁	2	1	2	23	5				6
45-49岁	7	1	2	26	4			2	15
50-54岁	2	1		23	7	1		3	27
55-59岁	2		1	30	1	1		1	19
60-64岁	1			8					7
65-69岁				1					1
70-74岁				1					
75岁及以上									
男	**16**	**9**	**8**	**162**	**25**	**5**		**11**	**105**
16-19岁		1		1					
20-24岁	1	1	1	10	1			2	8
25-29岁	3		1	16	4	1		3	12
30-34岁	2	3	1	20	5	1		2	11
35-39岁		3	2	14	1	1		2	5
40-44岁	1		1	17	4				6
45-49岁	6		1	22	3				13
50-54岁	1	1		22	6	1		1	23
55-59岁	1		1	30	1	1		1	19
60-64岁	1			8					7
65-69岁				1					1
70-74岁				1					
75岁及以上									
女	**5**	**8**	**4**	**16**	**4**	**2**		**8**	**13**
16-19岁									
20-24岁		2		1					
25-29岁		1		2		2			1
30-34岁		3		1				3	2
35-39岁	1		2	1	1			1	4
40-44岁	1	1	1	6	1				
45-49岁	1	1	1	4	1			2	2
50-54岁	1			1	1			2	4
55-59岁	1								
60-64岁									
65-69岁									
70-74岁									
75岁及以上									

4-7c　续表 7　　　　单位：人

年龄组 性　别	生产制造及有关人员								
	采矿人员	金属冶炼和压延加工人员	机械制造基础加工人　员	金属制品制造人员	通用设备制造人员	专用设备制造人员	汽车制造人　员	铁路、船舶、航空设备制造人　员	电气机械和器材制造人员
总　计	**536**	**199**	**469**	**91**	**150**	**9**	**10**	**1**	**16**
16–19岁		1	2	3	2				
20–24岁	8	9	30	9	9		1		4
25–29岁	39	22	65	15	18	2	2		2
30–34岁	48	34	70	15	26	3	6		2
35–39岁	53	23	74	14	15	1		1	1
40–44岁	69	21	52	8	26				1
45–49岁	138	37	77	10	18	2			3
50–54岁	139	40	65	7	23	1			1
55–59岁	35	11	25	7	11				1
60–64岁	7	1	6	2	2		1		
65–69岁			3	1					1
70–74岁									
75岁及以上									
男	**519**	**161**	**425**	**73**	**144**	**8**	**7**	**1**	**15**
16–19岁		1	2	3	2				
20–24岁	8	8	30	8	9				4
25–29岁	36	15	62	14	18	2	1		1
30–34岁	46	31	62	14	26	3	5		2
35–39岁	53	19	68	9	15	1		1	1
40–44岁	67	16	43	5	23				1
45–49岁	133	25	65	6	18	1			3
50–54岁	135	35	60	7	21	1			1
55–59岁	34	10	24	4	10				1
60–64岁	7	1	6	2	2		1		
65–69岁			3	1					1
70–74岁									
75岁及以上									
女	**17**	**38**	**44**	**18**	**6**	**1**	**3**		**1**
16–19岁									
20–24岁		1		1			1		
25–29岁	3	7	3	1			1		1
30–34岁	2	3	8	1			1		
35–39岁		4	6	5					
40–44岁	2	5	9	3	3				
45–49岁	5	12	12	4		1			
50–54岁	4	5	5		2				
55–59岁	1	1	1	3	1				
60–64岁									
65–69岁									
70–74岁									
75岁及以上									

4-7c 续表 8

单位：人

年龄组 性 别	生产制造及有关人员								不便分类的其他从业人员
	计算机、通信和其他电子设备制造人员	仪器仪表制造人员	废弃资源综合利用人员	电力、热力、气体、水生产和输配人员	建筑施工人员	运输设备和通用工程机械操作人员及有关人员	生产辅助人员	其他生产制造及有关人员	
总 计	**136**	**7**	**6**	**102**	**1543**	**390**	**855**	**36**	**74**
16-19岁	4				18	2	7		7
20-24岁	18	1		8	83	45	67	2	11
25-29岁	19			10	151	74	121	9	9
30-34岁	32	3		20	210	67	106	6	6
35-39岁	22	2	1	12	160	50	96	4	7
40-44岁	8			14	169	42	100	3	4
45-49岁	15		3	14	224	49	154	5	9
50-54岁	11		1	12	250	45	114	5	11
55-59岁	7	1	1	8	183	11	59	2	3
60-64岁				4	69	4	20		4
65-69岁					22	1	9		3
70-74岁					3		1		
75岁及以上					1		1		
男	**99**	**6**	**3**	**92**	**1442**	**371**	**607**	**32**	**51**
16-19岁	3				16	2	7		3
20-24岁	16	1		8	75	45	46	1	6
25-29岁	15			10	145	70	91	9	7
30-34岁	20	3		17	194	66	75	5	5
35-39岁	13	1		11	149	46	64	4	6
40-44岁	6			10	155	40	62	1	2
45-49岁	10		2	12	207	43	101	5	4
50-54岁	11			12	232	43	81	5	8
55-59岁	5	1	1	8	177	11	50	2	3
60-64岁				4	67	4	20		4
65-69岁					22	1	8		3
70-74岁					2		1		
75岁及以上					1		1		
女	**37**	**1**	**3**	**10**	**101**	**19**	**248**	**4**	**23**
16-19岁	1				2				4
20-24岁	2				8		21	1	5
25-29岁	4				6	4	30		2
30-34岁	12			3	16	1	31	1	1
35-39岁	9	1	1	1	11	4	32		1
40-44岁	2			4	14	2	38	2	2
45-49岁	5		1	2	17	6	53		5
50-54岁			1		18	2	33		3
55-59岁	2				6		9		
60-64岁					2				
65-69岁							1		
70-74岁					1				
75岁及以上									

第二部分 长表数据资料

第五卷 婚姻

5-1 各地区分性别、婚姻状况的15岁及以上人口

单位：人

地区	15岁及以上人口			未婚		
	合计	男	女	小计	男	女
太原市	**416471**	**210029**	**206442**	**88855**	**48836**	**40019**
小店区	100576	50300	50276	29595	15330	14265
迎泽区	47765	23121	24644	8352	4231	4121
杏花岭区	63030	31302	31728	10120	5612	4508
尖草坪区	43240	22316	20924	10221	6071	4150
万柏林区	75758	38127	37631	14726	8292	6434
晋源区	23638	12227	11411	4590	2709	1881
清徐县	29780	15417	14363	5893	3238	2655
阳曲县	10081	5352	4729	1562	1038	524
娄烦县	6710	3547	3163	1142	752	390
古交市	15893	8320	7573	2654	1563	1091

5-1 续表

单位：人

地区	有配偶			离婚			丧偶		
	小计	男	女	小计	男	女	小计	男	女
太原市	**301923**	**152954**	**148969**	**8786**	**4234**	**4552**	**16907**	**4005**	**12902**
小店区	66879	33674	33205	1542	677	865	2560	619	1941
迎泽区	36080	17921	18159	1270	540	730	2063	429	1634
杏花岭区	48248	24225	24023	1617	760	857	3045	705	2340
尖草坪区	29992	15218	14774	1059	553	506	1968	474	1494
万柏林区	56287	28393	27894	1736	785	951	3009	657	2352
晋源区	17637	9092	8545	438	208	230	973	218	755
清徐县	21931	11509	10422	450	283	167	1506	387	1119
阳曲县	7574	3933	3641	254	173	81	691	208	483
娄烦县	4929	2530	2399	212	138	74	427	127	300
古交市	12366	6459	5907	208	117	91	665	181	484

5-1a　各地区分性别、婚姻状况的15岁及以上人口(城市)

单位：人

地　区	15岁及以上人口			未　婚		
	合计	男	女	小计	男	女
太原市	**328321**	**163757**	**164564**	**67192**	**36212**	**30980**
小店区	75947	37366	38581	19513	9618	9895
迎泽区	46887	22612	24275	8237	4150	4087
杏花岭区	59237	29306	29931	9516	5240	4276
尖草坪区	40799	21019	19780	9756	5768	3988
万柏林区	75384	37920	37464	14661	8248	6413
晋源区	18893	9820	9073	3487	2068	1419
清徐县						
阳曲县						
娄烦县						
古交市	11174	5714	5460	2022	1120	902

5-1a　续表

单位：人

地　区	有配偶			离　婚			丧　偶		
	小计	男	女	小计	男	女	小计	男	女
太原市	**241057**	**121332**	**119725**	**7303**	**3305**	**3998**	**12769**	**2908**	**9861**
小店区	53112	26714	26398	1319	552	767	2003	482	1521
迎泽区	35361	17517	17844	1245	523	722	2044	422	1622
杏花岭区	45290	22683	22607	1525	713	812	2906	670	2236
尖草坪区	28257	14320	13937	1008	516	492	1778	415	1363
万柏林区	56014	28245	27769	1723	776	947	2986	651	2335
晋源区	14351	7440	6911	348	157	191	707	155	552
清徐县									
阳曲县									
娄烦县									
古交市	8672	4413	4259	135	68	67	345	113	232

5-1b 各地区分性别、婚姻状况的15岁及以上人口(镇)

单位：人

地区	15岁及以上人口			未婚		
	合计	男	女	小计	男	女
太原市	**41669**	**21362**	**20307**	**13791**	**7498**	**6293**
小店区	18282	9508	8774	9055	5002	4053
迎泽区						
杏花岭区						
尖草坪区	120	59	61	15	9	6
万柏林区	355	194	161	63	42	21
晋源区	946	462	484	157	81	76
清徐县	12079	6056	6023	2920	1400	1520
阳曲县	5263	2713	2550	801	482	319
娄烦县	3358	1697	1661	629	380	249
古交市	1266	673	593	151	102	49

5-1b 续表

单位：人

地区	有配偶			离婚			丧偶		
	小计	男	女	小计	男	女	小计	男	女
太原市	**26088**	**13251**	**12837**	**580**	**305**	**275**	**1210**	**308**	**902**
小店区	8862	4377	4485	141	72	69	224	57	167
迎泽区									
杏花岭区									
尖草坪区	81	41	40	6	5	1	18	4	14
万柏林区	259	139	120	12	8	4	21	5	16
晋源区	701	347	354	26	15	11	62	19	43
清徐县	8533	4460	4073	172	89	83	454	107	347
阳曲县	4118	2097	2021	118	63	55	226	71	155
娄烦县	2496	1232	1264	92	47	45	141	38	103
古交市	1038	558	480	13	6	7	64	7	57

5-1c　各地区分性别、婚姻状况的15岁及以上人口(乡村)

单位：人

地　区	15岁及以上人口			未　婚		
	合计	男	女	小计	男	女
太原市	**46481**	**24910**	**21571**	**7872**	**5126**	**2746**
小店区	6347	3426	2921	1027	710	317
迎泽区	878	509	369	115	81	34
杏花岭区	3793	1996	1797	604	372	232
尖草坪区	2321	1238	1083	450	294	156
万柏林区	19	13	6	2	2	
晋源区	3799	1945	1854	946	560	386
清徐县	17701	9361	8340	2973	1838	1135
阳曲县	4818	2639	2179	761	556	205
娄烦县	3352	1850	1502	513	372	141
古交市	3453	1933	1520	481	341	140

5-1c　续表

单位：人

地　区	有配偶			离　婚			丧　偶		
	小计	男	女	小计	男	女	小计	男	女
太原市	**34778**	**18371**	**16407**	**903**	**624**	**279**	**2928**	**789**	**2139**
小店区	4905	2583	2322	82	53	29	333	80	253
迎泽区	719	404	315	25	17	8	19	7	12
杏花岭区	2958	1542	1416	92	47	45	139	35	104
尖草坪区	1654	857	797	45	32	13	172	55	117
万柏林区	14	9	5	1	1		2	1	1
晋源区	2585	1305	1280	64	36	28	204	44	160
清徐县	13398	7049	6349	278	194	84	1052	280	772
阳曲县	3456	1836	1620	136	110	26	465	137	328
娄烦县	2433	1298	1135	120	91	29	286	89	197
古交市	2656	1488	1168	60	43	17	256	61	195

5-2 全市分性别、职业、婚姻状况的人口

单位：人

职业大类	15岁及以上人口			未婚		
	合计	男	女	小计	男	女
总计	**204972**	**126351**	**78621**	**34370**	**20569**	**13801**
党的机关、国家机关、群众团体和社会组织、企事业单位负责人	7934	5943	1991	583	404	179
专业技术人员	40684	16713	23971	7562	2801	4761
办事人员和有关人员	30339	17973	12366	4084	2009	2075
社会生产服务和生活服务人员	78706	48124	30582	14336	8994	5342
农、林、牧、渔业生产及辅助人员	8403	5799	2604	626	540	86
生产制造及有关人员	38184	31322	6862	7015	5729	1286
不便分类的其他从业人员	722	477	245	164	92	72

5-2 续表

单位：人

职业大类	有配偶			离婚			丧偶		
	小计	男	女	小计	男	女	小计	男	女
总计	**164761**	**102849**	**61912**	**4563**	**2443**	**2120**	**1278**	**490**	**788**
党的机关、国家机关、群众团体和社会组织、企事业单位负责人	7145	5441	1704	186	86	100	20	12	8
专业技术人员	32270	13642	18628	729	243	486	123	27	96
办事人员和有关人员	25407	15548	9859	712	364	348	136	52	84
社会生产服务和生活服务人员	61823	38001	23822	1987	985	1002	560	144	416
农、林、牧、渔业生产及辅助人员	7295	4938	2357	197	174	23	285	147	138
生产制造及有关人员	30291	24914	5377	727	573	154	151	106	45
不便分类的其他从业人员	530	365	165	25	18	7	3	2	1

5-2a　全市分性别、职业、婚姻状况的人口(城市)

单位：人

职业大类	15岁及以上人口			未　婚		
	合计	男	女	小计	男	女
总　计	**161141**	**96450**	**64691**	**25750**	**14463**	**11287**
党的机关、国家机关、群众团体和社会组织、企事业单位负责人	7186	5357	1829	536	368	168
专业技术人员	36317	14939	21378	6569	2422	4147
办事人员和有关人员	27322	16011	11311	3568	1714	1854
社会生产服务和生活服务人员	64354	38358	25996	11993	7346	4647
农、林、牧、渔业生产及辅助人员	874	669	205	62	48	14
生产制造及有关人员	24479	20714	3765	2898	2492	406
不便分类的其他从业人员	609	402	207	124	73	51

5-2a　续表

单位：人

职业大类	有配偶			离　婚			丧　偶		
	小计	男	女	小计	男	女	小计	男	女
总　计	**130954**	**79899**	**51055**	**3671**	**1831**	**1840**	**766**	**257**	**509**
党的机关、国家机关、群众团体和社会组织、企事业单位负责人	6459	4899	1560	173	79	94	18	11	7
专业技术人员	29002	12280	16722	642	217	425	104	20	84
办事人员和有关人员	22985	13927	9058	654	327	327	115	43	72
社会生产服务和生活服务人员	50307	30143	20164	1636	761	875	418	108	310
农、林、牧、渔业生产及辅助人员	788	604	184	14	11	3	10	6	4
生产制造及有关人员	20952	17734	3218	529	419	110	100	69	31
不便分类的其他从业人员	461	312	149	23	17	6	1		1

5-2b 全市分性别、职业、婚姻状况的人口(镇)

单位：人

职业大类	15岁及以上人口			未婚		
	合计	男	女	小计	男	女
总 计	**20597**	**13412**	**7185**	**5241**	**3631**	**1610**
党的机关、国家机关、群众团体和社会组织、企事业单位负责人	445	339	106	19	12	7
专业技术人员	2700	1046	1654	554	217	337
办事人员和有关人员	1973	1247	726	314	177	137
社会生产服务和生活服务人员	6192	4096	2096	994	675	319
农、林、牧、渔业生产及辅助人员	940	699	241	55	49	6
生产制造及有关人员	8314	5962	2352	3294	2495	799
不便分类的其他从业人员	33	23	10	11	6	5

5-2b 续表

单位：人

职业大类	有配偶			离婚			丧偶		
	小计	男	女	小计	男	女	小计	男	女
总 计	**14917**	**9546**	**5371**	**334**	**192**	**142**	**105**	**43**	**62**
党的机关、国家机关、群众团体和社会组织、企事业单位负责人	417	323	94	8	4	4	1		1
专业技术人员	2085	814	1271	49	12	37	12	3	9
办事人员和有关人员	1614	1045	569	33	20	13	12	5	7
社会生产服务和生活服务人员	5028	3341	1687	133	72	61	37	8	29
农、林、牧、渔业生产及辅助人员	840	617	223	18	17	1	27	16	11
生产制造及有关人员	4911	3389	1522	93	67	26	16	11	5
不便分类的其他从业人员	22	17	5						

5-2c 全市分性别、职业、婚姻状况的人口(乡村)

单位：人

职业大类	15岁及以上人口			未婚		
	合计	男	女	小计	男	女
总 计	**23234**	**16489**	**6745**	**3379**	**2475**	**904**
党的机关、国家机关、群众团体和社会组织、企事业单位负责人	303	247	56	28	24	4
专业技术人员	1667	728	939	439	162	277
办事人员和有关人员	1044	715	329	202	118	84
社会生产服务和生活服务人员	8160	5670	2490	1349	973	376
农、林、牧、渔业生产及辅助人员	6589	4431	2158	509	443	66
生产制造及有关人员	5391	4646	745	823	742	81
不便分类的其他从业人员	80	52	28	29	13	16

5-2c 续表

单位：人

职业大类	有配偶			离婚			丧偶		
	小计	男	女	小计	男	女	小计	男	女
总 计	**18890**	**13404**	**5486**	**558**	**420**	**138**	**407**	**190**	**217**
党的机关、国家机关、群众团体和社会组织、企事业单位负责人	269	219	50	5	3	2	1	1	
专业技术人员	1183	548	635	38	14	24	7	4	3
办事人员和有关人员	808	576	232	25	17	8	9	4	5
社会生产服务和生活服务人员	6488	4517	1971	218	152	66	105	28	77
农、林、牧、渔业生产及辅助人员	5667	3717	1950	165	146	19	248	125	123
生产制造及有关人员	4428	3791	637	105	87	18	35	26	9
不便分类的其他从业人员	47	36	11	2	1	1	2	2	

5-3 全市分年龄、性别、受教育

受教育程度 年龄	15岁及以上人口			未婚		
	合计	男	女	小计	男	女
总 计	**416471**	**210029**	**206442**	**88855**	**48836**	**40019**
15-19岁	**24392**	**12603**	**11789**	**24358**	**12595**	**11763**
15	4039	2082	1957	4039	2082	1957
16	4817	2439	2378	4813	2438	2375
17	3750	1945	1805	3748	1944	1804
18	4481	2365	2116	4475	2363	2112
19	7305	3772	3533	7283	3768	3515
20-24岁	**36178**	**18567**	**17611**	**33634**	**17674**	**15960**
20	8354	4334	4020	8308	4322	3986
21	7811	4134	3677	7681	4105	3576
22	7318	3758	3560	6944	3639	3305
23	6230	3124	3106	5529	2887	2642
24	6465	3217	3248	5172	2721	2451
25-29岁	**39639**	**19824**	**19815**	**18543**	**10440**	**8103**
25	7376	3690	3686	5236	2799	2437
26	7482	3751	3731	4389	2424	1965
27	8004	3926	4078	3698	2114	1584
28	8350	4215	4135	2998	1748	1250
29	8427	4242	4185	2222	1355	867
30-34岁	**51143**	**25708**	**25435**	**6528**	**4050**	**2478**
30	10630	5337	5293	2087	1286	801
31	10926	5532	5394	1667	1048	619
32	9873	4887	4986	1109	675	434
33	10318	5180	5138	975	616	359
34	9396	4772	4624	690	425	265
35-39岁	**41431**	**20926**	**20505**	**1984**	**1197**	**787**
35	8493	4256	4237	513	306	207
36	8512	4290	4222	458	274	184
37	8306	4258	4048	391	242	149
38	9154	4566	4588	349	217	132
39	6966	3556	3410	273	158	115
40-44岁	**32429**	**16379**	**16050**	**999**	**671**	**328**
40	6464	3308	3156	234	160	74
41	6269	3205	3064	189	120	69
42	6258	3148	3110	205	139	66
43	6332	3234	3098	187	132	55
44	7106	3484	3622	184	120	64
45-49岁	**38683**	**19534**	**19149**	**927**	**650**	**277**
45	7038	3568	3470	203	142	61
46	7723	3867	3856	202	142	60
47	7912	3991	3921	189	127	62
48	8007	4035	3972	159	120	39
49	8003	4073	3930	174	119	55
50-54岁	**36834**	**19073**	**17761**	**700**	**560**	**140**
50	8337	4291	4046	171	135	36
51	7709	4022	3687	139	108	31
52	7800	3956	3844	148	124	24
53	6025	3131	2894	115	93	22
54	6963	3673	3290	127	100	27
55-59岁	**35037**	**17871**	**17166**	**455**	**375**	**80**
55	7559	3862	3697	99	81	18
56	7555	3877	3678	100	79	21
57	9019	4562	4457	115	92	23
58	6881	3531	3350	83	73	10
59	4023	2039	1984	58	50	8
60-64岁	**28176**	**14403**	**13773**	**300**	**252**	**48**
60	5893	3028	2865	71	59	12
61	5499	2879	2620	52	44	8
62	5716	2914	2802	53	46	7
63	5990	3022	2968	69	56	13
64	5078	2560	2518	55	47	8
65岁及以上	**52529**	**25141**	**27388**	**427**	**372**	**55**

程度、婚姻状况的人口

单位：人

有配偶			离婚			丧偶		
小计	男	女	小计	男	女	小计	男	女
301923	**152954**	**148969**	**8786**	**4234**	**4552**	**16907**	**4005**	**12902**
34	**8**	**26**						
4	1	3						
2	1	1						
6	2	4						
22	4	18						
2528	**888**	**1640**	**15**	**5**	**10**	**1**		**1**
46	12	34						
130	29	101						
373	119	254	1		1			
698	236	462	3	1	2			
1281	492	789	11	4	7	1		1
20852	**9272**	**11580**	**240**	**111**	**129**	**4**	**1**	**3**
2123	877	1246	16	14	2	1		1
3068	1318	1750	24	9	15	1		1
4264	1795	2469	42	17	25			
5286	2432	2854	66	35	31			
6111	2850	3261	92	36	56	2	1	1
43728	**21258**	**22470**	**850**	**388**	**462**	**37**	**12**	**25**
8417	3998	4419	123	52	71	3	1	2
9111	4417	4694	143	65	78	5	2	3
8573	4134	4439	180	75	105	11	3	8
9129	4461	4668	202	98	104	12	5	7
8498	4248	4250	202	98	104	6	1	5
38295	**19193**	**19102**	**1081**	**526**	**555**	**71**	**10**	**61**
7778	3855	3923	195	95	100	7		7
7839	3921	3918	200	91	109	15	4	11
7676	3900	3776	230	116	114	9		9
8536	4221	4315	247	125	122	22	3	19
6466	3296	3170	209	99	110	18	3	15
30212	**15155**	**15057**	**1072**	**523**	**549**	**146**	**30**	**116**
6012	3035	2977	200	108	92	18	5	13
5859	2983	2876	197	101	96	24	1	23
5821	2916	2905	206	90	116	26	3	23
5883	2978	2905	222	108	114	40	16	24
6637	3243	3394	247	116	131	38	5	33
35981	**18178**	**17803**	**1446**	**643**	**803**	**329**	**63**	**266**
6549	3314	3235	248	106	142	38	6	32
7177	3583	3594	288	132	156	56	10	46
7364	3717	3647	302	135	167	57	12	45
7455	3761	3694	316	138	178	77	16	61
7436	3803	3633	292	132	160	101	19	82
34133	**17731**	**16402**	**1351**	**643**	**708**	**650**	**139**	**511**
7770	3998	3772	293	145	148	103	13	90
7153	3745	3408	296	145	151	121	24	97
7194	3661	3533	314	137	177	144	34	110
5574	2913	2661	206	94	112	130	31	99
6442	3414	3028	242	122	120	152	37	115
32194	**16671**	**15523**	**1230**	**599**	**631**	**1158**	**226**	**932**
7019	3619	3400	246	127	119	195	35	160
6962	3614	3348	296	149	147	197	35	162
8278	4261	4017	309	146	163	317	63	254
6284	3281	3003	244	116	128	270	61	209
3651	1896	1755	135	61	74	179	32	147
25473	**13375**	**12098**	**766**	**389**	**377**	**1637**	**387**	**1250**
5352	2803	2549	196	104	92	274	62	212
5015	2682	2333	144	79	65	288	74	214
5175	2706	2469	151	72	79	337	90	247
5364	2801	2563	161	77	84	396	88	308
4567	2383	2184	114	57	57	342	73	269
38493	**21225**	**17268**	**735**	**407**	**328**	**12874**	**3137**	**9737**

5-3 续表 1

受教育程度 年　　龄	15岁及以上人口			未　婚		
	合计	男	女	小计	男	女
未上过学	**4110**	**1142**	**2968**	**503**	**404**	**99**
15-19岁	**32**	**21**	**11**	**32**	**21**	**11**
15	9	6	3	9	6	3
16	4	1	3	4	1	3
17	5	3	2	5	3	2
18	7	5	2	7	5	2
19	7	6	1	7	6	1
20-24岁	**52**	**29**	**23**	**49**	**27**	**22**
20	12	5	7	12	5	7
21	14	8	6	14	8	6
22	8	5	3	8	5	3
23	9	6	3	8	5	3
24	9	5	4	7	4	3
25-29岁	**63**	**32**	**31**	**45**	**26**	**19**
25	24	9	15	18	8	10
26	8	4	4	7	3	4
27	8	8		8	8	
28	10	5	5	6	3	3
29	13	6	7	6	4	2
30-34岁	**70**	**36**	**34**	**33**	**24**	**9**
30	17	10	7	11	9	2
31	11	7	4	6	4	2
32	14	6	8	4	3	1
33	11	4	7	4	2	2
34	17	9	8	8	6	2
35-39岁	**65**	**42**	**23**	**38**	**28**	**10**
35	15	6	9	9	3	6
36	12	7	5	5	3	2
37	9	7	2	6	6	
38	13	10	3	7	6	1
39	16	12	4	11	10	1
40-44岁	**85**	**43**	**42**	**28**	**23**	**5**
40	16	8	8	4	4	
41	9	3	6	3	3	
42	18	13	5	7	5	2
43	15	5	10	4	4	
44	27	14	13	10	7	3
45-49岁	**181**	**76**	**105**	**47**	**38**	**9**
45	21	11	10	7	6	1
46	32	12	20	6	5	1
47	36	11	25	6	4	2
48	39	17	22	12	11	1
49	53	25	28	16	12	4
50-54岁	**194**	**90**	**104**	**51**	**48**	**3**
50	31	16	15	10	10	
51	37	18	19	10	10	
52	40	20	20	13	11	2
53	41	19	22	10	9	1
54	45	17	28	8	8	
55-59岁	**216**	**68**	**148**	**31**	**29**	**2**
55	36	8	28	2	2	
56	37	13	24	8	8	
57	57	23	34	11	10	1
58	44	12	32	4	4	
59	42	12	30	6	5	1
60-64岁	**422**	**127**	**295**	**57**	**52**	**5**
60	68	23	45	10	9	1
61	82	22	60	13	12	1
62	80	30	50	11	9	2
63	94	21	73	12	11	1
64	98	31	67	11	11	
65岁及以上	**2730**	**578**	**2152**	**92**	**88**	**4**

单位：人

有配偶			离　婚			丧　偶		
小计	男	女	小计	男	女	小计	男	女
1842	**542**	**1300**	**45**	**19**	**26**	**1720**	**177**	**1543**
3	**2**	**1**						
1	1							
2	1	1						
18	**6**	**12**						
6	1	5						
1	1							
4	2	2						
7	2	5						
35	**10**	**25**	**2**	**2**				
6	1	5						
5	3	2						
10	3	7						
6	1	5	1	1				
8	2	6	1	1				
26	**14**	**12**				**1**		**1**
6	3	3						
6	4	2				1		1
3	1	2						
6	4	2						
5	2	3						
55	**19**	**36**	**2**	**1**	**1**			
12	4	8						
6		6						
11	8	3						
10	1	9	1		1			
16	6	10	1	1				
118	**32**	**86**	**11**	**5**	**6**	**5**	**1**	**4**
14	5	9						
21	5	16	3	2	1	2		2
25	5	20	3	1	2	2	1	1
26	6	20	1		1			
32	11	21	4	2	2	1		1
135	**40**	**95**	**4**	**2**	**2**	**4**		**4**
20	6	14				1		1
25	7	18	1	1		1		1
24	8	16	2	1	1	1		1
30	10	20	1		1			
36	9	27				1		1
168	**38**	**130**	**2**		**2**	**15**	**1**	**14**
30	6	24				4		4
25	4	21	2		2	2	1	1
43	13	30				3		3
38	8	30				2		2
32	7	25				4		4
299	**66**	**233**	**9**	**4**	**5**	**57**	**5**	**52**
47	12	35	2	1	1	9	1	8
58	10	48	1		1	10		10
57	20	37	2	1	1	10		10
64	8	56	3	1	2	15	1	14
73	16	57	1	1		13	3	10
985	**315**	**670**	**15**	**5**	**10**	**1638**	**170**	**1468**

5—3　续表 2

受教育程度 年　　龄	15岁及以上人口			未　　婚		
	合计	男	女	小计	男	女
学前教育	**108**	**45**	**63**	**13**	**8**	**5**
15—19岁	**2**		**2**	**2**		**2**
15						
16						
17	1		1	1		1
18	1		1	1		1
19						
20—24岁	**4**	**1**	**3**	**4**	**1**	**3**
20	2	1	1	2	1	1
21	1		1	1		1
22						
23	1		1	1		1
24						
25—29岁	**5**	**2**	**3**	**2**	**2**	
25						
26	1		1			
27	2	1	1	1	1	
28	1	1		1	1	
29	1		1			
30—34岁	**9**	**3**	**6**	**1**	**1**	
30	2	1	1	1	1	
31	1		1			
32	1		1			
33	4	2	2			
34	1		1			
35—39岁	**4**	**2**	**2**			
35						
36						
37						
38	2	2				
39	2		2			
40—44岁	**5**	**3**	**2**			
40						
41	2	2				
42						
43	3	1	2			
44						
45—49岁	**7**	**3**	**4**	**1**	**1**	
45						
46	3	2	1			
47	2		2			
48	2	1	1	1	1	
49						
50—54岁	**9**	**6**	**3**			
50						
51	3	3				
52	2		2			
53	2	2				
54	2	1	1			
55—59岁	**11**	**6**	**5**	**2**	**2**	
55	2	1	1			
56	2	2				
57	3	1	2	1	1	
58	3	2	1	1	1	
59	1		1			
60—64岁	**14**	**6**	**8**	**1**	**1**	
60	4	4				
61	1		1			
62	4	1	3			
63	4	1	3	1	1	
64	1		1			
65岁及以上	**38**	**13**	**25**			

单位：人

有配偶			离　婚			丧　偶		
小计	男	女	小计	男	女	小计	男	女
72	**33**	**39**				**23**	**4**	**19**
3		**3**						
1		1						
1		1						
1		1						
8	**2**	**6**						
1		1						
1		1						
1		1						
4	2	2						
1		1						
4	**2**	**2**						
2	2							
2		2						
5	**3**	**2**						
2	2							
3	1	2						
6	**2**	**4**						
3	2	1						
2		2						
1		1						
9	**6**	**3**						
3	3							
2		2						
2	2							
2	1	1						
9	**4**	**5**						
2	1	1						
2	2							
2		2						
2	1	1						
1		1						
12	**5**	**7**				**1**		**1**
4	4							
1		1						
4	1	3						
3		3						
						1		1
16	**9**	**7**				**22**	**4**	**18**

5-3 续表 3

受教育程度 年 龄	15岁及以上人口			未 婚		
	合计	男	女	小计	男	女
小 学	**33661**	**15432**	**18229**	**1370**	**1188**	**182**
15-19岁	**75**	**56**	**19**	**74**	**56**	**18**
15	12	10	2	12	10	2
16	12	7	5	11	7	4
17	14	10	4	14	10	4
18	17	12	5	17	12	5
19	20	17	3	20	17	3
20-24岁	**252**	**161**	**91**	**185**	**140**	**45**
20	33	25	8	31	25	6
21	29	17	12	27	17	10
22	55	36	19	42	33	9
23	49	29	20	31	23	8
24	86	54	32	54	42	12
25-29岁	**525**	**322**	**203**	**164**	**139**	**25**
25	83	57	26	37	29	8
26	83	60	23	39	34	5
27	102	58	44	26	22	4
28	115	69	46	33	29	4
29	142	78	64	29	25	4
30-34岁	**1022**	**566**	**456**	**134**	**110**	**24**
30	183	113	70	31	23	8
31	209	122	87	40	35	5
32	181	108	73	21	18	3
33	252	130	122	28	24	4
34	197	93	104	14	10	4
35-39岁	**1060**	**578**	**482**	**81**	**72**	**9**
35	177	102	75	12	11	1
36	206	105	101	13	11	2
37	187	105	82	21	19	2
38	254	137	117	22	19	3
39	236	129	107	13	12	1
40-44岁	**1542**	**795**	**747**	**96**	**79**	**17**
40	225	125	100	17	15	2
41	271	136	135	16	14	2
42	292	148	144	23	18	5
43	340	176	164	16	14	2
44	414	210	204	24	18	6
45-49岁	**2955**	**1520**	**1435**	**120**	**108**	**12**
45	459	240	219	23	21	2
46	584	281	303	29	28	1
47	602	321	281	23	21	2
48	626	318	308	24	19	5
49	684	360	324	21	19	2
50-54岁	**3716**	**1967**	**1749**	**150**	**136**	**14**
50	754	396	358	28	21	7
51	798	441	357	29	27	2
52	796	393	403	32	30	2
53	656	353	303	27	24	3
54	712	384	328	34	34	
55-59岁	**2941**	**1441**	**1500**	**92**	**88**	**4**
55	683	366	317	23	22	1
56	653	326	327	19	19	
57	665	314	351	19	16	3
58	599	278	321	19	19	
59	341	157	184	12	12	
60-64岁	**3561**	**1504**	**2057**	**81**	**76**	**5**
60	579	249	330	16	15	1
61	628	269	359	13	13	
62	669	282	387	14	12	2
63	838	357	481	19	18	1
64	847	347	500	19	18	1
65岁及以上	**16012**	**6522**	**9490**	**193**	**184**	**9**

单位：人

有配偶			离婚			丧偶		
小计	男	女	小计	男	女	小计	男	女
25627	**12600**	**13027**	**625**	**371**	**254**	**6039**	**1273**	**4766**
1		**1**						
1		1						
66	**20**	**46**	**1**	**1**				
2		2						
2		2						
13	3	10						
18	6	12						
31	11	20	1	1				
351	**178**	**173**	**10**	**5**	**5**			
45	27	18	1	1				
44	26	18						
76	36	40						
77	37	40	5	3	2			
109	52	57	4	1	3			
857	**443**	**414**	**28**	**11**	**17**	**3**	**2**	**1**
148	88	60	4	2	2			
161	83	78	8	4	4			
151	87	64	7	2	5	2	1	1
221	105	116	3	1	2			
176	80	96	6	2	4	1	1	
942	**484**	**458**	**35**	**22**	**13**	**2**		**2**
161	90	71	4	1	3			
188	92	96	5	2	3			
160	82	78	6	4	2			
218	109	109	13	9	4	1		1
215	111	104	7	6	1	1		1
1386	**688**	**698**	**42**	**23**	**19**	**18**	**5**	**13**
199	104	95	7	5	2	2	1	1
244	115	129	11	7	4			
257	127	130	8	3	5	4		4
309	153	156	7	5	2	8	4	4
377	189	188	9	3	6	4		4
2702	**1346**	**1356**	**98**	**58**	**40**	**35**	**8**	**27**
415	206	209	18	11	7	3	2	1
528	238	290	19	13	6	8	2	6
552	288	264	22	11	11	5	1	4
580	288	292	16	10	6	6	1	5
627	326	301	23	13	10	13	2	11
3385	**1757**	**1628**	**89**	**54**	**35**	**92**	**20**	**72**
690	357	333	19	16	3	17	2	15
734	404	330	17	9	8	18	1	17
726	353	373	21	7	14	17	3	14
601	313	288	14	10	4	14	6	8
634	330	304	18	12	6	26	8	18
2622	**1273**	**1349**	**84**	**54**	**30**	**143**	**26**	**117**
620	330	290	19	11	8	21	3	18
578	286	292	22	14	8	34	7	27
597	285	312	13	8	5	36	5	31
524	238	286	20	16	4	36	5	31
303	134	169	10	5	5	16	6	10
3068	**1321**	**1747**	**71**	**43**	**28**	**341**	**64**	**277**
500	216	284	16	12	4	47	6	41
548	241	307	11	5	6	56	10	46
589	248	341	9	7	2	57	15	42
708	311	397	20	12	8	91	16	75
723	305	418	15	7	8	90	17	73
10247	**5090**	**5157**	**167**	**100**	**67**	**5405**	**1148**	**4257**

5-3 续表 4

受教育程度 年龄	15岁及以上人口 合计	男	女	未婚 小计	男	女
初　中	**125842**	**67228**	**58614**	**9952**	**7206**	**2746**
15-19岁	**2575**	**1541**	**1034**	**2557**	**1536**	**1021**
15	1234	686	548	1234	686	548
16	467	278	189	465	278	187
17	290	179	111	289	178	111
18	288	206	82	284	204	80
19	296	192	104	285	190	95
20-24岁	**3278**	**2073**	**1205**	**2399**	**1729**	**670**
20	411	282	129	386	277	109
21	463	292	171	412	282	130
22	684	444	240	546	396	150
23	725	450	275	502	367	135
24	995	605	390	553	407	146
25-29岁	**7322**	**4339**	**2983**	**2176**	**1698**	**478**
25	1227	744	483	586	441	145
26	1338	797	541	488	373	115
27	1504	876	628	445	344	101
28	1549	949	600	363	293	70
29	1704	973	731	294	247	47
30-34岁	**11302**	**6310**	**4992**	**1055**	**835**	**220**
30	2231	1276	955	307	239	68
31	2304	1298	1006	261	207	54
32	2089	1173	916	179	144	35
33	2398	1309	1089	175	136	39
34	2280	1254	1026	133	109	24
35-39岁	**11705**	**6284**	**5421**	**455**	**337**	**118**
35	2286	1200	1086	108	80	28
36	2297	1231	1066	110	85	25
37	2355	1279	1076	87	65	22
38	2662	1431	1231	79	58	21
39	2105	1143	962	71	49	22
40-44岁	**11492**	**5971**	**5521**	**290**	**229**	**61**
40	2123	1142	981	59	47	12
41	2122	1104	1018	40	25	15
42	2211	1156	1055	68	55	13
43	2264	1191	1073	66	54	12
44	2772	1378	1394	57	48	9
45-49岁	**16541**	**8517**	**8024**	**370**	**291**	**79**
45	2917	1538	1379	79	62	17
46	3301	1705	1596	86	65	21
47	3395	1722	1673	68	55	13
48	3504	1785	1719	68	58	10
49	3424	1767	1657	69	51	18
50-54岁	**16380**	**8561**	**7819**	**265**	**222**	**43**
50	3680	1890	1790	78	68	10
51	3309	1741	1568	49	36	13
52	3418	1754	1664	48	45	3
53	2835	1495	1340	46	40	6
54	3138	1681	1457	44	33	11
55-59岁	**13812**	**7332**	**6480**	**199**	**172**	**27**
55	3233	1681	1552	46	41	5
56	2973	1557	1416	41	33	8
57	3489	1852	1637	51	43	8
58	2610	1432	1178	42	39	3
59	1507	810	697	19	16	3
60-64岁	**11818**	**6233**	**5585**	**97**	**85**	**12**
60	2513	1330	1183	29	24	5
61	2306	1245	1061	12	12	
62	2277	1191	1086	19	18	1
63	2510	1321	1189	21	17	4
64	2212	1146	1066	16	14	2
65岁及以上	**19617**	**10067**	**9550**	**89**	**72**	**17**

单位：人

有配偶			离婚			丧偶		
小计	男	女	小计	男	女	小计	男	女
107125	**56636**	**50489**	**3325**	**1889**	**1436**	**5440**	**1497**	**3943**
18	**5**	**13**						
2		2						
1	1							
4	2	2						
11	2	9						
870	**341**	**529**	**9**	**3**	**6**			
25	5	20						
51	10	41						
137	48	89	1		1			
221	82	139	2	1	1			
436	196	240	6	2	4			
5047	**2586**	**2461**	**96**	**55**	**41**	**3**		**3**
631	294	337	9	9		1		1
841	421	420	8	3	5	1		1
1038	523	515	21	9	12			
1157	636	521	29	20	9			
1380	712	668	29	14	15	1		1
9997	**5335**	**4662**	**233**	**133**	**100**	**17**	**7**	**10**
1892	1017	875	31	19	12	1	1	
2000	1066	934	39	23	16	4	2	2
1854	998	856	53	30	23	3	1	2
2161	1139	1022	55	31	24	7	3	4
2090	1115	975	55	30	25	2		2
10904	**5746**	**5158**	**326**	**200**	**126**	**20**	**1**	**19**
2117	1087	1030	59	33	26	2		2
2111	1110	1001	71	36	35	5		5
2202	1168	1034	63	46	17	3		3
2504	1326	1178	73	46	27	6	1	5
1970	1055	915	60	39	21	4		4
10769	**5515**	**5254**	**363**	**213**	**150**	**70**	**14**	**56**
1992	1059	933	63	34	29	9	2	7
2012	1039	973	59	40	19	11		11
2057	1059	998	75	40	35	11	2	9
2107	1089	1018	74	41	33	17	7	10
2601	1269	1332	92	58	34	22	3	19
15412	**7897**	**7515**	**582**	**294**	**288**	**177**	**35**	**142**
2723	1426	1297	93	47	46	22	3	19
3069	1574	1495	115	60	55	31	6	25
3177	1597	1580	118	62	56	32	8	24
3254	1657	1597	140	59	81	42	11	31
3189	1643	1546	116	66	50	50	7	43
15205	**7939**	**7266**	**577**	**318**	**259**	**333**	**82**	**251**
3419	1744	1675	133	74	59	50	4	46
3090	1625	1465	114	68	46	56	12	44
3176	1618	1558	125	66	59	69	25	44
2612	1389	1223	98	46	52	79	20	59
2908	1563	1345	107	64	43	79	21	58
12608	**6749**	**5859**	**473**	**283**	**190**	**532**	**128**	**404**
2971	1548	1423	115	70	45	101	22	79
2723	1440	1283	116	66	50	93	18	75
3184	1707	1477	112	65	47	142	37	105
2378	1312	1066	77	47	30	113	34	79
1352	742	610	53	35	18	83	17	66
10644	**5757**	**4887**	**334**	**203**	**131**	**743**	**188**	**555**
2268	1221	1047	86	50	36	130	35	95
2091	1149	942	65	44	21	138	40	98
2044	1097	947	64	36	28	150	40	110
2250	1228	1022	65	37	28	174	39	135
1991	1062	929	54	36	18	151	34	117
15651	**8766**	**6885**	**332**	**187**	**145**	**3545**	**1042**	**2503**

5-3 续表 5

受教育程度 年 龄	15岁及以上人口			未 婚		
	合计	男	女	小计	男	女
高 中	**90470**	**46174**	**44296**	**22943**	**13380**	**9563**
15-19岁	**12975**	**6743**	**6232**	**12966**	**6740**	**6226**
15	2735	1350	1385	2735	1350	1385
16	4237	2121	2116	4236	2120	2116
17	3107	1590	1517	3106	1590	1516
18	1897	1099	798	1896	1099	797
19	999	583	416	993	581	412
20-24岁	**5171**	**3006**	**2165**	**4415**	**2746**	**1669**
20	875	534	341	861	529	332
21	909	568	341	865	557	308
22	1052	598	454	916	556	360
23	1126	632	494	897	555	342
24	1209	674	535	876	549	327
25-29岁	**7629**	**4240**	**3389**	**3196**	**2234**	**962**
25	1339	762	577	816	533	283
26	1446	839	607	765	540	225
27	1543	844	699	630	465	165
28	1580	882	698	524	370	154
29	1721	913	808	461	326	135
30-34岁	**8952**	**4752**	**4200**	**1297**	**950**	**347**
30	2071	1118	953	429	319	110
31	1976	1051	925	319	242	77
32	1690	881	809	215	159	56
33	1698	885	813	200	137	63
34	1517	817	700	134	93	41
35-39岁	**6888**	**3446**	**3442**	**341**	**229**	**112**
35	1315	686	629	95	70	25
36	1336	684	652	76	50	26
37	1328	671	657	60	36	24
38	1638	774	864	56	39	17
39	1271	631	640	54	34	20
40-44岁	**6608**	**3285**	**3323**	**241**	**151**	**90**
40	1228	611	617	60	39	21
41	1267	641	626	52	32	20
42	1283	632	651	44	31	13
43	1313	672	641	39	25	14
44	1517	729	788	46	24	22
45-49岁	**7701**	**3747**	**3954**	**180**	**113**	**67**
45	1416	693	723	48	28	20
46	1534	711	823	41	25	16
47	1570	775	795	35	19	16
48	1570	761	809	21	15	6
49	1611	807	804	35	26	9
50-54岁	**7799**	**3897**	**3902**	**140**	**100**	**40**
50	1720	872	848	30	25	5
51	1661	863	798	23	17	6
52	1688	814	874	34	26	8
53	1215	607	608	23	14	9
54	1515	741	774	30	18	12
55-59岁	**10846**	**5029**	**5817**	**87**	**65**	**22**
55	1993	919	1074	15	9	6
56	2223	1039	1184	21	15	6
57	2892	1312	1580	20	17	3
58	2331	1102	1229	14	10	4
59	1407	657	750	17	14	3
60-64岁	**8237**	**4101**	**4136**	**52**	**36**	**16**
60	1831	913	918	13	10	3
61	1754	889	865	11	6	5
62	1874	915	959	8	7	1
63	1642	792	850	13	9	4
64	1136	592	544	7	4	3
65岁及以上	**7664**	**3928**	**3736**	**28**	**16**	**12**

单位：人

有配偶			离婚			丧偶		
小计	男	女	小计	男	女	小计	男	女
62915	**31182**	**31733**	**2240**	**987**	**1253**	**2372**	**625**	**1747**
9	**3**	**6**						
1	1							
1		1						
1		1						
6	2	4						
752	**260**	**492**	**4**		**4**			
14	5	9						
44	11	33						
136	42	94						
228	77	151	1		1			
330	125	205	3		3			
4368	**1980**	**2388**	**64**	**25**	**39**	**1**	**1**	
522	229	293	1		1			
674	295	379	7	4	3			
904	376	528	9	3	6			
1038	504	534	18	8	10			
1230	576	654	29	10	19	1	1	
7454	**3718**	**3736**	**197**	**84**	**113**	**4**		**4**
1616	793	823	25	6	19	1		1
1613	788	825	44	21	23			
1431	706	725	43	16	27	1		1
1453	727	726	45	21	24			
1341	704	637	40	20	20	2		2
6299	**3106**	**3193**	**229**	**109**	**120**	**19**	**2**	**17**
1179	593	586	38	23	15	3		3
1214	610	604	42	22	20	4	2	2
1224	616	608	40	19	21	4		4
1521	710	811	57	25	32	4		4
1161	577	584	52	20	32	4		4
6066	**2997**	**3069**	**267**	**129**	**138**	**34**	**8**	**26**
1123	545	578	41	26	15	4	1	3
1160	585	575	48	24	24	7		7
1182	578	604	50	22	28	7	1	6
1206	611	595	59	32	27	9	4	5
1395	678	717	69	25	44	7	2	5
7108	**3462**	**3646**	**365**	**165**	**200**	**48**	**7**	**41**
1294	639	655	67	26	41	7		7
1420	651	769	66	35	31	7		7
1453	720	733	75	35	40	7	1	6
1456	704	752	84	41	43	9	1	8
1485	748	737	73	28	45	18	5	13
7152	**3609**	**3543**	**372**	**162**	**210**	**135**	**26**	**109**
1591	806	785	80	36	44	19	5	14
1531	803	728	80	34	46	27	9	18
1528	742	786	90	42	48	36	4	32
1108	566	542	59	24	35	25	3	22
1394	692	702	63	26	37	28	5	23
9998	**4747**	**5251**	**409**	**169**	**240**	**352**	**48**	**304**
1871	880	991	61	25	36	46	5	41
2059	972	1087	97	46	51	46	6	40
2662	1237	1425	110	45	65	100	13	87
2124	1041	1083	92	35	57	101	16	85
1282	617	665	49	18	31	59	8	51
7582	**3874**	**3708**	**223**	**86**	**137**	**380**	**105**	**275**
1697	864	833	52	23	29	69	16	53
1630	844	786	43	20	23	70	19	51
1717	858	859	57	19	38	92	31	61
1500	743	757	44	17	27	85	23	62
1038	565	473	27	7	20	64	16	48
6127	**3426**	**2701**	**110**	**58**	**52**	**1399**	**428**	**971**

5-3 续表 6

受教育程度 年 龄	15岁及以上人口			未 婚		
	合计	男	女	小计	男	女
大学专科	**71201**	**35550**	**35651**	**19102**	**9962**	**9140**
15-19岁	**3543**	**1758**	**1785**	**3538**	**1758**	**1780**
15	42	25	17	42	25	17
16	79	25	54	79	25	54
17	190	96	94	190	96	94
18	937	433	504	936	433	503
19	2295	1179	1116	2291	1179	1112
20-24岁	**8823**	**4343**	**4480**	**8211**	**4134**	**4077**
20	2229	1149	1080	2225	1147	1078
21	1634	811	823	1611	805	806
22	1638	805	833	1569	782	787
23	1608	772	836	1429	713	716
24	1714	806	908	1377	687	690
25-29岁	**10667**	**5127**	**5540**	**4960**	**2691**	**2269**
25	2007	937	1070	1419	724	695
26	1965	931	1034	1115	595	520
27	2207	1076	1131	1033	584	449
28	2239	1064	1175	784	434	350
29	2249	1119	1130	609	354	255
30-34岁	**13100**	**6344**	**6756**	**1606**	**952**	**654**
30	2695	1268	1427	504	306	198
31	2840	1419	1421	412	252	160
32	2636	1226	1410	278	153	125
33	2598	1295	1303	247	151	96
34	2331	1136	1195	165	90	75
35-39岁	**8989**	**4378**	**4611**	**421**	**233**	**188**
35	1959	942	1017	109	61	48
36	1910	917	993	91	48	43
37	1791	907	884	93	56	37
38	1921	940	981	79	46	33
39	1408	672	736	49	22	27
40-44岁	**5811**	**2891**	**2920**	**165**	**91**	**74**
40	1181	608	573	51	28	23
41	1147	595	552	34	20	14
42	1123	534	589	22	13	9
43	1169	575	594	33	17	16
44	1191	579	612	25	13	12
45-49岁	**5657**	**2805**	**2852**	**95**	**49**	**46**
45	1130	532	598	25	13	12
46	1105	546	559	18	12	6
47	1172	592	580	28	13	15
48	1145	570	575	13	7	6
49	1105	565	540	11	4	7
50-54岁	**4425**	**2262**	**2163**	**60**	**36**	**24**
50	1114	585	529	19	9	10
51	999	492	507	12	8	4
52	893	457	436	14	10	4
53	646	310	336	5	3	2
54	773	418	355	10	6	4
55-59岁	**3881**	**1981**	**1900**	**21**	**9**	**12**
55	799	408	391	6	4	2
56	873	455	418	6	1	5
57	1041	529	512	5	3	2
58	756	380	376	2		2
59	412	209	203	2	1	1
60-64岁	**2565**	**1423**	**1142**	**10**	**2**	**8**
60	577	303	274	3	1	2
61	441	267	174	2	1	1
62	505	293	212	1		1
63	567	313	254	2		2
64	475	247	228	2		2
65岁及以上	**3740**	**2238**	**1502**	**15**	**7**	**8**

单位：人

有配偶			离　婚			丧　偶		
小计	男	女	小计	男	女	小计	男	女
49912	**24810**	**25102**	**1433**	**555**	**878**	**754**	**223**	**531**
5		**5**						
1		1						
4		4						
611	**208**	**403**	**1**	**1**				
4	2	2						
23	6	17						
69	23	46						
179	59	120						
336	118	218	1	1				
5660	**2418**	**3242**	**47**	**18**	**29**			
584	210	374	4	3	1			
841	334	507	9	2	7			
1166	489	677	8	3	5			
1447	629	818	8	1	7			
1622	756	866	18	9	9			
11309	**5321**	**5988**	**181**	**70**	**111**	**4**	**1**	**3**
2159	950	1209	32	12	20			
2409	1160	1249	19	7	12			
2317	1059	1258	38	13	25	3	1	2
2300	1121	1179	50	23	27	1		1
2124	1031	1093	42	15	27			
8301	**4033**	**4268**	**254**	**108**	**146**	**13**	**4**	**9**
1801	862	939	48	19	29	1		1
1780	853	927	36	15	21	3	1	2
1630	827	803	66	24	42	2		2
1783	864	919	57	29	28	2	1	1
1307	627	680	47	21	26	5	2	3
5408	**2705**	**2703**	**227**	**95**	**132**	**11**		**11**
1084	555	529	45	25	20	1		1
1062	558	504	47	17	30	4		4
1059	507	552	40	14	26	2		2
1082	535	547	52	23	29	2		2
1121	550	571	43	16	27	2		2
5304	**2678**	**2626**	**222**	**70**	**152**	**36**	**8**	**28**
1059	503	556	43	16	27	3		3
1031	521	510	51	12	39	5	1	4
1094	564	530	44	14	30	6	1	5
1078	545	533	42	16	26	12	2	10
1042	545	497	42	12	30	10	4	6
4131	**2154**	**1977**	**177**	**65**	**112**	**57**	**7**	**50**
1050	561	489	33	13	20	12	2	10
923	462	461	52	21	31	12	1	11
823	436	387	42	10	32	14	1	13
613	295	318	20	11	9	8	1	7
722	400	322	30	10	20	11	2	9
3642	**1909**	**1733**	**150**	**49**	**101**	**68**	**14**	**54**
751	391	360	31	10	21	11	3	8
822	440	382	31	12	19	14	2	12
972	506	466	45	16	29	19	4	15
712	367	345	29	9	20	13	4	9
385	205	180	14	2	12	11	1	10
2386	**1372**	**1014**	**95**	**38**	**57**	**74**	**11**	**63**
525	283	242	36	16	20	13	3	10
416	259	157	16	5	11	7	2	5
470	284	186	13	8	5	21	1	20
531	305	226	16	4	12	18	4	14
444	241	203	14	5	9	15	1	14
3155	**2012**	**1143**	**79**	**41**	**38**	**491**	**178**	**313**

5-3 续表 7

受教育程度 年龄	15岁及以上人口 合计	男	女	未婚 小计	男	女
大学本科	**79595**	**39345**	**40250**	**30754**	**14932**	**15822**
15-19岁	**5187**	**2483**	**2704**	**5186**	**2483**	**2703**
15	7	5	2	7	5	2
16	17	7	10	17	7	10
17	143	67	76	143	67	76
18	1333	609	724	1333	609	724
19	3687	1795	1892	3686	1795	1891
20-24岁	**17074**	**8306**	**8768**	**16853**	**8251**	**8602**
20	4783	2334	2449	4782	2334	2448
21	4707	2414	2293	4697	2412	2285
22	3611	1759	1852	3593	1756	1837
23	2159	1004	1155	2109	993	1116
24	1814	795	1019	1672	756	916
25-29岁	**10805**	**4786**	**6019**	**5983**	**2842**	**3141**
25	2013	897	1116	1705	783	922
26	2046	904	1142	1447	674	773
27	2144	893	1251	1159	548	611
28	2392	1090	1302	1014	513	501
29	2210	1002	1208	658	324	334
30-34岁	**13914**	**6569**	**7345**	**1886**	**951**	**935**
30	2872	1351	1521	625	321	304
31	2984	1384	1600	494	243	251
32	2695	1282	1413	318	156	162
33	2804	1316	1488	255	133	122
34	2559	1236	1323	194	98	96
35-39岁	**10687**	**5281**	**5406**	**532**	**248**	**284**
35	2326	1145	1181	150	69	81
36	2312	1152	1160	130	62	68
37	2234	1101	1133	101	52	49
38	2226	1070	1156	87	38	49
39	1589	813	776	64	27	37
40-44岁	**5898**	**2868**	**3030**	**151**	**80**	**71**
40	1438	685	753	34	23	11
41	1201	590	611	37	22	15
42	1132	560	572	36	14	22
43	1079	530	549	26	15	11
44	1048	503	545	18	6	12
45-49岁	**4989**	**2499**	**2490**	**99**	**46**	**53**
45	963	474	489	16	9	7
46	1034	529	505	19	7	12
47	993	494	499	25	14	11
48	999	520	479	19	9	10
49	1000	482	518	20	7	13
50-54岁	**3923**	**2063**	**1860**	**32**	**16**	**16**
50	961	484	477	6	2	4
51	818	420	398	14	8	6
52	866	461	405	7	2	5
53	561	304	257	4	3	1
54	717	394	323	1	1	
55-59岁	**3002**	**1806**	**1196**	**22**	**10**	**12**
55	730	436	294	7	3	4
56	719	433	286	5	3	2
57	784	471	313	7	2	5
58	489	293	196	1		1
59	280	173	107	2	2	
60-64岁	**1457**	**936**	**521**	**1**		**1**
60	300	191	109			
61	270	175	95	1		1
62	279	182	97			
63	314	200	114			
64	294	188	106			
65岁及以上	**2659**	**1748**	**911**	**9**	**5**	**4**

单位：人

有配偶			离　婚			丧　偶		
小计	男	女	小计	男	女	小计	男	女
47305	**23843**	**23462**	**1002**	**368**	**634**	**534**	**202**	**332**
1		**1**						
1		1						
221	**55**	**166**						
1		1						
10	2	8						
18	3	15						
50	11	39						
142	39	103						
4800	**1936**	**2864**	**22**	**8**	**14**			
307	113	194	1	1				
599	230	369						
981	343	638	4	2	2			
1372	574	798	6	3	3			
1541	676	865	11	2	9			
11831	**5537**	**6294**	**189**	**79**	**110**	**8**	**2**	**6**
2217	1017	1200	30	13	17			
2459	1131	1328	30	10	20	1		1
2340	1114	1226	35	12	23	2		2
2504	1164	1340	41	17	24	4	2	2
2311	1111	1200	53	27	26	1		1
9933	**4954**	**4979**	**211**	**77**	**134**	**11**	**2**	**9**
2135	1061	1074	40	15	25	1		1
2140	1074	1066	41	15	26	1	1	
2082	1027	1055	51	22	29			
2091	1017	1074	42	15	27	6		6
1485	775	710	37	10	27	3	1	2
5589	**2733**	**2856**	**145**	**52**	**93**	**13**	**3**	**10**
1368	648	720	34	13	21	2	1	1
1134	555	579	28	12	16	2	1	1
1066	537	529	28	9	19	2		2
1025	509	516	24	5	19	4	1	3
996	484	512	31	13	18	3		3
4713	**2405**	**2308**	**151**	**44**	**107**	**26**	**4**	**22**
917	458	459	27	6	21	3	1	2
984	514	470	28	7	21	3	1	2
927	471	456	36	9	27	5		5
944	499	445	29	11	18	7	1	6
941	463	478	31	11	20	8	1	7
3746	**2005**	**1741**	**121**	**39**	**82**	**24**	**3**	**21**
925	476	449	26	6	20	4		4
771	401	370	29	11	18	4		4
821	448	373	32	10	22	6	1	5
541	297	244	12	3	9	4	1	3
688	383	305	22	9	13	6	1	5
2837	**1749**	**1088**	**99**	**38**	**61**	**44**	**9**	**35**
697	422	275	17	9	8	9	2	7
680	418	262	26	11	15	8	1	7
737	457	280	24	8	16	16	4	12
460	282	178	23	9	14	5	2	3
263	170	93	9	1	8	6		6
1384	**908**	**476**	**33**	**15**	**18**	**39**	**13**	**26**
291	188	103	4	2	2	5	1	4
254	167	87	8	5	3	7	3	4
266	178	88	6	1	5	7	3	4
289	190	99	13	6	7	12	4	8
284	185	99	2	1	1	8	2	6
2250	**1561**	**689**	**31**	**16**	**15**	**369**	**166**	**203**

5-3 续表 8

受教育程度 年龄	15岁及以上人口			未婚		
	合计	男	女	小计	男	女
硕士研究生	**10258**	**4497**	**5761**	**3926**	**1621**	**2305**
15-19岁	**3**	**1**	**2**	**3**	**1**	**2**
15						
16	1		1	1		1
17						
18	1	1		1	1	
19	1		1	1		1
20-24岁	**1488**	**635**	**853**	**1483**	**633**	**850**
20	9	4	5	9	4	5
21	53	24	29	53	24	29
22	266	108	158	266	108	158
23	546	228	318	545	228	317
24	614	271	343	610	269	341
25-29岁	**2440**	**908**	**1532**	**1875**	**752**	**1123**
25	651	268	383	625	265	360
26	554	204	350	491	193	298
27	460	160	300	368	134	234
28	420	140	280	240	94	146
29	355	136	219	151	66	85
30-34岁	**2477**	**977**	**1500**	**425**	**175**	**250**
30	500	174	326	145	51	94
31	546	220	326	111	48	63
32	508	179	329	82	35	47
33	490	210	280	54	26	28
34	433	194	239	33	15	18
35-39岁	**1786**	**801**	**985**	**95**	**38**	**57**
35	362	150	212	22	8	14
36	389	170	219	27	10	17
37	361	167	194	21	8	13
38	384	180	204	17	10	7
39	290	134	156	8	2	6
40-44岁	**794**	**420**	**374**	**26**	**17**	**9**
40	211	106	105	9	4	5
41	200	108	92	5	3	2
42	159	82	77	5	3	2
43	115	68	47	3	3	
44	109	56	53	4	4	
45-49岁	**539**	**302**	**237**	**15**	**4**	**11**
45	104	64	40	5	3	2
46	108	67	41	3		3
47	113	57	56	4	1	3
48	109	56	53	1		1
49	105	58	47	2		2
50-54岁	**314**	**185**	**129**	**1**	**1**	
50	62	39	23			
51	71	41	30	1	1	
52	74	43	31			
53	57	32	25			
54	50	30	20			
55-59岁	**266**	**162**	**104**	**1**		**1**
55	70	34	36			
56	60	42	18			
57	72	48	24	1		1
58	40	25	15			
59	24	13	11			
60-64岁	**92**	**65**	**27**	**1**		**1**
60	18	13	5			
61	16	11	5			
62	27	20	7			
63	17	13	4	1		1
64	14	8	6			
65岁及以上	**59**	**41**	**18**	**1**		**1**

单位：人

有配偶			离　婚			丧　偶		
小计	男	女	小计	男	女	小计	男	女
6208	**2835**	**3373**	**104**	**38**	**66**	**20**	**3**	**17**
5	**2**	**3**						
1		1						
4	2	2						
564	**156**	**408**	**1**		**1**			
26	3	23						
63	11	52						
92	26	66						
180	46	134						
203	70	133	1		1			
2033	**794**	**1239**	**18**	**8**	**10**	**1**		**1**
353	123	230	1		1	1		1
432	172	260	3		3			
423	142	281	3	2	1			
429	180	249	7	4	3			
396	177	219	4	2	2			
1662	**752**	**910**	**25**	**10**	**15**	**4**	**1**	**3**
335	138	197	5	4	1			
356	159	197	5	1	4	1		1
336	158	178	4	1	3			
359	168	191	5	1	4	3	1	2
276	129	147	6	3	3			
747	**396**	**351**	**21**	**7**	**14**			
193	98	95	9	4	5			
192	104	88	3	1	2			
150	78	72	4	1	3			
109	64	45	3	1	2			
103	52	51	2		2			
507	**292**	**215**	**15**	**6**	**9**	**2**		**2**
99	61	38						
100	65	35	5	2	3			
105	53	52	4	3	1			
103	55	48	4	1	3	1		1
100	58	42	2		2	1		1
299	**181**	**118**	**10**	**2**	**8**	**4**	**1**	**3**
60	39	21	2		2			
65	38	27	3	1	2	2	1	1
71	42	29	2	1	1	1		1
55	32	23	2		2			
48	30	18	1		1	1		1
249	**157**	**92**	**12**	**5**	**7**	**4**		**4**
65	33	32	2	1	1	3		3
58	42	16	2		2			
65	44	21	5	4	1	1		1
37	25	12	3		3			
24	13	11						
89	**64**	**25**	**1**		**1**	**1**	**1**	
18	13	5						
16	11	5						
27	20	7						
15	12	3				1	1	
13	8	5	1		1			
53	**41**	**12**	**1**		**1**	**4**		**4**

5-3 续表 9

受教育程度 年龄	15岁及以上人口			未婚		
	合计	男	女	小计	男	女
博士研究生	**1226**	**616**	**610**	**292**	**135**	**157**
15—19岁						
15						
16						
17						
18						
19						
20—24岁	**36**	**13**	**23**	**35**	**13**	**22**
20						
21	1		1	1		1
22	4	3	1	4	3	1
23	7	3	4	7	3	4
24	24	7	17	23	7	16
25—29岁	**183**	**68**	**115**	**142**	**56**	**86**
25	32	16	16	30	16	14
26	41	12	29	37	12	25
27	34	10	24	28	8	20
28	44	15	29	33	11	22
29	32	15	17	14	9	5
30—34岁	**297**	**151**	**146**	**91**	**52**	**39**
30	59	26	33	34	17	17
31	55	31	24	24	17	7
32	59	32	27	12	7	5
33	63	29	34	12	7	5
34	61	33	28	9	4	5
35—39岁	**247**	**114**	**133**	**21**	**12**	**9**
35	53	25	28	8	4	4
36	50	24	26	6	5	1
37	41	21	20	2		2
38	54	22	32	2	1	1
39	49	22	27	3	2	1
40—44岁	**194**	**103**	**91**	**2**	**1**	**1**
40	42	23	19			
41	50	26	24	2	1	1
42	40	23	17			
43	34	16	18			
44	28	15	13			
45—49岁	**113**	**65**	**48**			
45	28	16	12			
46	22	14	8			
47	29	19	10			
48	13	7	6			
49	21	9	12			
50—54岁	**74**	**42**	**32**	**1**	**1**	
50	15	9	6			
51	13	3	10	1	1	
52	23	14	9			
53	12	9	3			
54	11	7	4			
55—59岁	**62**	**46**	**16**			
55	13	9	4			
56	15	10	5			
57	16	12	4			
58	9	7	2			
59	9	8	1			
60—64岁	**10**	**8**	**2**			
60	3	2	1			
61	1	1				
62	1		1			
63	4	4				
64	1	1				
65岁及以上	**10**	**6**	**4**			

单位：人

有配偶			离婚			丧偶		
小计	男	女	小计	男	女	小计	男	女
917	**473**	**444**	**12**	**7**	**5**	**5**	**1**	**4**
						1		**1**
						1		1
41	**12**	**29**						
2		2						
4		4						
6	2	4						
11	4	7						
18	6	12						
204	**98**	**106**	**2**	**1**	**1**			
25	9	16						
31	14	17						
46	25	21	1		1			
51	22	29						
51	28	23	1	1				
224	**102**	**122**	**1**		**1**	**1**		**1**
44	21	23	1		1			
44	19	25						
39	21	18						
52	21	31						
45	20	25				1		1
187	**99**	**88**	**5**	**3**	**2**			
41	22	19	1	1				
47	25	22	1		1			
39	22	17	1	1				
32	15	17	2	1	1			
28	15	13						
111	**64**	**47**	**2**	**1**	**1**			
28	16	12						
21	13	8	1	1				
29	19	10						
13	7	6						
20	9	11	1		1			
71	**40**	**31**	**1**	**1**		**1**		**1**
15	9	6						
11	2	9				1		1
23	14	9						
12	9	3						
10	6	4	1	1				
61	**45**	**16**	**1**	**1**				
12	8	4	1	1				
15	10	5						
16	12	4						
9	7	2						
9	8	1						
9	**8**	**1**				**1**		**1**
2	2					1		1
1	1							
1		1						
4	4							
1	1							
9	**5**	**4**				**1**	**1**	

5-3a 全市分年龄、性别、受教育

受教育程度 / 年龄	15岁及以上人口			未婚		
	合计	男	女	小计	男	女
总　计	**328321**	**163757**	**164564**	**67192**	**36212**	**30980**
15-19岁	**18021**	**9347**	**8674**	**17999**	**9342**	**8657**
15	3134	1592	1542	3134	1592	1542
16	3737	1851	1886	3735	1851	1884
17	2848	1477	1371	2847	1477	1370
18	3245	1757	1488	3242	1755	1487
19	5057	2670	2387	5041	2667	2374
20-24岁	**26416**	**13613**	**12803**	**24694**	**13012**	**11682**
20	5807	3147	2660	5775	3138	2637
21	5689	3098	2591	5603	3080	2523
22	5304	2692	2612	5068	2618	2450
23	4691	2304	2387	4207	2139	2068
24	4925	2372	2553	4041	2037	2004
25-29岁	**31038**	**15139**	**15899**	**14905**	**7991**	**6914**
25	5727	2776	2951	4167	2128	2039
26	5859	2860	2999	3548	1870	1678
27	6230	2998	3232	2979	1624	1355
28	6616	3229	3387	2428	1345	1083
29	6606	3276	3330	1783	1024	759
30-34岁	**41484**	**20537**	**20947**	**5343**	**3153**	**2190**
30	8440	4182	4258	1690	1002	688
31	8844	4379	4465	1355	804	551
32	8067	3932	4135	932	540	392
33	8443	4196	4247	812	491	321
34	7690	3848	3842	554	316	238
35-39岁	**34191**	**17025**	**17166**	**1615**	**907**	**708**
35	6914	3426	3488	411	230	181
36	7014	3509	3505	372	206	166
37	6881	3440	3441	322	187	135
38	7602	3740	3862	290	169	121
39	5780	2910	2870	220	115	105
40-44岁	**26427**	**13178**	**13249**	**784**	**488**	**296**
40	5290	2653	2637	185	119	66
41	5146	2601	2545	160	95	65
42	5164	2562	2602	159	101	58
43	5142	2598	2544	142	93	49
44	5685	2764	2921	138	80	58
45-49岁	**30549**	**15156**	**15393**	**691**	**443**	**248**
45	5575	2776	2799	139	92	47
46	6068	3003	3065	155	98	57
47	6218	3085	3133	148	91	57
48	6355	3148	3207	126	89	37
49	6333	3144	3189	123	73	50
50-54岁	**29105**	**14895**	**14210**	**519**	**396**	**123**
50	6641	3375	3266	130	99	31
51	6124	3188	2936	103	77	26
52	6225	3114	3111	115	92	23
53	4637	2368	2269	76	57	19
54	5478	2850	2628	95	71	24
55-59岁	**27980**	**14153**	**13827**	**296**	**227**	**69**
55	5950	3011	2939	64	49	15
56	6034	3061	2973	66	47	19
57	7282	3643	3639	80	61	19
58	5441	2785	2656	48	40	8
59	3273	1653	1620	38	30	8
60-64岁	**22448**	**11491**	**10957**	**173**	**128**	**45**
60	4676	2410	2266	47	36	11
61	4394	2320	2074	30	22	8
62	4639	2357	2282	25	20	5
63	4775	2391	2384	39	26	13
64	3964	2013	1951	32	24	8
65岁及以上	**40662**	**19223**	**21439**	**173**	**125**	**48**

程度、婚姻状况的人口(城市)

单位：人

有配偶			离婚			丧偶		
小计	男	女	小计	男	女	小计	男	女
241057	**121332**	**119725**	**7303**	**3305**	**3998**	**12769**	**2908**	**9861**
22	**5**	**17**						
2		2						
1		1						
3	2	1						
16	3	13						
1712	**597**	**1115**	**9**	**4**	**5**	**1**		**1**
32	9	23						
86	18	68						
235	74	161	1		1			
482	164	318	2	1	1			
877	332	545	6	3	3	1		1
15971	**7072**	**8899**	**161**	**76**	**85**	**1**		**1**
1550	639	911	10	9	1			
2293	984	1309	17	6	11	1		1
3223	1363	1860	28	11	17			
4142	1861	2281	46	23	23			
4763	2225	2538	60	27	33			
35473	**17101**	**18372**	**644**	**277**	**367**	**24**	**6**	**18**
6656	3140	3516	92	39	53	2	1	1
7380	3529	3851	105	45	60	4	1	3
6992	3338	3654	135	53	82	8	1	7
7476	3638	3838	148	64	84	7	3	4
6969	3456	3513	164	76	88	3		3
31646	**15711**	**15935**	**875**	**397**	**478**	**55**	**10**	**45**
6344	3129	3215	152	67	85	7		7
6469	3230	3239	162	69	93	11	4	7
6360	3165	3195	191	88	103	8		8
7088	3471	3617	208	97	111	16	3	13
5385	2716	2669	162	76	86	13	3	10
24645	**12270**	**12375**	**895**	**402**	**493**	**103**	**18**	**85**
4929	2450	2479	165	82	83	11	2	9
4803	2433	2370	164	73	91	19		19
4809	2387	2422	180	73	107	16	1	15
4787	2407	2380	187	87	100	26	11	15
5317	2593	2724	199	87	112	31	4	27
28412	**14169**	**14243**	**1204**	**501**	**703**	**242**	**43**	**199**
5204	2601	2603	205	81	124	27	2	25
5647	2804	2843	229	94	135	37	7	30
5785	2882	2903	246	104	142	39	8	31
5889	2930	2959	277	118	159	63	11	52
5887	2952	2935	247	104	143	76	15	61
26934	**13876**	**13058**	**1160**	**520**	**640**	**492**	**103**	**389**
6190	3156	3034	246	112	134	75	8	67
5664	2970	2694	260	122	138	97	19	78
5728	2886	2842	267	109	158	115	27	88
4293	2214	2079	176	75	101	92	22	70
5059	2650	2409	211	102	109	113	27	86
25731	**13288**	**12443**	**1065**	**487**	**578**	**888**	**151**	**737**
5523	2832	2691	211	105	106	152	25	127
5554	2871	2683	259	119	140	155	24	131
6682	3419	3263	273	120	153	247	43	204
4981	2608	2373	207	95	112	205	42	163
2991	1558	1433	115	48	67	129	17	112
20387	**10749**	**9638**	**681**	**329**	**352**	**1207**	**285**	**922**
4260	2245	2015	174	86	88	195	43	152
4023	2172	1851	132	71	61	209	55	154
4215	2207	2008	140	63	77	259	67	192
4300	2238	2062	142	65	77	294	62	232
3589	1887	1702	93	44	49	250	58	192
30124	**16494**	**13630**	**609**	**312**	**297**	**9756**	**2292**	**7464**

5-3a 续表 1

受教育程度 年　　龄	15岁及以上人口			未　婚		
	合计	男	女	小计	男	女
未上过学	**2340**	**593**	**1747**	**241**	**177**	**64**
15-19岁	**24**	**15**	**9**	**24**	**15**	**9**
15	5	3	2	5	3	2
16	3		3	3		3
17	5	3	2	5	3	2
18	6	4	2	6	4	2
19	5	5		5	5	
20-24岁	**32**	**16**	**16**	**31**	**15**	**16**
20	8	3	5	8	3	5
21	8	4	4	8	4	4
22	6	4	2	6	4	2
23	4	2	2	4	2	2
24	6	3	3	5	2	3
25-29岁	**33**	**18**	**15**	**25**	**14**	**11**
25	11	5	6	10	5	5
26	4	2	2	3	1	2
27	5	5		5	5	
28	8	4	4	5	2	3
29	5	2	3	2	1	1
30-34岁	**40**	**19**	**21**	**18**	**11**	**7**
30	10	5	5	6	4	2
31	7	3	4	2		2
32	7	1	6	2	1	1
33	5	3	2	3	2	1
34	11	7	4	5	4	1
35-39岁	**39**	**28**	**11**	**23**	**19**	**4**
35	5	3	2	1		1
36	7	5	2	4	3	1
37	6	5	1	4	4	
38	10	7	3	5	4	1
39	11	8	3	9	8	1
40-44岁	**46**	**25**	**21**	**15**	**12**	**3**
40	5	2	3	2	2	
41	4	1	3	1	1	
42	11	9	2	4	3	1
43	9	2	7	1	1	
44	17	11	6	7	5	2
45-49岁	**113**	**43**	**70**	**19**	**15**	**4**
45	10	5	5	1	1	
46	19	6	13	4	3	1
47	23	8	15	2	2	
48	29	11	18	7	6	1
49	32	13	19	5	3	2
50-54岁	**119**	**58**	**61**	**34**	**32**	**2**
50	17	9	8	6	6	
51	24	11	13	7	7	
52	21	13	8	10	8	2
53	25	12	13	6	6	
54	32	13	19	5	5	
55-59岁	**121**	**40**	**81**	**10**	**9**	**1**
55	22	7	15	1	1	
56	21	8	13	3	3	
57	33	14	19	4	4	
58	25	5	20			
59	20	6	14	2	1	1
60-64岁	**198**	**56**	**142**	**21**	**17**	**4**
60	39	13	26	4	3	1
61	34	8	26	4	3	1
62	40	14	26	4	3	1
63	40	6	34	4	3	1
64	45	15	30	5	5	
65岁及以上	**1575**	**275**	**1300**	**21**	**18**	**3**

单位：人

有配偶			离　婚			丧　偶		
小计	男	女	小计	男	女	小计	男	女
1039	**315**	**724**	**27**	**10**	**17**	**1033**	**91**	**942**
1	**1**							
1	1							
8	**4**	**4**						
1		1						
1	1							
3	2	1						
3	1	2						
21	**7**	**14**	**1**	**1**				
4	1	3						
5	3	2						
5		5						
2	1	1						
5	2	3	1	1				
16	**9**	**7**						
4	3	1						
3	2	1						
2	1	1						
5	3	2						
2		2						
30	**12**	**18**	**1**	**1**				
3		3						
3		3						
7	6	1						
8	1	7						
9	5	4	1	1				
85	**24**	**61**	**9**	**4**	**5**			
9	4	5						
13	2	11	2	1	1			
18	5	13	3	1	2			
22	5	17						
23	8	15	4	2	2			
81	**25**	**56**	**2**	**1**	**1**	**2**		**2**
11	3	8						
16	3	13	1	1				
10	5	5				1		1
18	6	12	1		1			
26	8	18				1		1
100	**30**	**70**	**1**		**1**	**10**	**1**	**9**
19	6	13				2		2
15	4	11	1		1	2	1	1
27	10	17				2		2
23	5	18				2		2
16	5	11				2		2
146	**34**	**112**	**5**	**2**	**3**	**26**	**3**	**23**
28	8	20	1	1		6	1	5
26	5	21	1		1	3		3
31	10	21	2	1	1	3		3
26	3	23	1		1	9		9
35	8	27				5	2	3
551	**169**	**382**	**8**	**1**	**7**	**995**	**87**	**908**

5-3a 续表 2

受教育程度 年龄	15岁及以上人口			未婚		
	合计	男	女	小计	男	女
学前教育	**81**	**32**	**49**	**9**	**4**	**5**
15-19岁	**2**		**2**	**2**		**2**
15						
16						
17	1		1	1		1
18	1		1	1		1
19						
20-24岁	**4**	**1**	**3**	**4**	**1**	**3**
20	2	1	1	2	1	1
21	1		1	1		1
22						
23	1		1	1		1
24						
25-29岁	**3**	**1**	**2**	**1**	**1**	
25						
26	1		1			
27	1	1		1	1	
28						
29	1		1			
30-34岁	**9**	**3**	**6**	**1**	**1**	
30	2	1	1	1	1	
31	1		1			
32	1		1			
33	4	2	2			
34	1		1			
35-39岁	**4**	**2**	**2**			
35						
36						
37						
38	2	2				
39	2		2			
40-44岁	**4**	**2**	**2**			
40						
41	1	1				
42						
43	3	1	2			
44						
45-49岁	**7**	**3**	**4**	**1**	**1**	
45						
46	3	2	1			
47	2		2			
48	2	1	1	1	1	
49						
50-54岁	**7**	**4**	**3**			
50						
51	2	2				
52	2		2			
53	1	1				
54	2	1	1			
55-59岁	**9**	**4**	**5**			
55	2	1	1			
56	2	2				
57	2		2			
58	2	1	1			
59	1		1			
60-64岁	**9**	**4**	**5**			
60	3	3				
61	1		1			
62	3	1	2			
63	2		2			
64						
65岁及以上	**23**	**8**	**15**			

单位：人

有配偶			离婚			丧偶		
小计	男	女	小计	男	女	小计	男	女
60	**26**	**34**				**12**	**2**	**10**
2		**2**						
1		1						
1		1						
8	**2**	**6**						
1		1						
1		1						
1		1						
4	2	2						
1		1						
4	**2**	**2**						
2	2							
2		2						
4	**2**	**2**						
1	1							
3	1	2						
6	**2**	**4**						
3	2	1						
2		2						
1		1						
7	**4**	**3**						
2	2							
2		2						
1	1							
2	1	1						
9	**4**	**5**						
2	1	1						
2	2							
2		2						
2	1	1						
1		1						
9	**4**	**5**						
3	3							
1		1						
3	1	2						
2		2						
11	**6**	**5**				**12**	**2**	**10**

5-3a 续表 3

受教育程度 年 龄	15岁及以上人口			未 婚		
	合计	男	女	小计	男	女
小 学	**20304**	**8914**	**11390**	**638**	**527**	**111**
15-19岁	**38**	**30**	**8**	**37**	**30**	**7**
15	8	8		8	8	
16	6	2	4	5	2	3
17	5	4	1	5	4	1
18	9	8	1	9	8	1
19	10	8	2	10	8	2
20-24岁	**130**	**84**	**46**	**93**	**72**	**21**
20	18	15	3	16	15	1
21	13	6	7	12	6	6
22	26	16	10	21	16	5
23	24	14	10	13	9	4
24	49	33	16	31	26	5
25-29岁	**308**	**187**	**121**	**89**	**76**	**13**
25	38	28	10	11	10	1
26	52	40	12	26	23	3
27	60	33	27	16	13	3
28	70	40	30	20	17	3
29	88	46	42	16	13	3
30-34岁	**654**	**359**	**295**	**79**	**60**	**19**
30	114	69	45	15	11	4
31	126	67	59	19	14	5
32	119	72	47	13	10	3
33	172	92	80	21	17	4
34	123	59	64	11	8	3
35-39岁	**645**	**351**	**294**	**41**	**34**	**7**
35	111	65	46	8	7	1
36	136	70	66	5	4	1
37	112	56	56	11	9	2
38	147	79	68	10	8	2
39	139	81	58	7	6	1
40-44岁	**959**	**483**	**476**	**50**	**38**	**12**
40	145	74	71	10	8	2
41	171	87	84	9	7	2
42	194	97	97	12	8	4
43	194	99	95	9	8	1
44	255	126	129	10	7	3
45-49岁	**1823**	**892**	**931**	**60**	**48**	**12**
45	275	136	139	13	11	2
46	361	156	205	12	11	1
47	376	193	183	10	8	2
48	388	190	198	15	10	5
49	423	217	206	10	8	2
50-54岁	**2228**	**1163**	**1065**	**76**	**67**	**9**
50	453	228	225	17	12	5
51	489	275	214	12	11	1
52	473	229	244	17	16	1
53	385	202	183	9	7	2
54	428	229	199	21	21	
55-59岁	**1698**	**835**	**863**	**35**	**32**	**3**
55	396	218	178	12	11	1
56	384	181	203	4	4	
57	392	180	212	7	5	2
58	337	168	169	9	9	
59	189	88	101	3	3	
60-64岁	**1894**	**826**	**1068**	**32**	**29**	**3**
60	304	143	161	9	9	
61	349	157	192	6	6	
62	358	148	210	3	2	1
63	444	197	247	7	6	1
64	439	181	258	7	6	1
65岁及以上	**9927**	**3704**	**6223**	**46**	**41**	**5**

单位：人

有配偶			离婚			丧偶		
小计	男	女	小计	男	女	小计	男	女
15299	**7452**	**7847**	**379**	**184**	**195**	**3988**	**751**	**3237**
1		**1**						
1		1						
36	**11**	**25**	**1**	**1**				
2		2						
1		1						
5		5						
11	5	6						
17	6	11	1	1				
212	**107**	**105**	**7**	**4**	**3**			
26	17	9	1	1				
26	17	9						
44	20	24						
46	21	25	4	2	2			
70	32	38	2	1	1			
556	**291**	**265**	**18**	**8**	**10**	**1**		**1**
97	57	40	2	1	1			
101	49	52	6	4	2			
100	60	40	5	2	3	1		1
150	75	75	1		1			
108	50	58	4	1	3			
589	**310**	**279**	**15**	**7**	**8**			
100	58	42	3		3			
131	66	65						
96	44	52	5	3	2			
131	68	63	6	3	3			
131	74	57	1	1				
873	**430**	**443**	**27**	**11**	**16**	**9**	**4**	**5**
130	63	67	4	2	2	1	1	
155	77	78	7	3	4			
172	87	85	7	2	5	3		3
178	85	93	3	3		4	3	1
238	118	120	6	1	5	1		1
1688	**814**	**874**	**59**	**27**	**32**	**16**	**3**	**13**
253	121	132	9	4	5			
334	138	196	9	5	4	6	2	4
347	179	168	17	6	11	2		2
363	176	187	8	4	4	2		2
391	200	191	16	8	8	6	1	5
2054	**1065**	**989**	**49**	**21**	**28**	**49**	**10**	**39**
422	211	211	6	5	1	8		8
452	257	195	14	7	7	11		11
436	211	225	11		11	9	2	7
363	188	175	9	5	4	4	2	2
381	198	183	9	4	5	17	6	11
1524	**762**	**762**	**51**	**29**	**22**	**88**	**12**	**76**
356	197	159	12	7	5	16	3	13
345	168	177	13	6	7	22	3	19
356	170	186	7	4	3	22	1	21
300	149	151	11	8	3	17	2	15
167	78	89	8	4	4	11	3	8
1656	**742**	**914**	**46**	**24**	**22**	**160**	**31**	**129**
270	125	145	9	7	2	16	2	14
310	143	167	9	3	6	24	5	19
322	137	185	6	4	2	27	5	22
382	177	205	12	6	6	43	8	35
372	160	212	10	4	6	50	11	39
6110	**2920**	**3190**	**106**	**52**	**54**	**3665**	**691**	**2974**

5-3a 续表 4

受教育程度 年 龄	15岁及以上人口			未 婚		
	合计	男	女	小计	男	女
初 中	**88881**	**46405**	**42476**	**6112**	**4309**	**1803**
15-19岁	**1671**	**965**	**706**	**1660**	**961**	**699**
15	853	463	390	853	463	390
16	286	161	125	285	161	124
17	184	110	74	184	110	74
18	178	127	51	176	125	51
19	170	104	66	162	102	60
20-24岁	**1798**	**1159**	**639**	**1305**	**957**	**348**
20	225	163	62	209	159	50
21	271	175	96	242	170	72
22	364	235	129	282	205	77
23	404	253	151	277	201	76
24	534	333	201	295	222	73
25-29岁	**4310**	**2531**	**1779**	**1284**	**976**	**308**
25	690	414	276	321	234	87
26	776	465	311	285	214	71
27	865	510	355	272	202	70
28	932	548	384	217	171	46
29	1047	594	453	189	155	34
30-34岁	**7303**	**4072**	**3231**	**694**	**530**	**164**
30	1399	808	591	200	153	47
31	1471	812	659	160	119	41
32	1366	774	592	130	102	28
33	1574	865	709	115	88	27
34	1493	813	680	89	68	21
35-39岁	**7907**	**4166**	**3741**	**281**	**193**	**88**
35	1539	807	732	68	48	20
36	1563	829	734	73	53	20
37	1558	810	748	51	35	16
38	1812	956	856	49	33	16
39	1435	764	671	40	24	16
40-44岁	**7882**	**3981**	**3901**	**190**	**140**	**50**
40	1435	747	688	37	27	10
41	1448	720	728	30	17	13
42	1526	774	752	46	37	9
43	1573	803	770	42	32	10
44	1900	937	963	35	27	8
45-49岁	**11345**	**5701**	**5644**	**255**	**192**	**63**
45	1983	1027	956	44	35	9
46	2266	1156	1110	66	47	19
47	2311	1141	1170	49	38	11
48	2419	1197	1222	52	43	9
49	2366	1180	1186	44	29	15
50-54岁	**11602**	**5972**	**5630**	**189**	**155**	**34**
50	2624	1336	1288	56	48	8
51	2325	1218	1107	36	27	9
52	2494	1258	1236	36	33	3
53	1952	996	956	30	25	5
54	2207	1164	1043	31	22	9
55-59岁	**9905**	**5182**	**4723**	**130**	**109**	**21**
55	2271	1160	1111	27	24	3
56	2126	1089	1037	28	21	7
57	2518	1313	1205	37	31	6
58	1859	1017	842	24	22	2
59	1131	603	528	14	11	3
60-64岁	**9185**	**4768**	**4417**	**68**	**56**	**12**
60	1917	998	919	22	17	5
61	1783	960	823	9	9	
62	1789	927	862	11	10	1
63	1961	997	964	14	10	4
64	1735	886	849	12	10	2
65岁及以上	**15973**	**7908**	**8065**	**56**	**40**	**16**

单位：人

有配偶			离　婚			丧　偶		
小计	男	女	小计	男	女	小计	男	女
75869	**39614**	**36255**	**2552**	**1364**	**1188**	**4348**	**1118**	**3230**
11	**4**	**7**						
1		1						
2	2							
8	2	6						
487	**200**	**287**	**6**	**2**	**4**			
16	4	12						
29	5	24						
81	30	51	1		1			
125	51	74	2	1	1			
236	110	126	3	1	2			
2972	**1523**	**1449**	**53**	**32**	**21**	**1**		**1**
364	175	189	5	5				
485	249	236	5	2	3	1		1
581	303	278	12	5	7			
698	365	333	17	12	5			
844	431	413	14	8	6			
6448	**3462**	**2986**	**151**	**77**	**74**	**10**	**3**	**7**
1179	645	534	19	9	10	1	1	
1284	680	604	24	12	12	3	1	2
1197	651	546	37	21	16	2		2
1424	762	662	32	14	18	3	1	2
1364	724	640	39	21	18	1		1
7405	**3855**	**3550**	**208**	**117**	**91**	**13**	**1**	**12**
1434	740	694	35	19	16	2		2
1438	753	685	50	23	27	2		2
1467	751	716	38	24	14	2		2
1708	895	813	51	27	24	4	1	3
1358	716	642	34	24	10	3		3
7388	**3701**	**3687**	**255**	**133**	**122**	**49**	**7**	**42**
1349	701	648	44	19	25	5		5
1368	680	688	41	23	18	9		9
1418	711	707	56	25	31	6	1	5
1463	736	727	58	31	27	10	4	6
1790	873	917	56	35	21	19	2	17
10531	**5281**	**5250**	**436**	**206**	**230**	**123**	**22**	**101**
1858	958	900	67	33	34	14	1	13
2096	1066	1030	85	40	45	19	3	16
2159	1055	1104	82	42	40	21	6	15
2219	1100	1119	115	47	68	33	7	26
2199	1102	1097	87	44	43	36	5	31
10709	**5511**	**5198**	**466**	**244**	**222**	**238**	**62**	**176**
2427	1230	1197	105	56	49	36	2	34
2152	1130	1022	93	51	42	44	10	34
2309	1155	1154	98	49	49	51	21	30
1791	923	868	76	33	43	55	15	40
2030	1073	957	94	55	39	52	14	38
9006	**4776**	**4230**	**388**	**219**	**169**	**381**	**78**	**303**
2077	1067	1010	94	56	38	73	13	60
1934	1007	927	95	49	46	69	12	57
2289	1213	1076	92	48	44	100	21	79
1690	936	754	60	36	24	85	23	62
1016	553	463	47	30	17	54	9	45
8236	**4390**	**3846**	**299**	**178**	**121**	**582**	**144**	**438**
1718	915	803	77	41	36	100	25	75
1608	882	726	59	40	19	107	29	78
1597	849	748	62	35	27	119	33	86
1743	923	820	60	34	26	144	30	114
1570	821	749	41	28	13	112	27	85
12676	**6911**	**5765**	**290**	**156**	**134**	**2951**	**801**	**2150**

5-3a 续表 5

受教育程度 年 龄	15岁及以上人口			未 婚		
	合计	男	女	小计	男	女
高 中	**72902**	**36439**	**36463**	**16081**	**8985**	**7096**
15-19岁	**10031**	**5154**	**4877**	**10026**	**5153**	**4873**
15	2230	1096	1134	2230	1096	1134
16	3384	1664	1720	3384	1664	1720
17	2413	1239	1174	2412	1239	1173
18	1396	808	588	1396	808	588
19	608	347	261	604	346	258
20-24岁	**2872**	**1569**	**1303**	**2380**	**1403**	**977**
20	478	274	204	469	271	198
21	488	297	191	461	290	171
22	556	297	259	472	272	200
23	639	344	295	491	294	197
24	711	357	354	487	276	211
25-29岁	**5032**	**2735**	**2297**	**1933**	**1275**	**658**
25	823	450	373	463	286	177
26	942	527	415	470	313	157
27	1030	559	471	390	272	118
28	1077	578	499	324	216	108
29	1160	621	539	286	188	98
30-34岁	**6551**	**3408**	**3143**	**858**	**590**	**268**
30	1446	767	679	277	202	75
31	1431	745	686	212	152	60
32	1237	637	600	149	101	48
33	1284	653	631	140	86	54
34	1153	606	547	80	49	31
35-39岁	**5560**	**2759**	**2801**	**258**	**164**	**94**
35	997	507	490	66	45	21
36	1046	541	505	54	34	20
37	1081	541	540	50	29	21
38	1366	652	714	46	31	15
39	1070	518	552	42	25	17
40-44岁	**5651**	**2835**	**2816**	**197**	**119**	**78**
40	1031	516	515	46	29	17
41	1079	552	527	45	27	18
42	1125	563	562	36	25	11
43	1114	582	532	30	19	11
44	1302	622	680	40	19	21
45-49岁	**6712**	**3260**	**3452**	**157**	**95**	**62**
45	1231	598	633	39	22	17
46	1324	618	706	37	22	15
47	1350	666	684	32	16	16
48	1382	676	706	18	13	5
49	1425	702	723	31	22	9
50-54岁	**6976**	**3448**	**3528**	**129**	**90**	**39**
50	1543	766	777	27	22	5
51	1493	780	713	20	14	6
52	1510	715	795	32	24	8
53	1075	538	537	23	14	9
54	1355	649	706	27	16	11
55-59岁	**9387**	**4304**	**5083**	**78**	**58**	**20**
55	1732	787	945	12	6	6
56	1927	897	1030	20	15	5
57	2516	1131	1385	19	16	3
58	1974	918	1056	12	9	3
59	1238	571	667	15	12	3
60-64岁	**7203**	**3513**	**3690**	**40**	**24**	**16**
60	1563	769	794	9	6	3
61	1525	760	765	8	3	5
62	1661	791	870	6	5	1
63	1456	681	775	11	7	4
64	998	512	486	6	3	3
65岁及以上	**6927**	**3454**	**3473**	**25**	**14**	**11**

单位：人

有配偶			离婚			丧偶		
小计	男	女	小计	男	女	小计	男	女
52750	**26083**	**26667**	**1957**	**837**	**1120**	**2114**	**534**	**1580**
5	**1**	**4**						
1		1						
4	1	3						
491	**166**	**325**	**1**		**1**			
9	3	6						
27	7	20						
84	25	59						
148	50	98						
223	81	142	1		1			
3059	**1442**	**1617**	**40**	**18**	**22**			
360	164	196						
468	211	257	4	3	1			
634	285	349	6	2	4			
740	356	384	13	6	7			
857	426	431	17	7	10			
5564	**2770**	**2794**	**127**	**48**	**79**	**2**		**2**
1151	560	591	18	5	13			
1192	580	612	27	13	14			
1063	530	533	24	6	18	1		1
1115	555	560	29	12	17			
1043	545	498	29	12	17	1		1
5092	**2505**	**2587**	**194**	**88**	**106**	**16**	**2**	**14**
901	447	454	27	15	12	3		3
953	489	464	35	16	19	4	2	2
992	496	496	35	16	19	4		4
1266	598	668	52	23	29	2		2
980	475	505	45	18	27	3		3
5192	**2601**	**2591**	**236**	**109**	**127**	**26**	**6**	**20**
949	466	483	33	20	13	3	1	2
988	505	483	41	20	21	5		5
1036	516	520	48	22	26	5		5
1028	535	493	50	25	25	6	3	3
1191	579	612	64	22	42	7	2	5
6179	**3008**	**3171**	**335**	**151**	**184**	**41**	**6**	**35**
1121	551	570	64	25	39	7		7
1228	569	659	55	27	28	4		4
1244	618	626	68	31	37	6	1	5
1274	621	653	81	41	40	9	1	8
1312	649	663	67	27	40	15	4	11
6374	**3185**	**3189**	**352**	**152**	**200**	**121**	**21**	**100**
1423	708	715	76	32	44	17	4	13
1373	727	646	76	32	44	24	7	17
1358	648	710	87	41	46	33	2	31
975	498	477	56	23	33	21	3	18
1245	604	641	57	24	33	26	5	21
8646	**4061**	**4585**	**370**	**148**	**222**	**293**	**37**	**256**
1627	755	872	55	22	33	38	4	34
1775	835	940	92	42	50	40	5	35
2308	1062	1246	102	40	62	87	13	74
1796	865	931	83	33	50	83	11	72
1140	544	596	38	11	27	45	4	41
6630	**3330**	**3300**	**205**	**75**	**130**	**328**	**84**	**244**
1451	732	719	48	20	28	55	11	44
1415	722	693	39	18	21	63	17	46
1521	746	775	52	15	37	82	25	57
1338	644	694	40	15	25	67	15	52
905	486	419	26	7	19	61	16	45
5518	**3014**	**2504**	**97**	**48**	**49**	**1287**	**378**	**909**

5-3a 续表 6

受教育程度 年 龄	15岁及以上人口			未 婚		
	合计	男	女	小计	男	女
大学专科	**62223**	**31021**	**31202**	**15090**	**7932**	**7158**
15-19岁	**2352**	**1160**	**1192**	**2348**	**1160**	**1188**
15	31	17	14	31	17	14
16	42	18	24	42	18	24
17	124	62	62	124	62	62
18	656	307	349	655	307	348
19	1499	756	743	1496	756	740
20-24岁	**6746**	**3372**	**3374**	**6246**	**3203**	**3043**
20	1469	786	683	1465	784	681
21	1231	630	601	1212	626	586
22	1288	641	647	1241	625	616
23	1316	629	687	1165	582	583
24	1442	686	756	1163	586	577
25-29岁	**9168**	**4413**	**4755**	**4290**	**2313**	**1977**
25	1722	803	919	1218	620	598
26	1674	789	885	966	510	456
27	1889	931	958	896	507	389
28	1931	926	1005	683	378	305
29	1952	964	988	527	298	229
30-34岁	**11464**	**5526**	**5938**	**1467**	**863**	**604**
30	2326	1109	1217	450	275	175
31	2473	1226	1247	374	228	146
32	2305	1055	1250	259	141	118
33	2276	1119	1157	231	138	93
34	2084	1017	1067	153	81	72
35-39岁	**8110**	**3934**	**4176**	**390**	**212**	**178**
35	1728	834	894	98	55	43
36	1695	813	882	79	39	40
37	1639	819	820	89	52	37
38	1755	850	905	75	44	31
39	1293	618	675	49	22	27
40-44岁	**5403**	**2659**	**2744**	**159**	**86**	**73**
40	1086	552	534	48	26	22
41	1075	552	523	33	19	14
42	1061	500	561	22	13	9
43	1086	528	558	32	16	16
44	1095	527	568	24	12	12
45-49岁	**5243**	**2573**	**2670**	**87**	**43**	**44**
45	1051	488	563	23	12	11
46	1008	501	507	14	8	6
47	1088	545	543	26	12	14
48	1067	522	545	13	7	6
49	1029	517	512	11	4	7
50-54岁	**4093**	**2080**	**2013**	**57**	**34**	**23**
50	1039	543	496	18	9	9
51	930	457	473	12	8	4
52	819	413	406	13	9	4
53	597	287	310	4	2	2
54	708	380	328	10	6	4
55-59岁	**3639**	**1842**	**1797**	**21**	**9**	**12**
55	744	375	369	6	4	2
56	808	417	391	6	1	5
57	978	494	484	5	3	2
58	721	361	360	2		2
59	388	195	193	2	1	1
60-64岁	**2442**	**1345**	**1097**	**10**	**2**	**8**
60	538	284	254	3	1	2
61	422	252	170	2	1	1
62	486	278	208	1		1
63	547	301	246	2		2
64	449	230	219	2		2
65岁及以上	**3563**	**2117**	**1446**	**15**	**7**	**8**

单位：人

有配偶			离婚			丧偶		
小计	男	女	小计	男	女	小计	男	女
45064	**22355**	**22709**	**1340**	**523**	**817**	**729**	**211**	**518**
4		**4**						
1		1						
3		3						
499	**168**	**331**	**1**	**1**				
4	2	2						
19	4	15						
47	16	31						
151	47	104						
278	99	179	1	1				
4837	**2085**	**2752**	**41**	**15**	**26**			
501	181	320	3	2	1			
700	278	422	8	1	7			
987	422	565	6	2	4			
1240	547	693	8	1	7			
1409	657	752	16	9	7			
9833	**4599**	**5234**	**160**	**63**	**97**	**4**	**1**	**3**
1850	822	1028	26	12	14			
2081	991	1090	18	7	11			
2009	902	1107	34	11	23	3	1	2
2000	962	1038	44	19	25	1		1
1893	922	971	38	14	24			
7472	**3614**	**3858**	**236**	**104**	**132**	**12**	**4**	**8**
1584	762	822	45	17	28	1		1
1579	758	821	34	15	19	3	1	2
1488	744	744	60	23	37	2		2
1624	777	847	54	28	26	2	1	1
1197	573	624	43	21	22	4	2	2
5021	**2483**	**2538**	**214**	**90**	**124**	**9**		**9**
995	503	492	42	23	19	1		1
993	517	476	45	16	29	4		4
1000	473	527	38	14	24	1		1
1003	490	513	49	22	27	2		2
1030	500	530	40	15	25	1		1
4914	**2456**	**2458**	**207**	**66**	**141**	**35**	**8**	**27**
983	461	522	42	15	27	3		3
943	480	463	46	12	34	5	1	4
1018	519	499	39	13	26	5	1	4
1002	499	503	40	14	26	12	2	10
968	497	471	40	12	28	10	4	6
3815	**1979**	**1836**	**167**	**61**	**106**	**54**	**6**	**48**
978	519	459	32	13	19	11	2	9
858	429	429	49	19	30	11	1	10
753	394	359	39	9	30	14	1	13
565	273	292	20	11	9	8	1	7
661	364	297	27	9	18	10	1	9
3404	**1770**	**1634**	**146**	**49**	**97**	**68**	**14**	**54**
696	358	338	31	10	21	11	3	8
757	402	355	31	12	19	14	2	12
911	471	440	43	16	27	19	4	15
678	348	330	28	9	19	13	4	9
362	191	171	13	2	11	11	1	10
2268	**1298**	**970**	**92**	**35**	**57**	**72**	**10**	**62**
487	265	222	35	15	20	13	3	10
399	245	154	16	5	11	5	1	4
452	270	182	12	7	5	21	1	20
511	293	218	16	4	12	18	4	14
419	225	194	13	4	9	15	1	14
2997	**1903**	**1094**	**76**	**39**	**37**	**475**	**168**	**307**

5-3a 续表 7

受教育程度 年 龄	15岁及以上人口			未 婚		
	合计	男	女	小计	男	女
大学本科	**70566**	**35422**	**35144**	**25023**	**12598**	**12425**
15-19岁	**3900**	**2022**	**1878**	**3899**	**2022**	**1877**
15	7	5	2	7	5	2
16	15	6	9	15	6	9
17	116	59	57	116	59	57
18	998	502	496	998	502	496
19	2764	1450	1314	2763	1450	1313
20-24岁	**13372**	**6782**	**6590**	**13179**	**6733**	**6446**
20	3599	1901	1698	3598	1901	1697
21	3626	1962	1664	3616	1960	1656
22	2808	1392	1416	2790	1389	1401
23	1769	836	933	1723	825	898
24	1570	691	879	1452	658	794
25-29岁	**9730**	**4335**	**5395**	**5393**	**2573**	**2820**
25	1792	803	989	1519	703	816
26	1853	835	1018	1305	617	688
27	1930	803	1127	1040	495	545
28	2160	985	1175	923	460	463
29	1995	909	1086	606	298	308
30-34岁	**12807**	**6073**	**6734**	**1736**	**883**	**853**
30	2611	1234	1377	570	292	278
31	2760	1288	1472	461	231	230
32	2488	1188	1300	292	144	148
33	2596	1231	1365	238	128	110
34	2352	1132	1220	175	88	87
35-39岁	**9954**	**4897**	**5057**	**510**	**236**	**274**
35	2138	1043	1095	142	63	79
36	2144	1064	1080	125	59	66
37	2097	1025	1072	95	50	45
38	2078	996	1082	86	38	48
39	1497	769	728	62	26	36
40-44岁	**5511**	**2682**	**2829**	**145**	**75**	**70**
40	1338	635	703	33	23	10
41	1121	557	564	35	20	15
42	1052	516	536	34	12	22
43	1019	503	516	25	14	11
44	981	471	510	18	6	12
45-49岁	**4678**	**2329**	**2349**	**98**	**45**	**53**
45	894	442	452	15	8	7
46	962	485	477	19	7	12
47	930	458	472	25	14	11
48	954	493	461	19	9	10
49	938	451	487	20	7	13
50-54岁	**3696**	**1946**	**1750**	**32**	**16**	**16**
50	889	446	443	6	2	4
51	778	402	376	14	8	6
52	810	429	381	7	2	5
53	533	291	242	4	3	1
54	686	378	308	1	1	
55-59岁	**2895**	**1739**	**1156**	**21**	**10**	**11**
55	700	420	280	6	3	3
56	691	415	276	5	3	2
57	756	452	304	7	2	5
58	475	283	192	1		1
59	273	169	104	2	2	
60-64岁	**1418**	**907**	**511**	**1**		**1**
60	292	186	106			
61	263	171	92	1		1
62	274	178	96			
63	306	192	114			
64	283	180	103			
65岁及以上	**2605**	**1710**	**895**	**9**	**5**	**4**

单位：人

有配偶			离　婚			丧　偶		
小计	男	女	小计	男	女	小计	男	女
44090	**22284**	**21806**	**933**	**343**	**590**	**520**	**197**	**323**
1		**1**						
1		1						
193	**49**	**144**						
1		1						
10	2	8						
18	3	15						
46	11	35						
118	33	85						
4318	**1755**	**2563**	**19**	**7**	**12**			
272	99	173	1	1				
548	218	330						
886	306	580	4	2	2			
1233	523	710	4	2	2			
1379	609	770	10	2	8			
10898	**5117**	**5781**	**167**	**71**	**96**	**6**	**2**	**4**
2015	930	1085	26	12	14			
2271	1048	1223	27	9	18	1		1
2164	1033	1131	31	11	20	1		1
2320	1086	1234	35	15	20	3	2	1
2128	1020	1108	48	24	24	1		1
9239	**4588**	**4651**	**196**	**71**	**125**	**9**	**2**	**7**
1959	968	991	36	12	24	1		1
1980	990	990	38	14	24	1	1	
1953	954	999	49	21	28			
1947	943	1004	40	15	25	5		5
1400	733	667	33	9	24	2	1	1
5219	**2557**	**2662**	**137**	**49**	**88**	**10**	**1**	**9**
1272	599	673	32	13	19	1		1
1059	527	532	26	10	16	1		1
991	496	495	26	8	18	1		1
967	483	484	23	5	18	4	1	3
930	452	478	30	13	17	3		3
4414	**2240**	**2174**	**141**	**40**	**101**	**25**	**4**	**21**
853	429	424	23	4	19	3	1	2
914	471	443	26	6	20	3	1	2
867	436	431	33	8	25	5		5
900	472	428	29	11	18	6	1	5
880	432	448	30	11	19	8	1	7
3528	**1889**	**1639**	**113**	**38**	**75**	**23**	**3**	**20**
855	438	417	25	6	19	3		3
736	383	353	24	11	13	4		4
767	417	350	30	9	21	6	1	5
513	284	229	12	3	9	4	1	3
657	367	290	22	9	13	6	1	5
2734	**1684**	**1050**	**96**	**36**	**60**	**44**	**9**	**35**
669	407	262	16	8	8	9	2	7
653	401	252	25	10	15	8	1	7
709	438	271	24	8	16	16	4	12
447	272	175	22	9	13	5	2	3
256	166	90	9	1	8	6		6
1347	**880**	**467**	**33**	**15**	**18**	**37**	**12**	**25**
284	183	101	4	2	2	4	1	3
247	163	84	8	5	3	7	3	4
261	174	87	6	1	5	7	3	4
281	182	99	13	6	7	12	4	8
274	178	96	2	1	1	7	1	6
2199	**1525**	**674**	**31**	**16**	**15**	**366**	**164**	**202**

5-3a 续表 8

受教育程度 年龄	15岁及以上人口			未婚		
	合计	男	女	小计	男	女
硕士研究生	**9820**	**4329**	**5491**	**3717**	**1552**	**2165**
15-19岁	**3**	**1**	**2**	**3**	**1**	**2**
15						
16	1		1	1		1
17						
18	1	1		1	1	
19	1		1	1		1
20-24岁	**1427**	**617**	**810**	**1422**	**615**	**807**
20	8	4	4	8	4	4
21	50	24	26	50	24	26
22	252	104	148	252	104	148
23	528	223	305	527	223	304
24	589	262	327	585	260	325
25-29岁	**2280**	**857**	**1423**	**1754**	**712**	**1042**
25	622	259	363	598	256	342
26	516	190	326	456	180	276
27	420	148	272	333	123	210
28	395	134	261	223	90	133
29	327	126	201	144	63	81
30-34岁	**2365**	**931**	**1434**	**401**	**165**	**236**
30	477	166	311	138	48	90
31	520	207	313	103	43	60
32	485	173	312	75	34	41
33	471	204	267	53	26	27
34	412	181	231	32	14	18
35-39岁	**1729**	**776**	**953**	**93**	**37**	**56**
35	345	143	202	21	8	13
36	373	163	210	26	9	17
37	348	163	185	21	8	13
38	378	176	202	17	10	7
39	285	131	154	8	2	6
40-44岁	**778**	**409**	**369**	**26**	**17**	**9**
40	208	104	104	9	4	5
41	197	105	92	5	3	2
42	155	80	75	5	3	2
43	111	65	46	3	3	
44	107	55	52	4	4	
45-49岁	**516**	**290**	**226**	**14**	**4**	**10**
45	103	64	39	4	3	1
46	104	65	39	3		3
47	109	55	54	4	1	3
48	101	51	50	1		1
49	99	55	44	2		2
50-54岁	**310**	**182**	**128**	**1**	**1**	
50	61	38	23			
51	70	40	30	1	1	
52	73	43	30			
53	57	32	25			
54	49	29	20			
55-59岁	**264**	**161**	**103**	**1**		**1**
55	70	34	36			
56	60	42	18			
57	71	47	24	1		1
58	39	25	14			
59	24	13	11			
60-64岁	**89**	**64**	**25**	**1**		**1**
60	17	12	5			
61	16	11	5			
62	27	20	7			
63	15	13	2	1		1
64	14	8	6			
65岁及以上	**59**	**41**	**18**	**1**		**1**

单位：人

有配偶			离婚			丧偶		
小计	男	女	小计	男	女	小计	男	女
5979	**2736**	**3243**	**104**	**38**	**66**	**20**	**3**	**17**
5	**2**	**3**						
1		1						
4	2	2						
525	**145**	**380**	**1**		**1**			
24	3	21						
60	10	50						
87	25	62						
172	44	128						
182	63	119	1		1			
1945	**758**	**1187**	**18**	**8**	**10**	**1**		**1**
337	118	219	1		1	1		1
414	164	250	3		3			
407	137	270	3	2	1			
411	174	237	7	4	3			
376	165	211	4	2	2			
1607	**728**	**879**	**25**	**10**	**15**	**4**	**1**	**3**
319	131	188	5	4	1			
341	153	188	5	1	4	1		1
323	154	169	4	1	3			
353	164	189	5	1	4	3	1	2
271	126	145	6	3	3			
731	**385**	**346**	**21**	**7**	**14**			
190	96	94	9	4	5			
189	101	88	3	1	2			
146	76	70	4	1	3			
105	61	44	3	1	2			
101	51	50	2		2			
485	**280**	**205**	**15**	**6**	**9**	**2**		**2**
99	61	38						
96	63	33	5	2	3			
101	51	50	4	3	1			
95	50	45	4	1	3	1		1
94	55	39	2		2	1		1
295	**178**	**117**	**10**	**2**	**8**	**4**	**1**	**3**
59	38	21	2		2			
64	37	27	3	1	2	2	1	1
70	42	28	2	1	1	1		1
55	32	23	2		2			
47	29	18	1		1	1		1
247	**156**	**91**	**12**	**5**	**7**	**4**		**4**
65	33	32	2	1	1	3		3
58	42	16	2		2			
64	43	21	5	4	1	1		1
36	25	11	3		3			
24	13	11						
86	**63**	**23**	**1**		**1**	**1**	**1**	
17	12	5						
16	11	5						
27	20	7						
13	12	1				1	1	
13	8	5	1		1			
53	**41**	**12**	**1**		**1**	**4**		**4**

5-3a 续表 9

受教育程度	15岁及以上人口			未婚		
年龄	合计	男	女	小计	男	女
博士研究生	**1204**	**602**	**602**	**281**	**128**	**153**
15-19岁						
15						
16						
17						
18						
19						
20-24岁	**35**	**13**	**22**	**34**	**13**	**21**
20						
21	1		1	1		1
22	4	3	1	4	3	1
23	6	3	3	6	3	3
24	24	7	17	23	7	16
25-29岁	**174**	**62**	**112**	**136**	**51**	**85**
25	29	14	15	27	14	13
26	41	12	29	37	12	25
27	30	8	22	26	6	20
28	43	14	29	33	11	22
29	31	14	17	13	8	5
30-34岁	**291**	**146**	**145**	**89**	**50**	**39**
30	55	23	32	33	16	17
31	55	31	24	24	17	7
32	59	32	27	12	7	5
33	61	27	34	11	6	5
34	61	33	28	9	4	5
35-39岁	**243**	**112**	**131**	**19**	**12**	**7**
35	51	24	27	7	4	3
36	50	24	26	6	5	1
37	40	21	19	1		1
38	54	22	32	2	1	1
39	48	21	27	3	2	1
40-44岁	**193**	**102**	**91**	**2**	**1**	**1**
40	42	23	19			
41	50	26	24	2	1	1
42	40	23	17			
43	33	15	18			
44	28	15	13			
45-49岁	**112**	**65**	**47**			
45	28	16	12			
46	21	14	7			
47	29	19	10			
48	13	7	6			
49	21	9	12			
50-54岁	**74**	**42**	**32**	**1**	**1**	
50	15	9	6			
51	13	3	10	1	1	
52	23	14	9			
53	12	9	3			
54	11	7	4			
55-59岁	**62**	**46**	**16**			
55	13	9	4			
56	15	10	5			
57	16	12	4			
58	9	7	2			
59	9	8	1			
60-64岁	**10**	**8**	**2**			
60	3	2	1			
61	1	1				
62	1		1			
63	4	4				
64	1	1				
65岁及以上	**10**	**6**	**4**			

单位：人

有配偶			离婚			丧偶		
小计	男	女	小计	男	女	小计	男	女
907	**467**	**440**	**11**	**6**	**5**	**5**	**1**	**4**
						1		**1**
						1		1
38	**11**	**27**						
2		2						
4		4						
4	2	2						
10	3	7						
18	6	12						
200	**95**	**105**	**2**	**1**	**1**			
22	7	15						
31	14	17						
46	25	21	1		1			
50	21	29						
51	28	23	1	1				
222	**100**	**122**	**1**		**1**	**1**		**1**
43	20	23	1		1			
44	19	25						
39	21	18						
52	21	31						
44	19	25				1		1
187	**99**	**88**	**4**	**2**	**2**			
41	22	19	1	1				
47	25	22	1		1			
39	22	17	1	1				
32	15	17	1		1			
28	15	13						
110	**64**	**46**	**2**	**1**	**1**			
28	16	12						
20	13	7	1	1				
29	19	10						
13	7	6						
20	9	11	1		1			
71	**40**	**31**	**1**	**1**		**1**		**1**
15	9	6						
11	2	9				1		1
23	14	9						
12	9	3						
10	6	4	1	1				
61	**45**	**16**	**1**	**1**				
12	8	4	1	1				
15	10	5						
16	12	4						
9	7	2						
9	8	1						
9	**8**	**1**				**1**		**1**
2	2					1		1
1	1							
1		1						
4	4							
1	1							
9	**5**	**4**				**1**	**1**	

5-3b 全市分年龄、性别、受教育

受教育程度 年　　龄	15岁及以上人口			未　婚		
	合计	男	女	小计	男	女
总　计	**41669**	**21362**	**20307**	**13791**	**7498**	**6293**
15-19岁	**4011**	**1901**	**2110**	**4004**	**1900**	**2104**
15	456	241	215	456	241	215
16	607	294	313	607	294	313
17	498	244	254	498	244	254
18	785	352	433	784	352	432
19	1665	770	895	1659	769	890
20-24岁	**6815**	**3347**	**3468**	**6440**	**3205**	**3235**
20	1957	853	1104	1950	852	1098
21	1655	779	876	1633	772	861
22	1393	720	673	1340	699	641
23	950	503	447	845	468	377
24	860	492	368	672	414	258
25-29岁	**4517**	**2482**	**2035**	**2135**	**1443**	**692**
25	849	464	385	592	362	230
26	886	498	388	514	345	169
27	917	491	426	422	290	132
28	898	500	398	329	231	98
29	967	529	438	278	215	63
30-34岁	**5232**	**2763**	**2469**	**695**	**526**	**169**
30	1178	611	567	228	164	64
31	1124	608	516	182	143	39
32	983	523	460	107	80	27
33	1016	520	496	104	79	25
34	931	501	430	74	60	14
35-39岁	**3840**	**1967**	**1873**	**191**	**146**	**45**
35	847	433	414	58	44	14
36	825	419	406	46	37	9
37	744	404	340	33	24	9
38	814	407	407	28	20	8
39	610	304	306	26	21	5
40-44岁	**2913**	**1484**	**1429**	**79**	**60**	**19**
40	605	317	288	18	13	5
41	573	308	265	14	11	3
42	531	276	255	16	13	3
43	546	272	274	17	13	4
44	658	311	347	14	10	4
45-49岁	**3547**	**1860**	**1687**	**71**	**58**	**13**
45	657	349	308	29	22	7
46	751	366	385	13	11	2
47	740	389	351	7	6	1
48	714	373	341	10	8	2
49	685	383	302	12	11	1
50-54岁	**2862**	**1532**	**1330**	**42**	**35**	**7**
50	662	354	308	11	9	2
51	553	288	265	8	7	1
52	603	324	279	4	3	1
53	519	267	252	7	5	2
54	525	299	226	12	11	1
55-59岁	**2503**	**1320**	**1183**	**43**	**38**	**5**
55	617	344	273	14	12	2
56	554	299	255	11	10	1
57	576	298	278	7	5	2
58	514	248	266	7	7	
59	242	131	111	4	4	
60-64岁	**1794**	**928**	**866**	**21**	**21**	
60	412	207	205			
61	347	179	168	1	1	
62	318	176	142	9	9	
63	390	204	186	7	7	
64	327	162	165	4	4	
65岁及以上	**3635**	**1778**	**1857**	**70**	**66**	**4**

程度、婚姻状况的人口(镇)

单位：人

有配偶			离婚			丧偶		
小计	男	女	小计	男	女	小计	男	女
26088	**13251**	**12837**	**580**	**305**	**275**	**1210**	**308**	**902**
7	**1**	**6**						
1		1						
6	1	5						
373	**141**	**232**	**2**	**1**	**1**			
7	1	6						
22	7	15						
53	21	32						
105	35	70						
186	77	109	2	1	1			
2349	**1022**	**1327**	**31**	**16**	**15**	**2**	**1**	**1**
254	99	155	3	3				
369	151	218	3	2	1			
489	198	291	6	3	3			
562	266	296	7	3	4			
675	308	367	12	5	7	2	1	1
4431	**2184**	**2247**	**100**	**50**	**50**	**6**	**3**	**3**
932	442	490	17	5	12	1		1
926	456	470	15	8	7	1	1	
852	432	420	24	11	13			
881	420	461	28	19	9	3	2	1
840	434	406	16	7	9	1		1
3561	**1778**	**1783**	**81**	**43**	**38**	**7**		**7**
772	379	393	17	10	7			
761	373	388	17	9	8	1		1
696	370	326	14	10	4	1		1
769	379	390	15	8	7	2		2
563	277	286	18	6	12	3		3
2762	**1385**	**1377**	**60**	**35**	**25**	**12**	**4**	**8**
571	294	277	14	8	6	2	2	
546	286	260	12	10	2	1	1	
502	257	245	9	5	4	4	1	3
514	253	261	12	6	6	3		3
629	295	334	13	6	7	2		2
3343	**1742**	**1601**	**103**	**52**	**51**	**30**	**8**	**22**
609	320	289	16	5	11	3	2	1
700	335	365	29	18	11	9	2	7
704	368	336	23	12	11	6	3	3
677	355	322	19	9	10	8	1	7
653	364	289	16	8	8	4		4
2699	**1453**	**1246**	**75**	**30**	**45**	**46**	**14**	**32**
627	335	292	16	7	9	8	3	5
522	271	251	18	8	10	5	2	3
580	314	266	13	5	8	6	2	4
483	253	230	15	6	9	14	3	11
487	280	207	13	4	9	13	4	9
2305	**1226**	**1079**	**67**	**37**	**30**	**88**	**19**	**69**
573	319	254	16	10	6	14	3	11
517	279	238	11	8	3	15	2	13
537	282	255	11	5	6	21	6	15
466	231	235	17	6	11	24	4	20
212	115	97	12	8	4	14	4	10
1616	**861**	**755**	**29**	**20**	**9**	**128**	**26**	**102**
381	198	183	8	6	2	23	3	20
319	167	152	6	4	2	21	7	14
284	160	124	4	3	1	21	4	17
344	189	155	6	3	3	33	5	28
288	147	141	5	4	1	30	7	23
2642	**1458**	**1184**	**32**	**21**	**11**	**891**	**233**	**658**

5-3b 续表 1

受教育程度 年 龄	15岁及以上人口			未 婚		
	合计	男	女	小计	男	女
未上过学	**375**	**118**	**257**	**62**	**47**	**15**
15-19岁	**3**	**3**		**3**	**3**	
15	3	3		3	3	
16						
17						
18						
19						
20-24岁	**6**	**1**	**5**	**6**	**1**	**5**
20	1		1	1		1
21	2		2	2		2
22	1		1	1		1
23	2	1	1	2	1	1
24						
25-29岁	**13**	**4**	**9**	**7**	**3**	**4**
25	7	1	6	4	1	3
26	2	1	1	2	1	1
27	1	1		1	1	
28	1		1			
29	2	1	1			
30-34岁	**11**	**7**	**4**	**6**	**5**	**1**
30	3	3		3	3	
31	2	2		2	2	
32	3	2	1			
33	2		2	1		1
34	1		1			
35-39岁	**10**	**6**	**4**	**4**	**3**	**1**
35	4	2	2	3	2	1
36	2	2				
37	1		1			
38	1	1				
39	2	1	1	1	1	
40-44岁	**13**	**6**	**7**	**2**	**2**	
40	3	2	1			
41	1	1		1	1	
42	3	2	1			
43	3	1	2	1	1	
44	3		3			
45-49岁	**20**	**10**	**10**	**9**	**7**	**2**
45	2	1	1	2	1	1
46	4	2	2	2	2	
47	3	2	1	2	1	1
48	5	3	2	3	3	
49	6	2	4			
50-54岁	**16**	**8**	**8**	**3**	**3**	
50	3		3			
51	5	3	2	1	1	
52	2	2		1	1	
53	3	2	1	1	1	
54	3	1	2			
55-59岁	**17**	**5**	**12**	**4**	**3**	**1**
55	1		1			
56	4	1	3	1	1	
57	4	2	2	2	1	1
58	4	2	2	1	1	
59	4		4			
60-64岁	**47**	**13**	**34**	**2**	**2**	
60	5	1	4			
61	14	4	10	1	1	
62	11	7	4	1	1	
63	9		9			
64	8	1	7			
65岁及以上	**219**	**55**	**164**	**16**	**15**	**1**

单位：人

有配偶			离婚			丧偶		
小计	男	女	小计	男	女	小计	男	女
172	**52**	**120**	**4**		**4**	**137**	**19**	**118**
6	**1**	**5**						
3		3						
1		1						
2	1	1						
5	**2**	**3**						
3	2	1						
1		1						
1		1						
6	**3**	**3**						
1		1						
2	2							
1		1						
1	1							
1		1						
10	**4**	**6**	**1**		**1**			
3	2	1						
3	2	1						
1		1	1		1			
3		3						
10	**2**	**8**				**1**	**1**	
2		2						
						1	1	
2		2						
6	2	4						
13	**5**	**8**						
3		3						
4	2	2						
1	1							
2	1	1						
3	1	2						
13	**2**	**11**						
1		1						
3		3						
2	1	1						
3	1	2						
4		4						
34	**11**	**23**	**1**		**1**	**10**		**10**
3	1	2	1		1	1		1
9	3	6				4		4
9	6	3				1		1
7		7				2		2
6	1	5				2		2
75	**22**	**53**	**2**		**2**	**126**	**18**	**108**

5-3b 续表 2

受教育程度 年龄	15岁及以上人口			未婚		
	合计	男	女	小计	男	女
学前教育	**8**	**3**	**5**	**1**	**1**	
15-19岁						
15						
16						
17						
18						
19						
20-24岁						
20						
21						
22						
23						
24						
25-29岁						
25						
26						
27						
28						
29						
30-34岁						
30						
31						
32						
33						
34						
35-39岁						
35						
36						
37						
38						
39						
40-44岁						
40						
41						
42						
43						
44						
45-49岁						
45						
46						
47						
48						
49						
50-54岁	**1**	**1**				
50						
51	1	1				
52						
53						
54						
55-59岁	**1**	**1**		**1**	**1**	
55						
56						
57	1	1		1	1	
58						
59						
60-64岁	**2**	**1**	**1**			
60	1	1				
61						
62						
63	1		1			
64						
65岁及以上	**4**		**4**			

单位：人

有配偶			离婚			丧偶		
小计	男	女	小计	男	女	小计	男	女
4	**2**	**2**				**3**		**3**
1	**1**							
1	1							
2	**1**	**1**						
1	1							
1		1						
1		**1**				**3**		**3**

5-3b 续表 3

受教育程度 年 龄	15岁及以上人口			未 婚		
	合计	男	女	小计	男	女
小 学	**3698**	**1789**	**1909**	**204**	**173**	**31**
15-19岁	**16**	**10**	**6**	**16**	**10**	**6**
15						
16	1	1		1	1	
17	5	3	2	5	3	2
18	5	2	3	5	2	3
19	5	4	1	5	4	1
20-24岁	**40**	**27**	**13**	**34**	**25**	**9**
20	7	4	3	7	4	3
21	3	2	1	2	2	
22	10	7	3	9	6	3
23	8	7	1	8	7	1
24	12	7	5	8	6	2
25-29岁	**57**	**38**	**19**	**20**	**16**	**4**
25	9	5	4	5	2	3
26	11	7	4	6	5	1
27	12	9	3	4	4	
28	11	9	2	3	3	
29	14	8	6	2	2	
30-34岁	**140**	**75**	**65**	**11**	**9**	**2**
30	18	11	7	1		1
31	32	20	12	5	5	
32	23	14	9	2	2	
33	37	17	20	2	2	
34	30	13	17	1		1
35-39岁	**166**	**91**	**75**	**16**	**14**	**2**
35	28	13	15	1	1	
36	24	15	9	2	1	1
37	32	22	10	5	5	
38	45	23	22	6	5	1
39	37	18	19	2	2	
40-44岁	**206**	**113**	**93**	**8**	**6**	**2**
40	28	18	10	1	1	
41	35	17	18			
42	36	20	16	2	2	
43	49	26	23	1	1	
44	58	32	26	4	2	2
45-49岁	**351**	**204**	**147**	**10**	**10**	
45	61	35	26	5	5	
46	73	40	33			
47	61	36	25	2	2	
48	78	49	29	2	2	
49	78	44	34	1	1	
50-54岁	**407**	**219**	**188**	**19**	**16**	**3**
50	84	46	38	2	2	
51	83	49	34	4	3	1
52	100	49	51	3	2	1
53	63	27	36	3	2	1
54	77	48	29	7	7	
55-59岁	**343**	**177**	**166**	**15**	**15**	
55	96	56	40	6	6	
56	69	38	31	4	4	
57	54	26	28			
58	84	35	49	2	2	
59	40	22	18	3	3	
60-64岁	**373**	**153**	**220**	**9**	**9**	
60	65	28	37			
61	52	20	32			
62	60	31	29	3	3	
63	105	37	68	4	4	
64	91	37	54	2	2	
65岁及以上	**1599**	**682**	**917**	**46**	**43**	**3**

单位：人

有配偶			离婚			丧偶		
小计	男	女	小计	男	女	小计	男	女
2882	**1446**	**1436**	**59**	**44**	**15**	**553**	**126**	**427**
6	**2**	**4**						
1		1						
1	1							
4	1	3						
36	**21**	**15**	**1**	**1**				
4	3	1						
5	2	3						
8	5	3						
7	5	2	1	1				
12	6	6						
127	**66**	**61**	**2**		**2**			
17	11	6						
27	15	12						
21	12	9						
34	15	19	1		1			
28	13	15	1		1			
143	**73**	**70**	**7**	**4**	**3**			
27	12	15						
19	12	7	3	2	1			
27	17	10						
37	17	20	2	1	1			
33	15	18	2	1	1			
194	**105**	**89**	**3**	**2**	**1**	**1**		**1**
27	17	10						
34	16	18	1	1				
34	18	16						
46	24	22	2	1	1			
53	30	23				1		1
321	**183**	**138**	**13**	**10**	**3**	**7**	**1**	**6**
52	29	23	2		2	2	1	1
68	36	32	4	4		1		1
58	33	25	1	1				
68	43	25	5	4	1	3		3
75	42	33	1	1		1		1
366	**190**	**176**	**10**	**8**	**2**	**12**	**5**	**7**
77	39	38	3	3		2	2	
77	46	31	1		1	1		1
95	45	50	2	2				
55	22	33	2	2		3	1	2
62	38	24	2	1	1	6	2	4
306	**155**	**151**	**5**	**4**	**1**	**17**	**3**	**14**
86	49	37	1	1		3		3
61	33	28				4	1	3
51	24	27	1	1		2	1	1
72	31	41	2	1	1	8	1	7
36	18	18	1	1				
312	**130**	**182**	**7**	**6**	**1**	**45**	**8**	**37**
56	25	31	2	2		7	1	6
46	18	28	1	1		5	1	4
48	25	23	1	1		8	2	6
83	31	52	2	1	1	16	1	15
79	31	48	1	1		9	3	6
1071	**521**	**550**	**11**	**9**	**2**	**471**	**109**	**362**

5-3b 续表 4

受教育程度 年 龄	15岁及以上人口			未 婚		
	合计	男	女	小计	男	女
初 中	**13511**	**7443**	**6068**	**1387**	**1012**	**375**
15-19岁	**340**	**218**	**122**	**336**	**218**	**118**
15	163	99	64	163	99	64
16	67	42	25	67	42	25
17	29	22	7	29	22	7
18	35	24	11	34	24	10
19	46	31	15	43	31	12
20-24岁	**533**	**324**	**209**	**393**	**265**	**128**
20	67	45	22	64	45	19
21	67	41	26	60	38	22
22	103	67	36	89	64	25
23	122	69	53	80	53	27
24	174	102	72	100	65	35
25-29岁	**1066**	**647**	**419**	**335**	**272**	**63**
25	181	108	73	94	68	26
26	198	122	76	82	69	13
27	220	123	97	55	45	10
28	219	143	76	53	46	7
29	248	151	97	51	44	7
30-34岁	**1621**	**883**	**738**	**150**	**119**	**31**
30	329	176	153	41	29	12
31	339	194	145	44	38	6
32	280	152	128	22	16	6
33	343	177	166	29	23	6
34	330	184	146	14	13	1
35-39岁	**1589**	**827**	**762**	**71**	**54**	**17**
35	307	148	159	18	12	6
36	318	173	145	16	14	2
37	335	182	153	14	10	4
38	348	176	172	9	7	2
39	281	148	133	14	11	3
40-44岁	**1430**	**755**	**675**	**25**	**19**	**6**
40	291	154	137	3	3	
41	285	169	116	4	3	1
42	266	150	116	6	4	2
43	258	135	123	6	4	2
44	330	147	183	6	5	1
45-49岁	**1964**	**1050**	**914**	**30**	**24**	**6**
45	357	197	160	12	9	3
46	399	201	198	6	5	1
47	418	221	197	2	2	
48	408	213	195	2	1	1
49	382	218	164	8	7	1
50-54岁	**1580**	**858**	**722**	**14**	**10**	**4**
50	370	192	178	6	4	2
51	304	161	143	1	1	
52	305	168	137			
53	314	176	138	3	2	1
54	287	161	126	4	3	1
55-59岁	**1231**	**674**	**557**	**19**	**17**	**2**
55	326	184	142	6	5	1
56	276	160	116	5	5	
57	293	159	134	3	2	1
58	230	113	117	4	4	
59	106	58	48	1	1	
60-64岁	**836**	**463**	**373**	**7**	**7**	
60	200	108	92			
61	173	93	80			
62	138	73	65	3	3	
63	171	108	63	2	2	
64	154	81	73	2	2	
65岁及以上	**1321**	**744**	**577**	**7**	**7**	

单位：人

有配偶			离婚			丧偶		
小计	男	女	小计	男	女	小计	男	女
11505	**6164**	**5341**	**254**	**147**	**107**	**365**	**120**	**245**
4		**4**						
1		1						
3		3						
139	**58**	**81**	**1**	**1**				
3		3						
7	3	4						
14	3	11						
42	16	26						
73	36	37	1	1				
719	**366**	**353**	**11**	**9**	**2**	**1**		**1**
85	38	47	2	2				
115	52	63	1	1				
163	76	87	2	2				
163	96	67	3	1	2			
193	104	89	3	3		1		1
1439	**742**	**697**	**29**	**19**	**10**	**3**	**3**	
284	144	140	4	3	1			
291	152	139	3	3		1	1	
251	133	118	7	3	4			
302	144	158	10	8	2	2	2	
311	169	142	5	2	3			
1482	**751**	**731**	**34**	**22**	**12**	**2**		**2**
281	133	148	8	3	5			
293	155	138	8	4	4	1		1
314	166	148	6	6		1		1
333	164	169	6	5	1			
261	133	128	6	4	2			
1369	**715**	**654**	**32**	**20**	**12**	**4**	**1**	**3**
280	146	134	7	4	3	1	1	
275	160	115	6	6				
254	141	113	6	5	1			
246	129	117	4	2	2	2		2
314	139	175	9	3	6	1		1
1867	**994**	**873**	**51**	**26**	**25**	**16**	**6**	**10**
335	184	151	9	3	6	1	1	
374	186	188	13	8	5	6	2	4
403	212	191	9	5	4	4	2	2
392	208	184	10	3	7	4	1	3
363	204	159	10	7	3	1		1
1505	**829**	**676**	**39**	**14**	**25**	**22**	**5**	**17**
351	185	166	10	3	7	3		3
294	155	139	8	5	3	1		1
294	165	129	7	2	5	4	1	3
294	169	125	10	3	7	7	2	5
272	155	117	4	1	3	7	2	5
1137	**627**	**510**	**31**	**18**	**13**	**44**	**12**	**32**
303	171	132	9	5	4	8	3	5
257	150	107	6	4	2	8	1	7
273	149	124	5	3	2	12	5	7
211	104	107	8	4	4	7	1	6
93	53	40	3	2	1	9	2	7
769	**434**	**335**	**12**	**9**	**3**	**48**	**13**	**35**
188	104	84	3	3		9	1	8
160	86	74	4	2	2	9	5	4
127	69	58				8	1	7
161	102	59	1	1		7	3	4
133	73	60	4	3	1	15	3	12
1075	**648**	**427**	**14**	**9**	**5**	**225**	**80**	**145**

5-3b 续表 5

受教育程度 年 龄	15岁及以上人口			未 婚		
	合计	男	女	小计	男	女
高 中	**10576**	**5825**	**4751**	**4684**	**3074**	**1610**
15-19岁	**1731**	**911**	**820**	**1729**	**910**	**819**
15	285	136	149	285	136	149
16	509	247	262	509	247	262
17	408	199	209	408	199	209
18	283	173	110	283	173	110
19	246	156	90	244	155	89
20-24岁	**1659**	**1064**	**595**	**1506**	**1011**	**495**
20	280	192	88	276	191	85
21	325	211	114	314	209	105
22	357	224	133	328	211	117
23	340	202	138	296	190	106
24	357	235	122	292	210	82
25-29岁	**1726**	**1052**	**674**	**963**	**745**	**218**
25	345	210	135	257	181	76
26	356	224	132	224	174	50
27	327	200	127	181	151	30
28	332	210	122	156	120	36
29	366	208	158	145	119	26
30-34岁	**1511**	**861**	**650**	**353**	**302**	**51**
30	402	238	164	118	99	19
31	334	184	150	87	73	14
32	287	161	126	57	51	6
33	255	145	110	48	42	6
34	233	133	100	43	37	6
35-39岁	**859**	**426**	**433**	**66**	**54**	**12**
35	205	114	91	23	21	2
36	181	78	103	18	14	4
37	163	87	76	9	6	3
38	178	81	97	8	6	2
39	132	66	66	8	7	1
40-44岁	**636**	**272**	**364**	**35**	**25**	**10**
40	126	54	72	12	8	4
41	124	53	71	6	4	2
42	111	42	69	6	5	1
43	125	51	74	7	5	2
44	150	72	78	4	3	1
45-49岁	**647**	**298**	**349**	**19**	**15**	**4**
45	122	60	62	8	6	2
46	141	56	85	4	3	1
47	146	68	78	1	1	
48	130	54	76	3	2	1
49	108	60	48	3	3	
50-54岁	**436**	**228**	**208**	**6**	**6**	
50	94	56	38	3	3	
51	80	40	40	2	2	
52	96	46	50			
53	75	33	42			
54	91	53	38	1	1	
55-59岁	**626**	**300**	**326**	**3**	**2**	**1**
55	121	64	57	1	1	
56	128	56	72	1		1
57	152	66	86	1	1	
58	155	76	79			
59	70	38	32			
60-64岁	**406**	**218**	**188**	**3**	**3**	
60	101	49	52			
61	86	46	40			
62	89	49	40	2	2	
63	83	48	35	1	1	
64	47	26	21			
65岁及以上	**339**	**195**	**144**	**1**	**1**	

单位：人

有配偶			离婚			丧偶		
小计	男	女	小计	男	女	小计	男	女
5607	**2644**	**2963**	**161**	**77**	**84**	**124**	**30**	**94**
2	**1**	**1**						
2	1	1						
152	**53**	**99**	**1**		**1**			
4	1	3						
11	2	9						
29	13	16						
44	12	32						
64	25	39	1		1			
747	**303**	**444**	**15**	**3**	**12**	**1**	**1**	
88	29	59						
131	50	81	1		1			
144	49	95	2		2			
173	89	84	3	1	2			
211	86	125	9	2	7	1	1	
1114	**538**	**576**	**42**	**21**	**21**	**2**		**2**
278	138	140	5	1	4	1		1
237	107	130	10	4	6			
218	104	114	12	6	6			
197	96	101	10	7	3			
184	93	91	5	3	2	1		1
773	**361**	**412**	**18**	**11**	**7**	**2**		**2**
177	89	88	5	4	1			
161	62	99	2	2				
150	78	72	4	3	1			
164	73	91	5	2	3	1		1
121	59	62	2		2	1		1
585	**237**	**348**	**13**	**9**	**4**	**3**	**1**	**2**
110	43	67	4	3	1			
115	47	68	3	2	1			
102	36	66	1		1	2	1	1
114	44	70	3	2	1	1		1
144	67	77	2	2				
602	**273**	**329**	**22**	**10**	**12**	**4**		**4**
112	53	59	2	1	1			
127	48	79	8	5	3	2		2
139	63	76	6	4	2			
125	52	73	2		2			
99	57	42	4		4	2		2
408	**214**	**194**	**12**	**4**	**8**	**10**	**4**	**6**
88	51	37	1	1		2	1	1
73	35	38	3	1	2	2	2	
94	45	49				2	1	1
68	32	36	3	1	2	4		4
85	51	34	5	1	4			
570	**281**	**289**	**26**	**13**	**13**	**27**	**4**	**23**
112	60	52	5	3	2	3		3
120	53	67	4	3	1	3		3
140	64	76	4	1	3	7		7
141	73	68	5	1	4	9	2	7
57	31	26	8	5	3	5	2	3
374	**209**	**165**	**7**	**3**	**4**	**22**	**3**	**19**
95	48	47	1		1	5	1	4
83	45	38	1	1		2		2
81	45	36	2	1	1	4	1	3
71	45	26	3	1	2	8	1	7
44	26	18				3		3
280	**174**	**106**	**5**	**3**	**2**	**53**	**17**	**36**

5-3b 续表 6

受教育程度 年龄	15岁及以上人口			未婚		
	合计	男	女	小计	男	女
大学专科	**5573**	**2772**	**2801**	**2295**	**1124**	**1171**
15-19岁	**744**	**346**	**398**	**743**	**346**	**397**
15	5	3	2	5	3	2
16	29	4	25	29	4	25
17	31	13	18	31	13	18
18	173	66	107	173	66	107
19	506	260	246	505	260	245
20-24岁	**1156**	**526**	**630**	**1099**	**503**	**596**
20	453	195	258	453	195	258
21	222	96	126	219	94	125
22	185	85	100	176	81	95
23	149	83	66	134	76	58
24	147	67	80	117	57	60
25-29岁	**873**	**425**	**448**	**366**	**214**	**152**
25	168	85	83	112	63	49
26	163	83	80	80	46	34
27	190	89	101	77	43	34
28	169	67	102	45	25	20
29	183	101	82	52	37	15
30-34岁	**1042**	**529**	**513**	**66**	**45**	**21**
30	216	90	126	26	15	11
31	237	124	113	19	13	6
32	224	122	102	6	4	2
33	206	113	93	11	10	1
34	159	80	79	4	3	1
35-39岁	**575**	**286**	**289**	**17**	**12**	**5**
35	141	66	75	5	3	2
36	149	71	78	6	5	1
37	94	54	40	2	2	
38	115	60	55	4	2	2
39	76	35	41			
40-44岁	**285**	**168**	**117**	**3**	**3**	
40	70	43	27	1	1	
41	53	33	20	1	1	
42	45	25	20			
43	57	34	23	1	1	
44	60	33	27			
45-49岁	**274**	**144**	**130**	**1**	**1**	
45	54	31	23			
46	64	24	40	1	1	
47	56	31	25			
48	47	27	20			
49	53	31	22			
50-54岁	**230**	**118**	**112**			
50	50	27	23			
51	48	19	29			
52	55	34	21			
53	39	17	22			
54	38	21	17			
55-59岁	**192**	**104**	**88**			
55	45	25	20			
56	53	29	24			
57	48	27	21			
58	30	14	16			
59	16	9	7			
60-64岁	**92**	**54**	**38**			
60	31	14	17			
61	15	12	3			
62	15	12	3			
63	14	6	8			
64	17	10	7			
65岁及以上	**110**	**72**	**38**			

单位：人

有配偶			离婚			丧偶		
小计	男	女	小计	男	女	小计	男	女
3208	**1618**	**1590**	**55**	**22**	**33**	**15**	**8**	**7**
1		**1**						
1		1						
57	**23**	**34**						
3	2	1						
9	4	5						
15	7	8						
30	10	20						
503	**208**	**295**	**4**	**3**	**1**			
55	21	34	1	1				
82	36	46	1	1				
111	45	66	2	1	1			
124	42	82						
131	64	67						
963	**479**	**484**	**13**	**5**	**8**			
186	75	111	4		4			
218	111	107						
214	116	98	4	2	2			
192	101	91	3	2	1			
153	76	77	2	1	1			
547	**272**	**275**	**10**	**2**	**8**	**1**		**1**
135	62	73	1	1				
141	66	75	2		2			
89	51	38	3	1	2			
111	58	53						
71	35	36	4		4	1		1
275	**163**	**112**	**6**	**2**	**4**	**1**		**1**
67	41	26	2	1	1			
51	32	19	1		1			
43	25	18	1		1	1		1
55	33	22	1		1			
59	32	27	1	1				
262	**139**	**123**	**10**	**4**	**6**	**1**		**1**
53	30	23	1	1				
60	23	37	3		3			
51	30	21	4	1	3	1		1
45	25	20	2	2				
53	31	22						
221	**114**	**107**	**8**	**4**	**4**	**1**		**1**
49	27	22	1		1			
45	17	28	2	2		1		1
52	33	19	3	1	2			
39	17	22						
36	20	16	2	1	1			
190	**104**	**86**	**2**		**2**			
45	25	20						
53	29	24						
47	27	20	1		1			
29	14	15	1		1			
16	9	7						
89	**51**	**38**	**2**	**2**		**1**	**1**	
30	13	17	1	1				
14	11	3				1	1	
14	11	3	1	1				
14	6	8						
17	10	7						
100	**65**	**35**				**10**	**7**	**3**

5-3b 续表 7

受教育程度 年 龄	15岁及以上人口			未 婚		
	合计	男	女	小计	男	女
大学本科	**7588**	**3272**	**4316**	**5022**	**2022**	**3000**
15-19岁	**1177**	**413**	**764**	**1177**	**413**	**764**
15						
16	1		1	1		1
17	25	7	18	25	7	18
18	289	87	202	289	87	202
19	862	319	543	862	319	543
20-24岁	**3380**	**1392**	**1988**	**3361**	**1387**	**1974**
20	1148	417	731	1148	417	731
21	1034	429	605	1034	429	605
22	731	335	396	731	335	396
23	317	139	178	313	139	174
24	150	72	78	135	67	68
25-29岁	**680**	**284**	**396**	**369**	**170**	**199**
25	126	52	74	107	44	63
26	133	51	82	99	41	58
27	134	60	74	76	38	38
28	150	67	83	62	35	27
29	137	54	83	25	12	13
30-34岁	**813**	**367**	**446**	**92**	**38**	**54**
30	185	83	102	32	15	17
31	162	76	86	20	9	11
32	148	66	82	16	6	10
33	157	62	95	13	2	11
34	161	80	81	11	6	5
35-39岁	**584**	**305**	**279**	**15**	**8**	**7**
35	146	83	63	7	5	2
36	135	73	62	3	2	1
37	106	55	51	3	1	2
38	121	62	59	1		1
39	76	32	44	1		1
40-44岁	**327**	**159**	**168**	**6**	**5**	**1**
40	84	44	40	1		1
41	72	32	40	2	2	
42	67	36	31	2	2	
43	49	21	28	1	1	
44	55	26	29			
45-49岁	**268**	**142**	**126**	**1**	**1**	
45	60	25	35	1	1	
46	65	41	24			
47	52	29	23			
48	39	22	17			
49	52	25	27			
50-54岁	**189**	**97**	**92**			
50	60	32	28			
51	31	14	17			
52	45	25	20			
53	25	12	13			
54	28	14	14			
55-59岁	**92**	**58**	**34**	**1**		**1**
55	28	15	13	1		1
56	24	15	9			
57	23	16	7			
58	11	8	3			
59	6	4	2			
60-64岁	**35**	**25**	**10**			
60	8	5	3			
61	7	4	3			
62	5	4	1			
63	5	5				
64	10	7	3			
65岁及以上	**43**	**30**	**13**			

单位：人

有配偶			离婚			丧偶		
小计	男	女	小计	男	女	小计	男	女
2507	**1231**	**1276**	**46**	**14**	**32**	**13**	**5**	**8**
19	**5**	**14**						
4		4						
15	5	10						
311	**114**	**197**						
19	8	11						
34	10	24						
58	22	36						
88	32	56						
112	42	70						
706	**324**	**382**	**14**	**5**	**9**	**1**		**1**
149	67	82	4	1	3			
140	66	74	2	1	1			
131	60	71	1		1			
139	58	81	4	2	2	1		1
147	73	74	3	1	2			
555	**293**	**262**	**12**	**4**	**8**	**2**		**2**
136	76	60	3	2	1			
130	70	60	2	1	1			
102	54	48	1		1			
117	62	55	2		2	1		1
70	31	39	4	1	3	1		1
314	**151**	**163**	**4**	**1**	**3**	**3**	**2**	**1**
81	43	38	1		1	1	1	
68	28	40	1	1		1	1	
63	34	29	1		1	1		1
48	20	28						
54	26	28	1		1			
259	**139**	**120**	**7**	**2**	**5**	**1**		**1**
57	24	33	2		2			
64	40	24	1	1				
49	28	21	3	1	2			
38	22	16				1		1
51	25	26	1		1			
182	**97**	**85**	**6**		**6**	**1**		**1**
58	32	26	1		1	1		1
27	14	13	4		4			
44	25	19	1		1			
25	12	13						
28	14	14						
88	**56**	**32**	**3**	**2**	**1**			
26	14	12	1	1				
23	14	9	1	1				
23	16	7						
10	8	2	1		1			
6	4	2						
33	**24**	**9**				**2**	**1**	**1**
7	5	2				1		1
7	4	3						
5	4	1						
5	5							
9	6	3				1	1	
40	**28**	**12**				**3**	**2**	**1**

5-3b 续表 8

受教育程度 年龄	15岁及以上人口 合计	男	女	未婚 小计	男	女
硕士研究生	**325**	**130**	**195**	**131**	**41**	**90**
15-19岁						
15						
16						
17						
18						
19						
20-24岁	**41**	**13**	**28**	**41**	**13**	**28**
20	1		1	1		1
21	2		2	2		2
22	6	2	4	6	2	4
23	12	2	10	12	2	10
24	20	9	11	20	9	11
25-29岁	**95**	**28**	**67**	**71**	**20**	**51**
25	10	1	9	10	1	9
26	23	10	13	21	9	12
27	30	8	22	27	7	20
28	15	3	12	10	2	8
29	17	6	11	3	1	2
30-34岁	**90**	**38**	**52**	**16**	**7**	**9**
30	21	7	14	6	2	4
31	18	8	10	5	3	2
32	18	6	12	4	1	3
33	16	6	10			
34	17	11	6	1	1	
35-39岁	**55**	**24**	**31**	**2**	**1**	**1**
35	15	6	9	1		1
36	16	7	9	1	1	
37	13	4	9			
38	6	4	2			
39	5	3	2			
40-44岁	**15**	**10**	**5**			
40	3	2	1			
41	3	3				
42	3	1	2			
43	4	3	1			
44	2	1	1			
45-49岁	**22**	**12**	**10**	**1**		**1**
45	1		1	1		1
46	4	2	2			
47	4	2	2			
48	7	5	2			
49	6	3	3			
50-54岁	**3**	**3**				
50	1	1				
51	1	1				
52						
53						
54	1	1				
55-59岁	**1**	**1**				
55						
56						
57	1	1				
58						
59						
60-64岁	**3**	**1**	**2**			
60	1	1				
61						
62						
63	2		2			
64						
65岁及以上						

单位：人

有配偶			离　婚			丧　偶		
小计	男	女	小计	男	女	小计	男	女
194	**89**	**105**						
24	**8**	**16**						
2	1	1						
3	1	2						
5	1	4						
14	5	9						
74	**31**	**43**						
15	5	10						
13	5	8						
14	5	9						
16	6	10						
16	10	6						
53	**23**	**30**						
14	6	8						
15	6	9						
13	4	9						
6	4	2						
5	3	2						
15	**10**	**5**						
3	2	1						
3	3							
3	1	2						
4	3	1						
2	1	1						
21	**12**	**9**						
4	2	2						
4	2	2						
7	5	2						
6	3	3						
3	**3**							
1	1							
1	1							
1	1							
1	**1**							
1	1							
3	**1**	**2**						
1	1							
2		2						

5-3b 续表 9

受教育程度 年龄	15岁及以上人口			未婚		
	合计	男	女	小计	男	女
博士研究生	**15**	**10**	**5**	**5**	**4**	**1**
15-19岁						
15						
16						
17						
18						
19						
20-24岁						
20						
21						
22						
23						
24						
25-29岁	**7**	**4**	**3**	**4**	**3**	**1**
25	3	2	1	3	2	1
26						
27	3	1	2	1	1	
28	1	1				
29						
30-34岁	**4**	**3**	**1**	**1**	**1**	
30	4	3	1	1	1	
31						
32						
33						
34						
35-39岁	**2**	**2**				
35	1	1				
36						
37						
38						
39	1	1				
40-44岁	**1**	**1**				
40						
41						
42						
43	1	1				
44						
45-49岁	**1**		**1**			
45						
46	1		1			
47						
48						
49						
50-54岁						
50						
51						
52						
53						
54						
55-59岁						
55						
56						
57						
58						
59						
60-64岁						
60						
61						
62						
63						
64						
65岁及以上						

单位：人

有配偶			离　婚			丧　偶		
小计	男	女	小计	男	女	小计	男	女
9	**5**	**4**	**1**	**1**				
3	**1**	**2**						
2		2						
1	1							
3	**2**	**1**						
3	2	1						
2	**2**							
1	1							
1	1							
			1	**1**				
			1	1				
1		**1**						
1		1						

5-3c 全市分年龄、性别、受教育

受教育程度 年龄	15岁及以上人口			未婚		
	合计	男	女	小计	男	女
总计	**46481**	**24910**	**21571**	**7872**	**5126**	**2746**
15-19岁	**2360**	**1355**	**1005**	**2355**	**1353**	**1002**
15	449	249	200	449	249	200
16	473	294	179	471	293	178
17	404	224	180	403	223	180
18	451	256	195	449	256	193
19	583	332	251	583	332	251
20-24岁	**2947**	**1607**	**1340**	**2500**	**1457**	**1043**
20	590	334	256	583	332	251
21	467	257	210	445	253	192
22	621	346	275	536	322	214
23	589	317	272	477	280	197
24	680	353	327	459	270	189
25-29岁	**4084**	**2203**	**1881**	**1503**	**1006**	**497**
25	800	450	350	477	309	168
26	737	393	344	327	209	118
27	857	437	420	297	200	97
28	836	486	350	241	172	69
29	854	437	417	161	116	45
30-34岁	**4427**	**2408**	**2019**	**490**	**371**	**119**
30	1012	544	468	169	120	49
31	958	545	413	130	101	29
32	823	432	391	70	55	15
33	859	464	395	59	46	13
34	775	423	352	62	49	13
35-39岁	**3400**	**1934**	**1466**	**178**	**144**	**34**
35	732	397	335	44	32	12
36	673	362	311	40	31	9
37	681	414	267	36	31	5
38	738	419	319	31	28	3
39	576	342	234	27	22	5
40-44岁	**3089**	**1717**	**1372**	**136**	**123**	**13**
40	569	338	231	31	28	3
41	550	296	254	15	14	1
42	563	310	253	30	25	5
43	644	364	280	28	26	2
44	763	409	354	32	30	2
45-49岁	**4587**	**2518**	**2069**	**165**	**149**	**16**
45	806	443	363	35	28	7
46	904	498	406	34	33	1
47	954	517	437	34	30	4
48	938	514	424	23	23	
49	985	546	439	39	35	4
50-54岁	**4867**	**2646**	**2221**	**139**	**129**	**10**
50	1034	562	472	30	27	3
51	1032	546	486	28	24	4
52	972	518	454	29	29	
53	869	496	373	32	31	1
54	960	524	436	20	18	2
55-59岁	**4554**	**2398**	**2156**	**116**	**110**	**6**
55	992	507	485	21	20	1
56	967	517	450	23	22	1
57	1161	621	540	28	26	2
58	926	498	428	28	26	2
59	508	255	253	16	16	
60-64岁	**3934**	**1984**	**1950**	**106**	**103**	**3**
60	805	411	394	24	23	1
61	758	380	378	21	21	
62	759	381	378	19	17	2
63	825	427	398	23	23	
64	787	385	402	19	19	
65岁及以上	**8232**	**4140**	**4092**	**184**	**181**	**3**

程度、婚姻状况的人口(乡村)

单位：人

有配偶			离婚			丧偶		
小计	男	女	小计	男	女	小计	男	女
34778	**18371**	**16407**	**903**	**624**	**279**	**2928**	**789**	**2139**
5	**2**	**3**						
2	1	1						
1	1							
2		2						
443	**150**	**293**	**4**		**4**			
7	2	5						
22	4	18						
85	24	61						
111	37	74	1		1			
218	83	135	3		3			
2532	**1178**	**1354**	**48**	**19**	**29**	**1**		**1**
319	139	180	3	2	1	1		1
406	183	223	4	1	3			
552	234	318	8	3	5			
582	305	277	13	9	4			
673	317	356	20	4	16			
3824	**1973**	**1851**	**106**	**61**	**45**	**7**	**3**	**4**
829	416	413	14	8	6			
805	432	373	23	12	11			
729	364	365	21	11	10	3	2	1
772	403	369	26	15	11	2		2
689	358	331	22	15	7	2	1	1
3088	**1704**	**1384**	**125**	**86**	**39**	**9**		**9**
662	347	315	26	18	8			
609	318	291	21	13	8	3		3
620	365	255	25	18	7			
679	371	308	24	20	4	4		4
518	303	215	29	17	12	2		2
2805	**1500**	**1305**	**117**	**86**	**31**	**31**	**8**	**23**
512	291	221	21	18	3	5	1	4
510	264	246	21	18	3	4		4
510	272	238	17	12	5	6	1	5
582	318	264	23	15	8	11	5	6
691	355	336	35	23	12	5	1	4
4226	**2267**	**1959**	**139**	**90**	**49**	**57**	**12**	**45**
736	393	343	27	20	7	8	2	6
830	444	386	30	20	10	10	1	9
875	467	408	33	19	14	12	1	11
889	476	413	20	11	9	6	4	2
896	487	409	29	20	9	21	4	17
4500	**2402**	**2098**	**116**	**93**	**23**	**112**	**22**	**90**
953	507	446	31	26	5	20	2	18
967	504	463	18	15	3	19	3	16
886	461	425	34	23	11	23	5	18
798	446	352	15	13	2	24	6	18
896	484	412	18	16	2	26	6	20
4158	**2157**	**2001**	**98**	**75**	**23**	**182**	**56**	**126**
923	468	455	19	12	7	29	7	22
891	464	427	26	22	4	27	9	18
1059	560	499	25	21	4	49	14	35
837	442	395	20	15	5	41	15	26
448	223	225	8	5	3	36	11	25
3470	**1765**	**1705**	**56**	**40**	**16**	**302**	**76**	**226**
711	360	351	14	12	2	56	16	40
673	343	330	6	4	2	58	12	46
676	339	337	7	6	1	57	19	38
720	374	346	13	9	4	69	21	48
690	349	341	16	9	7	62	8	54
5727	**3273**	**2454**	**94**	**74**	**20**	**2227**	**612**	**1615**

5-3c 续表 1

受教育程度	15岁及以上人口			未婚		
年龄	合计	男	女	小计	男	女
未上过学	**1395**	**431**	**964**	**200**	**180**	**20**
15-19岁	**5**	**3**	**2**	**5**	**3**	**2**
15	1		1	1		1
16	1	1		1	1	
17						
18	1	1		1	1	
19	2	1	1	2	1	1
20-24岁	**14**	**12**	**2**	**12**	**11**	**1**
20	3	2	1	3	2	1
21	4	4		4	4	
22	1	1		1	1	
23	3	3		2	2	
24	3	2	1	2	2	
25-29岁	**17**	**10**	**7**	**13**	**9**	**4**
25	6	3	3	4	2	2
26	2	1	1	2	1	1
27	2	2		2	2	
28	1	1		1	1	
29	6	3	3	4	3	1
30-34岁	**19**	**10**	**9**	**9**	**8**	**1**
30	4	2	2	2	2	
31	2	2		2	2	
32	4	3	1	2	2	
33	4	1	3			
34	5	2	3	3	2	1
35-39岁	**16**	**8**	**8**	**11**	**6**	**5**
35	6	1	5	5	1	4
36	3		3	1		1
37	2	2		2	2	
38	2	2		2	2	
39	3	3		1	1	
40-44岁	**26**	**12**	**14**	**11**	**9**	**2**
40	8	4	4	2	2	
41	4	1	3	1	1	
42	4	2	2	3	2	1
43	3	2	1	2	2	
44	7	3	4	3	2	1
45-49岁	**48**	**23**	**25**	**19**	**16**	**3**
45	9	5	4	4	4	
46	9	4	5			
47	10	1	9	2	1	1
48	5	3	2	2	2	
49	15	10	5	11	9	2
50-54岁	**59**	**24**	**35**	**14**	**13**	**1**
50	11	7	4	4	4	
51	8	4	4	2	2	
52	17	5	12	2	2	
53	13	5	8	3	2	1
54	10	3	7	3	3	
55-59岁	**78**	**23**	**55**	**17**	**17**	
55	13	1	12	1	1	
56	12	4	8	4	4	
57	20	7	13	5	5	
58	15	5	10	3	3	
59	18	6	12	4	4	
60-64岁	**177**	**58**	**119**	**34**	**33**	**1**
60	24	9	15	6	6	
61	34	10	24	8	8	
62	29	9	20	6	5	1
63	45	15	30	8	8	
64	45	15	30	6	6	
65岁及以上	**936**	**248**	**688**	**55**	**55**	

单位：人

有配偶			离婚			丧偶		
小计	男	女	小计	男	女	小计	男	女
631	**175**	**456**	**14**	**9**	**5**	**550**	**67**	**483**
2	**1**	**1**						
1	1							
1		1						
4	**1**	**3**						
2	1	1						
2		2						
9	**1**	**8**	**1**	**1**				
2		2						
2	1	1						
3		3	1	1				
2		2						
4	**2**	**2**				**1**		**1**
1		1						
1		1				1		1
2	2							
15	**3**	**12**						
6	2	4						
3		3						
1		1						
1		1						
4	1	3						
23	**6**	**17**	**2**	**1**	**1**	**4**		**4**
5	1	4						
6	3	3	1	1		2		2
7		7				1		1
2	1	1	1		1			
3	1	2				1		1
41	**10**	**31**	**2**	**1**	**1**	**2**		**2**
6	3	3				1		1
5	2	3				1		1
13	2	11	2	1	1			
10	3	7						
7		7						
55	**6**	**49**	**1**		**1**	**5**		**5**
10		10				2		2
7		7	1		1			
14	2	12				1		1
12	2	10						
12	2	10				2		2
119	**21**	**98**	**3**	**2**	**1**	**21**	**2**	**19**
16	3	13				2		2
23	2	21				3		3
17	4	13				6		6
31	5	26	2	1	1	4	1	3
32	7	25	1	1		6	1	5
359	**124**	**235**	**5**	**4**	**1**	**517**	**65**	**452**

5-3c 续表 2

受教育程度 年龄	15岁及以上人口			未婚		
	合计	男	女	小计	男	女
学前教育	**19**	**10**	**9**	**3**	**3**	
15-19岁						
15						
16						
17						
18						
19						
20-24岁						
20						
21						
22						
23						
24						
25-29岁	**2**	**1**	**1**	**1**	**1**	
25						
26						
27	1		1			
28	1	1		1	1	
29						
30-34岁						
30						
31						
32						
33						
34						
35-39岁						
35						
36						
37						
38						
39						
40-44岁	**1**	**1**				
40						
41	1	1				
42						
43						
44						
45-49岁						
45						
46						
47						
48						
49						
50-54岁	**1**	**1**				
50						
51						
52						
53	1	1				
54						
55-59岁	**1**	**1**		**1**	**1**	
55						
56						
57						
58	1	1		1	1	
59						
60-64岁	**3**	**1**	**2**	**1**	**1**	
60						
61						
62	1		1			
63	1	1		1	1	
64	1		1			
65岁及以上	**11**	**5**	**6**			

单位：人

有配偶			离　婚			丧　偶		
小计	男	女	小计	男	女	小计	男	女
8	**5**	**3**				**8**	**2**	**6**
1		**1**						
1		1						
1	**1**							
1	1							
1	**1**							
1	1							
1		**1**				**1**		**1**
1		1						
						1		1
4	**3**	**1**				**7**	**2**	**5**

5-3c 续表 3

受教育程度 年龄	15岁及以上人口			未婚		
	合计	男	女	小计	男	女
小 学	**9659**	**4729**	**4930**	**528**	**488**	**40**
15-19岁	**21**	**16**	**5**	**21**	**16**	**5**
15	4	2	2	4	2	2
16	5	4	1	5	4	1
17	4	3	1	4	3	1
18	3	2	1	3	2	1
19	5	5		5	5	
20-24岁	**82**	**50**	**32**	**58**	**43**	**15**
20	8	6	2	8	6	2
21	13	9	4	13	9	4
22	19	13	6	12	11	1
23	17	8	9	10	7	3
24	25	14	11	15	10	5
25-29岁	**160**	**97**	**63**	**55**	**47**	**8**
25	36	24	12	21	17	4
26	20	13	7	7	6	1
27	30	16	14	6	5	1
28	34	20	14	10	9	1
29	40	24	16	11	10	1
30-34岁	**228**	**132**	**96**	**44**	**41**	**3**
30	51	33	18	15	12	3
31	51	35	16	16	16	
32	39	22	17	6	6	
33	43	21	22	5	5	
34	44	21	23	2	2	
35-39岁	**249**	**136**	**113**	**24**	**24**	
35	38	24	14	3	3	
36	46	20	26	6	6	
37	43	27	16	5	5	
38	62	35	27	6	6	
39	60	30	30	4	4	
40-44岁	**377**	**199**	**178**	**38**	**35**	**3**
40	52	33	19	6	6	
41	65	32	33	7	7	
42	62	31	31	9	8	1
43	97	51	46	6	5	1
44	101	52	49	10	9	1
45-49岁	**781**	**424**	**357**	**50**	**50**	
45	123	69	54	5	5	
46	150	85	65	17	17	
47	165	92	73	11	11	
48	160	79	81	7	7	
49	183	99	84	10	10	
50-54岁	**1081**	**585**	**496**	**55**	**53**	**2**
50	217	122	95	9	7	2
51	226	117	109	13	13	
52	223	115	108	12	12	
53	208	124	84	15	15	
54	207	107	100	6	6	
55-59岁	**900**	**429**	**471**	**42**	**41**	**1**
55	191	92	99	5	5	
56	200	107	93	11	11	
57	219	108	111	12	11	1
58	178	75	103	8	8	
59	112	47	65	6	6	
60-64岁	**1294**	**525**	**769**	**40**	**38**	**2**
60	210	78	132	7	6	1
61	227	92	135	7	7	
62	251	103	148	8	7	1
63	289	123	166	8	8	
64	317	129	188	10	10	
65岁及以上	**4486**	**2136**	**2350**	**101**	**100**	**1**

单位：人

有配偶			离婚			丧偶		
小计	男	女	小计	男	女	小计	男	女
7446	**3702**	**3744**	**187**	**143**	**44**	**1498**	**396**	**1102**
24	**7**	**17**						
7	2	5						
7	1	6						
10	4	6						
103	**50**	**53**	**2**		**2**			
15	7	8						
13	7	6						
24	11	13						
24	11	13						
27	14	13	2		2			
174	**86**	**88**	**8**	**3**	**5**	**2**	**2**	
34	20	14	2	1	1			
33	19	14	2		2			
30	15	15	2		2	1	1	
37	15	22	1	1				
40	17	23	1	1		1	1	
210	**101**	**109**	**13**	**11**	**2**	**2**		**2**
34	20	14	1	1				
38	14	24	2		2			
37	21	16	1	1				
50	24	26	5	5		1		1
51	22	29	4	4		1		1
319	**153**	**166**	**12**	**10**	**2**	**8**	**1**	**7**
42	24	18	3	3		1		1
55	22	33	3	3				
51	22	29	1	1		1		1
85	44	41	2	1	1	4	1	3
86	41	45	3	2	1	2		2
693	**349**	**344**	**26**	**21**	**5**	**12**	**4**	**8**
110	56	54	7	7		1	1	
126	64	62	6	4	2	1		1
147	76	71	4	4		3	1	2
149	69	80	3	2	1	1	1	
161	84	77	6	4	2	6	1	5
965	**502**	**463**	**30**	**25**	**5**	**31**	**5**	**26**
191	107	84	10	8	2	7		7
205	101	104	2	2		6	1	5
195	97	98	8	5	3	8	1	7
183	103	80	3	3		7	3	4
191	94	97	7	7		3		3
792	**356**	**436**	**28**	**21**	**7**	**38**	**11**	**27**
178	84	94	6	3	3	2		2
172	85	87	9	8	1	8	3	5
190	91	99	5	3	2	12	3	9
152	58	94	7	7		11	2	9
100	38	62	1		1	5	3	2
1100	**449**	**651**	**18**	**13**	**5**	**136**	**25**	**111**
174	66	108	5	3	2	24	3	21
192	80	112	1	1		27	4	23
219	86	133	2	2		22	8	14
243	103	140	6	5	1	32	7	25
272	114	158	4	2	2	31	3	28
3066	**1649**	**1417**	**50**	**39**	**11**	**1269**	**348**	**921**

5-3c 续表 4

受教育程度 年 龄	15岁及以上人口			未 婚		
	合计	男	女	小计	男	女
初 中	**23450**	**13380**	**10070**	**2453**	**1885**	**568**
15-19岁	**564**	**358**	**206**	**561**	**357**	**204**
15	218	124	94	218	124	94
16	114	75	39	113	75	38
17	77	47	30	76	46	30
18	75	55	20	74	55	19
19	80	57	23	80	57	23
20-24岁	**947**	**590**	**357**	**701**	**507**	**194**
20	119	74	45	113	73	40
21	125	76	49	110	74	36
22	217	142	75	175	127	48
23	199	128	71	145	113	32
24	287	170	117	158	120	38
25-29岁	**1946**	**1161**	**785**	**557**	**450**	**107**
25	356	222	134	171	139	32
26	364	210	154	121	90	31
27	419	243	176	118	97	21
28	398	258	140	93	76	17
29	409	228	181	54	48	6
30-34岁	**2378**	**1355**	**1023**	**211**	**186**	**25**
30	503	292	211	66	57	9
31	494	292	202	57	50	7
32	443	247	196	27	26	1
33	481	267	214	31	25	6
34	457	257	200	30	28	2
35-39岁	**2209**	**1291**	**918**	**103**	**90**	**13**
35	440	245	195	22	20	2
36	416	229	187	21	18	3
37	462	287	175	22	20	2
38	502	299	203	21	18	3
39	389	231	158	17	14	3
40-44岁	**2180**	**1235**	**945**	**75**	**70**	**5**
40	397	241	156	19	17	2
41	389	215	174	6	5	1
42	419	232	187	16	14	2
43	433	253	180	18	18	
44	542	294	248	16	16	
45-49岁	**3232**	**1766**	**1466**	**85**	**75**	**10**
45	577	314	263	23	18	5
46	636	348	288	14	13	1
47	666	360	306	17	15	2
48	677	375	302	14	14	
49	676	369	307	17	15	2
50-54岁	**3198**	**1731**	**1467**	**62**	**57**	**5**
50	686	362	324	16	16	
51	680	362	318	12	8	4
52	619	328	291	12	12	
53	569	323	246	13	13	
54	644	356	288	9	8	1
55-59岁	**2676**	**1476**	**1200**	**50**	**46**	**4**
55	636	337	299	13	12	1
56	571	308	263	8	7	1
57	678	380	298	11	10	1
58	521	302	219	14	13	1
59	270	149	121	4	4	
60-64岁	**1797**	**1002**	**795**	**22**	**22**	
60	396	224	172	7	7	
61	350	192	158	3	3	
62	350	191	159	5	5	
63	378	216	162	5	5	
64	323	179	144	2	2	
65岁及以上	**2323**	**1415**	**908**	**26**	**25**	**1**

单位：人

有配偶			离婚			丧偶		
小计	男	女	小计	男	女	小计	男	女
19751	**10858**	**8893**	**519**	**378**	**141**	**727**	**259**	**468**
3	**1**	**2**						
1		1						
1	1							
1		1						
244	**83**	**161**	**2**		**2**			
6	1	5						
15	2	13						
42	15	27						
54	15	39						
127	50	77	2		2			
1356	**697**	**659**	**32**	**14**	**18**	**1**		**1**
182	81	101	2	2		1		1
241	120	121	2		2			
294	144	150	7	2	5			
296	175	121	9	7	2			
343	177	166	12	3	9			
2110	**1131**	**979**	**53**	**37**	**16**	**4**	**1**	**3**
429	228	201	8	7	1			
425	234	191	12	8	4			
406	214	192	9	6	3	1	1	
435	233	202	13	9	4	2		2
415	222	193	11	7	4	1		1
2017	**1140**	**877**	**84**	**61**	**23**	**5**		**5**
402	214	188	16	11	5			
380	202	178	13	9	4	2		2
421	251	170	19	16	3			
463	267	196	16	14	2	2		2
351	206	145	20	11	9	1		1
2012	**1099**	**913**	**76**	**60**	**16**	**17**	**6**	**11**
363	212	151	12	11	1	3	1	2
369	199	170	12	11	1	2		2
385	207	178	13	10	3	5	1	4
398	224	174	12	8	4	5	3	2
497	257	240	27	20	7	2	1	1
3014	**1622**	**1392**	**95**	**62**	**33**	**38**	**7**	**31**
530	284	246	17	11	6	7	1	6
599	322	277	17	12	5	6	1	5
615	330	285	27	15	12	7		7
643	349	294	15	9	6	5	3	2
627	337	290	19	15	4	13	2	11
2991	**1599**	**1392**	**72**	**60**	**12**	**73**	**15**	**58**
641	329	312	18	15	3	11	2	9
644	340	304	13	12	1	11	2	9
573	298	275	20	15	5	14	3	11
527	297	230	12	10	2	17	3	14
606	335	271	9	8	1	20	5	15
2465	**1346**	**1119**	**54**	**46**	**8**	**107**	**38**	**69**
591	310	281	12	9	3	20	6	14
532	283	249	15	13	2	16	5	11
622	345	277	15	14	1	30	11	19
477	272	205	9	7	2	21	10	11
243	136	107	3	3		20	6	14
1639	**933**	**706**	**23**	**16**	**7**	**113**	**31**	**82**
362	202	160	6	6		21	9	12
323	181	142	2	2		22	6	16
320	179	141	2	1	1	23	6	17
346	203	143	4	2	2	23	6	17
288	168	120	9	5	4	24	4	20
1900	**1207**	**693**	**28**	**22**	**6**	**369**	**161**	**208**

5-3c 续表 5

受教育程度 年 龄	15岁及以上人口			未 婚		
	合计	男	女	小计	男	女
高 中	**6992**	**3910**	**3082**	**2178**	**1321**	**857**
15-19岁	**1213**	**678**	**535**	**1211**	**677**	**534**
15	220	118	102	220	118	102
16	344	210	134	343	209	134
17	286	152	134	286	152	134
18	218	118	100	217	118	99
19	145	80	65	145	80	65
20-24岁	**640**	**373**	**267**	**529**	**332**	**197**
20	117	68	49	116	67	49
21	96	60	36	90	58	32
22	139	77	62	116	73	43
23	147	86	61	110	71	39
24	141	82	59	97	63	34
25-29岁	**871**	**453**	**418**	**300**	**214**	**86**
25	171	102	69	96	66	30
26	148	88	60	71	53	18
27	186	85	101	59	42	17
28	171	94	77	44	34	10
29	195	84	111	30	19	11
30-34岁	**890**	**483**	**407**	**86**	**58**	**28**
30	223	113	110	34	18	16
31	211	122	89	20	17	3
32	166	83	83	9	7	2
33	159	87	72	12	9	3
34	131	78	53	11	7	4
35-39岁	**469**	**261**	**208**	**17**	**11**	**6**
35	113	65	48	6	4	2
36	109	65	44	4	2	2
37	84	43	41	1	1	
38	94	41	53	2	2	
39	69	47	22	4	2	2
40-44岁	**321**	**178**	**143**	**9**	**7**	**2**
40	71	41	30	2	2	
41	64	36	28	1	1	
42	47	27	20	2	1	1
43	74	39	35	2	1	1
44	65	35	30	2	2	
45-49岁	**342**	**189**	**153**	**4**	**3**	**1**
45	63	35	28	1		1
46	69	37	32			
47	74	41	33	2	2	
48	58	31	27			
49	78	45	33	1	1	
50-54岁	**387**	**221**	**166**	**5**	**4**	**1**
50	83	50	33			
51	88	43	45	1	1	
52	82	53	29	2	2	
53	65	36	29			
54	69	39	30	2	1	1
55-59岁	**833**	**425**	**408**	**6**	**5**	**1**
55	140	68	72	2	2	
56	168	86	82			
57	224	115	109			
58	202	108	94	2	1	1
59	99	48	51	2	2	
60-64岁	**628**	**370**	**258**	**9**	**9**	
60	167	95	72	4	4	
61	143	83	60	3	3	
62	124	75	49			
63	103	63	40	1	1	
64	91	54	37	1	1	
65岁及以上	**398**	**279**	**119**	**2**	**1**	**1**

单位：人

有配偶			离婚			丧偶		
小计	男	女	小计	男	女	小计	男	女
4558	**2455**	**2103**	**122**	**73**	**49**	**134**	**61**	**73**
2	**1**	**1**						
1	1							
1		1						
109	**41**	**68**	**2**		**2**			
1	1							
6	2	4						
23	4	19						
36	15	21	1		1			
43	19	24	1		1			
562	**235**	**327**	**9**	**4**	**5**			
74	36	38	1		1			
75	34	41	2	1	1			
126	42	84	1	1				
125	59	66	2	1	1			
162	64	98	3	1	2			
776	**410**	**366**	**28**	**15**	**13**			
187	95	92	2		2			
184	101	83	7	4	3			
150	72	78	7	4	3			
141	76	65	6	2	4			
114	66	48	6	5	1			
434	**240**	**194**	**17**	**10**	**7**	**1**		**1**
101	57	44	6	4	2			
100	59	41	5	4	1			
82	42	40	1		1			
91	39	52				1		1
60	43	17	5	2	3			
289	**159**	**130**	**18**	**11**	**7**	**5**	**1**	**4**
64	36	28	4	3	1	1		1
57	33	24	4	2	2	2		2
44	26	18	1		1			
64	32	32	6	5	1	2	1	1
60	32	28	3	1	2			
327	**181**	**146**	**8**	**4**	**4**	**3**	**1**	**2**
61	35	26	1		1			
65	34	31	3	3		1		1
70	39	31	1		1	1		1
57	31	26	1		1			
74	42	32	2	1	1	1	1	
370	**210**	**160**	**8**	**6**	**2**	**4**	**1**	**3**
80	47	33	3	3				
85	41	44	1	1		1		1
76	49	27	3	1	2	1	1	
65	36	29						
64	37	27	1	1		2		2
782	**405**	**377**	**13**	**8**	**5**	**32**	**7**	**25**
132	65	67	1		1	5	1	4
164	84	80	1	1		3	1	2
214	111	103	4	4		6		6
187	103	84	4	1	3	9	3	6
85	42	43	3	2	1	9	2	7
578	**335**	**243**	**11**	**8**	**3**	**30**	**18**	**12**
151	84	67	3	3		9	4	5
132	77	55	3	1	2	5	2	3
115	67	48	3	3		6	5	1
91	54	37	1	1		10	7	3
89	53	36	1		1			
329	**238**	**91**	**8**	**7**	**1**	**59**	**33**	**26**

5-3c 续表 6

受教育程度 年龄	15岁及以上人口			未婚		
	合计	男	女	小计	男	女
大学专科	**3405**	**1757**	**1648**	**1717**	**906**	**811**
15-19岁	**447**	**252**	**195**	**447**	**252**	**195**
15	6	5	1	6	5	1
16	8	3	5	8	3	5
17	35	21	14	35	21	14
18	108	60	48	108	60	48
19	290	163	127	290	163	127
20-24岁	**921**	**445**	**476**	**866**	**428**	**438**
20	307	168	139	307	168	139
21	181	85	96	180	85	95
22	165	79	86	152	76	76
23	143	60	83	130	55	75
24	125	53	72	97	44	53
25-29岁	**626**	**289**	**337**	**304**	**164**	**140**
25	117	49	68	89	41	48
26	128	59	69	69	39	30
27	128	56	72	60	34	26
28	139	71	68	56	31	25
29	114	54	60	30	19	11
30-34岁	**594**	**289**	**305**	**73**	**44**	**29**
30	153	69	84	28	16	12
31	130	69	61	19	11	8
32	107	49	58	13	8	5
33	116	63	53	5	3	2
34	88	39	49	8	6	2
35-39岁	**304**	**158**	**146**	**14**	**9**	**5**
35	90	42	48	6	3	3
36	66	33	33	6	4	2
37	58	34	24	2	2	
38	51	30	21			
39	39	19	20			
40-44岁	**123**	**64**	**59**	**3**	**2**	**1**
40	25	13	12	2	1	1
41	19	10	9			
42	17	9	8			
43	26	13	13			
44	36	19	17	1	1	
45-49岁	**140**	**88**	**52**	**7**	**5**	**2**
45	25	13	12	2	1	1
46	33	21	12	3	3	
47	28	16	12	2	1	1
48	31	21	10			
49	23	17	6			
50-54岁	**102**	**64**	**38**	**3**	**2**	**1**
50	25	15	10	1		1
51	21	16	5			
52	19	10	9	1	1	
53	10	6	4	1	1	
54	27	17	10			
55-59岁	**50**	**35**	**15**			
55	10	8	2			
56	12	9	3			
57	15	8	7			
58	5	5				
59	8	5	3			
60-64岁	**31**	**24**	**7**			
60	8	5	3			
61	4	3	1			
62	4	3	1			
63	6	6				
64	9	7	2			
65岁及以上	**67**	**49**	**18**			

单位：人

有配偶			离　婚			丧　偶		
小计	男	女	小计	男	女	小计	男	女
1640	**837**	**803**	**38**	**10**	**28**	**10**	**4**	**6**
55	**17**	**38**						
1		1						
13	3	10						
13	5	8						
28	9	19						
320	**125**	**195**	**2**		**2**			
28	8	20						
59	20	39						
68	22	46						
83	40	43						
82	35	47	2		2			
513	**243**	**270**	**8**	**2**	**6**			
123	53	70	2		2			
110	58	52	1		1			
94	41	53						
108	58	50	3	2	1			
78	33	45	2		2			
282	**147**	**135**	**8**	**2**	**6**			
82	38	44	2	1	1			
60	29	31						
53	32	21	3		3			
48	29	19	3	1	2			
39	19	20						
112	**59**	**53**	**7**	**3**	**4**	**1**		**1**
22	11	11	1	1				
18	9	9	1	1				
16	9	7	1		1			
24	12	12	2	1	1			
32	18	14	2		2	1		1
128	**83**	**45**	**5**		**5**			
23	12	11						
28	18	10	2		2			
25	15	10	1		1			
31	21	10						
21	17	4	2		2			
95	**61**	**34**	**2**		**2**	**2**	**1**	**1**
23	15	8				1		1
20	16	4	1		1			
18	9	9						
9	5	4						
25	16	9	1		1	1	1	
48	**35**	**13**	**2**		**2**			
10	8	2						
12	9	3						
14	8	6	1		1			
5	5							
7	5	2	1		1			
29	**23**	**6**	**1**	**1**		**1**		**1**
8	5	3						
3	3					1		1
4	3	1						
6	6							
8	6	2	1	1				
58	**44**	**14**	**3**	**2**	**1**	**6**	**3**	**3**

5-3c 续表 7

受教育程度 年 龄	15岁及以上人口			未 婚		
	合计	男	女	小计	男	女
大学本科	**1441**	**651**	**790**	**709**	**312**	**397**
15-19岁	**110**	**48**	**62**	**110**	**48**	**62**
15						
16	1	1		1	1	
17	2	1	1	2	1	1
18	46	20	26	46	20	26
19	61	26	35	61	26	35
20-24岁	**322**	**132**	**190**	**313**	**131**	**182**
20	36	16	20	36	16	20
21	47	23	24	47	23	24
22	72	32	40	72	32	40
23	73	29	44	73	29	44
24	94	32	62	85	31	54
25-29岁	**395**	**167**	**228**	**221**	**99**	**122**
25	95	42	53	79	36	43
26	60	18	42	43	16	27
27	80	30	50	43	15	28
28	82	38	44	29	18	11
29	78	39	39	27	14	13
30-34岁	**294**	**129**	**165**	**58**	**30**	**28**
30	76	34	42	23	14	9
31	62	20	42	13	3	10
32	59	28	31	10	6	4
33	51	23	28	4	3	1
34	46	24	22	8	4	4
35-39岁	**149**	**79**	**70**	**7**	**4**	**3**
35	42	19	23	1	1	
36	33	15	18	2	1	1
37	31	21	10	3	1	2
38	27	12	15			
39	16	12	4	1	1	
40-44岁	**60**	**27**	**33**			
40	16	6	10			
41	8	1	7			
42	13	8	5			
43	11	6	5			
44	12	6	6			
45-49岁	**43**	**28**	**15**			
45	9	7	2			
46	7	3	4			
47	11	7	4			
48	6	5	1			
49	10	6	4			
50-54岁	**38**	**20**	**18**			
50	12	6	6			
51	9	4	5			
52	11	7	4			
53	3	1	2			
54	3	2	1			
55-59岁	**15**	**9**	**6**			
55	2	1	1			
56	4	3	1			
57	5	3	2			
58	3	2	1			
59	1		1			
60-64岁	**4**	**4**				
60						
61						
62						
63	3	3				
64	1	1				
65岁及以上	**11**	**8**	**3**			

单位：人

有配偶			离婚			丧偶		
小计	男	女	小计	男	女	小计	男	女
708	**328**	**380**	**23**	**11**	**12**	**1**		**1**
9	**1**	**8**						
9	1	8						
171	**67**	**104**	**3**	**1**	**2**			
16	6	10						
17	2	15						
37	15	22						
51	19	32	2	1	1			
50	25	25	1		1			
227	**96**	**131**	**8**	**3**	**5**	**1**		**1**
53	20	33						
48	17	31	1		1			
45	21	24	3	1	2	1		1
45	20	25	2		2			
36	18	18	2	2				
139	**73**	**66**	**3**	**2**	**1**			
40	17	23	1	1				
30	14	16	1		1			
27	19	8	1	1				
27	12	15						
15	11	4						
56	**25**	**31**	**4**	**2**	**2**			
15	6	9	1		1			
7		7	1	1				
12	7	5	1	1				
10	6	4	1		1			
12	6	6						
40	**26**	**14**	**3**	**2**	**1**			
7	5	2	2	2				
6	3	3	1		1			
11	7	4						
6	5	1						
10	6	4						
36	**19**	**17**	**2**	**1**	**1**			
12	6	6						
8	4	4	1		1			
10	6	4	1	1				
3	1	2						
3	2	1						
15	**9**	**6**						
2	1	1						
4	3	1						
5	3	2						
3	2	1						
1		1						
4	**4**							
3	3							
1	1							
11	**8**	**3**						

5-3c 续表 8

受教育程度 年龄	15岁及以上人口			未婚		
	合计	男	女	小计	男	女
硕士研究生	**113**	**38**	**75**	**78**	**28**	**50**
15-19岁						
15						
16						
17						
18						
19						
20-24岁	**20**	**5**	**15**	**20**	**5**	**15**
20						
21	1		1	1		1
22	8	2	6	8	2	6
23	6	3	3	6	3	3
24	5		5	5		5
25-29岁	**65**	**23**	**42**	**50**	**20**	**30**
25	19	8	11	17	8	9
26	15	4	11	14	4	10
27	10	4	6	8	4	4
28	10	3	7	7	2	5
29	11	4	7	4	2	2
30-34岁	**22**	**8**	**14**	**8**	**3**	**5**
30	2	1	1	1	1	
31	8	5	3	3	2	1
32	5		5	3		3
33	3		3	1		1
34	4	2	2			
35-39岁	**2**	**1**	**1**			
35	2	1	1			
36						
37						
38						
39						
40-44岁	**1**	**1**				
40						
41						
42	1	1				
43						
44						
45-49岁	**1**		**1**			
45						
46						
47						
48	1		1			
49						
50-54岁	**1**		**1**			
50						
51						
52	1		1			
53						
54						
55-59岁	**1**		**1**			
55						
56						
57						
58	1		1			
59						
60-64岁						
60						
61						
62						
63						
64						
65岁及以上						

单位：人

有配偶			离婚			丧偶		
小计	男	女	小计	男	女	小计	男	女
35	**10**	**25**						
15	**3**	**12**						
2		2						
1		1						
2		2						
3	1	2						
7	2	5						
14	**5**	**9**						
1		1						
5	3	2						
2		2						
2		2						
4	2	2						
2	**1**	**1**						
2	1	1						
1	**1**							
1	1							
1		**1**						
1		1						
1		**1**						
1		1						
1		**1**						
1		1						

5-3c 续表 9

受教育程度 年龄	15岁及以上人口			未婚		
	合计	男	女	小计	男	女
博士研究生	**7**	**4**	**3**	**6**	**3**	**3**
15-19岁						
15						
16						
17						
18						
19						
20-24岁	**1**		**1**	**1**		**1**
20						
21						
22						
23	1		1	1		1
24						
25-29岁	**2**	**2**		**2**	**2**	
25						
26						
27	1	1		1	1	
28						
29	1	1		1	1	
30-34岁	**2**	**2**		**1**	**1**	
30						
31						
32						
33	2	2		1	1	
34						
35-39岁	**2**		**2**	**2**		**2**
35	1		1	1		1
36						
37	1		1	1		1
38						
39						
40-44岁						
40						
41						
42						
43						
44						
45-49岁						
45						
46						
47						
48						
49						
50-54岁						
50						
51						
52						
53						
54						
55-59岁						
55						
56						
57						
58						
59						
60-64岁						
60						
61						
62						
63						
64						
65岁及以上						

单位：人

有配偶			离婚			丧偶		
小计	男	女	小计	男	女	小计	男	女
1	**1**							
1	**1**							
1	1							

5-4 全市分初婚年龄、性别、初婚年份的人口

单位：人

初婚年龄	初婚年份								
	合　计			1980年			1981年		
	合计	男	女	小计	男	女	小计	男	女
总　计	**279172**	**140430**	**138742**	**6450**	**3124**	**3326**	**6192**	**2993**	**3199**
15岁以下	**98**	**21**	**77**	**3**		**3**	**3**	**1**	**2**
15-19岁	**16777**	**4534**	**12243**	**494**	**110**	**384**	**489**	**112**	**377**
15	585	175	410	26	7	19	22	5	17
16	1060	278	782	55	10	45	36	8	28
17	2125	524	1601	93	19	74	70	15	55
18	4422	1090	3332	141	27	114	156	37	119
19	8585	2467	6118	179	47	132	205	47	158
20-24岁	**131066**	**57922**	**73144**	**3644**	**1493**	**2151**	**3619**	**1495**	**2124**
20	14504	4615	9889	360	100	260	294	75	219
21	20991	8108	12883	531	197	334	542	184	358
22	29705	13298	16407	792	302	490	819	313	506
23	32587	15143	17444	982	405	577	991	433	558
24	33279	16758	16521	979	489	490	973	490	483
25-29岁	**104526**	**60533**	**43993**	**2136**	**1380**	**756**	**1952**	**1280**	**672**
25	32680	17325	15355	929	564	365	781	472	309
26	27076	15382	11694	615	384	231	590	382	208
27	20477	12354	8123	323	232	91	317	223	94
28	14603	9220	5383	177	130	47	182	141	41
29	9690	6252	3438	92	70	22	82	62	20
30-34岁	**18680**	**12233**	**6447**	**147**	**119**	**28**	**110**	**91**	**19**
30	6533	4309	2224	65	54	11	45	37	8
31	4502	3014	1488	34	27	7	34	28	6
32	3221	2090	1131	20	17	3	20	16	4
33	2553	1639	914	20	15	5	7	6	1
34	1871	1181	690	8	6	2	4	4	
35-39岁	**4894**	**3157**	**1737**	**19**	**16**	**3**	**15**	**12**	**3**
35	1500	947	553	3	3		6	5	1
36	1171	743	428	6	4	2	2	1	1
37	879	581	298	4	3	1	4	3	1
38	709	462	247	5	5		1	1	
39	635	424	211	1	1		2	2	
40-44岁	**1724**	**1121**	**603**	**6**	**5**	**1**	**3**	**2**	**1**
40	459	288	171				1	1	
41	417	282	135	2	1	1			
42	333	221	112				1		1
43	269	168	101	2	2		1	1	
44	246	162	84	2	2				
45-49岁	**754**	**489**	**265**	**1**	**1**		**1**		**1**
45	200	125	75				1		1
46	182	113	69	1	1				
47	152	102	50						
48	116	82	34						
49	104	67	37						
50岁及以上	**653**	**420**	**233**						
平均初婚年龄	**25.24**	**26.02**	**24.45**	**24.04**	**24.95**	**23.19**	**23.96**	**24.84**	**23.15**

5-4　续表 1

单位：人

初婚年龄	初婚年份								
	1982年			1983年			1984年		
	小计	男	女	小计	男	女	小计	男	女
总　计	**6153**	**2976**	**3177**	**5557**	**2720**	**2837**	**5344**	**2588**	**2756**
15岁以下	**3**		**3**	**3**	**1**	**2**	**4**	**1**	**3**
15–19岁	**642**	**147**	**495**	**551**	**133**	**418**	**494**	**119**	**375**
15	17	4	13	22	7	15	24	7	17
16	39	6	33	46	14	32	38	6	32
17	83	15	68	59	8	51	57	12	45
18	170	40	130	131	32	99	127	23	104
19	333	82	251	293	72	221	248	71	177
20–24岁	**3352**	**1451**	**1901**	**3008**	**1302**	**1706**	**3048**	**1340**	**1708**
20	369	107	262	476	139	337	401	114	287
21	427	164	263	452	163	289	718	263	455
22	759	309	450	556	231	325	651	306	345
23	853	395	458	820	373	447	565	248	317
24	944	476	468	704	396	308	713	409	304
25–29岁	**1994**	**1263**	**731**	**1843**	**1176**	**667**	**1637**	**1016**	**621**
25	808	463	345	731	426	305	601	348	253
26	535	338	197	516	332	184	448	286	162
27	344	245	99	271	182	89	278	179	99
28	205	146	59	223	155	68	186	121	65
29	102	71	31	102	81	21	124	82	42
30–34岁	**125**	**86**	**39**	**117**	**83**	**34**	**133**	**97**	**36**
30	55	36	19	53	36	17	55	39	16
31	25	17	8	23	18	5	32	25	7
32	23	13	10	25	18	7	23	16	7
33	11	11		12	8	4	8	6	2
34	11	9	2	4	3	1	15	11	4
35–39岁	**25**	**20**	**5**	**22**	**15**	**7**	**13**	**7**	**6**
35	8	7	1	5	2	3	5	3	2
36	2	2		11	9	2	3	1	2
37	5	3	2	2	2				
38	4	3	1	3	1	2	4	3	1
39	6	5	1	1	1		1		1
40–44岁	**5**	**4**	**1**	**4**	**4**		**9**	**5**	**4**
40	1		1	2	2		2	2	
41	3	3					2	2	
42				1	1		2	1	1
43	1	1					1		1
44				1	1		2		2
45–49岁	**5**	**3**	**2**	**6**	**5**	**1**	**6**	**3**	**3**
45	2	2		1	1				
46	1		1	3	3		2	1	1
47	1		1	1	1		2	2	
48				1		1	1		1
49	1	1					1		1
50岁及以上	**2**	**2**		**3**	**1**	**2**			
平均初婚年龄	**23.98**	**24.87**	**23.15**	**23.94**	**24.85**	**23.07**	**23.85**	**24.69**	**23.06**

5-4 续表 2

单位：人

初婚年龄	初婚年份								
	1985年			1986年			1987年		
	小计	男	女	小计	男	女	小计	男	女
总　计	**7010**	**3439**	**3571**	**7215**	**3517**	**3698**	**7021**	**3446**	**3575**
15岁以下	**5**		**5**	**1**	**1**		**3**		**3**
15-19岁	**639**	**186**	**453**	**604**	**153**	**451**	**567**	**132**	**435**
15	26	8	18	25	7	18	24	6	18
16	55	20	35	43	13	30	37	4	33
17	97	28	69	97	27	70	72	15	57
18	140	34	106	157	28	129	163	36	127
19	321	96	225	282	78	204	271	71	200
20-24岁	**4137**	**1772**	**2365**	**4519**	**2002**	**2517**	**4475**	**2006**	**2469**
20	528	177	351	511	160	351	480	157	323
21	853	299	554	769	300	469	740	273	467
22	1238	530	708	1196	522	674	1065	487	578
23	849	421	428	1259	598	661	1105	514	591
24	669	345	324	784	422	362	1085	575	510
25-29岁	**2006**	**1319**	**687**	**1795**	**1163**	**632**	**1679**	**1114**	**565**
25	736	447	289	568	335	233	592	362	230
26	514	345	169	528	343	185	409	287	122
27	362	245	117	325	232	93	320	220	100
28	259	185	74	225	157	68	210	149	61
29	135	97	38	149	96	53	148	96	52
30-34岁	**193**	**141**	**52**	**225**	**157**	**68**	**243**	**164**	**79**
30	85	63	22	76	55	21	95	68	27
31	45	37	8	60	46	14	58	39	19
32	27	16	11	36	22	14	42	21	21
33	22	16	6	28	17	11	25	16	9
34	14	9	5	25	17	8	23	20	3
35-39岁	**23**	**16**	**7**	**50**	**29**	**21**	**34**	**21**	**13**
35	7	4	3	15	10	5	12	9	3
36	7	7		14	8	6	8	4	4
37	3	1	2	5	2	3	5	3	2
38	2	2		8	5	3	5	3	2
39	4	2	2	8	4	4	4	2	2
40-44岁	**5**	**3**	**2**	**15**	**8**	**7**	**14**	**5**	**9**
40	1	1		3	1	2	6	2	4
41	2	2		7	4	3	2		2
42	1		1	2	1	1	3	2	1
43	1		1	2	1	1	1		1
44				1	1		2	1	1
45-49岁	**2**	**2**		**3**	**1**	**2**	**3**	**2**	**1**
45				1	1		2	2	
46	2	2							
47				1		1			
48							1		1
49				1		1			
50岁及以上				**3**	**3**		**3**	**2**	**1**
平均初婚年龄	**23.72**	**24.56**	**22.91**	**23.85**	**24.63**	**23.11**	**23.9**	**24.68**	**23.15**

5-4　续表 3　　　　单位：人

初婚年龄	初婚年份								
	1988年			1989年			1990年		
	小计	男	女	小计	男	女	小计	男	女
总　计	**7489**	**3715**	**3774**	**7241**	**3600**	**3641**	**7577**	**3908**	**3669**
15岁以下	**3**		**3**	**5**	**2**	**3**	**6**	**1**	**5**
15–19岁	**661**	**179**	**482**	**697**	**171**	**526**	**882**	**290**	**592**
15	16	2	14	21	8	13	31	10	21
16	46	15	31	46	11	35	67	23	44
17	70	20	50	89	17	72	120	39	81
18	162	35	127	170	38	132	205	58	147
19	367	107	260	371	97	274	459	160	299
20–24岁	**4515**	**2055**	**2460**	**4127**	**1887**	**2240**	**4372**	**2097**	**2275**
20	518	155	363	621	206	415	644	237	407
21	712	296	416	703	288	415	889	389	500
22	936	407	529	846	367	479	1059	499	560
23	1209	558	651	993	494	499	914	472	442
24	1140	639	501	964	532	432	866	500	366
25–29岁	**1999**	**1275**	**724**	**2060**	**1299**	**761**	**1947**	**1253**	**694**
25	975	581	394	822	488	334	708	426	282
26	451	306	145	642	398	244	519	342	177
27	250	161	89	293	200	93	411	279	132
28	205	147	58	172	117	55	190	127	63
29	118	80	38	131	96	35	119	79	40
30–34岁	**270**	**175**	**95**	**280**	**194**	**86**	**282**	**204**	**78**
30	95	54	41	107	70	37	94	69	25
31	73	52	21	61	46	15	54	40	14
32	40	27	13	46	32	14	44	29	15
33	40	25	15	36	25	11	56	41	15
34	22	17	5	30	21	9	34	25	9
35–39岁	**28**	**23**	**5**	**46**	**30**	**16**	**61**	**42**	**19**
35	13	10	3	20	15	5	19	14	5
36	7	6	1	9	7	2	18	14	4
37	2	1	1	9	4	5	10	7	3
38	4	4		6	2	4	8	3	5
39	2	2		2	2		6	4	2
40–44岁	**8**	**6**	**2**	**10**	**7**	**3**	**13**	**10**	**3**
40	3	2	1	3	2	1	6	4	2
41	1	1		4	3	1	1	1	
42	2	1	1	2	1	1	3	2	1
43	1	1					1	1	
44	1	1		1	1		2	2	
45–49岁	**2**	**1**	**1**	**6**	**3**	**3**	**9**	**6**	**3**
45	1		1				3	2	1
46				1		1	3	1	2
47				1		1			
48	1	1		2	1	1	3	3	
49				2	2				
50岁及以上	**3**	**1**	**2**	**10**	**7**	**3**	**5**	**5**	
平均初婚年龄	**23.9**	**24.63**	**23.17**	**23.97**	**24.8**	**23.14**	**23.74**	**24.52**	**22.92**

5-4 续表 4 单位：人

初婚年龄	初婚年份								
	1991年			1992年			1993年		
	小计	男	女	小计	男	女	小计	男	女
总　计	**5804**	**2918**	**2886**	**6811**	**3462**	**3349**	**7059**	**3554**	**3505**
15岁以下	**2**		**2**	**6**	**2**	**4**	**5**	**1**	**4**
15-19岁	**548**	**138**	**410**	**604**	**174**	**430**	**625**	**169**	**456**
15	15	5	10	15	7	8	19	5	14
16	38	4	34	29	5	24	32	2	30
17	76	14	62	69	17	52	69	13	56
18	145	31	114	170	60	110	165	52	113
19	274	84	190	321	85	236	340	97	243
20-24岁	**3345**	**1497**	**1848**	**4066**	**1828**	**2238**	**4251**	**1902**	**2349**
20	445	135	310	517	182	335	559	202	357
21	630	261	369	716	298	418	767	313	454
22	871	398	473	1052	478	574	1004	444	560
23	799	395	404	1012	468	544	1044	514	530
24	600	308	292	769	402	367	877	429	448
25-29岁	**1672**	**1130**	**542**	**1821**	**1243**	**578**	**1776**	**1199**	**577**
25	597	370	227	600	386	214	658	388	270
26	445	293	152	478	306	172	402	279	123
27	334	261	73	339	245	94	360	271	89
28	206	144	62	229	172	57	204	147	57
29	90	62	28	175	134	41	152	114	38
30-34岁	**182**	**117**	**65**	**219**	**157**	**62**	**296**	**216**	**80**
30	50	36	14	79	57	22	118	84	34
31	43	27	16	29	22	7	63	48	15
32	27	14	13	46	34	12	40	31	9
33	35	24	11	33	20	13	45	34	11
34	27	16	11	32	24	8	30	19	11
35-39岁	**36**	**25**	**11**	**66**	**42**	**24**	**71**	**49**	**22**
35	8	7	1	17	8	9	24	19	5
36	13	9	4	18	9	9	19	11	8
37	5	3	2	16	12	4	12	10	2
38	5	3	2	9	9		10	5	5
39	5	3	2	6	4	2	6	4	2
40-44岁	**11**	**8**	**3**	**16**	**8**	**8**	**17**	**7**	**10**
40	2	1	1	6	2	4	5	1	4
41	5	5		4	3	1	4	2	2
42	1	1		2	1	1	3	2	1
43	2	1	1	3	1	2	2	1	1
44	1		1	1	1		3	1	2
45-49岁	**3**	**1**	**2**	**6**	**3**	**3**	**8**	**4**	**4**
45				3	2	1	1	1	
46	1		1	1	1		3		3
47				1		1	2	1	1
48	1	1					1	1	
49	1		1	1		1	1	1	
50岁及以上	**5**	**2**	**3**	**7**	**5**	**2**	**10**	**7**	**3**
平均初婚年龄	**23.91**	**24.76**	**23.05**	**24**	**24.81**	**23.16**	**24.03**	**24.89**	**23.15**

5-4　续表 5　　　　单位：人

初婚年龄	初婚年份								
	1994年			1995年			1996年		
	小计	男	女	小计	男	女	小计	男	女
总　计	**6560**	**3323**	**3237**	**6744**	**3424**	**3320**	**6517**	**3324**	**3193**
15岁以下	**2**		**2**	**3**	**1**	**2**	**3**	**1**	**2**
15–19岁	**485**	**144**	**341**	**516**	**140**	**376**	**369**	**92**	**277**
15	7	2	5	21	8	13	11	5	6
16	18	7	11	34	9	25	17	6	11
17	43	12	31	52	16	36	31	7	24
18	145	28	117	129	28	101	108	18	90
19	272	95	177	280	79	201	202	56	146
20–24岁	**3927**	**1750**	**2177**	**3785**	**1717**	**2068**	**3536**	**1534**	**2002**
20	496	172	324	440	164	276	430	116	314
21	731	287	444	647	252	395	554	217	337
22	882	394	488	914	422	492	808	365	443
23	927	444	483	940	450	490	902	419	483
24	891	453	438	844	429	415	842	417	425
25–29岁	**1760**	**1154**	**606**	**1966**	**1234**	**732**	**2143**	**1366**	**777**
25	694	416	278	743	419	324	801	439	362
26	446	278	168	512	322	190	565	369	196
27	240	178	62	361	245	116	388	272	116
28	225	164	61	191	134	57	264	197	67
29	155	118	37	159	114	45	125	89	36
30–34岁	**278**	**202**	**76**	**337**	**243**	**94**	**328**	**240**	**88**
30	100	72	28	112	87	25	94	74	20
31	76	55	21	84	58	26	67	48	19
32	40	33	7	81	59	22	75	53	22
33	35	22	13	43	29	14	66	49	17
34	27	20	7	17	10	7	26	16	10
35–39岁	**69**	**43**	**26**	**86**	**58**	**28**	**74**	**51**	**23**
35	17	8	9	23	17	6	18	15	3
36	15	10	5	25	17	8	19	11	8
37	21	17	4	20	14	6	12	7	5
38	9	4	5	10	5	5	13	10	3
39	7	4	3	8	5	3	12	8	4
40–44岁	**25**	**20**	**5**	**21**	**13**	**8**	**33**	**22**	**11**
40	4	3	1	9	6	3	8	4	4
41	6	6		3	1	2	7	4	3
42	6	4	2	3	1	2	6	3	3
43	4	3	1	3	3		6	6	
44	5	4	1	3	2	1	6	5	1
45–49岁	**8**	**6**	**2**	**9**	**5**	**4**	**16**	**9**	**7**
45	1		1	1	1		4	2	2
46	2	2					4	3	1
47	4	3	1	2	1	1	4	2	2
48				3	2	1	2	1	1
49	1	1		3	1	2	2	1	1
50岁及以上	**6**	**4**	**2**	**21**	**13**	**8**	**15**	**9**	**6**
平均初婚年龄	**24.2**	**25.04**	**23.34**	**24.44**	**25.24**	**23.61**	**24.73**	**25.62**	**23.81**

5-4 续表 6　　单位：人

初婚年龄	初婚年份								
	1997年			1998年			1999年		
	小计	男	女	小计	男	女	小计	男	女
总　计	**6432**	**3251**	**3181**	**6854**	**3477**	**3377**	**6339**	**3224**	**3115**
15岁以下	**2**	**1**	**1**	**1**		**1**	**1**		**1**
15-19岁	**385**	**91**	**294**	**460**	**116**	**344**	**360**	**99**	**261**
15	12	5	7	16	4	12	12	4	8
16	16	2	14	21	5	16	33	6	27
17	47	7	40	60	12	48	57	18	39
18	117	26	91	126	29	97	93	22	71
19	193	51	142	237	66	171	165	49	116
20-24岁	**3396**	**1470**	**1926**	**3262**	**1451**	**1811**	**3116**	**1332**	**1784**
20	315	99	216	347	127	220	347	105	242
21	605	226	379	492	204	288	476	179	297
22	769	330	439	767	327	440	679	309	370
23	814	385	429	820	376	444	815	354	461
24	893	430	463	836	417	419	799	385	414
25-29岁	**2174**	**1349**	**825**	**2515**	**1502**	**1013**	**2339**	**1425**	**914**
25	738	397	341	835	441	394	736	419	317
26	587	362	225	662	385	277	580	337	243
27	444	300	144	477	302	175	471	300	171
28	261	181	80	321	216	105	321	209	112
29	144	109	35	220	158	62	231	160	71
30-34岁	**345**	**252**	**93**	**432**	**288**	**144**	**401**	**286**	**115**
30	104	79	25	135	89	46	148	111	37
31	76	55	21	91	65	26	113	80	33
32	51	43	8	85	54	31	52	34	18
33	60	38	22	66	47	19	50	37	13
34	54	37	17	55	33	22	38	24	14
35-39岁	**68**	**51**	**17**	**127**	**84**	**43**	**79**	**51**	**28**
35	24	19	5	61	37	24	23	16	7
36	15	12	3	21	15	6	25	16	9
37	10	8	2	14	10	4	10	6	4
38	10	6	4	18	11	7	12	7	5
39	9	6	3	13	11	2	9	6	3
40-44岁	**37**	**25**	**12**	**40**	**27**	**13**	**26**	**18**	**8**
40	5	4	1	16	10	6	9	7	2
41	11	10	1	10	7	3	5	5	
42	7	4	3	3	2	1	6	5	1
43	9	5	4	5	3	2	4		4
44	5	2	3	6	5	1	2	1	1
45-49岁	**12**	**6**	**6**	**5**	**3**	**2**	**10**	**9**	**1**
45	5		5				5	4	1
46	1	1					1	1	
47	2	2		2	2		1	1	
48				2	1	1	3	3	
49	4	3	1	1		1			
50岁及以上	**13**	**6**	**7**	**12**	**6**	**6**	**7**	**4**	**3**
平均初婚年龄	**24.83**	**25.71**	**23.93**	**25.09**	**25.9**	**24.25**	**25.03**	**25.87**	**24.16**

5-4　续表 7　　　　单位：人

初婚年龄	初婚年份								
	2000年			2001年			2002年		
	小计	男	女	小计	男	女	小计	男	女
总　计	**7374**	**3764**	**3610**	**4654**	**2378**	**2276**	**5065**	**2571**	**2494**
15岁以下	**8**	**2**	**6**	**4**	**1**	**3**	**2**		**2**
15—19岁	**590**	**178**	**412**	**341**	**94**	**247**	**365**	**107**	**258**
15	36	5	31	21	5	16	13	6	7
16	45	14	31	17	6	11	23	5	18
17	95	27	68	34	8	26	56	11	45
18	187	55	132	94	24	70	84	23	61
19	227	77	150	175	51	124	189	62	127
20—24岁	**3502**	**1558**	**1944**	**2085**	**899**	**1186**	**2326**	**1000**	**1326**
20	395	136	259	252	82	170	324	107	217
21	542	201	341	325	126	199	373	145	228
22	743	323	420	465	202	263	524	228	296
23	880	411	469	547	243	304	579	264	315
24	942	487	455	496	246	250	526	256	270
25—29岁	**2623**	**1550**	**1073**	**1796**	**1072**	**724**	**1912**	**1135**	**777**
25	833	425	408	567	291	276	604	321	283
26	693	399	294	452	259	193	484	270	214
27	459	290	169	370	234	136	357	229	128
28	378	258	120	234	165	69	278	188	90
29	260	178	82	173	123	50	189	127	62
30—34岁	**459**	**338**	**121**	**325**	**240**	**85**	**336**	**233**	**103**
30	181	134	47	131	100	31	119	84	35
31	116	86	30	71	53	18	84	57	27
32	71	51	20	67	51	16	69	47	22
33	50	41	9	33	21	12	36	26	10
34	41	26	15	23	15	8	28	19	9
35—39岁	**138**	**98**	**40**	**74**	**49**	**25**	**88**	**70**	**18**
35	38	28	10	18	12	6	27	23	4
36	40	28	12	19	13	6	19	16	3
37	26	17	9	18	12	6	21	17	4
38	16	11	5	15	9	6	11	6	5
39	18	14	4	4	3	1	10	8	2
40—44岁	**37**	**28**	**9**	**18**	**15**	**3**	**23**	**15**	**8**
40	12	10	2	6	4	2	6	3	3
41	5	5		8	7	1	7	5	2
42	8	4	4	4	4		7	5	2
43	6	4	2						
44	6	5	1				3	2	1
45—49岁	**9**	**6**	**3**	**6**	**5**	**1**	**10**	**8**	**2**
45	2	1	1	1	1		1	1	
46	3	2	1	1	1		4	4	
47	2	2		3	3		2	1	1
48							1	1	
49	2	1	1	1		1	2	1	1
50岁及以上	**8**	**6**	**2**	**5**	**3**	**2**	**3**	**3**	
平均初婚年龄	**24.94**	**25.88**	**23.97**	**25.08**	**26.03**	**24.09**	**25.05**	**25.99**	**24.07**

5-4 续表 8

单位：人

初婚年龄	初婚年份								
	2003年			2004年			2005年		
	小计	男	女	小计	男	女	小计	男	女
总　计	**5844**	**2965**	**2879**	**5868**	**3008**	**2860**	**6141**	**3113**	**3028**
15岁以下	**6**	**2**	**4**	**4**		**4**	**1**		**1**
15-19岁	**412**	**109**	**303**	**390**	**93**	**297**	**385**	**133**	**252**
15	22	8	14	16	6	10	21	5	16
16	25	8	17	31	10	21	20	9	11
17	59	14	45	56	8	48	63	28	35
18	112	31	81	97	24	73	91	25	66
19	194	48	146	190	45	145	190	66	124
20-24岁	**2594**	**1143**	**1451**	**2712**	**1222**	**1490**	**2922**	**1285**	**1637**
20	345	119	226	284	83	201	345	95	250
21	531	200	331	464	198	266	489	178	311
22	573	264	309	715	334	381	694	325	369
23	551	265	286	619	298	321	778	379	399
24	594	295	299	630	309	321	616	308	308
25-29岁	**2196**	**1265**	**931**	**2111**	**1240**	**871**	**2125**	**1236**	**889**
25	644	323	321	604	308	296	632	318	314
26	574	320	254	518	289	229	530	288	242
27	441	266	175	433	268	165	418	269	149
28	319	211	108	325	217	108	316	200	116
29	218	145	73	231	158	73	229	161	68
30-34岁	**462**	**330**	**132**	**467**	**327**	**140**	**501**	**322**	**179**
30	151	106	45	151	104	47	167	113	54
31	109	79	30	137	92	45	132	86	46
32	91	68	23	70	49	21	86	57	29
33	69	46	23	58	47	11	67	38	29
34	42	31	11	51	35	16	49	28	21
35-39岁	**103**	**70**	**33**	**115**	**79**	**36**	**141**	**91**	**50**
35	37	25	12	36	25	11	50	31	19
36	24	17	7	21	12	9	28	18	10
37	17	13	4	22	17	5	25	18	7
38	12	10	2	18	14	4	12	8	4
39	13	5	8	18	11	7	26	16	10
40-44岁	**45**	**30**	**15**	**40**	**25**	**15**	**46**	**32**	**14**
40	18	12	6	8	4	4	13	9	4
41	7	3	4	16	9	7	8	5	3
42	10	8	2	4	3	1	11	8	3
43	6	4	2	6	5	1	9	7	2
44	4	3	1	6	4	2	5	3	2
45-49岁	**17**	**12**	**5**	**21**	**15**	**6**	**10**	**7**	**3**
45	3	3		3	1	2	5	4	1
46	5	2	3	7	5	2	1	1	
47	2	1	1	6	4	2	2	1	1
48	4	3	1	2	2		2	1	1
49	3	3		3	3				
50岁及以上	**9**	**4**	**5**	**8**	**7**	**1**	**10**	**7**	**3**
平均初婚年龄	**25.26**	**26.19**	**24.3**	**25.31**	**26.26**	**24.31**	**25.28**	**26.1**	**24.45**

5-4 续表 9

单位：人

初婚年龄	初婚年份								
	2006年			2007年			2008年		
	小计	男	女	小计	男	女	小计	男	女
总 计	**6850**	**3472**	**3378**	**6407**	**3224**	**3183**	**8423**	**4284**	**4139**
15岁以下	**2**	**1**	**1**	**1**	**1**		**3**	**1**	**2**
15–19岁	**420**	**126**	**294**	**372**	**105**	**267**	**471**	**144**	**327**
15	16	7	9	11		11	11	4	7
16	36	14	22	18	3	15	18	7	11
17	54	16	38	42	12	30	56	14	42
18	102	28	74	98	29	69	138	43	95
19	212	61	151	203	61	142	248	76	172
20–24岁	**3163**	**1440**	**1723**	**2799**	**1242**	**1557**	**3561**	**1582**	**1979**
20	336	109	227	341	118	223	411	128	283
21	499	193	306	424	160	264	608	251	357
22	660	327	333	622	290	332	774	366	408
23	774	373	401	643	298	345	846	381	465
24	894	438	456	769	376	393	922	456	466
25–29岁	**2489**	**1377**	**1112**	**2433**	**1351**	**1082**	**3382**	**1884**	**1498**
25	713	344	369	872	423	449	1100	552	548
26	649	358	291	563	316	247	960	518	442
27	494	285	209	457	276	181	587	339	248
28	372	237	135	317	192	125	441	283	158
29	261	153	108	224	144	80	294	192	102
30–34岁	**557**	**369**	**188**	**533**	**347**	**186**	**664**	**441**	**223**
30	179	115	64	173	114	59	219	148	71
31	137	95	42	119	73	46	150	107	43
32	106	73	33	100	68	32	117	72	45
33	72	51	21	77	53	24	95	60	35
34	63	35	28	64	39	25	83	54	29
35–39岁	**148**	**106**	**42**	**186**	**120**	**66**	**222**	**151**	**71**
35	36	27	9	52	30	22	65	44	21
36	38	25	13	47	32	15	45	28	17
37	30	23	7	33	24	9	45	31	14
38	21	13	8	33	23	10	40	31	9
39	23	18	5	21	11	10	27	17	10
40–44岁	**46**	**33**	**13**	**55**	**41**	**14**	**66**	**45**	**21**
40	10	7	3	12	10	2	18	11	7
41	12	7	5	15	12	3	15	13	2
42	13	10	3	11	6	5	10	5	5
43	9	7	2	9	7	2	9	5	4
44	2	2		8	6	2	14	11	3
45–49岁	**18**	**15**	**3**	**10**	**7**	**3**	**28**	**18**	**10**
45	5	5		1	1		15	8	7
46	5	3	2	1		1	7	7	
47	2	1	1	3	3		3	2	1
48	3	3		2	2		1		1
49	3	3		3	1	2	2	1	1
50岁及以上	**7**	**5**	**2**	**18**	**10**	**8**	**26**	**18**	**8**
平均初婚年龄	**25.42**	**26.22**	**24.6**	**25.61**	**26.43**	**24.78**	**25.65**	**26.45**	**24.82**

5-4 续表 10

单位：人

初婚年龄	初婚年份								
	2009年			2010年			2011年		
	小计	男	女	小计	男	女	小计	男	女
总　计	**8023**	**4085**	**3938**	**8500**	**4312**	**4188**	**7760**	**3891**	**3869**
15岁以下									
15-19岁	**365**	**106**	**259**	**356**	**106**	**250**	**227**	**63**	**164**
15	4		4	12	5	7	6	2	4
16	17	5	12	18	6	12	6	2	4
17	31	7	24	32	7	25	28	9	19
18	88	26	62	95	24	71	58	12	46
19	225	68	157	199	64	135	129	38	91
20-24岁	**3345**	**1501**	**1844**	**3525**	**1543**	**1982**	**3198**	**1423**	**1775**
20	375	130	245	430	125	305	283	95	188
21	520	201	319	533	204	329	509	192	317
22	791	359	432	782	366	416	672	328	344
23	780	369	411	903	424	479	808	367	441
24	879	442	437	877	424	453	926	441	485
25-29岁	**3396**	**1870**	**1526**	**3562**	**1961**	**1601**	**3445**	**1832**	**1613**
25	969	488	481	1016	526	490	942	445	497
26	969	503	466	942	502	440	871	437	434
27	737	414	323	728	400	328	676	369	307
28	463	285	178	562	341	221	580	347	233
29	258	180	78	314	192	122	376	234	142
30-34岁	**578**	**380**	**198**	**680**	**436**	**244**	**606**	**382**	**224**
30	186	129	57	216	141	75	204	127	77
31	144	101	43	176	118	58	148	96	52
32	90	58	32	114	67	47	110	69	41
33	94	52	42	92	59	33	78	52	26
34	64	40	24	82	51	31	66	38	28
35-39岁	**207**	**141**	**66**	**238**	**163**	**75**	**187**	**121**	**66**
35	65	44	21	67	41	26	66	42	24
36	45	30	15	64	41	23	38	27	11
37	31	21	10	42	31	11	33	17	16
38	35	25	10	29	21	8	20	13	7
39	31	21	10	36	29	7	30	22	8
40-44岁	**86**	**58**	**28**	**82**	**62**	**20**	**60**	**45**	**15**
40	17	8	9	29	22	7	14	11	3
41	21	15	6	22	17	5	14	9	5
42	17	14	3	15	12	3	14	10	4
43	20	13	7	6	2	4	10	9	1
44	11	8	3	10	9	1	8	6	2
45-49岁	**26**	**17**	**9**	**37**	**26**	**11**	**26**	**16**	**10**
45	8	6	2	7	4	3	7	4	3
46	11	6	5	8	6	2	4	1	3
47	4	3	1	7	6	1	9	6	3
48	2	2		9	7	2	3	2	1
49	1		1	6	3	3	3	3	
50岁及以上	**20**	**12**	**8**	**20**	**15**	**5**	**11**	**9**	**2**
平均初婚年龄	**25.79**	**26.53**	**25.02**	**25.91**	**26.72**	**25.07**	**25.99**	**26.66**	**25.33**

5-4 续表 11

单位：人

初婚年龄	初婚年份								
	2012年			2013年			2014年		
	小计	男	女	小计	男	女	小计	男	女
总 计	**8750**	**4455**	**4295**	**8855**	**4457**	**4398**	**7958**	**4022**	**3936**
15岁以下	**1**		**1**	**1**		**1**			
15-19岁	**260**	**73**	**187**	**202**	**62**	**140**	**153**	**40**	**113**
15	4	1	3	2	2		3	2	1
16	16	6	10	7	2	5	5		5
17	23	7	16	35	10	25	8	3	5
18	75	18	57	46	17	29	43	9	34
19	142	41	101	112	31	81	94	26	68
20-24岁	**3433**	**1530**	**1903**	**3198**	**1434**	**1764**	**2688**	**1196**	**1492**
20	275	84	191	239	75	164	188	59	129
21	451	168	283	357	142	215	329	118	211
22	743	371	372	696	314	382	501	243	258
23	911	403	508	890	434	456	670	304	366
24	1053	504	549	1016	469	547	1000	472	528
25-29岁	**3975**	**2169**	**1806**	**4204**	**2178**	**2026**	**3983**	**2104**	**1879**
25	1141	569	572	1222	569	653	1152	554	598
26	1026	543	483	1072	529	543	1056	545	511
27	817	445	372	911	497	414	831	464	367
28	566	350	216	595	351	244	589	326	263
29	425	262	163	404	232	172	355	215	140
30-34岁	**713**	**443**	**270**	**829**	**515**	**314**	**775**	**451**	**324**
30	274	168	106	292	167	125	263	164	99
31	156	92	64	214	133	81	205	121	84
32	107	69	38	135	90	45	136	77	59
33	96	64	32	122	79	43	102	53	49
34	80	50	30	66	46	20	69	36	33
35-39岁	**232**	**141**	**91**	**244**	**155**	**89**	**198**	**128**	**70**
35	78	48	30	60	37	23	53	30	23
36	55	30	25	46	32	14	54	31	23
37	33	22	11	56	39	17	32	20	12
38	36	24	12	44	25	19	29	24	5
39	30	17	13	38	22	16	30	23	7
40-44岁	**84**	**61**	**23**	**108**	**65**	**43**	**91**	**60**	**31**
40	23	16	7	25	16	9	28	15	13
41	24	18	6	33	18	15	22	14	8
42	16	13	3	21	12	9	17	15	2
43	11	6	5	19	13	6	13	7	6
44	10	8	2	10	6	4	11	9	2
45-49岁	**34**	**28**	**6**	**33**	**27**	**6**	**42**	**27**	**15**
45	5	4	1	13	11	2	14	11	3
46	12	9	3	4	3	1	11	7	4
47	7	6	1	7	5	2	4	3	1
48	4	4		4	3	1	7	2	5
49	6	5	1	5	5		6	4	2
50岁及以上	**18**	**10**	**8**	**36**	**21**	**15**	**28**	**16**	**12**
平均初婚年龄	**26.16**	**26.81**	**25.49**	**26.51**	**27.11**	**25.91**	**26.65**	**27.19**	**26.1**

5-4 续表 12

单位：人

初婚年龄	初婚年份								
	2015年			2016年			2017年		
	小计	男	女	小计	男	女	小计	男	女
总　计	**8577**	**4369**	**4208**	**7448**	**3775**	**3673**	**7007**	**3551**	**3456**
15岁以下	**1**		**1**						
15-19岁	**135**	**31**	**104**	**71**	**19**	**52**	**75**	**19**	**56**
15									
16	6	2	4	2	1	1	2		2
17	18	4	14	9	3	6	4	1	3
18	34	8	26	17	3	14	20	6	14
19	77	17	60	43	12	31	49	12	37
20-24岁	**2509**	**1121**	**1388**	**2073**	**904**	**1169**	**1900**	**823**	**1077**
20	169	49	120	130	33	97	106	22	84
21	270	94	176	237	88	149	208	67	141
22	493	240	253	434	192	242	390	182	208
23	648	304	344	550	230	320	495	216	279
24	929	434	495	722	361	361	701	336	365
25-29岁	**4651**	**2431**	**2220**	**4059**	**2087**	**1972**	**3766**	**1943**	**1823**
25	1256	592	664	966	440	526	806	365	441
26	1204	616	588	1094	543	551	895	452	443
27	1017	540	477	914	481	433	954	500	454
28	706	399	307	659	371	288	677	383	294
29	468	284	184	426	252	174	434	243	191
30-34岁	**853**	**523**	**330**	**859**	**529**	**330**	**843**	**516**	**327**
30	303	196	107	278	164	114	317	207	110
31	187	113	74	188	128	60	207	126	81
32	147	93	54	157	93	64	146	85	61
33	130	66	64	119	68	51	105	62	43
34	86	55	31	117	76	41	68	36	32
35-39岁	**239**	**141**	**98**	**224**	**130**	**94**	**243**	**144**	**99**
35	60	30	30	80	41	39	78	41	37
36	50	31	19	59	34	25	60	37	23
37	43	28	15	40	21	19	43	25	18
38	46	27	19	23	16	7	33	21	12
39	40	25	15	22	18	4	29	20	9
40-44岁	**107**	**64**	**43**	**85**	**53**	**32**	**75**	**41**	**34**
40	29	20	9	17	11	6	14	6	8
41	20	10	10	16	14	2	18	13	5
42	27	13	14	16	10	6	14	8	6
43	17	11	6	16	8	8	19	7	12
44	14	10	4	20	10	10	10	7	3
45-49岁	**50**	**32**	**18**	**35**	**22**	**13**	**57**	**37**	**20**
45	16	7	9	9	6	3	16	11	5
46	11	9	2	8	3	5	15	6	9
47	8	6	2	6	6		13	11	2
48	7	5	2	9	5	4	8	7	1
49	8	5	3	3	2	1	5	2	3
50岁及以上	**32**	**26**	**6**	**42**	**31**	**11**	**48**	**28**	**20**
平均初婚年龄	**26.98**	**27.53**	**26.4**	**27.22**	**27.8**	**26.63**	**27.45**	**27.99**	**26.9**

5-4　续表 13　　　　单位：人

初婚年龄	初婚年份								
	2018年			2019年			2020年		
	小计	男	女	小计	男	女	小计	男	女
总　计	**7494**	**3780**	**3714**	**6065**	**3077**	**2988**	**3740**	**1894**	**1846**
15岁以下									
15—19岁	**60**	**15**	**45**	**33**	**7**	**26**	**22**	**9**	**13**
15	1		1	3	1	2	1		1
16	1	1					1	1	
17	4	2	2	5	2	3	2		2
18	13	2	11	6		6	4	1	3
19	41	10	31	19	4	15	14	7	7
20—24岁	**1852**	**770**	**1082**	**1401**	**596**	**805**	**780**	**329**	**451**
20	96	24	72	58	10	48	24	3	21
21	177	60	117	128	49	79	63	20	43
22	345	139	206	279	103	176	146	62	84
23	518	213	305	372	166	206	212	85	127
24	716	334	382	564	268	296	335	159	176
25—29岁	**4041**	**2070**	**1971**	**3196**	**1631**	**1565**	**1967**	**1007**	**960**
25	860	362	498	697	312	385	431	211	220
26	892	448	444	727	347	380	461	226	235
27	908	466	442	645	347	298	415	203	212
28	788	461	327	600	319	281	382	197	185
29	593	333	260	527	306	221	278	170	108
30—34岁	**1081**	**660**	**421**	**1008**	**585**	**423**	**608**	**354**	**254**
30	381	225	156	372	221	151	211	112	99
31	285	184	101	257	153	104	139	88	51
32	170	107	63	185	100	85	104	64	40
33	139	83	56	119	69	50	102	63	39
34	106	61	45	75	42	33	52	27	25
35—39岁	**267**	**155**	**112**	**232**	**137**	**95**	**156**	**82**	**74**
35	78	49	29	72	40	32	56	31	25
36	67	33	34	69	40	29	26	15	11
37	49	29	20	39	25	14	32	15	17
38	41	23	18	26	15	11	23	11	12
39	32	21	11	26	17	9	19	10	9
40—44岁	**87**	**51**	**36**	**85**	**51**	**34**	**80**	**39**	**41**
40	25	15	10	19	11	8	24	12	12
41	19	11	8	22	14	8	14	3	11
42	16	10	6	16	11	5	12	8	4
43	11	7	4	13	11	2	11	5	6
44	16	8	8	15	4	11	19	11	8
45—49岁	**53**	**29**	**24**	**61**	**32**	**29**	**50**	**30**	**20**
45	11	5	6	17	7	10	10	6	4
46	12	7	5	17	11	6	9	4	5
47	11	7	4	12	4	8	15	6	9
48	10	7	3	9	6	3	8	6	2
49	9	3	6	6	4	2	8	8	
50岁及以上	**53**	**30**	**23**	**49**	**38**	**11**	**77**	**44**	**33**
平均初婚年龄	**27.77**	**28.32**	**27.2**	**28.09**	**28.66**	**27.49**	**28.68**	**29.14**	**28.21**

5-4a 全市分初婚年龄、性别、初婚年份的人口(城市)

单位：人

初婚年龄	初婚年份								
	合计			1980年			1981年		
	合计	男	女	小计	男	女	小计	男	女
总　计	**224600**	**111980**	**112620**	**4917**	**2364**	**2553**	**5022**	**2421**	**2601**
15岁以下	**68**	**15**	**53**	**2**		**2**	**2**	**1**	**1**
15-19岁	**11458**	**3194**	**8264**	**315**	**73**	**242**	**331**	**80**	**251**
15	407	131	276	21	7	14	19	4	15
16	739	202	537	36	6	30	25	6	19
17	1437	370	1067	54	10	44	40	8	32
18	3018	791	2227	87	20	67	115	29	86
19	5857	1700	4157	117	30	87	132	33	99
20-24岁	**99314**	**42060**	**57254**	**2663**	**1051**	**1612**	**2868**	**1146**	**1722**
20	10011	3148	6863	231	72	159	201	53	148
21	14873	5427	9446	351	121	230	383	120	263
22	21966	9292	12674	573	201	372	637	238	399
23	25302	11106	14196	745	288	457	812	334	478
24	27162	13087	14075	763	369	394	835	401	434
25-29岁	**90705**	**51750**	**38955**	**1791**	**1124**	**667**	**1706**	**1101**	**605**
25	27780	14373	13407	777	452	325	666	391	275
26	23488	13104	10384	511	314	197	522	332	190
27	17995	10714	7281	272	190	82	284	198	86
28	12884	8066	4818	155	113	42	159	123	36
29	8558	5493	3065	76	55	21	75	57	18
30-34岁	**16259**	**10598**	**5661**	**123**	**97**	**26**	**100**	**82**	**18**
30	5738	3772	1966	55	44	11	40	33	7
31	3929	2619	1310	27	21	6	31	25	6
32	2796	1803	993	17	14	3	19	15	4
33	2199	1399	800	17	13	4	6	5	1
34	1597	1005	592	7	5	2	4	4	
35-39岁	**4211**	**2697**	**1514**	**16**	**13**	**3**	**11**	**9**	**2**
35	1297	802	495	2	2		5	4	1
36	1016	641	375	5	3	2	2	1	1
37	756	494	262	3	2	1	2	2	
38	608	397	211	5	5		1	1	
39	534	363	171	1	1		1	1	
40-44岁	**1450**	**937**	**513**	**6**	**5**	**1**	**3**	**2**	**1**
40	381	238	143				1	1	
41	350	235	115	2	1	1			
42	280	185	95				1		1
43	228	143	85	2	2		1	1	
44	211	136	75	2	2				
45-49岁	**599**	**388**	**211**	**1**	**1**		**1**		**1**
45	154	98	56				1		1
46	145	89	56	1	1				
47	124	79	45						
48	92	67	25						
49	84	55	29						
50岁及以上	**536**	**341**	**195**						
平均初婚年龄	**25.51**	**26.3**	**24.73**	**24.29**	**25.16**	**23.49**	**24.19**	**25.03**	**23.4**

5-4a　续表 1

单位：人

初婚年龄	初婚年份								
	1982年			1983年			1984年		
	小计	男	女	小计	男	女	小计	男	女
总　计	**4911**	**2367**	**2544**	**4443**	**2157**	**2286**	**4205**	**2008**	**2197**
15岁以下	**1**		**1**	**1**	**1**		**3**	**1**	**2**
15–19岁	**433**	**102**	**331**	**380**	**90**	**290**	**338**	**83**	**255**
15	10	3	7	15	6	9	20	7	13
16	24	3	21	37	11	26	25	3	22
17	52	9	43	30	7	23	40	7	33
18	111	27	84	96	21	75	85	17	68
19	236	60	176	202	45	157	168	49	119
20–24岁	**2623**	**1096**	**1527**	**2342**	**982**	**1360**	**2294**	**959**	**1335**
20	260	79	181	331	93	238	284	79	205
21	326	115	211	335	120	215	512	173	339
22	570	228	342	435	167	268	462	200	262
23	674	296	378	656	286	370	463	195	268
24	793	378	415	585	316	269	573	312	261
25–29岁	**1711**	**1070**	**641**	**1586**	**992**	**594**	**1430**	**868**	**562**
25	685	390	295	619	348	271	523	294	229
26	465	287	178	449	283	166	404	256	148
27	292	207	85	235	160	75	241	151	90
28	175	121	54	193	131	62	159	101	58
29	94	65	29	90	70	20	103	66	37
30–34岁	**110**	**73**	**37**	**100**	**68**	**32**	**114**	**83**	**31**
30	49	30	19	46	29	17	49	35	14
31	22	15	7	17	13	4	26	21	5
32	21	11	10	23	16	7	20	13	7
33	9	9		10	7	3	6	4	2
34	9	8	1	4	3	1	13	10	3
35–39岁	**21**	**17**	**4**	**21**	**14**	**7**	**12**	**6**	**6**
35	7	6	1	5	2	3	5	3	2
36	2	2		11	9	2	2		2
37	3	2	1	1	1				
38	4	3	1	3	1	2	4	3	1
39	5	4	1	1	1		1		1
40–44岁	**5**	**4**	**1**	**4**	**4**		**9**	**5**	**4**
40	1		1	2	2		2	2	
41	3	3					2	2	
42				1	1		2	1	1
43	1	1					1		1
44				1	1		2		2
45–49岁	**5**	**3**	**2**	**6**	**5**	**1**	**5**	**3**	**2**
45	2	2		1	1				
46	1		1	3	3		1	1	
47	1		1	1	1		2	2	
48				1		1	1		1
49	1	1					1		1
50岁及以上	**2**	**2**		**3**	**1**	**2**			
平均初婚年龄	**24.22**	**25.07**	**23.43**	**24.18**	**25.07**	**23.35**	**24.11**	**24.94**	**23.34**

5-4a 续表 2 单位：人

初婚年龄	初婚年份								
	1985年			1986年			1987年		
	小计	男	女	小计	男	女	小计	男	女
总　计	**5454**	**2648**	**2806**	**5814**	**2809**	**3005**	**5642**	**2734**	**2908**
15岁以下	**4**		**4**	**1**	**1**		**2**		**2**
15-19岁	**435**	**130**	**305**	**432**	**122**	**310**	**399**	**87**	**312**
15	13	3	10	19	7	12	17	4	13
16	39	15	24	31	9	22	23	2	21
17	68	21	47	64	20	44	56	10	46
18	94	26	68	114	24	90	120	26	94
19	221	65	156	204	62	142	183	45	138
20-24岁	**3092**	**1252**	**1840**	**3515**	**1484**	**2031**	**3483**	**1499**	**1984**
20	356	117	239	365	106	259	349	114	235
21	610	186	424	577	204	373	535	188	347
22	924	366	558	912	382	530	787	337	450
23	656	312	344	1006	446	560	901	396	505
24	546	271	275	655	346	309	911	464	447
25-29岁	**1738**	**1132**	**606**	**1623**	**1043**	**580**	**1500**	**981**	**519**
25	627	378	249	518	298	220	515	304	211
26	452	299	153	470	303	167	369	257	112
27	312	208	104	302	214	88	291	202	89
28	232	165	67	201	141	60	192	134	58
29	115	82	33	132	87	45	133	84	49
30-34岁	**160**	**115**	**45**	**183**	**123**	**60**	**210**	**142**	**68**
30	73	54	19	64	43	21	84	59	25
31	36	28	8	52	41	11	46	32	14
32	25	15	10	27	15	12	38	19	19
33	18	13	5	24	15	9	21	14	7
34	8	5	3	16	9	7	21	18	3
35-39岁	**19**	**14**	**5**	**40**	**25**	**15**	**30**	**17**	**13**
35	6	4	2	13	8	5	9	6	3
36	6	6		9	7	2	7	3	4
37	2	1	1	3	1	2	5	3	2
38	2	2		8	5	3	5	3	2
39	3	1	2	7	4	3	4	2	2
40-44岁	**4**	**3**	**1**	**14**	**7**	**7**	**12**	**4**	**8**
40	1	1		3	1	2	4	1	3
41	2	2		7	4	3	2		2
42				1		1	3	2	1
43	1		1	2	1	1	1		1
44				1	1		2	1	1
45-49岁	**2**	**2**		**3**	**1**	**2**	**3**	**2**	**1**
45				1	1		2	2	
46	2	2							
47				1		1			
48							1		1
49				1		1			
50岁及以上				**3**	**3**		**3**	**2**	**1**
平均初婚年龄	**23.96**	**24.84**	**23.14**	**24.06**	**24.85**	**23.33**	**24.14**	**24.94**	**23.39**

5-4a　续表 3　　　　单位：人

初婚年龄	初婚年份								
	1988年			1989年			1990年		
	小计	男	女	小计	男	女	小计	男	女
总　计	**6030**	**2955**	**3075**	**5787**	**2840**	**2947**	**5910**	**2997**	**2913**
15岁以下	**2**		**2**	**3**	**1**	**2**	**3**	**1**	**2**
15-19岁	**490**	**144**	**346**	**497**	**120**	**377**	**624**	**209**	**415**
15	11	1	10	15	5	10	26	9	17
16	35	15	20	35	7	28	53	21	32
17	56	17	39	68	11	57	86	29	57
18	119	26	93	126	31	95	148	42	106
19	269	85	184	253	66	187	311	108	203
20-24岁	**3514**	**1534**	**1980**	**3186**	**1389**	**1797**	**3281**	**1493**	**1788**
20	385	113	272	439	142	297	454	153	301
21	496	180	316	517	193	324	651	271	380
22	693	277	416	624	251	373	804	357	447
23	961	420	541	792	372	420	676	325	351
24	979	544	435	814	431	383	696	387	309
25-29岁	**1762**	**1111**	**651**	**1808**	**1127**	**681**	**1686**	**1069**	**617**
25	865	507	358	715	416	299	599	354	245
26	383	255	128	566	343	223	456	297	159
27	225	144	81	255	176	79	363	244	119
28	182	130	52	159	108	51	165	107	58
29	107	75	32	113	84	29	103	67	36
30-34岁	**233**	**144**	**89**	**234**	**165**	**69**	**247**	**177**	**70**
30	85	46	39	88	58	30	84	63	21
31	62	44	18	52	41	11	50	37	13
32	35	23	12	39	28	11	36	21	15
33	32	17	15	28	19	9	49	35	14
34	19	14	5	27	19	8	28	21	7
35-39岁	**21**	**17**	**4**	**35**	**22**	**13**	**49**	**32**	**17**
35	9	7	2	18	14	4	16	11	5
36	6	5	1	6	4	2	14	11	3
37	2	1	1	6	2	4	8	5	3
38	3	3		3		3	6	2	4
39	1	1		2	2		5	3	2
40-44岁	**5**	**4**	**1**	**9**	**6**	**3**	**9**	**8**	**1**
40	3	2	1	3	2	1	5	4	1
41	1	1		3	2	1	1	1	
42				2	1	1	2	2	
43									
44	1	1		1	1		1	1	
45-49岁	**1**	**1**		**5**	**3**	**2**	**6**	**3**	**3**
45							2	1	1
46				1		1	2		2
47									
48	1	1		2	1	1	2	2	
49				2	2				
50岁及以上	**2**		**2**	**10**	**7**	**3**	**5**	**5**	
平均初婚年龄	**24.08**	**24.81**	**23.38**	**24.19**	**25.06**	**23.35**	**23.97**	**24.76**	**23.16**

5-4a 续表 4 单位：人

初婚年龄	初婚年份								
	1991年			1992年			1993年		
	小计	男	女	小计	男	女	小计	男	女
总　计	**4552**	**2273**	**2279**	**5250**	**2635**	**2615**	**5534**	**2735**	**2799**
15岁以下	**2**		**2**	**5**	**2**	**3**	**4**		**4**
15—19岁	**377**	**94**	**283**	**400**	**115**	**285**	**422**	**113**	**309**
15	10	4	6	12	6	6	15	3	12
16	26	3	23	23	5	18	21		21
17	54	10	44	42	11	31	40	6	34
18	90	20	70	104	37	67	115	36	79
19	197	57	140	219	56	163	231	68	163
20—24岁	**2532**	**1092**	**1440**	**2995**	**1279**	**1716**	**3239**	**1361**	**1878**
20	324	100	224	330	108	222	394	133	261
21	440	175	265	492	196	296	543	211	332
22	642	273	369	788	334	454	766	308	458
23	629	289	340	787	343	444	799	374	425
24	497	255	242	598	298	300	737	335	402
25—29岁	**1436**	**959**	**477**	**1587**	**1065**	**522**	**1513**	**1008**	**505**
25	507	307	200	496	305	191	554	321	233
26	388	261	127	415	256	159	336	229	107
27	286	216	70	308	224	84	312	233	79
28	174	119	55	205	153	52	181	129	52
29	81	56	25	163	127	36	130	96	34
30—34岁	**158**	**97**	**61**	**184**	**129**	**55**	**267**	**199**	**68**
30	43	30	13	70	50	20	105	75	30
31	39	24	15	24	19	5	57	46	11
32	24	11	13	35	24	11	39	30	9
33	27	17	10	26	14	12	39	31	8
34	25	15	10	29	22	7	27	17	10
35—39岁	**30**	**22**	**8**	**54**	**32**	**22**	**61**	**42**	**19**
35	8	7	1	12	4	8	22	17	5
36	11	7	4	16	7	9	14	8	6
37	4	3	1	14	11	3	11	9	2
38	5	3	2	7	7		9	5	4
39	2	2		5	3	2	5	3	2
40—44岁	**9**	**6**	**3**	**13**	**6**	**7**	**12**	**3**	**9**
40	2	1	1	5	2	3	4		4
41	4	4		3	2	1	1		1
42				2	1	1	3	2	1
43	2	1	1	3	1	2	1		1
44	1		1				3	1	2
45—49岁	**3**	**1**	**2**	**5**	**2**	**3**	**8**	**4**	**4**
45				3	2	1	1	1	
46	1		1				3		3
47				1		1	2	1	1
48	1	1					1	1	
49	1		1	1		1	1	1	
50岁及以上	**5**	**2**	**3**	**7**	**5**	**2**	**8**	**5**	**3**
平均初婚年龄	**24.16**	**25**	**23.32**	**24.3**	**25.13**	**23.46**	**24.29**	**25.21**	**23.39**

5-4a 续表 5 单位：人

初婚年龄	初婚年份								
	1994年			1995年			1996年		
	小计	男	女	小计	男	女	小计	男	女
总　计	**4978**	**2473**	**2505**	**5290**	**2652**	**2638**	**5245**	**2652**	**2593**
15岁以下	**2**		**2**	**2**		**2**	**3**	**1**	**2**
15-19岁	**310**	**87**	**223**	**347**	**99**	**248**	**250**	**64**	**186**
15	6	2	4	13	4	9	6	4	2
16	11	4	7	23	8	15	12	3	9
17	31	8	23	39	11	28	26	6	20
18	88	18	70	83	21	62	69	13	56
19	174	55	119	189	55	134	137	38	99
20-24岁	**2864**	**1202**	**1662**	**2815**	**1205**	**1610**	**2692**	**1107**	**1585**
20	336	112	224	290	108	182	305	75	230
21	481	176	305	462	170	292	369	135	234
22	644	274	370	653	281	372	602	261	341
23	684	297	387	716	312	404	707	303	404
24	719	343	376	694	334	360	709	333	376
25-29岁	**1479**	**956**	**523**	**1721**	**1065**	**656**	**1890**	**1187**	**703**
25	578	338	240	634	347	287	702	370	332
26	378	232	146	459	287	172	503	323	180
27	202	147	55	321	216	105	351	247	104
28	187	136	51	174	121	53	228	170	58
29	134	103	31	133	94	39	106	77	29
30-34岁	**233**	**170**	**63**	**284**	**206**	**78**	**292**	**214**	**78**
30	86	62	24	94	75	19	87	68	19
31	64	46	18	69	47	22	63	45	18
32	34	29	5	70	51	19	62	45	17
33	27	17	10	37	24	13	58	43	15
34	22	16	6	14	9	5	22	13	9
35-39岁	**57**	**33**	**24**	**77**	**52**	**25**	**64**	**45**	**19**
35	15	6	9	22	16	6	15	13	2
36	15	10	5	23	16	7	16	10	6
37	15	12	3	17	11	6	11	6	5
38	8	3	5	7	4	3	12	9	3
39	4	2	2	8	5	3	10	7	3
40-44岁	**20**	**16**	**4**	**19**	**12**	**7**	**30**	**20**	**10**
40	3	2	1	8	6	2	7	4	3
41	5	5		3	1	2	6	3	3
42	5	3	2	3	1	2	6	3	3
43	3	3		3	3		6	6	
44	4	3	1	2	1	1	5	4	1
45-49岁	**7**	**5**	**2**	**7**	**3**	**4**	**11**	**6**	**5**
45	1		1	1	1		2	1	1
46	2	2					3	2	1
47	3	2	1	2	1	1	2	1	1
48				2	1	1	2	1	1
49	1	1		2		2	2	1	1
50岁及以上	**6**	**4**	**2**	**18**	**10**	**8**	**13**	**8**	**5**
平均初婚年龄	**24.48**	**25.37**	**23.6**	**24.74**	**25.56**	**23.92**	**25**	**25.93**	**24.06**

5-4a 续表 6 单位：人

初婚年龄	初婚年份								
	1997年			1998年			1999年		
	小计	男	女	小计	男	女	小计	男	女
总　计	**5134**	**2569**	**2565**	**5439**	**2705**	**2734**	**5152**	**2602**	**2550**
15岁以下	**2**	**1**	**1**				**1**		**1**
15-19岁	**277**	**71**	**206**	**287**	**77**	**210**	**250**	**67**	**183**
15	9	3	6	8	1	7	10	4	6
16	9	1	8	10	3	7	29	5	24
17	36	7	29	38	9	29	39	15	24
18	85	22	63	80	22	58	65	16	49
19	138	38	100	151	42	109	107	27	80
20-24岁	**2576**	**1061**	**1515**	**2447**	**1012**	**1435**	**2382**	**966**	**1416**
20	214	70	144	233	84	149	233	79	154
21	418	144	274	331	125	206	343	110	233
22	575	235	340	575	220	355	514	218	296
23	650	283	367	639	272	367	642	268	374
24	719	329	390	669	311	358	650	291	359
25-29岁	**1863**	**1142**	**721**	**2170**	**1265**	**905**	**2061**	**1248**	**813**
25	626	328	298	703	356	347	622	350	272
26	502	305	197	575	327	248	524	297	227
27	387	264	123	417	259	158	424	270	154
28	224	154	70	280	186	94	280	186	94
29	124	91	33	195	137	58	211	145	66
30-34岁	**301**	**218**	**83**	**375**	**249**	**126**	**352**	**250**	**102**
30	90	69	21	120	79	41	135	100	35
31	66	47	19	81	57	24	93	65	28
32	44	36	8	73	46	27	47	30	17
33	54	34	20	57	40	17	41	32	9
34	47	32	15	44	27	17	36	23	13
35-39岁	**59**	**42**	**17**	**109**	**70**	**39**	**73**	**47**	**26**
35	18	13	5	55	32	23	21	14	7
36	13	10	3	16	10	6	24	15	9
37	10	8	2	13	10	3	8	5	3
38	9	5	4	14	8	6	12	7	5
39	9	6	3	11	10	1	8	6	2
40-44岁	**33**	**23**	**10**	**37**	**25**	**12**	**21**	**15**	**6**
40	4	3	1	14	8	6	8	6	2
41	10	10		10	7	3	5	5	
42	6	3	3	3	2	1	3	3	
43	8	5	3	4	3	1	3		3
44	5	2	3	6	5	1	2	1	1
45-49岁	**10**	**5**	**5**	**4**	**2**	**2**	**8**	**7**	**1**
45	4		4				4	3	1
46	1	1					1	1	
47	1	1		1	1		1	1	
48				2	1	1	2	2	
49	4	3	1	1		1			
50岁及以上	**13**	**6**	**7**	**10**	**5**	**5**	**4**	**2**	**2**
平均初婚年龄	**25.08**	**25.97**	**24.19**	**25.42**	**26.24**	**24.6**	**25.29**	**26.16**	**24.4**

5-4a　续表 7　　　　单位：人

初婚年龄	初婚年份								
	2000年			2001年			2002年		
	小计	男	女	小计	男	女	小计	男	女
总　计	**6052**	**3065**	**2987**	**3730**	**1891**	**1839**	**4129**	**2068**	**2061**
15岁以下	**5**	**1**	**4**	**3**	**1**	**2**	**2**		**2**
15-19岁	**444**	**143**	**301**	**231**	**71**	**160**	**255**	**82**	**173**
15	26	5	21	15	4	11	10	5	5
16	37	11	26	13	5	8	19	4	15
17	73	22	51	20	7	13	37	8	29
18	136	42	94	67	20	47	55	17	38
19	172	63	109	116	35	81	134	48	86
20-24岁	**2745**	**1160**	**1585**	**1567**	**642**	**925**	**1807**	**721**	**1086**
20	280	93	187	180	58	122	230	72	158
21	413	141	272	216	87	129	268	99	169
22	569	231	338	338	141	197	398	149	249
23	707	317	390	428	173	255	477	203	274
24	776	378	398	405	183	222	434	198	236
25-29岁	**2285**	**1338**	**947**	**1554**	**907**	**647**	**1668**	**979**	**689**
25	714	365	349	471	233	238	513	267	246
26	593	337	256	393	215	178	429	235	194
27	404	247	157	322	200	122	314	197	117
28	338	230	108	207	145	62	242	166	76
29	236	159	77	161	114	47	170	114	56
30-34岁	**411**	**305**	**106**	**289**	**210**	**79**	**288**	**203**	**85**
30	169	126	43	116	86	30	103	73	30
31	109	83	26	62	45	17	73	49	24
32	63	45	18	60	46	14	55	40	15
33	37	31	6	32	21	11	32	24	8
34	33	20	13	19	12	7	25	17	8
35-39岁	**122**	**87**	**35**	**62**	**42**	**20**	**78**	**62**	**16**
35	32	24	8	15	11	4	23	20	3
36	36	27	9	15	11	4	18	15	3
37	22	13	9	17	11	6	19	15	4
38	15	10	5	12	7	5	9	5	4
39	17	13	4	3	2	1	9	7	2
40-44岁	**28**	**22**	**6**	**16**	**13**	**3**	**18**	**10**	**8**
40	10	8	2	5	3	2	5	2	3
41	5	5		7	6	1	7	5	2
42	6	4	2	4	4		4	2	2
43	4	3	1						
44	3	2	1				2	1	1
45-49岁	**5**	**4**	**1**	**4**	**3**	**1**	**10**	**8**	**2**
45				1	1		1	1	
46	2	2		1	1		4	4	
47	1	1		1	1		2	1	1
48							1	1	
49	2	1	1	1		1	2	1	1
50岁及以上	**7**	**5**	**2**	**4**	**2**	**2**	**3**	**3**	
平均初婚年龄	**25.15**	**26.11**	**24.17**	**25.39**	**26.3**	**24.45**	**25.3**	**26.28**	**24.32**

5-4a 续表 8 单位：人

初婚年龄	初婚年份								
	2003年			2004年			2005年		
	小计	男	女	小计	男	女	小计	男	女
总 计	**4753**	**2398**	**2355**	**4782**	**2427**	**2355**	**4931**	**2478**	**2453**
15岁以下	**5**	**1**	**4**	**2**		**2**	**1**		**1**
15-19岁	**293**	**83**	**210**	**265**	**67**	**198**	**256**	**97**	**159**
15	20	8	12	8	2	6	10	2	8
16	16	4	12	22	9	13	12	6	6
17	41	11	30	34	6	28	48	23	25
18	73	25	48	67	15	52	63	17	46
19	143	35	108	134	35	99	123	49	74
20-24岁	**1987**	**839**	**1148**	**2054**	**870**	**1184**	**2191**	**908**	**1283**
20	237	82	155	203	58	145	237	64	173
21	369	129	240	338	139	199	361	128	233
22	445	194	251	525	231	294	512	222	290
23	437	200	237	477	213	264	585	262	323
24	499	234	265	511	229	282	496	232	264
25-29岁	**1922**	**1095**	**827**	**1885**	**1091**	**794**	**1862**	**1075**	**787**
25	561	278	283	534	264	270	538	265	273
26	509	278	231	462	255	207	463	246	217
27	384	231	153	392	239	153	371	235	136
28	285	186	99	296	194	102	293	187	106
29	183	122	61	201	139	62	197	142	55
30-34岁	**398**	**285**	**113**	**410**	**288**	**122**	**436**	**272**	**164**
30	122	87	35	133	94	39	146	95	51
31	92	63	29	118	76	42	119	76	43
32	82	63	19	64	47	17	73	46	27
33	63	42	21	52	42	10	55	32	23
34	39	30	9	43	29	14	43	23	20
35-39岁	**88**	**58**	**30**	**103**	**70**	**33**	**127**	**84**	**43**
35	31	20	11	32	21	11	47	31	16
36	22	15	7	20	11	9	27	17	10
37	15	11	4	20	15	5	22	15	7
38	10	8	2	16	13	3	7	5	2
39	10	4	6	15	10	5	24	16	8
40-44岁	**40**	**26**	**14**	**37**	**22**	**15**	**40**	**29**	**11**
40	15	9	6	7	3	4	13	9	4
41	5	2	3	16	9	7	6	5	1
42	10	8	2	4	3	1	8	5	3
43	6	4	2	4	3	1	8	7	1
44	4	3	1	6	4	2	5	3	2
45-49岁	**13**	**9**	**4**	**19**	**13**	**6**	**8**	**6**	**2**
45	2	2		3	1	2	5	4	1
46	5	2	3	5	3	2	1	1	
47	1		1	6	4	2	1		1
48	2	2		2	2		1	1	
49	3	3		3	3				
50岁及以上	**7**	**2**	**5**	**7**	**6**	**1**	**10**	**7**	**3**
平均初婚年龄	**25.52**	**26.44**	**24.59**	**25.65**	**26.61**	**24.66**	**25.62**	**26.46**	**24.76**

5-4a 续表 9

单位：人

初婚年龄	初婚年份								
	2006年			2007年			2008年		
	小计	男	女	小计	男	女	小计	男	女
总 计	**5642**	**2826**	**2816**	**5209**	**2599**	**2610**	**6879**	**3479**	**3400**
15岁以下	**1**	**1**					**3**	**1**	**2**
15-19岁	**280**	**84**	**196**	**236**	**69**	**167**	**304**	**93**	**211**
15	13	6	7	6		6	4	3	1
16	24	12	12	7	1	6	12	5	7
17	36	8	28	19	5	14	36	10	26
18	64	18	46	62	22	40	92	28	64
19	143	40	103	142	41	101	160	47	113
20-24岁	**2462**	**1083**	**1379**	**2111**	**895**	**1216**	**2709**	**1171**	**1538**
20	231	77	154	242	81	161	282	91	191
21	373	141	232	300	112	188	438	167	271
22	489	232	257	450	196	254	586	268	318
23	621	281	340	489	212	277	638	278	360
24	748	352	396	630	294	336	765	367	398
25-29岁	**2219**	**1201**	**1018**	**2153**	**1173**	**980**	**2972**	**1620**	**1352**
25	625	295	330	752	352	400	954	464	490
26	573	300	273	502	276	226	844	440	404
27	452	256	196	413	248	165	534	306	228
28	336	213	123	287	170	117	390	245	145
29	233	137	96	199	127	72	250	165	85
30-34岁	**494**	**322**	**172**	**476**	**309**	**167**	**592**	**392**	**200**
30	162	104	58	161	105	56	197	131	66
31	127	87	40	101	61	40	141	102	39
32	96	65	31	91	62	29	101	62	39
33	59	39	20	71	49	22	80	50	30
34	50	27	23	52	32	20	73	47	26
35-39岁	**125**	**91**	**34**	**162**	**103**	**59**	**198**	**132**	**66**
35	33	24	9	46	26	20	59	39	20
36	31	19	12	38	26	12	39	25	14
37	25	22	3	31	22	9	40	27	13
38	18	11	7	30	21	9	35	26	9
39	18	15	3	17	8	9	25	15	10
40-44岁	**40**	**28**	**12**	**46**	**35**	**11**	**57**	**40**	**17**
40	7	4	3	9	8	1	15	11	4
41	10	6	4	13	10	3	11	9	2
42	13	10	3	8	4	4	9	5	4
43	9	7	2	8	7	1	8	4	4
44	1	1		8	6	2	14	11	3
45-49岁	**14**	**11**	**3**	**9**	**6**	**3**	**23**	**17**	**6**
45	4	4		1	1		12	7	5
46	5	3	2	1		1	7	7	
47	2	1	1	2	2		3	2	1
48	2	2		2	2				
49	1	1		3	1	2	1	1	
50岁及以上	**7**	**5**	**2**	**16**	**9**	**7**	**21**	**13**	**8**
平均初婚年龄	**25.7**	**26.48**	**24.91**	**25.96**	**26.78**	**25.14**	**25.96**	**26.76**	**25.14**

5-4a 续表 10 单位：人

初婚年龄	初婚年份								
	2009年			2010年			2011年		
	小计	男	女	小计	男	女	小计	男	女
总　计	**6587**	**3326**	**3261**	**6879**	**3464**	**3415**	**6372**	**3172**	**3200**
15岁以下									
15-19岁	**245**	**73**	**172**	**240**	**71**	**169**	**149**	**40**	**109**
15	2		2	8	5	3	3	1	2
16	9	3	6	14	4	10	4	1	3
17	23	6	17	20	3	17	18	4	14
18	65	19	46	60	16	44	40	9	31
19	146	45	101	138	43	95	84	25	59
20-24岁	**2533**	**1108**	**1425**	**2635**	**1124**	**1511**	**2425**	**1054**	**1371**
20	255	90	165	283	83	200	180	64	116
21	359	130	229	390	147	243	354	128	226
22	589	261	328	567	260	307	494	231	263
23	597	268	329	690	307	383	630	276	354
24	733	359	374	705	327	378	767	355	412
25-29岁	**3013**	**1615**	**1398**	**3107**	**1675**	**1432**	**3032**	**1589**	**1443**
25	848	409	439	863	432	431	803	366	437
26	847	429	418	821	426	395	767	382	385
27	668	364	304	643	343	300	598	326	272
28	423	256	167	496	301	195	522	305	217
29	227	157	70	284	173	111	342	210	132
30-34岁	**506**	**338**	**168**	**589**	**375**	**214**	**527**	**327**	**200**
30	169	116	53	192	123	69	183	115	68
31	125	89	36	150	99	51	125	82	43
32	80	54	26	105	63	42	93	54	39
33	77	44	33	76	50	26	70	44	26
34	55	35	20	66	40	26	56	32	24
35-39岁	**177**	**120**	**57**	**191**	**129**	**62**	**159**	**103**	**56**
35	56	36	20	52	30	22	54	33	21
36	43	28	15	50	31	19	33	25	8
37	24	18	6	34	25	9	30	15	15
38	29	21	8	24	18	6	17	12	5
39	25	17	8	31	25	6	25	18	7
40-44岁	**76**	**50**	**26**	**69**	**52**	**17**	**50**	**39**	**11**
40	16	7	9	26	19	7	9	8	1
41	19	14	5	18	14	4	12	8	4
42	15	12	3	12	10	2	13	9	4
43	17	11	6	5	2	3	9	8	1
44	9	6	3	8	7	1	7	6	1
45-49岁	**21**	**13**	**8**	**31**	**24**	**7**	**20**	**12**	**8**
45	5	3	2	4	3	1	4	2	2
46	10	6	4	7	6	1	4	1	3
47	3	2	1	6	5	1	7	4	3
48	2	2		8	7	1	2	2	
49	1		1	6	3	3	3	3	
50岁及以上	**16**	**9**	**7**	**17**	**14**	**3**	**10**	**8**	**2**
平均初婚年龄	**26.07**	**26.8**	**25.33**	**26.17**	**26.99**	**25.34**	**26.26**	**26.92**	**25.6**

5-4a 续表 11　　　　单位：人

初婚年龄	初婚年份								
	2012年			2013年			2014年		
	小计	男	女	小计	男	女	小计	男	女
总　计	**7144**	**3608**	**3536**	**7251**	**3626**	**3625**	**6524**	**3279**	**3245**
15岁以下				**1**		**1**			
15-19岁	**178**	**56**	**122**	**133**	**42**	**91**	**98**	**31**	**67**
15	3	1	2	1	1		1	1	
16	7	2	5	6	2	4	3		3
17	16	5	11	22	8	14	7	3	4
18	54	15	39	29	12	17	30	5	25
19	98	33	65	75	19	56	57	22	35
20-24岁	**2596**	**1115**	**1481**	**2386**	**1034**	**1352**	**1995**	**872**	**1123**
20	195	62	133	149	46	103	118	39	79
21	327	119	208	236	95	141	234	90	144
22	534	261	273	497	215	282	365	169	196
23	686	290	396	683	317	366	479	212	267
24	854	383	471	821	361	460	799	362	437
25-29岁	**3453**	**1859**	**1594**	**3649**	**1872**	**1777**	**3450**	**1785**	**1665**
25	969	486	483	1040	474	566	980	453	527
26	888	454	434	931	460	471	905	455	450
27	715	377	338	793	425	368	735	406	329
28	500	311	189	527	309	218	526	292	234
29	381	231	150	358	204	154	304	179	125
30-34岁	**618**	**383**	**235**	**731**	**452**	**279**	**679**	**401**	**278**
30	234	143	91	266	154	112	228	146	82
31	135	76	59	184	115	69	183	108	75
32	95	61	34	115	75	40	120	70	50
33	88	59	29	102	64	38	91	48	43
34	66	44	22	64	44	20	57	29	28
35-39岁	**190**	**116**	**74**	**211**	**137**	**74**	**162**	**100**	**62**
35	69	42	27	52	33	19	45	26	19
36	47	25	22	40	29	11	44	22	22
37	26	16	10	48	33	15	25	14	11
38	25	18	7	38	22	16	22	18	4
39	23	15	8	33	20	13	26	20	6
40-44岁	**71**	**52**	**19**	**85**	**50**	**35**	**76**	**49**	**27**
40	20	14	6	18	13	5	23	13	10
41	18	14	4	28	14	14	20	12	8
42	15	12	3	16	9	7	14	12	2
43	9	5	4	15	10	5	10	5	5
44	9	7	2	8	4	4	9	7	2
45-49岁	**24**	**20**	**4**	**28**	**23**	**5**	**37**	**25**	**12**
45	4	3	1	11	9	2	13	10	3
46	7	5	2	3	3		9	6	3
47	5	4	1	6	4	2	4	3	1
48	3	3		4	3	1	6	2	4
49	5	5		4	4		5	4	1
50岁及以上	**14**	**7**	**7**	**27**	**16**	**11**	**27**	**16**	**11**
平均初婚年龄	**26.37**	**27.01**	**25.72**	**26.75**	**27.36**	**26.14**	**26.89**	**27.41**	**26.37**

5-4a 续表 12 单位：人

初婚年龄	初婚年份								
	2015年			2016年			2017年		
	小计	男	女	小计	男	女	小计	男	女
总　计	**7094**	**3596**	**3498**	**6062**	**3077**	**2985**	**5678**	**2880**	**2798**
15岁以下									
15-19岁	**88**	**21**	**67**	**42**	**12**	**30**	**46**	**11**	**35**
15									
16	4	1	3	2	1	1			
17	12	3	9	5	2	3	4	1	3
18	22	7	15	12	3	9	12	4	8
19	50	10	40	23	6	17	30	6	24
20-24岁	**1882**	**835**	**1047**	**1537**	**673**	**864**	**1363**	**590**	**773**
20	107	35	72	94	24	70	71	15	56
21	201	74	127	149	57	92	140	48	92
22	327	162	165	316	140	176	258	119	139
23	491	221	270	412	173	239	360	156	204
24	756	343	413	566	279	287	534	252	282
25-29岁	**4002**	**2058**	**1944**	**3424**	**1746**	**1678**	**3182**	**1621**	**1561**
25	1048	481	567	785	350	435	644	284	360
26	1029	519	510	910	447	463	727	359	368
27	897	466	431	781	403	378	824	425	399
28	611	340	271	565	320	245	607	339	268
29	417	252	165	383	226	157	380	214	166
30-34岁	**750**	**457**	**293**	**731**	**445**	**286**	**739**	**451**	**288**
30	263	170	93	240	140	100	276	182	94
31	165	100	65	158	102	56	183	113	70
32	131	81	50	130	81	49	126	73	53
33	116	59	57	103	58	45	93	52	41
34	75	47	28	100	64	36	61	31	30
35-39岁	**219**	**127**	**92**	**196**	**114**	**82**	**215**	**131**	**84**
35	58	28	30	69	36	33	69	37	32
36	46	28	18	51	29	22	51	34	17
37	40	26	14	37	19	18	40	22	18
38	41	25	16	21	15	6	29	18	11
39	34	20	14	18	15	3	26	20	6
40-44岁	**89**	**53**	**36**	**69**	**43**	**26**	**59**	**32**	**27**
40	23	16	7	14	10	4	13	5	8
41	16	8	8	12	10	2	11	8	3
42	25	12	13	13	7	6	12	8	4
43	15	9	6	16	8	8	13	4	9
44	10	8	2	14	8	6	10	7	3
45-49岁	**40**	**25**	**15**	**28**	**19**	**9**	**40**	**25**	**15**
45	14	7	7	6	5	1	9	5	4
46	10	8	2	7	3	4	9	3	6
47	7	5	2	4	4		10	8	2
48	5	3	2	8	5	3	8	7	1
49	4	2	2	3	2	1	4	2	2
50岁及以上	**24**	**20**	**4**	**35**	**25**	**10**	**34**	**19**	**15**
平均初婚年龄	**27.19**	**27.71**	**26.67**	**27.43**	**27.98**	**26.85**	**27.67**	**28.18**	**27.15**

5-4a　续表 13　　　　　　　　　　　　　　　　　　　　　　　　　　单位：人

初婚年龄	初婚年份								
	2018年			2019年			2020年		
	小计	男	女	小计	男	女	小计	男	女
总　计	**6144**	**3077**	**3067**	**4980**	**2508**	**2472**	**3069**	**1540**	**1529**
15岁以下									
15—19岁	**39**	**10**	**29**	**26**	**5**	**21**	**16**	**6**	**10**
15				1		1	1		1
16	1	1							
17	2	1	1	4	2	2	1		1
18	12	2	10	5		5	4	1	3
19	24	6	18	16	3	13	10	5	5
20—24岁	**1355**	**549**	**806**	**998**	**406**	**592**	**573**	**241**	**332**
20	65	16	49	44	6	38	14	2	12
21	119	40	79	74	30	44	42	13	29
22	244	95	149	184	64	120	99	43	56
23	392	160	232	264	111	153	164	65	99
24	535	238	297	432	195	237	254	118	136
25—29岁	**3433**	**1737**	**1696**	**2715**	**1370**	**1345**	**1664**	**831**	**833**
25	689	279	410	563	248	315	355	174	181
26	755	373	382	625	295	330	388	180	208
27	773	391	382	550	290	260	352	169	183
28	681	393	288	518	273	245	329	163	166
29	535	301	234	459	264	195	240	145	95
30—34岁	**924**	**561**	**363**	**876**	**511**	**365**	**535**	**310**	**225**
30	325	190	135	318	190	128	188	100	88
31	256	164	92	228	141	87	118	74	44
32	136	86	50	160	82	78	92	55	37
33	122	72	50	103	60	43	91	56	35
34	85	49	36	67	38	29	46	25	21
35—39岁	**235**	**131**	**104**	**205**	**122**	**83**	**127**	**67**	**60**
35	63	36	27	65	37	28	44	23	21
36	61	29	32	63	37	26	23	14	9
37	45	28	17	33	20	13	25	12	13
38	39	21	18	23	13	10	21	11	10
39	27	17	10	21	15	6	14	7	7
40—44岁	**74**	**44**	**30**	**71**	**40**	**31**	**65**	**30**	**35**
40	20	12	8	15	8	7	18	8	10
41	17	10	7	18	10	8	11	3	8
42	13	9	4	15	10	5	8	5	3
43	10	6	4	10	9	1	10	4	6
44	14	7	7	13	3	10	18	10	8
45—49岁	**42**	**21**	**21**	**48**	**24**	**24**	**34**	**21**	**13**
45	11	5	6	14	6	8	5	4	1
46	10	5	5	11	6	5	5	1	4
47	11	7	4	10	4	6	14	6	8
48	5	2	3	9	6	3	4	4	
49	5	2	3	4	2	2	6	6	
50岁及以上	**42**	**24**	**18**	**41**	**30**	**11**	**55**	**34**	**21**
平均初婚年龄	**27.97**	**28.51**	**27.42**	**28.31**	**28.88**	**27.73**	**28.74**	**29.21**	**28.26**

5－4b 全市分初婚年龄、性别、初婚年份的人口(镇)

单位：人

初婚年龄	初婚年份								
	合计			1980年			1981年		
	合计	男	女	小计	男	女	小计	男	女
总　计	**24315**	**12303**	**12012**	**494**	**241**	**253**	**362**	**173**	**189**
15岁以下	**6**		**6**						
15－19岁	**2143**	**521**	**1622**	**46**	**8**	**38**	**58**	**11**	**47**
15	72	16	56	1		1	1		1
16	123	29	94	5	1	4	3	1	2
17	265	56	209	7	1	6	10	3	7
18	575	115	460	13		13	15	3	12
19	1108	305	803	20	6	14	29	4	25
20－24岁	**13491**	**6432**	**7059**	**314**	**137**	**177**	**220**	**103**	**117**
20	1828	560	1268	32	3	29	30	6	24
21	2450	1042	1408	53	24	29	52	23	29
22	3251	1610	1641	78	35	43	49	19	30
23	3180	1658	1522	74	36	38	53	29	24
24	2782	1562	1220	77	39	38	36	26	10
25－29岁	**7023**	**4270**	**2753**	**129**	**91**	**38**	**81**	**56**	**25**
25	2340	1325	1015	58	41	17	32	21	11
26	1884	1152	732	39	22	17	28	17	11
27	1290	815	475	18	15	3	15	14	1
28	939	603	336	11	10	1	5	4	1
29	570	375	195	3	3		1		1
30－34岁	**1170**	**761**	**409**	**5**	**5**		**3**	**3**	
30	404	267	137	1	1		1	1	
31	271	172	99	1	1		1	1	
32	202	130	72	1	1				
33	173	116	57	2	2		1	1	
34	120	76	44						
35－39岁	**291**	**191**	**100**						
35	90	64	26						
36	70	40	30						
37	49	36	13						
38	35	20	15						
39	47	31	16						
40－44岁	**111**	**72**	**39**						
40	30	16	14						
41	29	22	7						
42	22	15	7						
43	13	8	5						
44	17	11	6						
45－49岁	**52**	**38**	**14**						
45	21	15	6						
46	7	6	1						
47	7	7							
48	11	6	5						
49	6	4	2						
50岁及以上	**28**	**18**	**10**						
平均初婚年龄	**24.33**	**25.13**	**23.51**	**23.48**	**24.45**	**22.55**	**22.88**	**23.97**	**21.89**

5-4b 续表 1

单位：人

初婚年龄	初婚年份								
	1982年			1983年			1984年		
	小计	男	女	小计	男	女	小计	男	女
总　计	**404**	**194**	**210**	**361**	**182**	**179**	**338**	**165**	**173**
15岁以下	**2**		**2**						
15-19岁	**64**	**15**	**49**	**42**	**11**	**31**	**52**	**17**	**35**
15	2		2	2		2	3		3
16	6	2	4	1		1	6	1	5
17	9	3	6	5		5	4	2	2
18	12	2	10	8	2	6	13	3	10
19	35	8	27	26	9	17	26	11	15
20-24岁	**238**	**116**	**122**	**221**	**101**	**120**	**221**	**102**	**119**
20	34	8	26	40	14	26	25	6	19
21	36	21	15	38	12	26	55	19	36
22	60	27	33	41	17	24	56	28	28
23	54	25	29	61	32	29	32	17	15
24	54	35	19	41	26	15	53	32	21
25-29岁	**95**	**60**	**35**	**94**	**66**	**28**	**61**	**44**	**17**
25	42	25	17	39	28	11	19	14	5
26	22	15	7	29	21	8	19	12	7
27	16	9	7	15	8	7	11	9	2
28	12	9	3	6	5	1	5	3	2
29	3	2	1	5	4	1	7	6	1
30-34岁	**3**	**2**	**1**	**4**	**4**		**3**	**1**	**2**
30	2	2		1	1				
31				2	2		1		1
32				1	1				
33							1	1	
34	1		1				1		1
35-39岁	**2**	**1**	**1**				**1**	**1**	
35	1	1							
36							1	1	
37	1		1						
38									
39									
40-44岁									
40									
41									
42									
43									
44									
45-49岁									
45									
46									
47									
48									
49									
50岁及以上									
平均初婚年龄	**23.08**	**23.92**	**22.3**	**23.29**	**24.21**	**22.35**	**22.91**	**23.77**	**22.1**

5-4b 续表 2 单位：人

初婚年龄	初婚年份								
	1985年			1986年			1987年		
	小计	男	女	小计	男	女	小计	男	女
总　计	**590**	**301**	**289**	**483**	**237**	**246**	**494**	**247**	**247**
15岁以下									
15-19岁	**67**	**23**	**44**	**63**	**12**	**51**	**57**	**12**	**45**
15	4	3	1	2		2	3		3
16	4	1	3	5	2	3	5		5
17	8	1	7	6	1	5	5	2	3
18	18	2	16	15		15	17	3	14
19	33	16	17	35	9	26	27	7	20
20-24岁	**392**	**189**	**203**	**341**	**170**	**171**	**352**	**177**	**175**
20	60	21	39	37	17	20	44	15	29
21	89	39	50	65	34	31	70	29	41
22	111	58	53	100	45	55	107	56	51
23	85	43	42	93	53	40	71	42	29
24	47	28	19	46	21	25	60	35	25
25-29岁	**120**	**81**	**39**	**63**	**45**	**18**	**71**	**50**	**21**
25	46	27	19	22	18	4	31	22	9
26	34	25	9	19	13	6	17	11	6
27	22	16	6	8	7	1	11	6	5
28	9	6	3	10	6	4	8	7	1
29	9	7	2	4	1	3	4	4	
30-34岁	**10**	**8**	**2**	**12**	**9**	**3**	**13**	**8**	**5**
30	4	2	2	3	3		2	1	1
31	3	3		2	1	1	4	2	2
32				5	4	1	2	1	1
33	2	2		1		1	3	2	1
34	1	1		1	1		2	2	
35-39岁				**4**	**1**	**3**			
35									
36				2		2			
37				2	1	1			
38									
39									
40-44岁	**1**		**1**				**1**		**1**
40							1		1
41									
42	1		1						
43									
44									
45-49岁									
45									
46									
47									
48									
49									
50岁及以上									
平均初婚年龄	**23.04**	**23.67**	**22.39**	**23.02**	**23.63**	**22.43**	**23**	**23.72**	**22.28**

5-4b　续表 3　　　　单位：人

初婚年龄	初婚年份								
	1988年			1989年			1990年		
	小计	男	女	小计	男	女	小计	男	女
总　计	**520**	**263**	**257**	**527**	**269**	**258**	**609**	**330**	**279**
15岁以下				**1**		**1**	**1**		**1**
15-19岁	**58**	**15**	**43**	**69**	**16**	**53**	**101**	**35**	**66**
15	3	1	2				3		3
16	5		5	5	2	3	3	1	2
17	5	2	3	9	2	7	16	4	12
18	15	5	10	15	2	13	24	9	15
19	30	7	23	40	10	30	55	21	34
20-24岁	**355**	**174**	**181**	**337**	**172**	**165**	**389**	**214**	**175**
20	45	12	33	61	21	40	68	30	38
21	62	30	32	61	31	30	72	39	33
22	85	45	40	72	33	39	89	47	42
23	107	55	52	79	44	35	85	51	34
24	56	32	24	64	43	21	75	47	28
25-29岁	**96**	**66**	**30**	**105**	**72**	**33**	**105**	**71**	**34**
25	48	31	17	45	29	16	45	29	16
26	30	21	9	33	24	9	26	17	9
27	10	9	1	19	12	7	18	15	3
28	6	5	1	3	2	1	8	5	3
29	2		2	5	5		8	5	3
30-34岁	**9**	**7**	**2**	**12**	**7**	**5**	**11**	**9**	**2**
30	2	2		9	5	4	4	2	2
31	4	2	2	1		1	2	2	
32	3	3		1	1		3	3	
33				1	1		2	2	
34									
35-39岁				**3**	**2**	**1**	**2**	**1**	**1**
35				1		1			
36							1	1	
37				1	1				
38				1	1		1		1
39									
40-44岁									
40									
41									
42									
43									
44									
45-49岁	**1**		**1**						
45	1		1						
46									
47									
48									
49									
50岁及以上	**1**	**1**							
平均初婚年龄	**23.15**	**23.83**	**22.45**	**23.11**	**23.91**	**22.28**	**22.83**	**23.46**	**22.09**

5−4b 续表 4

单位：人

初婚年龄	初婚年份								
	1991年			1992年			1993年		
	小计	男	女	小计	男	女	小计	男	女
总　计	**506**	**263**	**243**	**587**	**300**	**287**	**604**	**320**	**284**
15岁以下									
15−19岁	**74**	**22**	**52**	**66**	**16**	**50**	**73**	**20**	**53**
15	3		3						
16	8	1	7	2		2	3		3
17	11	3	8	10	2	8	10	4	6
18	22	7	15	15	4	11	20	5	15
19	30	11	19	39	10	29	40	11	29
20−24岁	**317**	**154**	**163**	**402**	**195**	**207**	**401**	**204**	**197**
20	50	14	36	63	21	42	63	25	38
21	73	34	39	83	40	43	89	33	56
22	81	46	35	97	47	50	100	56	44
23	61	40	21	84	41	43	84	48	36
24	52	20	32	75	46	29	65	42	23
25−29岁	**103**	**76**	**27**	**99**	**74**	**25**	**116**	**85**	**31**
25	36	26	10	41	33	8	48	33	15
26	31	20	11	27	22	5	30	23	7
27	18	16	2	16	10	6	19	13	6
28	15	12	3	9	5	4	10	9	1
29	3	2	1	6	4	2	9	7	2
30−34岁	**10**	**9**	**1**	**11**	**7**	**4**	**9**	**6**	**3**
30	3	3		3	2	1	4	2	2
31	1	1		2		2			
32	2	2		4	3	1			
33	3	2	1	1	1		3	2	1
34	1	1		1	1		2	2	
35−39岁	**1**	**1**		**6**	**6**		**2**	**2**	
35				3	3				
36	1	1		1	1		1	1	
37							1	1	
38				1	1				
39				1	1				
40−44岁	**1**	**1**		**2**	**1**	**1**	**2**	**2**	
40				1		1			
41							2	2	
42	1	1							
43									
44				1	1				
45−49岁				**1**	**1**				
45									
46				1	1				
47									
48									
49									
50岁及以上							**1**	**1**	
平均初婚年龄	**23**	**23.95**	**21.98**	**23.26**	**24.14**	**22.35**	**23.16**	**24.04**	**22.17**

5-4b 续表 5 单位：人

初婚年龄	初婚年份								
	1994年			1995年			1996年		
	小计	男	女	小计	男	女	小计	男	女
总　计	**639**	**332**	**307**	**658**	**337**	**321**	**562**	**281**	**281**
15岁以下									
15–19岁	**66**	**22**	**44**	**74**	**14**	**60**	**53**	**8**	**45**
15				4	1	3	3	1	2
16	1		1	3	1	2	4	2	2
17	4	2	2	6		6	3		3
18	22	3	19	20	4	16	19		19
19	39	17	22	41	8	33	24	5	19
20–24岁	**427**	**210**	**217**	**446**	**229**	**217**	**376**	**185**	**191**
20	71	25	46	74	27	47	46	11	35
21	100	42	58	83	34	49	82	39	43
22	93	46	47	114	62	52	93	46	47
23	95	60	35	106	66	40	90	49	41
24	68	37	31	69	40	29	65	40	25
25–29岁	**122**	**82**	**40**	**121**	**82**	**39**	**113**	**76**	**37**
25	48	32	16	54	34	20	45	30	15
26	32	20	12	23	14	9	20	15	5
27	15	12	3	21	16	5	16	9	7
28	20	13	7	10	7	3	23	15	8
29	7	5	2	13	11	2	9	7	2
30–34岁	**18**	**13**	**5**	**14**	**10**	**4**	**14**	**8**	**6**
30	5	4	1	3	2	1	2	1	1
31	5	3	2	5	4	1	2	1	1
32	3	2	1	4	2	2	5	2	3
33	3	2	1	1	1		4	3	1
34	2	2		1	1		1	1	
35–39岁	**4**	**3**	**1**	**2**	**1**	**1**	**6**	**4**	**2**
35				1	1		3	2	1
36				1		1	1		1
37	2	2							
38							1	1	
39	2	1	1				1	1	
40–44岁	**1**	**1**							
40	1	1							
41									
42									
43									
44									
45–49岁	**1**	**1**		**1**	**1**				
45									
46									
47	1	1							
48				1	1				
49									
50岁及以上									
平均初婚年龄	**23.37**	**24.11**	**22.57**	**23.15**	**23.97**	**22.29**	**23.5**	**24.31**	**22.68**

5-4b 续表 6 单位：人

初婚年龄	初婚年份								
	1997年			1998年			1999年		
	小计	男	女	小计	男	女	小计	男	女
总　计	**582**	**289**	**293**	**591**	**308**	**283**	**580**	**289**	**291**
15岁以下									
15-19岁	**44**	**6**	**38**	**75**	**16**	**59**	**46**	**13**	**33**
15	2	1	1	5	2	3			
16	2		2	3		3	2		2
17	5		5	10	1	9	10	1	9
18	12		12	23	5	18	13	3	10
19	23	5	18	34	8	26	21	9	12
20-24岁	**363**	**165**	**198**	**333**	**168**	**165**	**370**	**171**	**199**
20	39	10	29	42	16	26	65	14	51
21	74	29	45	62	25	37	65	35	30
22	88	35	53	86	50	36	76	38	38
23	76	44	32	74	35	39	91	40	51
24	86	47	39	69	42	27	73	44	29
25-29岁	**145**	**94**	**51**	**157**	**107**	**50**	**143**	**92**	**51**
25	57	33	24	62	43	19	59	35	24
26	39	28	11	42	27	15	34	24	10
27	26	14	12	27	18	9	23	13	10
28	18	15	3	19	13	6	21	14	7
29	5	4	1	7	6	1	6	6	
30-34岁	**21**	**16**	**5**	**22**	**14**	**8**	**15**	**9**	**6**
30	6	5	1	9	6	3	3	3	
31	3	1	2	5	3	2	7	4	3
32	6	6		2	2		1	1	
33	2	1	1	5	3	2	4	1	3
34	4	3	1	1		1			
35-39岁	**6**	**6**		**4**	**3**	**1**	**2**	**2**	
35	4	4					2	2	
36	2	2		3	3				
37									
38				1		1			
39									
40-44岁	**2**	**1**	**1**				**3**	**1**	**2**
40	1	1							
41	1		1						
42							2	1	1
43							1		1
44									
45-49岁	**1**	**1**							
45									
46									
47	1	1							
48									
49									
50岁及以上							**1**	**1**	
平均初婚年龄	**24**	**25.08**	**22.94**	**23.66**	**24.5**	**22.74**	**23.74**	**24.47**	**23.01**

5-4b　续表 7

单位：人

初婚年龄	初婚年份								
	2000年			2001年			2002年		
	小计	男	女	小计	男	女	小计	男	女
总　计	**670**	**335**	**335**	**436**	**212**	**224**	**448**	**225**	**223**
15岁以下				**1**		**1**			
15-19岁	**82**	**18**	**64**	**57**	**13**	**44**	**54**	**12**	**42**
15	5		5	3	1	2			
16	4	1	3	2		2			
17	13	3	10	9	1	8	11	2	9
18	28	8	20	14	3	11	18	4	14
19	32	6	26	29	8	21	25	6	19
20-24岁	**385**	**192**	**193**	**238**	**105**	**133**	**248**	**120**	**128**
20	64	26	38	37	11	26	54	18	36
21	68	30	38	48	17	31	48	15	33
22	85	44	41	58	24	34	59	33	26
23	81	36	45	59	29	30	44	22	22
24	87	56	31	36	24	12	43	32	11
25-29岁	**171**	**101**	**70**	**113**	**72**	**41**	**118**	**75**	**43**
25	60	27	33	39	18	21	48	32	16
26	51	30	21	40	29	11	24	16	8
27	28	21	7	19	14	5	21	13	8
28	20	15	5	10	6	4	16	10	6
29	12	8	4	5	5		9	4	5
30-34岁	**17**	**14**	**3**	**22**	**18**	**4**	**21**	**12**	**9**
30	4	4		6	6		8	6	2
31	1		1	6	5	1	4	2	2
32	3	3		5	4	1	4	1	3
33	5	4	1	1		1	2	1	1
34	4	3	1	4	3	1	3	2	1
35-39岁	**8**	**6**	**2**	**5**	**4**	**1**	**4**	**3**	**1**
35	1	1					3	2	1
36	3	1	2	1	1				
37	2	2		1	1				
38	1	1		2	1	1	1	1	
39	1	1		1	1				
40-44岁	**4**	**3**	**1**				**3**	**3**	
40									
41									
42	1		1				2	2	
43	1	1							
44	2	2					1	1	
45-49岁	**3**	**1**	**2**						
45	2	1	1						
46	1		1						
47									
48									
49									
50岁及以上									
平均初婚年龄	**23.85**	**24.79**	**22.9**	**23.73**	**25.01**	**22.52**	**23.82**	**24.81**	**22.82**

5-4b 续表 8

单位：人

初婚年龄	初婚年份								
	2003年			2004年			2005年		
	小计	男	女	小计	男	女	小计	男	女
总　计	**564**	**268**	**296**	**545**	**278**	**267**	**602**	**298**	**304**
15岁以下									
15-19岁	**70**	**12**	**58**	**60**	**13**	**47**	**60**	**14**	**46**
15				3	1	2	7	2	5
16	5	2	3	6	1	5	5	2	3
17	15	2	13	12	2	10	7	3	4
18	23	2	21	14	5	9	15	4	11
19	27	6	21	25	4	21	26	3	23
20-24岁	**290**	**132**	**158**	**323**	**164**	**159**	**359**	**173**	**186**
20	58	15	43	40	12	28	47	15	32
21	77	33	44	47	22	25	58	20	38
22	54	26	28	91	46	45	86	43	43
23	55	26	29	79	43	36	106	59	47
24	46	32	14	66	41	25	62	36	26
25-29岁	**154**	**90**	**64**	**128**	**77**	**51**	**145**	**84**	**61**
25	49	25	24	39	20	19	54	26	28
26	44	28	16	32	17	15	35	23	12
27	27	15	12	20	14	6	22	16	6
28	17	12	5	17	13	4	18	11	7
29	17	10	7	20	13	7	16	8	8
30-34岁	**37**	**25**	**12**	**31**	**21**	**10**	**31**	**24**	**7**
30	16	10	6	14	8	6	9	9	
31	8	7	1	8	7	1	4	2	2
32	6	4	2	2	1	1	6	4	2
33	5	3	2	3	3		9	6	3
34	2	1	1	4	2	2	3	3	
35-39岁	**8**	**6**	**2**	**2**	**2**		**3**	**1**	**2**
35	2	2					2		2
36	2	2							
37	1	1		2	2		1	1	
38	1	1							
39	2		2						
40-44岁	**2**	**1**	**1**	**1**	**1**		**2**	**1**	**1**
40	1	1		1	1				
41	1		1				1		1
42							1	1	
43									
44									
45-49岁	**2**	**1**	**1**				**2**	**1**	**1**
45									
46									
47	1	1					1	1	
48	1		1				1		1
49									
50岁及以上	**1**	**1**							
平均初婚年龄	**24.15**	**25.36**	**23.05**	**23.89**	**24.78**	**22.96**	**23.98**	**24.78**	**23.2**

5-4b　续表 9　　单位：人

初婚年龄	初婚年份								
	2006年			2007年			2008年		
	小计	男	女	小计	男	女	小计	男	女
总　计	**622**	**317**	**305**	**597**	**298**	**299**	**800**	**394**	**406**
15岁以下									
15–19岁	**64**	**14**	**50**	**65**	**14**	**51**	**88**	**26**	**62**
15	1	1		3		3	2		2
16	6	1	5	4	1	3	3	1	2
17	6	2	4	8	3	5	10	1	9
18	14	2	12	18	2	16	30	8	22
19	37	8	29	32	8	24	43	16	27
20–24岁	**356**	**168**	**188**	**335**	**167**	**168**	**435**	**192**	**243**
20	43	10	33	50	18	32	63	18	45
21	68	28	40	59	26	33	90	42	48
22	94	46	48	79	44	35	89	41	48
23	75	44	31	77	41	36	114	50	64
24	76	40	36	70	38	32	79	41	38
25–29岁	**153**	**101**	**52**	**153**	**89**	**64**	**224**	**140**	**84**
25	51	27	24	63	34	29	74	44	30
26	47	37	10	32	18	14	60	37	23
27	22	16	6	21	13	8	32	20	12
28	20	13	7	23	15	8	33	22	11
29	13	8	5	14	9	5	25	17	8
30–34岁	**33**	**23**	**10**	**30**	**18**	**12**	**38**	**24**	**14**
30	10	6	4	7	7		13	9	4
31	8	6	2	11	5	6	6	4	2
32	2	1	1	5	3	2	5	2	3
33	6	5	1	3	2	1	10	7	3
34	7	5	2	4	1	3	4	2	2
35–39岁	**13**	**8**	**5**	**11**	**8**	**3**	**9**	**8**	**1**
35	2	2		4	3	1	3	3	
36	4	3	1	6	4	2	2	1	1
37	2		2				1	1	
38	2	1	1				2	2	
39	3	2	1	1	1		1	1	
40–44岁	**1**	**1**		**3**	**2**	**1**	**5**	**3**	**2**
40				1	1		2		2
41	1	1		1	1		3	3	
42									
43				1		1			
44									
45–49岁	**2**	**2**							
45	1	1							
46									
47									
48									
49	1	1							
50岁及以上							**1**	**1**	
平均初婚年龄	**24.24**	**25.27**	**23.17**	**24.11**	**24.88**	**23.34**	**24.17**	**25.1**	**23.27**

5-4b 续表 10 单位：人

初婚年龄	初婚年份								
	2009年			2010年			2011年		
	小计	男	女	小计	男	女	小计	男	女
总　计	**766**	**395**	**371**	**812**	**418**	**394**	**700**	**356**	**344**
15岁以下									
15-19岁	**57**	**18**	**39**	**49**	**13**	**36**	**32**	**10**	**22**
15	1		1				3	1	2
16	5	2	3						
17	2		2	4		4	3	2	1
18	11	3	8	16	4	12	5	1	4
19	38	13	25	29	9	20	21	6	15
20-24岁	**436**	**200**	**236**	**452**	**215**	**237**	**339**	**152**	**187**
20	65	19	46	86	26	60	35	6	29
21	84	35	49	64	24	40	59	21	38
22	103	46	57	117	62	55	90	47	43
23	99	55	44	96	55	41	83	41	42
24	85	45	40	89	48	41	72	37	35
25-29岁	**227**	**148**	**79**	**246**	**144**	**102**	**249**	**141**	**108**
25	70	45	25	76	42	34	71	39	32
26	70	41	29	70	38	32	63	35	28
27	42	30	12	50	33	17	46	21	25
28	26	19	7	42	27	15	39	26	13
29	19	13	6	8	4	4	30	20	10
30-34岁	**29**	**17**	**12**	**43**	**32**	**11**	**54**	**37**	**17**
30	8	7	1	13	11	2	16	9	7
31	8	4	4	15	12	3	15	8	7
32	4	1	3	6	2	4	10	10	
33	7	3	4	8	6	2	7	7	
34	2	2		1	1		6	3	3
35-39岁	**11**	**6**	**5**	**19**	**12**	**7**	**16**	**10**	**6**
35	3	3		6	4	2	7	5	2
36	1	1		5	2	3	4	2	2
37	4	1	3	2	2		2	1	1
38	1		1	1		1	1		1
39	2	1	1	5	4	1	2	2	
40-44岁	**4**	**4**		**2**	**2**		**6**	**3**	**3**
40				1	1		2	1	1
41	1	1		1	1		2	1	1
42	2	2					1	1	
43	1	1							
44							1		1
45-49岁	**1**	**1**		**1**		**1**	**4**	**3**	**1**
45	1	1					3	2	1
46									
47							1	1	
48				1		1			
49									
50岁及以上	**1**	**1**							
平均初婚年龄	**24.34**	**25.13**	**23.5**	**24.56**	**25.31**	**23.77**	**25.45**	**26.23**	**24.65**

5-4b 续表 11

单位：人

初婚年龄	初婚年份								
	2012年			2013年			2014年		
	小计	男	女	小计	男	女	小计	男	女
总　计	**917**	**475**	**442**	**810**	**408**	**402**	**788**	**392**	**396**
15岁以下									
15–19岁	**38**	**6**	**32**	**30**	**7**	**23**	**28**	**4**	**24**
15							2	1	1
16	3	2	1				1		1
17	2		2	4		4	1		1
18	10	1	9	9	2	7	7	3	4
19	23	3	20	17	5	12	17		17
20–24岁	**462**	**224**	**238**	**376**	**183**	**193**	**325**	**141**	**184**
20	41	10	31	45	16	29	31	9	22
21	66	30	36	49	20	29	39	10	29
22	110	56	54	98	49	49	59	31	28
23	136	64	72	99	52	47	85	37	48
24	109	64	45	85	46	39	111	54	57
25–29岁	**318**	**184**	**134**	**328**	**173**	**155**	**345**	**195**	**150**
25	100	43	57	99	50	49	102	53	49
26	80	52	28	82	39	43	102	59	43
27	63	43	20	74	41	33	64	36	28
28	45	26	19	44	25	19	44	23	21
29	30	20	10	29	18	11	33	24	9
30–34岁	**57**	**31**	**26**	**45**	**27**	**18**	**66**	**34**	**32**
30	21	12	9	13	6	7	22	12	10
31	14	9	5	11	7	4	17	10	7
32	7	5	2	8	5	3	13	5	8
33	4	1	3	13	9	4	7	3	4
34	11	4	7				7	4	3
35–39岁	**29**	**20**	**9**	**15**	**8**	**7**	**16**	**12**	**4**
35	8	5	3	4	3	1	6	3	3
36	5	2	3	2	1	1	4	4	
37	5	5		2	2		4	3	1
38	7	6	1	3	1	2	1	1	
39	4	2	2	4	1	3	1	1	
40–44岁	**5**	**4**	**1**	**12**	**6**	**6**	**7**	**5**	**2**
40	1	1		2		2	3	1	2
41	2	2		3	2	1	2	2	
42	1	1		3	1	2	1	1	
43	1		1	2	1	1	1	1	
44				2	2				
45–49岁	**5**	**4**	**1**	**3**	**3**		**1**	**1**	
45	1	1		2	2		1	1	
46	2	2							
47				1	1				
48	1	1							
49	1		1						
50岁及以上	**3**	**2**	**1**	**1**	**1**				
平均初婚年龄	**25.51**	**26.24**	**24.72**	**25.56**	**26.06**	**25.04**	**25.84**	**26.55**	**25.14**

5-4b 续表 12

单位：人

初婚年龄	初婚年份								
	2015年			2016年			2017年		
	小计	男	女	小计	男	女	小计	男	女
总　计	**746**	**376**	**370**	**722**	**356**	**366**	**705**	**354**	**351**
15岁以下	**1**		**1**						
15-19岁	**24**	**6**	**18**	**14**	**3**	**11**	**8**	**1**	**7**
15									
16	1	1					2		2
17	3		3	1		1			
18	9	1	8	1		1	1		1
19	11	4	7	12	3	9	5	1	4
20-24岁	**277**	**119**	**158**	**252**	**102**	**150**	**270**	**116**	**154**
20	24	4	20	16	3	13	19	4	15
21	30	8	22	37	13	24	32	8	24
22	70	32	38	52	20	32	71	33	38
23	62	31	31	67	29	38	67	32	35
24	91	44	47	80	37	43	81	39	42
25-29岁	**359**	**199**	**160**	**367**	**194**	**173**	**335**	**182**	**153**
25	103	50	53	90	45	45	87	40	47
26	96	55	41	111	58	53	103	58	45
27	71	42	29	79	44	35	71	41	30
28	58	35	23	57	28	29	41	25	16
29	31	17	14	30	19	11	33	18	15
30-34岁	**60**	**38**	**22**	**62**	**42**	**20**	**63**	**39**	**24**
30	27	18	9	23	15	8	23	15	8
31	11	6	5	14	13	1	16	8	8
32	11	7	4	11	5	6	14	7	7
33	5	3	2	9	5	4	6	6	
34	6	4	2	5	4	1	4	3	1
35-39岁	**11**	**6**	**5**	**15**	**8**	**7**	**15**	**6**	**9**
35	2	2		3	2	1	3	2	1
36	1		1	5	2	3	5		5
37	1		1	2	1	1	3	3	
38	2		2	2	1	1	2	1	1
39	5	4	1	3	2	1	2		2
40-44岁	**10**	**6**	**4**	**9**	**4**	**5**	**7**	**5**	**2**
40	4	2	2	2		2	1	1	
41	1	1		2	2		3	2	1
42	1		1	1	1				
43	1	1					3	2	1
44	3	2	1	4	1	3			
45-49岁				**1**	**1**		**4**	**4**	
45				1	1		3	3	
46									
47							1	1	
48									
49									
50岁及以上	**4**	**2**	**2**	**2**	**2**		**3**	**1**	**2**
平均初婚年龄	**26.14**	**26.78**	**25.49**	**26.43**	**27.08**	**25.79**	**26.4**	**27.01**	**25.79**

5-4b　续表 13　　　　单位：人

初婚年龄	初婚年份								
	2018年			2019年			2020年		
	小计	男	女	小计	男	女	小计	男	女
总　计	**701**	**361**	**340**	**553**	**299**	**254**	**320**	**167**	**153**
15岁以下									
15-19岁	**10**	**4**	**6**	**2**		**2**	**3**	**1**	**2**
15	1		1						
16									
17	1	1							
18				1		1			
19	8	3	5	1		1	3	1	2
20-24岁	**231**	**100**	**131**	**192**	**92**	**100**	**95**	**39**	**56**
20	9	2	7	6	2	4	6		6
21	24	12	12	27	11	16	12	5	7
22	43	20	23	47	20	27	20	11	9
23	63	23	40	57	33	24	21	6	15
24	92	43	49	55	26	29	36	17	19
25-29岁	**346**	**182**	**164**	**261**	**147**	**114**	**144**	**82**	**62**
25	89	39	50	71	31	40	28	11	17
26	78	37	41	51	28	23	39	26	13
27	84	49	35	56	35	21	34	17	17
28	71	43	28	47	30	17	23	14	9
29	24	14	10	36	23	13	20	14	6
30-34岁	**95**	**62**	**33**	**79**	**45**	**34**	**38**	**23**	**15**
30	36	22	14	35	20	15	13	7	6
31	18	13	5	15	6	9	10	7	3
32	21	13	8	11	8	3	5	5	
33	7	4	3	12	8	4	5	3	2
34	13	10	3	6	3	3	5	1	4
35-39岁	**9**	**7**	**2**	**13**	**9**	**4**	**14**	**7**	**7**
35	4	4		4	1	3	8	4	4
36	2	1	1	2	2		2	1	1
37	1		1	4	4		2	1	1
38							1		1
39	2	2		3	2	1	1	1	
40-44岁	**4**	**3**	**1**	**3**	**3**		**8**	**5**	**3**
40				1	1		4	3	1
41	1	1					1		1
42	1	1					3	2	1
43				1	1				
44	2	1	1	1	1				
45-49岁	**4**	**3**	**1**	**3**	**3**		**11**	**6**	**5**
45				1	1		4	1	3
46				1	1		2	2	
47									
48	3	3					3	1	2
49	1		1	1	1		2	2	
50岁及以上	**2**		**2**				**7**	**4**	**3**
平均初婚年龄	**26.82**	**27.41**	**26.2**	**26.85**	**27.45**	**26.15**	**28.5**	**29.12**	**27.83**

5-4c 全市分初婚年龄、性别、初婚年份的人口(乡村)

单位：人

初婚年龄	初婚年份								
	合计			1980年			1981年		
	合计	男	女	小计	男	女	小计	男	女
总　计	**30257**	**16147**	**14110**	**1039**	**519**	**520**	**808**	**399**	**409**
15岁以下	**24**	**6**	**18**	**1**		**1**	**1**		**1**
15-19岁	**3176**	**819**	**2357**	**133**	**29**	**104**	**100**	**21**	**79**
15	106	28	78	4		4	2	1	1
16	198	47	151	14	3	11	8	1	7
17	423	98	325	32	8	24	20	4	16
18	829	184	645	41	7	34	26	5	21
19	1620	462	1158	42	11	31	44	10	34
20-24岁	**18261**	**9430**	**8831**	**667**	**305**	**362**	**531**	**246**	**285**
20	2665	907	1758	97	25	72	63	16	47
21	3668	1639	2029	127	52	75	107	41	66
22	4488	2396	2092	141	66	75	133	56	77
23	4105	2379	1726	163	81	82	126	70	56
24	3335	2109	1226	139	81	58	102	63	39
25-29岁	**6798**	**4513**	**2285**	**216**	**165**	**51**	**165**	**123**	**42**
25	2560	1627	933	94	71	23	83	60	23
26	1704	1126	578	65	48	17	40	33	7
27	1192	825	367	33	27	6	18	11	7
28	780	551	229	11	7	4	18	14	4
29	562	384	178	13	12	1	6	5	1
30-34岁	**1251**	**874**	**377**	**19**	**17**	**2**	**7**	**6**	**1**
30	391	270	121	9	9		4	3	1
31	302	223	79	6	5	1	2	2	
32	223	157	66	2	2		1	1	
33	181	124	57	1		1			
34	154	100	54	1	1				
35-39岁	**392**	**269**	**123**	**3**	**3**		**4**	**3**	**1**
35	113	81	32	1	1		1	1	
36	85	62	23	1	1				
37	74	51	23	1	1		2	1	1
38	66	45	21						
39	54	30	24				1	1	
40-44岁	**163**	**112**	**51**						
40	48	34	14						
41	38	25	13						
42	31	21	10						
43	28	17	11						
44	18	15	3						
45-49岁	**103**	**63**	**40**						
45	25	12	13						
46	30	18	12						
47	21	16	5						
48	13	9	4						
49	14	8	6						
50岁及以上	**89**	**61**	**28**						
平均初婚年龄	**23.96**	**24.8**	**23**	**23.1**	**24.19**	**22.01**	**23.07**	**24.06**	**22.1**

5–4c　续表 1　　　　单位：人

初婚年龄	初婚年份								
	1982年			1983年			1984年		
	小计	男	女	小计	男	女	小计	男	女
总　计	**838**	**415**	**423**	**753**	**381**	**372**	**801**	**415**	**386**
15岁以下				**2**		**2**	**1**		**1**
15–19岁	**145**	**30**	**115**	**129**	**32**	**97**	**104**	**19**	**85**
15	5	1	4	5	1	4	1		1
16	9	1	8	8	3	5	7	2	5
17	22	3	19	24	1	23	13	3	10
18	47	11	36	27	9	18	29	3	26
19	62	14	48	65	18	47	54	11	43
20–24岁	**491**	**239**	**252**	**445**	**219**	**226**	**533**	**279**	**254**
20	75	20	55	105	32	73	92	29	63
21	65	28	37	79	31	48	151	71	80
22	129	54	75	80	47	33	133	78	55
23	125	74	51	103	55	48	70	36	34
24	97	63	34	78	54	24	87	65	22
25–29岁	**188**	**133**	**55**	**163**	**118**	**45**	**146**	**104**	**42**
25	81	48	33	73	50	23	59	40	19
26	48	36	12	38	28	10	25	18	7
27	36	29	7	21	14	7	26	19	7
28	18	16	2	24	19	5	22	17	5
29	5	4	1	7	7		14	10	4
30–34岁	**12**	**11**	**1**	**13**	**11**	**2**	**16**	**13**	**3**
30	4	4		6	6		6	4	2
31	3	2	1	4	3	1	5	4	1
32	2	2		1	1		3	3	
33	2	2		2	1	1	1	1	
34	1	1					1	1	
35–39岁	**2**	**2**		**1**	**1**				
35									
36									
37	1	1		1	1				
38									
39	1	1							
40–44岁									
40									
41									
42									
43									
44									
45–49岁							**1**		**1**
45									
46							1		1
47									
48									
49									
50岁及以上									
平均初婚年龄	**23.02**	**24.21**	**21.85**	**22.83**	**23.95**	**21.68**	**22.89**	**23.81**	**21.9**

5-4c 续表 2

单位：人

初婚年龄	初婚年份								
	1985年			1986年			1987年		
	小计	男	女	小计	男	女	小计	男	女
总　计	**966**	**490**	**476**	**918**	**471**	**447**	**885**	**465**	**420**
15岁以下	**1**		**1**				**1**		**1**
15-19岁	**137**	**33**	**104**	**109**	**19**	**90**	**111**	**33**	**78**
15	9	2	7	4		4	4	2	2
16	12	4	8	7	2	5	9	2	7
17	21	6	15	27	6	21	11	3	8
18	28	6	22	28	4	24	26	7	19
19	67	15	52	43	7	36	61	19	42
20-24岁	**653**	**331**	**322**	**663**	**348**	**315**	**640**	**330**	**310**
20	112	39	73	109	37	72	87	28	59
21	154	74	80	127	62	65	135	56	79
22	203	106	97	184	95	89	171	94	77
23	108	66	42	160	99	61	133	76	57
24	76	46	30	83	55	28	114	76	38
25-29岁	**148**	**106**	**42**	**109**	**75**	**34**	**108**	**83**	**25**
25	63	42	21	28	19	9	46	36	10
26	28	21	7	39	27	12	23	19	4
27	28	21	7	15	11	4	18	12	6
28	18	14	4	14	10	4	10	8	2
29	11	8	3	13	8	5	11	8	3
30-34岁	**23**	**18**	**5**	**30**	**25**	**5**	**20**	**14**	**6**
30	8	7	1	9	9		9	8	1
31	6	6		6	4	2	8	5	3
32	2	1	1	4	3	1	2	1	1
33	2	1	1	3	2	1	1		1
34	5	3	2	8	7	1			
35-39岁	**4**	**2**	**2**	**6**	**3**	**3**	**4**	**4**	
35	1		1	2	2		3	3	
36	1	1		3	1	2	1	1	
37	1		1						
38									
39	1	1		1		1			
40-44岁				**1**	**1**		**1**	**1**	
40							1	1	
41									
42				1	1				
43									
44									
45-49岁									
45									
46									
47									
48									
49									
50岁及以上									
平均初婚年龄	**22.73**	**23.57**	**21.87**	**22.96**	**23.85**	**22.03**	**22.86**	**23.64**	**22.01**

5-4c 续表 3

单位：人

初婚年龄	初婚年份								
	1988年			1989年			1990年		
	小计	男	女	小计	男	女	小计	男	女
总 计	**939**	**497**	**442**	**927**	**491**	**436**	**1058**	**581**	**477**
15岁以下	**1**		**1**	**1**	**1**		**2**		**2**
15-19岁	**113**	**20**	**93**	**131**	**35**	**96**	**157**	**46**	**111**
15	2		2	6	3	3	2	1	1
16	6		6	6	2	4	11	1	10
17	9	1	8	12	4	8	18	6	12
18	28	4	24	29	5	24	33	7	26
19	68	15	53	78	21	57	93	31	62
20-24岁	**646**	**347**	**299**	**604**	**326**	**278**	**702**	**390**	**312**
20	88	30	58	121	43	78	122	54	68
21	154	86	68	125	64	61	166	79	87
22	158	85	73	150	83	67	166	95	71
23	141	83	58	122	78	44	153	96	57
24	105	63	42	86	58	28	95	66	29
25-29岁	**141**	**98**	**43**	**147**	**100**	**47**	**156**	**113**	**43**
25	62	43	19	62	43	19	64	43	21
26	38	30	8	43	31	12	37	28	9
27	15	8	7	19	12	7	30	20	10
28	17	12	5	10	7	3	17	15	2
29	9	5	4	13	7	6	8	7	1
30-34岁	**28**	**24**	**4**	**34**	**22**	**12**	**24**	**18**	**6**
30	8	6	2	10	7	3	6	4	2
31	7	6	1	8	5	3	2	1	1
32	2	1	1	6	3	3	5	5	
33	8	8		7	5	2	5	4	1
34	3	3		3	2	1	6	4	2
35-39岁	**7**	**6**	**1**	**8**	**6**	**2**	**10**	**9**	**1**
35	4	3	1	1	1		3	3	
36	1	1		3	3		3	2	1
37				2	1	1	2	2	
38	1	1		2	1	1	1	1	
39	1	1					1	1	
40-44岁	**3**	**2**	**1**	**1**	**1**		**4**	**2**	**2**
40							1		1
41				1	1				
42	2	1	1				1		1
43	1	1					1	1	
44							1	1	
45-49岁				**1**		**1**	**3**	**3**	
45							1	1	
46							1	1	
47				1		1			
48							1	1	
49									
50岁及以上									
平均初婚年龄	**23.15**	**24.02**	**22.17**	**23.06**	**23.76**	**22.28**	**23**	**23.85**	**21.95**

5-4c 续表 4 单位：人

初婚年龄	初婚年份								
	1991年			1992年			1993年		
	小计	男	女	小计	男	女	小计	男	女
总　计	**746**	**382**	**364**	**974**	**527**	**447**	**921**	**499**	**422**
15岁以下				**1**		**1**	**1**	**1**	
15-19岁	**97**	**22**	**75**	**138**	**43**	**95**	**130**	**36**	**94**
15	2	1	1	3	1	2	4	2	2
16	4		4	4		4	8	2	6
17	11	1	10	17	4	13	19	3	16
18	33	4	29	51	19	32	30	11	19
19	47	16	31	63	19	44	69	18	51
20-24岁	**496**	**251**	**245**	**669**	**354**	**315**	**611**	**337**	**274**
20	71	21	50	124	53	71	102	44	58
21	117	52	65	141	62	79	135	69	66
22	148	79	69	167	97	70	138	80	58
23	109	66	43	141	84	57	161	92	69
24	51	33	18	96	58	38	75	52	23
25-29岁	**133**	**95**	**38**	**135**	**104**	**31**	**147**	**106**	**41**
25	54	37	17	63	48	15	56	34	22
26	26	12	14	36	28	8	36	27	9
27	30	29	1	15	11	4	29	25	4
28	17	13	4	15	14	1	13	9	4
29	6	4	2	6	3	3	13	11	2
30-34岁	**14**	**11**	**3**	**24**	**21**	**3**	**20**	**11**	**9**
30	4	3	1	6	5	1	9	7	2
31	3	2	1	3	3		6	2	4
32	1	1		7	7		1	1	
33	5	5		6	5	1	3	1	2
34	1		1	2	1	1	1		1
35-39岁	**5**	**2**	**3**	**6**	**4**	**2**	**8**	**5**	**3**
35				2	1	1	2	2	
36	1	1		1	1		4	2	2
37	1		1	2	1	1			
38				1	1		1		1
39	3	1	2				1	1	
40-44岁	**1**	**1**		**1**	**1**		**3**	**2**	**1**
40							1	1	
41	1	1		1	1		1		1
42									
43							1	1	
44									
45-49岁									
45									
46									
47									
48									
49									
50岁及以上							**1**	**1**	
平均初婚年龄	**23.01**	**23.88**	**22.09**	**22.8**	**23.58**	**21.88**	**23.01**	**23.68**	**22.22**

5-4c 续表 5 单位：人

初婚年龄	初婚年份								
	1994年			1995年			1996年		
	小计	男	女	小计	男	女	小计	男	女
总　计	**943**	**518**	**425**	**796**	**435**	**361**	**710**	**391**	**319**
15岁以下				**1**	**1**				
15–19岁	**109**	**35**	**74**	**95**	**27**	**68**	**66**	**20**	**46**
15	1		1	4	3	1	2		2
16	6	3	3	8		8	1	1	
17	8	2	6	7	5	2	2	1	1
18	35	7	28	26	3	23	20	5	15
19	59	23	36	50	16	34	41	13	28
20–24岁	**636**	**338**	**298**	**524**	**283**	**241**	**468**	**242**	**226**
20	89	35	54	76	29	47	79	30	49
21	150	69	81	102	48	54	103	43	60
22	145	74	71	147	79	68	113	58	55
23	148	87	61	118	72	46	105	67	38
24	104	73	31	81	55	26	68	44	24
25–29岁	**159**	**116**	**43**	**124**	**87**	**37**	**140**	**103**	**37**
25	68	46	22	55	38	17	54	39	15
26	36	26	10	30	21	9	42	31	11
27	23	19	4	19	13	6	21	16	5
28	18	15	3	7	6	1	13	12	1
29	14	10	4	13	9	4	10	5	5
30–34岁	**27**	**19**	**8**	**39**	**27**	**12**	**22**	**18**	**4**
30	9	6	3	15	10	5	5	5	
31	7	6	1	10	7	3	2	2	
32	3	2	1	7	6	1	8	6	2
33	5	3	2	5	4	1	4	3	1
34	3	2	1	2		2	3	2	1
35–39岁	**8**	**7**	**1**	**7**	**5**	**2**	**4**	**2**	**2**
35	2	2							
36				1	1		2	1	1
37	4	3	1	3	3		1	1	
38	1	1		3	1	2			
39	1	1					1		1
40–44岁	**4**	**3**	**1**	**2**	**1**	**1**	**3**	**2**	**1**
40				1		1	1		1
41	1	1					1	1	
42	1	1							
43	1		1						
44	1	1		1	1		1	1	
45–49岁				**1**	**1**		**5**	**3**	**2**
45							2	1	1
46							1	1	
47							2	1	1
48									
49				1	1				
50岁及以上				**3**	**3**		**2**	**1**	**1**
平均初婚年龄	**23.3**	**24.06**	**22.37**	**23.48**	**24.29**	**22.51**	**23.69**	**24.43**	**22.78**

5-4c 续表 6 单位：人

初婚年龄	初婚年份								
	1997年			1998年			1999年		
	小计	男	女	小计	男	女	小计	男	女
总 计	**716**	**393**	**323**	**824**	**464**	**360**	**607**	**333**	**274**
15岁以下				**1**		**1**			
15-19岁	**64**	**14**	**50**	**98**	**23**	**75**	**64**	**19**	**45**
15	1	1		3	1	2	2		2
16	5	1	4	8	2	6	2	1	1
17	6		6	12	2	10	8	2	6
18	20	4	16	23	2	21	15	3	12
19	32	8	24	52	16	36	37	13	24
20-24岁	**457**	**244**	**213**	**482**	**271**	**211**	**364**	**195**	**169**
20	62	19	43	72	27	45	49	12	37
21	113	53	60	99	54	45	68	34	34
22	106	60	46	106	57	49	89	53	36
23	88	58	30	107	69	38	82	46	36
24	88	54	34	98	64	34	76	50	26
25-29岁	**166**	**113**	**53**	**188**	**130**	**58**	**135**	**85**	**50**
25	55	36	19	70	42	28	55	34	21
26	46	29	17	45	31	14	22	16	6
27	31	22	9	33	25	8	24	17	7
28	19	12	7	22	17	5	20	9	11
29	15	14	1	18	15	3	14	9	5
30-34岁	**23**	**18**	**5**	**35**	**25**	**10**	**34**	**27**	**7**
30	8	5	3	6	4	2	10	8	2
31	7	7		5	5		13	11	2
32	1	1		10	6	4	4	3	1
33	4	3	1	4	4		5	4	1
34	3	2	1	10	6	4	2	1	1
35-39岁	**3**	**3**		**14**	**11**	**3**	**4**	**2**	**2**
35	2	2		6	5	1			
36				2	2		1	1	
37				1		1	2	1	1
38	1	1		3	3				
39				2	1	1	1		1
40-44岁	**2**	**1**	**1**	**3**	**2**	**1**	**2**	**2**	
40				2	2		1	1	
41									
42	1	1					1	1	
43	1		1	1		1			
44									
45-49岁	**1**		**1**	**1**	**1**		**2**	**2**	
45	1		1				1	1	
46									
47				1	1				
48							1	1	
49									
50岁及以上				**2**	**1**	**1**	**2**	**1**	**1**
平均初婚年龄	**23.66**	**24.43**	**22.72**	**23.94**	**24.84**	**22.78**	**24.05**	**24.85**	**23.08**

5-4c 续表 7 单位：人

初婚年龄	初婚年份								
	2000年			2001年			2002年		
	小计	男	女	小计	男	女	小计	男	女
总 计	**652**	**364**	**288**	**488**	**275**	**213**	**488**	**278**	**210**
15岁以下	**3**	**1**	**2**						
15-19岁	**64**	**17**	**47**	**53**	**10**	**43**	**56**	**13**	**43**
15	5		5	3		3	3	1	2
16	4	2	2	2	1	1	4	1	3
17	9	2	7	5		5	8	1	7
18	23	5	18	13	1	12	11	2	9
19	23	8	15	30	8	22	30	8	22
20-24岁	**372**	**206**	**166**	**280**	**152**	**128**	**271**	**159**	**112**
20	51	17	34	35	13	22	40	17	23
21	61	30	31	61	22	39	57	31	26
22	89	48	41	69	37	32	67	46	21
23	92	58	34	60	41	19	58	39	19
24	79	53	26	55	39	16	49	26	23
25-29岁	**167**	**111**	**56**	**129**	**93**	**36**	**126**	**81**	**45**
25	59	33	26	57	40	17	43	22	21
26	49	32	17	19	15	4	31	19	12
27	27	22	5	29	20	9	22	19	3
28	20	13	7	17	14	3	20	12	8
29	12	11	1	7	4	3	10	9	1
30-34岁	**31**	**19**	**12**	**14**	**12**	**2**	**27**	**18**	**9**
30	8	4	4	9	8	1	8	5	3
31	6	3	3	3	3		7	6	1
32	5	3	2	2	1	1	10	6	4
33	8	6	2				2	1	1
34	4	3	1						
35-39岁	**8**	**5**	**3**	**7**	**3**	**4**	**6**	**5**	**1**
35	5	3	2	3	1	2	1	1	
36	1		1	3	1	2	1	1	
37	2	2					2	2	
38				1	1		1		1
39							1	1	
40-44岁	**5**	**3**	**2**	**2**	**2**		**2**	**2**	
40	2	2		1	1		1	1	
41				1	1				
42	1		1				1	1	
43	1		1						
44	1	1							
45-49岁	**1**	**1**		**2**	**2**				
45									
46									
47	1	1		2	2				
48									
49									
50岁及以上	**1**	**1**		**1**	**1**				
平均初婚年龄	**24.15**	**24.94**	**23.15**	**23.96**	**25**	**22.62**	**24**	**24.75**	**23**

5-4c 续表 8 单位：人

初婚年龄	初婚年份								
	2003年			2004年			2005年		
	小计	男	女	小计	男	女	小计	男	女
总　计	**527**	**299**	**228**	**541**	**303**	**238**	**608**	**337**	**271**
15岁以下	**1**	**1**		**2**		**2**			
15-19岁	**49**	**14**	**35**	**65**	**13**	**52**	**69**	**22**	**47**
15	2		2	5	3	2	4	1	3
16	4	2	2	3		3	3	1	2
17	3	1	2	10		10	8	2	6
18	16	4	12	16	4	12	13	4	9
19	24	7	17	31	6	25	41	14	27
20-24岁	**317**	**172**	**145**	**335**	**188**	**147**	**372**	**204**	**168**
20	50	22	28	41	13	28	61	16	45
21	85	38	47	79	37	42	70	30	40
22	74	44	30	99	57	42	96	60	36
23	59	39	20	63	42	21	87	58	29
24	49	29	20	53	39	14	58	40	18
25-29岁	**120**	**80**	**40**	**98**	**72**	**26**	**118**	**77**	**41**
25	34	20	14	31	24	7	40	27	13
26	21	14	7	24	17	7	32	19	13
27	30	20	10	21	15	6	25	18	7
28	17	13	4	12	10	2	5	2	3
29	18	13	5	10	6	4	16	11	5
30-34岁	**27**	**20**	**7**	**26**	**18**	**8**	**34**	**26**	**8**
30	13	9	4	4	2	2	12	9	3
31	9	9		11	9	2	9	8	1
32	3	1	2	4	1	3	7	7	
33	1	1		3	2	1	3		3
34	1		1	4	4		3	2	1
35-39岁	**7**	**6**	**1**	**10**	**7**	**3**	**11**	**6**	**5**
35	4	3	1	4	4		1		1
36				1	1		1	1	
37	1	1					2	2	
38	1	1		2	1	1	5	3	2
39	1	1		3	1	2	2		2
40-44岁	**3**	**3**		**2**	**2**		**4**	**2**	**2**
40	2	2							
41	1	1					1		1
42							2	2	
43				2	2		1		1
44									
45-49岁	**2**	**2**		**2**	**2**				
45	1	1							
46				2	2				
47									
48	1	1							
49									
50岁及以上	**1**	**1**		**1**	**1**				
平均初婚年龄	**24.04**	**24.94**	**22.84**	**23.77**	**24.85**	**22.39**	**23.87**	**24.58**	**22.98**

5-4c　续表 9　　　　单位：人

初婚年龄	初婚年份								
	2006年			2007年			2008年		
	小计	男	女	小计	男	女	小计	男	女
总　计	**586**	**329**	**257**	**601**	**327**	**274**	**744**	**411**	**333**
15岁以下	**1**		**1**	**1**	**1**				
15–19岁	**76**	**28**	**48**	**71**	**22**	**49**	**79**	**25**	**54**
15	2		2	2		2	5	1	4
16	6	1	5	7	1	6	3	1	2
17	12	6	6	15	4	11	10	3	7
18	24	8	16	18	5	13	16	7	9
19	32	13	19	29	12	17	45	13	32
20–24岁	**345**	**189**	**156**	**353**	**180**	**173**	**417**	**219**	**198**
20	62	22	40	49	19	30	66	19	47
21	58	24	34	65	22	43	80	42	38
22	77	49	28	93	50	43	99	57	42
23	78	48	30	77	45	32	94	53	41
24	70	46	24	69	44	25	78	48	30
25–29岁	**117**	**75**	**42**	**127**	**89**	**38**	**186**	**124**	**62**
25	37	22	15	57	37	20	72	44	28
26	29	21	8	29	22	7	56	41	15
27	20	13	7	23	15	8	21	13	8
28	16	11	5	7	7		18	16	2
29	15	8	7	11	8	3	19	10	9
30–34岁	**30**	**24**	**6**	**27**	**20**	**7**	**34**	**25**	**9**
30	7	5	2	5	2	3	9	8	1
31	2	2		7	7		3	1	2
32	8	7	1	4	3	1	11	8	3
33	7	7		3	2	1	5	3	2
34	6	3	3	8	6	2	6	5	1
35–39岁	**10**	**7**	**3**	**13**	**9**	**4**	**15**	**11**	**4**
35	1	1		2	1	1	3	2	1
36	3	3		3	2	1	4	2	2
37	3	1	2	2	2		4	3	1
38	1	1		3	2	1	3	3	
39	2	1	1	3	2	1	1	1	
40–44岁	**5**	**4**	**1**	**6**	**4**	**2**	**4**	**2**	**2**
40	3	3		2	1	1	1		1
41	1		1	1	1		1	1	
42				3	2	1	1		1
43							1	1	
44	1	1							
45–49岁	**2**	**2**		**1**	**1**		**5**	**1**	**4**
45							3	1	2
46									
47				1	1				
48	1	1					1		1
49	1	1					1		1
50岁及以上				**2**	**1**	**1**	**4**	**4**	
平均初婚年龄	**23.96**	**24.86**	**22.81**	**24.06**	**25.02**	**22.92**	**24.37**	**25.14**	**23.41**

5-4c 续表 10 单位：人

初婚年龄	初婚年份								
	2009年			2010年			2011年		
	小计	男	女	小计	男	女	小计	男	女
总　计	**670**	**364**	**306**	**809**	**430**	**379**	**688**	**363**	**325**
15岁以下									
15–19岁	**63**	**15**	**48**	**67**	**22**	**45**	**46**	**13**	**33**
15	1		1	4		4			
16	3		3	4	2	2	2	1	1
17	6	1	5	8	4	4	7	3	4
18	12	4	8	19	4	15	13	2	11
19	41	10	31	32	12	20	24	7	17
20–24岁	**376**	**193**	**183**	**438**	**204**	**234**	**434**	**217**	**217**
20	55	21	34	61	16	45	68	25	43
21	77	36	41	79	33	46	96	43	53
22	99	52	47	98	44	54	88	50	38
23	84	46	38	117	62	55	95	50	45
24	61	38	23	83	49	34	87	49	38
25–29岁	**156**	**107**	**49**	**209**	**142**	**67**	**164**	**102**	**62**
25	51	34	17	77	52	25	68	40	28
26	52	33	19	51	38	13	41	20	21
27	27	20	7	35	24	11	32	22	10
28	14	10	4	24	13	11	19	16	3
29	12	10	2	22	15	7	4	4	
30–34岁	**43**	**25**	**18**	**48**	**29**	**19**	**25**	**18**	**7**
30	9	6	3	11	7	4	5	3	2
31	11	8	3	11	7	4	8	6	2
32	6	3	3	3	2	1	7	5	2
33	10	5	5	8	3	5	1	1	
34	7	3	4	15	10	5	4	3	1
35–39岁	**19**	**15**	**4**	**28**	**22**	**6**	**12**	**8**	**4**
35	6	5	1	9	7	2	5	4	1
36	1	1		9	8	1	1		1
37	3	2	1	6	4	2	1	1	
38	5	4	1	4	3	1	2	1	1
39	4	3	1				3	2	1
40–44岁	**6**	**4**	**2**	**11**	**8**	**3**	**4**	**3**	**1**
40	1	1		2	2		3	2	1
41	1		1	3	2	1			
42				3	2	1			
43	2	1	1	1		1	1	1	
44	2	2		2	2				
45–49岁	**4**	**3**	**1**	**5**	**2**	**3**	**2**	**1**	**1**
45	2	2		3	1	2			
46	1		1	1		1			
47	1	1		1	1		1	1	
48							1		1
49									
50岁及以上	**3**	**2**	**1**	**3**	**1**	**2**	**1**	**1**	
平均初婚年龄	**24.69**	**25.61**	**23.6**	**25.01**	**25.89**	**24**	**24.11**	**24.82**	**23.32**

5-4c　续表 11　　单位：人

初婚年龄	初婚年份								
	2012年			2013年			2014年		
	小计	男	女	小计	男	女	小计	男	女
总　计	**689**	**372**	**317**	**794**	**423**	**371**	**646**	**351**	**295**
15岁以下	**1**		**1**						
15-19岁	**44**	**11**	**33**	**39**	**13**	**26**	**27**	**5**	**22**
15	1		1	1	1				
16	6	2	4	1		1	1		1
17	5	2	3	9	2	7			
18	11	2	9	8	3	5	6	1	5
19	21	5	16	20	7	13	20	4	16
20-24岁	**375**	**191**	**184**	**436**	**217**	**219**	**368**	**183**	**185**
20	39	12	27	45	13	32	39	11	28
21	58	19	39	72	27	45	56	18	38
22	99	54	45	101	50	51	77	43	34
23	89	49	40	108	65	43	106	55	51
24	90	57	33	110	62	48	90	56	34
25-29岁	**204**	**126**	**78**	**227**	**133**	**94**	**188**	**124**	**64**
25	72	40	32	83	45	38	70	48	22
26	58	37	21	59	30	29	49	31	18
27	39	25	14	44	31	13	32	22	10
28	21	13	8	24	17	7	19	11	8
29	14	11	3	17	10	7	18	12	6
30-34岁	**38**	**29**	**9**	**53**	**36**	**17**	**30**	**16**	**14**
30	19	13	6	13	7	6	13	6	7
31	7	7		19	11	8	5	3	2
32	5	3	2	12	10	2	3	2	1
33	4	4		7	6	1	4	2	2
34	3	2	1	2	2		5	3	2
35-39岁	**13**	**5**	**8**	**18**	**10**	**8**	**20**	**16**	**4**
35	1	1		4	1	3	2	1	1
36	3	3		4	2	2	6	5	1
37	2	1	1	6	4	2	3	3	
38	4		4	3	2	1	6	5	1
39	3		3	1	1		3	2	1
40-44岁	**8**	**5**	**3**	**11**	**9**	**2**	**8**	**6**	**2**
40	2	1	1	5	3	2	2	1	1
41	4	2	2	2	2				
42				2	2		2	2	
43	1	1		2	2		2	1	1
44	1	1					2	2	
45-49岁	**5**	**4**	**1**	**2**	**1**	**1**	**4**	**1**	**3**
45									
46	3	2	1	1		1	2	1	1
47	2	2							
48							1		1
49				1	1		1		1
50岁及以上	**1**	**1**		**8**	**4**	**4**	**1**		**1**
平均初婚年龄	**24.92**	**25.68**	**24.03**	**25.31**	**25.99**	**24.53**	**25.2**	**25.86**	**24.41**

5-4c 续表 12 单位：人

初婚年龄	初婚年份								
	2015年			2016年			2017年		
	小计	男	女	小计	男	女	小计	男	女
总　计	**737**	**397**	**340**	**664**	**342**	**322**	**624**	**317**	**307**
15岁以下									
15-19岁	**23**	**4**	**19**	**15**	**4**	**11**	**21**	**7**	**14**
15									
16	1		1						
17	3	1	2	3	1	2			
18	3		3	4		4	7	2	5
19	16	3	13	8	3	5	14	5	9
20-24岁	**350**	**167**	**183**	**284**	**129**	**155**	**267**	**117**	**150**
20	38	10	28	20	6	14	16	3	13
21	39	12	27	51	18	33	36	11	25
22	96	46	50	66	32	34	61	30	31
23	95	52	43	71	28	43	68	28	40
24	82	47	35	76	45	31	86	45	41
25-29岁	**290**	**174**	**116**	**268**	**147**	**121**	**249**	**140**	**109**
25	105	61	44	91	45	46	75	41	34
26	79	42	37	73	38	35	65	35	30
27	49	32	17	54	34	20	59	34	25
28	37	24	13	37	23	14	29	19	10
29	20	15	5	13	7	6	21	11	10
30-34岁	**43**	**28**	**15**	**66**	**42**	**24**	**41**	**26**	**15**
30	13	8	5	15	9	6	18	10	8
31	11	7	4	16	13	3	8	5	3
32	5	5		16	7	9	6	5	1
33	9	4	5	7	5	2	6	4	2
34	5	4	1	12	8	4	3	2	1
35-39岁	**9**	**8**	**1**	**13**	**8**	**5**	**13**	**7**	**6**
35				8	3	5	6	2	4
36	3	3		3	3		4	3	1
37	2	2		1	1				
38	3	2	1				2	2	
39	1	1		1	1		1		1
40-44岁	**8**	**5**	**3**	**7**	**6**	**1**	**9**	**4**	**5**
40	2	2		1	1				
41	3	1	2	2	2		4	3	1
42	1	1		2	2		2		2
43	1	1					3	1	2
44	1		1	2	1	1			
45-49岁	**10**	**7**	**3**	**6**	**2**	**4**	**13**	**8**	**5**
45	2		2	2		2	4	3	1
46	1	1		1		1	6	3	3
47	1	1		2	2		2	2	
48	2	2		1		1			
49	4	3	1				1		1
50岁及以上	**4**	**4**		**5**	**4**	**1**	**11**	**8**	**3**
平均初婚年龄	**25.72**	**26.63**	**24.66**	**26.23**	**26.95**	**25.46**	**26.61**	**27.35**	**25.84**

5-4c　续表 13　　单位：人

初婚年龄	初婚年份								
	2018年			2019年			2020年		
	小计	男	女	小计	男	女	小计	男	女
总　计	**649**	**342**	**307**	**532**	**270**	**262**	**351**	**187**	**164**
15岁以下									
15–19岁	**11**	**1**	**10**	**5**	**2**	**3**	**3**	**2**	**1**
15				2	1	1			
16							1	1	
17	1		1	1		1	1		1
18	1		1						
19	9	1	8	2	1	1	1	1	
20–24岁	**266**	**121**	**145**	**211**	**98**	**113**	**112**	**49**	**63**
20	22	6	16	8	2	6	4	1	3
21	34	8	26	27	8	19	9	2	7
22	58	24	34	48	19	29	27	8	19
23	63	30	33	51	22	29	27	14	13
24	89	53	36	77	47	30	45	24	21
25–29岁	**262**	**151**	**111**	**220**	**114**	**106**	**159**	**94**	**65**
25	82	44	38	63	33	30	48	26	22
26	59	38	21	51	24	27	34	20	14
27	51	26	25	39	22	17	29	17	12
28	36	25	11	35	16	19	30	20	10
29	34	18	16	32	19	13	18	11	7
30–34岁	**62**	**37**	**25**	**53**	**29**	**24**	**35**	**21**	**14**
30	20	13	7	19	11	8	10	5	5
31	11	7	4	14	6	8	11	7	4
32	13	8	5	14	10	4	7	4	3
33	10	7	3	4	1	3	6	4	2
34	8	2	6	2	1	1	1	1	
35–39岁	**23**	**17**	**6**	**14**	**6**	**8**	**15**	**8**	**7**
35	11	9	2	3	2	1	4	4	
36	4	3	1	4	1	3	1		1
37	3	1	2	2	1	1	5	2	3
38	2	2		3	2	1	1		1
39	3	2	1	2		2	4	2	2
40–44岁	**9**	**4**	**5**	**11**	**8**	**3**	**7**	**4**	**3**
40	5	3	2	3	2	1	2	1	1
41	1		1	4	4		2		2
42	2		2	1	1		1	1	
43	1	1		2	1	1	1	1	
44				1		1	1	1	
45–49岁	**7**	**5**	**2**	**10**	**5**	**5**	**5**	**3**	**2**
45				2		2	1	1	
46	2	2		5	4	1	2	1	1
47				2		2	1		1
48	2	2					1	1	
49	3	1	2	1	1				
50岁及以上	**9**	**6**	**3**	**8**	**8**		**15**	**6**	**9**
平均初婚年龄	**26.88**	**27.65**	**26.02**	**27.26**	**27.98**	**26.52**	**28.33**	**28.52**	**28.12**

5-5 全市分年龄、性别、初婚年龄的人口

单位：人

年龄	初婚年龄					
	合计			15岁以下		
	合计	男	女	小计	男	女
总计	**327616**	**161193**	**166423**	**251**	**40**	**211**
20岁以下	**34**	**8**	**26**			
20-24岁	**2544**	**893**	**1651**	**3**		**3**
20	46	12	34	1		1
21	130	29	101			
22	374	119	255	2		2
23	701	237	464			
24	1293	496	797			
25-29岁	**21096**	**9384**	**11712**	**8**	**3**	**5**
25	2140	891	1249	1		1
26	3093	1327	1766	1	1	
27	4306	1812	2494	1		1
28	5352	2467	2885	2	1	1
29	6205	2887	3318	3	1	2
30-34岁	**44615**	**21658**	**22957**	**20**	**4**	**16**
30	8543	4051	4492	4	1	3
31	9259	4484	4775	3		3
32	8764	4212	4552	5	2	3
33	9343	4564	4779	4		4
34	8706	4347	4359	4	1	3
35-39岁	**39447**	**19729**	**19718**	**13**	**4**	**9**
35	7980	3950	4030	3	1	2
36	8054	4016	4038	3		3
37	7915	4016	3899	2	1	1
38	8805	4349	4456	2	1	1
39	6693	3398	3295	3	1	2
40-44岁	**31430**	**15708**	**15722**	**18**	**3**	**15**
40	6230	3148	3082	1		1
41	6080	3085	2995	3		3
42	6053	3009	3044	9	3	6
43	6145	3102	3043	2		2
44	6922	3364	3558	3		3
45-49岁	**37756**	**18884**	**18872**	**23**	**6**	**17**
45	6835	3426	3409	7	2	5
46	7521	3725	3796	4	1	3
47	7723	3864	3859	6	2	4
48	7848	3915	3933	3	1	2
49	7829	3954	3875	3		3
50-54岁	**36134**	**18513**	**17621**	**14**	**1**	**13**
50	8166	4156	4010	2		2
51	7570	3914	3656	3		3
52	7652	3832	3820	3		3
53	5910	3038	2872	2		2
54	6836	3573	3263	4	1	3
55-59岁	**34582**	**17496**	**17086**	**14**		**14**
55	7460	3781	3679	3		3
56	7455	3798	3657			
57	8904	4470	4434	3		3
58	6798	3458	3340	3		3
59	3965	1989	1976	5		5
60-64岁	**27876**	**14151**	**13725**	**17**	**4**	**13**
60	5822	2969	2853	1		1
61	5447	2835	2612	1		1
62	5663	2868	2795	4	1	3
63	5921	2966	2955	5		5
64	5023	2513	2510	6	3	3
65岁及以上	**52102**	**24769**	**27333**	**121**	**15**	**106**

5-5 续表 1 单位：人

年龄	初婚年龄								
	15岁			16岁			17岁		
	小计	男	女	小计	男	女	小计	男	女
总 计	**1474**	**256**	**1218**	**2663**	**415**	**2248**	**4674**	**808**	**3866**
20岁以下	**5**	**1**	**4**	**4**	**2**	**2**	**9**	**3**	**6**
20-24岁	**14**	**7**	**7**	**31**	**10**	**21**	**61**	**19**	**42**
20							5	1	4
21	2	2		5	2	3	8	2	6
22	3	2	1	6	1	5	10	4	6
23	1		1	6	2	4	11	2	9
24	8	3	5	14	5	9	27	10	17
25-29岁	**47**	**13**	**34**	**73**	**23**	**50**	**159**	**40**	**119**
25	8	4	4	8	2	6	30	6	24
26	8	1	7	14	5	9	26	10	16
27	6	2	4	14	3	11	28	9	19
28	15	2	13	21	9	12	32	5	27
29	10	4	6	16	4	12	43	10	33
30-34岁	**94**	**33**	**61**	**131**	**46**	**85**	**274**	**79**	**195**
30	20	6	14	29	8	21	47	12	35
31	21	8	13	25	11	14	47	14	33
32	17	5	12	32	12	20	64	25	39
33	16	8	8	29	11	18	54	15	39
34	20	6	14	16	4	12	62	13	49
35-39岁	**89**	**20**	**69**	**138**	**33**	**105**	**308**	**79**	**229**
35	27	2	25	23	6	17	56	10	46
36	25	7	18	35	14	21	44	12	32
37	10	2	8	42	6	36	62	16	46
38	19	7	12	21	6	15	86	24	62
39	8	2	6	17	1	16	60	17	43
40-44岁	**77**	**29**	**48**	**131**	**30**	**101**	**231**	**52**	**179**
40	16	7	9	17	5	12	50	8	42
41	15	6	9	24	8	16	38	6	32
42	13	4	9	30	8	22	38	10	28
43	16	4	12	19	3	16	47	12	35
44	17	8	9	41	6	35	58	16	42
45-49岁	**111**	**30**	**81**	**222**	**55**	**167**	**428**	**105**	**323**
45	20	4	16	27	3	24	70	17	53
46	28	12	16	51	13	38	78	15	63
47	17	3	14	61	17	44	95	26	69
48	26	8	18	45	16	29	108	31	77
49	20	3	17	38	6	32	77	16	61
50-54岁	**113**	**33**	**80**	**224**	**61**	**163**	**385**	**96**	**289**
50	24	9	15	43	7	36	66	14	52
51	29	10	19	57	24	33	84	21	63
52	26	6	20	41	9	32	114	33	81
53	15	3	12	37	8	29	61	16	45
54	19	5	14	46	13	33	60	12	48
55-59岁	**78**	**15**	**63**	**167**	**29**	**138**	**332**	**63**	**269**
55	25	4	21	38	5	33	69	11	58
56	19	6	13	44	10	34	76	13	63
57	13	3	10	38	6	32	90	20	70
58	14	2	12	29	6	23	69	15	54
59	7		7	18	2	16	28	4	24
60-64岁	**96**	**15**	**81**	**143**	**17**	**126**	**234**	**31**	**203**
60	12	1	11	20	1	19	28	6	22
61	18	4	14	19	3	16	34	5	29
62	18	2	16	19	1	18	45	8	37
63	20	5	15	40	7	33	52	5	47
64	28	3	25	45	5	40	75	7	68
65岁及以上	**750**	**60**	**690**	**1399**	**109**	**1290**	**2253**	**241**	**2012**

5-5 续表 2 单位：人

年龄	初婚年龄								
	18岁			19岁			20岁		
	小计	男	女	小计	男	女	小计	男	女
总 计	**8025**	**1691**	**6334**	**12888**	**3630**	**9258**	**19345**	**6293**	**13052**
20岁以下	**10**	**1**	**9**	**6**	**1**	**5**			
20-24岁	**109**	**23**	**86**	**193**	**50**	**143**	**365**	**77**	**288**
20	6	1	5	15	8	7	19	2	17
21	13	3	10	27	4	23	38	6	32
22	24	6	18	53	16	37	84	17	67
23	27	7	20	43	11	32	107	27	80
24	39	6	33	55	11	44	117	25	92
25-29岁	**348**	**95**	**253**	**634**	**181**	**453**	**1095**	**331**	**764**
25	47	18	29	88	25	63	142	40	102
26	56	12	44	107	28	79	185	61	124
27	65	13	52	133	33	100	215	60	155
28	72	18	54	141	49	92	278	85	193
29	108	34	74	165	46	119	275	85	190
30-34岁	**515**	**144**	**371**	**1092**	**329**	**763**	**1899**	**626**	**1273**
30	116	33	83	221	66	155	382	126	256
31	113	37	76	254	83	171	417	136	281
32	95	23	72	195	60	135	360	106	254
33	108	33	75	225	62	163	380	128	252
34	83	18	65	197	58	139	360	130	230
35-39岁	**572**	**156**	**416**	**956**	**292**	**664**	**1569**	**487**	**1082**
35	113	30	83	189	54	135	337	91	246
36	95	30	65	189	52	137	292	84	208
37	80	17	63	183	55	128	327	108	219
38	154	40	114	194	59	135	340	108	232
39	130	39	91	201	72	129	273	96	177
40-44岁	**605**	**126**	**479**	**1059**	**296**	**763**	**1758**	**567**	**1191**
40	117	25	92	203	53	150	328	111	217
41	122	29	93	198	56	142	385	125	260
42	106	22	84	206	62	144	341	117	224
43	120	25	95	189	48	141	322	105	217
44	140	25	115	263	77	186	382	109	273
45-49岁	**849**	**238**	**611**	**1590**	**484**	**1106**	**2473**	**858**	**1615**
45	155	47	108	259	80	179	444	153	291
46	171	51	120	340	109	231	478	165	313
47	162	48	114	308	72	236	558	208	350
48	185	47	138	302	99	203	523	181	342
49	176	45	131	381	124	257	470	151	319
50-54岁	**764**	**158**	**606**	**1670**	**477**	**1193**	**2715**	**893**	**1822**
50	176	35	141	431	124	307	578	201	377
51	141	36	105	333	99	234	619	216	403
52	180	35	145	334	89	245	575	169	406
53	132	21	111	272	80	192	449	139	310
54	135	31	104	300	85	215	494	168	326
55-59岁	**682**	**157**	**525**	**1303**	**335**	**968**	**2147**	**645**	**1502**
55	123	28	95	274	75	199	545	170	375
56	146	35	111	274	73	201	444	147	297
57	171	42	129	322	79	243	467	137	330
58	179	40	139	279	69	210	436	124	312
59	63	12	51	154	39	115	255	67	188
60-64岁	**384**	**66**	**318**	**616**	**148**	**468**	**1100**	**332**	**768**
60	71	10	61	149	37	112	374	101	273
61	63	16	47	126	25	101	238	69	169
62	56	13	43	106	30	76	178	59	119
63	100	15	85	120	25	95	135	46	89
64	94	12	82	115	31	84	175	57	118
65岁及以上	**3187**	**527**	**2660**	**3769**	**1037**	**2732**	**4224**	**1477**	**2747**

5-5　续表 3　　　　单位：人

年　龄	初婚年龄								
	21岁			22岁			23岁		
	小计	男	女	小计	男	女	小计	男	女
总　计	**25996**	**10119**	**15877**	**34833**	**15586**	**19247**	**37514**	**17597**	**19917**
20岁以下									
20-24岁	**496**	**166**	**330**	**624**	**246**	**378**	**458**	**196**	**262**
20									
21	37	10	27						
22	97	34	63	95	39	56			
23	159	53	106	216	83	133	131	52	79
24	203	69	134	313	124	189	327	144	183
25-29岁	**1533**	**560**	**973**	**2362**	**1091**	**1271**	**2755**	**1214**	**1541**
25	216	76	140	396	182	214	469	200	269
26	263	92	171	402	177	225	501	211	290
27	301	100	201	509	240	269	529	223	306
28	330	133	197	467	224	243	632	280	352
29	423	159	264	588	268	320	624	300	324
30-34岁	**2646**	**1027**	**1619**	**3816**	**1810**	**2006**	**4345**	**2008**	**2337**
30	513	198	315	771	361	410	849	390	459
31	542	203	339	742	378	364	950	436	514
32	503	191	312	708	335	373	791	364	427
33	589	243	346	832	380	452	926	426	500
34	499	192	307	763	356	407	829	392	437
35-39岁	**2358**	**915**	**1443**	**3339**	**1586**	**1753**	**3685**	**1734**	**1951**
35	482	189	293	671	325	346	766	358	408
36	474	168	306	661	309	352	724	318	406
37	463	198	265	650	321	329	720	349	371
38	558	227	331	770	351	419	844	406	438
39	381	133	248	587	280	307	631	303	328
40-44岁	**2357**	**907**	**1450**	**3114**	**1351**	**1763**	**3311**	**1515**	**1796**
40	358	139	219	528	231	297	564	273	291
41	434	159	275	477	212	265	574	273	301
42	535	203	332	644	288	356	558	249	309
43	464	182	282	714	311	403	728	337	391
44	566	224	342	751	309	442	887	383	504
45-49岁	**3382**	**1346**	**2036**	**4271**	**1924**	**2347**	**4342**	**2042**	**2300**
45	547	219	328	719	322	397	788	355	433
46	632	239	393	804	342	462	834	398	436
47	727	284	443	862	409	453	885	419	466
48	746	306	440	929	434	495	948	438	510
49	730	298	432	957	417	540	887	432	455
50-54岁	**3683**	**1540**	**2143**	**4763**	**2146**	**2617**	**4761**	**2337**	**2424**
50	683	292	391	1102	498	604	1061	496	565
51	785	330	455	868	393	475	993	489	504
52	797	339	458	1035	459	576	907	439	468
53	647	267	380	871	410	461	840	429	411
54	771	312	459	887	386	501	960	484	476
55-59岁	**3274**	**1189**	**2085**	**4811**	**2125**	**2686**	**5074**	**2392**	**2682**
55	743	264	479	1063	476	587	1172	549	623
56	796	293	503	1091	481	610	1083	504	579
57	808	297	511	1324	573	751	1285	604	681
58	589	207	382	866	390	476	1033	510	523
59	338	128	210	467	205	262	501	225	276
60-64岁	**1971**	**692**	**1279**	**3259**	**1249**	**2010**	**4234**	**1847**	**2387**
60	556	204	352	742	291	451	784	352	432
61	490	175	315	790	343	447	818	382	436
62	413	139	274	783	268	515	943	419	524
63	306	119	187	592	233	359	1028	430	598
64	206	55	151	352	114	238	661	264	397
65岁及以上	**4296**	**1777**	**2519**	**4474**	**2058**	**2416**	**4549**	**2312**	**2237**

5−5 续表 4

单位：人

年 龄	初婚年龄								
	24岁			25岁			26岁		
	小计	男	女	小计	男	女	小计	男	女
总 计	**37883**	**19319**	**18564**	**36306**	**19575**	**16731**	**29597**	**17107**	**12490**
20岁以下									
20−24岁	**190**	**99**	**91**						
20									
21									
22									
23									
24	190	99	91						
25−29岁	**3396**	**1612**	**1784**	**3441**	**1556**	**1885**	**2662**	**1316**	**1346**
25	457	204	253	278	134	144			
26	638	311	327	602	286	316	290	132	158
27	743	334	409	811	338	473	670	319	351
28	749	383	366	840	366	474	885	456	429
29	809	380	429	910	432	478	817	409	408
30−34岁	**4973**	**2346**	**2627**	**5760**	**2731**	**3029**	**5499**	**2795**	**2704**
30	994	477	517	1177	528	649	1063	530	533
31	1020	473	547	1173	564	609	1223	623	600
32	1032	484	548	1134	544	590	1023	511	512
33	1006	478	528	1251	588	663	1073	548	525
34	921	434	487	1025	507	518	1117	583	534
35−39岁	**4156**	**2055**	**2101**	**4725**	**2367**	**2358**	**4404**	**2315**	**2089**
35	851	440	411	977	498	479	867	444	423
36	911	459	452	1010	512	498	937	494	443
37	796	382	414	985	506	479	969	505	464
38	911	442	469	1005	473	532	965	487	478
39	687	332	355	748	378	370	666	385	281
40−44岁	**3082**	**1535**	**1547**	**3092**	**1563**	**1529**	**2780**	**1541**	**1239**
40	624	318	306	653	317	336	625	345	280
41	604	305	299	630	325	305	559	315	244
42	534	253	281	621	305	316	536	289	247
43	512	253	259	598	296	302	546	307	239
44	808	406	402	590	320	270	514	285	229
45−49岁	**4233**	**2086**	**2147**	**3899**	**2086**	**1813**	**2958**	**1727**	**1231**
45	830	417	413	717	377	340	455	259	196
46	859	429	430	817	446	371	619	347	272
47	875	412	463	797	435	362	625	375	250
48	846	412	434	761	394	367	640	373	267
49	823	416	407	807	434	373	619	373	246
50−54岁	**4007**	**2076**	**1931**	**3337**	**1996**	**1341**	**2407**	**1553**	**854**
50	897	465	432	751	428	323	576	363	213
51	857	416	441	695	423	272	486	305	181
52	879	456	423	726	410	316	506	328	178
53	574	290	284	562	362	200	375	252	123
54	800	449	351	603	373	230	464	305	159
55−59岁	**4653**	**2536**	**2117**	**3643**	**2185**	**1458**	**2459**	**1603**	**856**
55	932	525	407	663	399	264	482	312	170
56	1030	571	459	752	460	292	477	317	160
57	1215	656	559	1037	609	428	645	396	249
58	902	488	414	701	437	264	531	359	172
59	574	296	278	490	280	210	324	219	105
60−64岁	**4272**	**2243**	**2029**	**3601**	**2129**	**1472**	**2554**	**1678**	**876**
60	771	429	342	706	415	291	543	369	174
61	656	372	284	652	397	255	491	317	174
62	832	445	387	680	395	285	468	313	155
63	1046	521	525	803	453	350	523	333	190
64	967	476	491	760	469	291	529	346	183
65岁及以上	**4921**	**2731**	**2190**	**4808**	**2962**	**1846**	**3874**	**2579**	**1295**

5-5　续表 5

单位：人

年　龄	初婚年龄								
	27岁			28岁			29岁		
	小计	男	女	小计	男	女	小计	男	女
总　计	**22210**	**13635**	**8575**	**15622**	**10000**	**5622**	**10367**	**6765**	**3602**
20岁以下									
20-24岁									
20									
21									
22									
23									
24									
25-29岁	**1654**	**852**	**802**	**751**	**385**	**366**	**178**	**112**	**66**
25									
26									
27	281	138	143						
28	604	321	283	284	135	149			
29	769	393	376	467	250	217	178	112	66
30-34岁	**4657**	**2495**	**2162**	**3510**	**1996**	**1514**	**2420**	**1398**	**1022**
30	983	518	465	777	447	330	456	271	185
31	952	484	468	709	418	291	621	344	277
32	965	518	447	706	380	326	460	263	197
33	869	468	401	694	399	295	442	256	186
34	888	507	381	624	352	272	441	264	177
35-39岁	**3650**	**2008**	**1642**	**2795**	**1677**	**1118**	**1910**	**1161**	**749**
35	839	454	385	541	303	238	396	238	158
36	737	402	335	617	384	233	360	205	155
37	724	406	318	563	336	227	414	261	153
38	783	426	357	588	353	235	428	266	162
39	567	320	247	486	301	185	312	191	121
40-44岁	**2280**	**1387**	**893**	**1788**	**1135**	**653**	**1286**	**833**	**453**
40	511	309	202	426	270	156	290	187	103
41	486	287	199	363	225	138	276	182	94
42	427	256	171	344	216	128	245	165	80
43	420	272	148	345	223	122	246	146	100
44	436	263	173	310	201	109	229	153	76
45-49岁	**2151**	**1359**	**792**	**1536**	**1043**	**493**	**1072**	**732**	**340**
45	384	235	149	320	212	108	239	164	75
46	376	235	141	296	201	95	215	139	76
47	432	281	151	244	168	76	200	144	56
48	480	302	178	308	210	98	191	123	68
49	479	306	173	368	252	116	227	162	65
50-54岁	**1812**	**1266**	**546**	**1271**	**888**	**383**	**909**	**648**	**261**
50	451	300	151	333	221	112	236	166	70
51	389	270	119	258	179	79	223	158	65
52	390	266	124	282	208	74	170	120	50
53	247	182	65	204	139	65	113	88	25
54	335	248	87	194	141	53	167	116	51
55-59岁	**1633**	**1166**	**467**	**1028**	**729**	**299**	**686**	**505**	**181**
55	352	261	91	235	172	63	153	118	35
56	327	244	83	198	145	53	154	113	41
57	412	294	118	232	165	67	173	134	39
58	339	229	110	212	139	73	110	75	35
59	203	138	65	151	108	43	96	65	31
60-64岁	**1578**	**1065**	**513**	**1087**	**757**	**330**	**695**	**474**	**221**
60	337	229	108	190	133	57	139	98	41
61	298	210	88	218	158	60	127	88	39
62	362	248	114	218	151	67	139	101	38
63	326	217	109	251	177	74	146	86	60
64	255	161	94	210	138	72	144	101	43
65岁及以上	**2795**	**2037**	**758**	**1856**	**1390**	**466**	**1211**	**902**	**309**

5-5 续表 6 单位：人

年龄	初婚年龄								
	30岁			31岁			32岁		
	小计	男	女	小计	男	女	小计	男	女
总　计	**6901**	**4592**	**2309**	**4767**	**3218**	**1549**	**3412**	**2231**	**1181**
20岁以下									
20-24岁									
20									
21									
22									
23									
24									
25-29岁									
25									
26									
27									
28									
29									
30-34岁	**1490**	**892**	**598**	**838**	**521**	**317**	**412**	**242**	**170**
30	141	79	62						
31	344	203	141	103	69	34			
32	366	203	163	233	135	98	75	51	24
33	351	229	122	258	163	95	165	83	82
34	288	178	110	244	154	90	172	108	64
35-39岁	**1350**	**831**	**519**	**953**	**584**	**369**	**728**	**439**	**289**
35	275	178	97	185	116	69	146	80	66
36	293	181	112	189	122	67	159	100	59
37	267	153	114	189	111	78	144	88	56
38	301	178	123	220	134	86	143	91	52
39	214	141	73	170	101	69	136	80	56
40-44岁	**977**	**641**	**336**	**750**	**508**	**242**	**543**	**342**	**201**
40	214	131	83	152	102	50	115	74	41
41	193	130	63	161	101	60	124	81	43
42	203	141	62	156	111	45	100	59	41
43	187	128	59	141	105	36	98	60	38
44	180	111	69	140	89	51	106	68	38
45-49岁	**733**	**508**	**225**	**614**	**414**	**200**	**469**	**321**	**148**
45	157	107	50	131	90	41	96	62	34
46	168	113	55	130	82	48	115	78	37
47	154	107	47	132	89	43	87	60	27
48	130	94	36	127	91	36	73	50	23
49	124	87	37	94	62	32	98	71	27
50-54岁	**677**	**506**	**171**	**466**	**339**	**127**	**343**	**242**	**101**
50	168	126	42	68	50	18	61	45	16
51	158	123	35	110	82	28	77	55	22
52	144	97	47	112	83	29	71	50	21
53	96	66	30	97	67	30	53	37	16
54	111	94	17	79	57	22	81	55	26
55-59岁	**460**	**336**	**124**	**331**	**240**	**91**	**293**	**218**	**75**
55	107	78	29	71	50	21	59	42	17
56	100	77	23	75	56	19	67	49	18
57	111	75	36	82	57	25	82	62	20
58	96	72	24	68	54	14	50	37	13
59	46	34	12	35	23	12	35	28	7
60-64岁	**473**	**320**	**153**	**284**	**202**	**82**	**200**	**135**	**65**
60	78	56	22	40	27	13	50	37	13
61	117	75	42	54	39	15	28	18	10
62	94	59	35	57	42	15	38	21	17
63	87	63	24	72	50	22	47	35	12
64	97	67	30	61	44	17	37	24	13
65岁及以上	**741**	**558**	**183**	**531**	**410**	**121**	**424**	**292**	**132**

5-5　续表 7　　单位：人

年　龄	初婚年龄								
	33岁			34岁			35岁		
	小计	男	女	小计	男	女	小计	男	女
总　计	**2663**	**1722**	**941**	**1968**	**1247**	**721**	**1569**	**993**	**576**
20岁以下									
20-24岁									
20									
21									
22									
23									
24									
25-29岁									
25									
26									
27									
28									
29									
30-34岁	**190**	**118**	**72**	**34**	**18**	**16**			
30									
31									
32									
33	71	46	25						
34	119	72	47	34	18	16			
35-39岁	**596**	**330**	**266**	**447**	**261**	**186**	**341**	**191**	**150**
35	132	78	54	69	37	32	35	18	17
36	114	60	54	96	52	44	74	42	32
37	109	64	45	84	52	32	62	39	23
38	139	80	59	96	62	34	96	52	44
39	102	48	54	102	58	44	74	40	34
40-44岁	**485**	**307**	**178**	**362**	**223**	**139**	**323**	**187**	**136**
40	118	72	46	70	41	29	72	33	39
41	93	63	30	70	49	21	49	27	22
42	90	59	31	65	39	26	63	40	23
43	79	53	26	84	52	32	66	44	22
44	105	60	45	73	42	31	73	43	30
45-49岁	**374**	**245**	**129**	**329**	**204**	**125**	**295**	**191**	**104**
45	91	58	33	65	41	24	58	36	22
46	87	58	29	77	52	25	71	46	25
47	70	47	23	69	36	33	72	49	23
48	72	46	26	70	46	24	52	31	21
49	54	36	18	48	29	19	42	29	13
50-54岁	**249**	**183**	**66**	**191**	**127**	**64**	**173**	**121**	**52**
50	80	59	21	51	30	21	45	30	15
51	35	26	9	49	36	13	39	25	14
52	37	24	13	31	20	11	36	25	11
53	44	32	12	23	17	6	29	23	6
54	53	42	11	37	24	13	24	18	6
55-59岁	**268**	**183**	**85**	**197**	**123**	**74**	**159**	**110**	**49**
55	65	46	19	46	30	16	31	22	9
56	57	35	22	42	25	17	26	21	5
57	63	47	16	52	36	16	53	27	26
58	56	39	17	37	21	16	32	27	5
59	27	16	11	20	11	9	17	13	4
60-64岁	**205**	**146**	**59**	**149**	**103**	**46**	**94**	**63**	**31**
60	41	31	10	25	18	7	22	16	6
61	41	27	14	30	21	9	22	13	9
62	39	25	14	32	23	9	17	13	4
63	42	31	11	26	15	11	23	14	9
64	42	32	10	36	26	10	10	7	3
65岁及以上	**296**	**210**	**86**	**259**	**188**	**71**	**184**	**130**	**54**

5-5 续表 8

单位：人

年 龄	初婚年龄								
	36岁			37岁			38岁		
	小计	男	女	小计	男	女	小计	男	女
总 计	**1225**	**777**	**448**	**909**	**603**	**306**	**732**	**480**	**252**
20岁以下									
20-24岁									
20									
21									
22									
23									
24									
25-29岁									
25									
26									
27									
28									
29									
30-34岁									
30									
31									
32									
33									
34									
35-39岁	**205**	**117**	**88**	**102**	**58**	**44**	**44**	**21**	**23**
35									
36	15	9	6						
37	51	29	22	19	11	8			
38	82	44	38	44	24	20	16	8	8
39	57	35	22	39	23	16	28	13	15
40-44岁	**263**	**155**	**108**	**213**	**131**	**82**	**168**	**110**	**58**
40	59	31	28	47	26	21	35	23	12
41	49	31	18	46	28	18	40	24	16
42	57	30	27	36	20	16	20	12	8
43	45	34	11	32	21	11	38	24	14
44	53	29	24	52	36	16	35	27	8
45-49岁	**248**	**161**	**87**	**185**	**123**	**62**	**161**	**106**	**55**
45	48	36	12	41	27	14	41	23	18
46	51	28	23	34	18	16	34	22	12
47	52	35	17	39	29	10	28	20	8
48	47	31	16	34	24	10	28	18	10
49	50	31	19	37	25	12	30	23	7
50-54岁	**136**	**93**	**43**	**136**	**100**	**36**	**132**	**93**	**39**
50	37	25	12	37	26	11	42	31	11
51	28	20	8	38	28	10	30	26	4
52	26	16	10	26	19	7	27	14	13
53	24	16	8	19	15	4	11	7	4
54	21	16	5	16	12	4	22	15	7
55-59岁	**118**	**82**	**36**	**93**	**65**	**28**	**68**	**46**	**22**
55	16	13	3	24	18	6	11	10	1
56	31	19	12	16	13	3	11	10	1
57	31	22	9	26	18	8	15	4	11
58	26	19	7	16	9	7	16	15	1
59	14	9	5	11	7	4	15	7	8
60-64岁	**97**	**60**	**37**	**77**	**57**	**20**	**60**	**37**	**23**
60	22	16	6	14	11	3	11	7	4
61	16	11	5	12	8	4	15	8	7
62	21	13	8	15	11	4	14	10	4
63	20	13	7	22	16	6	10	7	3
64	18	7	11	14	11	3	10	5	5
65岁及以上	**158**	**109**	**49**	**103**	**69**	**34**	**99**	**67**	**32**

5-5　续表 9

单位：人

年　龄	初婚年龄					
	39岁			40岁及以上		
	小计	男	女	小计	男	女
总　计	**650**	**435**	**215**	**3172**	**2059**	**1113**
20岁以下						
20-24岁						
20						
21						
22						
23						
24						
25-29岁						
25						
26						
27						
28						
29						
30-34岁						
30						
31						
32						
33						
34						
35-39岁	**14**	**8**	**6**			
35						
36						
37						
38						
39	14	8	6			
40-44岁	**143**	**98**	**45**	**234**	**136**	**98**
40	24	13	11	13	4	9
41	33	21	12	34	17	17
42	26	19	7	50	29	21
43	27	21	6	60	36	24
44	33	24	9	77	50	27
45-49岁	**167**	**111**	**56**	**641**	**379**	**262**
45	36	24	12	90	56	34
46	29	21	8	123	65	58
47	37	17	20	129	72	57
48	22	16	6	152	93	59
49	43	33	10	147	93	54
50-54岁	**130**	**86**	**44**	**666**	**454**	**212**
50	27	23	4	140	92	48
51	33	19	14	153	105	48
52	23	11	12	154	107	47
53	20	16	4	93	56	37
54	27	17	10	126	94	32
55-59岁	**62**	**39**	**23**	**549**	**380**	**169**
55	19	12	7	139	91	48
56	15	8	7	104	73	31
57	10	5	5	144	102	42
58	6	5	1	103	70	33
59	12	9	3	59	44	15
60-64岁	**56**	**41**	**15**	**340**	**240**	**100**
60	12	10	2	84	64	20
61	14	10	4	59	41	18
62	8	8		64	50	14
63	13	6	7	66	44	22
64	9	7	2	67	41	26
65岁及以上	**78**	**52**	**26**	**742**	**470**	**272**

5-5a 全市分年龄、性别、初婚年龄的人口(城市)

单位：人

年龄	初婚年龄					
	合计			15岁以下		
	合计	男	女	小计	男	女
总计	**261129**	**127545**	**133584**	**170**	**31**	**139**
20岁以下	**22**	**5**	**17**			
20-24岁	**1722**	**601**	**1121**	**1**		**1**
20	32	9	23			
21	86	18	68			
22	236	74	162	1		1
23	484	165	319			
24	884	335	549			
25-29岁	**16133**	**7148**	**8985**	**5**	**2**	**3**
25	1560	648	912	1		1
26	2311	990	1321	1	1	
27	3251	1374	1877	1		1
28	4188	1884	2304			
29	4823	2252	2571	2	1	1
30-34岁	**36141**	**17384**	**18757**	**15**	**3**	**12**
30	6750	3180	3570	3	1	2
31	7489	3575	3914	3		3
32	7135	3392	3743	4	1	3
33	7631	3705	3926	3		3
34	7136	3532	3604	2	1	1
35-39岁	**32576**	**16118**	**16458**	**10**	**2**	**8**
35	6503	3196	3307	2		2
36	6642	3303	3339	3		3
37	6559	3253	3306	1	1	
38	7312	3571	3741	1		1
39	5560	2795	2765	3	1	2
40-44岁	**25643**	**12690**	**12953**	**14**	**2**	**12**
40	5105	2534	2571	1		1
41	4986	2506	2480	3		3
42	5005	2461	2544	7	2	5
43	5000	2505	2495	2		2
44	5547	2684	2863	1		1
45-49岁	**29858**	**14713**	**15145**	**17**	**5**	**12**
45	5436	2684	2752	5	1	4
46	5913	2905	3008	3	1	2
47	6070	2994	3076	4	2	2
48	6229	3059	3170	2	1	1
49	6210	3071	3139	3		3
50-54岁	**28586**	**14499**	**14087**	**8**	**1**	**7**
50	6511	3276	3235	1		1
51	6021	3111	2910	1		1
52	6110	3022	3088	1		1
53	4561	2311	2250	1		1
54	5383	2779	2604	4	1	3
55-59岁	**27684**	**13926**	**13758**	**7**		**7**
55	5886	2962	2924	1		1
56	5968	3014	2954			
57	7202	3582	3620			
58	5393	2745	2648	2		2
59	3235	1623	1612	4		4
60-64岁	**22275**	**11363**	**10912**	**6**	**2**	**4**
60	4629	2374	2255			
61	4364	2298	2066			
62	4614	2337	2277	1		1
63	4736	2365	2371	1		1
64	3932	1989	1943	4	2	2
65岁及以上	**40489**	**19098**	**21391**	**87**	**14**	**73**

5-5a　续表 1　　　　单位：人

年　龄	初婚年龄								
	15岁			16岁			17岁		
	小计	男	女	小计	男	女	小计	男	女
总　计	**925**	**192**	**733**	**1786**	**303**	**1483**	**3113**	**578**	**2535**
20岁以下	**2**		**2**	**1**	**1**		**7**	**3**	**4**
20-24岁	**7**	**4**	**3**	**19**	**6**	**13**	**40**	**14**	**26**
20							3		3
21	1	1		3	1	2	5	2	3
22	1	1		6	1	5	7	2	5
23	1		1	4	2	2	6	2	4
24	4	2	2	6	2	4	19	8	11
25-29岁	**26**	**11**	**15**	**44**	**14**	**30**	**107**	**25**	**82**
25	6	4	2	6	1	5	20	5	15
26	4	1	3	10	3	7	17	5	12
27	3	1	2	9	2	7	16	5	11
28	7	2	5	11	5	6	25	3	22
29	6	3	3	8	3	5	29	7	22
30-34岁	**68**	**24**	**44**	**88**	**34**	**54**	**177**	**54**	**123**
30	13	4	9	17	6	11	23	8	15
31	11	4	7	17	9	8	29	6	23
32	13	4	9	22	9	13	45	17	28
33	15	8	7	19	7	12	36	12	24
34	16	4	12	13	3	10	44	11	33
35-39岁	**59**	**15**	**44**	**105**	**26**	**79**	**211**	**65**	**146**
35	17	2	15	18	5	13	35	9	26
36	19	7	12	28	12	16	28	8	20
37	6	1	5	36	4	32	46	15	31
38	12	3	9	14	4	10	65	20	45
39	5	2	3	9	1	8	37	13	24
40-44岁	**55**	**20**	**35**	**88**	**20**	**68**	**165**	**36**	**129**
40	8	3	5	9	2	7	37	6	31
41	12	5	7	14	6	8	29	5	24
42	10	2	8	24	6	18	30	9	21
43	13	3	10	13	1	12	33	6	27
44	12	7	5	28	5	23	36	10	26
45-49岁	**82**	**23**	**59**	**165**	**48**	**117**	**308**	**75**	**233**
45	18	4	14	19	2	17	41	10	31
46	21	9	12	38	11	27	55	10	45
47	12	2	10	50	15	35	66	17	49
48	18	5	13	33	14	19	82	24	58
49	13	3	10	25	6	19	64	14	50
50-54岁	**78**	**25**	**53**	**160**	**41**	**119**	**263**	**69**	**194**
50	16	7	9	31	4	27	48	10	38
51	20	7	13	41	17	24	57	14	43
52	19	5	14	26	5	21	78	26	52
53	10	3	7	29	6	23	46	10	36
54	13	3	10	33	9	24	34	9	25
55-59岁	**54**	**14**	**40**	**104**	**20**	**84**	**201**	**38**	**163**
55	21	4	17	24	4	20	36	6	30
56	14	6	8	25	5	20	48	8	40
57	7	3	4	30	5	25	53	12	41
58	8	1	7	18	4	14	44	10	34
59	4		4	7	2	5	20	2	18
60-64岁	**44**	**10**	**34**	**73**	**12**	**61**	**127**	**21**	**106**
60	6		6	10		10	13	5	8
61	8	2	6	8	3	5	21	3	18
62	8	2	6	9	1	8	25	4	21
63	10	4	6	26	4	22	28	4	24
64	12	2	10	20	4	16	40	5	35
65岁及以上	**450**	**46**	**404**	**939**	**81**	**858**	**1507**	**178**	**1329**

5-5a 续表 2 单位：人

年龄	初婚年龄								
	18岁			19岁			20岁		
	小计	男	女	小计	男	女	小计	男	女
总　计	**5478**	**1218**	**4260**	**8940**	**2523**	**6417**	**13449**	**4282**	**9167**
20岁以下	**9**	**1**	**8**	**3**		**3**			
20-24岁	**75**	**18**	**57**	**119**	**28**	**91**	**254**	**53**	**201**
20	6	1	5	12	7	5	11	1	10
21	9	3	6	19	2	17	28	3	25
22	15	4	11	31	10	21	57	10	47
23	18	6	12	25	5	20	74	20	54
24	27	4	23	32	4	28	84	19	65
25-29岁	**234**	**69**	**165**	**420**	**130**	**290**	**712**	**228**	**484**
25	30	12	18	60	20	40	94	28	66
26	43	11	32	68	21	47	117	41	76
27	38	9	29	81	21	60	130	35	95
28	59	13	46	101	36	65	184	55	129
29	64	24	40	110	32	78	187	69	118
30-34岁	**342**	**98**	**244**	**731**	**220**	**511**	**1282**	**426**	**856**
30	81	22	59	148	45	103	247	80	167
31	77	26	51	161	51	110	290	96	194
32	55	13	42	136	37	99	240	73	167
33	74	27	47	158	44	114	269	93	176
34	55	10	45	128	43	85	236	84	152
35-39岁	**401**	**120**	**281**	**676**	**218**	**458**	**1109**	**337**	**772**
35	76	21	55	131	41	90	242	63	179
36	65	24	41	134	38	96	205	57	148
37	55	12	43	129	40	89	223	72	151
38	113	34	79	140	47	93	237	75	162
39	92	29	63	142	52	90	202	70	132
40-44岁	**398**	**94**	**304**	**711**	**200**	**511**	**1203**	**393**	**810**
40	72	17	55	140	36	104	237	80	157
41	87	24	63	128	33	95	255	87	168
42	68	18	50	143	45	98	231	76	155
43	80	18	62	124	31	93	219	74	145
44	91	17	74	176	55	121	261	76	185
45-49岁	**567**	**162**	**405**	**1083**	**319**	**764**	**1688**	**559**	**1129**
45	102	32	70	176	50	126	304	99	205
46	110	31	79	227	73	154	318	106	212
47	94	30	64	206	43	163	377	133	244
48	135	35	100	217	71	146	359	120	239
49	126	34	92	257	82	175	330	101	229
50-54岁	**549**	**121**	**428**	**1168**	**346**	**822**	**1959**	**618**	**1341**
50	132	28	104	298	83	215	420	136	284
51	99	25	74	227	75	152	427	145	282
52	135	28	107	248	67	181	427	123	304
53	92	19	73	184	55	129	325	100	225
54	91	21	70	211	66	145	360	114	246
55-59岁	**464**	**114**	**350**	**895**	**226**	**669**	**1483**	**441**	**1042**
55	88	21	67	184	43	141	368	111	257
56	87	21	66	185	49	136	308	94	214
57	134	34	100	234	56	178	326	101	225
58	114	29	85	189	53	136	306	83	223
59	41	9	32	103	25	78	175	52	123
60-64岁	**236**	**49**	**187**	**405**	**100**	**305**	**705**	**223**	**482**
60	43	10	33	90	21	69	244	67	177
61	34	10	24	82	17	65	161	54	107
62	39	11	28	73	23	50	115	43	72
63	54	9	45	81	17	64	84	28	56
64	66	9	57	79	22	57	101	31	70
65岁及以上	**2203**	**372**	**1831**	**2729**	**736**	**1993**	**3054**	**1004**	**2050**

5-5a　续表 3　　单位：人

年　龄	初婚年龄								
	21岁			22岁			23岁		
	小计	男	女	小计	男	女	小计	男	女
总　计	**18545**	**6808**	**11737**	**25820**	**10882**	**14938**	**29172**	**12894**	**16278**
20岁以下									
20-24岁	**317**	**109**	**208**	**418**	**160**	**258**	**331**	**138**	**193**
20									
21	21	6	15						
22	60	22	38	58	24	34			
23	104	34	70	149	58	91	103	38	65
24	132	47	85	211	78	133	228	100	128
25-29岁	**1067**	**402**	**665**	**1641**	**745**	**896**	**2046**	**879**	**1167**
25	138	53	85	282	125	157	356	144	212
26	191	67	124	262	116	146	369	155	214
27	206	76	130	352	172	180	397	169	228
28	234	95	139	324	146	178	482	202	280
29	298	111	187	421	186	235	442	209	233
30-34岁	**1881**	**694**	**1187**	**2805**	**1289**	**1516**	**3312**	**1463**	**1849**
30	361	130	231	558	259	299	634	282	352
31	384	145	239	548	263	285	717	309	408
32	357	129	228	518	236	282	615	279	336
33	406	154	252	608	273	335	711	307	404
34	373	136	237	573	258	315	635	286	349
35-39岁	**1706**	**640**	**1066**	**2481**	**1117**	**1364**	**2844**	**1262**	**1582**
35	359	141	218	500	235	265	572	260	312
36	342	123	219	481	211	270	564	235	329
37	338	132	206	481	219	262	568	255	313
38	393	152	241	568	250	318	647	291	356
39	274	92	182	451	202	249	493	221	272
40-44岁	**1667**	**591**	**1076**	**2349**	**932**	**1417**	**2641**	**1138**	**1503**
40	251	100	151	400	153	247	438	199	239
41	309	103	206	359	149	210	458	200	258
42	406	138	268	485	197	288	446	188	258
43	310	108	202	536	226	310	589	258	331
44	391	142	249	569	207	362	710	293	417
45-49岁	**2318**	**864**	**1454**	**3160**	**1340**	**1820**	**3327**	**1436**	**1891**
45	369	139	230	540	230	310	606	258	348
46	433	152	281	589	237	352	658	287	371
47	502	190	312	626	285	341	689	303	386
48	516	200	316	681	300	381	722	303	419
49	498	183	315	724	288	436	652	285	367
50-54岁	**2633**	**1032**	**1601**	**3549**	**1491**	**2058**	**3682**	**1695**	**1987**
50	474	201	273	822	343	479	828	368	460
51	575	230	345	644	274	370	767	353	414
52	583	235	348	764	313	451	719	329	390
53	454	159	295	653	291	362	625	298	327
54	547	207	340	666	270	396	743	347	396
55-59岁	**2402**	**799**	**1603**	**3595**	**1479**	**2116**	**4059**	**1810**	**2249**
55	548	175	373	790	332	458	939	423	516
56	593	195	398	828	338	490	861	377	484
57	575	197	378	986	403	583	1043	459	584
58	431	141	290	640	268	372	810	380	430
59	255	91	164	351	138	213	406	171	235
60-64岁	**1347**	**443**	**904**	**2418**	**896**	**1522**	**3339**	**1381**	**1958**
60	404	137	267	555	207	348	619	264	355
61	328	107	221	610	262	348	650	292	358
62	276	84	192	591	195	396	770	322	448
63	213	82	131	421	153	268	800	321	479
64	126	33	93	241	79	162	500	182	318
65岁及以上	**3207**	**1234**	**1973**	**3404**	**1433**	**1971**	**3591**	**1692**	**1899**

5-5a 续表 4 单位：人

年　龄	初婚年龄								
	24岁			25岁			26岁		
	小计	男	女	小计	男	女	小计	男	女
总　计	**30891**	**15028**	**15863**	**30801**	**16180**	**14621**	**25604**	**14496**	**11108**
20岁以下									
20-24岁	**141**	**71**	**70**						
20									
21									
22									
23									
24	141	71	70						
25-29岁	**2617**	**1206**	**1411**	**2772**	**1228**	**1544**	**2236**	**1079**	**1157**
25	345	148	197	222	108	114			
26	478	230	248	504	235	269	247	104	143
27	561	237	324	640	259	381	579	273	306
28	594	298	296	673	280	393	740	375	365
29	639	293	346	733	346	387	670	327	343
30-34岁	**4033**	**1816**	**2217**	**4870**	**2255**	**2615**	**4698**	**2350**	**2348**
30	793	368	425	966	418	548	865	431	434
31	825	363	462	998	464	534	1049	531	518
32	839	373	466	968	449	519	877	421	456
33	823	373	450	1075	506	569	931	474	457
34	753	339	414	863	418	445	976	493	483
35-39岁	**3434**	**1642**	**1792**	**4086**	**1982**	**2104**	**3854**	**1975**	**1879**
35	690	348	342	819	407	412	755	380	375
36	765	375	390	888	433	455	816	426	390
37	654	304	350	843	422	421	843	422	421
38	760	350	410	890	399	491	855	421	434
39	565	265	300	646	321	325	585	326	259
40-44岁	**2540**	**1177**	**1363**	**2662**	**1314**	**1348**	**2458**	**1331**	**1127**
40	507	230	277	558	266	292	556	296	260
41	495	234	261	550	273	277	491	272	219
42	448	203	245	546	264	282	475	251	224
43	423	193	230	518	248	270	481	263	218
44	667	317	350	490	263	227	455	249	206
45-49岁	**3452**	**1597**	**1855**	**3310**	**1726**	**1584**	**2579**	**1467**	**1112**
45	672	311	361	612	316	296	398	217	181
46	702	336	366	690	375	315	522	287	235
47	692	299	393	670	353	317	564	331	233
48	696	323	373	646	323	323	563	320	243
49	690	328	362	692	359	333	532	312	220
50-54岁	**3260**	**1609**	**1651**	**2821**	**1639**	**1182**	**2100**	**1336**	**764**
50	727	351	376	647	359	288	513	320	193
51	710	325	385	590	352	238	425	267	158
52	710	345	365	609	334	275	443	283	160
53	453	231	222	468	292	176	311	205	106
54	660	357	303	507	302	205	408	261	147
55-59岁	**3905**	**2067**	**1838**	**3186**	**1871**	**1315**	**2149**	**1386**	**763**
55	762	410	352	558	330	228	412	267	145
56	885	484	401	659	398	261	416	274	142
57	1033	539	494	916	527	389	569	342	227
58	752	400	352	607	366	241	459	307	152
59	473	234	239	446	250	196	293	196	97
60-64岁	**3531**	**1774**	**1757**	**3079**	**1782**	**1297**	**2245**	**1456**	**789**
60	620	328	292	605	350	255	480	323	157
61	531	290	241	561	333	228	431	276	155
62	717	367	350	580	328	252	419	277	142
63	893	425	468	681	374	307	457	284	173
64	770	364	406	652	397	255	458	296	162
65岁及以上	**3978**	**2069**	**1909**	**4015**	**2383**	**1632**	**3285**	**2116**	**1169**

5-5a 续表 5

单位：人

年龄	初婚年龄								
	27岁			28岁			29岁		
	小计	男	女	小计	男	女	小计	男	女
总计	**19471**	**11793**	**7678**	**13744**	**8708**	**5036**	**9121**	**5908**	**3213**
20岁以下									
20-24岁									
20									
21									
22									
23									
24									
25-29岁	**1402**	**713**	**689**	**649**	**323**	**326**	**155**	**94**	**61**
25									
26									
27	238	115	123						
28	510	265	245	244	109	135			
29	654	333	321	405	214	191	155	94	61
30-34岁	**4053**	**2131**	**1922**	**3062**	**1729**	**1333**	**2143**	**1239**	**904**
30	851	440	411	668	384	284	398	234	164
31	815	402	413	626	362	264	554	309	245
32	839	441	398	617	334	283	404	234	170
33	774	412	362	599	340	259	394	229	165
34	774	436	338	552	309	243	393	233	160
35-39岁	**3243**	**1745**	**1498**	**2498**	**1487**	**1011**	**1701**	**1019**	**682**
35	742	391	351	482	268	214	344	200	144
36	640	345	295	548	344	204	315	177	138
37	643	351	292	503	292	211	372	232	140
38	704	375	329	521	315	206	395	241	154
39	514	283	231	444	268	176	275	169	106
40-44岁	**2054**	**1234**	**820**	**1611**	**1012**	**599**	**1126**	**731**	**395**
40	463	279	184	371	233	138	262	167	95
41	445	260	185	332	202	130	231	153	78
42	390	231	159	311	191	120	214	145	69
43	369	235	134	316	205	111	224	129	95
44	387	229	158	281	181	100	195	137	58
45-49岁	**1895**	**1176**	**719**	**1363**	**926**	**437**	**950**	**650**	**300**
45	336	203	133	288	188	100	208	142	66
46	329	202	127	260	178	82	180	120	60
47	377	238	139	214	146	68	181	128	53
48	429	271	158	276	189	87	172	110	62
49	424	262	162	325	225	100	209	150	59
50-54岁	**1594**	**1114**	**480**	**1105**	**766**	**339**	**799**	**561**	**238**
50	393	264	129	288	189	99	216	148	68
51	344	241	103	224	154	70	201	140	61
52	354	239	115	242	179	63	150	105	45
53	209	152	57	184	125	59	87	67	20
54	294	218	76	167	119	48	145	101	44
55-59岁	**1434**	**1012**	**422**	**901**	**632**	**269**	**609**	**449**	**160**
55	314	233	81	205	149	56	130	101	29
56	282	205	77	174	126	48	135	98	37
57	363	254	109	197	139	58	158	123	35
58	292	196	96	185	118	67	99	69	30
59	183	124	59	140	100	40	87	58	29
60-64岁	**1402**	**942**	**460**	**968**	**669**	**299**	**610**	**417**	**193**
60	309	213	96	166	114	52	117	82	35
61	269	188	81	200	144	56	112	81	31
62	323	221	102	198	136	62	126	90	36
63	279	181	98	222	157	65	129	77	52
64	222	139	83	182	118	64	126	87	39
65岁及以上	**2394**	**1726**	**668**	**1587**	**1164**	**423**	**1028**	**748**	**280**

5-5a 续表 6

单位：人

年龄	初婚年龄								
	30岁			31岁			32岁		
	小计	男	女	小计	男	女	小计	男	女
总计	**6041**	**4003**	**2038**	**4147**	**2785**	**1362**	**2952**	**1912**	**1040**
20岁以下									
20-24岁									
20									
21									
22									
23									
24									
25-29岁									
25									
26									
27									
28									
29									
30-34岁	**1294**	**775**	**519**	**740**	**465**	**275**	**349**	**199**	**150**
30	124	68	56						
31	298	177	121	87	58	29			
32	314	174	140	206	123	83	66	45	21
33	298	194	104	231	145	86	143	66	77
34	260	162	98	216	139	77	140	88	52
35-39岁	**1176**	**730**	**446**	**831**	**503**	**328**	**626**	**380**	**246**
35	229	145	84	159	95	64	124	68	56
36	253	162	91	160	102	58	132	86	46
37	248	144	104	173	101	72	129	78	51
38	262	158	104	190	117	73	124	80	44
39	184	121	63	149	88	61	117	68	49
40-44岁	**889**	**574**	**315**	**651**	**441**	**210**	**477**	**299**	**178**
40	190	113	77	127	83	44	102	65	37
41	178	119	59	139	88	51	105	65	40
42	180	124	56	137	98	39	93	54	39
43	173	116	57	126	94	32	85	55	30
44	168	102	66	122	78	44	92	60	32
45-49岁	**632**	**438**	**194**	**541**	**354**	**187**	**421**	**288**	**133**
45	134	91	43	120	81	39	90	58	32
46	149	100	49	117	73	44	104	70	34
47	128	91	37	117	76	41	74	49	25
48	111	80	31	106	72	34	66	45	21
49	110	76	34	81	52	29	87	66	21
50-54岁	**611**	**456**	**155**	**414**	**300**	**114**	**297**	**212**	**85**
50	154	115	39	61	44	17	50	38	12
51	144	112	32	101	77	24	65	50	15
52	130	87	43	101	74	27	64	44	20
53	83	57	26	82	56	26	49	33	16
54	100	85	15	69	49	20	69	47	22
55-59岁	**400**	**293**	**107**	**285**	**208**	**77**	**253**	**189**	**64**
55	93	69	24	63	44	19	49	34	15
56	88	67	21	65	48	17	57	43	14
57	96	65	31	65	45	20	71	53	18
58	84	64	20	65	52	13	42	32	10
59	39	28	11	27	19	8	34	27	7
60-64岁	**411**	**273**	**138**	**245**	**177**	**68**	**166**	**106**	**60**
60	70	49	21	36	25	11	42	30	12
61	101	67	34	51	36	15	23	13	10
62	81	50	31	49	38	11	31	14	17
63	75	53	22	63	45	18	41	31	10
64	84	54	30	46	33	13	29	18	11
65岁及以上	**628**	**464**	**164**	**440**	**337**	**103**	**363**	**239**	**124**

5-5a 续表 7

单位：人

年 龄	初婚年龄								
	33岁			34岁			35岁		
	小计	男	女	小计	男	女	小计	男	女
总 计	**2291**	**1466**	**825**	**1677**	**1059**	**618**	**1352**	**837**	**515**
20岁以下									
20-24岁									
20									
21									
22									
23									
24									
25-29岁									
25									
26									
27									
28									
29									
30-34岁	**168**	**104**	**64**	**30**	**16**	**14**			
30									
31									
32									
33	64	41	23						
34	104	63	41	30	16	14			
35-39岁	**526**	**288**	**238**	**383**	**222**	**161**	**291**	**159**	**132**
35	114	66	48	63	36	27	30	15	15
36	102	53	49	80	43	37	61	34	27
37	91	50	41	68	40	28	49	29	20
38	126	73	53	82	53	29	86	47	39
39	93	46	47	90	50	40	65	34	31
40-44岁	**416**	**262**	**154**	**313**	**195**	**118**	**284**	**164**	**120**
40	98	57	41	60	35	25	68	32	36
41	83	57	26	64	44	20	38	21	17
42	81	51	30	58	36	22	59	38	21
43	67	46	21	69	44	25	59	39	20
44	87	51	36	62	36	26	60	34	26
45-49岁	**320**	**208**	**112**	**274**	**168**	**106**	**252**	**157**	**95**
45	76	48	28	54	33	21	48	29	19
46	78	52	26	66	44	22	55	33	22
47	60	39	21	58	31	27	66	44	22
48	59	36	23	59	39	20	44	25	19
49	47	33	14	37	21	16	39	26	13
50-54岁	**214**	**159**	**55**	**164**	**108**	**56**	**153**	**108**	**45**
50	73	53	20	44	25	19	43	30	13
51	32	25	7	44	32	12	35	22	13
52	34	22	12	27	18	9	31	21	10
53	35	26	9	20	14	6	25	20	5
54	40	33	7	29	19	10	19	15	4
55-59岁	**232**	**157**	**75**	**169**	**106**	**63**	**137**	**92**	**45**
55	56	40	16	44	28	16	26	19	7
56	52	31	21	34	22	12	23	18	5
57	56	42	14	43	29	14	49	23	26
58	48	33	15	31	17	14	26	22	4
59	20	11	9	17	10	7	13	10	3
60-64岁	**169**	**118**	**51**	**131**	**91**	**40**	**83**	**53**	**30**
60	35	27	8	23	16	7	20	14	6
61	33	22	11	26	18	8	21	12	9
62	33	20	13	29	21	8	15	11	4
63	34	24	10	22	13	9	19	11	8
64	34	25	9	31	23	8	8	5	3
65岁及以上	**246**	**170**	**76**	**213**	**153**	**60**	**152**	**104**	**48**

5-5a 续表 8

单位：人

年龄	初婚年龄								
	36岁			37岁			38岁		
	小计	男	女	小计	男	女	小计	男	女
总计	**1060**	**668**	**392**	**781**	**512**	**269**	**629**	**413**	**216**
20岁以下									
20-24岁									
20									
21									
22									
23									
24									
25-29岁									
25									
26									
27									
28									
29									
30-34岁									
30									
31									
32									
33									
34									
35-39岁	**187**	**107**	**80**	**87**	**50**	**37**	**41**	**21**	**20**
35									
36	13	8	5						
37	46	28	18	14	9	5			
38	75	39	36	37	19	18	15	8	7
39	53	32	21	36	22	14	26	13	13
40-44岁	**223**	**131**	**92**	**190**	**113**	**77**	**147**	**94**	**53**
40	46	26	20	42	23	19	31	19	12
41	46	29	17	43	25	18	38	22	16
42	50	24	26	34	19	15	16	10	6
43	38	28	10	28	17	11	33	22	11
44	43	24	19	43	29	14	29	21	8
45-49岁	**211**	**137**	**74**	**155**	**102**	**53**	**131**	**90**	**41**
45	42	32	10	35	22	13	38	22	16
46	38	20	18	29	15	14	23	16	7
47	48	31	17	32	23	9	23	17	6
48	43	29	14	27	20	7	22	16	6
49	40	25	15	32	22	10	25	19	6
50-54岁	**123**	**81**	**42**	**119**	**88**	**31**	**112**	**79**	**33**
50	31	19	12	32	22	10	35	25	10
51	25	18	7	34	27	7	28	25	3
52	25	15	10	22	16	6	25	13	12
53	22	14	8	19	15	4	6	3	3
54	20	15	5	12	8	4	18	13	5
55-59岁	**103**	**72**	**31**	**83**	**57**	**26**	**60**	**40**	**20**
55	14	11	3	23	17	6	9	8	1
56	25	18	7	14	11	3	10	9	1
57	30	21	9	24	16	8	12	3	9
58	22	15	7	14	7	7	14	13	1
59	12	7	5	8	6	2	15	7	8
60-64岁	**85**	**53**	**32**	**66**	**47**	**19**	**50**	**30**	**20**
60	18	14	4	14	11	3	8	5	3
61	15	10	5	11	7	4	14	7	7
62	20	13	7	13	9	4	12	8	4
63	16	10	6	16	11	5	8	6	2
64	16	6	10	12	9	3	8	4	4
65岁及以上	**128**	**87**	**41**	**81**	**55**	**26**	**88**	**59**	**29**

5-5a 续表 9

单位：人

年 龄	初婚年龄					
	39岁			40岁及以上		
	小计	男	女	小计	男	女
总 计	**548**	**374**	**174**	**2621**	**1692**	**929**
20岁以下						
20-24岁						
20						
21						
22						
23						
24						
25-29岁						
25						
26						
27						
28						
29						
30-34岁						
30						
31						
32						
33						
34						
35-39岁	**10**	**6**	**4**			
35						
36						
37						
38						
39	10	6	4			
40-44岁	**120**	**84**	**36**	**191**	**108**	**83**
40	20	11	9	11	3	8
41	26	16	10	28	14	14
42	24	19	5	39	22	17
43	22	18	4	50	28	22
44	28	20	8	63	41	22
45-49岁	**145**	**99**	**46**	**512**	**299**	**213**
45	32	21	11	73	45	28
46	26	19	7	93	48	45
47	28	15	13	112	63	49
48	20	15	5	125	73	52
49	39	29	10	109	70	39
50-54岁	**106**	**70**	**36**	**545**	**374**	**171**
50	19	17	2	115	77	38
51	29	16	13	132	88	44
52	18	7	11	125	89	36
53	17	14	3	72	46	26
54	23	16	7	101	74	27
55-59岁	**53**	**34**	**19**	**461**	**320**	**141**
55	18	12	6	111	71	40
56	11	6	5	89	63	26
57	8	4	4	124	87	37
58	6	5	1	85	60	25
59	10	7	3	52	39	13
60-64岁	**51**	**39**	**12**	**283**	**199**	**84**
60	11	10	1	71	52	19
61	12	9	3	51	35	16
62	8	8		53	41	12
63	11	5	6	52	36	16
64	9	7	2	56	35	21
65岁及以上	**63**	**42**	**21**	**629**	**392**	**237**

5-5b 全市分年龄、性别、初婚年龄的人口(镇)

单位：人

年龄	初婚年龄					
	合计			15岁以下		
	合计	男	女	小计	男	女
总计	**27878**	**13864**	**14014**	**24**	**1**	**23**
20岁以下	**7**	**1**	**6**			
20-24岁	**375**	**142**	**233**	**1**		**1**
20	7	1	6	1		1
21	22	7	15			
22	53	21	32			
23	105	35	70			
24	188	78	110			
25-29岁	**2382**	**1039**	**1343**			
25	257	102	155			
26	372	153	219			
27	495	201	294			
28	569	269	300			
29	689	314	375			
30-34岁	**4537**	**2237**	**2300**	**1**		**1**
30	950	447	503			
31	942	465	477			
32	876	443	433			
33	912	441	471	1		1
34	857	441	416			
35-39岁	**3649**	**1821**	**1828**			
35	789	389	400			
36	779	382	397			
37	711	380	331			
38	786	387	399			
39	584	283	301			
40-44岁	**2834**	**1424**	**1410**	**1**		**1**
40	587	304	283			
41	559	297	262			
42	515	263	252			
43	529	259	270			
44	644	301	343	1		1
45-49岁	**3476**	**1802**	**1674**	**1**		**1**
45	628	327	301			
46	738	355	383	1		1
47	733	383	350			
48	704	365	339			
49	673	372	301			
50-54岁	**2820**	**1497**	**1323**	**2**		**2**
50	651	345	306			
51	545	281	264	1		1
52	599	321	278	1		1
53	512	262	250			
54	513	288	225			
55-59岁	**2460**	**1282**	**1178**	**3**		**3**
55	603	332	271			
56	543	289	254			
57	569	293	276	2		2
58	507	241	266			
59	238	127	111	1		1
60-64岁	**1773**	**907**	**866**	**4**	**1**	**3**
60	412	207	205			
61	346	178	168			
62	309	167	142	2	1	1
63	383	197	186	1		1
64	323	158	165	1		1
65岁及以上	**3565**	**1712**	**1853**	**11**		**11**

5-5b　续表 1　　　　单位：人

年　龄	初婚年龄								
	15岁			16岁			17岁		
	小计	男	女	小计	男	女	小计	男	女
总　计	**170**	**24**	**146**	**275**	**48**	**227**	**499**	**78**	**421**
20岁以下	**1**		**1**	**2**		**2**			
20-24岁	**5**	**2**	**3**	**4**	**2**	**2**	**8**	**1**	**7**
20							1	1	
21	1	1		1	1		1		1
22	1		1				1		1
23				1		1	3		3
24	3	1	2	2	1	1	2		2
25-29岁	**7**	**1**	**6**	**11**	**5**	**6**	**17**	**2**	**15**
25				1	1		4		4
26	1		1				3	2	1
27				3		3	3		3
28	5		5	4	3	1	2		2
29	1	1		3	1	2	5		5
30-34岁	**12**	**4**	**8**	**24**	**6**	**18**	**46**	**12**	**34**
30	5	1	4	6		6	11	2	9
31	4	2	2	3	1	2	7	3	4
32	1		1	9	3	6	8	3	5
33				5	2	3	9	3	6
34	2	1	1	1		1	11	1	10
35-39岁	**15**	**3**	**12**	**12**	**1**	**11**	**56**	**8**	**48**
35	4		4	1		1	17	1	16
36	2		2	3		3	9	3	6
37	2		2	3	1	2	7	1	6
38	5	3	2	3		3	13	2	11
39	2		2	2		2	10	1	9
40-44岁	**7**	**2**	**5**	**14**	**3**	**11**	**29**	**5**	**24**
40	5	2	3	4	1	3	7	1	6
41				2	2		5		5
42				3		3	5		5
43							4	1	3
44	2		2	5		5	8	3	5
45-49岁	**12**	**1**	**11**	**24**	**4**	**20**	**53**	**13**	**40**
45	2		2	4	1	3	11	4	7
46	2		2	5	1	4	11	2	9
47	1		1	4	1	3	13	4	9
48	3	1	2	6	1	5	12	3	9
49	4		4	5		5	6		6
50-54岁	**12**	**3**	**9**	**21**	**6**	**15**	**28**	**8**	**20**
50	2	2		4		4	6	3	3
51	4	1	3	5	3	2	4	1	3
52	2		2	6	1	5	11	1	10
53	3		3	3		3	3	2	1
54	1		1	3	2	1	4	1	3
55-59岁	**6**		**6**	**17**	**4**	**13**	**32**	**8**	**24**
55	1		1	4		4	8	2	6
56	1		1	6	2	4	10	2	8
57	2		2	2	1	1	7	2	5
58	1		1	4	1	3	5	1	4
59	1		1	1		1	2	1	1
60-64岁	**14**	**2**	**12**	**20**	**2**	**18**	**27**	**1**	**26**
60				3	1	2	5		5
61	3	1	2	3		3	1		1
62	1		1	1		1	1		1
63	3		3	3		3	9		9
64	7	1	6	10	1	9	11	1	10
65岁及以上	**79**	**6**	**73**	**126**	**15**	**111**	**203**	**20**	**183**

5-5b 续表 2　　单位：人

年龄	初婚年龄								
	18岁			19岁			20岁		
	小计	男	女	小计	男	女	小计	男	女
总　计	**915**	**171**	**744**	**1456**	**407**	**1049**	**2221**	**710**	**1511**
20岁以下	**1**		**1**	**3**	**1**	**2**			
20-24岁	**15**	**2**	**13**	**33**	**10**	**23**	**50**	**9**	**41**
20				1		1	4		4
21	1		1	3		3	6	2	4
22	1		1	8	4	4	6	1	5
23	7	1	6	10	2	8	17	4	13
24	6	1	5	11	4	7	17	2	15
25-29岁	**51**	**11**	**40**	**98**	**19**	**79**	**169**	**44**	**125**
25	10	4	6	12	1	11	17	4	13
26	8		8	16	3	13	23	6	17
27	7	1	6	26	5	21	45	12	33
28	6	3	3	22	5	17	52	18	34
29	20	3	17	22	5	17	32	4	28
30-34岁	**89**	**19**	**70**	**176**	**50**	**126**	**314**	**94**	**220**
30	23	7	16	36	12	24	71	21	50
31	21	5	16	47	16	31	71	20	51
32	13	1	12	29	13	16	64	18	46
33	18	3	15	31	4	27	54	15	39
34	14	3	11	33	5	28	54	20	34
35-39岁	**91**	**21**	**70**	**138**	**31**	**107**	**230**	**67**	**163**
35	20	5	15	28	4	24	38	9	29
36	19	4	15	26	6	20	40	16	24
37	14	4	10	27	6	21	59	15	44
38	23	4	19	29	7	22	53	14	39
39	15	4	11	28	8	20	40	13	27
40-44岁	**97**	**14**	**83**	**145**	**35**	**110**	**254**	**75**	**179**
40	27	5	22	30	8	22	51	18	33
41	13	3	10	27	8	19	68	21	47
42	19		19	23	6	17	54	18	36
43	19	2	17	25	5	20	38	11	27
44	19	4	15	40	8	32	43	7	36
45-49岁	**98**	**27**	**71**	**194**	**63**	**131**	**318**	**112**	**206**
45	21	5	16	28	11	17	67	24	43
46	17	3	14	47	14	33	73	27	46
47	20	8	12	38	10	28	71	27	44
48	23	7	16	40	14	26	51	17	34
49	17	4	13	41	14	27	56	17	39
50-54岁	**80**	**13**	**67**	**169**	**48**	**121**	**253**	**93**	**160**
50	16	3	13	43	14	29	58	25	33
51	19	5	14	34	8	26	69	23	46
52	13	1	12	27	6	21	51	17	34
53	18	1	17	36	12	24	38	10	28
54	14	3	11	29	8	21	37	18	19
55-59岁	**54**	**8**	**46**	**138**	**45**	**93**	**198**	**62**	**136**
55	9	1	8	30	17	13	64	21	43
56	13	3	10	30	10	20	31	13	18
57	10	2	8	24	6	18	37	11	26
58	19	2	17	44	8	36	41	11	30
59	3		3	10	4	6	25	6	19
60-64岁	**39**	**8**	**31**	**62**	**20**	**42**	**87**	**22**	**65**
60	9		9	21	5	16	33	4	29
61	7	4	3	10	3	7	15	1	14
62	3		3	8	3	5	12	2	10
63	15	3	12	12	3	9	17	9	8
64	5	1	4	11	6	5	10	6	4
65岁及以上	**300**	**48**	**252**	**300**	**85**	**215**	**348**	**132**	**216**

5-5b 续表 3 单位：人

年龄	初婚年龄								
	21岁			22岁			23岁		
	小计	男	女	小计	男	女	小计	男	女
总 计	**2873**	**1225**	**1648**	**3637**	**1818**	**1819**	**3521**	**1866**	**1655**
20岁以下									
20-24岁	**86**	**35**	**51**	**92**	**43**	**49**	**63**	**28**	**35**
20									
21	9	3	6						
22	20	7	13	16	9	7			
23	22	11	11	30	12	18	15	5	10
24	35	14	21	46	22	24	48	23	25
25-29岁	**204**	**67**	**137**	**333**	**153**	**180**	**327**	**152**	**175**
25	30	7	23	61	32	29	56	25	31
26	35	11	24	66	25	41	66	31	35
27	34	8	26	63	26	37	68	31	37
28	42	19	23	60	29	31	61	28	33
29	63	22	41	83	41	42	76	37	39
30-34岁	**357**	**150**	**207**	**521**	**264**	**257**	**526**	**268**	**258**
30	68	30	38	104	47	57	106	48	58
31	62	22	40	116	66	50	129	66	63
32	69	24	45	95	51	44	91	43	48
33	101	49	52	114	57	57	92	52	40
34	57	25	32	92	43	49	108	59	49
35-39岁	**304**	**123**	**181**	**414**	**206**	**208**	**442**	**229**	**213**
35	68	30	38	76	38	38	100	48	52
36	66	23	43	94	45	49	83	38	45
37	45	21	24	91	50	41	84	48	36
38	77	37	40	99	44	55	97	53	44
39	48	12	36	54	29	25	78	42	36
40-44岁	**313**	**131**	**182**	**352**	**180**	**172**	**330**	**161**	**169**
40	47	14	33	54	29	25	63	35	28
41	69	30	39	54	28	26	55	27	28
42	59	32	27	78	41	37	53	27	26
43	65	27	38	79	35	44	65	29	36
44	73	28	45	87	47	40	94	43	51
45-49岁	**432**	**188**	**244**	**479**	**243**	**236**	**450**	**253**	**197**
45	73	35	38	76	38	38	81	35	46
46	87	39	48	103	42	61	72	41	31
47	99	39	60	110	62	48	97	52	45
48	83	32	51	100	52	48	103	59	44
49	90	43	47	90	49	41	97	66	31
50-54岁	**350**	**170**	**180**	**422**	**212**	**210**	**392**	**223**	**169**
50	86	40	46	109	56	53	77	40	37
51	59	29	30	72	40	32	82	46	36
52	70	34	36	99	49	50	71	44	27
53	56	29	27	77	37	40	77	45	32
54	79	38	41	65	30	35	85	48	37
55-59岁	**282**	**120**	**162**	**438**	**224**	**214**	**395**	**216**	**179**
55	61	29	32	103	57	46	99	53	46
56	77	35	42	106	56	50	81	45	36
57	71	28	43	121	55	66	86	49	37
58	47	16	31	67	34	33	92	50	42
59	26	12	14	41	22	19	37	19	18
60-64岁	**187**	**82**	**105**	**254**	**104**	**150**	**286**	**141**	**145**
60	52	26	26	57	25	32	57	31	26
61	49	23	26	50	23	27	57	23	34
62	36	16	20	65	24	41	48	27	21
63	35	13	22	51	20	31	72	35	37
64	15	4	11	31	12	19	52	25	27
65岁及以上	**358**	**159**	**199**	**332**	**189**	**143**	**310**	**195**	**115**

5-5b 续表 4

单位：人

年龄	初婚年龄								
	24岁			25岁			26岁		
	小计	男	女	小计	男	女	小计	男	女
总计	**3062**	**1745**	**1317**	**2527**	**1457**	**1070**	**2012**	**1254**	**758**
20岁以下									
20-24岁	**18**	**10**	**8**						
20									
21									
22									
23									
24	18	10	8						
25-29岁	**382**	**179**	**203**	**331**	**149**	**182**	**240**	**131**	**109**
25	46	20	26	20	8	12			
26	84	37	47	47	20	27	23	18	5
27	83	40	43	94	43	51	46	24	22
28	77	39	38	88	39	49	78	41	37
29	92	43	49	82	39	43	93	48	45
30-34岁	**476**	**255**	**221**	**492**	**245**	**247**	**479**	**268**	**211**
30	112	55	57	113	54	59	116	61	55
31	91	47	44	92	47	45	97	50	47
32	93	55	38	92	53	39	97	60	37
33	94	50	44	105	41	64	84	42	42
34	86	48	38	90	50	40	85	55	30
35-39岁	**383**	**200**	**183**	**336**	**190**	**146**	**311**	**179**	**132**
35	92	50	42	76	38	38	69	41	28
36	78	38	40	71	44	27	66	32	34
37	69	37	32	73	45	28	71	45	26
38	77	44	33	62	35	27	64	34	30
39	67	31	36	54	28	26	41	27	14
40-44岁	**262**	**175**	**87**	**231**	**122**	**109**	**184**	**120**	**64**
40	58	40	18	54	25	29	40	30	10
41	59	41	18	44	24	20	38	25	13
42	38	25	13	44	23	21	33	18	15
43	38	23	15	44	29	15	43	29	14
44	69	46	23	45	21	24	30	18	12
45-49岁	**373**	**222**	**151**	**290**	**172**	**118**	**200**	**137**	**63**
45	74	48	26	50	25	25	34	25	9
46	78	43	35	62	34	28	52	30	22
47	83	48	35	64	45	19	33	24	9
48	71	41	30	57	32	25	42	30	12
49	67	42	25	57	36	21	39	28	11
50-54岁	**326**	**186**	**140**	**222**	**153**	**69**	**133**	**91**	**42**
50	70	42	28	49	31	18	26	16	10
51	60	33	27	42	29	13	22	14	8
52	74	49	25	59	39	20	29	19	10
53	62	24	38	34	27	7	32	22	10
54	60	38	22	38	27	11	24	20	4
55-59岁	**283**	**169**	**114**	**189**	**127**	**62**	**137**	**94**	**43**
55	81	53	28	43	29	14	34	24	10
56	51	29	22	45	30	15	27	18	9
57	59	34	25	49	32	17	32	22	10
58	58	30	28	35	25	10	33	23	10
59	34	23	11	17	11	6	11	7	4
60-64岁	**254**	**150**	**104**	**179**	**119**	**60**	**127**	**86**	**41**
60	59	33	26	47	31	16	22	15	7
61	45	26	19	29	20	9	32	22	10
62	35	24	11	33	22	11	22	16	6
63	48	32	16	37	25	12	26	19	7
64	67	35	32	33	21	12	25	14	11
65岁及以上	**305**	**199**	**106**	**257**	**180**	**77**	**201**	**148**	**53**

5–5b　续表 5　　　　单位：人

年　龄	初婚年龄								
	27岁			28岁			29岁		
	小计	男	女	小计	男	女	小计	男	女
总　计	**1371**	**882**	**489**	**990**	**643**	**347**	**613**	**410**	**203**
20岁以下									
20–24岁									
20									
21									
22									
23									
24									
25–29岁	**152**	**84**	**68**	**49**	**33**	**16**	**11**	**9**	**2**
25									
26									
27	23	11	12						
28	53	33	20	19	12	7			
29	76	40	36	30	21	9	11	9	2
30–34岁	**362**	**211**	**151**	**281**	**160**	**121**	**156**	**91**	**65**
30	72	46	26	68	38	30	30	20	10
31	78	43	35	55	37	18	31	17	14
32	75	45	30	53	24	29	33	19	14
33	60	33	27	57	32	25	29	15	14
34	77	44	33	48	29	19	33	20	13
35–39岁	**243**	**151**	**92**	**198**	**122**	**76**	**135**	**90**	**45**
35	56	36	20	39	21	18	32	24	8
36	64	37	27	47	27	20	30	20	10
37	40	26	14	41	28	13	27	17	10
38	49	28	21	41	23	18	28	21	7
39	34	24	10	30	23	7	18	8	10
40–44岁	**114**	**77**	**37**	**117**	**78**	**39**	**85**	**54**	**31**
40	26	18	8	37	24	13	17	11	6
41	20	14	6	22	14	8	22	15	7
42	18	11	7	18	15	3	20	14	6
43	25	18	7	21	11	10	8	6	2
44	25	16	9	19	14	5	18	8	10
45–49岁	**118**	**79**	**39**	**79**	**53**	**26**	**66**	**41**	**25**
45	22	12	10	15	12	3	19	13	6
46	20	13	7	16	9	7	20	11	9
47	21	17	4	13	7	6	7	4	3
48	31	18	13	14	10	4	9	6	3
49	24	19	5	21	15	6	11	7	4
50–54岁	**97**	**62**	**35**	**89**	**64**	**25**	**38**	**32**	**6**
50	25	12	13	22	16	6	7	7	
51	21	12	9	19	14	5	4	4	
52	21	16	5	23	17	6	6	4	2
53	13	10	3	12	7	5	11	9	2
54	17	12	5	13	10	3	10	8	2
55–59岁	**84**	**64**	**20**	**51**	**36**	**15**	**31**	**22**	**9**
55	15	8	7	16	12	4	9	7	2
56	21	18	3	6	4	2	9	7	2
57	19	17	2	18	12	6	5	4	1
58	20	14	6	9	6	3	5	3	2
59	9	7	2	2	2		3	1	2
60–64岁	**67**	**48**	**19**	**41**	**29**	**12**	**29**	**21**	**8**
60	11	7	4	8	7	1	9	8	1
61	13	10	3	8	6	2	3	1	2
62	15	10	5	7	6	1	4	4	
63	16	14	2	11	6	5	4	1	3
64	12	7	5	7	4	3	9	7	2
65岁及以上	**134**	**106**	**28**	**85**	**68**	**17**	**62**	**50**	**12**

5-5b 续表 6 单位：人

年 龄	初婚年龄								
	30岁			31岁			32岁		
	小计	男	女	小计	男	女	小计	男	女
总 计	**418**	**277**	**141**	**291**	**185**	**106**	**211**	**139**	**72**
20岁以下									
20-24岁									
20									
21									
22									
23									
24									
25-29岁									
25									
26									
27									
28									
29									
30-34岁	**122**	**74**	**48**	**55**	**32**	**23**	**32**	**24**	**8**
30	9	5	4						
31	31	18	13	7	5	2			
32	34	20	14	17	8	9	3	3	
33	29	21	8	14	10	4	11	9	2
34	19	10	9	17	9	8	18	12	6
35-39岁	**104**	**59**	**45**	**66**	**42**	**24**	**62**	**31**	**31**
35	27	20	7	14	11	3	14	5	9
36	27	14	13	15	10	5	15	9	6
37	10	4	6	13	8	5	7	4	3
38	21	10	11	12	7	5	14	7	7
39	19	11	8	12	6	6	12	6	6
40-44岁	**49**	**40**	**9**	**59**	**38**	**21**	**31**	**19**	**12**
40	15	13	2	15	11	4	5	3	2
41	8	7	1	15	9	6	10	10	
42	12	9	3	11	7	4	5	4	1
43	8	7	1	5	4	1	6	1	5
44	6	4	2	13	7	6	5	1	4
45-49岁	**54**	**38**	**16**	**33**	**24**	**9**	**21**	**13**	**8**
45	9	7	2	7	5	2	2	2	
46	16	12	4	5	2	3	4	2	2
47	16	9	7	6	5	1	6	4	2
48	11	8	3	10	9	1	2	1	1
49	2	2		5	3	2	7	4	3
50-54岁	**28**	**23**	**5**	**21**	**13**	**8**	**15**	**11**	**4**
50	6	6		5	4	1	2	1	1
51	3	3		2	1	1	7	4	3
52	8	6	2	5	3	2	3	3	
53	8	6	2	5	3	2	2	2	
54	3	2	1	4	2	2	1	1	
55-59岁	**18**	**13**	**5**	**14**	**8**	**6**	**19**	**13**	**6**
55	2	1	1	3	1	2	7	7	
56	4	3	1	4	3	1	5	2	3
57	4	3	1	5	3	2	3	2	1
58	4	2	2	1	1		4	2	2
59	4	4		1		1			
60-64岁	**20**	**13**	**7**	**12**	**6**	**6**	**13**	**12**	**1**
60	2	1	1	1		1	3	2	1
61	9	4	5	3	3		3	3	
62	3	3		1		1	2	2	
63	3	2	1	3	1	2	2	2	
64	3	3		4	2	2	3	3	
65岁及以上	**23**	**17**	**6**	**31**	**22**	**9**	**18**	**16**	**2**

5-5b 续表 7

单位：人

年 龄	初婚年龄								
	33岁			34岁			35岁		
	小计	男	女	小计	男	女	小计	男	女
总 计	**178**	**120**	**58**	**124**	**80**	**44**	**93**	**67**	**26**
20岁以下									
20-24岁									
20									
21									
22									
23									
24									
25-29岁									
25									
26									
27									
28									
29									
30-34岁	**13**	**9**	**4**	**3**	**1**	**2**			
30									
31									
32									
33	4	3	1						
34	9	6	3	3	1	2			
35-39岁	**36**	**22**	**14**	**35**	**23**	**12**	**22**	**13**	**9**
35	10	6	4	5	1	4	3	1	2
36	5	4	1	10	7	3	8	4	4
37	10	7	3	10	8	2	4	3	1
38	5	3	2	4	4		2	1	1
39	6	2	4	6	3	3	5	4	1
40-44岁	**40**	**26**	**14**	**26**	**13**	**13**	**25**	**16**	**9**
40	12	8	4	6	3	3			
41	6	3	3	2	2		8	5	3
42	6	5	1	6	3	3	1	1	
43	7	5	2	10	3	7	7	5	2
44	9	5	4	2	2		9	5	4
45-49岁	**30**	**22**	**8**	**18**	**11**	**7**	**20**	**17**	**3**
45	9	7	2	1	1		3	2	1
46	5	3	2	3	3		8	7	1
47	4	3	1	6	1	5	2	2	
48	8	6	2	4	2	2	5	4	1
49	4	3	1	4	4		2	2	
50-54岁	**19**	**12**	**7**	**18**	**12**	**6**	**7**	**4**	**3**
50	6	5	1	4	2	2	2		2
51	1		1	3	3				
52	2	1	1	4	2	2	1	1	
53	4	2	2	3	3		3	2	1
54	6	4	2	4	2	2	1	1	
55-59岁	**14**	**8**	**6**	**8**	**6**	**2**	**9**	**8**	**1**
55	5	2	3	1	1		1	1	
56				1		1	2	2	
57	3	2	1	2	2				
58	4	3	1	3	2	1	3	3	
59	2	1	1	1	1		3	2	1
60-64岁	**10**	**8**	**2**	**6**	**6**		**5**	**5**	
60	3	3		2	2		2	2	
61	2	1	1	1	1				
62	3	2	1	2	2				
63	2	2		1	1		1	1	
64							2	2	
65岁及以上	**16**	**13**	**3**	**10**	**8**	**2**	**5**	**4**	**1**

5-5b 续表 8 单位：人

年龄	初婚年龄								
	36岁			37岁			38岁		
	小计	男	女	小计	男	女	小计	男	女
总　计	**72**	**41**	**31**	**49**	**36**	**13**	**35**	**20**	**15**
20岁以下									
20-24岁									
20									
21									
22									
23									
24									
25-29岁									
25									
26									
27									
28									
29									
30-34岁									
30									
31									
32									
33									
34									
35-39岁	**7**	**4**	**3**	**7**	**5**	**2**	**1**		**1**
35									
36	1	1							
37	2	1	1	2	1	1			
38	3	2	1	4	4		1		1
39	1		1	1		1			
40-44岁	**21**	**9**	**12**	**12**	**9**	**3**	**7**	**3**	**4**
40	9	2	7	3	2	1			
41	1		1	2	2		1	1	
42	2	2		1		1	3	1	2
43	2	2		1	1		2		2
44	7	3	4	5	4	1	1	1	
45-49岁	**17**	**9**	**8**	**13**	**9**	**4**	**12**	**7**	**5**
45	3	2	1	3	3		2	1	1
46	6	2	4	3	2	1	6	4	2
47	1	1		2	2		2	2	
48	1	1		4	2	2	2		2
49	6	3	3	1		1			
50-54岁	**7**	**6**	**1**	**7**	**5**	**2**	**5**	**3**	**2**
50	4	4		1	1		3	2	1
51	1		1	2		2			
52				1	1		1		1
53	2	2					1	1	
54				3	3				
55-59岁	**8**	**6**	**2**	**3**	**3**		**5**	**4**	**1**
55	1	1					1	1	
56	3	1	2	1	1		1	1	
57				2	2		2	1	1
58	2	2					1	1	
59	2	2							
60-64岁	**4**	**2**	**2**	**3**	**3**		**2**	**1**	**1**
60	2	1	1				1		1
61									
62	1		1				1	1	
63	1	1		3	3				
64									
65岁及以上	**8**	**5**	**3**	**4**	**2**	**2**	**3**	**2**	**1**

5-5b 续表 9

单位：人

年龄	初婚年龄					
	39岁			40岁及以上		
	小计	男	女	小计	男	女
总计	**47**	**31**	**16**	**194**	**129**	**65**
20岁以下						
20-24岁						
20						
21						
22						
23						
24						
25-29岁						
25						
26						
27						
28						
29						
30-34岁						
30						
31						
32						
33						
34						
35-39岁	**1**	**1**				
35						
36						
37						
38						
39	1	1				
40-44岁	**14**	**9**	**5**	**15**	**10**	**5**
40				2	1	1
41	5	4	1	3	2	1
42	2		2	1	1	
43	3	2	1	4	3	1
44	4	3	1	5	3	2
45-49岁	**12**	**7**	**5**	**59**	**37**	**22**
45	2	2		10	7	3
46	1		1	15	9	6
47	6	2	4	8	4	4
48	1	1		11	8	3
49	2	2		15	9	6
50-54岁	**12**	**9**	**3**	**47**	**35**	**12**
50	6	4	2	12	9	3
51	2	2		7	6	1
52	1	1		10	6	4
53	1	1		8	5	3
54	2	1	1	10	9	1
55-59岁	**4**	**2**	**2**	**20**	**12**	**8**
55				5	4	1
56	1		1	7	4	3
57	1		1	3	3	
58				5	1	4
59	2	2				
60-64岁	**1**	**1**		**20**	**14**	**6**
60				3	3	
61				3	3	
62				3	2	1
63	1	1		6	3	3
64				5	3	2
65岁及以上	**3**	**2**	**1**	**33**	**21**	**12**

5-5c 全市分年龄、性别、初婚年龄的人口(乡村)

单位：人

年龄	初婚年龄					
	合计			15岁以下		
	合计	男	女	小计	男	女
总计	**38609**	**19784**	**18825**	**57**	**8**	**49**
20岁以下	**5**	**2**	**3**			
20-24岁	**447**	**150**	**297**	**1**		**1**
20	7	2	5			
21	22	4	18			
22	85	24	61	1		1
23	112	37	75			
24	221	83	138			
25-29岁	**2581**	**1197**	**1384**	**3**	**1**	**2**
25	323	141	182			
26	410	184	226			
27	560	237	323			
28	595	314	281	2	1	1
29	693	321	372	1		1
30-34岁	**3937**	**2037**	**1900**	**4**	**1**	**3**
30	843	424	419	1		1
31	828	444	384			
32	753	377	376	1	1	
33	800	418	382			
34	713	374	339	2		2
35-39岁	**3222**	**1790**	**1432**	**3**	**2**	**1**
35	688	365	323	1	1	
36	633	331	302			
37	645	383	262	1		1
38	707	391	316	1	1	
39	549	320	229			
40-44岁	**2953**	**1594**	**1359**	**3**	**1**	**2**
40	538	310	228			
41	535	282	253			
42	533	285	248	2	1	1
43	616	338	278			
44	731	379	352	1		1
45-49岁	**4422**	**2369**	**2053**	**5**	**1**	**4**
45	771	415	356	2	1	1
46	870	465	405			
47	920	487	433	2		2
48	915	491	424	1		1
49	946	511	435			
50-54岁	**4728**	**2517**	**2211**	**4**		**4**
50	1004	535	469	1		1
51	1004	522	482	1		1
52	943	489	454	1		1
53	837	465	372	1		1
54	940	506	434			
55-59岁	**4438**	**2288**	**2150**	**4**		**4**
55	971	487	484	2		2
56	944	495	449			
57	1133	595	538	1		1
58	898	472	426	1		1
59	492	239	253			
60-64岁	**3828**	**1881**	**1947**	**7**	**1**	**6**
60	781	388	393	1		1
61	737	359	378	1		1
62	740	364	376	1		1
63	802	404	398	3		3
64	768	366	402	1	1	
65岁及以上	**8048**	**3959**	**4089**	**23**	**1**	**22**

5-5c 续表 1 单位：人

年龄	初婚年龄								
	15岁			16岁			17岁		
	小计	男	女	小计	男	女	小计	男	女
总计	**379**	**40**	**339**	**602**	**64**	**538**	**1062**	**152**	**910**
20岁以下	**2**	**1**	**1**	**1**	**1**		**2**		**2**
20-24岁	**2**	**1**	**1**	**8**	**2**	**6**	**13**	**4**	**9**
20							1		1
21				1		1	2		2
22	1	1					2	2	
23				1		1	2		2
24	1		1	6	2	4	6	2	4
25-29岁	**14**	**1**	**13**	**18**	**4**	**14**	**35**	**13**	**22**
25	2		2	1		1	6	1	5
26	3		3	4	2	2	6	3	3
27	3	1	2	2	1	1	9	4	5
28	3		3	6	1	5	5	2	3
29	3		3	5		5	9	3	6
30-34岁	**14**	**5**	**9**	**19**	**6**	**13**	**51**	**13**	**38**
30	2	1	1	6	2	4	13	2	11
31	6	2	4	5	1	4	11	5	6
32	3	1	2	1		1	11	5	6
33	1		1	5	2	3	9		9
34	2	1	1	2	1	1	7	1	6
35-39岁	**15**	**2**	**13**	**21**	**6**	**15**	**41**	**6**	**35**
35	6		6	4	1	3	4		4
36	4		4	4	2	2	7	1	6
37	2	1	1	3	1	2	9		9
38	2	1	1	4	2	2	8	2	6
39	1		1	6		6	13	3	10
40-44岁	**15**	**7**	**8**	**29**	**7**	**22**	**37**	**11**	**26**
40	3	2	1	4	2	2	6	1	5
41	3	1	2	8		8	4	1	3
42	3	2	1	3	2	1	3	1	2
43	3	1	2	6	2	4	10	5	5
44	3	1	2	8	1	7	14	3	11
45-49岁	**17**	**6**	**11**	**33**	**3**	**30**	**67**	**17**	**50**
45				4		4	18	3	15
46	5	3	2	8	1	7	12	3	9
47	4	1	3	7	1	6	16	5	11
48	5	2	3	6	1	5	14	4	10
49	3		3	8		8	7	2	5
50-54岁	**23**	**5**	**18**	**43**	**14**	**29**	**94**	**19**	**75**
50	6		6	8	3	5	12	1	11
51	5	2	3	11	4	7	23	6	17
52	5	1	4	9	3	6	25	6	19
53	2		2	5	2	3	12	4	8
54	5	2	3	10	2	8	22	2	20
55-59岁	**18**	**1**	**17**	**46**	**5**	**41**	**99**	**17**	**82**
55	3		3	10	1	9	25	3	22
56	4		4	13	3	10	18	3	15
57	4		4	6		6	30	6	24
58	5	1	4	7	1	6	20	4	16
59	2		2	10		10	6	1	5
60-64岁	**38**	**3**	**35**	**50**	**3**	**47**	**80**	**9**	**71**
60	6	1	5	7		7	10	1	9
61	7	1	6	8		8	12	2	10
62	9		9	9		9	19	4	15
63	7	1	6	11	3	8	15	1	14
64	9		9	15		15	24	1	23
65岁及以上	**221**	**8**	**213**	**334**	**13**	**321**	**543**	**43**	**500**

5-5c 续表 2　　　　单位：人

年　龄	初婚年龄								
	18岁			19岁			20岁		
	小计	男	女	小计	男	女	小计	男	女
总　计	**1632**	**302**	**1330**	**2492**	**700**	**1792**	**3675**	**1301**	**2374**
20岁以下									
20-24岁	**19**	**3**	**16**	**41**	**12**	**29**	**61**	**15**	**46**
20				2	1	1	4	1	3
21	3		3	5	2	3	4	1	3
22	8	2	6	14	2	12	21	6	15
23	2		2	8	4	4	16	3	13
24	6	1	5	12	3	9	16	4	12
25-29岁	**63**	**15**	**48**	**116**	**32**	**84**	**214**	**59**	**155**
25	7	2	5	16	4	12	31	8	23
26	5	1	4	23	4	19	45	14	31
27	20	3	17	26	7	19	40	13	27
28	7	2	5	18	8	10	42	12	30
29	24	7	17	33	9	24	56	12	44
30-34岁	**84**	**27**	**57**	**185**	**59**	**126**	**303**	**106**	**197**
30	12	4	8	37	9	28	64	25	39
31	15	6	9	46	16	30	56	20	36
32	27	9	18	30	10	20	56	15	41
33	16	3	13	36	14	22	57	20	37
34	14	5	9	36	10	26	70	26	44
35-39岁	**80**	**15**	**65**	**142**	**43**	**99**	**230**	**83**	**147**
35	17	4	13	30	9	21	57	19	38
36	11	2	9	29	8	21	47	11	36
37	11	1	10	27	9	18	45	21	24
38	18	2	16	25	5	20	50	19	31
39	23	6	17	31	12	19	31	13	18
40-44岁	**110**	**18**	**92**	**203**	**61**	**142**	**301**	**99**	**202**
40	18	3	15	33	9	24	40	13	27
41	22	2	20	43	15	28	62	17	45
42	19	4	15	40	11	29	56	23	33
43	21	5	16	40	12	28	65	20	45
44	30	4	26	47	14	33	78	26	52
45-49岁	**184**	**49**	**135**	**313**	**102**	**211**	**467**	**187**	**280**
45	32	10	22	55	19	36	73	30	43
46	44	17	27	66	22	44	87	32	55
47	48	10	38	64	19	45	110	48	62
48	27	5	22	45	14	31	113	44	69
49	33	7	26	83	28	55	84	33	51
50-54岁	**135**	**24**	**111**	**333**	**83**	**250**	**503**	**182**	**321**
50	28	4	24	90	27	63	100	40	60
51	23	6	17	72	16	56	123	48	75
52	32	6	26	59	16	43	97	29	68
53	22	1	21	52	13	39	86	29	57
54	30	7	23	60	11	49	97	36	61
55-59岁	**164**	**35**	**129**	**270**	**64**	**206**	**466**	**142**	**324**
55	26	6	20	60	15	45	113	38	75
56	46	11	35	59	14	45	105	40	65
57	27	6	21	64	17	47	104	25	79
58	46	9	37	46	8	38	89	30	59
59	19	3	16	41	10	31	55	9	46
60-64岁	**109**	**9**	**100**	**149**	**28**	**121**	**308**	**87**	**221**
60	19		19	38	11	27	97	30	67
61	22	2	20	34	5	29	62	14	48
62	14	2	12	25	4	21	51	14	37
63	31	3	28	27	5	22	34	9	25
64	23	2	21	25	3	22	64	20	44
65岁及以上	**684**	**107**	**577**	**740**	**216**	**524**	**822**	**341**	**481**

5-5c 续表 3

单位：人

年 龄	初婚年龄								
	21岁			22岁			23岁		
	小计	男	女	小计	男	女	小计	男	女
总 计	**4578**	**2086**	**2492**	**5376**	**2886**	**2490**	**4821**	**2837**	**1984**
20岁以下									
20-24岁	**93**	**22**	**71**	**114**	**43**	**71**	**64**	**30**	**34**
20									
21	7	1	6						
22	17	5	12	21	6	15			
23	33	8	25	37	13	24	13	9	4
24	36	8	28	56	24	32	51	21	30
25-29岁	**262**	**91**	**171**	**388**	**193**	**195**	**382**	**183**	**199**
25	48	16	32	53	25	28	57	31	26
26	37	14	23	74	36	38	66	25	41
27	61	16	45	94	42	52	64	23	41
28	54	19	35	83	49	34	89	50	39
29	62	26	36	84	41	43	106	54	52
30-34岁	**408**	**183**	**225**	**490**	**257**	**233**	**507**	**277**	**230**
30	84	38	46	109	55	54	109	60	49
31	96	36	60	78	49	29	104	61	43
32	77	38	39	95	48	47	85	42	43
33	82	40	42	110	50	60	123	67	56
34	69	31	38	98	55	43	86	47	39
35-39岁	**348**	**152**	**196**	**444**	**263**	**181**	**399**	**243**	**156**
35	55	18	37	95	52	43	94	50	44
36	66	22	44	86	53	33	77	45	32
37	80	45	35	78	52	26	68	46	22
38	88	38	50	103	57	46	100	62	38
39	59	29	30	82	49	33	60	40	20
40-44岁	**377**	**185**	**192**	**413**	**239**	**174**	**340**	**216**	**124**
40	60	25	35	74	49	25	63	39	24
41	56	26	30	64	35	29	61	46	15
42	70	33	37	81	50	31	59	34	25
43	89	47	42	99	50	49	74	50	24
44	102	54	48	95	55	40	83	47	36
45-49岁	**632**	**294**	**338**	**632**	**341**	**291**	**565**	**353**	**212**
45	105	45	60	103	54	49	101	62	39
46	112	48	64	112	63	49	104	70	34
47	126	55	71	126	62	64	99	64	35
48	147	74	73	148	82	66	123	76	47
49	142	72	70	143	80	63	138	81	57
50-54岁	**700**	**338**	**362**	**792**	**443**	**349**	**687**	**419**	**268**
50	123	51	72	171	99	72	156	88	68
51	151	71	80	152	79	73	144	90	54
52	144	70	74	172	97	75	117	66	51
53	137	79	58	141	82	59	138	86	52
54	145	67	78	156	86	70	132	89	43
55-59岁	**590**	**270**	**320**	**778**	**422**	**356**	**620**	**366**	**254**
55	134	60	74	170	87	83	134	73	61
56	126	63	63	157	87	70	141	82	59
57	162	72	90	217	115	102	156	96	60
58	111	50	61	159	88	71	131	80	51
59	57	25	32	75	45	30	58	35	23
60-64岁	**437**	**167**	**270**	**587**	**249**	**338**	**609**	**325**	**284**
60	100	41	59	130	59	71	108	57	51
61	113	45	68	130	58	72	111	67	44
62	101	39	62	127	49	78	125	70	55
63	58	24	34	120	60	60	156	74	82
64	65	18	47	80	23	57	109	57	52
65岁及以上	**731**	**384**	**347**	**738**	**436**	**302**	**648**	**425**	**223**

5-5c 续表 4 单位：人

年龄	初婚年龄								
	24岁			25岁			26岁		
	小计	男	女	小计	男	女	小计	男	女
总　计	**3930**	**2546**	**1384**	**2978**	**1938**	**1040**	**1981**	**1357**	**624**
20岁以下									
20-24岁	**31**	**18**	**13**						
20									
21									
22									
23									
24	31	18	13						
25-29岁	**397**	**227**	**170**	**338**	**179**	**159**	**186**	**106**	**80**
25	66	36	30	36	18	18			
26	76	44	32	51	31	20	20	10	10
27	99	57	42	77	36	41	45	22	23
28	78	46	32	79	47	32	67	40	27
29	78	44	34	95	47	48	54	34	20
30-34岁	**464**	**275**	**189**	**398**	**231**	**167**	**322**	**177**	**145**
30	89	54	35	98	56	42	82	38	44
31	104	63	41	83	53	30	77	42	35
32	100	56	44	74	42	32	49	30	19
33	89	55	34	71	41	30	58	32	26
34	82	47	35	72	39	33	56	35	21
35-39岁	**339**	**213**	**126**	**303**	**195**	**108**	**239**	**161**	**78**
35	69	42	27	82	53	29	43	23	20
36	68	46	22	51	35	16	55	36	19
37	73	41	32	69	39	30	55	38	17
38	74	48	26	53	39	14	46	32	14
39	55	36	19	48	29	19	40	32	8
40-44岁	**280**	**183**	**97**	**199**	**127**	**72**	**138**	**90**	**48**
40	59	48	11	41	26	15	29	19	10
41	50	30	20	36	28	8	30	18	12
42	48	25	23	31	18	13	28	20	8
43	51	37	14	36	19	17	22	15	7
44	72	43	29	55	36	19	29	18	11
45-49岁	**408**	**267**	**141**	**299**	**188**	**111**	**179**	**123**	**56**
45	84	58	26	55	36	19	23	17	6
46	79	50	29	65	37	28	45	30	15
47	100	65	35	63	37	26	28	20	8
48	79	48	31	58	39	19	35	23	12
49	66	46	20	58	39	19	48	33	15
50-54岁	**421**	**281**	**140**	**294**	**204**	**90**	**174**	**126**	**48**
50	100	72	28	55	38	17	37	27	10
51	87	58	29	63	42	21	39	24	15
52	95	62	33	58	37	21	34	26	8
53	59	35	24	60	43	17	32	25	7
54	80	54	26	58	44	14	32	24	8
55-59岁	**465**	**300**	**165**	**268**	**187**	**81**	**173**	**123**	**50**
55	89	62	27	62	40	22	36	21	15
56	94	58	36	48	32	16	34	25	9
57	123	83	40	72	50	22	44	32	12
58	92	58	34	59	46	13	39	29	10
59	67	39	28	27	19	8	20	16	4
60-64岁	**487**	**319**	**168**	**343**	**228**	**115**	**182**	**136**	**46**
60	92	68	24	54	34	20	41	31	10
61	80	56	24	62	44	18	28	19	9
62	80	54	26	67	45	22	27	20	7
63	105	64	41	85	54	31	40	30	10
64	130	77	53	75	51	24	46	36	10
65岁及以上	**638**	**463**	**175**	**536**	**399**	**137**	**388**	**315**	**73**

5-5c　续表 5　　　　单位：人

年　龄	初婚年龄								
	27岁			28岁			29岁		
	小计	男	女	小计	男	女	小计	男	女
总　计	**1368**	**960**	**408**	**888**	**649**	**239**	**633**	**447**	**186**
20岁以下									
20-24岁									
20									
21									
22									
23									
24									
25-29岁	**100**	**55**	**45**	**53**	**29**	**24**	**12**	**9**	**3**
25									
26									
27	20	12	8						
28	41	23	18	21	14	7			
29	39	20	19	32	15	17	12	9	3
30-34岁	**242**	**153**	**89**	**167**	**107**	**60**	**121**	**68**	**53**
30	60	32	28	41	25	16	28	17	11
31	59	39	20	28	19	9	36	18	18
32	51	32	19	36	22	14	23	10	13
33	35	23	12	38	27	11	19	12	7
34	37	27	10	24	14	10	15	11	4
35-39岁	**164**	**112**	**52**	**99**	**68**	**31**	**74**	**52**	**22**
35	41	27	14	20	14	6	20	14	6
36	33	20	13	22	13	9	15	8	7
37	41	29	12	19	16	3	15	12	3
38	30	23	7	26	15	11	5	4	1
39	19	13	6	12	10	2	19	14	5
40-44岁	**112**	**76**	**36**	**60**	**45**	**15**	**75**	**48**	**27**
40	22	12	10	18	13	5	11	9	2
41	21	13	8	9	9		23	14	9
42	19	14	5	15	10	5	11	6	5
43	26	19	7	8	7	1	14	11	3
44	24	18	6	10	6	4	16	8	8
45-49岁	**138**	**104**	**34**	**94**	**64**	**30**	**56**	**41**	**15**
45	26	20	6	17	12	5	12	9	3
46	27	20	7	20	14	6	15	8	7
47	34	26	8	17	15	2	12	12	
48	20	13	7	18	11	7	10	7	3
49	31	25	6	22	12	10	7	5	2
50-54岁	**121**	**90**	**31**	**77**	**58**	**19**	**72**	**55**	**17**
50	33	24	9	23	16	7	13	11	2
51	24	17	7	15	11	4	18	14	4
52	15	11	4	17	12	5	14	11	3
53	25	20	5	8	7	1	15	12	3
54	24	18	6	14	12	2	12	7	5
55-59岁	**115**	**90**	**25**	**76**	**61**	**15**	**46**	**34**	**12**
55	23	20	3	14	11	3	14	10	4
56	24	21	3	18	15	3	10	8	2
57	30	23	7	17	14	3	10	7	3
58	27	19	8	18	15	3	6	3	3
59	11	7	4	9	6	3	6	6	
60-64岁	**109**	**75**	**34**	**78**	**59**	**19**	**56**	**36**	**20**
60	17	9	8	16	12	4	13	8	5
61	16	12	4	10	8	2	12	6	6
62	24	17	7	13	9	4	9	7	2
63	31	22	9	18	14	4	13	8	5
64	21	15	6	21	16	5	9	7	2
65岁及以上	**267**	**205**	**62**	**184**	**158**	**26**	**121**	**104**	**17**

5－5c 续表 6 单位：人

年龄	初婚年龄								
	30岁			31岁			32岁		
	小计	男	女	小计	男	女	小计	男	女
总　计	**442**	**312**	**130**	**329**	**248**	**81**	**249**	**180**	**69**
20岁以下									
20－24岁									
20									
21									
22									
23									
24									
25－29岁									
25									
26									
27									
28									
29									
30－34岁	**74**	**43**	**31**	**43**	**24**	**19**	**31**	**19**	**12**
30	8	6	2						
31	15	8	7	9	6	3			
32	18	9	9	10	4	6	6	3	3
33	24	14	10	13	8	5	11	8	3
34	9	6	3	11	6	5	14	8	6
35－39岁	**70**	**42**	**28**	**56**	**39**	**17**	**40**	**28**	**12**
35	19	13	6	12	10	2	8	7	1
36	13	5	8	14	10	4	12	5	7
37	9	5	4	3	2	1	8	6	2
38	18	10	8	18	10	8	5	4	1
39	11	9	2	9	7	2	7	6	1
40－44岁	**39**	**27**	**12**	**40**	**29**	**11**	**35**	**24**	**11**
40	9	5	4	10	8	2	8	6	2
41	7	4	3	7	4	3	9	6	3
42	11	8	3	8	6	2	2	1	1
43	6	5	1	10	7	3	7	4	3
44	6	5	1	5	4	1	9	7	2
45－49岁	**47**	**32**	**15**	**40**	**36**	**4**	**27**	**20**	**7**
45	14	9	5	4	4		4	2	2
46	3	1	2	8	7	1	7	6	1
47	10	7	3	9	8	1	7	7	
48	8	6	2	11	10	1	5	4	1
49	12	9	3	8	7	1	4	1	3
50－54岁	**38**	**27**	**11**	**31**	**26**	**5**	**31**	**19**	**12**
50	8	5	3	2	2		9	6	3
51	11	8	3	7	4	3	5	1	4
52	6	4	2	6	6		4	3	1
53	5	3	2	10	8	2	2	2	
54	8	7	1	6	6		11	7	4
55－59岁	**42**	**30**	**12**	**32**	**24**	**8**	**21**	**16**	**5**
55	12	8	4	5	5		3	1	2
56	8	7	1	6	5	1	5	4	1
57	11	7	4	12	9	3	8	7	1
58	8	6	2	2	1	1	4	3	1
59	3	2	1	7	4	3	1	1	
60－64岁	**42**	**34**	**8**	**27**	**19**	**8**	**21**	**17**	**4**
60	6	6		3	2	1	5	5	
61	7	4	3				2	2	
62	10	6	4	7	4	3	5	5	
63	9	8	1	6	4	2	4	2	2
64	10	10		11	9	2	5	3	2
65岁及以上	**90**	**77**	**13**	**60**	**51**	**9**	**43**	**37**	**6**

5-5c　续表 7　　　　单位：人

年　龄	初婚年龄								
	33岁			34岁			35岁		
	小计	男	女	小计	男	女	小计	男	女
总　计	**194**	**136**	**58**	**167**	**108**	**59**	**124**	**89**	**35**
20岁以下									
20-24岁									
20									
21									
22									
23									
24									
25-29岁									
25									
26									
27									
28									
29									
30-34岁	**9**	**5**	**4**	**1**	**1**				
30									
31									
32									
33	3	2	1						
34	6	3	3	1	1				
35-39岁	**34**	**20**	**14**	**29**	**16**	**13**	**28**	**19**	**9**
35	8	6	2	1		1	2	2	
36	7	3	4	6	2	4	5	4	1
37	8	7	1	6	4	2	9	7	2
38	8	4	4	10	5	5	8	4	4
39	3		3	6	5	1	4	2	2
40-44岁	**29**	**19**	**10**	**23**	**15**	**8**	**14**	**7**	**7**
40	8	7	1	4	3	1	4	1	3
41	4	3	1	4	3	1	3	1	2
42	3	3		1		1	3	1	2
43	5	2	3	5	5				
44	9	4	5	9	4	5	4	4	
45-49岁	**24**	**15**	**9**	**37**	**25**	**12**	**23**	**17**	**6**
45	6	3	3	10	7	3	7	5	2
46	4	3	1	8	5	3	8	6	2
47	6	5	1	5	4	1	4	3	1
48	5	4	1	7	5	2	3	2	1
49	3		3	7	4	3	1	1	
50-54岁	**16**	**12**	**4**	**9**	**7**	**2**	**13**	**9**	**4**
50	1	1		3	3				
51	2	1	1	2	1	1	4	3	1
52	1	1					4	3	1
53	5	4	1				1	1	
54	7	5	2	4	3	1	4	2	2
55-59岁	**22**	**18**	**4**	**20**	**11**	**9**	**13**	**10**	**3**
55	4	4		1	1		4	2	2
56	5	4	1	7	3	4	1	1	
57	4	3	1	7	5	2	4	4	
58	4	3	1	3	2	1	3	2	1
59	5	4	1	2		2	1	1	
60-64岁	**26**	**20**	**6**	**12**	**6**	**6**	**6**	**5**	**1**
60	3	1	2						
61	6	4	2	3	2	1	1	1	
62	3	3		1		1	2	2	
63	6	5	1	3	1	2	3	2	1
64	8	7	1	5	3	2			
65岁及以上	**34**	**27**	**7**	**36**	**27**	**9**	**27**	**22**	**5**

5-5c 续表 8 单位：人

年 龄	初婚年龄								
	36岁			37岁			38岁		
	小计	男	女	小计	男	女	小计	男	女
总 计	**93**	**68**	**25**	**79**	**55**	**24**	**68**	**47**	**21**
20岁以下									
20-24岁									
20									
21									
22									
23									
24									
25-29岁									
25									
26									
27									
28									
29									
30-34岁									
30									
31									
32									
33									
34									
35-39岁	**11**	**6**	**5**	**8**	**3**	**5**	**2**		**2**
35									
36	1		1						
37	3		3	3	1	2			
38	4	3	1	3	1	2			
39	3	3		2	1	1	2		2
40-44岁	**19**	**15**	**4**	**11**	**9**	**2**	**14**	**13**	**1**
40	4	3	1	2	1	1	4	4	
41	2	2		1	1		1	1	
42	5	4	1	1	1		1	1	
43	5	4	1	3	3		3	2	1
44	3	2	1	4	3	1	5	5	
45-49岁	**20**	**15**	**5**	**17**	**12**	**5**	**18**	**9**	**9**
45	3	2	1	3	2	1	1		1
46	7	6	1	2	1	1	5	2	3
47	3	3		5	4	1	3	1	2
48	3	1	2	3	2	1	4	2	2
49	4	3	1	4	3	1	5	4	1
50-54岁	**6**	**6**		**10**	**7**	**3**	**15**	**11**	**4**
50	2	2		4	3	1	4	4	
51	2	2		2	1	1	2	1	1
52	1	1		3	2	1	1	1	
53							4	3	1
54	1	1		1	1		4	2	2
55-59岁	**7**	**4**	**3**	**7**	**5**	**2**	**3**	**2**	**1**
55	1	1		1	1		1	1	
56	3		3	1	1				
57	1	1					1		1
58	2	2		2	2		1	1	
59				3	1	2			
60-64岁	**8**	**5**	**3**	**8**	**7**	**1**	**8**	**6**	**2**
60	2	1	1				2	2	
61	1	1		1	1		1	1	
62				2	2		1	1	
63	3	2	1	3	2	1	2	1	1
64	2	1	1	2	2		2	1	1
65岁及以上	**22**	**17**	**5**	**18**	**12**	**6**	**8**	**6**	**2**

5-5c 续表 9

单位：人

年 龄	初婚年龄					
	39岁			40岁及以上		
	小计	男	女	小计	男	女
总 计	**55**	**30**	**25**	**357**	**238**	**119**
20岁以下						
20-24岁						
20						
21						
22						
23						
24						
25-29岁						
25						
26						
27						
28						
29						
30-34岁						
30						
31						
32						
33						
34						
35-39岁	**3**	**1**	**2**			
35						
36						
37						
38						
39	3	1	2			
40-44岁	**9**	**5**	**4**	**28**	**18**	**10**
40	4	2	2			
41	2	1	1	3	1	2
42				10	6	4
43	2	1	1	6	5	1
44	1	1		9	6	3
45-49岁	**10**	**5**	**5**	**70**	**43**	**27**
45	2	1	1	7	4	3
46	2	2		15	8	7
47	3		3	9	5	4
48	1		1	16	12	4
49	2	2		23	14	9
50-54岁	**12**	**7**	**5**	**74**	**45**	**29**
50	2	2		13	6	7
51	2	1	1	14	11	3
52	4	3	1	19	12	7
53	2	1	1	13	5	8
54	2		2	15	11	4
55-59岁	**5**	**3**	**2**	**68**	**48**	**20**
55	1		1	23	16	7
56	3	2	1	8	6	2
57	1	1		17	12	5
58				13	9	4
59				7	5	2
60-64岁	**4**	**1**	**3**	**37**	**27**	**10**
60	1		1	10	9	1
61	2	1	1	5	3	2
62				8	7	1
63	1		1	8	5	3
64				6	3	3
65岁及以上	**12**	**8**	**4**	**80**	**57**	**23**

5-6 全市分性别、受教育程度、初婚年龄的人口

单位：人

受教育程度	初婚年龄					
	合 计			15岁以下		
	合计	男	女	小计	男	女
总 计	**327616**	**161193**	**166423**	**251**	**40**	**211**
未上过学	3607	738	2869	31		31
学前教育	95	37	58	1		1
小 学	32291	14244	18047	89	9	80
初 中	115890	60022	55868	76	13	63
高 中	67527	32794	34733	26	9	17
大学专科	52099	25588	26511	19	7	12
大学本科	48841	24413	24428	8	2	6
硕士研究生	6332	2876	3456			
博士研究生	934	481	453	1		1

5-6 续表 1

单位：人

受教育程度	初婚年龄								
	15岁			16岁			17岁		
	小计	男	女	小计	男	女	小计	男	女
总 计	**1474**	**256**	**1218**	**2663**	**415**	**2248**	**4674**	**808**	**3866**
未上过学	187	7	180	287	7	280	362	17	345
学前教育	2		2	5		5	4	1	3
小 学	517	49	468	959	83	876	1672	189	1483
初 中	489	113	376	975	198	777	1861	403	1458
高 中	141	40	101	279	70	209	531	115	416
大学专科	81	27	54	100	34	66	144	44	100
大学本科	54	19	35	56	21	35	90	34	56
硕士研究生	3	1	2	2	2		9	5	4
博士研究生							1		1

5-6　续表 2

单位：人

受教育程度	初婚年龄								
	18岁			19岁			20岁		
	小计	男	女	小计	男	女	小计	男	女
总　计	**8025**	**1691**	**6334**	**12888**	**3630**	**9258**	**19345**	**6293**	**13052**
未上过学	429	29	400	403	44	359	411	65	346
学前教育	2		2	9	3	6	10	2	8
小　学	2346	368	1978	3059	766	2293	3459	1122	2337
初　中	3672	872	2800	6477	1970	4507	10040	3526	6514
高　中	1100	255	845	2077	571	1506	3585	1045	2540
大学专科	329	108	221	592	186	406	1300	372	928
大学本科	140	55	85	262	86	176	504	149	355
硕士研究生	7	4	3	8	4	4	29	9	20
博士研究生				1		1	7	3	4

5-6　续表 3

单位：人

受教育程度	初婚年龄								
	21岁			22岁			23岁		
	小计	男	女	小计	男	女	小计	男	女
总　计	**25996**	**10119**	**15877**	**34833**	**15586**	**19247**	**37514**	**17597**	**19917**
未上过学	281	65	216	268	77	191	175	52	123
学前教育	9	6	3	7	4	3	13	6	7
小　学	3538	1478	2060	3478	1740	1738	3183	1824	1359
初　中	13115	5613	7502	15806	7910	7896	14667	7834	6833
高　中	5589	1895	3694	8353	3334	5019	9009	3829	5180
大学专科	2362	717	1645	4390	1655	2735	5998	2351	3647
大学本科	1062	330	732	2372	798	1574	4164	1592	2572
硕士研究生	34	14	20	139	61	78	251	86	165
博士研究生	6	1	5	20	7	13	54	23	31

5-6 续表 4

单位：人

受教育程度	初婚年龄								
	24岁			25岁			26岁		
	小计	男	女	小计	男	女	小计	男	女
总　计	**37883**	**19319**	**18564**	**36306**	**19575**	**16731**	**29597**	**17107**	**12490**
未上过学	164	54	110	149	72	77	92	52	40
学前教育	8	4	4	6	3	3	5	2	3
小　学	2578	1586	992	1963	1276	687	1317	882	435
初　中	12423	7287	5136	9738	6030	3708	7118	4779	2339
高　中	8617	4268	4349	7778	4264	3514	5926	3475	2451
大学专科	7377	3304	4073	7874	3935	3939	6420	3539	2881
大学本科	6190	2581	3609	7825	3618	4207	7540	3880	3660
硕士研究生	462	198	264	854	325	529	1030	430	600
博士研究生	64	37	27	119	52	67	149	68	81

5-6 续表 5

单位：人

受教育程度	初婚年龄								
	27岁			28岁			29岁		
	小计	男	女	小计	男	女	小计	男	女
总　计	**22210**	**13635**	**8575**	**15622**	**10000**	**5622**	**10367**	**6765**	**3602**
未上过学	79	42	37	43	25	18	47	26	21
学前教育	6	2	4	5	4	1			
小　学	954	696	258	645	473	172	508	352	156
初　中	4883	3392	1491	3499	2486	1013	2448	1704	744
高　中	4110	2681	1429	2818	1863	955	1887	1294	593
大学专科	4871	2877	1994	3189	1958	1231	2094	1347	747
大学本科	6083	3418	2665	4453	2719	1734	2726	1691	1035
硕士研究生	1076	454	622	857	420	437	591	307	284
博士研究生	148	73	75	113	52	61	66	44	22

5-6　续表 6　　单位：人

受教育程度	初婚年龄								
	30岁			31岁			32岁		
	小计	男	女	小计	男	女	小计	男	女
总　计	**6901**	**4592**	**2309**	**4767**	**3218**	**1549**	**3412**	**2231**	**1181**
未上过学	28	18	10	24	16	8	19	11	8
学前教育				1		1			
小　学	339	226	113	266	199	67	229	158	71
初　中	1795	1279	516	1304	911	393	1013	686	327
高　中	1348	938	410	916	626	290	708	464	244
大学专科	1364	846	518	912	586	326	630	404	226
大学本科	1635	1064	571	1067	710	357	653	420	233
硕士研究生	337	188	149	238	143	95	129	67	62
博士研究生	55	33	22	39	27	12	31	21	10

5-6　续表 7　　单位：人

受教育程度	初婚年龄								
	33岁			34岁			35岁		
	小计	男	女	小计	男	女	小计	男	女
总　计	**2663**	**1722**	**941**	**1968**	**1247**	**721**	**1569**	**993**	**576**
未上过学	20	13	7	16	4	12	15	8	7
学前教育	2		2						
小　学	171	111	60	127	88	39	110	77	33
初　中	824	566	258	640	421	219	495	337	158
高　中	565	371	194	455	293	162	320	202	118
大学专科	479	287	192	338	212	126	311	185	126
大学本科	513	320	193	334	195	139	267	158	109
硕士研究生	69	37	32	52	30	22	43	22	21
博士研究生	20	17	3	6	4	2	8	4	4

5-6 续表 8 单位：人

受教育程度	初婚年龄								
	36岁			37岁			38岁		
	小计	男	女	小计	男	女	小计	男	女
总　计	**1225**	**777**	**448**	**909**	**603**	**306**	**732**	**480**	**252**
未上过学	6	1	5	8	4	4	5	2	3
学前教育									
小　学	101	67	34	86	57	29	66	40	26
初　中	404	278	126	352	237	115	275	185	90
高　中	274	165	109	183	121	62	163	107	56
大学专科	192	114	78	144	97	47	117	77	40
大学本科	205	130	75	116	72	44	89	61	28
硕士研究生	35	17	18	16	11	5	14	7	7
博士研究生	8	5	3	4	4		3	1	2

5-6 续表 9 单位：人

受教育程度	初婚年龄					
	39岁			40岁及以上		
	小计	男	女	小计	男	女
总　计	**650**	**435**	**215**	**3172**	**2059**	**1113**
未上过学	7	2	5	51	25	26
学前教育						
小　学	69	49	20	462	279	183
初　中	236	155	81	1265	837	428
高　中	136	99	37	633	400	233
大学专科	91	58	33	381	261	120
大学本科	92	58	34	341	232	109
硕士研究生	15	13	2	32	21	11
博士研究生	4	1	3	7	4	3

5-6a　全市分性别、受教育程度、初婚年龄的人口(城市)

单位：人

受教育程度	初婚年龄					
	合　计			15岁以下		
	合计	男	女	小计	男	女
总　计	**261129**	**127545**	**133584**	**170**	**31**	**139**
未上过学	2099	416	1683	16		16
学前教育	72	28	44			
小　学	19666	8387	11279	56	7	49
初　中	82769	42096	40673	51	8	43
高　中	56821	27454	29367	22	8	14
大学专科	47133	23089	24044	16	6	10
大学本科	45543	22824	22719	8	2	6
硕士研究生	6103	2777	3326			
博士研究生	923	474	449	1		1

5-6a　续表 1

单位：人

受教育程度	初婚年龄								
	15岁			16岁			17岁		
	小计	男	女	小计	男	女	小计	男	女
总　计	**925**	**192**	**733**	**1786**	**303**	**1483**	**3113**	**578**	**2535**
未上过学	84	3	81	161	4	157	195	9	186
学前教育	1		1	2		2	3	1	2
小　学	273	35	238	551	53	498	977	129	848
初　中	324	78	246	697	142	555	1305	276	1029
高　中	120	33	87	231	55	176	417	92	325
大学专科	71	25	46	89	28	61	125	38	87
大学本科	49	17	32	53	19	34	83	29	54
硕士研究生	3	1	2	2	2		7	4	3
博士研究生							1		1

5-6a　续表 2　　单位：人

受教育程度	初婚年龄								
	18岁			19岁			20岁		
	小计	男	女	小计	男	女	小计	男	女
总　计	**5478**	**1218**	**4260**	**8940**	**2523**	**6417**	**13449**	**4282**	**9167**
未上过学	256	16	240	232	30	202	236	36	200
学前教育	1		1	5	1	4	9	2	7
小　学	1404	230	1174	1948	486	1462	2100	669	1431
初　中	2528	609	1919	4375	1308	3067	6682	2284	4398
高　中	849	207	642	1607	446	1161	2797	831	1966
大学专科	301	98	203	517	165	352	1133	313	820
大学本科	132	54	78	247	83	164	461	135	326
硕士研究生	7	4	3	8	4	4	25	9	16
博士研究生				1		1	6	3	3

5-6a　续表 3　　单位：人

受教育程度	初婚年龄								
	21岁			22岁			23岁		
	小计	男	女	小计	男	女	小计	男	女
总　计	**18545**	**6808**	**11737**	**25820**	**10882**	**14938**	**29172**	**12894**	**16278**
未上过学	170	37	133	159	42	117	107	29	78
学前教育	7	5	2	5	2	3	11	5	6
小　学	2164	867	1297	2054	975	1079	1910	1041	869
初　中	8769	3563	5206	10658	5105	5553	10206	5138	5068
高　中	4380	1426	2954	6747	2545	4202	7462	3031	4431
大学专科	2059	602	1457	3879	1425	2454	5345	2082	3263
大学本科	956	293	663	2161	720	1441	3836	1461	2375
硕士研究生	34	14	20	137	61	76	241	84	157
博士研究生	6	1	5	20	7	13	54	23	31

5-6a　续表 4　　单位：人

受教育程度	初婚年龄								
	24岁			25岁			26岁		
	小计	男	女	小计	男	女	小计	男	女
总　计	**30891**	**15028**	**15863**	**30801**	**16180**	**14621**	**25604**	**14496**	**11108**
未上过学	112	39	73	98	43	55	54	24	30
学前教育	5	3	2	6	3	3	4	1	3
小　学	1585	914	671	1206	735	471	831	511	320
初　中	8981	4985	3996	7344	4424	2920	5527	3655	1872
高　中	7296	3516	3780	6762	3656	3106	5172	3000	2172
大学专科	6656	2947	3709	7135	3562	3573	5840	3207	2633
大学本科	5747	2395	3352	7318	3396	3922	7028	3618	3410
硕士研究生	448	194	254	814	310	504	1000	412	588
博士研究生	61	35	26	118	51	67	148	68	80

5-6a　续表 5　　单位：人

受教育程度	初婚年龄								
	27岁			28岁			29岁		
	小计	男	女	小计	男	女	小计	男	女
总　计	**19471**	**11793**	**7678**	**13744**	**8708**	**5036**	**9121**	**5908**	**3213**
未上过学	54	25	29	28	13	15	26	14	12
学前教育	5	1	4	5	4	1			
小　学	609	437	172	396	266	130	335	222	113
初　中	3829	2634	1195	2779	1956	823	1938	1327	611
高　中	3634	2374	1260	2494	1652	842	1692	1166	526
大学专科	4448	2608	1840	2926	1799	1127	1945	1250	695
大学本科	5707	3205	2502	4179	2558	1621	2551	1590	961
硕士研究生	1039	437	602	824	408	416	569	296	273
博士研究生	146	72	74	113	52	61	65	43	22

5-6a 续表 6

单位：人

受教育程度	初婚年龄								
	30岁			31岁			32岁		
	小计	男	女	小计	男	女	小计	男	女
总　计	**6041**	**4003**	**2038**	**4147**	**2785**	**1362**	**2952**	**1912**	**1040**
未上过学	17	10	7	13	9	4	11	5	6
学前教育				1		1			
小　学	208	131	77	157	117	40	146	93	53
初　中	1428	1018	410	1035	713	322	799	536	263
高　中	1202	835	367	823	563	260	632	418	214
大学专科	1262	787	475	853	547	306	597	381	216
大学本科	1540	1005	535	1004	676	328	613	394	219
硕士研究生	329	184	145	222	133	89	125	66	59
博士研究生	55	33	22	39	27	12	29	19	10

5-6a 续表 7

单位：人

受教育程度	初婚年龄								
	33岁			34岁			35岁		
	小计	男	女	小计	男	女	小计	男	女
总　计	**2291**	**1466**	**825**	**1677**	**1059**	**618**	**1352**	**837**	**515**
未上过学	10	4	6	7	1	6	8	4	4
学前教育	2		2						
小　学	110	67	43	76	49	27	67	46	21
初　中	619	425	194	499	326	173	390	257	133
高　中	517	337	180	405	262	143	295	185	110
大学专科	452	273	179	317	202	115	290	171	119
大学本科	492	306	186	316	185	131	253	149	104
硕士研究生	69	37	32	51	30	21	41	21	20
博士研究生	20	17	3	6	4	2	8	4	4

5-6a　续表 8

单位：人

受教育程度	初婚年龄								
	36岁			37岁			38岁		
	小计	男	女	小计	男	女	小计	男	女
总　计	**1060**	**668**	**392**	**781**	**512**	**269**	**629**	**413**	**216**
未上过学	2		2	5	2	3	3	2	1
学前教育									
小　学	65	39	26	59	41	18	44	29	15
初　中	324	223	101	281	185	96	220	144	76
高　中	247	150	97	170	111	59	145	97	48
大学专科	185	109	76	136	91	45	114	74	40
大学本科	196	126	70	111	68	43	87	60	27
硕士研究生	33	16	17	15	10	5	13	6	7
博士研究生	8	5	3	4	4		3	1	2

5-6a　续表 9

单位：人

受教育程度	初婚年龄					
	39岁			40岁及以上		
	小计	男	女	小计	男	女
总　计	**548**	**374**	**174**	**2621**	**1692**	**929**
未上过学	1		1	34	15	19
学前教育						
小　学	43	32	11	292	166	126
初　中	186	125	61	995	652	343
高　中	124	91	33	579	367	212
大学专科	86	56	30	356	243	113
大学本科	89	56	33	326	224	102
硕士研究生	15	13	2	32	21	11
博士研究生	4	1	3	7	4	3

5-6b 全市分性别、受教育程度、初婚年龄的人口(镇)

单位：人

受教育程度	初婚年龄					
	合计			15岁以下		
	合计	男	女	小计	男	女
总计	**27878**	**13864**	**14014**	**24**	**1**	**23**
未上过学	313	71	242	2		2
学前教育	7	2	5	1		1
小学	3494	1616	1878	10		10
初中	12124	6431	5693	8	1	7
高中	5892	2751	3141	1		1
大学专科	3278	1648	1630	2		2
大学本科	2566	1250	1316			
硕士研究生	194	89	105			
博士研究生	10	6	4			

5-6b 续表 1

单位：人

受教育程度	初婚年龄								
	15岁			16岁			17岁		
	小计	男	女	小计	男	女	小计	男	女
总计	**170**	**24**	**146**	**275**	**48**	**227**	**499**	**78**	**421**
未上过学	18	2	16	25		25	31	1	30
学前教育	1		1						
小学	66	4	62	105	12	93	164	15	149
初中	61	11	50	108	24	84	205	41	164
高中	15	4	11	28	8	20	80	12	68
大学专科	5	1	4	6	2	4	12	4	8
大学本科	4	2	2	3	2	1	5	4	1
硕士研究生							2	1	1
博士研究生									

5-6b 续表 2

单位：人

受教育程度	初婚年龄								
	18岁			19岁			20岁		
	小计	男	女	小计	男	女	小计	男	女
总　计	**915**	**171**	**744**	**1456**	**407**	**1049**	**2221**	**710**	**1511**
未上过学	34	5	29	34	1	33	36	4	32
学前教育				1		1	1		1
小　学	264	41	223	306	82	224	351	120	231
初　中	418	90	328	757	242	515	1211	426	785
高　中	175	28	147	299	69	230	479	112	367
大学专科	16	6	10	45	10	35	104	37	67
大学本科	8	1	7	14	3	11	36	11	25
硕士研究生							2		2
博士研究生							1		1

5-6b 续表 3

单位：人

受教育程度	初婚年龄								
	21岁			22岁			23岁		
	小计	男	女	小计	男	女	小计	男	女
总　计	**2873**	**1225**	**1648**	**3637**	**1818**	**1819**	**3521**	**1866**	**1655**
未上过学	25	9	16	32	10	22	19	7	12
学前教育				1	1				
小　学	378	167	211	408	219	189	357	213	144
初　中	1555	735	820	1840	984	856	1623	962	661
高　中	662	222	440	840	389	451	823	404	419
大学专科	173	64	109	346	148	198	429	171	258
大学本科	80	28	52	169	67	102	260	107	153
硕士研究生				1		1	10	2	8
博士研究生									

5-6b 续表 4 单位：人

受教育程度	初婚年龄								
	24岁			25岁			26岁		
	小计	男	女	小计	男	女	小计	男	女
总　计	**3062**	**1745**	**1317**	**2527**	**1457**	**1070**	**2012**	**1254**	**758**
未上过学	12	4	8	10	5	5	8	6	2
学前教育	2	1	1						
小　学	288	179	109	213	153	60	138	99	39
初　中	1241	800	441	882	568	314	630	439	191
高　中	682	374	308	516	296	220	416	267	149
大学专科	486	241	245	479	245	234	385	218	167
大学本科	335	140	195	392	174	218	408	210	198
硕士研究生	13	4	9	34	15	19	26	15	11
博士研究生	3	2	1	1	1		1		1

5-6b 续表 5 单位：人

受教育程度	初婚年龄								
	27岁			28岁			29岁		
	小计	男	女	小计	男	女	小计	男	女
总　计	**1371**	**882**	**489**	**990**	**643**	**347**	**613**	**410**	**203**
未上过学	5	3	2	3	3		5	3	2
学前教育									
小　学	105	73	32	63	46	17	50	38	12
初　中	394	281	113	299	214	85	203	142	61
高　中	256	165	91	192	127	65	112	70	42
大学专科	289	180	109	197	123	74	101	72	29
大学本科	287	164	123	210	120	90	126	74	52
硕士研究生	33	15	18	26	10	16	15	10	5
博士研究生	2	1	1				1	1	

5-6b　续表 6　　　　单位：人

受教育程度	初婚年龄								
	30岁			31岁			32岁		
	小计	男	女	小计	男	女	小计	男	女
总　计	**418**	**277**	**141**	**291**	**185**	**106**	**211**	**139**	**72**
未上过学				2	1	1	2	1	1
学前教育									
小　学	46	30	16	36	25	11	30	25	5
初　中	135	95	40	95	59	36	81	55	26
高　中	81	56	25	57	40	17	44	24	20
大学专科	73	44	29	39	24	15	18	9	9
大学本科	76	49	27	47	27	20	32	23	9
硕士研究生	7	3	4	15	9	6	3	1	2
博士研究生							1	1	

5-6b　续表 7　　　　单位：人

受教育程度	初婚年龄								
	33岁			34岁			35岁		
	小计	男	女	小计	男	女	小计	男	女
总　计	**178**	**120**	**58**	**124**	**80**	**44**	**93**	**67**	**26**
未上过学	3	3		1	1		1		1
学前教育									
小　学	19	14	5	12	8	4	13	9	4
初　中	85	57	28	55	39	16	43	33	10
高　中	31	22	9	26	17	9	13	9	4
大学专科	20	11	9	14	7	7	11	8	3
大学本科	20	13	7	15	8	7	10	7	3
硕士研究生				1		1	2	1	1
博士研究生									

5-6b 续表 8　　单位：人

受教育程度	初婚年龄								
	36岁			37岁			38岁		
	小计	男	女	小计	男	女	小计	男	女
总　计	**72**	**41**	**31**	**49**	**36**	**13**	**35**	**20**	**15**
未上过学									
学前教育									
小　学	11	6	5	6	2	4	3		3
初　中	33	22	11	25	19	6	18	12	6
高　中	11	4	7	6	5	1	9	4	5
大学专科	6	4	2	6	5	1	2	2	
大学本科	9	4	5	5	4	1	2	1	1
硕士研究生	2	1	1	1	1		1	1	
博士研究生									

5-6b 续表 9　　单位：人

受教育程度	初婚年龄					
	39岁			40岁及以上		
	小计	男	女	小计	男	女
总　计	**47**	**31**	**16**	**194**	**129**	**65**
未上过学				5	2	3
学前教育						
小　学	7	5	2	45	31	14
初　中	27	17	10	92	63	29
高　中	7	5	2	31	18	13
大学专科	3	2	1	11	10	1
大学本科	3	2	1	10	5	5
硕士研究生						
博士研究生						

5-6c 全市分性别、受教育程度、初婚年龄的人口(乡村)

单位：人

受教育程度	初婚年龄					
	合计			15岁以下		
	合计	男	女	小计	男	女
总　计	**38609**	**19784**	**18825**	**57**	**8**	**49**
未上过学	1195	251	944	13		13
学前教育	16	7	9			
小　学	9131	4241	4890	23	2	21
初　中	20997	11495	9502	17	4	13
高　中	4814	2589	2225	3	1	2
大学专科	1688	851	837	1	1	
大学本科	732	339	393			
硕士研究生	35	10	25			
博士研究生	1	1				

5-6c 续表 1

单位：人

受教育程度	初婚年龄								
	15岁			16岁			17岁		
	小计	男	女	小计	男	女	小计	男	女
总　计	**379**	**40**	**339**	**602**	**64**	**538**	**1062**	**152**	**910**
未上过学	85	2	83	101	3	98	136	7	129
学前教育				3		3	1		1
小　学	178	10	168	303	18	285	531	45	486
初　中	104	24	80	170	32	138	351	86	265
高　中	6	3	3	20	7	13	34	11	23
大学专科	5	1	4	5	4	1	7	2	5
大学本科	1		1				2	1	1
硕士研究生									
博士研究生									

5-6c 续表 2

单位：人

受教育程度	初婚年龄								
	18岁			19岁			20岁		
	小计	男	女	小计	男	女	小计	男	女
总　计	**1632**	**302**	**1330**	**2492**	**700**	**1792**	**3675**	**1301**	**2374**
未上过学	139	8	131	137	13	124	139	25	114
学前教育	1		1	3	2	1			
小　学	678	97	581	805	198	607	1008	333	675
初　中	726	173	553	1345	420	925	2147	816	1331
高　中	76	20	56	171	56	115	309	102	207
大学专科	12	4	8	30	11	19	63	22	41
大学本科				1		1	7	3	4
硕士研究生							2		2
博士研究生									

5-6c 续表 3

单位：人

受教育程度	初婚年龄								
	21岁			22岁			23岁		
	小计	男	女	小计	男	女	小计	男	女
总　计	**4578**	**2086**	**2492**	**5376**	**2886**	**2490**	**4821**	**2837**	**1984**
未上过学	86	19	67	77	25	52	49	16	33
学前教育	2	1	1	1	1		2	1	1
小　学	996	444	552	1016	546	470	916	570	346
初　中	2791	1315	1476	3308	1821	1487	2838	1734	1104
高　中	547	247	300	766	400	366	724	394	330
大学专科	130	51	79	165	82	83	224	98	126
大学本科	26	9	17	42	11	31	68	24	44
硕士研究生				1		1			
博士研究生									

5-6c　续表 4　　单位：人

受教育程度	初婚年龄								
	24岁			25岁			26岁		
	小计	男	女	小计	男	女	小计	男	女
总　计	**3930**	**2546**	**1384**	**2978**	**1938**	**1040**	**1981**	**1357**	**624**
未上过学	40	11	29	41	24	17	30	22	8
学前教育	1		1				1	1	
小　学	705	493	212	544	388	156	348	272	76
初　中	2201	1502	699	1512	1038	474	961	685	276
高　中	639	378	261	500	312	188	338	208	130
大学专科	235	116	119	260	128	132	195	114	81
大学本科	108	46	62	115	48	67	104	52	52
硕士研究生	1		1	6		6	4	3	1
博士研究生									

5-6c　续表 5　　单位：人

受教育程度	初婚年龄								
	27岁			28岁			29岁		
	小计	男	女	小计	男	女	小计	男	女
总　计	**1368**	**960**	**408**	**888**	**649**	**239**	**633**	**447**	**186**
未上过学	20	14	6	12	9	3	16	9	7
学前教育	1	1							
小　学	240	186	54	186	161	25	123	92	31
初　中	660	477	183	421	316	105	307	235	72
高　中	220	142	78	132	84	48	83	58	25
大学专科	134	89	45	66	36	30	48	25	23
大学本科	89	49	40	64	41	23	49	27	22
硕士研究生	4	2	2	7	2	5	7	1	6
博士研究生									

5-6c 续表 6 单位：人

受教育程度	初婚年龄								
	30岁			31岁			32岁		
	小计	男	女	小计	男	女	小计	男	女
总　计	**442**	**312**	**130**	**329**	**248**	**81**	**249**	**180**	**69**
未上过学	11	8	3	9	6	3	6	5	1
学前教育									
小　学	85	65	20	73	57	16	53	40	13
初　中	232	166	66	174	139	35	133	95	38
高　中	65	47	18	36	23	13	32	22	10
大学专科	29	15	14	20	15	5	15	14	1
大学本科	19	10	9	16	7	9	8	3	5
硕士研究生	1	1		1	1		1		1
博士研究生							1	1	

5-6c 续表 7 单位：人

受教育程度	初婚年龄								
	33岁			34岁			35岁		
	小计	男	女	小计	男	女	小计	男	女
总　计	**194**	**136**	**58**	**167**	**108**	**59**	**124**	**89**	**35**
未上过学	7	6	1	8	2	6	6	4	2
学前教育									
小　学	42	30	12	39	31	8	30	22	8
初　中	120	84	36	86	56	30	62	47	15
高　中	17	12	5	24	14	10	12	8	4
大学专科	7	3	4	7	3	4	10	6	4
大学本科	1	1		3	2	1	4	2	2
硕士研究生									
博士研究生									

5-6c 续表 8

单位：人

受教育程度	初婚年龄								
	36岁			37岁			38岁		
	小计	男	女	小计	男	女	小计	男	女
总 计	**93**	**68**	**25**	**79**	**55**	**24**	**68**	**47**	**21**
未上过学	4	1	3	3	2	1	2		2
学前教育									
小 学	25	22	3	21	14	7	19	11	8
初 中	47	33	14	46	33	13	37	29	8
高 中	16	11	5	7	5	2	9	6	3
大学专科	1	1		2	1	1	1	1	
大学本科									
硕士研究生									
博士研究生									

5-6c 续表 9

单位：人

受教育程度	初婚年龄					
	39岁			40岁及以上		
	小计	男	女	小计	男	女
总 计	**55**	**30**	**25**	**357**	**238**	**119**
未上过学	6	2	4	12	8	4
学前教育						
小 学	19	12	7	125	82	43
初 中	23	13	10	178	122	56
高 中	5	3	2	23	15	8
大学专科	2		2	14	8	6
大学本科				5	3	2
硕士研究生						
博士研究生						

第二部分 长表数据资料

第六卷 生育

6-1 各地区分性别、孩次的出生人口
(2019.11.1-2020.10.31)

单位：人

地区	出生人数				第一孩			
	合计	男	女	性别比(女=100)	小计	男	女	性别比(女=100)
太原市	**4747**	**2457**	**2290**	**107.29**	**2701**	**1385**	**1316**	**105.24**
小店区	1199	633	566	111.84	684	343	341	100.59
迎泽区	514	252	262	96.18	288	137	151	90.73
杏花岭区	630	327	303	107.92	366	184	182	101.1
尖草坪区	460	222	238	93.28	278	135	143	94.41
万柏林区	954	499	455	109.67	590	317	273	116.12
晋源区	319	167	152	109.87	157	86	71	121.13
清徐县	322	171	151	113.25	164	91	73	124.66
阳曲县	101	53	48	110.42	51	28	23	121.74
娄烦县	66	42	24	175.00	35	19	16	118.75
古交市	182	91	91	100.00	88	45	43	104.65

6-1 续表 1

单位：人

地区	第二孩				第三孩			
	小计	男	女	性别比(女=100)	小计	男	女	性别比(女=100)
太原市	**1893**	**989**	**904**	**109.4**	**133**	**71**	**62**	**114.52**
小店区	475	267	208	128.37	35	22	13	169.23
迎泽区	210	106	104	101.92	12	6	6	100
杏花岭区	253	140	113	123.89	9	1	8	12.5
尖草坪区	165	79	86	91.86	16	7	9	77.78
万柏林区	346	172	174	98.85	16	10	6	166.67
晋源区	150	74	76	97.37	10	5	5	100
清徐县	142	72	70	102.86	13	6	7	85.71
阳曲县	41	21	20	105	8	3	5	60
娄烦县	27	20	7	285.71	4	3	1	300.00
古交市	84	38	46	82.61	10	8	2	400.00

6-1　续表 2

单位：人

地　区	第　四　孩				第五孩及以上			
	小计	男	女	性别比(女=100)	小计	男	女	性别比(女=100)
太原市	**17**	**9**	**8**	**112.5**	**3**	**3**		
小店区	5	1	4	25				
迎泽区	3	2	1	200	1	1		
杏花岭区	1	1			1	1		
尖草坪区	1	1						
万柏林区	2		2					
晋源区	1	1			1	1		
清徐县	3	2	1	200				
阳曲县	1	1						
娄烦县								
古交市								

6-1a　各地区分性别、孩次的出生人口(2019.11.1-2020.10.31)(城市)

单位：人

地　区	出生人数				第　一　孩			
	合计	男	女	性别比(女=100)	小计	男	女	性别比(女=100)
太原市	**3814**	**1953**	**1861**	**104.94**	**2224**	**1121**	**1103**	**101.63**
小店区	918	474	444	106.76	536	257	279	92.11
迎泽区	507	249	258	96.51	283	135	148	91.22
杏花岭区	582	303	279	108.6	346	176	170	103.53
尖草坪区	440	217	223	97.31	267	131	136	96.32
万柏林区	950	497	453	109.71	588	316	272	116.18
晋源区	267	141	126	111.9	130	71	59	120.34
清徐县								
阳曲县								
娄烦县								
古交市	149	71	78	91.03	74	35	39	89.74

6-1a 续表 1

单位：人

地区	第二孩				第三孩			
	小计	男	女	性别比(女=100)	小计	男	女	性别比(女=100)
太原市	**1485**	**772**	**713**	**108.27**	**92**	**52**	**40**	**130.00**
小店区	354	197	157	125.48	25	19	6	316.67
迎泽区	209	106	103	102.91	11	5	6	83.33
杏花岭区	227	125	102	122.55	8	1	7	14.29
尖草坪区	156	78	78	100.00	16	7	9	77.78
万柏林区	346	172	174	98.85	14	9	5	180.00
晋源区	126	64	62	103.23	10	5	5	100
清徐县								
阳曲县								
娄烦县								
古交市	67	30	37	81.08	8	6	2	300.00

6-1a 续表 2

单位：人

地区	第四孩				第五孩及以上			
	小计	男	女	性别比(女=100)	小计	男	女	性别比(女=100)
太原市	**10**	**5**	**5**	**100.00**	**3**	**3**		
小店区	3	1	2	50.00				
迎泽区	3	2	1	200	1	1		
杏花岭区					1	1		
尖草坪区	1	1						
万柏林区	2		2					
晋源区	1	1						
清徐县								
阳曲县								
娄烦县								
古交市								

6-1b　各地区分性别、孩次的出生人口
(2019.11.1-2020.10.31)(镇)

单位：人

地　区	出生人数				第　一　孩			
	合计	男	女	性别比(女=100)	小计	男	女	性别比(女=100)
太原市	**472**	**260**	**212**	**122.64**	**243**	**137**	**106**	**129.25**
小店区	194	109	85	128.24	101	62	39	158.97
迎泽区								
杏花岭区								
尖草坪区								
万柏林区	4	2	2	100.00	2	1	1	100.00
晋源区	11	5	6	83.33	6	3	3	100.00
清徐县	139	74	65	113.85	71	36	35	102.86
阳曲县	74	39	35	111.43	37	21	16	131.25
娄烦县	41	28	13	215.38	21	11	10	110.00
古交市	9	3	6	50.00	5	3	2	150.00

6-1b　续表 1

单位：人

地　区	第　二　孩				第　三　孩			
	小计	男	女	性别比(女=100)	小计	男	女	性别比(女=100)
太原市	**205**	**113**	**92**	**122.83**	**22**	**10**	**12**	**83.33**
小店区	85	47	38	123.68	6		6	
迎泽区								
杏花岭区								
尖草坪区								
万柏林区					2	1	1	100.00
晋源区	5	2	3	66.67				
清徐县	63	34	29	117.24	5	4	1	400
阳曲县	30	15	15	100	7	3	4	75
娄烦县	18	15	3	500.00	2	2		
古交市	4		4					

6-1b 续表 2

单位：人

地区	第四孩				第五孩及以上			
	小计	男	女	性别比(女=100)	小计	男	女	性别比(女=100)
太原市	**2**		**2**					
小店区	2		2					
迎泽区								
杏花岭区								
尖草坪区								
万柏林区								
晋源区								
清徐县								
阳曲县								
娄烦县								
古交市								

6-1c 各地区分性别、孩次的出生人口 (2019.11.1-2020.10.31)(乡村)

单位：人

地区	出生人数				第一孩			
	合计	男	女	性别比(女=100)	小计	男	女	性别比(女=100)
太原市	**461**	**244**	**217**	**112.44**	**234**	**127**	**107**	**118.69**
小店区	87	50	37	135.14	47	24	23	104.35
迎泽区	7	3	4	75.00	5	2	3	66.67
杏花岭区	48	24	24	100.00	20	8	12	66.67
尖草坪区	20	5	15	33.33	11	4	7	57.14
万柏林区								
晋源区	40	20	20	100.00	21	12	9	133.33
清徐县	183	97	86	112.79	93	55	38	144.74
阳曲县	27	14	13	107.69	14	7	7	100.00
娄烦县	25	14	11	127.27	14	8	6	133.33
古交市	24	17	7	242.86	9	7	2	350.00

6-1c　续表 1　　单位：人

地　区	第二孩				第三孩			
	小计	男	女	性别比(女=100)	小计	男	女	性别比(女=100)
太原市	**203**	**104**	**99**	**105.05**	**19**	**9**	**10**	**90.00**
小店区	36	23	13	176.92	4	3	1	300.00
迎泽区	1		1		1	1		
杏花岭区	26	15	11	136.36	1		1	
尖草坪区	9	1	8	12.50				
万柏林区								
晋源区	19	8	11	72.73				
清徐县	79	38	41	92.68	8	2	6	33.33
阳曲县	11	6	5	120.00	1		1	
娄烦县	9	5	4	125.00	2	1	1	100.00
古交市	13	8	5	160.00	2	2		

6-1c　续表 2　　单位：人

地　区	第四孩				第五孩及以上			
	小计	男	女	性别比(女=100)	小计	男	女	性别比(女=100)
太原市	**5**	**4**	**1**	**400.00**				
小店区								
迎泽区								
杏花岭区	1	1						
尖草坪区								
万柏林区								
晋源区								
清徐县	3	2	1	200.00				
阳曲县	1	1						
娄烦县								
古交市								

6-2 全市按年龄、受教育程度、生育孩次

受教育程度 年　　龄	合　计	生男孩的 妇女人数	生女孩的 妇女人数	一　孩		
				小计	男	女
总　计	**4747**	**2457**	**2290**	**2701**	**1385**	**1316**
15—19岁	**10**	**4**	**6**	**9**	**3**	**6**
15						
16	2		2	2		2
17						
18	2	1	1	1		1
19	6	3	3	6	3	3
20—24岁	**353**	**177**	**176**	**289**	**138**	**151**
20	5	2	3	5	2	3
21	24	14	10	20	11	9
22	74	38	36	59	30	29
23	95	46	49	81	36	45
24	155	77	78	124	59	65
25—29岁	**1762**	**923**	**839**	**1307**	**685**	**622**
25	224	109	115	176	89	87
26	280	151	129	207	108	99
27	413	212	201	326	167	159
28	430	231	199	310	167	143
29	415	220	195	288	154	134
30—34岁	**1806**	**915**	**891**	**882**	**443**	**439**
30	453	219	234	286	142	144
31	450	224	226	250	118	132
32	383	205	178	176	93	83
33	275	133	142	99	51	48
34	245	134	111	71	39	32
35—39岁	**684**	**371**	**313**	**178**	**98**	**80**
35	215	116	99	63	31	32
36	166	95	71	50	32	18
37	126	64	62	30	13	17
38	112	58	54	26	15	11
39	65	38	27	9	7	2
40—44岁	**113**	**58**	**55**	**28**	**14**	**14**
40	45	22	23	12	7	5
41	38	19	19	10	4	6
42	11	4	7	4	1	3
43	11	7	4	2	2	
44	8	6	2			
45—49岁	**19**	**9**	**10**	**8**	**4**	**4**
45	3	3		2	2	
46	4	2	2			
47	3	1	2	1		1
48	3	2	1	2	1	1
49	6	1	5	3	1	2

分的育龄妇女人数(2019.11.1-2020.10.31)

单位：人

二孩			三孩及以上		
小计	男	女	小计	男	女
1893	**989**	**904**	**153**	**83**	**70**
1	**1**				
1	1				
61	**37**	**24**	**3**	**2**	**1**
4	3	1			
15	8	7			
13	9	4	1	1	
29	17	12	2	1	1
419	**221**	**198**	**36**	**17**	**19**
45	18	27	3	2	1
72	42	30	1	1	
79	43	36	8	2	6
108	59	49	12	5	7
115	59	56	12	7	5
858	**438**	**420**	**66**	**34**	**32**
153	71	82	14	6	8
194	103	91	6	3	3
190	103	87	17	9	8
162	75	87	14	7	7
159	86	73	15	9	6
470	**251**	**219**	**36**	**22**	**14**
145	80	65	7	5	2
109	59	50	7	4	3
88	45	43	8	6	2
77	39	38	9	4	5
51	28	23	5	3	2
76	**38**	**38**	**9**	**6**	**3**
32	14	18	1	1	
25	13	12	3	2	1
6	3	3	1		1
8	4	4	1	1	
5	4	1	3	2	1
8	**3**	**5**	**3**	**2**	**1**
1	1				
3	1	2	1	1	
2	1	1			
			1	1	
2		2	1		1

6-2 续表 1

受教育程度 年　龄	合　计	生男孩的 妇女人数	生女孩的 妇女人数	一　孩		
				小计	男	女
未上过学	**1**		**1**			
15-19岁						
15						
16						
17						
18						
19						
20-24岁						
20						
21						
22						
23						
24						
25-29岁	**1**		**1**			
25	1		1			
26						
27						
28						
29						
30-34岁						
30						
31						
32						
33						
34						
35-39岁						
35						
36						
37						
38						
39						
40-44岁						
40						
41						
42						
43						
44						
45-49岁						
45						
46						
47						
48						
49						

单位：人

二孩			三孩及以上		
小计	男	女	小计	男	女
1		**1**			
1		**1**			
1		1			

6-2 续表 2

受教育程度 年 龄	合 计	生男孩的 妇女人数	生女孩的 妇女人数	一 孩		
				小计	男	女
学前教育						
15—19岁						
15						
16						
17						
18						
19						
20—24岁						
20						
21						
22						
23						
24						
25—29岁						
25						
26						
27						
28						
29						
30—34岁						
30						
31						
32						
33						
34						
35—39岁						
35						
36						
37						
38						
39						
40—44岁						
40						
41						
42						
43						
44						
45—49岁						
45						
46						
47						
48						
49						

单位：人

二　　孩			三孩及以上		
小计	男	女	小计	男	女

6-2 续表 3

受教育程度 年龄	合计	生男孩的妇女人数	生女孩的妇女人数	一孩		
				小计	男	女
小学	**62**	**28**	**34**	**20**	**12**	**8**
15-19岁						
15						
16						
17						
18						
19						
20-24岁	**7**	**3**	**4**	**3**	**1**	**2**
20						
21						
22	3	2	1	1	1	
23	2		2	2		2
24	2	1	1			
25-29岁	**17**	**7**	**10**	**8**	**5**	**3**
25	6	3	3	3	2	1
26						
27	4	3	1	3	3	
28	5	1	4	2		2
29	2		2			
30-34岁	**21**	**8**	**13**	**7**	**4**	**3**
30	4	3	1	2	2	
31	3	2	1			
32	1		1	1		1
33	9	2	7	3	1	2
34	4	1	3	1	1	
35-39岁	**10**	**6**	**4**	**1**	**1**	
35	1	1				
36	4	4		1	1	
37	2		2			
38	2	1	1			
39	1		1			
40-44岁	**4**	**3**	**1**	**1**	**1**	
40	1	1		1	1	
41	1	1				
42						
43	1		1			
44	1	1				
45-49岁	**3**	**1**	**2**			
45						
46	2		2			
47	1	1				
48						
49						

单位：人

二孩			三孩及以上		
小计	男	女	小计	男	女
35	**15**	**20**	**7**	**1**	**6**
3	**2**	**1**	**1**		**1**
2	1	1			
1	1		1		1
9	**2**	**7**			
3	1	2			
1		1			
3	1	2			
2		2			
12	**4**	**8**	**2**		**2**
1	1		1		1
3	2	1			
5	1	4	1		1
3		3			
6	**5**	**1**	**3**		**3**
1	1				
3	3				
1		1	1		1
1	1		1		1
			1		1
2	**1**	**1**	**1**	**1**	
			1	1	
1		1			
1	1				
3	**1**	**2**			
2		2			
1	1				

6-2 续表 4

受教育程度 年龄	合计	生男孩的妇女人数	生女孩的妇女人数	一孩		
				小计	男	女
初中	**813**	**417**	**396**	**333**	**173**	**160**
15-19岁	**9**	**3**	**6**	**8**	**2**	**6**
15						
16	2		2	2		2
17						
18	2	1	1	1		1
19	5	2	3	5	2	3
20-24岁	**115**	**58**	**57**	**80**	**35**	**45**
20	4	2	2	4	2	2
21	8	4	4	5	2	3
22	29	14	15	21	11	10
23	29	16	13	22	9	13
24	45	22	23	28	11	17
25-29岁	**293**	**158**	**135**	**134**	**80**	**54**
25	62	33	29	33	22	11
26	54	25	29	24	11	13
27	74	38	36	40	22	18
28	48	26	22	20	12	8
29	55	36	19	17	13	4
30-34岁	**249**	**124**	**125**	**73**	**38**	**35**
30	49	28	21	11	10	1
31	71	34	37	28	13	15
32	49	21	28	18	8	10
33	43	20	23	7	4	3
34	37	21	16	9	3	6
35-39岁	**110**	**58**	**52**	**30**	**16**	**14**
35	33	19	14	11	7	4
36	18	12	6	5	3	2
37	21	11	10	7	3	4
38	27	11	16	5	1	4
39	11	5	6	2	2	
40-44岁	**28**	**12**	**16**	**4**		**4**
40	12	7	5	2		2
41	7	2	5	1		1
42	3		3	1		1
43	2		2			
44	4	3	1			
45-49岁	**9**	**4**	**5**	**4**	**2**	**2**
45	1	1		1	1	
46	1	1				
47	1		1			
48	1	1				
49	5	1	4	3	1	2

单位：人

二孩			三孩及以上		
小计	男	女	小计	男	女
414	**206**	**208**	**66**	**38**	**28**
1	**1**				
1	1				
33	**21**	**12**	**2**	**2**	
3	2	1			
8	3	5			
6	6		1	1	
16	10	6	1	1	
142	**73**	**69**	**17**	**5**	**12**
28	11	17	1		1
29	13	16	1	1	
28	15	13	6	1	5
23	13	10	5	1	4
34	21	13	4	2	2
150	**69**	**81**	**26**	**17**	**9**
31	14	17	7	4	3
40	19	21	3	2	1
25	10	15	6	3	3
32	13	19	4	3	1
22	13	9	6	5	1
65	**32**	**33**	**15**	**10**	**5**
20	11	9	2	1	1
10	6	4	3	3	
11	5	6	3	3	
17	8	9	5	2	3
7	2	5	2	1	1
21	**10**	**11**	**3**	**2**	**1**
9	6	3	1	1	
6	2	4			
2		2			
2		2			
2	2		2	1	1
2		**2**	**3**	**2**	**1**
			1	1	
1		1			
			1	1	
1		1	1		1

6-2 续表 5

受教育程度 年 龄	合 计	生男孩的妇女人数	生女孩的妇女人数	一孩 小计	一孩 男	一孩 女
高 中	**761**	**398**	**363**	**387**	**206**	**181**
15-19岁						
15						
16						
17						
18						
19						
20-24岁	**96**	**50**	**46**	**79**	**42**	**37**
20						
21	11	6	5	11	6	5
22	21	10	11	18	8	10
23	32	17	15	28	16	12
24	32	17	15	22	12	10
25-29岁	**310**	**166**	**144**	**187**	**102**	**85**
25	46	25	21	37	19	18
26	52	28	24	32	18	14
27	84	44	40	56	31	25
28	58	32	26	29	17	12
29	70	37	33	33	17	16
30-34岁	**227**	**113**	**114**	**86**	**43**	**43**
30	60	25	35	33	15	18
31	43	24	19	19	10	9
32	58	30	28	20	11	9
33	32	15	17	6	3	3
34	34	19	15	8	4	4
35-39岁	**101**	**57**	**44**	**28**	**15**	**13**
35	27	15	12	6	4	2
36	18	12	6	6	3	3
37	28	15	13	7	4	3
38	17	9	8	7	3	4
39	11	6	5	2	1	1
40-44岁	**24**	**10**	**14**	**6**	**3**	**3**
40	7	2	5	1		1
41	11	5	6	4	3	1
42	2		2	1		1
43	3	2	1			
44	1	1				
45-49岁	**3**	**2**	**1**	**1**	**1**	
45	1	1		1	1	
46	1	1				
47						
48						
49	1		1			

单位：人

二孩			三孩及以上		
小计	男	女	小计	男	女
338	**167**	**171**	**36**	**25**	**11**
17	**8**	**9**			
3	2	1			
4	1	3			
10	5	5			
109	**54**	**55**	**14**	**10**	**4**
7	4	3	2	2	
20	10	10			
26	12	14	2	1	1
26	13	13	3	2	1
30	15	15	7	5	2
127	**62**	**65**	**14**	**8**	**6**
26	9	17	1	1	
22	13	9	2	1	1
35	17	18	3	2	1
23	11	12	3	1	2
21	12	9	5	3	2
68	**37**	**31**	**5**	**5**	
18	8	10	3	3	
11	8	3	1	1	
21	11	10			
9	5	4	1	1	
9	5	4			
15	**5**	**10**	**3**	**2**	**1**
6	2	4			
7	2	5			
			1		1
2	1	1	1	1	
			1	1	
2	**1**	**1**			
1	1				
1		1			

6-2 续表 6

受教育程度 年龄	合计	生男孩的妇女人数	生女孩的妇女人数	一孩 小计	一孩 男	一孩 女
大学专科	**1353**	**691**	**662**	**864**	**435**	**429**
15—19岁						
15						
16						
17						
18						
19						
20—24岁	**93**	**48**	**45**	**89**	**44**	**45**
20	1		1	1		1
21	4	3	1	4	3	1
22	17	10	7	15	8	7
23	20	6	14	19	5	14
24	51	29	22	50	28	22
25—29岁	**576**	**296**	**280**	**481**	**241**	**240**
25	73	33	40	68	32	36
26	99	56	43	85	44	41
27	127	65	62	111	54	57
28	160	84	76	125	66	59
29	117	58	59	92	45	47
30—34岁	**498**	**255**	**243**	**235**	**120**	**115**
30	131	66	65	77	42	35
31	125	67	58	67	34	33
32	96	48	48	42	18	24
33	77	36	41	29	14	15
34	69	38	31	20	12	8
35—39岁	**169**	**79**	**90**	**53**	**26**	**27**
35	61	27	34	20	6	14
36	49	25	24	18	11	7
37	21	9	12	7	2	5
38	24	11	13	6	5	1
39	14	7	7	2	2	
40—44岁	**16**	**12**	**4**	**6**	**4**	**2**
40	9	7	2	4	3	1
41	3	1	2	1		1
42						
43	3	3		1	1	
44	1	1				
45—49岁	**1**	**1**				
45	1	1				
46						
47						
48						
49						

单位：人

二孩			三孩及以上		
小计	男	女	小计	男	女
467	**247**	**220**	**22**	**9**	**13**
4	**4**				
2	2				
1	1				
1	1				
92	**54**	**38**	**3**	**1**	**2**
5	1	4			
14	12	2			
16	11	5			
33	17	16	2	1	1
24	13	11	1		1
249	**129**	**120**	**14**	**6**	**8**
52	23	29	2	1	1
57	33	24	1		1
50	29	21	4	1	3
43	19	24	5	3	2
47	25	22	2	1	1
112	**51**	**61**	**4**	**2**	**2**
40	21	19	1		1
30	14	16	1		1
13	6	7	1	1	
17	5	12	1	1	
12	5	7			
9	**8**	**1**	**1**		**1**
5	4	1			
1	1		1		1
2	2				
1	1				
1	**1**				
1	1				

6-2 续表 7

受教育程度 年龄	合计	生男孩的妇女人数	生女孩的妇女人数	一孩		
				小计	男	女
大学本科	**1454**	**761**	**693**	**898**	**452**	**446**
15-19岁	**1**	**1**		**1**	**1**	
15						
16						
17						
18						
19	1	1		1	1	
20-24岁	**42**	**18**	**24**	**38**	**16**	**22**
20						
21	1	1				
22	4	2	2	4	2	2
23	12	7	5	10	6	4
24	25	8	17	24	8	16
25-29岁	**498**	**260**	**238**	**435**	**224**	**211**
25	34	14	20	33	13	20
26	72	41	31	64	34	30
27	116	59	57	109	54	55
28	131	70	61	109	57	52
29	145	76	69	120	66	54
30-34岁	**634**	**322**	**312**	**359**	**174**	**185**
30	161	77	84	121	56	65
31	172	76	96	110	46	64
32	129	74	55	64	36	28
33	90	48	42	40	22	18
34	82	47	35	24	14	10
35-39岁	**239**	**140**	**99**	**51**	**30**	**21**
35	81	46	35	21	10	11
36	60	34	26	14	10	4
37	48	27	21	8	4	4
38	32	18	14	7	5	2
39	18	15	3	1	1	
40-44岁	**37**	**19**	**18**	**11**	**6**	**5**
40	14	5	9	4	3	1
41	14	8	6	4	1	3
42	6	4	2	2	1	1
43	2	2		1	1	
44	1		1			
45-49岁	**3**	**1**	**2**	**3**	**1**	**2**
45						
46						
47	1		1	1		1
48	2	1	1	2	1	1
49						

单位：人

二　孩			三孩及以上		
小计	男	女	小计	男	女
534	**299**	**235**	**22**	**10**	**12**
4	**2**	**2**			
1	1				
2	1	1			
1		1			
61	**35**	**26**	**2**	**1**	**1**
1	1				
8	7	1			
7	5	2			
20	12	8	2	1	1
25	10	15			
265	**145**	**120**	**10**	**3**	**7**
37	21	16	3		3
62	30	32			
61	35	26	4	3	1
49	26	23	1		1
56	33	23	2		2
179	**105**	**74**	**9**	**5**	**4**
59	35	24	1	1	
44	24	20	2		2
37	21	16	3	2	1
24	13	11	1		1
15	12	3	2	2	
25	**12**	**13**	**1**	**1**	
10	2	8			
9	6	3	1	1	
4	3	1			
1	1				
1		1			

6-2 续表 8

受教育程度 年龄	合计	生男孩的妇女人数	生女孩的妇女人数	一孩		
				小计	男	女
硕士研究生	**277**	**149**	**128**	**184**	**101**	**83**
15-19岁						
15						
16						
17						
18						
19						
20-24岁						
20						
21						
22						
23						
24						
25-29岁	**63**	**35**	**28**	**58**	**32**	**26**
25	2	1	1	2	1	1
26	3	1	2	2	1	1
27	8	3	5	7	3	4
28	28	18	10	25	15	10
29	22	12	10	22	12	10
30-34岁	**161**	**86**	**75**	**111**	**59**	**52**
30	45	19	26	39	16	23
31	35	20	15	25	14	11
32	44	28	16	27	18	9
33	21	12	9	12	7	5
34	16	7	9	8	4	4
35-39岁	**50**	**27**	**23**	**15**	**10**	**5**
35	9	6	3	5	4	1
36	17	8	9	6	4	2
37	6	2	4	1		1
38	9	7	2	1	1	
39	9	4	5	2	1	1
40-44岁	**3**	**1**	**2**			
40	2		2			
41	1	1				
42						
43						
44						
45-49岁						
45						
46						
47						
48						
49						

单位：人

二孩			三孩及以上		
小计	男	女	小计	男	女
93	**48**	**45**			
5	**3**	**2**			
1		1			
1		1			
3	3				
50	**27**	**23**			
6	3	3			
10	6	4			
17	10	7			
9	5	4			
8	3	5			
35	**17**	**18**			
4	2	2			
11	4	7			
5	2	3			
8	6	2			
7	3	4			
3	**1**	**2**			
2		2			
1	1				

6-2 续表 9

受教育程度 年龄	合计	生男孩的妇女人数	生女孩的妇女人数	一孩 小计	一孩 男	一孩 女
博士研究生	**26**	**13**	**13**	**15**	**6**	**9**
15-19岁						
15						
16						
17						
18						
19						
20-24岁						
20						
21						
22						
23						
24						
25-29岁	**4**	**1**	**3**	**4**	**1**	**3**
25						
26						
27						
28						
29	4	1	3	4	1	3
30-34岁	**16**	**7**	**9**	**11**	**5**	**6**
30	3	1	2	3	1	2
31	1	1		1	1	
32	6	4	2	4	2	2
33	3		3	2		2
34	3	1	2	1	1	
35-39岁	**5**	**4**	**1**			
35	3	2	1			
36						
37						
38	1	1				
39	1	1				
40-44岁	**1**	**1**				
40						
41	1	1				
42						
43						
44						
45-49岁						
45						
46						
47						
48						
49						

单位：人

二孩			三孩及以上		
小计	男	女	小计	男	女
11	**7**	**4**			
5	**2**	**3**			
2	2				
1		1			
2		2			
5	**4**	**1**			
3	2	1			
1	1				
1	1				
1	**1**				
1	1				

6-2a 全市按年龄、受教育程度、生育孩次

受教育程度 年龄	合计	生男孩的妇女人数	生女孩的妇女人数	一孩		
				小计	男	女
总计	**3814**	**1953**	**1861**	**2224**	**1121**	**1103**
15-19岁	**4**	**2**	**2**	**4**	**2**	**2**
15						
16	1		1	1		1
17						
18						
19	3	2	1	3	2	1
20-24岁	**228**	**107**	**121**	**191**	**88**	**103**
20	3	1	2	3	1	2
21	20	11	9	18	10	8
22	40	16	24	31	14	17
23	58	29	29	50	24	26
24	107	50	57	89	39	50
25-29岁	**1382**	**707**	**675**	**1081**	**550**	**531**
25	157	69	88	130	60	70
26	217	112	105	165	82	83
27	316	156	160	268	131	137
28	352	193	159	262	142	120
29	340	177	163	256	135	121
30-34岁	**1502**	**754**	**748**	**762**	**379**	**383**
30	373	183	190	243	119	124
31	373	176	197	214	99	115
32	323	173	150	153	81	72
33	224	108	116	88	46	42
34	209	114	95	64	34	30
35-39岁	**585**	**321**	**264**	**155**	**85**	**70**
35	187	98	89	56	27	29
36	143	82	61	44	28	16
37	102	55	47	22	9	13
38	99	54	45	25	15	10
39	54	32	22	8	6	2
40-44岁	**95**	**53**	**42**	**23**	**13**	**10**
40	36	18	18	9	6	3
41	33	19	14	8	4	4
42	11	4	7	4	1	3
43	8	6	2	2	2	
44	7	6	1			
45-49岁	**18**	**9**	**9**	**8**	**4**	**4**
45	3	3		2	2	
46	3	2	1			
47	3	1	2	1		1
48	3	2	1	2	1	1
49	6	1	5	3	1	2

分的育龄妇女人数(2019.11.1-2020.10.31)(城市)

单位：人

二孩			三孩及以上		
小计	男	女	小计	男	女
1485	**772**	**713**	**105**	**60**	**45**
35	**17**	**18**	**2**	**2**	
2	1	1			
9	2	7			
7	4	3	1	1	
17	10	7	1	1	
282	**146**	**136**	**19**	**11**	**8**
25	8	17	2	1	1
51	29	22	1	1	
44	24	20	4	1	3
83	46	37	7	5	2
79	39	40	5	3	2
695	**353**	**342**	**45**	**22**	**23**
121	59	62	9	5	4
155	75	80	4	2	2
157	87	70	13	5	8
126	59	67	10	3	7
136	73	63	9	7	2
402	**218**	**184**	**28**	**18**	**10**
125	67	58	6	4	2
94	52	42	5	2	3
72	40	32	8	6	2
67	35	32	7	4	3
44	24	20	2	2	
64	**35**	**29**	**8**	**5**	**3**
27	12	15			
22	13	9	3	2	1
6	3	3	1		1
5	3	2	1	1	
4	4		3	2	1
7	**3**	**4**	**3**	**2**	**1**
1	1				
2	1	1	1	1	
2	1	1			
			1	1	
2		2	1		1

6-2a 续表 1

受教育程度 年龄	合计	生男孩的妇女人数	生女孩的妇女人数	一孩		
				小计	男	女
未上过学						
15—19岁						
15						
16						
17						
18						
19						
20—24岁						
20						
21						
22						
23						
24						
25—29岁						
25						
26						
27						
28						
29						
30—34岁						
30						
31						
32						
33						
34						
35—39岁						
35						
36						
37						
38						
39						
40—44岁						
40						
41						
42						
43						
44						
45—49岁						
45						
46						
47						
48						
49						

单位：人

二　孩			三孩及以上		
小计	男	女	小计	男	女

6-2a 续表 2

受教育程度 年 龄	合 计	生男孩的 妇女人数	生女孩的 妇女人数	一 孩		
				小计	男	女
学前教育						
15-19岁						
15						
16						
17						
18						
19						
20-24岁						
20						
21						
22						
23						
24						
25-29岁						
25						
26						
27						
28						
29						
30-34岁						
30						
31						
32						
33						
34						
35-39岁						
35						
36						
37						
38						
39						
40-44岁						
40						
41						
42						
43						
44						
45-49岁						
45						
46						
47						
48						
49						

单位：人

二　孩			三孩及以上		
小计	男	女	小计	男	女

6-2a 续表 3

受教育程度 年　　龄	合　计	生男孩的 妇女人数	生女孩的 妇女人数	一　　孩		
				小计	男	女
小　学	**32**	**14**	**18**	**10**	**5**	**5**
15-19岁						
15						
16						
17						
18						
19						
20-24岁	**3**	**1**	**2**	**1**		**1**
20						
21						
22	1		1			
23	1		1	1		1
24	1	1				
25-29岁	**8**	**3**	**5**	**4**	**3**	**1**
25	1		1			
26						
27	4	3	1	3	3	
28	2		2	1		1
29	1		1			
30-34岁	**9**	**2**	**7**	**4**	**1**	**3**
30	2	2		1	1	
31						
32	1		1	1		1
33	5		5	2		2
34	1		1			
35-39岁	**7**	**5**	**2**	**1**	**1**	
35	1	1				
36	3	3		1	1	
37	1		1			
38	2	1	1			
39						
40-44岁	**3**	**2**	**1**			
40						
41	1	1				
42						
43	1		1			
44	1	1				
45-49岁	**2**	**1**	**1**			
45						
46	1		1			
47	1	1				
48						
49						

单位：人

二孩			三孩及以上		
小计	男	女	小计	男	女
18	**8**	**10**	**4**	**1**	**3**
2	**1**	**1**			
1		1			
1	1				
4		**4**			
1		1			
1		1			
1		1			
1		1			
4	**1**	**3**	**1**		**1**
1	1				
2		2	1		1
1		1			
4	**4**		**2**		**2**
1	1				
2	2				
			1		1
1	1		1		1
2	**1**	**1**	**1**	**1**	
			1	1	
1		1			
1	1				
2	**1**	**1**			
1		1			
1	1				

6-2a 续表 4

受教育程度 年　　龄	合　计	生男孩的 妇女人数	生女孩的 妇女人数	一　孩		
				小计	男	女
初　中	**493**	**242**	**251**	**191**	**97**	**94**
15-19岁	**3**	**1**	**2**	**3**	**1**	**2**
15						
16	1		1	1		1
17						
18						
19	2	1	1	2	1	1
20-24岁	**55**	**25**	**30**	**36**	**15**	**21**
20	2	1	1	2	1	1
21	4	1	3	3	1	2
22	11	4	7	6	4	2
23	13	6	7	10	3	7
24	25	13	12	15	6	9
25-29岁	**170**	**89**	**81**	**83**	**48**	**35**
25	34	13	21	18	9	9
26	32	17	15	13	7	6
27	39	17	22	24	12	12
28	33	22	11	16	11	5
29	32	20	12	12	9	3
30-34岁	**157**	**71**	**86**	**41**	**18**	**23**
30	33	19	14	4	3	1
31	42	16	26	15	6	9
32	30	12	18	10	5	5
33	25	10	15	4	2	2
34	27	14	13	8	2	6
35-39岁	**77**	**42**	**35**	**22**	**13**	**9**
35	25	15	10	8	6	2
36	11	7	4	5	3	2
37	16	9	7	3	1	2
38	19	9	10	4	1	3
39	6	2	4	2	2	
40-44岁	**22**	**10**	**12**	**2**		**2**
40	9	5	4	1		1
41	5	2	3			
42	3		3	1		1
43	1		1			
44	4	3	1			
45-49岁	**9**	**4**	**5**	**4**	**2**	**2**
45	1	1		1	1	
46	1	1				
47	1		1			
48	1	1				
49	5	1	4	3	1	2

单位：人

二孩			三孩及以上		
小计	男	女	小计	男	女
261	**119**	**142**	**41**	**26**	**15**
17	**8**	**9**	**2**	**2**	
1		1			
5		5			
2	2		1	1	
9	6	3	1	1	
80	**39**	**41**	**7**	**2**	**5**
15	4	11	1		1
18	9	9	1	1	
12	5	7	3		3
16	10	6	1	1	
19	11	8	1		1
98	**41**	**57**	**18**	**12**	**6**
23	12	11	6	4	2
26	9	17	1	1	
16	6	10	4	1	3
18	6	12	3	2	1
15	8	7	4	4	
46	**22**	**24**	**9**	**7**	**2**
15	8	7	2	1	1
5	3	2	1	1	
10	5	5	3	3	
12	6	6	3	2	1
4		4			
18	**9**	**9**	**2**	**1**	**1**
8	5	3			
5	2	3			
2		2			
1		1			
2	2		2	1	1
2		**2**	**3**	**2**	**1**
			1	1	
1		1			
			1	1	
1		1	1		1

6-2a 续表 5

受教育程度 年龄	合计	生男孩的妇女人数	生女孩的妇女人数	一孩		
				小计	男	女
高中	**543**	**282**	**261**	**282**	**146**	**136**
15-19岁						
15						
16						
17						
18						
19						
20-24岁	**59**	**31**	**28**	**49**	**28**	**21**
20						
21	11	6	5	11	6	5
22	12	4	8	10	3	7
23	18	11	7	15	11	4
24	18	10	8	13	8	5
25-29岁	**213**	**110**	**103**	**139**	**72**	**67**
25	30	16	14	24	12	12
26	39	17	22	25	12	13
27	56	29	27	43	22	21
28	45	26	19	21	14	7
29	43	22	21	26	12	14
30-34岁	**170**	**84**	**86**	**65**	**31**	**34**
30	46	20	26	25	12	13
31	34	16	18	14	5	9
32	43	22	21	15	8	7
33	24	11	13	5	3	2
34	23	15	8	6	3	3
35-39岁	**82**	**47**	**35**	**23**	**11**	**12**
35	22	12	10	5	3	2
36	17	12	5	5	3	2
37	18	10	8	5	2	3
38	17	9	8	7	3	4
39	8	4	4	1		1
40-44岁	**16**	**8**	**8**	**5**	**3**	**2**
40	4	1	3	1		1
41	8	5	3	3	3	
42	2		2	1		1
43	1	1				
44	1	1				
45-49岁	**3**	**2**	**1**	**1**	**1**	
45	1	1		1	1	
46	1	1				
47						
48						
49	1		1			

单位：人

二孩			三孩及以上		
小计	男	女	小计	男	女
237	**117**	**120**	**24**	**19**	**5**
10	**3**	**7**			
2	1	1			
3		3			
5	2	3			
67	**31**	**36**	**7**	**7**	
5	3	2	1	1	
14	5	9			
12	6	6	1	1	
22	10	12	2	2	
14	7	7	3	3	
95	**47**	**48**	**10**	**6**	**4**
20	7	13	1	1	
18	10	8	2	1	1
25	12	13	3	2	1
17	8	9	2		2
15	10	5	2	2	
55	**32**	**23**	**4**	**4**	
15	7	8	2	2	
11	8	3	1	1	
13	8	5			
9	5	4	1	1	
7	4	3			
8	**3**	**5**	**3**	**2**	**1**
3	1	2			
5	2	3			
			1		1
			1	1	
			1	1	
2	**1**	**1**			
1	1				
1		1			

6-2a 续表 6

受教育程度 年　　龄	合　计	生男孩的 妇女人数	生女孩的 妇女人数	一　　孩		
				小计	男	女
大学专科	**1147**	**577**	**570**	**740**	**365**	**375**
15-19岁						
15						
16						
17						
18						
19						
20-24岁	**76**	**36**	**40**	**73**	**33**	**40**
20	1		1	1		1
21	4	3	1	4	3	1
22	12	6	6	11	5	6
23	16	6	10	15	5	10
24	43	21	22	42	20	22
25-29岁	**480**	**241**	**239**	**405**	**198**	**207**
25	59	27	32	56	27	29
26	81	42	39	70	33	37
27	103	53	50	92	45	47
28	129	67	62	102	52	50
29	108	52	56	85	41	44
30-34岁	**423**	**218**	**205**	**207**	**107**	**100**
30	104	52	52	63	34	29
31	109	59	50	61	32	29
32	83	43	40	37	16	21
33	63	30	33	26	13	13
34	64	34	30	20	12	8
35-39岁	**151**	**69**	**82**	**49**	**23**	**26**
35	52	21	31	18	5	13
36	44	22	22	16	9	7
37	19	8	11	7	2	5
38	22	11	11	6	5	1
39	14	7	7	2	2	
40-44岁	**16**	**12**	**4**	**6**	**4**	**2**
40	9	7	2	4	3	1
41	3	1	2	1		1
42						
43	3	3		1	1	
44	1	1				
45-49岁	**1**	**1**				
45	1	1				
46						
47						
48						
49						

单位：人

二孩			三孩及以上		
小计	男	女	小计	男	女
389	**206**	**183**	**18**	**6**	**12**
3	**3**				
1	1				
1	1				
1	1				
72	**42**	**30**	**3**	**1**	**2**
3		3			
11	9	2			
11	8	3			
25	14	11	2	1	1
22	11	11	1		1
206	**108**	**98**	**10**	**3**	**7**
40	18	22	1		1
47	27	20	1		1
42	26	16	4	1	3
34	16	18	3	1	2
43	21	22	1	1	
98	**44**	**54**	**4**	**2**	**2**
33	16	17	1		1
27	13	14	1		1
11	5	6	1	1	
15	5	10	1	1	
12	5	7			
9	**8**	**1**	**1**		**1**
5	4	1			
1	1		1		1
2	2				
1	1				
1	**1**				
1	1				

6-2a 续表 7

受教育程度 年龄	合计	生男孩的妇女人数	生女孩的妇女人数	一孩		
				小计	男	女
大学本科	**1310**	**682**	**628**	**813**	**406**	**407**
15-19岁	**1**	**1**		**1**	**1**	
15						
16						
17						
18						
19	1	1		1	1	
20-24岁	**35**	**14**	**21**	**32**	**12**	**20**
20						
21	1	1				
22	4	2	2	4	2	2
23	10	6	4	9	5	4
24	20	5	15	19	5	14
25-29岁	**449**	**231**	**218**	**393**	**199**	**194**
25	31	12	19	30	11	19
26	62	35	27	55	29	26
27	107	52	55	100	47	53
28	116	61	55	98	51	47
29	133	71	62	110	61	49
30-34岁	**573**	**289**	**284**	**328**	**160**	**168**
30	142	70	72	110	52	58
31	152	64	88	98	41	57
32	118	66	52	60	33	27
33	86	46	40	39	22	17
34	75	43	32	21	12	9
35-39岁	**215**	**127**	**88**	**46**	**27**	**19**
35	75	41	34	20	9	11
36	52	30	22	11	8	3
37	43	26	17	7	4	3
38	29	16	13	7	5	2
39	16	14	2	1	1	
40-44岁	**34**	**19**	**15**	**10**	**6**	**4**
40	12	5	7	3	3	
41	14	8	6	4	1	3
42	6	4	2	2	1	1
43	2	2		1	1	
44						
45-49岁	**3**	**1**	**2**	**3**	**1**	**2**
45						
46						
47	1		1	1		1
48	2	1	1	2	1	1
49						

单位：人

二孩			三孩及以上		
小计	男	女	小计	男	女
479	**268**	**211**	**18**	**8**	**10**
3	**2**	**1**			
1	1				
1	1				
1		1			
54	**31**	**23**	**2**	**1**	**1**
1	1				
7	6	1			
7	5	2			
16	9	7	2	1	1
23	10	13			
239	**128**	**111**	**6**	**1**	**5**
31	18	13	1		1
54	23	31			
56	32	24	2	1	1
46	24	22	1		1
52	31	21	2		2
160	**95**	**65**	**9**	**5**	**4**
54	31	23	1	1	
39	22	17	2		2
33	20	13	3	2	1
21	11	10	1		1
13	11	2	2	2	
23	**12**	**11**	**1**	**1**	
9	2	7			
9	6	3	1	1	
4	3	1			
1	1				

6-2a 续表 8

受教育程度 年龄	合计	生男孩的妇女人数	生女孩的妇女人数	一孩		
				小计	男	女
硕士研究生	**263**	**143**	**120**	**173**	**96**	**77**
15-19岁						
15						
16						
17						
18						
19						
20-24岁						
20						
21						
22						
23						
24						
25-29岁	**58**	**32**	**26**	**53**	**29**	**24**
25	2	1	1	2	1	1
26	3	1	2	2	1	1
27	7	2	5	6	2	4
28	27	17	10	24	14	10
29	19	11	8	19	11	8
30-34岁	**154**	**83**	**71**	**106**	**57**	**49**
30	43	19	24	37	16	21
31	35	20	15	25	14	11
32	42	26	16	26	17	9
33	18	11	7	10	6	4
34	16	7	9	8	4	4
35-39岁	**48**	**27**	**21**	**14**	**10**	**4**
35	9	6	3	5	4	1
36	16	8	8	6	4	2
37	5	2	3			
38	9	7	2	1	1	
39	9	4	5	2	1	1
40-44岁	**3**	**1**	**2**			
40	2		2			
41	1	1				
42						
43						
44						
45-49岁						
45						
46						
47						
48						
49						

单位：人

二孩			三孩及以上		
小计	男	女	小计	男	女
90	**47**	**43**			
5	**3**	**2**			
1		1			
1		1			
3	3				
48	**26**	**22**			
6	3	3			
10	6	4			
16	9	7			
8	5	3			
8	3	5			
34	**17**	**17**			
4	2	2			
10	4	6			
5	2	3			
8	6	2			
7	3	4			
3	**1**	**2**			
2		2			
1	1				

6-2a 续表 9

受教育程度 年龄	合计	生男孩的妇女人数	生女孩的妇女人数	一孩		
				小计	男	女
博士研究生	**26**	**13**	**13**	**15**	**6**	**9**
15-19岁						
15						
16						
17						
18						
19						
20-24岁						
20						
21						
22						
23						
24						
25-29岁	**4**	**1**	**3**	**4**	**1**	**3**
25						
26						
27						
28						
29	4	1	3	4	1	3
30-34岁	**16**	**7**	**9**	**11**	**5**	**6**
30	3	1	2	3	1	2
31	1	1		1	1	
32	6	4	2	4	2	2
33	3		3	2		2
34	3	1	2	1	1	
35-39岁	**5**	**4**	**1**			
35	3	2	1			
36						
37						
38	1	1				
39	1	1				
40-44岁	**1**	**1**				
40						
41	1	1				
42						
43						
44						
45-49岁						
45						
46						
47						
48						
49						

单位：人

二孩			三孩及以上		
小计	男	女	小计	男	女
11	**7**	**4**			
5	**2**	**3**			
2	2				
1		1			
2		2			
5	**4**	**1**			
3	2	1			
1	1				
1	1				
1	**1**				
1	1				

6-2b 全市按年龄、受教育程度、生育孩次

受教育程度 年龄	合计	生男孩的妇女人数	生女孩的妇女人数	一孩		
				小计	男	女
总计	**472**	**260**	**212**	**243**	**137**	**106**
15—19岁	**4**	**2**	**2**	**3**	**1**	**2**
15						
16						
17						
18	1	1				
19	3	1	2	3	1	2
20—24岁	**53**	**30**	**23**	**42**	**23**	**19**
20	1	1		1	1	
21						
22	15	11	4	12	8	4
23	13	5	8	11	4	7
24	24	13	11	18	10	8
25—29岁	**185**	**112**	**73**	**121**	**77**	**44**
25	26	15	11	20	11	9
26	33	21	12	24	16	8
27	43	30	13	29	24	5
28	44	24	20	29	17	12
29	39	22	17	19	9	10
30—34岁	**161**	**83**	**78**	**60**	**27**	**33**
30	43	15	28	26	10	16
31	40	25	15	15	6	9
32	32	20	12	10	6	4
33	27	12	15	6	4	2
34	19	11	8	3	1	2
35—39岁	**59**	**31**	**28**	**13**	**9**	**4**
35	16	10	6	5	3	2
36	16	10	6	5	4	1
37	13	5	8	3	2	1
38	7	2	5			
39	7	4	3			
40—44岁	**10**	**2**	**8**	**4**		**4**
40	5	2	3	2		2
41	3		3	2		2
42						
43	2		2			
44						
45—49岁						
45						
46						
47						
48						
49						

分的育龄妇女人数(2019.11.1—2020.10.31)(镇)

单位：人

二孩			三孩及以上		
小计	男	女	小计	男	女
205	**113**	**92**	**24**	**10**	**14**
1	**1**				
1	1				
11	**7**	**4**			
3	3				
2	1	1			
6	3	3			
55	**33**	**22**	**9**	**2**	**7**
6	4	2			
9	5	4			
12	6	6	2		2
12	7	5	3		3
16	11	5	4	2	2
89	**50**	**39**	**12**	**6**	**6**
14	5	9	3		3
23	18	5	2	1	1
19	11	8	3	3	
20	7	13	1	1	
13	9	4	3	1	2
43	**20**	**23**	**3**	**2**	**1**
11	7	4			
10	5	5	1	1	
10	3	7			
6	2	4	1		1
6	3	3	1	1	
6	**2**	**4**			
3	2	1			
1		1			
2		2			

6–2b 续表 1

受教育程度 年龄	合计	生男孩的 妇女人数	生女孩的 妇女人数	一孩		
				小计	男	女
未上过学	**1**		**1**			
15—19岁						
15						
16						
17						
18						
19						
20—24岁						
20						
21						
22						
23						
24						
25—29岁	**1**		**1**			
25	1		1			
26						
27						
28						
29						
30—34岁						
30						
31						
32						
33						
34						
35—39岁						
35						
36						
37						
38						
39						
40—44岁						
40						
41						
42						
43						
44						
45—49岁						
45						
46						
47						
48						
49						

单位：人

二孩			三孩及以上		
小计	男	女	小计	男	女
1			**1**		
1			**1**		
1			1		

6-2b 续表 2

受教育程度 年 龄	合 计	生男孩的 妇女人数	生女孩的 妇女人数	一 孩		
				小计	男	女
学前教育						
15-19岁						
15						
16						
17						
18						
19						
20-24岁						
20						
21						
22						
23						
24						
25-29岁						
25						
26						
27						
28						
29						
30-34岁						
30						
31						
32						
33						
34						
35-39岁						
35						
36						
37						
38						
39						
40-44岁						
40						
41						
42						
43						
44						
45-49岁						
45						
46						
47						
48						
49						

单位：人

二　孩			三孩及以上		
小计	男	女	小计	男	女

6-2b 续表 3

受教育程度 年　　龄	合　计	生男孩的 妇女人数	生女孩的 妇女人数	一　　孩		
				小计	男	女
小　学	**6**	**5**	**1**	**3**	**3**	
15-19岁						
15						
16						
17						
18						
19						
20-24岁						
20						
21						
22						
23						
24						
25-29岁	**2**	**2**		**1**	**1**	
25	1	1		1	1	
26						
27						
28	1	1				
29						
30-34岁	**4**	**3**	**1**	**2**	**2**	
30	1	1		1	1	
31	1	1				
32						
33	2	1	1	1	1	
34						
35-39岁						
35						
36						
37						
38						
39						
40-44岁						
40						
41						
42						
43						
44						
45-49岁						
45						
46						
47						
48						
49						

单位：人

二　孩			三孩及以上		
小计	男	女	小计	男	女
3	**2**	**1**			
1	**1**				
1	1				
2	**1**	**1**			
1	1				
1		1			

6-2b 续表 4

受教育程度 年龄	合计	生男孩的妇女人数	生女孩的妇女人数	一孩		
				小计	男	女
初 中	**127**	**71**	**56**	**54**	**29**	**25**
15-19岁	**4**	**2**	**2**	**3**	**1**	**2**
15						
16						
17						
18	1	1				
19	3	1	2	3	1	2
20-24岁	**27**	**14**	**13**	**21**	**10**	**11**
20	1	1		1	1	
21						
22	9	7	2	7	5	2
23	6	2	4	5	1	4
24	11	4	7	8	3	5
25-29岁	**40**	**22**	**18**	**17**	**12**	**5**
25	7	5	2	4	3	1
26	5	1	4	2	1	1
27	14	8	6	7	6	1
28	4		4	1		1
29	10	8	2	3	2	1
30-34岁	**36**	**23**	**13**	**8**	**5**	**3**
30	6	4	2	3	3	
31	13	9	4	3	1	2
32	5	3	2	1		1
33	9	4	5	1	1	
34	3	3				
35-39岁	**16**	**9**	**7**	**3**	**1**	**2**
35	5	3	2	2		2
36	3	3				
37	2	1	1	1	1	
38	3		3			
39	3	2	1			
40-44岁	**4**	**1**	**3**	**2**		**2**
40	2	1	1	1		1
41	1		1	1		1
42						
43	1		1			
44						
45-49岁						
45						
46						
47						
48						
49						

单位：人

二孩			三孩及以上		
小计	男	女	小计	男	女
60	**36**	**24**	**13**	**6**	**7**
1	**1**				
1	1				
6	**4**	**2**			
2	2				
1	1				
3	1	2			
18	**9**	**9**	**5**	**1**	**4**
3	2	1			
3		3			
5	2	3	2		2
1		1	2		2
6	5	1	1	1	
23	**15**	**8**	**5**	**3**	**2**
2	1	1	1		1
8	7	1	2	1	1
2	1	1	2	2	
8	3	5			
3	3				
10	**6**	**4**	**3**	**2**	**1**
3	3				
2	2		1	1	
1		1			
2		2	1		1
2	1	1	1	1	
2	**1**	**1**			
1	1				
1		1			

6-2b 续表 5

受教育程度 年 龄	合 计	生男孩的妇女人数	生女孩的妇女人数	一孩		
				小计	男	女
高 中	**112**	**59**	**53**	**47**	**27**	**20**
15-19岁						
15						
16						
17						
18						
19						
20-24岁	**14**	**7**	**7**	**11**	**5**	**6**
20						
21						
22	3	1	2	3	1	2
23	4	2	2	4	2	2
24	7	4	3	4	2	2
25-29岁	**50**	**32**	**18**	**23**	**15**	**8**
25	8	5	3	7	4	3
26	10	8	2	5	4	1
27	11	8	3	6	5	1
28	8	4	4	4	2	2
29	13	7	6	1		1
30-34岁	**32**	**14**	**18**	**9**	**5**	**4**
30	8	2	6	5	2	3
31	4	3	1	2	2	
32	7	4	3	1	1	
33	4	2	2			
34	9	3	6	1		1
35-39岁	**11**	**5**	**6**	**3**	**2**	**1**
35	3	2	1	1	1	
36	1		1	1		1
37	5	2	3	1	1	
38						
39	2	1	1			
40-44岁	**5**	**1**	**4**	**1**		**1**
40	2	1	1			
41	2		2	1		1
42						
43	1		1			
44						
45-49岁						
45						
46						
47						
48						
49						

单位：人

二孩			三孩及以上		
小计	男	女	小计	男	女
57	**29**	**28**	**8**	**3**	**5**
3	**2**	**1**			
3	2	1			
23	**16**	**7**	**4**	**1**	**3**
1	1				
5	4	1			
5	3	2			
3	2	1	1		1
9	6	3	3	1	2
19	**7**	**12**	**4**	**2**	**2**
3		3			
2	1	1			
6	3	3			
3	1	2	1	1	
5	2	3	3	1	2
8	**3**	**5**			
2	1	1			
4	1	3			
2	1	1			
4	**1**	**3**			
2	1	1			
1		1			
1		1			

6-2b 续表 6

受教育程度 年龄	合计	生男孩的妇女人数	生女孩的妇女人数	一孩		
				小计	男	女
大学专科	**110**	**61**	**49**	**71**	**41**	**30**
15-19岁						
15						
16						
17						
18						
19						
20-24岁	**7**	**6**	**1**	**6**	**5**	**1**
20						
21						
22	3	3		2	2	
23	1		1	1		1
24	3	3		3	3	
25-29岁	**51**	**30**	**21**	**42**	**25**	**17**
25	6	2	4	5	1	4
26	10	7	3	9	6	3
27	12	9	3	10	8	2
28	18	10	8	13	8	5
29	5	2	3	5	2	3
30-34岁	**41**	**19**	**22**	**20**	**8**	**12**
30	12	4	8	9	3	6
31	11	6	5	5	2	3
32	10	5	5	4	2	2
33	6	2	4	2	1	1
34	2	2				
35-39岁	**11**	**6**	**5**	**3**	**3**	
35	4	2	2	1	1	
36	5	3	2	2	2	
37	1	1				
38	1		1			
39						
40-44岁						
40						
41						
42						
43						
44						
45-49岁						
45						
46						
47						
48						
49						

单位：人

二孩			三孩及以上		
小计	男	女	小计	男	女
39	**20**	**19**			
1	**1**				
1	1				
9	**5**	**4**			
1	1				
1	1				
2	1	1			
5	2	3			
21	**11**	**10**			
3	1	2			
6	4	2			
6	3	3			
4	1	3			
2	2				
8	**3**	**5**			
3	1	2			
3	1	2			
1	1				
1		1			

6-2b 续表 7

受教育程度 年龄	合计	生男孩的妇女人数	生女孩的妇女人数	一孩		
				小计	男	女
大学本科	**105**	**60**	**45**	**60**	**34**	**26**
15-19岁						
15						
16						
17						
18						
19						
20-24岁	**5**	**3**	**2**	**4**	**3**	**1**
20						
21						
22						
23	2	1	1	1	1	
24	3	2	1	3	2	1
25-29岁	**39**	**25**	**14**	**36**	**23**	**13**
25	3	2	1	3	2	1
26	8	5	3	8	5	3
27	6	5	1	6	5	1
28	12	8	4	10	6	4
29	10	5	5	9	5	4
30-34岁	**41**	**21**	**20**	**16**	**5**	**11**
30	14	4	10	6	1	5
31	11	6	5	5	1	4
32	8	6	2	3	2	1
33	3	2	1			
34	5	3	2	2	1	1
35-39岁	**19**	**11**	**8**	**3**	**3**	
35	4	3	1	1	1	
36	6	4	2	2	2	
37	4	1	3			
38	3	2	1			
39	2	1	1			
40-44岁	**1**		**1**	**1**		**1**
40	1		1	1		1
41						
42						
43						
44						
45-49岁						
45						
46						
47						
48						
49						

单位：人

二孩			三孩及以上		
小计	男	女	小计	男	女
42	**25**	**17**	**3**	**1**	**2**
1		**1**			
1		1			
3	**2**	**1**			
2	2				
1		1			
22	**15**	**7**	**3**	**1**	**2**
6	3	3	2		2
6	5	1			
4	3	1	1	1	
3	2	1			
3	2	1			
16	**8**	**8**			
3	2	1			
4	2	2			
4	1	3			
3	2	1			
2	1	1			

6-2b 续表 8

受教育程度 年龄	合计	生男孩的妇女人数	生女孩的妇女人数	一孩		
				小计	男	女
硕士研究生	**11**	**4**	**7**	**8**	**3**	**5**
15-19岁						
15						
16						
17						
18						
19						
20-24岁						
20						
21						
22						
23						
24						
25-29岁	**2**	**1**	**1**	**2**	**1**	**1**
25						
26						
27						
28	1	1		1	1	
29	1		1	1		1
30-34岁	**7**	**3**	**4**	**5**	**2**	**3**
30	2		2	2		2
31						
32	2	2		1	1	
33	3	1	2	2	1	1
34						
35-39岁	**2**		**2**	**1**		**1**
35						
36	1		1			
37	1		1	1		1
38						
39						
40-44岁						
40						
41						
42						
43						
44						
45-49岁						
45						
46						
47						
48						
49						

单位：人

二孩			三孩及以上		
小计	男	女	小计	男	女
3	**1**	**2**			
2	**1**	**1**			
1	1				
1		1			
1		**1**			
1		1			

6-2b 续表 9

受教育程度 年 龄	合 计	生男孩的妇女人数	生女孩的妇女人数	一 孩		
				小计	男	女
博士研究生						
15—19岁						
15						
16						
17						
18						
19						
20—24岁						
20						
21						
22						
23						
24						
25—29岁						
25						
26						
27						
28						
29						
30—34岁						
30						
31						
32						
33						
34						
35—39岁						
35						
36						
37						
38						
39						
40—44岁						
40						
41						
42						
43						
44						
45—49岁						
45						
46						
47						
48						
49						

单位：人

二　　孩			三孩及以上		
小计	男	女	小计	男	女

6-2c 全市按年龄、受教育程度、生育孩次

受教育程度 年龄	合计	生男孩的妇女人数	生女孩的妇女人数	一孩		
				小计	男	女
总计	**461**	**244**	**217**	**234**	**127**	**107**
15-19岁	**2**		**2**	**2**		**2**
15						
16	1		1	1		1
17						
18	1		1	1		1
19						
20-24岁	**72**	**40**	**32**	**56**	**27**	**29**
20	1		1	1		1
21	4	3	1	2	1	1
22	19	11	8	16	8	8
23	24	12	12	20	8	12
24	24	14	10	17	10	7
25-29岁	**195**	**104**	**91**	**105**	**58**	**47**
25	41	25	16	26	18	8
26	30	18	12	18	10	8
27	54	26	28	29	12	17
28	34	14	20	19	8	11
29	36	21	15	13	10	3
30-34岁	**143**	**78**	**65**	**60**	**37**	**23**
30	37	21	16	17	13	4
31	37	23	14	21	13	8
32	28	12	16	13	6	7
33	24	13	11	5	1	4
34	17	9	8	4	4	
35-39岁	**40**	**19**	**21**	**10**	**4**	**6**
35	12	8	4	2	1	1
36	7	3	4	1		1
37	11	4	7	5	2	3
38	6	2	4	1		1
39	4	2	2	1	1	
40-44岁	**8**	**3**	**5**	**1**	**1**	
40	4	2	2	1	1	
41	2		2			
42						
43	1	1				
44	1		1			
45-49岁	**1**		**1**			
45						
46	1		1			
47						
48						
49						

分的育龄妇女人数(2019.11.1—2020.10.31)(乡村)

单位：人

二孩			三孩及以上		
小计	男	女	小计	男	女
203	**104**	**99**	**24**	**13**	**11**
15	**13**	**2**	**1**		**1**
2	2				
3	3				
4	4				
6	4	2	1		1
82	**42**	**40**	**8**	**4**	**4**
14	6	8	1	1	
12	8	4			
23	13	10	2	1	1
13	6	7	2		2
20	9	11	3	2	1
74	**35**	**39**	**9**	**6**	**3**
18	7	11	2	1	1
16	10	6			
14	5	9	1	1	
16	9	7	3	3	
10	4	6	3	1	2
25	**13**	**12**	**5**	**2**	**3**
9	6	3	1	1	
5	2	3	1	1	
6	2	4			
4	2	2	1		1
1	1		2		2
6	**1**	**5**	**1**	**1**	
2		2	1	1	
2		2			
1	1				
1		1			
1		**1**			
1		1			

6-2c 续表 1

受教育程度 年 龄	合 计	生男孩的 妇女人数	生女孩的 妇女人数	一 孩		
				小计	男	女
未上过学						
15–19岁						
15						
16						
17						
18						
19						
20–24岁						
20						
21						
22						
23						
24						
25–29岁						
25						
26						
27						
28						
29						
30–34岁						
30						
31						
32						
33						
34						
35–39岁						
35						
36						
37						
38						
39						
40–44岁						
40						
41						
42						
43						
44						
45–49岁						
45						
46						
47						
48						
49						

单位：人

二　　孩			三孩及以上		
小计	男	女	小计	男	女

6-2c 续表 2

受教育程度 年龄	合计	生男孩的妇女人数	生女孩的妇女人数	一孩		
				小计	男	女
学前教育						
15-19岁						
15						
16						
17						
18						
19						
20-24岁						
20						
21						
22						
23						
24						
25-29岁						
25						
26						
27						
28						
29						
30-34岁						
30						
31						
32						
33						
34						
35-39岁						
35						
36						
37						
38						
39						
40-44岁						
40						
41						
42						
43						
44						
45-49岁						
45						
46						
47						
48						
49						

单位：人

二　孩			三孩及以上		
小计	男	女	小计	男	女

6-2c 续表 3

受教育程度 年龄	合计	生男孩的妇女人数	生女孩的妇女人数	一孩		
				小计	男	女
小学	**24**	**9**	**15**	**7**	**4**	**3**
15-19岁						
15						
16						
17						
18						
19						
20-24岁	**4**	**2**	**2**	**2**	**1**	**1**
20						
21						
22	2	2		1	1	
23	1		1	1		1
24	1		1			
25-29岁	**7**	**2**	**5**	**3**	**1**	**2**
25	4	2	2	2	1	1
26						
27						
28	2		2	1		1
29	1		1			
30-34岁	**8**	**3**	**5**	**1**	**1**	
30	1		1			
31	2	1	1			
32						
33	2	1	1			
34	3	1	2	1	1	
35-39岁	**3**	**1**	**2**			
35						
36	1	1				
37	1		1			
38						
39	1		1			
40-44岁	**1**	**1**		**1**	**1**	
40	1	1		1	1	
41						
42						
43						
44						
45-49岁	**1**		**1**			
45						
46	1		1			
47						
48						
49						

单位：人

二孩			三孩及以上		
小计	男	女	小计	男	女
14	**5**	**9**	**3**		**3**
1	**1**		**1**		**1**
1	1				
			1		1
4	**1**	**3**			
2	1	1			
1		1			
1		1			
6	**2**	**4**	**1**		**1**
			1		1
2	1	1			
2	1	1			
2		2			
2	**1**	**1**	**1**		**1**
1	1				
1		1			
			1		1
1		**1**			
1		1			

6-2c　续表 4

受教育程度 年　　龄	合　计	生男孩的 妇女人数	生女孩的 妇女人数	一　　孩		
				小计	男	女
初　中	**193**	**104**	**89**	**88**	**47**	**41**
15-19岁	**2**		**2**	**2**		**2**
15						
16	1		1	1		1
17						
18	1		1	1		1
19						
20-24岁	**33**	**19**	**14**	**23**	**10**	**13**
20	1		1	1		1
21	4	3	1	2	1	1
22	9	3	6	8	2	6
23	10	8	2	7	5	2
24	9	5	4	5	2	3
25-29岁	**83**	**47**	**36**	**34**	**20**	**14**
25	21	15	6	11	10	1
26	17	7	10	9	3	6
27	21	13	8	9	4	5
28	11	4	7	3	1	2
29	13	8	5	2	2	
30-34岁	**56**	**30**	**26**	**24**	**15**	**9**
30	10	5	5	4	4	
31	16	9	7	10	6	4
32	14	6	8	7	3	4
33	9	6	3	2	1	1
34	7	4	3	1	1	
35-39岁	**17**	**7**	**10**	**5**	**2**	**3**
35	3	1	2	1	1	
36	4	2	2			
37	3	1	2	3	1	2
38	5	2	3	1		1
39	2	1	1			
40-44岁	**2**	**1**	**1**			
40	1	1				
41	1		1			
42						
43						
44						
45-49岁						
45						
46						
47						
48						
49						

单位：人

二孩			三孩及以上		
小计	男	女	小计	男	女
93	**51**	**42**	**12**	**6**	**6**
10	**9**	**1**			
2	2				
1	1				
3	3				
4	3	1			
44	**25**	**19**	**5**	**2**	**3**
10	5	5			
8	4	4			
11	8	3	1	1	
6	3	3	2		2
9	5	4	2	1	1
29	**13**	**16**	**3**	**2**	**1**
6	1	5			
6	3	3			
7	3	4			
6	4	2	1	1	
4	2	2	2	1	1
9	**4**	**5**	**3**	**1**	**2**
2		2			
3	1	2	1	1	
3	2	1	1		1
1	1		1		1
1		**1**	**1**	**1**	
			1	1	
1		1			

6-2c 续表 5

受教育程度 年龄	合计	生男孩的妇女人数	生女孩的妇女人数	一孩		
				小计	男	女
高中	**106**	**57**	**49**	**58**	**33**	**25**
15-19岁						
15						
16						
17						
18						
19						
20-24岁	**23**	**12**	**11**	**19**	**9**	**10**
20						
21						
22	6	5	1	5	4	1
23	10	4	6	9	3	6
24	7	3	4	5	2	3
25-29岁	**47**	**24**	**23**	**25**	**15**	**10**
25	8	4	4	6	3	3
26	3	3		2	2	
27	17	7	10	7	4	3
28	5	2	3	4	1	3
29	14	8	6	6	5	1
30-34岁	**25**	**15**	**10**	**12**	**7**	**5**
30	6	3	3	3	1	2
31	5	5		3	3	
32	8	4	4	4	2	2
33	4	2	2	1		1
34	2	1	1	1	1	
35-39岁	**8**	**5**	**3**	**2**	**2**	
35	2	1	1			
36						
37	5	3	2	1	1	
38						
39	1	1		1	1	
40-44岁	**3**	**1**	**2**			
40	1		1			
41	1		1			
42						
43	1	1				
44						
45-49岁						
45						
46						
47						
48						
49						

单位：人

二孩			三孩及以上		
小计	男	女	小计	男	女
44	**21**	**23**	**4**	**3**	**1**
4	**3**	**1**			
1	1				
1	1				
2	1	1			
19	**7**	**12**	**3**	**2**	**1**
1		1	1	1	
1	1				
9	3	6	1		1
1	1				
7	2	5	1	1	
13	**8**	**5**			
3	2	1			
2	2				
4	2	2			
3	2	1			
1		1			
5	**2**	**3**	**1**	**1**	
1		1	1	1	
4	2	2			
3	**1**	**2**			
1		1			
1		1			
1	1				

6-2c 续表 6

受教育程度 年 龄	合 计	生男孩的 妇女人数	生女孩的 妇女人数	一 孩		
				小计	男	女
大学专科	**96**	**53**	**43**	**53**	**29**	**24**
15-19岁						
15						
16						
17						
18						
19						
20-24岁	**10**	**6**	**4**	**10**	**6**	**4**
20						
21						
22	2	1	1	2	1	1
23	3		3	3		3
24	5	5		5	5	
25-29岁	**45**	**25**	**20**	**34**	**18**	**16**
25	8	4	4	7	4	3
26	8	7	1	6	5	1
27	12	3	9	9	1	8
28	13	7	6	10	6	4
29	4	4		2	2	
30-34岁	**34**	**18**	**16**	**8**	**5**	**3**
30	15	10	5	5	5	
31	5	2	3	1		1
32	3		3	1		1
33	8	4	4	1		1
34	3	2	1			
35-39岁	**7**	**4**	**3**	**1**		**1**
35	5	4	1	1		1
36						
37	1		1			
38	1		1			
39						
40-44岁						
40						
41						
42						
43						
44						
45-49岁						
45						
46						
47						
48						
49						

单位：人

二孩			三孩及以上		
小计	男	女	小计	男	女
39	**21**	**18**	**4**	**3**	**1**
11	**7**	**4**			
1		1			
2	2				
3	2	1			
3	1	2			
2	2				
22	**10**	**12**	**4**	**3**	**1**
9	4	5	1	1	
4	2	2			
2		2			
5	2	3	2	2	
2	2		1		1
6	**4**	**2**			
4	4				
1		1			
1		1			

6-2c 续表 7

受教育程度 年龄	合计	生男孩的妇女人数	生女孩的妇女人数	一孩		
				小计	男	女
大学本科	**39**	**19**	**20**	**25**	**12**	**13**
15-19岁						
15						
16						
17						
18						
19						
20-24岁	**2**	**1**	**1**	**2**	**1**	**1**
20						
21						
22						
23						
24	2	1	1	2	1	1
25-29岁	**10**	**4**	**6**	**6**	**2**	**4**
25						
26	2	1	1	1		1
27	3	2	1	3	2	1
28	3	1	2	1		1
29	2		2	1		1
30-34岁	**20**	**12**	**8**	**15**	**9**	**6**
30	5	3	2	5	3	2
31	9	6	3	7	4	3
32	3	2	1	1	1	
33	1		1	1		1
34	2	1	1	1	1	
35-39岁	**5**	**2**	**3**	**2**		**2**
35	2	2				
36	2		2	1		1
37	1		1	1		1
38						
39						
40-44岁	**2**		**2**			
40	1		1			
41						
42						
43						
44	1		1			
45-49岁						
45						
46						
47						
48						
49						

单位：人

二孩			三孩及以上		
小计	男	女	小计	男	女
13	**6**	**7**	**1**	**1**	
4	**2**	**2**			
1	1				
2	1	1			
1		1			
4	**2**	**2**	**1**	**1**	
2	2				
1		1	1	1	
1		1			
3	**2**	**1**			
2	2				
1		1			
2		**2**			
1		1			
1		1			

6-2c 续表 8

受教育程度 年龄	合计	生男孩的妇女人数	生女孩的妇女人数	一孩		
				小计	男	女
硕士研究生	**3**	**2**	**1**	**3**	**2**	**1**
15—19岁						
15						
16						
17						
18						
19						
20—24岁						
20						
21						
22						
23						
24						
25—29岁	**3**	**2**	**1**	**3**	**2**	**1**
25						
26						
27	1	1		1	1	
28						
29	2	1	1	2	1	1
30—34岁						
30						
31						
32						
33						
34						
35—39岁						
35						
36						
37						
38						
39						
40—44岁						
40						
41						
42						
43						
44						
45—49岁						
45						
46						
47						
48						
49						

单位：人

二孩			三孩及以上		
小计	男	女	小计	男	女

6-2c 续表 9

受教育程度 年 龄	合 计	生男孩的 妇女人数	生女孩的 妇女人数	一 孩		
				小计	男	女
博士研究生						
15-19岁						
15						
16						
17						
18						
19						
20-24岁						
20						
21						
22						
23						
24						
25-29岁						
25						
26						
27						
28						
29						
30-34岁						
30						
31						
32						
33						
34						
35-39岁						
35						
36						
37						
38						
39						
40-44岁						
40						
41						
42						
43						
44						
45-49岁						
45						
46						
47						
48						
49						

单位：人

二孩			三孩及以上		
小计	男	女	小计	男	女

6-3 全市育龄妇女分年龄、孩次的生育状况

(2019.11.1-2020.10.31)

单位：人、‰

年 龄	平均育龄妇女人数	出生人数	生育率	第一孩		第二孩		第三孩及以上	
				出生数	生育率	出生数	生育率	出生数	生育率
总 计	**131412**	**4747**	**36.12**	**2701**	**20.55**	**1893**	**14.41**	**153**	**1.16**
15-19岁	**12905**	**13**	**1.01**	**12**	**0.93**	**1**	**0.08**		
15	2286	1	0.44	1	0.44				
16	1881	1	0.53	1	0.53				
17	2034	1	0.49	1	0.49				
18	2820	2	0.71	1	0.35	1	0.35		
19	3884	8	2.06	8	2.06				
20-24岁	**17367**	**437**	**25.16**	**353**	**20.33**	**80**	**4.61**	**4**	**0.23**
20	3845	14	3.64	13	3.38	1	0.26		
21	3783	50	13.22	39	10.31	11	2.91		
22	3129	82	26.21	69	22.05	13	4.15		
23	3138	123	39.20	105	33.46	17	5.42	1	0.32
24	3472	168	48.39	127	36.58	38	10.94	3	0.86
25-29岁	**20675**	**1907**	**92.24**	**1394**	**67.42**	**470**	**22.73**	**43**	**2.08**
25	3843	289	75.20	218	56.73	68	17.69	3	0.78
26	3784	346	91.44	270	71.35	74	19.56	2	0.53
27	4149	422	101.71	320	77.13	91	21.93	11	2.65
28	4021	395	98.23	277	68.89	104	25.86	14	3.48
29	4878	455	93.28	309	63.35	133	27.27	13	2.67
30-34岁	**24840**	**1677**	**67.51**	**759**	**30.56**	**858**	**34.54**	**60**	**2.42**
30	5383	452	83.97	263	48.86	178	33.07	11	2.04
31	5097	417	81.81	211	41.40	196	38.45	10	1.96
32	5132	341	66.45	141	27.47	182	35.46	18	3.51
33	4889	250	51.14	83	16.98	155	31.70	12	2.45
34	4339	217	50.01	61	14.06	147	33.88	9	2.07
35-39岁	**19967**	**601**	**30.10**	**153**	**7.66**	**414**	**20.73**	**34**	**1.70**
35	4335	199	45.91	59	13.61	129	29.76	11	2.54
36	4036	144	35.68	39	9.66	101	25.02	4	0.99
37	4364	119	27.27	28	6.42	84	19.25	7	1.60
38	4048	84	20.75	17	4.20	55	13.59	12	2.96
39	3184	55	17.27	10	3.14	45	14.13		
40-44岁	**16330**	**95**	**5.82**	**24**	**1.47**	**62**	**3.80**	**9**	**0.55**
40	3190	52	16.30	14	4.39	35	10.97	3	0.94
41	3045	17	5.58	4	1.31	12	3.94	1	0.33
42	3160	13	4.11	4	1.27	7	2.22	2	0.63
43	3304	7	2.12			4	1.21	3	0.91
44	3631	6	1.65	2	0.55	4	1.10		
45-49岁	**19328**	**17**	**0.88**	**6**	**0.31**	**8**	**0.41**	**3**	**0.16**
45	3537	5	1.41			4	1.13	1	0.28
46	3865	2	0.52			2	0.52		
47	3999	2	0.50	1	0.25			1	0.25
48	4027	3	0.74	3	0.74				
49	3900	5	1.28	2	0.51	2	0.51	1	0.26

6-3a　全市育龄妇女分年龄、孩次的生育状况
(2019.11.1-2020.10.31)(城市)

单位：人、‰

年　龄	平均育龄妇女人数	出生人数	生育率	第　一　孩		第　二　孩		第三孩及以上	
				出生数	生育率	出生数	生育率	出生数	生育率
总　计	**104992**	**3814**	**36.33**	**2224**	**21.18**	**1485**	**14.14**	**105**	**1.00**
15-19岁	**9254**	**5**	**0.54**	**5**	**0.54**				
15	1802								
16	1452	1	0.69	1	0.69				
17	1533								
18	1909								
19	2558	4	1.56	4	1.56				
20-24岁	**12940**	**285**	**22.02**	**239**	**18.47**	**43**	**3.32**	**3**	**0.23**
20	2632	11	4.18	11	4.18				
21	2763	33	11.94	26	9.41	7	2.53		
22	2328	46	19.76	39	16.75	7	3.01		
23	2447	81	33.10	70	28.61	10	4.09	1	0.41
24	2770	114	41.16	93	33.57	19	6.86	2	0.72
25-29岁	**16625**	**1515**	**91.13**	**1166**	**70.14**	**325**	**19.55**	**24**	**1.44**
25	3073	214	69.64	167	54.34	45	14.64	2	0.65
26	3034	263	86.68	213	70.20	48	15.82	2	0.66
27	3343	341	102.00	274	81.96	63	18.85	4	1.20
28	3230	321	99.38	239	73.99	75	23.22	7	2.17
29	3945	376	95.31	273	69.20	94	23.83	9	2.28
30-34岁	**20489**	**1403**	**68.48**	**655**	**31.97**	**707**	**34.51**	**41**	**2.00**
30	4372	370	84.63	217	49.63	147	33.62	6	1.37
31	4214	349	82.82	184	43.66	158	37.49	7	1.66
32	4237	285	67.26	126	29.74	145	34.22	14	3.30
33	4064	210	51.67	74	18.21	128	31.50	8	1.97
34	3602	189	52.47	54	14.99	129	35.81	6	1.67
35-39岁	**16738**	**509**	**30.41**	**132**	**7.89**	**351**	**20.97**	**26**	**1.55**
35	3546	170	47.94	52	14.66	109	30.74	9	2.54
36	3402	127	37.33	36	10.58	88	25.87	3	0.88
37	3708	94	25.35	21	5.66	67	18.07	6	1.62
38	3402	71	20.87	15	4.41	48	14.11	8	2.35
39	2680	47	17.54	8	2.99	39	14.55		
40-44岁	**13414**	**81**	**6.04**	**21**	**1.57**	**52**	**3.88**	**8**	**0.60**
40	2644	42	15.89	11	4.16	29	10.97	2	0.76
41	2541	17	6.69	4	1.57	12	4.72	1	0.39
42	2626	11	4.19	4	1.52	5	1.90	2	0.76
43	2688	6	2.23			3	1.12	3	1.12
44	2915	5	1.72	2	0.69	3	1.03		
45-49岁	**15532**	**16**	**1.03**	**6**	**0.39**	**7**	**0.45**	**3**	**0.19**
45	2820	4	1.42			3	1.06	1	0.35
46	3094	2	0.65			2	0.65		
47	3224	2	0.62	1	0.31			1	0.31
48	3249	3	0.92	3	0.92				
49	3145	5	1.59	2	0.64	2	0.64	1	0.32

6-3b 全市育龄妇女分年龄、孩次的生育状况 (2019.11.1-2020.10.31)(镇)

单位：人、‰

年龄	平均育龄妇女人数	出生人数	生育率	第一孩		第二孩		第三孩及以上	
				出生数	生育率	出生数	生育率	出生数	生育率
总计	**15130**	**472**	**31.20**	**243**	**16.06**	**205**	**13.55**	**24**	**1.59**
15-19岁	**2625**	**5**	**1.90**	**4**	**1.52**	**1**	**0.38**		
15	284								
16	274								
17	308								
18	663	2	3.02	1	1.51	1	1.51		
19	1096	3	2.74	3	2.74				
20-24岁	**3056**	**65**	**21.27**	**48**	**15.71**	**17**	**5.56**		
20	972								
21	793	6	7.57	4	5.04	2	2.52		
22	517	14	27.08	12	23.21	2	3.87		
23	400	20	50.00	17	42.50	3	7.50		
24	374	25	66.84	15	40.11	10	26.74		
25-29岁	**2107**	**195**	**92.55**	**127**	**60.28**	**57**	**27.05**	**11**	**5.22**
25	409	31	75.79	25	61.12	6	14.67		
26	378	39	103.17	30	79.37	9	23.81		
27	408	44	107.84	26	63.73	14	34.31	4	9.80
28	413	36	87.17	22	53.27	10	24.21	4	9.69
29	499	45	90.18	24	48.10	18	36.07	3	6.01
30-34岁	**2397**	**145**	**60.49**	**51**	**21.28**	**84**	**35.04**	**10**	**4.17**
30	543	41	75.51	23	42.36	15	27.62	3	5.52
31	503	37	73.56	12	23.86	22	43.74	3	5.96
32	493	31	62.88	6	12.17	24	48.68	1	2.03
33	450	21	46.67	5	11.11	14	31.11	2	4.44
34	408	15	36.76	5	12.25	9	22.06	1	2.45
35-39岁	**1815**	**55**	**30.30**	**10**	**5.51**	**42**	**23.14**	**3**	**1.65**
35	441	18	40.82	5	11.34	13	29.48		
36	365	11	30.14	1	2.74	9	24.66	1	2.74
37	358	12	33.52	3	8.38	9	25.14		
38	367	7	19.07			5	13.62	2	5.45
39	284	7	24.65	1	3.52	6	21.13		
40-44岁	**1454**	**7**	**4.81**	**3**	**2.06**	**4**	**2.75**		
40	297	5	16.84	3	10.10	2	6.73		
41	243								
42	266	2	7.52			2	7.52		
43	315								
44	333								
45-49岁	**1676**								
45	350								
46	345								
47	361								
48	315								
49	305								

6−3c　全市育龄妇女分年龄、孩次的生育状况(2019.11.1−2020.10.31)(乡村)

单位：人、‰

年　龄	平均育龄妇女人数	出生人数	生育率	第一孩		第二孩		第三孩及以上	
				出生数	生育率	出生数	生育率	出生数	生育率
总　计	**11290**	**461**	**40.83**	**234**	**20.73**	**203**	**17.98**	**24**	**2.13**
15−19岁	**1026**	**3**	**2.92**	**3**	**2.92**				
15	200	1	5.00	1	5.00				
16	155								
17	193	1	5.18	1	5.18				
18	248								
19	230	1	4.35	1	4.35				
20−24岁	**1371**	**87**	**63.46**	**66**	**48.14**	**20**	**14.59**	**1**	**0.73**
20	241	3	12.45	2	8.30	1	4.15		
21	227	11	48.46	9	39.65	2	8.81		
22	284	22	77.46	18	63.38	4	14.08		
23	291	22	75.60	18	61.86	4	13.75		
24	328	29	88.41	19	57.93	9	27.44	1	3.05
25−29岁	**1943**	**197**	**101.39**	**101**	**51.98**	**88**	**45.29**	**8**	**4.12**
25	361	44	121.88	26	72.02	17	47.09	1	2.77
26	372	44	118.28	27	72.58	17	45.70		
27	398	37	92.96	20	50.25	14	35.18	3	7.54
28	378	38	100.53	16	42.33	19	50.26	3	7.94
29	434	34	78.34	12	27.65	21	48.39	1	2.30
30−34岁	**1954**	**129**	**66.02**	**53**	**27.12**	**67**	**34.29**	**9**	**4.61**
30	468	41	87.61	23	49.15	16	34.19	2	4.27
31	380	31	81.58	15	39.47	16	42.11		
32	402	25	62.19	9	22.39	13	32.34	3	7.46
33	375	19	50.67	4	10.67	13	34.67	2	5.33
34	329	13	39.51	2	6.08	9	27.36	2	6.08
35−39岁	**1414**	**37**	**26.17**	**11**	**7.78**	**21**	**14.85**	**5**	**3.54**
35	348	11	31.61	2	5.75	7	20.11	2	5.75
36	269	6	22.30	2	7.43	4	14.87		
37	298	13	43.62	4	13.42	8	26.85	1	3.36
38	279	6	21.51	2	7.17	2	7.17	2	7.17
39	220	1	4.55	1	4.55				
40−44岁	**1462**	**7**	**4.79**			**6**	**4.10**	**1**	**0.68**
40	249	5	20.08			4	16.06	1	4.02
41	261								
42	268								
43	301	1	3.32			1	3.32		
44	383	1	2.61			1	2.61		
45−49岁	**2120**	**1**	**0.47**			**1**	**0.47**		
45	367	1	2.72			1	2.72		
46	426								
47	414								
48	463								
49	450								

6-4 各地区育龄妇女年龄别生育率

单位：‰

地　区	15-19岁	20-24岁	25-29岁	30-34岁	35-39岁	40-44岁	45-49岁	总和生育率
太原市	**1.01**	**25.16**	**92.24**	**67.51**	**30.10**	**5.82**	**0.88**	**1113.58**
小店区	0.43	15.88	80.77	63.23	30.88	6.32	0.25	988.8
迎泽区		12.59	81.48	73.6	38.12	4.8	0.42	1055.05
杏花岭区	1.52	26.35	82.78	64.46	28.87	6.91	1.61	1062.5
尖草坪区	0.65	26.45	106.46	68.46	26.52	5.50	1.45	1177.44
万柏林区	0.60	27.28	97.51	73.18	25.86	6.21	0.85	1157.43
晋源区		43.68	115.06	61.25	30.30	5.10	1.85	1286.23
清徐县	0.78	52.73	103.35	65.83	27.26	3.95		1269.5
阳曲县	5.71	69.67	107.89	77.48	24.54	5.93		1456.1
娄烦县	29.63	61.11	108.11	66.20	29.17	3.04		1486.29
古交市	2.07	52.02	118.30	68.80	39.57	5.69	2.26	1443.55

6-4a 各地区育龄妇女年龄别生育率(城市)

单位：‰

地　区	15-19岁	20-24岁	25-29岁	30-34岁	35-39岁	40-44岁	45-49岁	总和生育率
太原市	**0.54**	**22.02**	**91.13**	**68.48**	**30.41**	**6.04**	**1.03**	**1098.24**
小店区	0.33	15.02	79.24	64.74	31.00	7.37	0.30	989.98
迎泽区		10.9	82.45	74.55	38.57	4.86	0.43	1058.8
杏花岭区	1.61	23.67	83.33	63.66	28.45	7.04	1.38	1045.7
尖草坪区	0.69	26.69	106.49	68.47	25.83	5.11	1.53	1174.06
万柏林区	0.60	27.41	97.25	73.09	25.70	6.24	0.86	1155.75
晋源区		42.28	117.87	64.25	32.00	4.55	2.30	1316.23
清徐县								
阳曲县								
娄烦县								
古交市		54.95	118.34	71.86	42.99	1.84	3.12	1465.48

6-4b　各地区育龄妇女年龄别生育率(镇)

单位：‰

地　　区	15-19岁	20-24岁	25-29岁	30-34岁	35-39岁	40-44岁	45-49岁	总　和 生育率
太原市	**1.90**	**21.27**	**92.55**	**60.49**	**30.30**	**4.81**		**1056.66**
小店区		12.65	71.5	53.87	34.15	2.12		871.45
迎泽区								
杏花岭区								
尖草坪区								
万柏林区			200.00	125.00	71.43			1982.14
晋源区		97.56	85.11	25.00	37.74			1227.02
清徐县	1.12	29.76	125.73	69.32	31.48	2.23		1298.2
阳曲县	11.11	78.43	109.54	78.18	15.21	8.85		1506.6
娄烦县	32.61	55.05	80.00	61.95	29.41	5.10		1320.58
古交市			142.86	22.22	25.00	31.75		1109.13

6-4c　各地区育龄妇女年龄别生育率(乡村)

单位：‰

地　　区	15-19岁	20-24岁	25-29岁	30-34岁	35-39岁	40-44岁	45-49岁	总　和 生育率
太原市	**2.92**	**63.46**	**101.39**	**66.02**	**26.17**	**4.79**	**0.47**	**1326.08**
小店区	8.93	71.43	135.48	72.89	19.61			1541.68
迎泽区		107.14	40.00	32.26				897.00
杏花岭区		63.06	75.27	76.27	35.71	5.21	4.95	1302.38
尖草坪区		20.00	108.43	73.17	46.15	14.29		1310.22
万柏林区								
晋源区		36.65	107.14	47.87	15.63	10.87		1090.79
清徐县		72.79	89.85	63.23	22.90	5.31		1270.37
阳曲县		54.95	103.09	75.47	63.49			1485.01
娄烦县	23.26	70.42	166.67	81.97	28.57			1854.42
古交市	18.87	53.57	108.70	69.31	24.39	10.31		1425.71

6-5 各地区按活产子女数分的15-64岁妇女人数

单位：人

地区	15-64岁妇女人数	活产0个	活产1个	活产2个	活产3个	活产4个	活产5个及以上
太原市	**179054**	**48246**	**76581**	**45497**	**7191**	**1269**	**270**
小店区	45703	16478	16794	10769	1393	223	46
迎泽区	20849	5049	11276	3978	440	91	15
杏花岭区	26871	5920	15076	5183	566	108	18
尖草坪区	17976	5014	8102	4160	600	86	14
万柏林区	32686	8053	15886	7537	999	172	39
晋源区	9854	2315	3406	3507	522	84	20
清徐县	12025	3004	2496	5329	1039	131	26
阳曲县	3818	669	1026	1612	428	63	20
娄烦县	2612	452	491	906	548	171	44
古交市	6660	1292	2028	2516	656	140	28

6-6 全市按受教育程度、活产子女数分的15-64岁妇女人数

单位：人

受教育程度	15-64岁妇女人数	活产0个	活产1个	活产2个	活产3个	活产4个	活产5个及以上
总　计	**179054**	**48246**	**76581**	**45497**	**7191**	**1269**	**270**
未上过学	816	117	112	294	180	92	21
学前教育	38	6	15	13	3		1
小　学	8739	356	1758	4444	1661	408	112
初　中	49064	4059	19208	21192	3928	569	108
高　中	40560	10982	19427	8934	1043	150	24
大学专科	34149	11366	17173	5325	250	31	4
大学本科	39339	18313	16350	4547	117	12	
硕士研究生	5743	2836	2241	655	6	5	
博士研究生	606	211	297	93	3	2	

6-7　全市按职业、活产子女数分的15-64岁妇女人数

单位：人

职业大类	15-64岁妇女人数	活产0个	活产1个	活产2个	活产3个	活产4个	活产5个及以上	妇女平均活产子女数
总　计	**77996**	**19016**	**37676**	**18680**	**2190**	**367**	**67**	**1.07**
党的机关、国家机关、群众团体和社会组织、企事业单位负责人	1987	289	1102	524	67	5		1.19
专业技术人员	23914	6668	13109	3998	124	14	1	0.90
办事人员和有关人员	12319	3007	7159	2049	83	21		0.94
社会生产服务和生活服务人员	30406	7160	13187	8644	1189	185	41	1.15
农、林、牧、渔业生产及辅助人员	2294	138	309	1297	449	83	18	2.04
生产制造及有关人员	6832	1664	2719	2116	271	56	6	1.17
不便分类的其他从业人员	244	90	91	52	7	3	1	0.95

6-8　各地区按存活子女数分的15-64岁妇女人数

单位：人

地　区	15-64岁妇女人数	存活0个	存活1个	存活2个	存活3个	存活4个	存活5个及以上
太原市	**179054**	**50025**	**75876**	**44807**	**6960**	**1161**	**225**
小店区	45703	16824	16683	10621	1343	194	38
迎泽区	20849	5243	11179	3917	418	79	13
杏花岭区	26871	6249	14870	5084	553	100	15
尖草坪区	17976	5221	8008	4082	577	76	12
万柏林区	32686	8333	15762	7421	979	159	32
晋源区	9854	2417	3373	3473	498	76	17
清徐县	12025	3150	2493	5238	999	125	20
阳曲县	3818	676	1045	1607	415	60	15
娄烦县	2612	485	482	906	542	160	37
古交市	6660	1427	1981	2458	636	132	26

6-9 全市按受教育程度、存活子女数分的15-64岁妇女人数

单位：人

受教育程度	15-64岁妇女人数	存活0个	存活1个	存活2个	存活3个	存活4个	存活5个及以上
总　计	**179054**	**50025**	**75876**	**44807**	**6960**	**1161**	**225**
未上过学	816	123	116	293	182	87	15
学前教育	38	7	14	13	3		1
小　学	8739	465	1774	4399	1618	387	96
初　中	49064	4699	19042	20907	3804	522	90
高　中	40560	11401	19217	8781	1009	131	21
大学专科	34149	11696	16990	5214	226	21	2
大学本科	39339	18556	16200	4464	112	7	
硕士研究生	5743	2864	2225	646	4	4	
博士研究生	606	214	298	90	2	2	

6-10 全市按职业、存活子女数分的15-64岁妇女人数

单位：人

职业大类	15-64岁妇女人数	存活0个	存活1个	存活2个	存活3个	存活4个	存活5个及以上	妇女平均存活子女数
总　计	**77996**	**19768**	**37317**	**18421**	**2115**	**317**	**58**	**1.05**
党的机关、国家机关、群众团体和社会组织、企事业单位负责人	1987	314	1085	522	63	3		1.17
专业技术人员	23914	6851	13011	3931	114	7		0.89
办事人员和有关人员	12319	3149	7066	2019	70	15		0.92
社会生产服务和生活服务人员	30406	7480	13051	8508	1164	167	36	1.13
农、林、牧、渔业生产及辅助人员	2294	153	318	1292	440	76	15	2.01
生产制造及有关人员	6832	1730	2695	2095	259	47	6	1.15
不便分类的其他从业人员	244	91	91	54	5	2	1	0.93

6-11 各地区15-64岁妇女平均活产子女数和平均存活子女数

单位：人、%

地 区	15-64岁妇女人数	活产子女总数			存活子女总数			存活子女数占活产子女数的百分比	妇女平均活产子女数	妇女平均存活子女数
		合计	男	女	合计	男	女			
太原市	**179054**	**195661**	**102089**	**93572**	**192197**	**99994**	**92203**	**98.23**	**1.09**	**1.07**
小店区	45703	43658	22967	20691	42941	22514	20427	98.36	0.96	0.94
迎泽区	20849	20993	10931	10062	20649	10730	9919	98.36	1.01	0.99
杏花岭区	26871	27669	14552	13117	27174	14268	12906	98.21	1.03	1.01
尖草坪区	17976	18637	9630	9007	18268	9396	8872	98.02	1.04	1.02
万柏林区	32686	34844	18034	16810	34340	17742	16598	98.55	1.07	1.05
晋源区	9854	12427	6455	5972	12206	6319	5887	98.22	1.26	1.24
清徐县	12025	16937	8751	8186	16572	8527	8045	97.84	1.41	1.38
阳曲县	3818	5897	3042	2855	5828	2995	2833	98.83	1.54	1.53
娄烦县	2612	4870	2535	2335	4755	2459	2296	97.64	1.86	1.82
古交市	6660	9729	5192	4537	9464	5044	4420	97.28	1.46	1.42

6-12 全市按年龄分的15-64岁妇女平均活产子女数和平均存活子女数

单位：人、%

年龄	15-64岁妇女人数	活产子女总数			存活子女总数			存活子女数占活产子女数的百分比	妇女平均活产子女数	妇女平均存活子女数
		合计	男	女	合计	男	女			
总　计	**179054**	**195661**	**102089**	**93572**	**192197**	**99994**	**92203**	**98.23**	**1.09**	**1.07**
15-19岁	**11789**	**14**	**6**	**8**	**14**	**6**	**8**	**100.00**		
15	1957									
16	2378	2		2	2		2	100.00		
17	1805									
18	2116	3	2	1	3	2	1	100.00		
19	3533	9	4	5	9	4	5	100.00		
20-24岁	**17611**	**1150**	**580**	**570**	**1131**	**570**	**561**	**98.35**	**0.07**	**0.06**
20	4020	15	7	8	15	7	8	100.00		
21	3677	62	32	30	62	32	30	100.00	0.02	0.02
22	3560	185	91	94	183	90	93	98.92	0.05	0.05
23	3106	305	147	158	299	144	155	98.03	0.10	0.10
24	3248	583	303	280	572	297	275	98.11	0.18	0.18
25-29岁	**19815**	**10784**	**5626**	**5158**	**10626**	**5528**	**5098**	**98.53**	**0.54**	**0.54**
25	3686	952	509	443	935	499	436	98.21	0.26	0.25
26	3731	1409	756	653	1393	748	645	98.86	0.38	0.37
27	4078	2147	1118	1029	2123	1103	1020	98.88	0.53	0.52
28	4135	2690	1424	1266	2638	1390	1248	98.07	0.65	0.64
29	4185	3586	1819	1767	3537	1788	1749	98.63	0.86	0.85
30-34岁	**25435**	**29315**	**15352**	**13963**	**28876**	**15090**	**13786**	**98.50**	**1.15**	**1.14**
30	5293	5188	2722	2466	5129	2684	2445	98.86	0.98	0.97
31	5394	5804	3051	2753	5725	3004	2721	98.64	1.08	1.06
32	4986	5809	3044	2765	5699	2974	2725	98.11	1.17	1.14
33	5138	6422	3365	3057	6323	3307	3016	98.46	1.25	1.23
34	4624	6092	3170	2922	6000	3121	2879	98.49	1.32	1.30
35-39岁	**20505**	**28678**	**15015**	**13663**	**28236**	**14751**	**13485**	**98.46**	**1.40**	**1.38**
35	4237	5771	3015	2756	5707	2975	2732	98.89	1.36	1.35
36	4222	5843	3090	2753	5751	3031	2720	98.43	1.38	1.36
37	4048	5764	2984	2780	5677	2934	2743	98.49	1.42	1.40
38	4588	6488	3461	3027	6384	3404	2980	98.40	1.41	1.39
39	3410	4812	2465	2347	4717	2407	2310	98.03	1.41	1.38
40-44岁	**16050**	**22660**	**11897**	**10763**	**22278**	**11681**	**10597**	**98.31**	**1.41**	**1.39**
40	3156	4480	2363	2117	4404	2317	2087	98.30	1.42	1.40
41	3064	4387	2308	2079	4326	2278	2048	98.61	1.43	1.41
42	3110	4363	2271	2092	4286	2226	2060	98.24	1.40	1.38
43	3098	4296	2257	2039	4220	2217	2003	98.23	1.39	1.36
44	3622	5134	2698	2436	5042	2643	2399	98.21	1.42	1.39
45-49岁	**19149**	**27284**	**14243**	**13041**	**26824**	**13970**	**12854**	**98.31**	**1.42**	**1.40**
45	3470	4942	2570	2372	4847	2511	2336	98.08	1.42	1.40
46	3856	5546	2851	2695	5453	2791	2662	98.32	1.44	1.41
47	3921	5581	2942	2639	5489	2898	2591	98.35	1.42	1.40
48	3972	5679	2967	2712	5587	2915	2672	98.38	1.43	1.41
49	3930	5536	2913	2623	5448	2855	2593	98.41	1.41	1.39
50-54岁	**17761**	**26604**	**13980**	**12624**	**26118**	**13691**	**12427**	**98.17**	**1.50**	**1.47**
50	4046	5930	3057	2873	5834	3006	2828	98.38	1.47	1.44
51	3687	5357	2857	2500	5254	2798	2456	98.08	1.45	1.43
52	3844	5782	3006	2776	5659	2927	2732	97.87	1.50	1.47
53	2894	4474	2351	2123	4391	2299	2092	98.14	1.55	1.52
54	3290	5061	2709	2352	4980	2661	2319	98.40	1.54	1.51
55-59岁	**17166**	**26752**	**13832**	**12920**	**26184**	**13500**	**12684**	**97.88**	**1.56**	**1.53**
55	3697	5692	2936	2756	5550	2856	2694	97.51	1.54	1.50
56	3678	5632	2896	2736	5533	2839	2694	98.24	1.53	1.50
57	4457	6897	3561	3336	6745	3470	3275	97.80	1.55	1.51
58	3350	5438	2821	2617	5334	2762	2572	98.09	1.62	1.59
59	1984	3093	1618	1475	3022	1573	1449	97.70	1.56	1.52
60-64岁	**13773**	**22420**	**11558**	**10862**	**21910**	**11207**	**10703**	**97.73**	**1.63**	**1.59**
60	2865	4608	2391	2217	4492	2308	2184	97.48	1.61	1.57
61	2620	4298	2239	2059	4216	2186	2030	98.09	1.64	1.61
62	2802	4418	2225	2193	4322	2161	2161	97.83	1.58	1.54
63	2968	4823	2485	2338	4713	2412	2301	97.72	1.63	1.59
64	2518	4273	2218	2055	4167	2140	2027	97.52	1.70	1.65

6-13　全市按受教育程度分的15-64岁妇女平均活产子女数和平均存活子女数

单位：人、%

受教育程度	15-64岁妇女人数	活产子女总数		
		合计	男	女
总　计	**179054**	**195661**	**102089**	**93572**
未上过学	816	1718	893	825
学前教育	38	55	29	26
小　学	8739	17864	9411	8453
初　中	49064	76224	39808	36416
高　中	40560	41150	21367	19783
大学专科	34149	28718	14915	13803
大学本科	39339	25843	13565	12278
硕士研究生	5743	3589	1857	1732
博士研究生	606	500	244	256

6-13　续表

单位：人、%

受教育程度	存活子女总数			存活子女数占活产子女数的百分比	妇女平均活产子女数	妇女平均存活子女数
	合计	男	女			
总　计	**192197**	**99994**	**92203**	**98.23**	**1.09**	**1.07**
未上过学	1673	862	811	97.38	2.11	2.05
学前教育	54	28	26	98.18	1.45	1.42
小　学	17481	9180	8301	97.86	2.04	2.00
初　中	74829	38949	35880	98.17	1.55	1.53
高　中	40441	20946	19495	98.28	1.01	1.00
大学专科	28190	14602	13588	98.16	0.84	0.83
大学本科	25492	13357	12135	98.64	0.66	0.65
硕士研究生	3545	1831	1714	98.77	0.62	0.62
博士研究生	492	239	253	98.40	0.83	0.81

第二部分 长表数据资料

第七卷 迁移和户口登记地

7-1　全市按现住地、户口登记地类型分的户口登记地在外乡镇街道人口

单位：人

现住地	合计					省内				
	合计	乡	镇的村委会	镇的居委会	街道	小计	乡	镇的村委会	镇的居委会	街道
太原市	**255578**	**36770**	**95769**	**21537**	**101502**	**218607**	**30348**	**75641**	**19114**	**93504**
小店区	71251	10203	31206	5886	23956	60745	8341	25469	5104	21831
迎泽区	26574	2822	9123	2064	12565	22502	2195	6879	1782	11646
杏花岭区	40505	4443	12252	3806	20004	35984	3680	9736	3457	19111
尖草坪区	27924	3331	9138	1870	13585	23031	2579	7016	1672	11764
万柏林区	51850	7147	17005	4686	23012	44348	5848	13054	4155	21291
晋源区	12807	1803	6492	1084	3428	10032	1324	4569	943	3196
清徐县	7372	1776	3867	549	1180	5886	1510	2803	508	1065
阳曲县	4544	1344	1844	644	712	4171	1215	1670	615	671
娄烦县	3198	1180	1709	173	136	3082	1158	1636	166	122
古交市	9553	2721	3133	775	2924	8826	2498	2809	712	2807

7-1　续表 1　　单位：人

现住地	省外									
	小计					北京				
	小计	乡	镇的村委会	镇的居委会	街道	小计	乡	镇的村委会	镇的居委会	街道
太原市	**36971**	**6422**	**20128**	**2423**	**7998**	**440**	**10**	**18**	**25**	**387**
小店区	10506	1862	5737	782	2125	131	5	5	8	113
迎泽区	4072	627	2244	282	919	83	2	3	1	77
杏花岭区	4521	763	2516	349	893	83	2	2	7	72
尖草坪区	4893	752	2122	198	1821	21	1	1		19
万柏林区	7502	1299	3951	531	1721	108		5	7	96
晋源区	2775	479	1923	141	232	12		1	1	10
清徐县	1486	266	1064	41	115	1		1		
阳曲县	373	129	174	29	41					
娄烦县	116	22	73	7	14	1			1	
古交市	727	223	324	63	117					

7-1 续表 2

单位：人

现住地	省外									
	天津					河北				
	小计	乡	镇的村委会	镇的居委会	街道	小计	乡	镇的村委会	镇的居委会	街道
太原市	**576**	**23**	**44**	**58**	**451**	**6421**	**1310**	**3821**	**379**	**911**
小店区	134	3	10	9	112	1804	332	1124	124	224
迎泽区	62	4		2	56	732	133	456	39	104
杏花岭区	83	2	3	15	63	840	173	486	63	118
尖草坪区	93	1	1	5	86	811	140	423	42	206
万柏林区	169	8	21	24	116	1204	285	658	71	190
晋源区	19	2	6	2	9	658	145	456	22	35
清徐县	2		2			192	40	135	1	16
阳曲县	2			1	1	67	29	28	4	6
娄烦县						8	1	7		
古交市	12	3	1		8	105	32	48	13	12

7-1 续表 3

单位：人

现住地	省外									
	内蒙古					辽宁				
	小计	乡	镇的村委会	镇的居委会	街道	小计	乡	镇的村委会	镇的居委会	街道
太原市	**1066**	**157**	**455**	**121**	**333**	**842**	**78**	**342**	**69**	**353**
小店区	309	49	126	43	91	221	29	85	19	88
迎泽区	101	15	40	16	30	113	9	44	12	48
杏花岭区	132	8	63	23	38	87	6	39	7	35
尖草坪区	153	14	48	14	77	90	7	18	4	61
万柏林区	276	54	123	20	79	203	17	76	21	89
晋源区	46	10	21	5	10	43	7	21	3	12
清徐县	33	6	22		5	45	2	28	1	14
阳曲县	6		5		1	21		19	1	1
娄烦县	3		3			1				1
古交市	7	1	4		2	18	1	12	1	4

7-1　续表 4　　单位：人

现住地	省外									
	吉林					黑龙江				
	小计	乡	镇的村委会	镇的居委会	街道	小计	乡	镇的村委会	镇的居委会	街道
太原市	**731**	**90**	**290**	**88**	**263**	**1097**	**139**	**388**	**167**	**403**
小店区	218	30	90	28	70	311	40	92	61	118
迎泽区	59	10	18	10	21	146	24	41	20	61
杏花岭区	95	3	45	20	27	137	12	49	25	51
尖草坪区	96	8	14	6	68	132	12	42	23	55
万柏林区	195	29	82	23	61	257	32	103	27	95
晋源区	27	2	20		5	57	9	29	6	13
清徐县	9	1	6		2	34	6	23	2	3
阳曲县	14	2	6		6	8	1	1	1	5
娄烦县	2	1			1					
古交市	16	4	9	1	2	15	3	8	2	2

7-1　续表 5　　单位：人

现住地	省外									
	上海					江苏				
	小计	乡	镇的村委会	镇的居委会	街道	小计	乡	镇的村委会	镇的居委会	街道
太原市	**115**	**1**	**8**	**13**	**93**	**1306**	**173**	**680**	**133**	**320**
小店区	31	1	3	2	25	387	65	188	41	93
迎泽区	15			1	14	132	4	87	15	26
杏花岭区	25		1	1	23	85	16	43	5	21
尖草坪区	11			1	10	233	40	108	16	69
万柏林区	30		4	7	19	293	23	157	35	78
晋源区	3			1	2	82	15	48	10	9
清徐县						40	9	25	1	5
阳曲县						10		4	4	2
娄烦县						7		2		5
古交市						37	1	18	6	12

7−1 续表 6

单位：人

现住地	省外									
	浙江					安徽				
	小计	乡	镇的村委会	镇的居委会	街道	小计	乡	镇的村委会	镇的居委会	街道
太原市	**948**	**118**	**496**	**78**	**256**	**2025**	**368**	**1247**	**103**	**307**
小店区	145	16	56	16	57	560	118	343	32	67
迎泽区	249	26	166	23	34	195	39	118	10	28
杏花岭区	130	3	73	13	41	214	32	144	11	27
尖草坪区	114	17	40	7	50	281	34	137	3	107
万柏林区	188	26	83	17	62	443	75	278	29	61
晋源区	77	10	56	2	9	220	32	168	12	8
清徐县	17	3	12		2	79	21	49	2	7
阳曲县	10	5	5			2	1	1		
娄烦县	11	7	4							
古交市	7	5	1		1	31	16	9	4	2

7−1 续表 7

单位：人

现住地	省外									
	福建					江西				
	小计	乡	镇的村委会	镇的居委会	街道	小计	乡	镇的村委会	镇的居委会	街道
太原市	**958**	**94**	**598**	**85**	**181**	**594**	**95**	**303**	**49**	**147**
小店区	193	19	102	22	50	182	31	93	17	41
迎泽区	97	7	61	11	18	93	14	44	9	26
杏花岭区	123	11	75	13	24	70	20	30	5	15
尖草坪区	189	30	119	5	35	90	10	37	5	38
万柏林区	223	17	133	23	50	113	12	66	12	23
晋源区	116	6	96	10	4	34	4	29	1	
清徐县	7		7			8	3	1		4
阳曲县	5	2	2	1		1	1			
娄烦县	2		2			3		3		
古交市	3	2	1							

7-1 续表 8

单位：人

现住地	省外									
	山东					河南				
	小计	乡	镇的村委会	镇的居委会	街道	小计	乡	镇的村委会	镇的居委会	街道
太原市	**1930**	**210**	**1096**	**124**	**500**	**7820**	**1802**	**4948**	**302**	**768**
小店区	616	64	360	69	123	2055	458	1297	90	210
迎泽区	177	18	106	7	46	852	177	549	37	89
杏花岭区	158	20	92	15	31	1246	268	809	60	109
尖草坪区	300	30	131	6	133	1014	260	580	24	150
万柏林区	389	46	193	17	133	1494	342	961	56	135
晋源区	142	16	107	5	14	591	122	426	16	27
清徐县	109	4	90	2	13	311	83	212	3	13
阳曲县	9	3		3	3	81	37	31	6	7
娄烦县	5		5			14	2	11		1
古交市	25	9	12		4	162	53	72	10	27

7-1 续表 9

单位：人

现住地	省外									
	湖北					湖南				
	小计	乡	镇的村委会	镇的居委会	街道	小计	乡	镇的村委会	镇的居委会	街道
太原市	**1511**	**262**	**826**	**98**	**325**	**521**	**94**	**227**	**50**	**150**
小店区	387	77	204	34	72	142	23	66	14	39
迎泽区	209	48	98	14	49	60	6	30	4	20
杏花岭区	246	33	143	21	49	53	20	22	2	9
尖草坪区	223	26	106	4	87	90	14	24	4	48
万柏林区	251	37	142	21	51	111	12	58	12	29
晋源区	74	10	56	3	5	18	3	14		1
清徐县	64	6	52		6	8	5	3		
阳曲县	8	3	4		1	2	1	1		
娄烦县	2		2							
古交市	47	22	19	1	5	37	10	9	14	4

7-1 续表 10 单位：人

现住地	省外									
	广东					广西				
	小计	乡	镇的村委会	镇的居委会	街道	小计	乡	镇的村委会	镇的居委会	街道
太原市	**420**	**23**	**126**	**31**	**240**	**171**	**23**	**78**	**12**	**58**
小店区	137	6	49	13	69	67	9	36	7	15
迎泽区	68	2	23	5	38	15	3	9		3
杏花岭区	49	6	14	3	26	6		3	1	2
尖草坪区	58	4	12	1	41	25		2		23
万柏林区	80	4	16	8	52	46	7	24	2	13
晋源区	19		7		12	4	2	1		1
清徐县	3		1	1	1	3		3		
阳曲县	2	1	1			1			1	
娄烦县	3		3			3	2			1
古交市	1				1	1			1	

7-1 续表 11 单位：人

现住地	省外									
	海南					重庆				
	小计	乡	镇的村委会	镇的居委会	街道	小计	乡	镇的村委会	镇的居委会	街道
太原市	**181**	**15**	**23**	**13**	**130**	**627**	**91**	**344**	**40**	**152**
小店区	55	6	9	7	33	159	16	89	14	40
迎泽区	10	1	3		6	75	14	43	9	9
杏花岭区	15		1		14	76	9	57	4	6
尖草坪区	50	1	1		48	104	20	30		54
万柏林区	39	5	8	5	21	114	17	58	9	30
晋源区	9		1	1	7	34	1	29	1	3
清徐县						35	7	23		5
阳曲县	1	1				14	2	9	2	1
娄烦县	1	1				5	2	2	1	
古交市	1				1	11	3	4		4

7-1　续表 12　　单位：人

现住地	省外									
	四川					贵州				
	小计	乡	镇的村委会	镇的居委会	街道	小计	乡	镇的村委会	镇的居委会	街道
太原市	**3136**	**595**	**1958**	**166**	**417**	**445**	**123**	**244**	**14**	**64**
小店区	995	192	638	36	129	178	71	86	7	14
迎泽区	253	43	157	18	35	28	1	24	1	2
杏花岭区	308	69	191	14	34	28	3	19	1	5
尖草坪区	293	37	149	18	89	35	2	7	1	25
万柏林区	555	126	318	33	78	86	13	54	2	17
晋源区	265	33	192	22	18	37	6	29	2	
清徐县	291	46	224	12	9	27	11	16		
阳曲县	85	26	49	5	5	7	6			1
娄烦县	15	2	6	4	3	4	1	3		
古交市	76	21	34	4	17	15	9	6		

7-1　续表 13　　单位：人

现住地	省外									
	云南					西藏				
	小计	乡	镇的村委会	镇的居委会	街道	小计	乡	镇的村委会	镇的居委会	街道
太原市	**245**	**62**	**98**	**13**	**72**	**32**	**19**	**2**	**2**	**9**
小店区	82	28	36	3	15	22	17			5
迎泽区	15	8	4	1	2	2				2
杏花岭区	10		7	2	1					
尖草坪区	43	1	1		41	1				1
万柏林区	39	6	18	3	12	5	2	1	1	1
晋源区	29	13	13	3						
清徐县	13	1	11		1					
阳曲县	7	3	4							
娄烦县	2		2							
古交市	5	2	2	1		2		1	1	

7-1 续表 14

单位：人

现住地	省外									
	陕西					甘肃				
	小计	乡	镇的村委会	镇的居委会	街道	小计	乡	镇的村委会	镇的居委会	街道
太原市	**1793**	**261**	**1018**	**96**	**418**	**566**	**110**	**301**	**45**	**110**
小店区	627	96	383	33	115	199	40	110	12	37
迎泽区	138	10	81	8	39	53	6	31	3	13
杏花岭区	142	17	85	9	31	39	15	13	4	7
尖草坪区	212	21	71	6	114	57	7	15		35
万柏林区	388	57	211	28	92	106	28	59	8	11
晋源区	88	26	41	7	14	37	3	30	2	2
清徐县	97	9	81		7	53	3	33	16	1
阳曲县	4	1	2		1	6	4	2		
娄烦县	23	3	18	1	1					
古交市	74	21	45	4	4	16	4	8		4

7-1 续表 15

单位：人

现住地	省外									
	青海					宁夏				
	小计	乡	镇的村委会	镇的居委会	街道	小计	乡	镇的村委会	镇的居委会	街道
太原市	**173**	**24**	**86**	**18**	**45**	**133**	**22**	**37**	**11**	**63**
小店区	54	9	26	9	10	66	10	22	9	25
迎泽区	16		6		10	4	2			2
杏花岭区	11		6	2	3	5	1			4
尖草坪区	30	7	5	2	16	20				20
万柏林区	34	6	18	4	6	31	9	10	2	10
晋源区	25	2	22	1		4		4		
清徐县	2		2			2		1		1
阳曲县										
娄烦县						1				1
古交市	1		1							

7-1 续表 16

单位：人

现住地	省外				
	新疆				
	小计	乡	镇的村委会	镇的居委会	街道
太原市	**148**	**30**	**26**	**20**	**72**
小店区	39	2	9	3	25
迎泽区	20	1	2	6	11
杏花岭区	25	14	1	3	7
尖草坪区	24	8		1	15
万柏林区	32	4	13	4	11
晋源区	5			3	2
清徐县	1		1		
阳曲县					
娄烦县					
古交市	2	1			1

7-1a 全市按现住地、户口登记地类型分的户口登记地在外乡镇街道人口(城市)

单位：人

现住地	合计					省内				
	合计	乡	镇的村委会	镇的居委会	街道	小计	乡	镇的村委会	镇的居委会	街道
太原市	**216189**	**27168**	**75356**	**18553**	**95112**	**185057**	**22041**	**58969**	**16391**	**87656**
小店区	54116	6612	22061	4737	20706	46130	5293	17877	4075	18885
迎泽区	25943	2673	8767	2043	12460	22084	2086	6675	1766	11557
杏花岭区	37289	3692	10474	3651	19472	33261	3052	8293	3314	18602
尖草坪区	27482	3170	8933	1854	13525	22692	2438	6888	1660	11706
万柏林区	51687	7120	16884	4683	23000	44195	5821	12940	4154	21280
晋源区	11551	1555	5764	978	3254	8987	1126	3986	847	3028
清徐县										
阳曲县										
娄烦县										
古交市	8121	2346	2473	607	2695	7708	2225	2310	575	2598

7-1a 续表 1

单位：人

现住地	省外									
	小计					北京				
	小计	乡	镇的村委会	镇的居委会	街道	小计	乡	镇的村委会	镇的居委会	街道
太原市	**31132**	**5127**	**16387**	**2162**	**7456**	**427**	**9**	**17**	**22**	**379**
小店区	7986	1319	4184	662	1821	121	5	5	6	105
迎泽区	3859	587	2092	277	903	83	2	3	1	77
杏花岭区	4028	640	2181	337	870	82	1	2	7	72
尖草坪区	4790	732	2045	194	1819	21	1	1		19
万柏林区	7492	1299	3944	529	1720	108		5	7	96
晋源区	2564	429	1778	131	226	12		1	1	10
清徐县										
阳曲县										
娄烦县										
古交市	413	121	163	32	97					

7-1a 续表 2

单位：人

现住地	省外									
	天津					河北				
	小计	乡	镇的村委会	镇的居委会	街道	小计	乡	镇的村委会	镇的居委会	街道
太原市	**560**	**18**	**40**	**56**	**446**	**5456**	**1062**	**3195**	**350**	**849**
小店区	125	1	8	8	108	1361	220	847	106	188
迎泽区	62	4		2	56	684	116	425	39	104
杏花岭区	83	2	3	15	63	736	150	408	63	115
尖草坪区	93	1	1	5	86	791	134	409	42	206
万柏林区	169	8	21	24	116	1204	285	658	71	190
晋源区	19	2	6	2	9	620	138	427	21	34
清徐县										
阳曲县										
娄烦县										
古交市	9		1		8	60	19	21	8	12

7-1a　续表 3　　单位：人

现住地	省外									
	内蒙古					辽宁				
	小计	乡	镇的村委会	镇的居委会	街道	小计	乡	镇的村委会	镇的居委会	街道
太原市	**928**	**135**	**365**	**113**	**315**	**717**	**68**	**271**	**62**	**316**
小店区	248	34	97	38	79	179	22	67	16	74
迎泽区	98	14	38	16	30	112	9	43	12	48
杏花岭区	113	8	44	23	38	81	6	37	7	31
尖草坪区	149	14	44	14	77	90	7	18	4	61
万柏林区	272	54	121	18	79	203	17	76	21	89
晋源区	42	10	18	4	10	38	6	21	2	9
清徐县										
阳曲县										
娄烦县										
古交市	6	1	3		2	14	1	9		4

7-1a　续表 4　　单位：人

现住地	省外									
	吉林					黑龙江				
	小计	乡	镇的村委会	镇的居委会	街道	小计	乡	镇的村委会	镇的居委会	街道
太原市	**659**	**73**	**253**	**87**	**246**	**977**	**118**	**338**	**156**	**365**
小店区	185	18	74	27	66	261	31	73	56	101
迎泽区	58	10	17	10	21	139	24	41	20	54
杏花岭区	87	3	40	20	24	123	8	44	25	46
尖草坪区	96	8	14	6	68	131	12	41	23	55
万柏林区	195	29	82	23	61	257	32	103	27	95
晋源区	24	1	18		5	53	9	28	3	13
清徐县										
阳曲县										
娄烦县										
古交市	14	4	8	1	1	13	2	8	2	1

7-1a 续表 5 单位：人

现住地	省外									
	上海					江苏				
	小计	乡	镇的村委会	镇的居委会	街道	小计	乡	镇的村委会	镇的居委会	街道
太原市	**114**	**1**	**8**	**13**	**92**	**1123**	**158**	**554**	**120**	**291**
小店区	31	1	3	2	25	310	61	133	37	79
迎泽区	14			1	13	124	4	81	14	25
杏花岭区	25		1	1	23	71	14	31	5	21
尖草坪区	11			1	10	227	40	102	16	69
万柏林区	30		4	7	19	293	23	157	35	78
晋源区	3			1	2	81	15	48	9	9
清徐县										
阳曲县										
娄烦县										
古交市						17	1	2	4	10

7-1a 续表 6 单位：人

现住地	省外									
	浙江					安徽				
	小计	乡	镇的村委会	镇的居委会	街道	小计	乡	镇的村委会	镇的居委会	街道
太原市	**864**	**90**	**451**	**78**	**245**	**1758**	**296**	**1083**	**89**	**290**
小店区	127	12	46	16	53	459	87	287	27	58
迎泽区	246	26	163	23	34	179	39	102	10	28
杏花岭区	116	2	64	13	37	182	26	120	9	27
尖草坪区	113	16	40	7	50	275	34	132	2	107
万柏林区	188	26	83	17	62	443	75	278	29	61
晋源区	70	4	55	2	9	203	25	158	12	8
清徐县										
阳曲县										
娄烦县										
古交市	4	4				17	10	6		1

7-1a　续表 7　　　　单位：人

现住地	省外									
	福建					江西				
	小计	乡	镇的村委会	镇的居委会	街道	小计	乡	镇的村委会	镇的居委会	街道
太原市	**902**	**83**	**560**	**82**	**177**	**527**	**77**	**270**	**44**	**136**
小店区	161	12	83	20	46	146	23	76	13	34
迎泽区	97	7	61	11	18	91	12	44	9	26
杏花岭区	116	11	68	13	24	65	20	26	4	15
尖草坪区	189	30	119	5	35	82	10	29	5	38
万柏林区	223	17	133	23	50	113	12	66	12	23
晋源区	115	6	95	10	4	30		29	1	
清徐县										
阳曲县										
娄烦县										
古交市	1		1							

7-1a　续表 8　　　　单位：人

现住地	省外									
	山东					河南				
	小计	乡	镇的村委会	镇的居委会	街道	小计	乡	镇的村委会	镇的居委会	街道
太原市	**1599**	**178**	**863**	**105**	**453**	**6500**	**1445**	**4089**	**267**	**699**
小店区	439	45	245	56	93	1447	303	904	74	166
迎泽区	175	18	104	7	46	805	166	515	37	87
杏花岭区	140	20	75	14	31	1087	215	712	52	108
尖草坪区	299	30	130	6	133	991	257	560	24	150
万柏林区	389	46	193	17	133	1491	342	958	56	135
晋源区	138	13	107	5	13	550	119	388	16	27
清徐县										
阳曲县										
娄烦县										
古交市	19	6	9		4	129	43	52	8	26

7-1a 续表 9　　单位：人

现住地	省外									
	湖北					湖南				
	小计	乡	镇的村委会	镇的居委会	街道	小计	乡	镇的村委会	镇的居委会	街道
太原市	**1270**	**208**	**669**	**89**	**304**	**453**	**77**	**194**	**38**	**144**
小店区	300	61	152	26	61	123	21	53	13	36
迎泽区	194	48	84	14	48	54	6	24	4	20
杏花岭区	233	25	138	21	49	49	19	20	2	8
尖草坪区	211	25	95	4	87	88	14	22	4	48
万柏林区	251	37	142	21	51	111	12	58	12	29
晋源区	71	10	53	3	5	17	2	14		1
清徐县										
阳曲县										
娄烦县										
古交市	10	2	5		3	11	3	3	3	2

7-1a 续表 10　　单位：人

现住地	省外									
	广东					广西				
	小计	乡	镇的村委会	镇的居委会	街道	小计	乡	镇的村委会	镇的居委会	街道
太原市	**389**	**20**	**111**	**30**	**228**	**153**	**19**	**68**	**10**	**56**
小店区	114	4	39	13	58	58	7	29	7	15
迎泽区	68	2	23	5	38	15	3	9		3
杏花岭区	49	6	14	3	26	5		3	1	1
尖草坪区	58	4	12	1	41	25		2		23
万柏林区	80	4	16	8	52	46	7	24	2	13
晋源区	19		7		12	4	2	1		1
清徐县										
阳曲县										
娄烦县										
古交市	1				1					

7-1a　续表 11　　　　单位：人

现住地	省外									
	海南					重庆				
	小计	乡	镇的村委会	镇的居委会	街道	小计	乡	镇的村委会	镇的居委会	街道
太原市	**173**	**11**	**20**	**13**	**129**	**506**	**73**	**263**	**33**	**137**
小店区	49	4	6	7	32	112	13	55	10	34
迎泽区	10	1	3		6	75	14	43	9	9
杏花岭区	15		1		14	66	7	49	4	6
尖草坪区	50	1	1		48	103	20	29		54
万柏林区	39	5	8	5	21	114	17	58	9	30
晋源区	9		1	1	7	34	1	29	1	3
清徐县										
阳曲县										
娄烦县										
古交市	1				1	2	1			1

7-1a　续表 12　　　　单位：人

现住地	省外									
	四川					贵州				
	小计	乡	镇的村委会	镇的居委会	街道	小计	乡	镇的村委会	镇的居委会	街道
太原市	**2391**	**423**	**1461**	**132**	**375**	**328**	**86**	**166**	**14**	**62**
小店区	758	134	486	24	114	140	63	57	7	13
迎泽区	226	35	142	18	31	21	1	17	1	2
杏花岭区	262	49	166	14	33	26	2	18	1	5
尖草坪区	287	35	147	18	87	34	2	6	1	25
万柏林区	555	126	318	33	78	86	13	54	2	17
晋源区	258	32	186	22	18	18	5	11	2	
清徐县										
阳曲县										
娄烦县										
古交市	45	12	16	3	14	3		3		

7−1a 续表 13　　单位：人

现住地	省外									
	云南					西藏				
	小计	乡	镇的村委会	镇的居委会	街道	小计	乡	镇的村委会	镇的居委会	街道
太原市	**164**	**35**	**51**	**11**	**67**	**29**	**19**	**1**	**2**	**7**
小店区	47	19	15	2	11	20	17			3
迎泽区	13	7	3	1	2	2				2
杏花岭区	10		7	2	1					
尖草坪区	43	1	1		41	1				1
万柏林区	39	6	18	3	12	5	2	1	1	1
晋源区	10	1	6	3						
清徐县										
阳曲县										
娄烦县										
古交市	2	1	1			1			1	

7−1a 续表 14　　单位：人

现住地	省外									
	陕西					甘肃				
	小计	乡	镇的村委会	镇的居委会	街道	小计	乡	镇的村委会	镇的居委会	街道
太原市	**1370**	**197**	**711**	**75**	**387**	**417**	**87**	**206**	**27**	**97**
小店区	426	59	247	24	96	124	28	58	11	27
迎泽区	124	10	70	5	39	50	6	29	2	13
杏花岭区	126	16	70	9	31	39	15	13	4	7
尖草坪区	208	21	70	3	114	56	6	15		35
万柏林区	385	57	209	28	91	106	28	59	8	11
晋源区	78	25	35	4	14	34	3	28	2	1
清徐县										
阳曲县										
娄烦县										
古交市	23	9	10	2	2	8	1	4		3

7–1a　续表 15　　　　单位：人

现住地	省外									
	青海					宁夏				
	小计	乡	镇的村委会	镇的居委会	街道	小计	乡	镇的村委会	镇的居委会	街道
太原市	**132**	**19**	**56**	**17**	**40**	**109**	**18**	**29**	**8**	**54**
小店区	35	6	16	8	5	45	6	15	6	18
迎泽区	16		6		10	4	2			2
杏花岭区	11		6	2	3	5	1			4
尖草坪区	30	7	5	2	16	20				20
万柏林区	34	6	18	4	6	31	9	10	2	10
晋源区	5		4	1		4		4		
清徐县										
阳曲县										
娄烦县										
古交市	1		1							

7–1a　续表 16　　　　单位：人

现住地	省外				
	新疆				
	小计	乡	镇的村委会	镇的居委会	街道
太原市	**137**	**24**	**24**	**19**	**70**
小店区	35	2	8	2	23
迎泽区	20	1	2	6	11
杏花岭区	25	14	1	3	7
尖草坪区	18	2		1	15
万柏林区	32	4	13	4	11
晋源区	5			3	2
清徐县					
阳曲县					
娄烦县					
古交市	2	1			1

7-1b 全市按现住地、户口登记地类型分的户口登记地在外乡镇街道人口(镇)

单位：人

现住地	合计					省内				
	合计	乡	镇的村委会	镇的居委会	街道	小计	乡	镇的村委会	镇的居委会	街道
太原市	**27741**	**6577**	**14079**	**2337**	**4748**	**24662**	**5887**	**12244**	**2173**	**4358**
小店区	15354	3105	8070	1071	3108	13425	2703	6936	970	2816
迎泽区										
杏花岭区										
尖草坪区	36	5	13	2	16	28	2	8	2	16
万柏林区	157	26	118	3	10	150	26	113	1	10
晋源区	147	14	112	3	18	119	13	85	3	18
清徐县	5323	1241	2717	442	923	4566	1088	2174	432	872
阳曲县	3702	1089	1452	583	578	3481	1012	1370	559	540
娄烦县	2507	936	1390	143	38	2467	927	1373	136	31
古交市	515	161	207	90	57	426	116	185	70	55

7-1b 续表 1

单位：人

现住地	省外									
	小计					北京				
	小计	乡	镇的村委会	镇的居委会	街道	小计	乡	镇的村委会	镇的居委会	街道
太原市	**3079**	**690**	**1835**	**164**	**390**	**11**			**3**	**8**
小店区	1929	402	1134	101	292	10			2	8
迎泽区										
杏花岭区										
尖草坪区	8	3	5							
万柏林区	7		5	2						
晋源区	28	1	27							
清徐县	757	153	543	10	51					
阳曲县	221	77	82	24	38					
娄烦县	40	9	17	7	7	1			1	
古交市	89	45	22	20	2					

7–1b　续表 2　　单位：人

现住地	省外									
	天津					河北				
	小计	乡	镇的村委会	镇的居委会	街道	小计	乡	镇的村委会	镇的居委会	街道
太原市	**10**	**1**	**2**	**2**	**5**	**469**	**113**	**288**	**25**	**43**
小店区	8	1	2	1	4	341	78	212	18	33
迎泽区										
杏花岭区										
尖草坪区						5		5		
万柏林区										
晋源区						2	1	1		
清徐县						74	17	52		5
阳曲县	2			1	1	31	9	14	3	5
娄烦县						1		1		
古交市						15	8	3	4	

7–1b　续表 3　　单位：人

现住地	省外									
	内蒙古					辽宁				
	小计	乡	镇的村委会	镇的居委会	街道	小计	乡	镇的村委会	镇的居委会	街道
太原市	**74**	**14**	**41**	**5**	**14**	**54**	**6**	**28**	**5**	**15**
小店区	51	9	29	3	10	36	6	14	3	13
迎泽区										
杏花岭区										
尖草坪区										
万柏林区	4		2	2						
晋源区										
清徐县	16	5	7		4	15		13	1	1
阳曲县	3		3			2			1	1
娄烦县										
古交市						1		1		

7-1b 续表 4

单位：人

现住地	省外									
	吉林					黑龙江				
	小计	乡	镇的村委会	镇的居委会	街道	小计	乡	镇的村委会	镇的居委会	街道
太原市	**48**	**9**	**26**		**13**	**53**	**11**	**17**	**5**	**20**
小店区	26	8	14		4	37	5	13	5	14
迎泽区										
杏花岭区										
尖草坪区										
万柏林区										
晋源区										
清徐县	8		6		2	8	4	3		1
阳曲县	12	1	5		6	7	1	1		5
娄烦县	1				1					
古交市	1		1			1	1			

7-1b 续表 5

单位：人

现住地	省外									
	上海					江苏				
	小计	乡	镇的村委会	镇的居委会	街道	小计	乡	镇的村委会	镇的居委会	街道
太原市						**84**	**6**	**45**	**10**	**23**
小店区						55	3	34	4	14
迎泽区										
杏花岭区										
尖草坪区										
万柏林区										
晋源区										
清徐县						12	3	7		2
阳曲县						9		3	4	2
娄烦县						5				5
古交市						3		1	2	

7-1b　续表 6　　　单位：人

现住地	省外									
	浙江					安徽				
	小计	乡	镇的村委会	镇的居委会	街道	小计	乡	镇的村委会	镇的居委会	街道
太原市	**32**	**8**	**19**		**5**	**115**	**29**	**70**	**6**	**10**
小店区	11		7		4	73	15	45	4	9
迎泽区										
杏花岭区										
尖草坪区										
万柏林区										
晋源区						4		4		
清徐县	11	3	7		1	32	9	21	2	
阳曲县	3		3							
娄烦县	7	5	2							
古交市						6	5			1

7-1b　续表 7　　　单位：人

现住地	省外									
	福建					江西				
	小计	乡	镇的村委会	镇的居委会	街道	小计	乡	镇的村委会	镇的居委会	街道
太原市	**30**	**7**	**18**	**1**	**4**	**27**	**5**	**10**	**1**	**11**
小店区	22	7	10	1	4	18	3	7	1	7
迎泽区										
杏花岭区										
尖草坪区										
万柏林区										
晋源区										
清徐县	7		7			6	2			4
阳曲县	1		1							
娄烦县						3		3		
古交市										

7-1b 续表 8 单位：人

现住地	省外									
	山东					河南				
	小计	乡	镇的村委会	镇的居委会	街道	小计	乡	镇的村委会	镇的居委会	街道
太原市	**214**	**18**	**138**	**13**	**45**	**713**	**213**	**423**	**22**	**55**
小店区	160	14	104	12	30	459	121	282	13	43
迎泽区										
杏花岭区										
尖草坪区						2	2			
万柏林区						3		3		
晋源区						9		9		
清徐县	46	2	32		12	178	62	110	2	4
阳曲县	5	1		1	3	51	27	11	6	7
娄烦县						3		2		1
古交市	3	1	2			8	1	6	1	

7-1b 续表 9 单位：人

现住地	省外									
	湖北					湖南				
	小计	乡	镇的村委会	镇的居委会	街道	小计	乡	镇的村委会	镇的居委会	街道
太原市	**110**	**30**	**66**	**1**	**13**	**43**	**10**	**17**	**12**	**4**
小店区	51	9	32	1	9	16	2	10	1	3
迎泽区										
杏花岭区										
尖草坪区										
万柏林区										
晋源区										
清徐县	40	3	34		3	2	1	1		
阳曲县	2	1			1	1		1		
娄烦县										
古交市	17	17				24	7	5	11	1

7-1b　续表 10　　单位：人

现住地	省外									
	广东					广西				
	小计	乡	镇的村委会	镇的居委会	街道	小计	乡	镇的村委会	镇的居委会	街道
太原市	**29**	**2**	**14**	**1**	**12**	**12**	**2**	**8**	**2**	
小店区	23	2	10		11	8	2	6		
迎泽区										
杏花岭区										
尖草坪区										
万柏林区										
晋源区										
清徐县	2			1	1	2		2		
阳曲县	1		1			1			1	
娄烦县	3		3							
古交市						1			1	

7-1b　续表 11　　单位：人

现住地	省外									
	海南					重庆				
	小计	乡	镇的村委会	镇的居委会	街道	小计	乡	镇的村委会	镇的居委会	街道
太原市	**7**	**3**	**3**		**1**	**62**	**7**	**41**	**7**	**7**
小店区	5	1	3		1	28	3	15	4	6
迎泽区										
杏花岭区										
尖草坪区										
万柏林区										
晋源区										
清徐县						22	2	19		1
阳曲县	1	1				10	1	7	2	
娄烦县	1	1				2	1		1	
古交市										

7-1b　续表 12　　　　单位：人

现住地	省外									
	四川					贵州				
	小计	乡	镇的村委会	镇的居委会	街道	小计	乡	镇的村委会	镇的居委会	街道
太原市	**426**	**93**	**285**	**26**	**22**	**68**	**23**	**43**		**2**
小店区	171	46	98	12	15	31	6	24		1
迎泽区										
杏花岭区										
尖草坪区	1	1								
万柏林区										
晋源区	1		1			8		8		
清徐县	181	23	152	4	2	19	10	9		
阳曲县	61	22	29	5	5	7	6			1
娄烦县	8	1	3	4		3	1	2		
古交市	3		2	1						

7-1b　续表 13　　　　单位：人

现住地	省外									
	云南					西藏				
	小计	乡	镇的村委会	镇的居委会	街道	小计	乡	镇的村委会	镇的居委会	街道
太原市	**38**	**12**	**21**	**1**	**4**	**3**		**1**		**2**
小店区	26	9	12	1	4	2				2
迎泽区										
杏花岭区										
尖草坪区										
万柏林区										
晋源区										
清徐县	7	1	6							
阳曲县	4	2	2							
娄烦县	1		1							
古交市						1		1		

7-1b　续表 14　　　　单位：人

现住地	省外									
	陕西					甘肃				
	小计	乡	镇的村委会	镇的居委会	街道	小计	乡	镇的村委会	镇的居委会	街道
太原市	**227**	**47**	**144**	**10**	**26**	**80**	**14**	**54**	**1**	**11**
小店区	161	36	97	9	19	63	9	43	1	10
迎泽区										
杏花岭区										
尖草坪区										
万柏林区										
晋源区	4		4							
清徐县	55	6	43		6	11		10		1
阳曲县	2	1			1	5	4	1		
娄烦县	1			1						
古交市	4	4				1	1			

7-1b　续表 15　　　　单位：人

现住地	省外									
	青海					宁夏				
	小计	乡	镇的村委会	镇的居委会	街道	小计	乡	镇的村委会	镇的居委会	街道
太原市	**15**	**3**	**6**	**1**	**5**	**22**	**4**	**7**	**3**	**8**
小店区	13	3	4	1	5	21	4	7	3	7
迎泽区										
杏花岭区										
尖草坪区										
万柏林区										
晋源区										
清徐县	2		2			1				1
阳曲县										
娄烦县										
古交市										

7-1b 续表 16

单位：人

现住地	省外				
	新疆				
	小计	乡	镇的村委会	镇的居委会	街道
太原市	**3**			**1**	**2**
小店区	3			1	2
迎泽区					
杏花岭区					
尖草坪区					
万柏林区					
晋源区					
清徐县					
阳曲县					
娄烦县					
古交市					

7-1c 全市按现住地、户口登记地类型分的户口登记地在外乡镇街道人口(乡村)

单位：人

现住地	合计					省内				
	合计	乡	镇的村委会	镇的居委会	街道	小计	乡	镇的村委会	镇的居委会	街道
太原市	**11648**	**3025**	**6334**	**647**	**1642**	**8888**	**2420**	**4428**	**550**	**1490**
小店区	1781	486	1075	78	142	1190	345	656	59	130
迎泽区	631	149	356	21	105	418	109	204	16	89
杏花岭区	3216	751	1778	155	532	2723	628	1443	143	509
尖草坪区	406	156	192	14	44	311	139	120	10	42
万柏林区	6	1	3		2	3	1	1		1
晋源区	1109	234	616	103	156	926	185	498	93	150
清徐县	2049	535	1150	107	257	1320	422	629	76	193
阳曲县	842	255	392	61	134	690	203	300	56	131
娄烦县	691	244	319	30	98	615	231	263	30	91
古交市	917	214	453	78	172	692	157	314	67	154

7-1c 续表 1

单位：人

现住地	省外									
	小计					北京				
	小计	乡	镇的村委会	镇的居委会	街道	小计	乡	镇的村委会	镇的居委会	街道
太原市	**2760**	**605**	**1906**	**97**	**152**	**2**	**1**	**1**		
小店区	591	141	419	19	12					
迎泽区	213	40	152	5	16					
杏花岭区	493	123	335	12	23	1	1			
尖草坪区	95	17	72	4	2					
万柏林区	3		2		1					
晋源区	183	49	118	10	6					
清徐县	729	113	521	31	64	1		1		
阳曲县	152	52	92	5	3					
娄烦县	76	13	56		7					
古交市	225	57	139	11	18					

7-1c 续表 2

单位：人

现住地	省外									
	天津					河北				
	小计	乡	镇的村委会	镇的居委会	街道	小计	乡	镇的村委会	镇的居委会	街道
太原市	**6**	**4**	**2**			**496**	**135**	**338**	**4**	**19**
小店区	1	1				102	34	65		3
迎泽区						48	17	31		
杏花岭区						104	23	78		3
尖草坪区						15	6	9		
万柏林区										
晋源区						36	6	28	1	1
清徐县	2		2			118	23	83	1	11
阳曲县						36	20	14	1	1
娄烦县						7	1	6		
古交市	3	3				30	5	24	1	

7-1c 续表 3 单位：人

现住地	省外									
	内蒙古					辽宁				
	小计	乡	镇的村委会	镇的居委会	街道	小计	乡	镇的村委会	镇的居委会	街道
太原市	**64**	**8**	**49**	**3**	**4**	**71**	**4**	**43**	**2**	**22**
小店区	10	6		2	2	6	1	4		1
迎泽区	3	1	2			1		1		
杏花岭区	19		19			6		2		4
尖草坪区	4		4							
万柏林区										
晋源区	4		3	1		5	1		1	3
清徐县	17	1	15		1	30	2	15		13
阳曲县	3		2		1	19		19		
娄烦县	3		3			1				1
古交市	1		1			3		2	1	

7-1c 续表 4 单位：人

现住地	省外									
	吉林					黑龙江				
	小计	乡	镇的村委会	镇的居委会	街道	小计	乡	镇的村委会	镇的居委会	街道
太原市	**24**	**8**	**11**	**1**	**4**	**67**	**10**	**33**	**6**	**18**
小店区	7	4	2	1		13	4	6		3
迎泽区	1		1			7				7
杏花岭区	8		5		3	14	4	5		5
尖草坪区						1		1		
万柏林区										
晋源区	3	1	2			4		1	3	
清徐县	1	1				26	2	20	2	2
阳曲县	2	1	1			1			1	
娄烦县	1	1								
古交市	1				1	1				1

7-1c　续表 5　　　　单位：人

现住地	省外									
	上海					江苏				
	小计	乡	镇的村委会	镇的居委会	街道	小计	乡	镇的村委会	镇的居委会	街道
太原市	**1**				**1**	**99**	**9**	**81**	**3**	**6**
小店区						22	1	21		
迎泽区	1				1	8		6	1	1
杏花岭区						14	2	12		
尖草坪区						6		6		
万柏林区										
晋源区						1			1	
清徐县						28	6	18	1	3
阳曲县						1		1		
娄烦县						2		2		
古交市						17		15		2

7-1c　续表 6　　　　单位：人

现住地	省外									
	浙江					安徽				
	小计	乡	镇的村委会	镇的居委会	街道	小计	乡	镇的村委会	镇的居委会	街道
太原市	**52**	**20**	**26**		**6**	**152**	**43**	**94**	**8**	**7**
小店区	7	4	3			28	16	11	1	
迎泽区	3		3			16		16		
杏花岭区	14	1	9		4	32	6	24	2	
尖草坪区	1	1				6		5	1	
万柏林区										
晋源区	7	6	1			13	7	6		
清徐县	6		5		1	47	12	28		7
阳曲县	7	5	2			2	1	1		
娄烦县	4	2	2							
古交市	3	1	1		1	8	1	3	4	

7-1c 续表 7 单位：人

现住地	省外									
	福建					江西				
	小计	乡	镇的村委会	镇的居委会	街道	小计	乡	镇的村委会	镇的居委会	街道
太原市	**26**	**4**	**20**	**2**		**40**	**13**	**23**	**4**	
小店区	10		9	1		18	5	10	3	
迎泽区						2	2			
杏花岭区	7		7			5		4	1	
尖草坪区						8		8		
万柏林区										
晋源区	1		1			4	4			
清徐县						2	1	1		
阳曲县	4	2	1	1		1	1			
娄烦县	2		2							
古交市	2	2								

7-1c 续表 8 单位：人

现住地	省外									
	山东					河南				
	小计	乡	镇的村委会	镇的居委会	街道	小计	乡	镇的村委会	镇的居委会	街道
太原市	**117**	**14**	**95**	**6**	**2**	**607**	**144**	**436**	**13**	**14**
小店区	17	5	11	1		149	34	111	3	1
迎泽区	2		2			47	11	34		2
杏花岭区	18		17	1		159	53	97	8	1
尖草坪区	1		1			21	1	20		
万柏林区										
晋源区	4	3			1	32	3	29		
清徐县	63	2	58	2	1	133	21	102	1	9
阳曲县	4	2		2		30	10	20		
娄烦县	5		5			11	2	9		
古交市	3	2	1			25	9	14	1	1

7-1c　续表 9　　　　单位：人

现住地	省外									
	湖北					湖南				
	小计	乡	镇的村委会	镇的居委会	街道	小计	乡	镇的村委会	镇的居委会	街道
太原市	**131**	**24**	**91**	**8**	**8**	**25**	**7**	**16**		**2**
小店区	36	7	20	7	2	3		3		
迎泽区	15		14		1	6		6		
杏花岭区	13	8	5			4	1	2		1
尖草坪区	12	1	11			2		2		
万柏林区										
晋源区	3		3			1	1			
清徐县	24	3	18		3	6	4	2		
阳曲县	6	2	4			1	1			
娄烦县	2		2							
古交市	20	3	14	1	2	2		1		1

7-1c　续表 10　　　　单位：人

现住地	省外									
	广东					广西				
	小计	乡	镇的村委会	镇的居委会	街道	小计	乡	镇的村委会	镇的居委会	街道
太原市	**2**	**1**	**1**			**6**	**2**	**2**		**2**
小店区						1		1		
迎泽区										
杏花岭区						1				1
尖草坪区										
万柏林区										
晋源区										
清徐县	1		1			1		1		
阳曲县	1	1								
娄烦县						3	2			1
古交市										

7-1c 续表 11 单位：人

现住地	省外									
	海南					重庆				
	小计	乡	镇的村委会	镇的居委会	街道	小计	乡	镇的村委会	镇的居委会	街道
太原市	**1**	**1**				**59**	**11**	**40**		**8**
小店区	1	1				19		19		
迎泽区										
杏花岭区						10	2	8		
尖草坪区						1		1		
万柏林区										
晋源区										
清徐县						13	5	4		4
阳曲县						4	1	2		1
娄烦县						3	1	2		
古交市						9	2	4		3

7-1c 续表 12 单位：人

现住地	省外									
	四川					贵州				
	小计	乡	镇的村委会	镇的居委会	街道	小计	乡	镇的村委会	镇的居委会	街道
太原市	**319**	**79**	**212**	**8**	**20**	**49**	**14**	**35**		
小店区	66	12	54			7	2	5		
迎泽区	27	8	15		4	7		7		
杏花岭区	46	20	25		1	2	1	1		
尖草坪区	5	1	2		2	1		1		
万柏林区										
晋源区	6	1	5			11	1	10		
清徐县	110	23	72	8	7	8	1	7		
阳曲县	24	4	20							
娄烦县	7	1	3		3	1		1		
古交市	28	9	16		3	12	9	3		

7-1c　续表 13　　　　单位：人

现住地	省外									
	云南					西藏				
	小计	乡	镇的村委会	镇的居委会	街道	小计	乡	镇的村委会	镇的居委会	街道
太原市	**43**	**15**	**26**	**1**	**1**					
小店区	9		9							
迎泽区	2	1	1							
杏花岭区										
尖草坪区										
万柏林区										
晋源区	19	12	7							
清徐县	6		5		1					
阳曲县	3	1	2							
娄烦县	1		1							
古交市	3	1	1	1						

7-1c　续表 14　　　　单位：人

现住地	省外									
	陕西					甘肃				
	小计	乡	镇的村委会	镇的居委会	街道	小计	乡	镇的村委会	镇的居委会	街道
太原市	**196**	**17**	**163**	**11**	**5**	**69**	**9**	**41**	**17**	**2**
小店区	40	1	39			12	3	9		
迎泽区	14		11	3		3		2	1	
杏花岭区	16	1	15							
尖草坪区	4		1	3		1	1			
万柏林区	3		2		1					
晋源区	6	1	2	3		3		2		1
清徐县	42	3	38		1	42	3	23	16	
阳曲县	2		2			1		1		
娄烦县	22	3	18		1					
古交市	47	8	35	2	2	7	2	4		1

7-1c 续表 15

单位：人

现住地	省外									
	青海					宁夏				
	小计	乡	镇的村委会	镇的居委会	街道	小计	乡	镇的村委会	镇的居委会	街道
太原市	**26**	**2**	**24**			**2**		**1**		**1**
小店区	6		6							
迎泽区										
杏花岭区										
尖草坪区										
万柏林区										
晋源区	20	2	18							
清徐县						1		1		
阳曲县										
娄烦县						1				1
古交市										

7-1c 续表 16

单位：人

现住地	省外				
	新疆				
	小计	乡	镇的村委会	镇的居委会	街道
太原市	**8**	**6**	**2**		
小店区	1		1		
迎泽区					
杏花岭区					
尖草坪区	6	6			
万柏林区					
晋源区					
清徐县	1		1		
阳曲县					
娄烦县					
古交市					

7-2 全市按现住地、职业和性别分的户口登记地在本省其他乡镇街道人口

单位：人

现住地	合计			党的机关、国家机关、群众团体和社会组织、企事业单位负责人		
	合计	男	女	小计	男	女
太原市	**99355**	**59004**	**40351**	**3928**	**2921**	**1007**
小店区	30334	17613	12721	1280	939	341
迎泽区	11852	6495	5357	484	359	125
杏花岭区	16477	9605	6872	784	585	199
尖草坪区	8738	5438	3300	320	234	86
万柏林区	19701	11665	8036	636	474	162
晋源区	4455	2709	1746	264	202	62
清徐县	2214	1525	689	58	48	10
阳曲县	1733	1166	567	34	24	10
娄烦县	817	593	224	12	11	1
古交市	3034	2195	839	56	45	11

7-2 续表 1

单位：人

现住地	专业技术人员			办事人员和有关人员			社会生产服务和生活服务人员		
	小计	男	女	小计	男	女	小计	男	女
太原市	**20303**	**7991**	**12312**	**14441**	**8270**	**6171**	**41612**	**24763**	**16849**
小店区	5897	2325	3572	3836	2125	1711	11520	6856	4664
迎泽区	2628	1018	1610	1997	1132	865	5791	3206	2585
杏花岭区	3638	1383	2255	2554	1491	1063	7359	4334	3025
尖草坪区	1709	699	1010	1088	635	453	3670	2187	1483
万柏林区	4424	1771	2653	3382	1915	1467	8284	4903	3381
晋源区	924	388	536	775	429	346	1917	1197	720
清徐县	309	125	184	230	154	76	856	569	287
阳曲县	219	66	153	153	95	58	818	564	254
娄烦县	118	47	71	97	69	28	365	261	104
古交市	437	169	268	329	225	104	1032	686	346

7-2 续表 2

单位：人

现住地	农、林、牧、渔业生产及辅助人员			生产制造及有关人员			不便分类的其他从业人员		
	小计	男	女	小计	男	女	小计	男	女
太原市	**704**	**516**	**188**	**17990**	**14289**	**3701**	**377**	**254**	**123**
小店区	122	87	35	7498	5165	2333	181	116	65
迎泽区	34	21	13	904	750	154	14	9	5
杏花岭区	32	27	5	2062	1752	310	48	33	15
尖草坪区	87	64	23	1785	1562	223	79	57	22
万柏林区	68	54	14	2871	2523	348	36	25	11
晋源区	20	16	4	548	472	76	7	5	2
清徐县	121	81	40	636	545	91	4	3	1
阳曲县	136	95	41	373	322	51			
娄烦县	40	36	4	177	163	14	8	6	2
古交市	44	35	9	1136	1035	101			

7-3 全市按现住地、职业和性别分的户口登记地在外省人口

单位：人

现住地	合计			党的机关、国家机关、群众团体和社会组织、企事业单位负责人		
	合计	男	女	小计	男	女
太原市	**20362**	**14681**	**5681**	**1033**	**826**	**207**
小店区	5997	4280	1717	320	260	60
迎泽区	2455	1607	848	163	123	40
杏花岭区	2527	1729	798	158	122	36
尖草坪区	1961	1368	593	103	74	29
万柏林区	3608	2625	983	141	121	20
晋源区	1743	1301	442	125	104	21
清徐县	1330	1145	185	13	12	1
阳曲县	316	261	55	5	5	
娄烦县	56	50	6	3	3	
古交市	369	315	54	2	2	

7-3 续表 1

单位：人

现住地	专业技术人员			办事人员和有关人员			社会生产服务和生活服务人员		
	小计	男	女	小计	男	女	小计	男	女
太原市	**1677**	**994**	**683**	**1069**	**686**	**383**	**8077**	**5026**	**3051**
小店区	548	316	232	353	225	128	2084	1340	744
迎泽区	190	114	76	128	86	42	1398	798	600
杏花岭区	216	115	101	127	76	51	1329	815	514
尖草坪区	149	91	58	100	58	42	850	526	324
万柏林区	353	210	143	245	152	93	1471	902	569
晋源区	107	56	51	60	42	18	610	406	204
清徐县	69	55	14	37	33	4	150	111	39
阳曲县	22	16	6	4	3	1	52	36	16
娄烦县	5	5					19	13	6
古交市	18	16	2	15	11	4	114	79	35

7-3 续表 2

单位：人

现住地	农、林、牧、渔业生产及辅助人员			生产制造及有关人员			不便分类的其他从业人员		
	小计	男	女	小计	男	女	小计	男	女
太原市	**88**	**60**	**28**	**8355**	**7043**	**1312**	**63**	**46**	**17**
小店区	23	18	5	2645	2106	539	24	15	9
迎泽区	12	8	4	564	478	86			
杏花岭区	3	2	1	684	591	93	10	8	2
尖草坪区	4	3	1	740	601	139	15	15	
万柏林区	5	2	3	1384	1233	151	9	5	4
晋源区	6	4	2	834	688	146	1	1	
清徐县	26	20	6	1031	912	119	4	2	2
阳曲县	6	2	4	227	199	28			
娄烦县				29	29				
古交市	3	1	2	217	206	11			

7-4 全市按现住地、户口登记地类型、受教育程度分的户口登记地在本省其他乡镇街道人口

单位：人

现住地	合计					未上过学				
	合计	乡	镇的村委会	镇的居委会	街道	小计	乡	镇的村委会	镇的居委会	街道
太原市	**213800**	**29700**	**73912**	**18766**	**91422**	**1871**	**415**	**693**	**108**	**655**
小店区	59526	8189	24983	5008	21346	320	49	147	19	105
迎泽区	22098	2156	6747	1760	11435	167	26	53	11	77
杏花岭区	35221	3615	9511	3403	18692	291	36	104	25	126
尖草坪区	22516	2507	6802	1646	11561	251	39	93	16	103
万柏林区	43208	5714	12706	4058	20730	445	104	127	24	190
晋源区	9773	1292	4464	924	3093	77	9	45	5	18
清徐县	5768	1478	2735	504	1051	30	12	15	1	2
阳曲县	4051	1178	1615	600	658	57	18	26	3	10
娄烦县	3008	1130	1593	163	122	121	78	41	2	
古交市	8631	2441	2756	700	2734	112	44	42	2	24

7-4 续表 1

单位：人

现住地	学前教育					小学				
	小计	乡	镇的村委会	镇的居委会	街道	小计	乡	镇的村委会	镇的居委会	街道
太原市	**6612**	**898**	**2298**	**532**	**2884**	**22809**	**4273**	**10000**	**1433**	**7103**
小店区	1605	183	638	96	688	4915	812	2344	291	1468
迎泽区	591	55	199	37	300	2035	280	850	130	775
杏花岭区	1059	107	314	95	543	3636	448	1406	254	1528
尖草坪区	738	92	264	61	321	2524	401	1163	149	811
万柏林区	1530	212	421	139	758	4837	870	1904	282	1781
晋源区	330	36	151	35	108	1204	212	694	68	230
清徐县	187	56	94	9	28	675	211	340	39	85
阳曲县	158	36	66	28	28	799	238	362	116	83
娄烦县	103	37	54	9	3	853	368	442	26	17
古交市	311	84	97	23	107	1331	433	495	78	325

7-4　续表 2　　单位：人

现住地	初中					高中				
	小计	乡	镇的村委会	镇的居委会	街道	小计	乡	镇的村委会	镇的居委会	街道
太原市	**53693**	**9645**	**23856**	**3860**	**16332**	**44149**	**6263**	**16067**	**3906**	**17913**
小店区	11569	2020	6296	688	2565	13498	2335	6637	915	3611
迎泽区	5175	689	2300	361	1825	4526	414	1412	383	2317
杏花岭区	9162	1173	3421	765	3803	7791	591	1979	895	4326
尖草坪区	6258	931	2560	432	2335	4514	525	1362	374	2253
万柏林区	10939	1892	4193	786	4068	7809	991	2245	825	3748
晋源区	2291	349	1411	151	380	1801	222	836	173	570
清徐县	1896	546	1054	105	191	1466	359	660	94	353
阳曲县	1801	563	755	244	239	633	188	229	99	117
娄烦县	1154	411	658	50	35	364	124	196	24	20
古交市	3448	1071	1208	278	891	1747	514	511	124	598

7-4　续表 3　　单位：人

现住地	大学专科					大学本科				
	小计	乡	镇的村委会	镇的居委会	街道	小计	乡	镇的村委会	镇的居委会	街道
太原市	**38133**	**4280**	**11954**	**3985**	**17914**	**41103**	**3595**	**8397**	**4417**	**24694**
小店区	11187	1270	4556	1057	4304	14642	1412	4062	1781	7387
迎泽区	4412	416	1199	414	2383	4392	254	657	359	3122
杏花岭区	6542	586	1565	712	3679	6080	650	687	586	4157
尖草坪区	3573	277	936	346	2014	4114	175	403	246	3290
万柏林区	7655	843	1940	827	4045	8676	714	1723	1010	5229
晋源区	2078	307	804	260	707	1763	149	492	206	916
清徐县	1027	211	420	157	239	466	80	145	96	145
阳曲县	361	91	122	62	86	214	39	50	41	84
娄烦县	259	74	131	30	24	144	35	64	22	23
古交市	1039	205	281	120	433	612	87	114	70	341

7-4 续表 4

单位：人

现住地	硕士研究生					博士研究生				
	小计	乡	镇的村委会	镇的居委会	街道	小计	乡	镇的村委会	镇的居委会	街道
太原市	**4982**	**315**	**606**	**489**	**3572**	**448**	**16**	**41**	**36**	**355**
小店区	1629	104	277	153	1095	161	4	26	8	123
迎泽区	732	21	71	63	577	68	1	6	2	59
杏花岭区	608	22	34	64	488	52	2	1	7	42
尖草坪区	511	63	19	19	410	33	4	2	3	24
万柏林区	1201	84	147	152	818	116	4	6	13	93
晋源区	214	8	31	23	152	15			3	12
清徐县	21	3	7	3	8					
阳曲县	26	4	5	7	10	2	1			1
娄烦县	10	3	7							
古交市	30	3	8	5	14	1				1

7-5 全市按现住地、户口登记地类型、受教育程度分的户口登记地在外省人口

单位：人

现住地	合计					未上过学				
	合计	乡	镇的村委会	镇的居委会	街道	小计	乡	镇的村委会	镇的居委会	街道
太原市	**36464**	**6335**	**19841**	**2382**	**7906**	**406**	**102**	**239**	**25**	**40**
小店区	10365	1839	5651	775	2100	88	19	52	10	7
迎泽区	4011	625	2204	275	907	36	7	22	4	3
杏花岭区	4451	749	2481	342	879	65	9	40	4	12
尖草坪区	4829	739	2087	192	1811	51	9	35	1	6
万柏林区	7395	1281	3895	522	1697	112	37	62	5	8
晋源区	2737	468	1901	137	231	30	8	19	1	2
清徐县	1477	264	1058	41	114	6	5			1
阳曲县	369	128	173	28	40	2	1	1		
娄烦县	112	20	71	7	14	4	2	2		
古交市	718	222	320	63	113	12	5	6		1

7-5　续表 1

单位：人

现住地	学前教育					小学				
	小计	乡	镇的村委会	镇的居委会	街道	小计	乡	镇的村委会	镇的居委会	街道
太原市	**914**	**151**	**541**	**60**	**162**	**5545**	**1164**	**3601**	**273**	**507**
小店区	233	42	129	16	46	1463	286	952	77	148
迎泽区	103	14	55	10	24	626	102	424	35	65
杏花岭区	134	16	87	6	25	723	149	443	48	83
尖草坪区	125	20	79	6	20	642	143	429	27	43
万柏林区	186	34	107	14	31	1100	245	692	53	110
晋源区	91	15	66	5	5	543	93	410	15	25
清徐县	17	6	7	1	3	210	76	126	1	7
阳曲县	5		4		1	81	25	43	5	8
娄烦县	4		2		2	37	9	19	3	6
古交市	16	4	5	2	5	120	36	63	9	12

7-5　续表 2

单位：人

现住地	初中					高中				
	小计	乡	镇的村委会	镇的居委会	街道	小计	乡	镇的村委会	镇的居委会	街道
太原市	**13207**	**2641**	**8579**	**689**	**1298**	**6212**	**1151**	**3498**	**432**	**1131**
小店区	3369	693	2199	174	303	1884	393	1062	122	307
迎泽区	1544	277	982	102	183	786	140	401	60	185
杏花岭区	1764	331	1103	116	214	874	138	488	62	186
尖草坪区	1505	311	966	67	161	676	138	387	47	104
万柏林区	2351	448	1511	108	284	1115	190	578	90	257
晋源区	1205	225	890	46	44	466	78	316	35	37
清徐县	858	148	643	30	37	228	21	181	3	23
阳曲县	191	88	80	9	14	46	8	27	2	9
娄烦县	46	5	36	2	3	13	3	7	1	2
古交市	374	115	169	35	55	124	42	51	10	21

7-5 续表 3 单位：人

现住地	大学专科					大学本科				
	小计	乡	镇的村委会	镇的居委会	街道	小计	乡	镇的村委会	镇的居委会	街道
太原市	**3096**	**391**	**1491**	**305**	**909**	**6264**	**638**	**1710**	**515**	**3401**
小店区	1011	113	482	116	300	2112	277	721	239	875
迎泽区	419	54	194	38	133	367	25	92	18	232
杏花岭区	440	49	203	43	145	389	52	105	52	180
尖草坪区	252	38	129	18	67	1446	54	60	23	1309
万柏林区	600	85	274	65	176	1670	201	596	153	720
晋源区	194	29	102	11	52	188	17	96	20	55
清徐县	110	5	81	4	20	44	3	20	2	19
阳曲县	22	4	6	8	4	20	2	11	4	3
娄烦县	4		3		1	4	1	2	1	
古交市	44	14	17	2	11	24	6	7	3	8

7-5 续表 4 单位：人

现住地	硕士研究生					博士研究生				
	小计	乡	镇的村委会	镇的居委会	街道	小计	乡	镇的村委会	镇的居委会	街道
太原市	**746**	**90**	**170**	**75**	**411**	**74**	**7**	**12**	**8**	**47**
小店区	189	16	50	20	103	16		4	1	11
迎泽区	109	4	29	8	68	21	2	5		14
杏花岭区	59	5	12	11	31	3				3
尖草坪区	122	25	2	2	93	10	1		1	8
万柏林区	241	38	72	28	103	20	3	3	6	8
晋源区	16	2	2	4	8	4	1			3
清徐县	4				4					
阳曲县	2		1		1					
娄烦县										
古交市	4		2	2						

7−6　全市按现住地和出生地分的人口

单位：人

现住地	出生地						
	合计	省内		省外			
		本县市区	本省其他县市区	北京	天津	河北	内蒙古
太原市	**491705**	**264813**	**178759**	**829**	**629**	**10013**	**1539**
小店区	118647	58946	234	2513		446	304
迎泽区	56062	22106	200	1521		224	151
杏花岭区	74007	26437	148	1653		219	185
尖草坪区	50141	27571	16919	55	92	1114	167
万柏林区	89854	43345	36604	148	196	1947	366
晋源区	28649	16823	8773	36	28	743	61
清徐县	35479	3376	4	194		24	12
阳曲县	11757	1430	2	73		7	19
娄烦县	8012	7190	659		1	38	5
古交市	19097	13972	3509	2	9	217	20

7−6　续表 1　　单位：人

现住地	出生地								
	省外								
	辽宁	吉林	黑龙江	上海	江苏	浙江	安徽	福建	江西
太原市	**1999**	**1181**	**1759**	**248**	**1621**	**949**	**2045**	**835**	**605**
小店区	439	54	492	147	589	177	186	854	2248
迎泽区	252	43	189	236	224	93	95	378	1054
杏花岭区	276	51	153	128	241	115	76	345	1451
尖草坪区	279	155	280	22	253	106	245	156	84
万柏林区	458	272	349	65	344	189	452	192	116
晋源区	95	46	83	10	85	86	204	87	33
清徐县	34	2	37	17	52	7	6	95	296
阳曲县	8	1	9	11	3	4	1	17	78
娄烦县		1	1		6	10	1	1	3
古交市	63	36	37		53	19	34	3	5

7-6 续表 2 单位：人

现住地	出生地								
	省外								
	山东	河南	湖北	湖南	广东	广西	海南	重庆	四川
太原市	**2997**	**8980**	**1711**	**959**	**323**	**214**	**124**	**650**	**3472**
小店区	480	213	104	75	35	167	1102	193	99
迎泽区	228	104	54	23	7	88	323	34	29
杏花岭区	255	88	36	16	3	77	356	31	29
尖草坪区	416	992	228	90	39	20	40	92	308
万柏林区	644	1886	292	178	71	61	29	130	605
晋源区	171	631	74	25	7	6	3	38	264
清徐县	63	8	2	3	1	30	265	28	16
阳曲县	10	1		1	4	13	82	10	8
娄烦县	4	19	4	1	3	3	1	5	16
古交市	73	325	77	251	7	6	1	10	151

7-6 续表 3 单位：人

现住地	出生地								
	省外								港澳台或国外
	贵州	云南	西藏	陕西	甘肃	青海	宁夏	新疆	
太原市	**490**	**318**	**25**	**2122**	**813**	**235**	**148**	**260**	**40**
小店区	22	704	267	77	69	76	52	72	5
迎泽区		220	75	24	11	33	11	33	18
杏花岭区		225	83	25	10	37	10	35	4
尖草坪区	35	34	1	207	60	36	11	33	1
万柏林区	100	57	1	459	144	46	39	60	9
晋源区	29	28		94	42	22	7	12	3
清徐县		87	51	3	1	2	1	2	
阳曲县		13	4			1		1	
娄烦县	8	6		23	2			1	
古交市	22	12	1	90	85	2		5	

7-7　全市按现住地和五年前常住地分的人口

单位：人

现住地	五年前常住地						
	合计	省内		省外			
		本县市区	本省其他县市区	北京	天津	河北	内蒙古
太原市	**465878**	**402774**	**46966**	**1122**	**386**	**1975**	**535**
小店区	112167	439	117		176	133	144
迎泽区	53378	166	35		77	44	49
杏花岭区	70402	120	27		40	30	28
尖草坪区	47757	40937	4848	69	60	242	63
万柏林区	84758	74266	7239	248	113	401	134
晋源区	26911	23241	2480	65	22	162	32
清徐县	33517	9	7		13	30	26
阳曲县	11177	4	3			20	
娄烦县	7684	7484	151	1		5	
古交市	18127	17516	362	1	2	30	

7-7　续表 1

单位：人

现住地	五年前常住地								
	省外								
	辽宁	吉林	黑龙江	上海	江苏	浙江	安徽	福建	江西
太原市	**443**	**296**	**409**	**206**	**609**	**304**	**598**	**258**	**245**
小店区	71	234	92	197	89	77	373	741	144
迎泽区	29	63	24	28	22	32	87	176	56
杏花岭区	20	31	24	47	15	13	48	209	39
尖草坪区	50	40	40	24	75	39	106	50	42
万柏林区	104	93	98	37	113	64	105	50	60
晋源区	24	16	20	19	47	27	67	19	16
清徐县	6	23	15	43	3	4	90	150	34
阳曲县		5	8	2	5	1	2	64	6
娄烦县					2	5		2	
古交市	8	4	4		16	6	3	3	

7-7 续表 2

单位：人

现住地	五年前常住地								
	省外								
	山东	河南	湖北	湖南	广东	广西	海南	重庆	四川
太原市	**976**	**2167**	**554**	**230**	**294**	**124**	**115**	**332**	**1542**
小店区	83	118	50	34	103		118	62	21
迎泽区	25	36	3	4	31		17	12	1
杏花岭区	14	26	2	1	16		2	12	1
尖草坪区	135	228	101	33	37	18	45	47	148
万柏林区	184	378	110	68	57	47	27	65	194
晋源区	52	191	29	3	12	1	3	21	192
清徐县	2	5	3	1	28		22	12	
阳曲县	1	2			9		7	4	
娄烦县	2	2			1			4	3
古交市	3	28	35	1				8	29

7-7 续表 3

单位：人

现住地	五年前常住地								
	省外								港澳台或国外
	贵州	云南	西藏	陕西	甘肃	青海	宁夏	新疆	
太原市	**287**	**186**	**30**	**1004**	**285**	**126**	**96**	**134**	**270**
小店区	353	108	45	48	47	26	34	47	46
迎泽区	55	16	8	1	12	8	1	12	93
杏花岭区	56	19	5	5	14	5	5	14	56
尖草坪区	20	29	1	122	30	28	12	19	19
万柏林区	63	36	6	224	57	15	25	36	41
晋源区	26	16		47	23	23	3	3	9
清徐县	75	18	2	1	2	2	1	2	2
阳曲县	6	6			1			1	2
娄烦县	1			20			1		
古交市	11	3		46	8				

第二部分　长表数据资料

第八卷　老年人口

8-1　各地区分性别、健康状况的60岁及以上老年人口

单位：人

地　　区	60岁及以上人口			健　　康		
	合计	男	女	小计	男	女
太原市	**80705**	**39544**	**41161**	**49169**	**25250**	**23919**
小店区	13944	6843	7101	9217	4681	4536
迎泽区	11070	5363	5707	7341	3702	3639
杏花岭区	14261	6911	7350	9392	4789	4603
尖草坪区	8423	4086	4337	5241	2661	2580
万柏林区	14443	6997	7446	9658	4884	4774
晋源区	4385	2091	2294	1879	979	900
清徐县	6667	3285	3382	3014	1593	1421
阳曲县	2809	1492	1317	1359	764	595
娄烦县	1748	934	814	567	344	223
古交市	2955	1542	1413	1501	853	648

8-1　续表

单位：人

地　　区	基本健康			不健康，但生活能自理			不健康，生活不能自理		
	小计	男	女	小计	男	女	小计	男	女
太原市	**22927**	**10432**	**12495**	**6513**	**2883**	**3630**	**2096**	**979**	**1117**
小店区	3650	1649	2001	767	358	409	310	155	155
迎泽区	2853	1272	1581	604	264	340	272	125	147
杏花岭区	3782	1658	2124	753	299	454	334	165	169
尖草坪区	2266	1018	1248	670	304	366	246	103	143
万柏林区	3656	1654	2002	805	315	490	324	144	180
晋源区	1623	730	893	702	302	400	181	80	101
清徐县	2504	1166	1338	951	436	515	198	90	108
阳曲县	880	434	446	461	241	220	109	53	56
娄烦县	678	354	324	455	213	242	48	23	25
古交市	1035	497	538	345	151	194	74	41	33

8-1a 各地区分性别、健康状况的60岁及以上老年人口(城市)

单位：人

地区	60岁及以上人口			健康		
	合计	男	女	小计	男	女
太原市	**63110**	**30714**	**32396**	**41446**	**21047**	**20399**
小店区	11393	5599	5794	7884	3982	3902
迎泽区	10947	5293	5654	7274	3663	3611
杏花岭区	13704	6615	7089	9106	4623	4483
尖草坪区	7711	3736	3975	4918	2491	2427
万柏林区	14328	6937	7391	9600	4852	4748
晋源区	3390	1639	1751	1719	896	823
清徐县						
阳曲县						
娄烦县						
古交市		895	742	945	540	405

8-1a 续表

单位：人

地区	基本健康			不健康，但生活能自理			不健康，生活不能自理		
	小计	男	女	小计	男	女	小计	男	女
太原市	**16623**	**7466**	**9157**	**3541**	**1500**	**2041**	**1500**	**701**	**799**
小店区	2803	1280	1523	479	222	257	227	115	112
迎泽区	2817	1251	1566	589	256	333	267	123	144
杏花岭区	3621	1580	2041	663	259	404	314	153	161
尖草坪区	2025	902	1123	558	257	301	210	86	124
万柏林区	3619	1635	1984	788	308	480	321	142	179
晋源区	1196	535	661	345	146	199	130	62	68
清徐县									
阳曲县									
娄烦县									
古交市	542	283	259	119	52	67	31	20	11

8-1b　各地区分性别、健康状况的60岁及以上老年人口(镇)

单位：人

地　区	60岁及以上人口			健　康		
	合计	男	女	小计	男	女
太原市	**5429**	**2706**	**2723**	**2851**	**1496**	**1355**
小店区	1130	556	574	706	355	351
迎泽区						
杏花岭区						
尖草坪区	41	19	22	30	15	15
万柏林区	102	52	50	55	30	25
晋源区	218	105	113	17	9	8
清徐县	2176	1072	1104	1168	608	560
阳曲县	953	500	453	532	285	247
娄烦县	551	280	271	187	111	76
古交市	258	122	136	156	83	73

8-1b　续表

单位：人

地　区	基本健康			不健康，但生活能自理			不健康，生活不能自理		
	小计	男	女	小计	男	女	小计	男	女
太原市	**1746**	**825**	**921**	**679**	**315**	**364**	**153**	**70**	**83**
小店区	302	146	156	99	47	52	23	8	15
迎泽区									
杏花岭区									
尖草坪区	3	1	2	8	3	5			
万柏林区	30	14	16	15	7	8	2	1	1
晋源区	124	62	62	67	29	38	10	5	5
清徐县	710	324	386	242	119	123	56	21	35
阳曲县	285	141	144	93	46	47	43	28	15
娄烦县	220	107	113	132	57	75	12	5	7
古交市	72	30	42	23	7	16	7	2	5

8-1c 各地区分性别、健康状况的60岁及以上老年人口(乡村)

单位：人

地　　区	60岁及以上人口			健　　康		
	合计	男	女	小计	男	女
太原市	**12166**	**6124**	**6042**	**4872**	**2707**	**2165**
小店区	1421	688	733	627	344	283
迎泽区	123	70	53	67	39	28
杏花岭区	557	296	261	286	166	120
尖草坪区	671	331	340	293	155	138
万柏林区	13	8	5	3	2	1
晋源区	777	347	430	143	74	69
清徐县	4491	2213	2278	1846	985	861
阳曲县	1856	992	864	827	479	348
娄烦县	1197	654	543	380	233	147
古交市	1060	525	535	400	230	170

8-1c 续表

单位：人

地　　区	基本健康			不健康，但生活能自理			不健康，生活不能自理		
	小计	男	女	小计	男	女	小计	男	女
太原市	**4558**	**2141**	**2417**	**2293**	**1068**	**1225**	**443**	**208**	**235**
小店区	545	223	322	189	89	100	60	32	28
迎泽区	36	21	15	15	8	7	5	2	3
杏花岭区	161	78	83	90	40	50	20	12	8
尖草坪区	238	115	123	104	44	60	36	17	19
万柏林区	7	5	2	2		2	1	1	
晋源区	303	133	170	290	127	163	41	13	28
清徐县	1794	842	952	709	317	392	142	69	73
阳曲县	595	293	302	368	195	173	66	25	41
娄烦县	458	247	211	323	156	167	36	18	18
古交市	421	184	237	203	92	111	36	19	17

8-2 全市分年龄、性别、健康状况的60岁及以上老年人口

单位：人

年龄	60岁及以上人口			健康		
	合计	男	女	小计	男	女
总 计	**80705**	**39544**	**41161**	**49169**	**25250**	**23919**
60–64岁	**28176**	**14403**	**13773**	**21327**	**11078**	**10249**
60	5893	3028	2865	4608	2423	2185
61	5499	2879	2620	4211	2228	1983
62	5716	2914	2802	4332	2215	2117
63	5990	3022	2968	4502	2307	2195
64	5078	2560	2518	3674	1905	1769
65–69岁	**21184**	**10477**	**10707**	**13896**	**7108**	**6788**
65	5056	2577	2479	3547	1829	1718
66	4933	2487	2446	3322	1768	1554
67	4136	2020	2116	2717	1367	1350
68	3695	1795	1900	2285	1152	1133
69	3364	1598	1766	2025	992	1033
70–74岁	**11813**	**5760**	**6053**	**6433**	**3270**	**3163**
70	3197	1584	1613	1856	939	917
71	2293	1124	1169	1299	677	622
72	2033	1016	1017	1083	565	518
73	2169	1043	1126	1157	575	582
74	2121	993	1128	1038	514	524
75–79岁	**8118**	**3714**	**4404**	**3748**	**1857**	**1891**
75	1707	800	907	849	447	402
76	1612	736	876	754	378	376
77	1569	727	842	735	353	382
78	1708	758	950	759	358	401
79	1522	693	829	651	321	330
80–84岁	**6776**	**3008**	**3768**	**2506**	**1237**	**1269**
80	1528	643	885	661	299	362
81	1406	607	799	534	261	273
82	1423	638	785	509	257	252
83	1233	572	661	433	229	204
84	1186	548	638	369	191	178
85–89岁	**3448**	**1618**	**1830**	**998**	**552**	**446**
85	984	448	536	332	177	155
86	812	369	443	231	128	103
87	744	362	382	204	118	86
88	513	249	264	134	77	57
89	395	190	205	97	52	45
90–94岁	**1020**	**492**	**528**	**229**	**129**	**100**
90	367	181	186	85	40	45
91	241	108	133	60	36	24
92	199	97	102	46	30	16
93	115	51	64	18	10	8
94	98	55	43	20	13	7
95–99岁	**163**	**68**	**95**	**31**	**18**	**13**
95	68	31	37	10	5	5
96	42	18	24	10	6	4
97	28	12	16	6	4	2
98	17	3	14	3	2	1
99	8	4	4	2	1	1
100岁及以上	**7**	**4**	**3**	**1**	**1**	

8-2 续表 单位：人

年龄	基本健康			不健康，但生活能自理			不健康，生活不能自理		
	小计	男	女	小计	男	女	小计	男	女
总计	**22927**	**10432**	**12495**	**6513**	**2883**	**3630**	**2096**	**979**	**1117**
60-64岁	**5608**	**2637**	**2971**	**1043**	**563**	**480**	**198**	**125**	**73**
60	1074	479	595	180	104	76	31	22	9
61	1056	505	551	199	121	78	33	25	8
62	1129	566	563	210	108	102	45	25	20
63	1229	575	654	213	111	102	46	29	17
64	1120	512	608	241	119	122	43	24	19
65-69岁	**5665**	**2598**	**3067**	**1358**	**621**	**737**	**265**	**150**	**115**
65	1227	601	626	228	113	115	54	34	20
66	1296	573	723	267	118	149	48	28	20
67	1085	497	588	284	126	158	50	30	20
68	1059	480	579	293	132	161	58	31	27
69	998	447	551	286	132	154	55	27	28
70-74岁	**3981**	**1831**	**2150**	**1156**	**538**	**618**	**243**	**121**	**122**
70	1001	481	520	282	134	148	58	30	28
71	762	338	424	193	90	103	39	19	20
72	698	317	381	212	112	100	40	22	18
73	741	349	392	232	97	135	39	22	17
74	779	346	433	237	105	132	67	28	39
75-79岁	**3018**	**1297**	**1721**	**1052**	**415**	**637**	**300**	**145**	**155**
75	592	245	347	207	82	125	59	26	33
76	606	261	345	198	77	121	54	20	34
77	572	253	319	196	83	113	66	38	28
78	659	292	367	240	88	152	50	20	30
79	589	246	343	211	85	126	71	41	30
80-84岁	**2822**	**1207**	**1615**	**1018**	**387**	**631**	**430**	**177**	**253**
80	589	231	358	212	79	133	66	34	32
81	567	233	334	209	70	139	96	43	53
82	615	261	354	213	89	124	86	31	55
83	520	241	279	196	72	124	84	30	54
84	531	241	290	188	77	111	98	39	59
85-89岁	**1404**	**652**	**752**	**634**	**252**	**382**	**412**	**162**	**250**
85	404	170	234	156	65	91	92	36	56
86	326	153	173	165	58	107	90	30	60
87	307	149	158	130	49	81	103	46	57
88	203	102	101	102	40	62	74	30	44
89	164	78	86	81	40	41	53	20	33
90-94岁	**375**	**191**	**184**	**212**	**89**	**123**	**204**	**83**	**121**
90	138	72	66	88	37	51	56	32	24
91	84	35	49	44	17	27	53	20	33
92	69	39	30	45	17	28	39	11	28
93	44	20	24	19	11	8	34	10	24
94	40	25	15	16	7	9	22	10	12
95-99岁	**51**	**18**	**33**	**39**	**17**	**22**	**42**	**15**	**27**
95	25	10	15	19	9	10	14	7	7
96	12	3	9	8	4	4	12	5	7
97	12	5	7	4	2	2	6	1	5
98	2		2	4		4	8	1	7
99				4	2	2	2	1	1
100岁及以上	**3**	**1**	**2**	**1**	**1**		**2**	**1**	**1**

8-2a　全市分年龄、性别、健康状况的60岁及以上老年人口(城市)

单位：人

年　龄	60岁及以上人口			健　康		
	合计	男	女	小计	男	女
总　计	**63110**	**30714**	**32396**	**41446**	**21047**	**20399**
60-64岁	**22448**	**11491**	**10957**	**17928**	**9241**	**8687**
60	4676	2410	2266	3824	1992	1832
61	4394	2320	2074	3539	1878	1661
62	4639	2357	2282	3706	1874	1832
63	4775	2391	2384	3788	1916	1872
64	3964	2013	1951	3071	1581	1490
65-69岁	**16045**	**7963**	**8082**	**11480**	**5836**	**5644**
65	3950	2025	1925	2974	1545	1429
66	3785	1909	1876	2771	1455	1316
67	3122	1512	1610	2216	1090	1126
68	2746	1346	1400	1877	943	934
69	2442	1171	1271	1642	803	839
70-74岁	**8866**	**4230**	**4636**	**5411**	**2693**	**2718**
70	2326	1141	1185	1514	754	760
71	1754	844	910	1102	563	539
72	1541	750	791	933	474	459
73	1694	802	892	1002	495	507
74	1551	693	858	860	407	453
75-79岁	**6239**	**2775**	**3464**	**3199**	**1541**	**1658**
75	1310	603	707	715	374	341
76	1181	533	648	619	308	311
77	1200	542	658	630	292	338
78	1314	558	756	651	291	360
79	1234	539	695	584	276	308
80-84岁	**5657**	**2439**	**3218**	**2288**	**1106**	**1182**
80	1272	514	758	595	261	334
81	1157	481	676	483	228	255
82	1185	507	678	467	232	235
83	1052	485	567	398	208	190
84	991	452	539	345	177	168
85-89岁	**2882**	**1344**	**1538**	**899**	**495**	**404**
85	813	361	452	296	154	142
86	692	313	379	218	121	97
87	610	300	310	181	108	73
88	433	214	219	116	67	49
89	334	156	178	88	45	43
90-94岁	**833**	**412**	**421**	**211**	**117**	**94**
90	295	150	145	76	35	41
91	204	89	115	55	32	23
92	166	85	81	45	30	15
93	89	41	48	16	8	8
94	79	47	32	19	12	7
95-99岁	**134**	**57**	**77**	**30**	**18**	**12**
95	59	25	34	10	5	5
96	32	16	16	9	6	3
97	22	10	12	6	4	2
98	14	3	11	3	2	1
99	7	3	4	2	1	1
100岁及以上	**6**	**3**	**3**			

8-2a 续表 单位：人

年 龄	基本健康			不健康，但生活能自理			不健康，生活不能自理		
	小计	男	女	小计	男	女	小计	男	女
总 计	**16623**	**7466**	**9157**	**3541**	**1500**	**2041**	**1500**	**701**	**799**
60-64岁	**3817**	**1834**	**1983**	**564**	**326**	**238**	**139**	**90**	**49**
60	728	343	385	101	59	42	23	16	7
61	726	354	372	108	72	36	21	16	5
62	775	396	379	125	67	58	33	20	13
63	844	393	451	111	63	48	32	19	13
64	744	348	396	119	65	54	30	19	11
65-69岁	**3780**	**1731**	**2049**	**622**	**299**	**323**	**163**	**97**	**66**
65	826	400	426	112	56	56	38	24	14
66	865	384	481	122	54	68	27	16	11
67	743	340	403	129	64	65	34	18	16
68	705	322	383	133	60	73	31	21	10
69	641	285	356	126	65	61	33	18	15
70-74岁	**2758**	**1226**	**1532**	**535**	**228**	**307**	**162**	**83**	**79**
70	643	306	337	128	59	69	41	22	19
71	534	230	304	88	35	53	30	16	14
72	493	214	279	92	47	45	23	15	8
73	545	246	299	122	48	74	25	13	12
74	543	230	313	105	39	66	43	17	26
75-79岁	**2278**	**935**	**1343**	**564**	**200**	**364**	**198**	**99**	**99**
75	441	171	270	119	39	80	35	19	16
76	431	183	248	96	30	66	35	12	23
77	426	183	243	99	41	58	45	26	19
78	503	211	292	127	42	85	33	14	19
79	477	187	290	123	48	75	50	28	22
80-84岁	**2389**	**988**	**1401**	**646**	**215**	**431**	**334**	**130**	**204**
80	506	198	308	123	31	92	48	24	24
81	471	183	288	125	37	88	78	33	45
82	508	197	311	140	53	87	70	25	45
83	458	210	248	133	46	87	63	21	42
84	446	200	246	125	48	77	75	27	48
85-89岁	**1228**	**565**	**663**	**436**	**157**	**279**	**319**	**127**	**192**
85	348	141	207	99	36	63	70	30	40
86	290	136	154	118	35	83	66	21	45
87	265	124	141	84	30	54	80	38	42
88	181	94	87	78	31	47	58	22	36
89	144	70	74	57	25	32	45	16	29
90-94岁	**332**	**174**	**158**	**139**	**60**	**79**	**151**	**61**	**90**
90	120	66	54	57	25	32	42	24	18
91	75	31	44	34	11	23	40	15	25
92	65	38	27	27	10	17	29	7	22
93	36	16	20	12	8	4	25	9	16
94	36	23	13	9	6	3	15	6	9
95-99岁	**38**	**12**	**26**	**34**	**14**	**20**	**32**	**13**	**19**
95	21	7	14	15	7	8	13	6	7
96	8	2	6	8	4	4	7	4	3
97	8	3	5	4	2	2	4	1	3
98	1		1	4		4	6	1	5
99				3	1	2	2	1	1
100岁及以上	**3**	**1**	**2**	**1**	**1**		**2**	**1**	**1**

8-2b　全市分年龄、性别、健康状况的60岁及以上老年人口(镇)

单位：人

年　龄	60岁及以上人口			健　康		
	合计	男	女	小计	男	女
总　计	**5429**	**2706**	**2723**	**2851**	**1496**	**1355**
60–64岁	**1794**	**928**	**866**	**1228**	**656**	**572**
60	412	207	205	299	154	145
61	347	179	168	245	130	115
62	318	176	142	204	115	89
63	390	204	186	266	146	120
64	327	162	165	214	111	103
65–69岁	**1530**	**734**	**796**	**864**	**424**	**440**
65	332	162	170	205	98	107
66	348	171	177	201	102	99
67	310	153	157	179	94	85
68	289	134	155	152	70	82
69	251	114	137	127	60	67
70–74岁	**940**	**473**	**467**	**388**	**207**	**181**
70	274	130	144	118	58	60
71	177	81	96	78	41	37
72	154	81	73	61	34	27
73	155	82	73	66	37	29
74	180	99	81	65	37	28
75–79岁	**596**	**289**	**307**	**225**	**122**	**103**
75	126	68	58	63	34	29
76	131	58	73	50	26	24
77	115	54	61	43	20	23
78	124	57	67	44	24	20
79	100	52	48	25	18	7
80–84岁	**319**	**154**	**165**	**95**	**55**	**40**
80	78	40	38	36	22	14
81	72	33	39	22	12	10
82	72	35	37	18	11	7
83	45	21	24	11	7	4
84	52	25	27	8	3	5
85–89岁	**184**	**101**	**83**	**44**	**26**	**18**
85	61	35	26	19	12	7
86	36	20	16	7	5	2
87	49	22	27	8	3	5
88	19	9	10	5	3	2
89	19	15	4	5	3	2
90–94岁	**53**	**20**	**33**	**6**	**5**	**1**
90	17	7	10	1	1	
91	16	6	10	4	3	1
92	4	3	1			
93	11	3	8	1	1	
94	5	1	4			
95–99岁	**12**	**6**	**6**			
95	4	3	1			
96	3	1	2			
97	4	2	2			
98	1		1			
99						
100岁及以上	**1**	**1**		**1**	**1**	

8-2b 续表 单位：人

年 龄	基本健康			不健康，但生活能自理			不健康，生活不能自理		
	小计	男	女	小计	男	女	小计	男	女
总 计	**1746**	**825**	**921**	**679**	**315**	**364**	**153**	**70**	**83**
60-64岁	**451**	**211**	**240**	**101**	**51**	**50**	**14**	**10**	**4**
60	88	35	53	23	16	7	2	2	
61	81	37	44	19	10	9	2	2	
62	94	51	43	18	8	10	2	2	
63	95	46	49	26	10	16	3	2	1
64	93	42	51	15	7	8	5	2	3
65-69岁	**487**	**223**	**264**	**152**	**69**	**83**	**27**	**18**	**9**
65	96	51	45	25	10	15	6	3	3
66	106	49	57	37	17	20	4	3	1
67	98	42	56	28	13	15	5	4	1
68	96	42	54	35	18	17	6	4	2
69	91	39	52	27	11	16	6	4	2
70-74岁	**379**	**187**	**192**	**151**	**72**	**79**	**22**	**7**	**15**
70	114	52	62	38	20	18	4		4
71	73	27	46	24	12	12	2	1	1
72	61	30	31	27	16	11	5	1	4
73	62	37	25	22	5	17	5	3	2
74	69	41	28	40	19	21	6	2	4
75-79岁	**225**	**108**	**117**	**120**	**47**	**73**	**26**	**12**	**14**
75	32	21	11	22	8	14	9	5	4
76	53	23	30	24	8	16	4	1	3
77	50	23	27	20	10	10	2	1	1
78	50	21	29	24	9	15	6	3	3
79	40	20	20	30	12	18	5	2	3
80-84岁	**122**	**55**	**67**	**76**	**34**	**42**	**26**	**10**	**16**
80	21	6	15	16	9	7	5	3	2
81	29	13	16	16	7	9	5	1	4
82	31	15	16	18	7	11	5	2	3
83	15	8	7	13	3	10	6	3	3
84	26	13	13	13	8	5	5	1	4
85-89岁	**62**	**34**	**28**	**59**	**34**	**25**	**19**	**7**	**12**
85	21	13	8	18	10	8	3		3
86	11	5	6	10	7	3	8	3	5
87	19	10	9	18	8	10	4	1	3
88	6	2	4	6	3	3	2	1	1
89	5	4	1	7	6	1	2	2	
90-94岁	**14**	**3**	**11**	**18**	**7**	**11**	**15**	**5**	**10**
90	8	2	6	5	2	3	3	2	1
91	3	1	2	4	1	3	5	1	4
92				4	3	1			
93	2		2	4	1	3	4	1	3
94	1		1	1		1	3	1	2
95-99岁	**6**	**4**	**2**	**2**	**1**	**1**	**4**	**1**	**3**
95	2	2		2	1	1			
96	1		1				2	1	1
97	3	2	1				1		1
98							1		1
99									
100岁及以上									

8-2c 全市分年龄、性别、健康状况的60岁及以上老年人口(乡村)

单位：人

年龄	60岁及以上人口			健康		
	合计	男	女	小计	男	女
总计	**12166**	**6124**	**6042**	**4872**	**2707**	**2165**
60—64岁	**3934**	**1984**	**1950**	**2171**	**1181**	**990**
60	805	411	394	485	277	208
61	758	380	378	427	220	207
62	759	381	378	422	226	196
63	825	427	398	448	245	203
64	787	385	402	389	213	176
65—69岁	**3609**	**1780**	**1829**	**1552**	**848**	**704**
65	774	390	384	368	186	182
66	800	407	393	350	211	139
67	704	355	349	322	183	139
68	660	315	345	256	139	117
69	671	313	358	256	129	127
70—74岁	**2007**	**1057**	**950**	**634**	**370**	**264**
70	597	313	284	224	127	97
71	362	199	163	119	73	46
72	338	185	153	89	57	32
73	320	159	161	89	43	46
74	390	201	189	113	70	43
75—79岁	**1283**	**650**	**633**	**324**	**194**	**130**
75	271	129	142	71	39	32
76	300	145	155	85	44	41
77	254	131	123	62	41	21
78	270	143	127	64	43	21
79	188	102	86	42	27	15
80—84岁	**800**	**415**	**385**	**123**	**76**	**47**
80	178	89	89	30	16	14
81	177	93	84	29	21	8
82	166	96	70	24	14	10
83	136	66	70	24	14	10
84	143	71	72	16	11	5
85—89岁	**382**	**173**	**209**	**55**	**31**	**24**
85	110	52	58	17	11	6
86	84	36	48	6	2	4
87	85	40	45	15	7	8
88	61	26	35	13	7	6
89	42	19	23	4	4	
90—94岁	**134**	**60**	**74**	**12**	**7**	**5**
90	55	24	31	8	4	4
91	21	13	8	1	1	
92	29	9	20	1		1
93	15	7	8	1	1	
94	14	7	7	1	1	
95—99岁	**17**	**5**	**12**	**1**		**1**
95	5	3	2			
96	7	1	6	1		1
97	2		2			
98	2		2			
99	1	1				
100岁及以上						

8-2c 续表 单位：人

年 龄	基本健康			不健康，但生活能自理			不健康，生活不能自理		
	小计	男	女	小计	男	女	小计	男	女
总 计	**4558**	**2141**	**2417**	**2293**	**1068**	**1225**	**443**	**208**	**235**
60-64岁	**1340**	**592**	**748**	**378**	**186**	**192**	**45**	**25**	**20**
60	258	101	157	56	29	27	6	4	2
61	249	114	135	72	39	33	10	7	3
62	260	119	141	67	33	34	10	3	7
63	290	136	154	76	38	38	11	8	3
64	283	122	161	107	47	60	8	3	5
65-69岁	**1398**	**644**	**754**	**584**	**253**	**331**	**75**	**35**	**40**
65	305	150	155	91	47	44	10	7	3
66	325	140	185	108	47	61	17	9	8
67	244	115	129	127	49	78	11	8	3
68	258	116	142	125	54	71	21	6	15
69	266	123	143	133	56	77	16	5	11
70-74岁	**844**	**418**	**426**	**470**	**238**	**232**	**59**	**31**	**28**
70	244	123	121	116	55	61	13	8	5
71	155	81	74	81	43	38	7	2	5
72	144	73	71	93	49	44	12	6	6
73	134	66	68	88	44	44	9	6	3
74	167	75	92	92	47	45	18	9	9
75-79岁	**515**	**254**	**261**	**368**	**168**	**200**	**76**	**34**	**42**
75	119	53	66	66	35	31	15	2	13
76	122	55	67	78	39	39	15	7	8
77	96	47	49	77	32	45	19	11	8
78	106	60	46	89	37	52	11	3	8
79	72	39	33	58	25	33	16	11	5
80-84岁	**311**	**164**	**147**	**296**	**138**	**158**	**70**	**37**	**33**
80	62	27	35	73	39	34	13	7	6
81	67	37	30	68	26	42	13	9	4
82	76	49	27	55	29	26	11	4	7
83	47	23	24	50	23	27	15	6	9
84	59	28	31	50	21	29	18	11	7
85-89岁	**114**	**53**	**61**	**139**	**61**	**78**	**74**	**28**	**46**
85	35	16	19	39	19	20	19	6	13
86	25	12	13	37	16	21	16	6	10
87	23	15	8	28	11	17	19	7	12
88	16	6	10	18	6	12	14	7	7
89	15	4	11	17	9	8	6	2	4
90-94岁	**29**	**14**	**15**	**55**	**22**	**33**	**38**	**17**	**21**
90	10	4	6	26	10	16	11	6	5
91	6	3	3	6	5	1	8	4	4
92	4	1	3	14	4	10	10	4	6
93	6	4	2	3	2	1	5		5
94	3	2	1	6	1	5	4	3	1
95-99岁	**7**	**2**	**5**	**3**	**2**	**1**	**6**	**1**	**5**
95	2	1	1	2	1	1	1	1	
96	3	1	2				3		3
97	1		1				1		1
98	1		1				1		1
99				1	1				
100岁及以上									

8-3　全市分性别、婚姻状况、健康状况的60岁及以上老年人口

单位：人

婚姻状况	60岁及以上人口			健　康		
	合计	男	女	小计	男	女
总　计	**80705**	**39544**	**41161**	**49169**	**25250**	**23919**
未　婚	727	624	103	242	188	54
有配偶	63966	34600	29366	42369	23218	19151
离　婚	1501	796	705	940	465	475
丧　偶	14511	3524	10987	5618	1379	4239

8-3　续表

单位：人

婚姻状况	基本健康			不健康，但生活能自理			不健康，生活不能自理		
	小计	男	女	小计	男	女	小计	男	女
总　计	**22927**	**10432**	**12495**	**6513**	**2883**	**3630**	**2096**	**979**	**1117**
未　婚	240	208	32	193	183	10	52	45	7
有配偶	16705	8643	8062	3830	2078	1752	1062	661	401
离　婚	397	218	179	128	87	41	36	26	10
丧　偶	5585	1363	4222	2362	535	1827	946	247	699

8-3a　全市分性别、婚姻状况、健康状况的60岁及以上老年人口(城市)

单位：人

婚姻状况	60岁及以上人口			健　康		
	合计	男	女	小计	男	女
总　计	**63110**	**30714**	**32396**	**41446**	**21047**	**20399**
未　婚	346	253	93	158	108	50
有配偶	50511	27243	23268	35704	19432	16272
离　婚	1290	641	649	848	400	448
丧　偶	10963	2577	8386	4736	1107	3629

8-3a　续表

单位：人

婚姻状况	基本健康			不健康，但生活能自理			不健康，生活不能自理		
	小计	男	女	小计	男	女	小计	男	女
总　计	**16623**	**7466**	**9157**	**3541**	**1500**	**2041**	**1500**	**701**	**799**
未　婚	104	75	29	51	43	8	33	27	6
有配偶	12007	6221	5786	2052	1113	939	748	477	271
离　婚	322	161	161	88	57	31	32	23	9
丧　偶	4190	1009	3181	1350	287	1063	687	174	513

8-3b 全市分性别、婚姻状况、健康状况的60岁及以上老年人口(镇)

单位：人

婚姻状况	60岁及以上人口			健　康		
	合计	男	女	小计	男	女
总　计	**5429**	**2706**	**2723**	**2851**	**1496**	**1355**
未　婚	91	87	4	20	18	2
有配偶	4258	2319	1939	2490	1388	1102
离　婚	61	41	20	29	18	11
丧　偶	1019	259	760	312	72	240

8-3b 续表

单位：人

婚姻状况	基本健康			不健康，但生活能自理			不健康，生活不能自理		
	小计	男	女	小计	男	女	小计	男	女
总　计	**1746**	**825**	**921**	**679**	**315**	**364**	**153**	**70**	**83**
未　婚	36	35	1	34	33	1	1	1	
有配偶	1298	671	627	389	213	176	81	47	34
离　婚	23	17	6	7	5	2	2	1	1
丧　偶	389	102	287	249	64	185	69	21	48

8-3c 全市分性别、婚姻状况、健康状况的60岁及以上老年人口(乡村)

单位：人

婚姻状况	60岁及以上人口			健　康		
	合计	男	女	小计	男	女
总　计	**12166**	**6124**	**6042**	**4872**	**2707**	**2165**
未　婚	290	284	6	64	62	2
有配偶	9197	5038	4159	4175	2398	1777
离　婚	150	114	36	63	47	16
丧　偶	2529	688	1841	570	200	370

8-3c 续表

单位：人

婚姻状况	基本健康			不健康，但生活能自理			不健康，生活不能自理		
	小计	男	女	小计	男	女	小计	男	女
总　计	**4558**	**2141**	**2417**	**2293**	**1068**	**1225**	**443**	**208**	**235**
未　婚	100	98	2	108	107	1	18	17	1
有配偶	3400	1751	1649	1389	752	637	233	137	96
离　婚	52	40	12	33	25	8	2	2	
丧　偶	1006	252	754	763	184	579	190	52	138

8-4　全市分性别、主要生活来源、健康状况的60岁及以上老年人口

单位：人

主要生活来源	60岁及以上人口			健康		
	合计	男	女	小计	男	女
总　计	**80705**	**39544**	**41161**	**49169**	**25250**	**23919**
劳动收入	6455	4933	1522	4748	3638	1110
离退休金/养老金	50820	26543	24277	33954	18049	15905
最低生活保障金	2539	1214	1325	388	190	198
失业保险金	1		1			
财产性收入	838	457	381	591	328	263
家庭其他成员供养	15938	4321	11617	7134	1850	5284
其　他	4114	2076	2038	2354	1195	1159

8-4　续表

单位：人

主要生活来源	基本健康			不健康，但生活能自理			不健康，生活不能自理		
	小计	男	女	小计	男	女	小计	男	女
总　计	**22927**	**10432**	**12495**	**6513**	**2883**	**3630**	**2096**	**979**	**1117**
劳动收入	1555	1182	373	147	112	35	5	1	4
离退休金/养老金	13339	6639	6700	2457	1265	1192	1070	590	480
最低生活保障金	923	434	489	1045	501	544	183	89	94
失业保险金							1		1
财产性收入	205	105	100	30	18	12	12	6	6
家庭其他成员供养	5643	1456	4187	2448	785	1663	713	230	483
其　他	1262	616	646	386	202	184	112	63	49

8-4a 全市分性别、主要生活来源、健康状况的60岁及以上老年人口(城市)

单位：人

主要生活来源	60岁及以上人口			健康		
	合计	男	女	小计	男	女
总　计	**63110**	**30714**	**32396**	**41446**	**21047**	**20399**
劳动收入	2659	2016	643	2281	1735	546
离退休金/养老金	47908	24674	23234	32348	17023	15325
最低生活保障金	805	352	453	177	78	99
失业保险金						
财产性收入	627	332	295	449	243	206
家庭其他成员供养	8681	2177	6504	4614	1197	3417
其　他	2430	1163	1267	1577	771	806

8-4a 续表

单位：人

主要生活来源	基本健康			不健康，但生活能自理			不健康，生活不能自理		
	小计	男	女	小计	男	女	小计	男	女
总　计	**16623**	**7466**	**9157**	**3541**	**1500**	**2041**	**1500**	**701**	**799**
劳动收入	353	263	90	24	18	6	1		1
离退休金/养老金	12425	6055	6370	2148	1061	1087	987	535	452
最低生活保障金	274	118	156	284	118	166	70	38	32
失业保险金									
财产性收入	151	73	78	18	12	6	9	4	5
家庭其他成员供养	2780	666	2114	919	224	695	368	90	278
其　他	640	291	349	148	67	81	65	34	31

8-4b　全市分性别、主要生活来源、健康状况的60岁及以上老年人口(镇)

单位：人

主要生活来源	60岁及以上人口			健　康		
	合计	男	女	小计	男	女
总　计	**5429**	**2706**	**2723**	**2851**	**1496**	**1355**
劳动收入	679	538	141	504	401	103
离退休金/养老金	1621	980	641	984	592	392
最低生活保障金	384	208	176	57	33	24
失业保险金						
财产性收入	113	67	46	84	50	34
家庭其他成员供养	2039	584	1455	895	232	663
其　他	593	329	264	327	188	139

8-4b　续表

单位：人

主要生活来源	基本健康			不健康，但生活能自理			不健康，生活不能自理		
	小计	男	女	小计	男	女	小计	男	女
总　计	**1746**	**825**	**921**	**679**	**315**	**364**	**153**	**70**	**83**
劳动收入	163	126	37	11	10	1	1	1	
离退休金/养老金	471	282	189	138	90	48	28	16	12
最低生活保障金	158	92	66	145	74	71	24	9	15
失业保险金									
财产性收入	22	12	10	5	3	2	2	2	
家庭其他成员供养	741	217	524	322	105	217	81	30	51
其　他	191	96	95	58	33	25	17	12	5

8-4c　全市分性别、主要生活来源、健康状况的60岁及以上老年人口(乡村)

单位：人

主要生活来源	60岁及以上人口			健　　康		
	合计	男	女	小计	男	女
总　　计	**12166**	**6124**	**6042**	**4872**	**2707**	**2165**
劳动收入	3117	2379	738	1963	1502	461
离退休金/养老金	1291	889	402	622	434	188
最低生活保障金	1350	654	696	154	79	75
失业保险金	1		1			
财产性收入	98	58	40	58	35	23
家庭其他成员供养	5218	1560	3658	1625	421	1204
其　　他	1091	584	507	450	236	214

8-4c　续表

单位：人

主要生活来源	基本健康			不健康，但生活能自理			不健康，生活不能自理		
	小计	男	女	小计	男	女	小计	男	女
总　　计	**4558**	**2141**	**2417**	**2293**	**1068**	**1225**	**443**	**208**	**235**
劳动收入	1039	793	246	112	84	28	3		3
离退休金/养老金	443	302	141	171	114	57	55	39	16
最低生活保障金	491	224	267	616	309	307	89	42	47
失业保险金							1		1
财产性收入	32	20	12	7	3	4	1		1
家庭其他成员供养	2122	573	1549	1207	456	751	264	110	154
其　　他	431	229	202	180	102	78	30	17	13

8-5　全市分性别、居住状况、健康状况的60岁及以上老年人口

单位：人

居住状况	60岁及以上人口			健　康		
	合计	男	女	小计	男	女
总　计	**80705**	**39544**	**41161**	**49169**	**25250**	**23919**
与配偶和子女同住	16564	9122	7442	11834	6594	5240
与配偶同住	41060	22045	19015	25971	14151	11820
与子女同住	10415	2938	7477	5229	1546	3683
独居(有保姆)	237	103	134	75	45	30
独居(无保姆)	9372	3550	5822	4350	1888	2462
养老机构	379	276	103	44	25	19
其　他	2678	1510	1168	1666	1001	665

8-5　续表

单位：人

居住状况	基本健康			不健康，但生活能自理			不健康，生活不能自理		
	小计	男	女	小计	男	女	小计	男	女
总　计	**22927**	**10432**	**12495**	**6513**	**2883**	**3630**	**2096**	**979**	**1117**
与配偶和子女同住	3680	1936	1744	801	437	364	249	155	94
与配偶同住	11630	5970	5660	2758	1490	1268	701	434	267
与子女同住	3431	930	2501	1127	287	840	628	175	453
独居(有保姆)	67	27	40	43	19	24	52	12	40
独居(无保姆)	3363	1160	2203	1448	441	1007	211	61	150
养老机构	111	86	25	121	98	23	103	67	36
其　他	645	323	322	215	111	104	152	75	77

8-5a 全市分性别、居住状况、健康状况的60岁及以上老年人口(城市)

单位：人

居住状况	60岁及以上人口			健康		
	合计	男	女	小计	男	女
总 计	**63110**	**30714**	**32396**	**41446**	**21047**	**20399**
与配偶和子女同住	14605	8015	6590	10759	5976	4783
与配偶同住	30589	16415	14174	20995	11371	9624
与子女同住	8850	2438	6412	4672	1341	3331
独居(有保姆)	208	86	122	61	36	25
独居(无保姆)	6580	2482	4098	3540	1515	2025
养老机构	194	119	75	29	11	18
其 他	2084	1159	925	1390	797	593

8-5a 续表

单位：人

居住状况	基本健康			不健康，但生活能自理			不健康，生活不能自理		
	小计	男	女	小计	男	女	小计	男	女
总 计	**16623**	**7466**	**9157**	**3541**	**1500**	**2041**	**1500**	**701**	**799**
与配偶和子女同住	3063	1597	1466	573	312	261	210	130	80
与配偶同住	7842	4051	3791	1301	705	596	451	288	163
与子女同住	2897	773	2124	781	186	595	500	138	362
独居(有保姆)	58	21	37	41	18	23	48	11	37
独居(无保姆)	2250	755	1495	679	184	495	111	28	83
养老机构	48	28	20	36	27	9	81	53	28
其 他	465	241	224	130	68	62	99	53	46

8-5b　全市分性别、居住状况、健康状况的60岁及以上老年人口(镇)

单位：人

居住状况	60岁及以上人口			健　康		
	合计	男	女	小计	男	女
总　计	**5429**	**2706**	**2723**	**2851**	**1496**	**1355**
与配偶和子女同住	754	423	331	435	242	193
与配偶同住	3082	1658	1424	1758	971	787
与子女同住	605	185	420	290	94	196
独居(有保姆)	11	4	7	7	3	4
独居(无保姆)	723	267	456	256	106	150
养老机构	68	57	11	4	4	
其　他	186	112	74	101	76	25

8-5b　续表

单位：人

居住状况	基本健康			不健康，但生活能自理			不健康，生活不能自理		
	小计	男	女	小计	男	女	小计	男	女
总　计	**1746**	**825**	**921**	**679**	**315**	**364**	**153**	**70**	**83**
与配偶和子女同住	240	132	108	69	44	25	10	5	5
与配偶同住	971	499	472	291	151	140	62	37	25
与子女同住	192	53	139	87	27	60	36	11	25
独居(有保姆)	2	1	1	1		1	1		1
独居(无保姆)	265	96	169	176	57	119	26	8	18
养老机构	28	27	1	35	26	9	1		1
其　他	48	17	31	20	10	10	17	9	8

8-5c 全市分性别、居住状况、健康状况的60岁及以上老年人口(乡村)

单位：人

居住状况	60岁及以上人口			健康		
	合计	男	女	小计	男	女
总　计	**12166**	**6124**	**6042**	**4872**	**2707**	**2165**
与配偶和子女同住	1205	684	521	640	376	264
与配偶同住	7389	3972	3417	3218	1809	1409
与子女同住	960	315	645	267	111	156
独居(有保姆)	18	13	5	7	6	1
独居(无保姆)	2069	801	1268	554	267	287
养老机构	117	100	17	11	10	1
其　他	408	239	169	175	128	47

8-5c　续表

单位：人

居住状况	基本健康			不健康，但生活能自理			不健康，生活不能自理		
	小计	男	女	小计	男	女	小计	男	女
总　计	**4558**	**2141**	**2417**	**2293**	**1068**	**1225**	**443**	**208**	**235**
与配偶和子女同住	377	207	170	159	81	78	29	20	9
与配偶同住	2817	1420	1397	1166	634	532	188	109	79
与子女同住	342	104	238	259	74	185	92	26	66
独居(有保姆)	7	5	2	1	1		3	1	2
独居(无保姆)	848	309	539	593	200	393	74	25	49
养老机构	35	31	4	50	45	5	21	14	7
其　他	132	65	67	65	33	32	36	13	23

8−6 各地区分性别、主要生活来源的60岁及以上老年人口

单位：人

地 区	60岁及以上人口			劳动收入		
	合计	男	女	小计	男	女
太原市	**80705**	**39544**	**41161**	**6455**	**4933**	**1522**
小店区	13944	6843	7101	1038	809	229
迎泽区	11070	5363	5707	432	302	130
杏花岭区	14261	6911	7350	479	358	121
尖草坪区	8423	4086	4337	486	392	94
万柏林区	14443	6997	7446	519	397	122
晋源区	4385	2091	2294	330	270	60
清徐县	6667	3285	3382	1888	1401	487
阳曲县	2809	1492	1317	703	522	181
娄烦县	1748	934	814	311	245	66
古交市	2955	1542	1413	269	237	32

8−6 续表 1

单位：人

地 区	离退休金/养老金			最低生活保障金			失业保险金		
	小计	男	女	小计	男	女	小计	男	女
太原市	**50820**	**26543**	**24277**	**2539**	**1214**	**1325**	**1**		**1**
小店区	8645	4456	4189	110	48	62			
迎泽区	9568	4718	4850	66	29	37			
杏花岭区	11958	6003	5955	161	83	78	1		1
尖草坪区	5286	2780	2506	218	108	110			
万柏林区	10697	5733	4964	190	75	115			
晋源区	1677	881	796	653	292	361			
清徐县	1028	642	386	224	122	102			
阳曲县	547	344	203	247	134	113			
娄烦县	258	197	61	524	256	268			
古交市	1156	789	367	146	67	79			

8-6 续表 2

单位：人

地区	财产性收入			家庭其他成员供养			其他		
	小计	男	女	小计	男	女	小计	男	女
太原市	**838**	**457**	**381**	**15938**	**4321**	**11617**	**4114**	**2076**	**2038**
小店区	279	145	134	2855	863	1992	1017	522	495
迎泽区	119	63	56	787	203	584	98	48	50
杏花岭区	41	28	13	1364	318	1046	257	121	136
尖草坪区	62	32	30	1770	484	1286	601	290	311
万柏林区	132	71	61	2316	469	1847	589	252	337
晋源区	81	41	40	1337	448	889	307	159	148
清徐县	68	43	25	2986	847	2139	473	230	243
阳曲县	36	21	15	1025	315	710	251	156	95
娄烦县	14	8	6	467	115	352	174	113	61
古交市	6	5	1	1031	259	772	347	185	162

8-6a 各地区分性别、主要生活来源的60岁及以上老年人口(城市)

单位：人

地区	60岁及以上人口			劳动收入		
	合计	男	女	小计	男	女
太原市	**63110**	**30714**	**32396**	**2659**	**2016**	**643**
小店区	11393	5599	5794	597	450	147
迎泽区	10947	5293	5654	416	286	130
杏花岭区	13704	6615	7089	390	282	108
尖草坪区	7711	3736	3975	382	302	80
万柏林区	14328	6937	7391	513	393	120
晋源区	3390	1639	1751	257	212	45
清徐县						
阳曲县						
娄烦县						
古交市	1637	895	742	104	91	13

8-6a 续表 1 单位：人

地 区	离退休金/养老金			最低生活保障金			失业保险金		
	小计	男	女	小计	男	女	小计	男	女
太原市	**47908**	**24674**	**23234**	**805**	**352**	**453**			
小店区	8253	4230	4023	49	19	30			
迎泽区	9540	4702	4838	47	19	28			
杏花岭区	11831	5919	5912	100	51	49			
尖草坪区	5171	2708	2463	133	64	69			
万柏林区	10648	5685	4963	186	73	113			
晋源区	1574	823	751	264	117	147			
清徐县									
阳曲县									
娄烦县									
古交市	891	607	284	26	9	17			

8-6a 续表 2 单位：人

地 区	财产性收入			家庭其他成员供养			其 他		
	小计	男	女	小计	男	女	小计	男	女
太原市	**627**	**332**	**295**	**8681**	**2177**	**6504**	**2430**	**1163**	**1267**
小店区	213	108	105	1605	461	1144	676	331	345
迎泽区	104	55	49	747	185	562	93	46	47
杏花岭区	34	23	11	1130	238	892	219	102	117
尖草坪区	59	30	29	1457	379	1078	509	253	256
万柏林区	132	71	61	2268	466	1802	581	249	332
晋源区	79	40	39	983	327	656	233	120	113
清徐县									
阳曲县									
娄烦县									
古交市	6	5	1	491	121	370	119	62	57

8-6b 各地区分性别、主要生活来源的60岁及以上老年人口(镇)

单位：人

地区	60岁及以上人口			劳动收入		
	合计	男	女	小计	男	女
太原市	**5429**	**2706**	**2723**	**679**	**538**	**141**
小店区	1130	556	574	123	103	20
迎泽区						
杏花岭区						
尖草坪区	41	19	22			
万柏林区	102	52	50	4	2	2
晋源区	218	105	113	13	9	4
清徐县	2176	1072	1104	370	285	85
阳曲县	953	500	453	120	95	25
娄烦县	551	280	271	37	32	5
古交市	258	122	136	12	12	

8-6b 续表 1

单位：人

地区	离退休金/养老金			最低生活保障金			失业保险金		
	小计	男	女	小计	男	女	小计	男	女
太原市	**1621**	**980**	**641**	**384**	**208**	**176**			
小店区	293	157	136	25	10	15			
迎泽区									
杏花岭区									
尖草坪区	41	19	22						
万柏林区	48	47	1	3	1	2			
晋源区	35	20	15	92	47	45			
清徐县	621	355	266	57	40	17			
阳曲县	323	198	125	73	42	31			
娄烦县	139	101	38	121	63	58			
古交市	121	83	38	13	5	8			

8-6b 续表 2

单位：人

地区	财产性收入			家庭其他成员供养			其他		
	小计	男	女	小计	男	女	小计	男	女
太原市	**113**	**67**	**46**	**2039**	**584**	**1455**	**593**	**329**	**264**
小店区	47	26	21	441	147	294	201	113	88
迎泽区									
杏花岭区									
尖草坪区									
万柏林区				43	1	42	4	1	3
晋源区				65	22	43	13	7	6
清徐县	54	35	19	873	252	621	201	105	96
阳曲县	12	6	6	345	108	237	80	51	29
娄烦县				194	48	146	60	36	24
古交市				78	6	72	34	16	18

8-6c 各地区分性别、主要生活来源的60岁及以上老年人口(乡村)

单位：人

地区	60岁及以上人口			劳动收入		
	合计	男	女	小计	男	女
太原市	**12166**	**6124**	**6042**	**3117**	**2379**	**738**
小店区	1421	688	733	318	256	62
迎泽区	123	70	53	16	16	
杏花岭区	557	296	261	89	76	13
尖草坪区	671	331	340	104	90	14
万柏林区	13	8	5	2	2	
晋源区	777	347	430	60	49	11
清徐县	4491	2213	2278	1518	1116	402
阳曲县	1856	992	864	583	427	156
娄烦县	1197	654	543	274	213	61
古交市	1060	525	535	153	134	19

8-6c 续表 1 单位：人

地区	离退休金/养老金			最低生活保障金			失业保险金		
	小计	男	女	小计	男	女	小计	男	女
太原市	**1291**	**889**	**402**	**1350**	**654**	**696**	**1**		**1**
小店区	99	69	30	36	19	17			
迎泽区	28	16	12	19	10	9			
杏花岭区	127	84	43	61	32	29	1		1
尖草坪区	74	53	21	85	44	41			
万柏林区	1	1		1	1				
晋源区	68	38	30	297	128	169			
清徐县	407	287	120	167	82	85			
阳曲县	224	146	78	174	92	82			
娄烦县	119	96	23	403	193	210			
古交市	144	99	45	107	53	54			

8-6c 续表 2 单位：人

地区	财产性收入			家庭其他成员供养			其他		
	小计	男	女	小计	男	女	小计	男	女
太原市	**98**	**58**	**40**	**5218**	**1560**	**3658**	**1091**	**584**	**507**
小店区	19	11	8	809	255	554	140	78	62
迎泽区	15	8	7	40	18	22	5	2	3
杏花岭区	7	5	2	234	80	154	38	19	19
尖草坪区	3	2	1	313	105	208	92	37	55
万柏林区				5	2	3	4	2	2
晋源区	2	1	1	289	99	190	61	32	29
清徐县	14	8	6	2113	595	1518	272	125	147
阳曲县	24	15	9	680	207	473	171	105	66
娄烦县	14	8	6	273	67	206	114	77	37
古交市				462	132	330	194	107	87

8-7　全市分年龄、性别、主要生活来源的人口

单位：人

年　龄	15岁及以上人口			劳动收入		
	合计	男	女	小计	男	女
总　计	**416471**	**210029**	**206442**	**207732**	**128624**	**79108**
45岁以下	**225212**	**114007**	**111205**	**137553**	**80726**	**56827**
45-49岁	**38683**	**19534**	**19149**	**27926**	**16603**	**11323**
45	7038	3568	3470	5227	3098	2129
46	7723	3867	3856	5618	3314	2304
47	7912	3991	3921	5734	3381	2353
48	8007	4035	3972	5731	3414	2317
49	8003	4073	3930	5616	3396	2220
50-54岁	**36834**	**19073**	**17761**	**22010**	**15303**	**6707**
50	8337	4291	4046	5347	3566	1781
51	7709	4022	3687	4788	3297	1491
52	7800	3956	3844	4584	3171	1413
53	6025	3131	2894	3490	2464	1026
54	6963	3673	3290	3801	2805	996
55-59岁	**35037**	**17871**	**17166**	**13788**	**11059**	**2729**
55	7559	3862	3697	3420	2669	751
56	7555	3877	3678	3075	2469	606
57	9019	4562	4457	3532	2844	688
58	6881	3531	3350	2483	2033	450
59	4023	2039	1984	1278	1044	234
60-64岁	**28176**	**14403**	**13773**	**3823**	**2902**	**921**
60	5893	3028	2865	1016	774	242
61	5499	2879	2620	781	591	190
62	5716	2914	2802	737	547	190
63	5990	3022	2968	740	558	182
64	5078	2560	2518	549	432	117
65-69岁	**21184**	**10477**	**10707**	**1884**	**1430**	**454**
65	5056	2577	2479	528	391	137
66	4933	2487	2446	473	370	103
67	4136	2020	2116	357	267	90
68	3695	1795	1900	275	211	64
69	3364	1598	1766	251	191	60

8-7 续表 1

单位：人

年龄	15岁及以上人口			劳动收入		
	合计	男	女	小计	男	女
70-74岁	**11813**	**5760**	**6053**	**550**	**445**	**105**
70	3197	1584	1613	223	179	44
71	2293	1124	1169	102	85	17
72	2033	1016	1017	83	65	18
73	2169	1043	1126	76	59	17
74	2121	993	1128	66	57	9
75-79岁	**8118**	**3714**	**4404**	**151**	**123**	**28**
75	1707	800	907	33	26	7
76	1612	736	876	41	35	6
77	1569	727	842	39	31	8
78	1708	758	950	24	18	6
79	1522	693	829	14	13	1
80-84岁	**6776**	**3008**	**3768**	**43**	**29**	**14**
80	1528	643	885	13	8	5
81	1406	607	799	8	6	2
82	1423	638	785	9	7	2
83	1233	572	661	7	6	1
84	1186	548	638	6	2	4
85-89岁	**3448**	**1618**	**1830**	**3**	**3**	
85	984	448	536			
86	812	369	443	1	1	
87	744	362	382	1	1	
88	513	249	264			
89	395	190	205	1	1	
90-94岁	**1020**	**492**	**528**	**1**	**1**	
90	367	181	186	1	1	
91	241	108	133			
92	199	97	102			
93	115	51	64			
94	98	55	43			
95-99岁	**163**	**68**	**95**			
95	68	31	37			
96	42	18	24			
97	28	12	16			
98	17	3	14			
99	8	4	4			
100岁及以上	**7**	**4**	**3**			

8-7　续表 2

单位：人

年　龄	离退休金/养老金			最低生活保障金			失业保险金		
	小计	男	女	小计	男	女	小计	男	女
总　计	**69076**	**30808**	**38268**	**4057**	**2122**	**1935**	**103**	**65**	**38**
45岁以下	**11**	**3**	**8**	**583**	**328**	**255**	**45**	**26**	**19**
45-49岁	**614**	**19**	**595**	**271**	**151**	**120**	**30**	**13**	**17**
45	34	1	33	43	22	21	9	4	5
46	62	1	61	59	32	27	4		4
47	117	5	112	53	31	22	5	3	2
48	148	4	144	56	33	23	2	1	1
49	253	8	245	60	33	27	10	5	5
50-54岁	**5301**	**627**	**4674**	**307**	**195**	**112**	**23**	**22**	**1**
50	867	54	813	68	41	27	2	1	1
51	1029	112	917	55	36	19	5	5	
52	1206	123	1083	80	52	28	4	4	
53	917	131	786	42	28	14	6	6	
54	1282	207	1075	62	38	24	6	6	
55-59岁	**12330**	**3616**	**8714**	**357**	**234**	**123**	**4**	**4**	
55	2222	511	1711	83	56	27	2	2	
56	2508	713	1795	59	43	16	1	1	
57	3198	904	2294	85	59	26			
58	2585	838	1747	74	41	33	1	1	
59	1817	650	1167	56	35	21			
60-64岁	**17305**	**9107**	**8198**	**554**	**276**	**278**			
60	3399	1749	1650	96	49	47			
61	3363	1840	1523	102	50	52			
62	3655	1898	1757	99	49	50			
63	3748	1943	1805	135	70	65			
64	3140	1677	1463	122	58	64			
65-69岁	**12751**	**6717**	**6034**	**706**	**339**	**367**			
65	3150	1680	1470	113	56	57			
66	3029	1622	1407	145	69	76			
67	2470	1283	1187	138	61	77			
68	2156	1130	1026	163	86	77			
69	1946	1002	944	147	67	80			

8-7 续表 3

单位：人

年龄	离退休金/养老金			最低生活保障金			失业保险金		
	小计	男	女	小计	男	女	小计	男	女
70-74岁	**7295**	**3860**	**3435**	**565**	**289**	**276**	**1**		**1**
70	1886	997	889	137	76	61			
71	1401	752	649	108	54	54			
72	1304	699	605	102	50	52			
73	1413	739	674	101	50	51			
74	1291	673	618	117	59	58	1		1
75-79岁	**5374**	**2675**	**2699**	**340**	**158**	**182**			
75	1080	566	514	74	31	43			
76	994	510	484	78	37	41			
77	1049	524	525	58	24	34			
78	1162	540	622	77	36	41			
79	1089	535	554	53	30	23			
80-84岁	**4903**	**2399**	**2504**	**213**	**97**	**116**			
80	1100	512	588	46	17	29			
81	1005	476	529	38	20	18			
82	1028	505	523	46	25	21			
83	916	479	437	39	14	25			
84	854	427	427	44	21	23			
85-89岁	**2446**	**1331**	**1115**	**107**	**44**	**63**			
85	706	359	347	29	15	14			
86	581	309	272	31	15	16			
87	528	301	227	22	6	16			
88	359	200	159	14	5	9			
89	272	162	110	11	3	8			
90-94岁	**657**	**399**	**258**	**43**	**10**	**33**			
90	240	147	93	18	3	15			
91	157	88	69	12	4	8			
92	124	75	49	7	3	4			
93	69	42	27	3		3			
94	67	47	20	3		3			
95-99岁	**87**	**53**	**34**	**11**	**1**	**10**			
95	37	23	14	4	1	3			
96	22	14	8	4		4			
97	17	11	6	1		1			
98	7	2	5	2		2			
99	4	3	1						
100岁及以上	**2**	**2**							

8-7 续表 4

单位：人

年龄	财产性收入			家庭其他成员供养			其他		
	小计	男	女	小计	男	女	小计	男	女
总计	**3642**	**2030**	**1612**	**107481**	**33647**	**73834**	**24380**	**12733**	**11647**
45岁以下	**1354**	**760**	**594**	**73121**	**25787**	**47334**	**12545**	**6377**	**6168**
45-49岁	**531**	**287**	**244**	**6396**	**938**	**5458**	**2915**	**1523**	**1392**
45	88	48	40	1142	135	1007	495	260	235
46	104	53	51	1270	162	1108	606	305	301
47	110	60	50	1283	198	1085	610	313	297
48	107	62	45	1352	195	1157	611	326	285
49	122	64	58	1349	248	1101	593	319	274
50-54岁	**492**	**281**	**211**	**6133**	**1183**	**4950**	**2568**	**1462**	**1106**
50	93	52	41	1393	266	1127	567	311	256
51	112	63	49	1210	221	989	510	288	222
52	114	65	49	1282	236	1046	530	305	225
53	76	44	32	1026	186	840	468	272	196
54	97	57	40	1222	274	948	493	286	207
55-59岁	**427**	**245**	**182**	**5893**	**1418**	**4475**	**2238**	**1295**	**943**
55	107	60	47	1240	279	961	485	285	200
56	98	57	41	1287	293	994	527	301	226
57	99	57	42	1548	379	1169	557	319	238
58	84	50	34	1195	303	892	459	265	194
59	39	21	18	623	164	459	210	125	85
60-64岁	**327**	**180**	**147**	**4600**	**1133**	**3467**	**1567**	**805**	**762**
60	74	44	30	977	232	745	331	180	151
61	61	34	27	865	201	664	327	163	164
62	65	33	32	863	225	638	297	162	135
63	70	41	29	982	250	732	315	160	155
64	57	28	29	913	225	688	297	140	157
65-69岁	**303**	**168**	**135**	**4353**	**1204**	**3149**	**1187**	**619**	**568**
65	69	42	27	933	269	664	263	139	124
66	75	44	31	932	241	691	279	141	138
67	62	28	34	870	259	611	239	122	117
68	56	26	30	831	227	604	214	115	99
69	41	28	13	787	208	579	192	102	90

8-7 续表 5 单位：人

年 龄	财产性收入			家庭其他成员供养			其 他		
	小计	男	女	小计	男	女	小计	男	女
70-74岁	**110**	**58**	**52**	**2647**	**786**	**1861**	**645**	**322**	**323**
70	38	19	19	745	222	523	168	91	77
71	14	8	6	518	148	370	150	77	73
72	22	10	12	417	140	277	105	52	53
73	19	12	7	454	141	313	106	42	64
74	17	9	8	513	135	378	116	60	56
75-79岁	**60**	**32**	**28**	**1847**	**551**	**1296**	**346**	**175**	**171**
75	17	11	6	403	110	293	100	56	44
76	13	7	6	424	116	308	62	31	31
77	10	6	4	340	102	238	73	40	33
78	9	2	7	376	134	242	60	28	32
79	11	6	5	304	89	215	51	20	31
80-84岁	**25**	**12**	**13**	**1373**	**380**	**993**	**219**	**91**	**128**
80	4	1	3	318	82	236	47	23	24
81	8	4	4	302	84	218	45	17	28
82	6	4	2	289	79	210	45	18	27
83	1	1		233	58	175	37	14	23
84	6	2	4	231	77	154	45	19	26
85-89岁	**9**	**4**	**5**	**786**	**199**	**587**	**97**	**37**	**60**
85	1		1	219	66	153	29	8	21
86	3	1	2	173	32	141	23	11	12
87	2	1	1	173	44	129	18	9	9
88	3	2	1	123	35	88	14	7	7
89				98	22	76	13	2	11
90-94岁	**3**	**2**	**1**	**271**	**57**	**214**	**45**	**23**	**22**
90	3	2	1	86	20	66	19	8	11
91				62	11	51	10	5	5
92				59	14	45	9	5	4
93				38	6	32	5	3	2
94				26	6	20	2	2	
95-99岁	**1**	**1**		**57**	**10**	**47**	**7**	**3**	**4**
95				23	5	18	4	2	2
96	1	1		13	2	11	2	1	1
97				9	1	8	1		1
98				8	1	7			
99				4	1	3			
100岁及以上				**4**	**1**	**3**	**1**	**1**	

8-7a 全市分年龄、性别、主要生活来源的人口(城市)

单位：人

年 龄	15岁及以上人口			劳动收入		
	合计	男	女	小计	男	女
总 计	**328321**	**163757**	**164564**	**162627**	**97598**	**65029**
45岁以下	**177577**	**88839**	**88738**	**110355**	**62582**	**47773**
45-49岁	**30549**	**15156**	**15393**	**22284**	**12818**	**9466**
45	5575	2776	2799	4184	2407	1777
46	6068	3003	3065	4469	2570	1899
47	6218	3085	3133	4549	2594	1955
48	6355	3148	3207	4600	2645	1955
49	6333	3144	3189	4482	2602	1880
50-54岁	**29105**	**14895**	**14210**	**17144**	**11819**	**5325**
50	6641	3375	3266	4236	2780	1456
51	6124	3188	2936	3757	2576	1181
52	6225	3114	3111	3600	2482	1118
53	4637	2368	2269	2648	1841	807
54	5478	2850	2628	2903	2140	763
55-59岁	**27980**	**14153**	**13827**	**10185**	**8363**	**1822**
55	5950	3011	2939	2555	2036	519
56	6034	3061	2973	2301	1871	430
57	7282	3643	3639	2642	2177	465
58	5441	2785	2656	1765	1489	276
59	3273	1653	1620	922	790	132
60-64岁	**22448**	**11491**	**10957**	**1814**	**1385**	**429**
60	4676	2410	2266	546	424	122
61	4394	2320	2074	373	283	90
62	4639	2357	2282	347	260	87
63	4775	2391	2384	334	257	77
64	3964	2013	1951	214	161	53
65-69岁	**16045**	**7963**	**8082**	**616**	**461**	**155**
65	3950	2025	1925	190	145	45
66	3785	1909	1876	164	129	35
67	3122	1512	1610	108	74	34
68	2746	1346	1400	81	60	21
69	2442	1171	1271	73	53	20

8-7a 续表 1 单位：人

年 龄	15岁及以上人口			劳动收入		
	合计	男	女	小计	男	女
70-74岁	**8866**	**4230**	**4636**	**155**	**116**	**39**
70	2326	1141	1185	63	48	15
71	1754	844	910	29	22	7
72	1541	750	791	22	15	7
73	1694	802	892	24	18	6
74	1551	693	858	17	13	4
75-79岁	**6239**	**2775**	**3464**	**52**	**38**	**14**
75	1310	603	707	12	10	2
76	1181	533	648	18	14	4
77	1200	542	658	11	6	5
78	1314	558	756	8	5	3
79	1234	539	695	3	3	
80-84岁	**5657**	**2439**	**3218**	**20**	**14**	**6**
80	1272	514	758	8	5	3
81	1157	481	676	1	1	
82	1185	507	678	2	2	
83	1052	485	567	5	5	
84	991	452	539	4	1	3
85-89岁	**2882**	**1344**	**1538**	**1**	**1**	
85	813	361	452			
86	692	313	379	1	1	
87	610	300	310			
88	433	214	219			
89	334	156	178			
90-94岁	**833**	**412**	**421**	**1**	**1**	
90	295	150	145	1	1	
91	204	89	115			
92	166	85	81			
93	89	41	48			
94	79	47	32			
95-99岁	**134**	**57**	**77**			
95	59	25	34			
96	32	16	16			
97	22	10	12			
98	14	3	11			
99	7	3	4			
100岁及以上	**6**	**3**	**3**			

8-7a　续表 2　　　　单位：人

年　龄	离退休金/养老金			最低生活保障金			失业保险金		
	小计	男	女	小计	男	女	小计	男	女
总　计	**65409**	**28700**	**36709**	**1657**	**875**	**782**	**93**	**57**	**36**
45岁以下	**11**	**3**	**8**	**323**	**171**	**152**	**40**	**22**	**18**
45-49岁	**591**	**18**	**573**	**161**	**84**	**77**	**29**	**12**	**17**
45	32	1	31	17	8	9	9	4	5
46	57	1	56	32	15	17	4		4
47	113	4	109	34	20	14	4	2	2
48	145	4	141	39	21	18	2	1	1
49	244	8	236	39	20	19	10	5	5
50-54岁	**5093**	**587**	**4506**	**186**	**135**	**51**	**21**	**20**	**1**
50	832	49	783	43	29	14	2	1	1
51	988	108	880	36	26	10	5	5	
52	1163	114	1049	48	35	13	3	3	
53	874	125	749	24	17	7	5	5	
54	1236	191	1045	35	28	7	6	6	
55-59岁	**11806**	**3418**	**8388**	**182**	**133**	**49**	**3**	**3**	
55	2124	481	1643	48	35	13	1	1	
56	2385	672	1713	32	24	8	1	1	
57	3071	851	2220	44	37	7			
58	2476	794	1682	40	24	16	1	1	
59	1750	620	1130	18	13	5			
60-64岁	**16545**	**8642**	**7903**	**219**	**116**	**103**			
60	3250	1667	1583	45	21	24			
61	3216	1749	1467	42	25	17			
62	3499	1800	1699	38	18	20			
63	3587	1834	1753	47	26	21			
64	2993	1592	1401	47	26	21			
65-69岁	**12035**	**6298**	**5737**	**227**	**113**	**114**			
65	3004	1595	1409	43	21	22			
66	2884	1535	1349	49	23	26			
67	2321	1201	1120	43	20	23			
68	2023	1046	977	48	28	20			
69	1803	921	882	44	21	23			

8-7a 续表 3 单位：人

年 龄	离退休金/养老金			最低生活保障金			失业保险金		
	小计	男	女	小计	男	女	小计	男	女
70—74岁	**6733**	**3484**	**3249**	**154**	**60**	**94**			
70	1729	899	830	36	18	18			
71	1299	684	615	31	12	19			
72	1214	635	579	21	7	14			
73	1319	678	641	37	13	24			
74	1172	588	584	29	10	19			
75—79岁	**4940**	**2390**	**2550**	**86**	**31**	**55**			
75	994	510	484	22	7	15			
76	901	445	456	20	9	11			
77	967	474	493	12	4	8			
78	1065	482	583	17	3	14			
79	1013	479	534	15	8	7			
80—84岁	**4617**	**2195**	**2422**	**68**	**23**	**45**			
80	1028	458	570	13	2	11			
81	946	434	512	14	5	9			
82	968	465	503	10	3	7			
83	871	443	428	11	1	10			
84	804	395	409	20	12	8			
85—89岁	**2330**	**1241**	**1089**	**28**	**7**	**21**			
85	667	332	335	7	1	6			
86	560	292	268	9	5	4			
87	500	279	221	4		4			
88	347	191	156	4	1	3			
89	256	147	109	4		4			
90—94岁	**625**	**374**	**251**	**18**	**2**	**16**			
90	223	135	88	8		8			
91	149	82	67	8	1	7			
92	123	74	49	1	1				
93	66	39	27						
94	64	44	20	1		1			
95—99岁	**82**	**49**	**33**	**5**		**5**			
95	35	21	14	2		2			
96	21	14	7	2		2			
97	16	10	6	1		1			
98	7	2	5						
99	3	2	1						
100岁及以上	**1**	**1**							

8-7a　续表 4　　　　单位：人

年龄	财产性收入			家庭其他成员供养			其他		
	小计	男	女	小计	男	女	小计	男	女
总　计	**3034**	**1684**	**1350**	**77598**	**25468**	**52130**	**17903**	**9375**	**8528**
45岁以下	**1198**	**672**	**526**	**55900**	**20420**	**35480**	**9750**	**4969**	**4781**
45-49岁	**451**	**241**	**210**	**4773**	**809**	**3964**	**2260**	**1174**	**1086**
45	74	40	34	871	117	754	388	199	189
46	90	46	44	946	132	814	470	239	231
47	91	48	43	955	174	781	472	243	229
48	94	55	39	1008	171	837	467	251	216
49	102	52	50	993	215	778	463	242	221
50-54岁	**404**	**232**	**172**	**4347**	**970**	**3377**	**1910**	**1132**	**778**
50	80	48	32	1018	222	796	430	246	184
51	91	52	39	857	185	672	390	236	154
52	95	53	42	924	194	730	392	233	159
53	60	35	25	686	140	546	340	205	135
54	78	44	34	862	229	633	358	212	146
55-59岁	**354**	**207**	**147**	**3897**	**1092**	**2805**	**1553**	**937**	**616**
55	87	50	37	807	211	596	328	197	131
56	80	48	32	854	216	638	381	229	152
57	86	49	37	1045	298	747	394	231	163
58	71	43	28	780	240	540	308	194	114
59	30	17	13	411	127	284	142	86	56
60-64岁	**252**	**140**	**112**	**2642**	**695**	**1947**	**976**	**513**	**463**
60	58	36	22	565	142	423	212	120	92
61	46	26	20	496	128	368	221	109	112
62	54	28	26	523	148	375	178	103	75
63	50	29	21	568	151	417	189	94	95
64	44	21	23	490	126	364	176	87	89
65-69岁	**219**	**115**	**104**	**2265**	**643**	**1622**	**683**	**333**	**350**
65	49	29	20	503	157	346	161	78	83
66	49	29	20	480	120	360	159	73	86
67	47	17	30	470	140	330	133	60	73
68	45	22	23	417	117	300	132	73	59
69	29	18	11	395	109	286	98	49	49

8-7a 续表 5 单位：人

年 龄	财产性收入			家庭其他成员供养			其 他		
	小计	男	女	小计	男	女	小计	男	女
70—74岁	**82**	**40**	**42**	**1390**	**372**	**1018**	**352**	**158**	**194**
70	33	15	18	383	120	263	82	41	41
71	11	5	6	295	80	215	89	41	48
72	13	6	7	209	61	148	62	26	36
73	14	9	5	246	60	186	54	24	30
74	11	5	6	257	51	206	65	26	39
75—79岁	**47**	**25**	**22**	**931**	**214**	**717**	**183**	**77**	**106**
75	14	9	5	219	46	173	49	21	28
76	11	6	5	200	46	154	31	13	18
77	7	4	3	167	35	132	36	19	17
78	5	1	4	182	53	129	37	14	23
79	10	5	5	163	34	129	30	10	20
80—84岁	**19**	**9**	**10**	**796**	**150**	**646**	**137**	**48**	**89**
80	2		2	195	37	158	26	12	14
81	8	4	4	155	25	130	33	12	21
82	4	2	2	177	29	148	24	6	18
83	1	1		137	26	111	27	9	18
84	4	2	2	132	33	99	27	9	18
85—89岁	**6**	**1**	**5**	**452**	**74**	**378**	**65**	**20**	**45**
85	1		1	115	23	92	23	5	18
86	2		2	105	9	96	15	6	9
87	1		1	98	18	80	7	3	4
88	2	1	1	69	16	53	11	5	6
89				65	8	57	9	1	8
90—94岁	**2**	**2**		**160**	**23**	**137**	**27**	**10**	**17**
90	2	2		49	9	40	12	3	9
91				42	5	37	5	1	4
92				37	7	30	5	3	2
93				20	1	19	3	1	2
94				12	1	11	2	2	
95—99岁				**41**	**5**	**36**	**6**	**3**	**3**
95				18	2	16	4	2	2
96				7	1	6	2	1	1
97				5		5			
98				7	1	6			
99				4	1	3			
100岁及以上				**4**	**1**	**3**	**1**	**1**	

8-7b　全市分年龄、性别、主要生活来源的人口(镇)

单位：人

年　龄	15岁及以上人口			劳动收入		
	合计	男	女	小计	男	女
总　计	**41669**	**21362**	**20307**	**20967**	**13777**	**7190**
45岁以下	**27328**	**13944**	**13384**	**15068**	**9592**	**5476**
45-49岁	**3547**	**1860**	**1687**	**2428**	**1564**	**864**
45	657	349	308	457	291	166
46	751	366	385	519	308	211
47	740	389	351	505	327	178
48	714	373	341	474	315	159
49	685	383	302	473	323	150
50-54岁	**2862**	**1532**	**1330**	**1703**	**1215**	**488**
50	662	354	308	410	291	119
51	553	288	265	342	238	104
52	603	324	279	364	248	116
53	519	267	252	279	208	71
54	525	299	226	308	230	78
55-59岁	**2503**	**1320**	**1183**	**1089**	**868**	**221**
55	617	344	273	303	237	66
56	554	299	255	246	198	48
57	576	298	278	249	201	48
58	514	248	266	200	159	41
59	242	131	111	91	73	18
60-64岁	**1794**	**928**	**866**	**401**	**309**	**92**
60	412	207	205	113	85	28
61	347	179	168	94	68	26
62	318	176	142	68	57	11
63	390	204	186	78	59	19
64	327	162	165	48	40	8
65-69岁	**1530**	**734**	**796**	**204**	**165**	**39**
65	332	162	170	58	48	10
66	348	171	177	42	36	6
67	310	153	157	42	31	11
68	289	134	155	37	28	9
69	251	114	137	25	22	3

8-7b 续表 1 单位：人

年 龄	15岁及以上人口			劳动收入		
	合计	男	女	小计	男	女
70-74岁	**940**	**473**	**467**	**60**	**53**	**7**
70	274	130	144	25	22	3
71	177	81	96	8	7	1
72	154	81	73	8	7	1
73	155	82	73	12	11	1
74	180	99	81	7	6	1
75-79岁	**596**	**289**	**307**	**12**	**9**	**3**
75	126	68	58	3	2	1
76	131	58	73	4	4	
77	115	54	61	2		2
78	124	57	67	1	1	
79	100	52	48	2	2	
80-84岁	**319**	**154**	**165**	**1**	**1**	
80	78	40	38			
81	72	33	39			
82	72	35	37			
83	45	21	24			
84	52	25	27	1	1	
85-89岁	**184**	**101**	**83**	**1**	**1**	
85	61	35	26			
86	36	20	16			
87	49	22	27	1	1	
88	19	9	10			
89	19	15	4			
90-94岁	**53**	**20**	**33**			
90	17	7	10			
91	16	6	10			
92	4	3	1			
93	11	3	8			
94	5	1	4			
95-99岁	**12**	**6**	**6**			
95	4	3	1			
96	3	1	2			
97	4	2	2			
98	1		1			
99						
100岁及以上	**1**	**1**				

8-7b 续表 2

单位：人

年 龄	离退休金/养老金			最低生活保障金			失业保险金		
	小计	男	女	小计	男	女	小计	男	女
总 计	**2144**	**1118**	**1026**	**650**	**350**	**300**	**7**	**6**	**1**
45岁以下				**106**	**57**	**49**	**3**	**2**	**1**
45-49岁	**19**	**1**	**18**	**55**	**31**	**24**	**1**	**1**	
45	1		1	17	8	9			
46	5		5	11	7	4			
47	4	1	3	9	4	5	1	1	
48	1		1	9	5	4			
49	8		8	9	7	2			
50-54岁	**143**	**22**	**121**	**43**	**20**	**23**	**2**	**2**	
50	21	2	19	10	2	8			
51	29	3	26	5	2	3			
52	26	4	22	11	6	5	1	1	
53	35	4	31	6	4	2	1	1	
54	32	9	23	11	6	5			
55-59岁	**361**	**115**	**246**	**62**	**34**	**28**	**1**	**1**	
55	76	20	56	19	10	9	1	1	
56	82	24	58	12	9	3			
57	90	32	58	12	4	8			
58	71	21	50	7	4	3			
59	42	18	24	12	7	5			
60-64岁	**480**	**289**	**191**	**92**	**41**	**51**			
60	104	56	48	18	10	8			
61	98	61	37	17	6	11			
62	91	56	35	12	7	5			
63	101	63	38	23	13	10			
64	86	53	33	22	5	17			
65-69岁	**388**	**225**	**163**	**96**	**56**	**40**			
65	84	53	31	16	8	8			
66	76	44	32	21	14	7			
67	84	46	38	18	11	7			
68	68	41	27	25	15	10			
69	76	41	35	16	8	8			

8-7b 续表 3 单位：人

年 龄	离退休金/养老金			最低生活保障金			失业保险金		
	小计	男	女	小计	男	女	小计	男	女
70-74岁	**289**	**173**	**116**	**112**	**71**	**41**			
70	79	40	39	32	20	12			
71	56	33	23	19	12	7			
72	46	34	12	18	11	7			
73	53	30	23	17	11	6			
74	55	36	19	26	17	9			
75-79岁	**235**	**138**	**97**	**43**	**22**	**21**			
75	50	30	20	9	6	3			
76	45	27	18	7	3	4			
77	47	26	21	8	3	5			
78	51	26	25	12	6	6			
79	42	29	13	7	4	3			
80-84岁	**144**	**88**	**56**	**20**	**10**	**10**			
80	39	27	12	4	1	3			
81	28	15	13	3	3				
82	34	20	14	7	3	4			
83	20	14	6	3	2	1			
84	23	12	11	3	1	2			
85-89岁	**68**	**53**	**15**	**13**	**7**	**6**			
85	24	17	7	4	2	2			
86	10	9	1	4	2	2			
87	17	12	5	4	2	2			
88	7	5	2	1	1				
89	10	10							
90-94岁	**12**	**10**	**2**	**6**	**1**	**5**			
90	5	4	1	2		2			
91	4	3	1	1	1				
92	1	1							
93	2	2		2		2			
94				1		1			
95-99岁	**4**	**3**	**1**	**2**		**2**			
95	2	2		1		1			
96	1		1						
97	1	1							
98				1		1			
99									
100岁及以上	**1**	**1**							

8-7b 续表 4 单位：人

年 龄	财产性收入			家庭其他成员供养			其 他		
	小计	男	女	小计	男	女	小计	男	女
总 计	**387**	**221**	**166**	**14573**	**4349**	**10224**	**2941**	**1541**	**1400**
45岁以下	**111**	**62**	**49**	**10579**	**3494**	**7085**	**1461**	**737**	**724**
45-49岁	**59**	**34**	**25**	**679**	**63**	**616**	**306**	**166**	**140**
45	11	6	5	111	8	103	60	36	24
46	11	5	6	135	13	122	70	33	37
47	17	11	6	144	13	131	60	32	28
48	10	6	4	155	13	142	65	34	31
49	10	6	4	134	16	118	51	31	20
50-54岁	**59**	**33**	**26**	**628**	**90**	**538**	**284**	**150**	**134**
50	8	2	6	142	21	121	71	36	35
51	13	7	6	116	17	99	48	21	27
52	15	10	5	128	18	110	58	37	21
53	13	7	6	126	19	107	59	24	35
54	10	7	3	116	15	101	48	32	16
55-59岁	**45**	**25**	**20**	**648**	**118**	**530**	**297**	**159**	**138**
55	12	6	6	137	29	108	69	41	28
56	14	8	6	142	31	111	58	29	29
57	7	5	2	151	22	129	67	34	33
58	8	5	3	156	23	133	72	36	36
59	4	1	3	62	13	49	31	19	12
60-64岁	**43**	**23**	**20**	**570**	**154**	**416**	**208**	**112**	**96**
60	12	5	7	124	30	94	41	21	20
61	11	7	4	98	21	77	29	16	13
62	5	4	1	95	24	71	47	28	19
63	9	5	4	134	39	95	45	25	20
64	6	2	4	119	40	79	46	22	24
65-69岁	**50**	**32**	**18**	**601**	**146**	**455**	**191**	**110**	**81**
65	10	6	4	132	28	104	32	19	13
66	15	8	7	144	42	102	50	27	23
67	13	10	3	109	31	78	44	24	20
68	6	2	4	118	30	88	35	18	17
69	6	6		98	15	83	30	22	8

8-7b 续表 5 单位：人

年 龄	财产性收入			家庭其他成员供养			其 他		
	小计	男	女	小计	男	女	小计	男	女
70–74岁	**8**	**6**	**2**	**365**	**120**	**245**	**106**	**50**	**56**
70	3	2	1	103	32	71	32	14	18
71				68	17	51	26	12	14
72	2	1	1	66	20	46	14	8	6
73				56	24	32	17	6	11
74	3	3		72	27	45	17	10	7
75–79岁	**5**	**2**	**3**	**244**	**78**	**166**	**57**	**40**	**17**
75	1	1		43	13	30	20	16	4
76	1		1	62	17	45	12	7	5
77	2	1	1	47	18	29	9	6	3
78	1		1	50	17	33	9	7	2
79				42	13	29	7	4	3
80–84岁	**3**	**1**	**2**	**133**	**46**	**87**	**18**	**8**	**10**
80				31	9	22	4	3	1
81				36	13	23	5	2	3
82	1	1		25	10	15	5	1	4
83				19	4	15	3	1	2
84	2		2	22	10	12	1	1	
85–89岁	**2**	**2**		**92**	**33**	**59**	**8**	**5**	**3**
85				32	15	17	1	1	
86				19	7	12	3	2	1
87	1	1		23	4	19	3	2	1
88	1	1		10	2	8			
89				8	5	3	1		1
90–94岁	**1**		**1**	**29**	**5**	**24**	**5**	**4**	**1**
90	1		1	7	1	6	2	2	
91				9	1	8	2	1	1
92				2	1	1	1	1	
93				7	1	6			
94				4	1	3			
95–99岁	**1**	**1**		**5**	**2**	**3**			
95				1	1				
96	1	1		1		1			
97				3	1	2			
98									
99									
100岁及以上									

8-7c 全市分年龄、性别、主要生活来源的人口(乡村)

单位：人

年 龄	15岁及以上人口			劳动收入		
	合计	男	女	小计	男	女
总 计	**46481**	**24910**	**21571**	**24138**	**17249**	**6889**
45岁以下	**20307**	**11224**	**9083**	**12130**	**8552**	**3578**
45–49岁	**4587**	**2518**	**2069**	**3214**	**2221**	**993**
45	806	443	363	586	400	186
46	904	498	406	630	436	194
47	954	517	437	680	460	220
48	938	514	424	657	454	203
49	985	546	439	661	471	190
50–54岁	**4867**	**2646**	**2221**	**3163**	**2269**	**894**
50	1034	562	472	701	495	206
51	1032	546	486	689	483	206
52	972	518	454	620	441	179
53	869	496	373	563	415	148
54	960	524	436	590	435	155
55–59岁	**4554**	**2398**	**2156**	**2514**	**1828**	**686**
55	992	507	485	562	396	166
56	967	517	450	528	400	128
57	1161	621	540	641	466	175
58	926	498	428	518	385	133
59	508	255	253	265	181	84
60–64岁	**3934**	**1984**	**1950**	**1608**	**1208**	**400**
60	805	411	394	357	265	92
61	758	380	378	314	240	74
62	759	381	378	322	230	92
63	825	427	398	328	242	86
64	787	385	402	287	231	56
65–69岁	**3609**	**1780**	**1829**	**1064**	**804**	**260**
65	774	390	384	280	198	82
66	800	407	393	267	205	62
67	704	355	349	207	162	45
68	660	315	345	157	123	34
69	671	313	358	153	116	37

8-7c 续表 1 单位：人

年龄	15岁及以上人口			劳动收入		
	合计	男	女	小计	男	女
70-74岁	**2007**	**1057**	**950**	**335**	**276**	**59**
70	597	313	284	135	109	26
71	362	199	163	65	56	9
72	338	185	153	53	43	10
73	320	159	161	40	30	10
74	390	201	189	42	38	4
75-79岁	**1283**	**650**	**633**	**87**	**76**	**11**
75	271	129	142	18	14	4
76	300	145	155	19	17	2
77	254	131	123	26	25	1
78	270	143	127	15	12	3
79	188	102	86	9	8	1
80-84岁	**800**	**415**	**385**	**22**	**14**	**8**
80	178	89	89	5	3	2
81	177	93	84	7	5	2
82	166	96	70	7	5	2
83	136	66	70	2	1	1
84	143	71	72	1		1
85-89岁	**382**	**173**	**209**	**1**	**1**	
85	110	52	58			
86	84	36	48			
87	85	40	45			
88	61	26	35			
89	42	19	23	1	1	
90-94岁	**134**	**60**	**74**			
90	55	24	31			
91	21	13	8			
92	29	9	20			
93	15	7	8			
94	14	7	7			
95-99岁	**17**	**5**	**12**			
95	5	3	2			
96	7	1	6			
97	2		2			
98	2		2			
99	1	1				
100岁及以上						

8-7c　续表 2　　　　单位：人

年　龄	离退休金/养老金			最低生活保障金			失业保险金		
	小计	男	女	小计	男	女	小计	男	女
总　计	**1523**	**990**	**533**	**1750**	**897**	**853**	**3**	**2**	**1**
45岁以下				**154**	**100**	**54**	**2**	**2**	
45–49岁	**4**		**4**	**55**	**36**	**19**			
45	1		1	9	6	3			
46				16	10	6			
47				10	7	3			
48	2		2	8	7	1			
49	1		1	12	6	6			
50–54岁	**65**	**18**	**47**	**78**	**40**	**38**			
50	14	3	11	15	10	5			
51	12	1	11	14	8	6			
52	17	5	12	21	11	10			
53	8	2	6	12	7	5			
54	14	7	7	16	4	12			
55–59岁	**163**	**83**	**80**	**113**	**67**	**46**			
55	22	10	12	16	11	5			
56	41	17	24	15	10	5			
57	37	21	16	29	18	11			
58	38	23	15	27	13	14			
59	25	12	13	26	15	11			
60–64岁	**280**	**176**	**104**	**243**	**119**	**124**			
60	45	26	19	33	18	15			
61	49	30	19	43	19	24			
62	65	42	23	49	24	25			
63	60	46	14	65	31	34			
64	61	32	29	53	27	26			
65–69岁	**328**	**194**	**134**	**383**	**170**	**213**			
65	62	32	30	54	27	27			
66	69	43	26	75	32	43			
67	65	36	29	77	30	47			
68	65	43	22	90	43	47			
69	67	40	27	87	38	49			

8−7c 续表 3 单位：人

年 龄	离退休金/养老金			最低生活保障金			失业保险金		
	小计	男	女	小计	男	女	小计	男	女
70—74岁	**273**	**203**	**70**	**299**	**158**	**141**	**1**		**1**
70	78	58	20	69	38	31			
71	46	35	11	58	30	28			
72	44	30	14	63	32	31			
73	41	31	10	47	26	21			
74	64	49	15	62	32	30	1		1
75—79岁	**199**	**147**	**52**	**211**	**105**	**106**			
75	36	26	10	43	18	25			
76	48	38	10	51	25	26			
77	35	24	11	38	17	21			
78	46	32	14	48	27	21			
79	34	27	7	31	18	13			
80—84岁	**142**	**116**	**26**	**125**	**64**	**61**			
80	33	27	6	29	14	15			
81	31	27	4	21	12	9			
82	26	20	6	29	19	10			
83	25	22	3	25	11	14			
84	27	20	7	21	8	13			
85—89岁	**48**	**37**	**11**	**66**	**30**	**36**			
85	15	10	5	18	12	6			
86	11	8	3	18	8	10			
87	11	10	1	14	4	10			
88	5	4	1	9	3	6			
89	6	5	1	7	3	4			
90—94岁	**20**	**15**	**5**	**19**	**7**	**12**			
90	12	8	4	8	3	5			
91	4	3	1	3	2	1			
92				6	2	4			
93	1	1		1		1			
94	3	3		1		1			
95—99岁	**1**	**1**		**4**	**1**	**3**			
95				1	1				
96				2		2			
97									
98				1		1			
99	1	1							
100岁及以上									

8-7c 续表 4 单位：人

年龄	财产性收入			家庭其他成员供养			其他		
	小计	男	女	小计	男	女	小计	男	女
总计	**221**	**125**	**96**	**15310**	**3830**	**11480**	**3536**	**1817**	**1719**
45岁以下	**45**	**26**	**19**	**6642**	**1873**	**4769**	**1334**	**671**	**663**
45-49岁	**21**	**12**	**9**	**944**	**66**	**878**	**349**	**183**	**166**
45	3	2	1	160	10	150	47	25	22
46	3	2	1	189	17	172	66	33	33
47	2	1	1	184	11	173	78	38	40
48	3	1	2	189	11	178	79	41	38
49	10	6	4	222	17	205	79	46	33
50-54岁	**29**	**16**	**13**	**1158**	**123**	**1035**	**374**	**180**	**194**
50	5	2	3	233	23	210	66	29	37
51	8	4	4	237	19	218	72	31	41
52	4	2	2	230	24	206	80	35	45
53	3	2	1	214	27	187	69	43	26
54	9	6	3	244	30	214	87	42	45
55-59岁	**28**	**13**	**15**	**1348**	**208**	**1140**	**388**	**199**	**189**
55	8	4	4	296	39	257	88	47	41
56	4	1	3	291	46	245	88	43	45
57	6	3	3	352	59	293	96	54	42
58	5	2	3	259	40	219	79	35	44
59	5	3	2	150	24	126	37	20	17
60-64岁	**32**	**17**	**15**	**1388**	**284**	**1104**	**383**	**180**	**203**
60	4	3	1	288	60	228	78	39	39
61	4	1	3	271	52	219	77	38	39
62	6	1	5	245	53	192	72	31	41
63	11	7	4	280	60	220	81	41	40
64	7	5	2	304	59	245	75	31	44
65-69岁	**34**	**21**	**13**	**1487**	**415**	**1072**	**313**	**176**	**137**
65	10	7	3	298	84	214	70	42	28
66	11	7	4	308	79	229	70	41	29
67	2	1	1	291	88	203	62	38	24
68	5	2	3	296	80	216	47	24	23
69	6	4	2	294	84	210	64	31	33

8-7c 续表 5 单位：人

年 龄	财产性收入			家庭其他成员供养			其 他		
	小计	男	女	小计	男	女	小计	男	女
70—74岁	**20**	**12**	**8**	**892**	**294**	**598**	**187**	**114**	**73**
70	2	2		259	70	189	54	36	18
71	3	3		155	51	104	35	24	11
72	7	3	4	142	59	83	29	18	11
73	5	3	2	152	57	95	35	12	23
74	3	1	2	184	57	127	34	24	10
75—79岁	**8**	**5**	**3**	**672**	**259**	**413**	**106**	**58**	**48**
75	2	1	1	141	51	90	31	19	12
76	1	1		162	53	109	19	11	8
77	1	1		126	49	77	28	15	13
78	3	1	2	144	64	80	14	7	7
79	1	1		99	42	57	14	6	8
80—84岁	**3**	**2**	**1**	**444**	**184**	**260**	**64**	**35**	**29**
80	2	1	1	92	36	56	17	8	9
81				111	46	65	7	3	4
82	1	1		87	40	47	16	11	5
83				77	28	49	7	4	3
84				77	34	43	17	9	8
85—89岁	**1**	**1**		**242**	**92**	**150**	**24**	**12**	**12**
85				72	28	44	5	2	3
86	1	1		49	16	33	5	3	2
87				52	22	30	8	4	4
88				44	17	27	3	2	1
89				25	9	16	3	1	2
90—94岁				**82**	**29**	**53**	**13**	**9**	**4**
90				30	10	20	5	3	2
91				11	5	6	3	3	
92				20	6	14	3	1	2
93				11	4	7	2	2	
94				10	4	6			
95—99岁				**11**	**3**	**8**	**1**		**1**
95				4	2	2			
96				5	1	4			
97				1		1	1		1
98				1		1			
99									
100岁及以上									

8-8　全市分性别、婚姻状况、主要生活来源的60岁及以上老年人口

单位：人

婚姻状况	60岁及以上人口			劳动收入		
	合计	男	女	小计	男	女
总　计	**80705**	**39544**	**41161**	**6455**	**4933**	**1522**
未　婚	727	624	103	119	112	7
有配偶	63966	34600	29366	5846	4520	1326
离　婚	1501	796	705	111	91	20
丧　偶	14511	3524	10987	379	210	169

8-8　续表 1

单位：人

婚姻状况	离退休金/养老金			最低生活保障金			失业保险金		
	小计	男	女	小计	男	女	小计	男	女
总　计	**50820**	**26543**	**24277**	**2539**	**1214**	**1325**	**1**		**1**
未　婚	208	138	70	180	173	7			
有配偶	41484	23576	17908	1514	809	705	1		1
离　婚	1068	524	544	74	56	18			
丧　偶	8060	2305	5755	771	176	595			

8-8　续表 2

单位：人

婚姻状况	财产性收入			家庭其他成员供养			其　他		
	小计	男	女	小计	男	女	小计	男	女
总　计	**838**	**457**	**381**	**15938**	**4321**	**11617**	**4114**	**2076**	**2038**
未　婚	7	7		54	45	9	159	149	10
有配偶	723	422	301	11196	3548	7648	3202	1725	1477
离　婚	7	4	3	176	76	100	65	45	20
丧　偶	101	24	77	4512	652	3860	688	157	531

8-8a　全市分性别、婚姻状况、主要生活来源的60岁及以上老年人口(城市)

单位：人

婚姻状况	60岁及以上人口			劳动收入		
	合计	男	女	小计	男	女
总　计	**63110**	**30714**	**32396**	**2659**	**2016**	**643**
未　婚	346	253	93	39	32	7
有配偶	50511	27243	23268	2433	1885	548
离　婚	1290	641	649	57	38	19
丧　偶	10963	2577	8386	130	61	69

8-8a　续表 1

单位：人

婚姻状况	离退休金/养老金			最低生活保障金			失业保险金		
	小计	男	女	小计	男	女	小计	男	女
总　计	**47908**	**24674**	**23234**	**805**	**352**	**453**			
未　婚	191	122	69	33	29	4			
有配偶	39104	21957	17147	480	249	231			
离　婚	1028	498	530	45	34	11			
丧　偶	7585	2097	5488	247	40	207			

8-8a　续表 2

单位：人

婚姻状况	财产性收入			家庭其他成员供养			其　他		
	小计	男	女	小计	男	女	小计	男	女
总　计	**627**	**332**	**295**	**8681**	**2177**	**6504**	**2430**	**1163**	**1267**
未　婚	5	5		30	25	5	48	40	8
有配偶	535	306	229	6040	1828	4212	1919	1018	901
离　婚	7	4	3	108	38	70	45	29	16
丧　偶	80	17	63	2503	286	2217	418	76	342

8-8b　全市分性别、婚姻状况、主要生活来源的60岁及以上老年人口(镇)

单位：人

婚姻状况	60岁及以上人口			劳动收入		
	合计	男	女	小计	男	女
总　计	**5429**	**2706**	**2723**	**679**	**538**	**141**
未　婚	91	87	4	12	12	
有配偶	4258	2319	1939	621	494	127
离　婚	61	41	20	10	10	
丧　偶	1019	259	760	36	22	14

8-8b　续表 1

单位：人

婚姻状况	离退休金/养老金			最低生活保障金			失业保险金		
	小计	男	女	小计	男	女	小计	男	女
总　计	**1621**	**980**	**641**	**384**	**208**	**176**			
未　婚	7	6	1	46	45	1			
有配偶	1338	867	471	228	127	101			
离　婚	18	12	6	9	6	3			
丧　偶	258	95	163	101	30	71			

8-8b　续表 2

单位：人

婚姻状况	财产性收入			家庭其他成员供养			其　他		
	小计	男	女	小计	男	女	小计	男	女
总　计	**113**	**67**	**46**	**2039**	**584**	**1455**	**593**	**329**	**264**
未　婚	1	1		7	6	1	18	17	1
有配偶	100	61	39	1478	486	992	493	284	209
离　婚				19	9	10	5	4	1
丧　偶	12	5	7	535	83	452	77	24	53

8-8c 全市分性别、婚姻状况、主要生活来源的60岁及以上老年人口(乡村)

单位：人

婚姻状况	60岁及以上人口			劳动收入		
	合计	男	女	小计	男	女
总　计	**12166**	**6124**	**6042**	**3117**	**2379**	**738**
未　婚	290	284	6	68	68	
有配偶	9197	5038	4159	2792	2141	651
离　婚	150	114	36	44	43	1
丧　偶	2529	688	1841	213	127	86

8-8c 续表 1

单位：人

婚姻状况	离退休金/养老金			最低生活保障金			失业保险金		
	小计	男	女	小计	男	女	小计	男	女
总　计	**1291**	**889**	**402**	**1350**	**654**	**696**	**1**		**1**
未　婚	10	10		101	99	2			
有配偶	1042	752	290	806	433	373	1		1
离　婚	22	14	8	20	16	4			
丧　偶	217	113	104	423	106	317			

8-8c 续表 2

单位：人

婚姻状况	财产性收入			家庭其他成员供养			其　他		
	小计	男	女	小计	男	女	小计	男	女
总　计	**98**	**58**	**40**	**5218**	**1560**	**3658**	**1091**	**584**	**507**
未　婚	1	1		17	14	3	93	92	1
有配偶	88	55	33	3678	1234	2444	790	423	367
离　婚				49	29	20	15	12	3
丧　偶	9	2	7	1474	283	1191	193	57	136

8-9　全市分性别、居住状况、主要生活来源的60岁及以上老年人口

单位：人

居住状况	60岁及以上人口			劳动收入		
	合计	男	女	小计	男	女
总　计	**80705**	**39544**	**41161**	**6455**	**4933**	**1522**
与配偶和子女同住	16564	9122	7442	1161	921	240
与配偶同住	41060	22045	19015	3724	2833	891
与子女同住	10415	2938	7477	310	194	116
独居(有保姆)	237	103	134	5	4	1
独居(无保姆)	9372	3550	5822	624	481	143
养老机构	379	276	103	8	7	1
其　他	2678	1510	1168	623	493	130

8-9　续表 1

单位：人

居住状况	离退休金/养老金			最低生活保障金			失业保险金		
	小计	男	女	小计	男	女	小计	男	女
总　计	**50820**	**26543**	**24277**	**2539**	**1214**	**1325**	**1**		**1**
与配偶和子女同住	11440	6574	4866	242	133	109			
与配偶同住	26310	14914	11396	1196	636	560	1		1
与子女同住	6111	1978	4133	331	92	239			
独居(有保姆)	193	90	103	7	4	3			
独居(无保姆)	5354	2226	3128	573	215	358			
养老机构	148	82	66	56	54	2			
其　他	1264	679	585	134	80	54			

8-9　续表 2

单位：人

居住状况	财产性收入			家庭其他成员供养			其　他		
	小计	男	女	小计	男	女	小计	男	女
总　计	**838**	**457**	**381**	**15938**	**4321**	**11617**	**4114**	**2076**	**2038**
与配偶和子女同住	162	95	67	2908	1023	1885	651	376	275
与配偶同住	520	301	219	7184	2219	4965	2125	1142	983
与子女同住	68	30	38	3183	533	2650	412	111	301
独居(有保姆)	1	1		23	3	20	8	1	7
独居(无保姆)	72	21	51	2275	432	1843	474	175	299
养老机构				60	33	27	107	100	7
其　他	15	9	6	305	78	227	337	171	166

8-9a 全市分性别、居住状况、主要生活来源的60岁及以上老年人口(城市)

单位：人

居住状况	60岁及以上人口			劳动收入		
	合计	男	女	小计	男	女
总　计	**63110**	**30714**	**32396**	**2659**	**2016**	**643**
与配偶和子女同住	14605	8015	6590	632	509	123
与配偶同住	30589	16415	14174	1153	878	275
与子女同住	8850	2438	6412	158	90	68
独居(有保姆)	208	86	122	2	1	1
独居(无保姆)	6580	2482	4098	287	218	69
养老机构	194	119	75	1	1	
其　他	2084	1159	925	426	319	107

8-9a 续表 1

单位：人

居住状况	离退休金/养老金			最低生活保障金			失业保险金		
	小计	男	女	小计	男	女	小计	男	女
总　计	**47908**	**24674**	**23234**	**805**	**352**	**453**			
与配偶和子女同住	11094	6338	4756	127	68	59			
与配偶同住	24503	13687	10816	324	166	158			
与子女同住	5876	1871	4005	156	37	119			
独居(有保姆)	180	83	97	2		2			
独居(无保姆)	4927	1988	2939	140	43	97			
养老机构	128	67	61	4	4				
其　他	1200	640	560	52	34	18			

8-9a 续表 2

单位：人

居住状况	财产性收入			家庭其他成员供养			其　他		
	小计	男	女	小计	男	女	小计	男	女
总　计	**627**	**332**	**295**	**8681**	**2177**	**6504**	**2430**	**1163**	**1267**
与配偶和子女同住	136	78	58	2106	732	1374	510	290	220
与配偶同住	369	208	161	3129	886	2243	1111	590	521
与子女同住	59	23	36	2287	341	1946	314	76	238
独居(有保姆)	1	1		18	1	17	5		5
独居(无保姆)	52	15	37	919	136	783	255	82	173
养老机构				39	26	13	22	21	1
其　他	10	7	3	183	55	128	213	104	109

8-9b　全市分性别、居住状况、主要生活来源的60岁及以上老年人口(镇)

单位：人

居住状况	60岁及以上人口			劳动收入		
	合计	男	女	小计	男	女
总　计	**5429**	**2706**	**2723**	**679**	**538**	**141**
与配偶和子女同住	754	423	331	104	82	22
与配偶同住	3082	1658	1424	423	332	91
与子女同住	605	185	420	31	22	9
独居(有保姆)	11	4	7	1	1	
独居(无保姆)	723	267	456	55	45	10
养老机构	68	57	11			
其　他	186	112	74	65	56	9

8-9b　续表 1

单位：人

居住状况	离退休金/养老金			最低生活保障金			失业保险金		
	小计	男	女	小计	男	女	小计	男	女
总　计	**1621**	**980**	**641**	**384**	**208**	**176**			
与配偶和子女同住	217	143	74	39	24	15			
与配偶同住	1002	651	351	170	93	77			
与子女同住	153	60	93	46	14	32			
独居(有保姆)	8	3	5						
独居(无保姆)	204	100	104	73	31	42			
养老机构	9	7	2	39	37	2			
其　他	28	16	12	17	9	8			

8-9b　续表 2

单位：人

居住状况	财产性收入			家庭其他成员供养			其　他		
	小计	男	女	小计	男	女	小计	男	女
总　计	**113**	**67**	**46**	**2039**	**584**	**1455**	**593**	**329**	**264**
与配偶和子女同住	14	8	6	320	126	194	60	40	20
与配偶同住	79	50	29	1033	321	712	375	211	164
与子女同住	7	5	2	321	67	254	47	17	30
独居(有保姆)				1		1	1		1
独居(无保姆)	11	3	8	320	60	260	60	28	32
养老机构				9	3	6	11	10	1
其　他	2	1	1	35	7	28	39	23	16

8-9c 全市分性别、居住状况、主要生活来源的60岁及以上老年人口(乡村)

单位：人

居住状况	60岁及以上人口			劳动收入		
	合计	男	女	小计	男	女
总　计	**12166**	**6124**	**6042**	**3117**	**2379**	**738**
与配偶和子女同住	1205	684	521	425	330	95
与配偶同住	7389	3972	3417	2148	1623	525
与子女同住	960	315	645	121	82	39
独居(有保姆)	18	13	5	2	2	
独居(无保姆)	2069	801	1268	282	218	64
养老机构	117	100	17	7	6	1
其　他	408	239	169	132	118	14

8-9c 续表 1

单位：人

居住状况	离退休金/养老金			最低生活保障金			失业保险金		
	小计	男	女	小计	男	女	小计	男	女
总　计	**1291**	**889**	**402**	**1350**	**654**	**696**	**1**		**1**
与配偶和子女同住	129	93	36	76	41	35			
与配偶同住	805	576	229	702	377	325	1		1
与子女同住	82	47	35	129	41	88			
独居(有保姆)	5	4	1	5	4	1			
独居(无保姆)	223	138	85	360	141	219			
养老机构	11	8	3	13	13				
其　他	36	23	13	65	37	28			

8-9c 续表 2

单位：人

居住状况	财产性收入			家庭其他成员供养			其　他		
	小计	男	女	小计	男	女	小计	男	女
总　计	**98**	**58**	**40**	**5218**	**1560**	**3658**	**1091**	**584**	**507**
与配偶和子女同住	12	9	3	482	165	317	81	46	35
与配偶同住	72	43	29	3022	1012	2010	639	341	298
与子女同住	2	2		575	125	450	51	18	33
独居(有保姆)				4	2	2	2	1	1
独居(无保姆)	9	3	6	1036	236	800	159	65	94
养老机构				12	4	8	74	69	5
其　他	3	1	2	87	16	71	85	44	41

8-10　各地区分性别、居住状况的60岁及以上老年人口

单位：人

地　区	60岁及以上人口			与配偶和子女同住		
	合计	男	女	小计	男	女
太原市	**80705**	**39544**	**41161**	**16564**	**9122**	**7442**
小店区	13944	6843	7101	3228	1756	1472
迎泽区	11070	5363	5707	2805	1511	1294
杏花岭区	14261	6911	7350	3274	1813	1461
尖草坪区	8423	4086	4337	1645	918	727
万柏林区	14443	6997	7446	3173	1754	1419
晋源区	4385	2091	2294	944	510	434
清徐县	6667	3285	3382	701	390	311
阳曲县	2809	1492	1317	277	164	113
娄烦县	1748	934	814	124	76	48
古交市	2955	1542	1413	393	230	163

8-10　续表 1

单位：人

地　区	与配偶同住			与子女同住			独居(有保姆)		
	小计	男	女	小计	男	女	小计	男	女
太原市	**41060**	**22045**	**19015**	**10415**	**2938**	**7477**	**237**	**103**	**134**
小店区	6884	3683	3201	1919	557	1362	48	19	29
迎泽区	5086	2726	2360	1629	446	1183	55	24	31
杏花岭区	6697	3573	3124	2076	552	1524	52	24	28
尖草坪区	4253	2287	1966	1171	334	837	18	8	10
万柏林区	7255	3892	3363	1979	544	1435	33	12	21
晋源区	2275	1200	1075	553	140	413	8	4	4
清徐县	4287	2274	2013	452	158	294	11	7	4
阳曲县	1592	875	717	286	87	199	3	2	1
娄烦县	987	552	435	133	46	87	2	1	1
古交市	1744	983	761	217	74	143	7	2	5

8-10 续表 2

单位：人

地区	独居(无保姆)			养老机构			其他		
	小计	男	女	小计	男	女	小计	男	女
太原市	**9372**	**3550**	**5822**	**379**	**276**	**103**	**2678**	**1510**	**1168**
小店区	1323	515	808	69	43	26	473	270	203
迎泽区	1127	458	669	20	15	5	348	183	165
杏花岭区	1590	643	947	52	28	24	520	278	242
尖草坪区	1020	368	652	19	9	10	297	162	135
万柏林区	1549	525	1024	13	7	6	441	263	178
晋源区	444	151	293	31	16	15	130	70	60
清徐县	1030	344	686	40	31	9	146	81	65
阳曲县	471	222	249	43	41	2	137	101	36
娄烦县	373	164	209	62	56	6	67	39	28
古交市	445	160	285	30	30		119	63	56

8-10a 各地区分性别、居住状况的60岁及以上老年人口(城市)

单位：人

地区	60岁及以上人口			与配偶和子女同住		
	合计	男	女	小计	男	女
太原市	**63110**	**30714**	**32396**	**14605**	**8015**	**6590**
小店区	11393	5599	5794	2861	1553	1308
迎泽区	10947	5293	5654	2788	1501	1287
杏花岭区	13704	6615	7089	3148	1736	1412
尖草坪区	7711	3736	3975	1559	872	687
万柏林区	14328	6937	7391	3161	1747	1414
晋源区	3390	1639	1751	765	417	348
清徐县						
阳曲县						
娄烦县						
古交市	1637	895	742	323	189	134

8-10a 续表 1

单位：人

地　区	与配偶同住			与子女同住			独居(有保姆)		
	小计	男	女	小计	男	女	小计	男	女
太原市	**30589**	**16415**	**14174**	**8850**	**2438**	**6412**	**208**	**86**	**122**
小店区	5442	2916	2526	1599	454	1145	43	17	26
迎泽区	5011	2685	2326	1617	441	1176	55	24	31
杏花岭区	6456	3439	3017	1993	526	1467	51	23	28
尖草坪区	3848	2072	1776	1084	309	775	16	7	9
万柏林区	7180	3852	3328	1974	543	1431	33	12	21
晋源区	1738	926	812	441	110	331	6	3	3
清徐县									
阳曲县									
娄烦县									
古交市	914	525	389	142	55	87	4		4

8-10a 续表 2

单位：人

地　区	独居(无保姆)			养老机构			其　他		
	小计	男	女	小计	男	女	小计	男	女
太原市	**6580**	**2482**	**4098**	**194**	**119**	**75**	**2084**	**1159**	**925**
小店区	1003	412	591	48	25	23	397	222	175
迎泽区	1116	449	667	20	15	5	340	178	162
杏花岭区	1518	611	907	43	22	21	495	258	237
尖草坪区	925	320	605	13	7	6	266	149	117
万柏林区	1528	514	1014	13	7	6	439	262	177
晋源区	310	106	204	30	16	14	100	61	39
清徐县									
阳曲县									
娄烦县									
古交市	180	70	110	27	27		47	29	18

8-10b 各地区分性别、居住状况的60岁及以上老年人口(镇)

单位：人

地区	60岁及以上人口			与配偶和子女同住		
	合计	男	女	小计	男	女
太原市	**5429**	**2706**	**2723**	**754**	**423**	**331**
小店区	1130	556	574	172	94	78
迎泽区						
杏花岭区						
尖草坪区	41	19	22	1	1	
万柏林区	102	52	50	12	7	5
晋源区	218	105	113	42	22	20
清徐县	2176	1072	1104	289	158	131
阳曲县	953	500	453	154	90	64
娄烦县	551	280	271	58	36	22
古交市	258	122	136	26	15	11

8-10b 续表 1

单位：人

地区	与配偶同住			与子女同住			独居(有保姆)		
	小计	男	女	小计	男	女	小计	男	女
太原市	**3082**	**1658**	**1424**	**605**	**185**	**420**	**11**	**4**	**7**
小店区	578	313	265	210	70	140	3	1	2
迎泽区									
杏花岭区									
尖草坪区	19	11	8	6		6			
万柏林区	67	36	31	4		4			
晋源区	111	57	54	26	5	21	1		1
清徐县	1357	722	635	169	53	116	5	3	2
阳曲县	500	271	229	118	37	81	1		1
娄烦县	287	158	129	49	15	34			
古交市	163	90	73	23	5	18	1		1

8-10b　续表 2

单位：人

地　区	独居(无保姆)			养老机构			其　他		
	小计	男	女	小计	男	女	小计	男	女
太原市	**723**	**267**	**456**	**68**	**57**	**11**	**186**	**112**	**74**
小店区	117	46	71	2	1	1	48	31	17
迎泽区									
杏花岭区									
尖草坪区	14	7	7				1		1
万柏林区	18	9	9				1		1
晋源区	29	18	11	1		1	8	3	5
清徐县	278	85	193	28	22	6	50	29	21
阳曲县	112	50	62	21	19	2	47	33	14
娄烦县	120	44	76	16	15	1	21	12	9
古交市	35	8	27				10	4	6

8-10c　各地区分性别、居住状况的60岁及以上老年人口(乡村)

单位：人

地　区	60岁及以上人口			与配偶和子女同住		
	合计	男	女	小计	男	女
太原市	**12166**	**6124**	**6042**	**1205**	**684**	**521**
小店区	1421	688	733	195	109	86
迎泽区	123	70	53	17	10	7
杏花岭区	557	296	261	126	77	49
尖草坪区	671	331	340	85	45	40
万柏林区	13	8	5			
晋源区	777	347	430	137	71	66
清徐县	4491	2213	2278	412	232	180
阳曲县	1856	992	864	123	74	49
娄烦县	1197	654	543	66	40	26
古交市	1060	525	535	44	26	18

8-10c 续表 1

单位：人

地区	与配偶同住			与子女同住			独居(有保姆)		
	小计	男	女	小计	男	女	小计	男	女
太原市	**7389**	**3972**	**3417**	**960**	**315**	**645**	**18**	**13**	**5**
小店区	864	454	410	110	33	77	2	1	1
迎泽区	75	41	34	12	5	7			
杏花岭区	241	134	107	83	26	57	1	1	
尖草坪区	386	204	182	81	25	56	2	1	1
万柏林区	8	4	4	1	1				
晋源区	426	217	209	86	25	61	1	1	
清徐县	2930	1552	1378	283	105	178	6	4	2
阳曲县	1092	604	488	168	50	118	2	2	
娄烦县	700	394	306	84	31	53	2	1	1
古交市	667	368	299	52	14	38	2	2	

8-10c 续表 2

单位：人

地区	独居(无保姆)			养老机构			其他		
	小计	男	女	小计	男	女	小计	男	女
太原市	**2069**	**801**	**1268**	**117**	**100**	**17**	**408**	**239**	**169**
小店区	203	57	146	19	17	2	28	17	11
迎泽区	11	9	2				8	5	3
杏花岭区	72	32	40	9	6	3	25	20	5
尖草坪区	81	41	40	6	2	4	30	13	17
万柏林区	3	2	1				1	1	
晋源区	105	27	78				22	6	16
清徐县	752	259	493	12	9	3	96	52	44
阳曲县	359	172	187	22	22		90	68	22
娄烦县	253	120	133	46	41	5	46	27	19
古交市	230	82	148	3	3		62	30	32

8-11　全市分年龄、性别、居住状况的60岁及以上老年人口

单位：人

年　龄	60岁及以上人口			与配偶和子女同住		
	合计	男	女	小计	男	女
总　计	**80705**	**39544**	**41161**	**16564**	**9122**	**7442**
60-64岁	**28176**	**14403**	**13773**	**7706**	**4139**	**3567**
60	5893	3028	2865	1723	899	824
61	5499	2879	2620	1512	843	669
62	5716	2914	2802	1574	858	716
63	5990	3022	2968	1631	870	761
64	5078	2560	2518	1266	669	597
65-69岁	**21184**	**10477**	**10707**	**4637**	**2522**	**2115**
65	5056	2577	2479	1227	671	556
66	4933	2487	2446	1162	628	534
67	4136	2020	2116	888	481	407
68	3695	1795	1900	746	417	329
69	3364	1598	1766	614	325	289
70-74岁	**11813**	**5760**	**6053**	**2003**	**1126**	**877**
70	3197	1584	1613	584	324	260
71	2293	1124	1169	387	223	164
72	2033	1016	1017	380	212	168
73	2169	1043	1126	319	188	131
74	2121	993	1128	333	179	154
75-79岁	**8118**	**3714**	**4404**	**1078**	**615**	**463**
75	1707	800	907	232	141	91
76	1612	736	876	227	124	103
77	1569	727	842	203	112	91
78	1708	758	950	222	122	100
79	1522	693	829	194	116	78
80-84岁	**6776**	**3008**	**3768**	**747**	**435**	**312**
80	1528	643	885	176	94	82
81	1406	607	799	163	92	71
82	1423	638	785	156	95	61
83	1233	572	661	141	86	55
84	1186	548	638	111	68	43
85-89岁	**3448**	**1618**	**1830**	**324**	**231**	**93**
85	984	448	536	85	53	32
86	812	369	443	92	65	27
87	744	362	382	56	46	10
88	513	249	264	53	38	15
89	395	190	205	38	29	9
90-94岁	**1020**	**492**	**528**	**60**	**46**	**14**
90	367	181	186	20	14	6
91	241	108	133	13	13	
92	199	97	102	12	8	4
93	115	51	64	9	6	3
94	98	55	43	6	5	1
95-99岁	**163**	**68**	**95**	**8**	**7**	**1**
95	68	31	37	3	2	1
96	42	18	24	4	4	
97	28	12	16	1	1	
98	17	3	14			
99	8	4	4			
100岁及以上	**7**	**4**	**3**	**1**	**1**	

8-11 续表 1

单位：人

年 龄	与配偶同住			与子女同住			独居(有保姆)		
	小计	男	女	小计	男	女	小计	男	女
总 计	**41060**	**22045**	**19015**	**10415**	**2938**	**7477**	**237**	**103**	**134**
60-64岁	**14744**	**7622**	**7122**	**2332**	**729**	**1603**	**19**	**13**	**6**
60	2924	1544	1380	456	126	330	4	2	2
61	2885	1514	1371	463	159	304			
62	3004	1535	1469	473	149	324	4	2	2
63	3134	1593	1541	507	156	351	7	6	1
64	2797	1436	1361	433	139	294	4	3	1
65-69岁	**11854**	**6014**	**5840**	**1970**	**599**	**1371**	**21**	**8**	**13**
65	2781	1415	1366	456	148	308	7	2	5
66	2700	1402	1298	431	131	300	2	2	
67	2328	1172	1156	387	115	272	2	1	1
68	2116	1052	1064	347	105	242	6	3	3
69	1929	973	956	349	100	249	4		4
70-74岁	**6669**	**3617**	**3052**	**1362**	**366**	**996**	**14**	**5**	**9**
70	1835	985	850	352	99	253	2	1	1
71	1319	706	613	237	59	178	2	1	1
72	1138	619	519	236	78	158	4	1	3
73	1232	680	552	266	61	205	2	1	1
74	1145	627	518	271	69	202	4	1	3
75-79岁	**4042**	**2281**	**1761**	**1318**	**317**	**1001**	**30**	**10**	**20**
75	890	494	396	252	72	180	8	2	6
76	828	468	360	241	49	192	3	1	2
77	790	447	343	242	59	183	4	3	1
78	820	460	360	287	59	228	9	4	5
79	714	412	302	296	78	218	6		6
80-84岁	**2631**	**1657**	**974**	**1722**	**395**	**1327**	**57**	**22**	**35**
80	663	370	293	338	71	267	7	3	4
81	549	349	200	336	65	271	14	7	7
82	543	351	192	367	93	274	10	4	6
83	441	292	149	344	82	262	16	4	12
84	435	295	140	337	84	253	10	4	6
85-89岁	**905**	**681**	**224**	**1168**	**350**	**818**	**72**	**33**	**39**
85	313	219	94	301	81	220	19	8	11
86	220	161	59	255	64	191	15	7	8
87	194	157	37	268	81	187	16	7	9
88	106	82	24	180	69	111	12	7	5
89	72	62	10	164	55	109	10	4	6
90-94岁	**202**	**161**	**41**	**446**	**154**	**292**	**19**	**10**	**9**
90	96	74	22	151	50	101	3	3	
91	47	36	11	108	32	76	7	3	4
92	37	31	6	90	32	58	4	2	2
93	8	8		54	21	33	4	1	3
94	14	12	2	43	19	24	1	1	
95-99岁	**12**	**11**	**1**	**95**	**28**	**67**	**4**	**1**	**3**
95	6	5	1	43	14	29	1	1	
96	4	4		19	4	15	2		2
97	1	1		18	7	11	1		1
98	1	1		10	1	9			
99				5	2	3			
100岁及以上	**1**	**1**		**2**		**2**	**1**	**1**	

8-11　续表 2　　　　单位：人

年　龄	独居(无保姆)			养老机构			其　他		
	小计	男	女	小计	男	女	小计	男	女
总　计	**9372**	**3550**	**5822**	**379**	**276**	**103**	**2678**	**1510**	**1168**
60-64岁	**2088**	**1071**	**1017**	**55**	**47**	**8**	**1232**	**782**	**450**
60	456	251	205	12	10	2	318	196	122
61	408	211	197	10	10		221	142	79
62	403	202	201	9	8	1	249	160	89
63	456	239	217	14	10	4	241	148	93
64	365	168	197	10	9	1	203	136	67
65-69岁	**1965**	**878**	**1087**	**79**	**71**	**8**	**658**	**385**	**273**
65	385	209	176	16	16		184	116	68
66	474	226	248	11	9	2	153	89	64
67	383	162	221	17	16	1	131	73	58
68	362	147	215	19	17	2	99	54	45
69	361	134	227	16	13	3	91	53	38
70-74岁	**1451**	**474**	**977**	**62**	**53**	**9**	**252**	**119**	**133**
70	331	122	209	20	19	1	73	34	39
71	284	97	187	13	11	2	51	27	24
72	233	89	144	8	6	2	34	11	23
73	296	83	213	8	6	2	46	24	22
74	307	83	224	13	11	2	48	23	25
75-79岁	**1407**	**368**	**1039**	**48**	**33**	**15**	**195**	**90**	**105**
75	273	67	206	10	7	3	42	17	25
76	268	71	197	6	2	4	39	21	18
77	281	80	201	13	10	3	36	16	20
78	312	85	227	10	6	4	48	22	26
79	273	65	208	9	8	1	30	14	16
80-84岁	**1377**	**387**	**990**	**66**	**41**	**25**	**176**	**71**	**105**
80	284	74	210	19	15	4	41	16	25
81	290	71	219	13	9	4	41	14	27
82	295	70	225	16	6	10	36	19	17
83	252	91	161	10	7	3	29	10	19
84	256	81	175	8	4	4	29	12	17
85-89岁	**825**	**268**	**557**	**47**	**22**	**25**	**107**	**33**	**74**
85	225	71	154	18	9	9	23	7	16
86	196	61	135	10	7	3	24	4	20
87	180	59	121	5	1	4	25	11	14
88	132	42	90	7	4	3	23	7	16
89	92	35	57	7	1	6	12	4	8
90-94岁	**227**	**88**	**139**	**16**	**7**	**9**	**50**	**26**	**24**
90	76	26	50	6	4	2	15	10	5
91	53	20	33	2	1	1	11	3	8
92	43	18	25	4	1	3	9	5	4
93	29	11	18	2	1	1	9	3	6
94	26	13	13	2		2	6	5	1
95-99岁	**32**	**16**	**16**	**6**	**2**	**4**	**6**	**3**	**3**
95	10	8	2	2		2	3	1	2
96	8	2	6	2	2		3	2	1
97	7	3	4						
98	5	1	4	1		1			
99	2	2		1		1			
100岁及以上							**2**	**1**	**1**

8-11a 全市分年龄、性别、居住状况的60岁及以上老年人口(城市)

单位：人

年 龄	60岁及以上人口			与配偶和子女同住		
	合计	男	女	小计	男	女
总 计	**63110**	**30714**	**32396**	**14605**	**8015**	**6590**
60-64岁	**22448**	**11491**	**10957**	**6700**	**3597**	**3103**
60	4676	2410	2266	1470	769	701
61	4394	2320	2074	1321	734	587
62	4639	2357	2282	1381	752	629
63	4775	2391	2384	1427	760	667
64	3964	2013	1951	1101	582	519
65-69岁	**16045**	**7963**	**8082**	**4082**	**2219**	**1863**
65	3950	2025	1925	1083	603	480
66	3785	1909	1876	1010	541	469
67	3122	1512	1610	794	421	373
68	2746	1346	1400	660	371	289
69	2442	1171	1271	535	283	252
70-74岁	**8866**	**4230**	**4636**	**1785**	**984**	**801**
70	2326	1141	1185	502	275	227
71	1754	844	910	354	198	156
72	1541	750	791	344	190	154
73	1694	802	892	288	167	121
74	1551	693	858	297	154	143
75-79岁	**6239**	**2775**	**3464**	**965**	**543**	**422**
75	1310	603	707	211	127	84
76	1181	533	648	193	104	89
77	1200	542	658	185	99	86
78	1314	558	756	197	110	87
79	1234	539	695	179	103	76
80-84岁	**5657**	**2439**	**3218**	**702**	**402**	**300**
80	1272	514	758	167	88	79
81	1157	481	676	150	83	67
82	1185	507	678	147	87	60
83	1052	485	567	133	80	53
84	991	452	539	105	64	41
85-89岁	**2882**	**1344**	**1538**	**306**	**219**	**87**
85	813	361	452	81	50	31
86	692	313	379	88	62	26
87	610	300	310	53	44	9
88	433	214	219	47	35	12
89	334	156	178	37	28	9
90-94岁	**833**	**412**	**421**	**56**	**43**	**13**
90	295	150	145	17	12	5
91	204	89	115	12	12	
92	166	85	81	12	8	4
93	89	41	48	9	6	3
94	79	47	32	6	5	1
95-99岁	**134**	**57**	**77**	**8**	**7**	**1**
95	59	25	34	3	2	1
96	32	16	16	4	4	
97	22	10	12	1	1	
98	14	3	11			
99	7	3	4			
100岁及以上	**6**	**3**	**3**	**1**	**1**	

8-11a　续表 1　　单位：人

年　龄	与配偶同住			与子女同住			独居(有保姆)		
	小计	男	女	小计	男	女	小计	男	女
总　计	**30589**	**16415**	**14174**	**8850**	**2438**	**6412**	**208**	**86**	**122**
60–64岁	**11155**	**5839**	**5316**	**1960**	**596**	**1364**	**13**	**8**	**5**
60	2191	1170	1021	386	103	283	2	1	1
61	2196	1179	1017	383	128	255			
62	2322	1198	1124	405	122	283	3	1	2
63	2372	1207	1165	433	130	303	5	4	1
64	2074	1085	989	353	113	240	3	2	1
65–69岁	**8418**	**4315**	**4103**	**1649**	**492**	**1157**	**17**	**5**	**12**
65	2031	1046	985	396	126	270	5	1	4
66	1965	1043	922	364	101	263	1	1	
67	1621	818	803	325	97	228	2	1	1
68	1478	739	739	284	87	197	5	2	3
69	1323	669	654	280	81	199	4		4
70–74岁	**4832**	**2567**	**2265**	**1128**	**298**	**830**	**9**	**2**	**7**
70	1270	681	589	291	75	216	1		1
71	985	525	460	197	44	153	1		1
72	827	433	394	189	66	123	2		2
73	947	511	436	221	54	167	2	1	1
74	803	417	386	230	59	171	3	1	2
75–79岁	**3047**	**1647**	**1400**	**1121**	**261**	**860**	**25**	**8**	**17**
75	669	355	314	216	64	152	6	2	4
76	589	328	261	195	38	157	2		2
77	600	331	269	205	45	160	2	2	
78	619	324	295	244	46	198	9	4	5
79	570	309	261	261	68	193	6		6
80–84岁	**2197**	**1337**	**860**	**1518**	**340**	**1178**	**53**	**20**	**33**
80	544	292	252	305	66	239	7	3	4
81	452	272	180	297	57	240	13	6	7
82	446	276	170	328	77	251	8	3	5
83	383	249	134	303	73	230	15	4	11
84	372	248	124	285	67	218	10	4	6
85–89岁	**756**	**562**	**194**	**1016**	**297**	**719**	**69**	**32**	**37**
85	247	169	78	265	70	195	18	8	10
86	190	136	54	224	56	168	15	7	8
87	164	132	32	232	71	161	14	6	8
88	95	73	22	156	58	98	12	7	5
89	60	52	8	139	42	97	10	4	6
90–94岁	**172**	**137**	**35**	**376**	**129**	**247**	**19**	**10**	**9**
90	80	62	18	129	43	86	3	3	
91	39	30	9	99	28	71	7	3	4
92	33	27	6	74	28	46	4	2	2
93	7	7		42	15	27	4	1	3
94	13	11	2	32	15	17	1	1	
95–99岁	**11**	**10**	**1**	**80**	**25**	**55**	**3**	**1**	**2**
95	5	4	1	40	13	27	1	1	
96	4	4		13	2	11	1		1
97	1	1		14	7	7	1		1
98	1	1		8	1	7			
99				5	2	3			
100岁及以上	**1**	**1**		**2**		**2**			

8-11a 续表 2

单位：人

年 龄	独居(无保姆)			养老机构			其 他		
	小计	男	女	小计	男	女	小计	男	女
总 计	**6580**	**2482**	**4098**	**194**	**119**	**75**	**2084**	**1159**	**925**
60-64岁	**1613**	**827**	**786**	**22**	**18**	**4**	**985**	**606**	**379**
60	366	203	163	6	5	1	255	159	96
61	316	169	147	3	3		175	107	68
62	316	153	163	2	2		210	129	81
63	348	183	165	4	1	3	186	106	80
64	267	119	148	7	7		159	105	54
65-69岁	**1340**	**615**	**725**	**27**	**23**	**4**	**512**	**294**	**218**
65	277	150	127	6	6		152	93	59
66	329	155	174	3	3		113	65	48
67	272	115	157	2	2		106	58	48
68	235	101	134	8	6	2	76	40	36
69	227	94	133	8	6	2	65	38	27
70-74岁	**912**	**282**	**630**	**22**	**16**	**6**	**178**	**81**	**97**
70	199	76	123	8	7	1	55	27	28
71	178	57	121	4	3	1	35	17	18
72	156	54	102	3	2	1	20	5	15
73	197	51	146	2		2	37	18	19
74	182	44	138	5	4	1	31	14	17
75-79岁	**919**	**234**	**685**	**19**	**11**	**8**	**143**	**71**	**72**
75	174	39	135	4	3	1	30	13	17
76	171	47	124	1		1	30	16	14
77	174	47	127	7	5	2	27	13	14
78	206	55	151	5	2	3	34	17	17
79	194	46	148	2	1	1	22	12	10
80-84岁	**1011**	**266**	**745**	**43**	**23**	**20**	**133**	**51**	**82**
80	213	50	163	9	6	3	27	9	18
81	203	47	156	9	6	3	33	10	23
82	218	46	172	9	2	7	29	16	13
83	188	66	122	9	6	3	21	7	14
84	189	57	132	7	3	4	23	9	14
85-89岁	**609**	**187**	**422**	**42**	**20**	**22**	**84**	**27**	**57**
85	167	50	117	16	9	7	19	5	14
86	149	43	106	8	5	3	18	4	14
87	124	37	87	4	1	3	19	9	10
88	99	32	67	7	4	3	17	5	12
89	70	25	45	7	1	6	11	4	7
90-94岁	**155**	**62**	**93**	**13**	**6**	**7**	**42**	**25**	**17**
90	49	18	31	4	3	1	13	9	4
91	36	12	24	1	1		10	3	7
92	31	14	17	4	1	3	8	5	3
93	20	8	12	2	1	1	5	3	2
94	19	10	9	2		2	6	5	1
95-99岁	**21**	**9**	**12**	**6**	**2**	**4**	**5**	**3**	**2**
95	5	4	1	2		2	3	1	2
96	6	2	4	2	2		2	2	
97	5	1	4						
98	4	1	3	1		1			
99	1	1		1		1			
100岁及以上							**2**	**1**	**1**

8-11b　全市分年龄、性别、居住状况的60岁及以上老年人口(镇)

单位：人

年　龄	60岁及以上人口			与配偶和子女同住		
	合计	男	女	小计	男	女
总　计	**5429**	**2706**	**2723**	**754**	**423**	**331**
60-64岁	**1794**	**928**	**866**	**364**	**194**	**170**
60	412	207	205	98	45	53
61	347	179	168	70	42	28
62	318	176	142	60	31	29
63	390	204	186	79	48	31
64	327	162	165	57	28	29
65-69岁	**1530**	**734**	**796**	**225**	**123**	**102**
65	332	162	170	64	33	31
66	348	171	177	52	29	23
67	310	153	157	40	25	15
68	289	134	155	33	20	13
69	251	114	137	36	16	20
70-74岁	**940**	**473**	**467**	**95**	**59**	**36**
70	274	130	144	33	17	16
71	177	81	96	8	6	2
72	154	81	73	20	12	8
73	155	82	73	13	10	3
74	180	99	81	21	14	7
75-79岁	**596**	**289**	**307**	**45**	**29**	**16**
75	126	68	58	10	7	3
76	131	58	73	7	4	3
77	115	54	61	10	8	2
78	124	57	67	11	4	7
79	100	52	48	7	6	1
80-84岁	**319**	**154**	**165**	**17**	**12**	**5**
80	78	40	38	3	1	2
81	72	33	39	3	2	1
82	72	35	37	5	4	1
83	45	21	24	4	3	1
84	52	25	27	2	2	
85-89岁	**184**	**101**	**83**	**7**	**5**	**2**
85	61	35	26	2	2	
86	36	20	16	1	1	
87	49	22	27			
88	19	9	10	3	1	2
89	19	15	4	1	1	
90-94岁	**53**	**20**	**33**	**1**	**1**	
90	17	7	10			
91	16	6	10	1	1	
92	4	3	1			
93	11	3	8			
94	5	1	4			
95-99岁	**12**	**6**	**6**			
95	4	3	1			
96	3	1	2			
97	4	2	2			
98	1		1			
99						
100岁及以上	**1**	**1**				

8-11b 续表 1 单位：人

年 龄	与配偶同住			与子女同住			独居(有保姆)		
	小计	男	女	小计	男	女	小计	男	女
总 计	**3082**	**1658**	**1424**	**605**	**185**	**420**	**11**	**4**	**7**
60-64岁	**1048**	**548**	**500**	**166**	**55**	**111**	**2**	**1**	**1**
60	237	131	106	31	8	23	1		1
61	203	99	104	36	13	23			
62	190	106	84	24	8	16	1	1	
63	223	114	109	33	10	23			
64	195	98	97	42	16	26			
65-69岁	**968**	**462**	**506**	**131**	**43**	**88**	**2**	**1**	**1**
65	207	99	108	23	7	16	2	1	1
66	211	98	113	34	14	20			
67	201	98	103	32	10	22			
68	190	90	100	24	7	17			
69	159	77	82	18	5	13			
70-74岁	**558**	**309**	**249**	**101**	**25**	**76**	**1**		**1**
70	171	86	85	24	8	16			
71	113	56	57	19	7	12			
72	89	52	37	19	2	17			
73	83	48	35	20	4	16			
74	102	67	35	19	4	15	1		1
75-79岁	**312**	**198**	**114**	**72**	**19**	**53**	**3**		**3**
75	70	50	20	12	3	9	2		2
76	78	44	34	15	2	13			
77	58	33	25	15	5	10	1		1
78	59	36	23	17	7	10			
79	47	35	12	13	2	11			
80-84岁	**125**	**85**	**40**	**58**	**14**	**44**	**1**	**1**	
80	39	26	13	12		12			
81	25	20	5	10	4	6	1	1	
82	31	20	11	14	5	9			
83	13	8	5	12	2	10			
84	17	11	6	10	3	7			
85-89岁	**62**	**49**	**13**	**50**	**20**	**30**	**1**		**1**
85	26	18	8	17	6	11			
86	11	11		8	3	5			
87	15	12	3	14	5	9	1		1
88	6	4	2	4	2	2			
89	4	4		7	4	3			
90-94岁	**8**	**6**	**2**	**22**	**8**	**14**			
90	5	4	1	9	3	6			
91	3	2	1	2	1	1			
92				1	1				
93				6	2	4			
94				4	1	3			
95-99岁	**1**	**1**		**5**	**1**	**4**			
95	1	1							
96				2	1	1			
97				2		2			
98				1		1			
99									
100岁及以上							**1**	**1**	

8-11b　续表 2　　单位：人

年　龄	独居(无保姆)			养老机构			其　他		
	小计	男	女	小计	男	女	小计	男	女
总　计	**723**	**267**	**456**	**68**	**57**	**11**	**186**	**112**	**74**
60-64岁	**122**	**62**	**60**	**8**	**8**		**84**	**60**	**24**
60	21	9	12	1	1		23	13	10
61	23	14	9	1	1		14	10	4
62	26	15	11	3	3		14	12	2
63	35	16	19	2	2		18	14	4
64	17	8	9	1	1		15	11	4
65-69岁	**134**	**54**	**80**	**22**	**21**	**1**	**48**	**30**	**18**
65	21	9	12	3	3		12	10	2
66	35	20	15	2	2		14	8	6
67	21	9	12	8	7	1	8	4	4
68	28	7	21	7	7		7	3	4
69	29	9	20	2	2		7	5	2
70-74岁	**142**	**54**	**88**	**18**	**16**	**2**	**25**	**10**	**15**
70	31	9	22	7	7		8	3	5
71	31	10	21	2	1	1	4	1	3
72	19	12	7	1	1		6	2	4
73	30	13	17	4	4		5	3	2
74	31	10	21	4	3	1	2	1	1
75-79岁	**142**	**31**	**111**	**10**	**7**	**3**	**12**	**5**	**7**
75	27	6	21	2		2	3	2	1
76	27	5	22	1	1		3	2	1
77	30	7	23	1	1				
78	31	8	23	2	1	1	4	1	3
79	27	5	22	4	4		2		2
80-84岁	**99**	**32**	**67**	**8**	**5**	**3**	**11**	**5**	**6**
80	17	7	10	3	3		4	3	1
81	28	3	25	2	1	1	3	2	1
82	17	5	12	3	1	2	2		2
83	15	8	7				1		1
84	22	9	13				1		1
85-89岁	**59**	**25**	**34**	**1**		**1**	**4**	**2**	**2**
85	13	7	6	1		1	2	2	
86	15	5	10				1		1
87	18	5	13				1		1
88	6	2	4						
89	7	6	1						
90-94岁	**19**	**5**	**14**	**1**		**1**	**2**		**2**
90	3		3						
91	9	2	7	1		1			
92	3	2	1						
93	3	1	2				2		2
94	1		1						
95-99岁	**6**	**4**	**2**						
95	3	2	1						
96	1		1						
97	2	2							
98									
99									
100岁及以上									

8-11c 全市分年龄、性别、居住状况的60岁及以上老年人口(乡村)

单位：人

年 龄	60岁及以上人口			与配偶和子女同住		
	合计	男	女	小计	男	女
总 计	**12166**	**6124**	**6042**	**1205**	**684**	**521**
60-64岁	**3934**	**1984**	**1950**	**642**	**348**	**294**
60	805	411	394	155	85	70
61	758	380	378	121	67	54
62	759	381	378	133	75	58
63	825	427	398	125	62	63
64	787	385	402	108	59	49
65-69岁	**3609**	**1780**	**1829**	**330**	**180**	**150**
65	774	390	384	80	35	45
66	800	407	393	100	58	42
67	704	355	349	54	35	19
68	660	315	345	53	26	27
69	671	313	358	43	26	17
70-74岁	**2007**	**1057**	**950**	**123**	**83**	**40**
70	597	313	284	49	32	17
71	362	199	163	25	19	6
72	338	185	153	16	10	6
73	320	159	161	18	11	7
74	390	201	189	15	11	4
75-79岁	**1283**	**650**	**633**	**68**	**43**	**25**
75	271	129	142	11	7	4
76	300	145	155	27	16	11
77	254	131	123	8	5	3
78	270	143	127	14	8	6
79	188	102	86	8	7	1
80-84岁	**800**	**415**	**385**	**28**	**21**	**7**
80	178	89	89	6	5	1
81	177	93	84	10	7	3
82	166	96	70	4	4	
83	136	66	70	4	3	1
84	143	71	72	4	2	2
85-89岁	**382**	**173**	**209**	**11**	**7**	**4**
85	110	52	58	2	1	1
86	84	36	48	3	2	1
87	85	40	45	3	2	1
88	61	26	35	3	2	1
89	42	19	23			
90-94岁	**134**	**60**	**74**	**3**	**2**	**1**
90	55	24	31	3	2	1
91	21	13	8			
92	29	9	20			
93	15	7	8			
94	14	7	7			
95-99岁	**17**	**5**	**12**			
95	5	3	2			
96	7	1	6			
97	2		2			
98	2		2			
99	1	1				
100岁及以上						

8−11c　续表 1　　　　单位：人

年　龄	与配偶同住			与子女同住			独居(有保姆)		
	小计	男	女	小计	男	女	小计	男	女
总　计	**7389**	**3972**	**3417**	**960**	**315**	**645**	**18**	**13**	**5**
60−64岁	**2541**	**1235**	**1306**	**206**	**78**	**128**	**4**	**4**	
60	496	243	253	39	15	24	1	1	
61	486	236	250	44	18	26			
62	492	231	261	44	19	25			
63	539	272	267	41	16	25	2	2	
64	528	253	275	38	10	28	1	1	
65−69岁	**2468**	**1237**	**1231**	**190**	**64**	**126**	**2**	**2**	
65	543	270	273	37	15	22			
66	524	261	263	33	16	17	1	1	
67	506	256	250	30	8	22			
68	448	223	225	39	11	28	1	1	
69	447	227	220	51	14	37			
70−74岁	**1279**	**741**	**538**	**133**	**43**	**90**	**4**	**3**	**1**
70	394	218	176	37	16	21	1	1	
71	221	125	96	21	8	13	1	1	
72	222	134	88	28	10	18	2	1	1
73	202	121	81	25	3	22			
74	240	143	97	22	6	16			
75−79岁	**683**	**436**	**247**	**125**	**37**	**88**	**2**	**2**	
75	151	89	62	24	5	19			
76	161	96	65	31	9	22	1	1	
77	132	83	49	22	9	13	1	1	
78	142	100	42	26	6	20			
79	97	68	29	22	8	14			
80−84岁	**309**	**235**	**74**	**146**	**41**	**105**	**3**	**1**	**2**
80	80	52	28	21	5	16			
81	72	57	15	29	4	25			
82	66	55	11	25	11	14	2	1	1
83	45	35	10	29	7	22	1		1
84	46	36	10	42	14	28			
85−89岁	**87**	**70**	**17**	**102**	**33**	**69**	**2**	**1**	**1**
85	40	32	8	19	5	14	1		1
86	19	14	5	23	5	18			
87	15	13	2	22	5	17	1	1	
88	5	5		20	9	11			
89	8	6	2	18	9	9			
90−94岁	**22**	**18**	**4**	**48**	**17**	**31**			
90	11	8	3	13	4	9			
91	5	4	1	7	3	4			
92	4	4		15	3	12			
93	1	1		6	4	2			
94	1	1		7	3	4			
95−99岁				**10**	**2**	**8**	**1**		**1**
95				3	1	2			
96				4	1	3	1		1
97				2		2			
98				1		1			
99									
100岁及以上									

8-11c 续表 2 单位：人

年 龄	独居(无保姆)			养老机构			其 他		
	小计	男	女	小计	男	女	小计	男	女
总 计	**2069**	**801**	**1268**	**117**	**100**	**17**	**408**	**239**	**169**
60-64岁	**353**	**182**	**171**	**25**	**21**	**4**	**163**	**116**	**47**
60	69	39	30	5	4	1	40	24	16
61	69	28	41	6	6		32	25	7
62	61	34	27	4	3	1	25	19	6
63	73	40	33	8	7	1	37	28	9
64	81	41	40	2	1	1	29	20	9
65-69岁	**491**	**209**	**282**	**30**	**27**	**3**	**98**	**61**	**37**
65	87	50	37	7	7		20	13	7
66	110	51	59	6	4	2	26	16	10
67	90	38	52	7	7		17	11	6
68	99	39	60	4	4		16	11	5
69	105	31	74	6	5	1	19	10	9
70-74岁	**397**	**138**	**259**	**22**	**21**	**1**	**49**	**28**	**21**
70	101	37	64	5	5		10	4	6
71	75	30	45	7	7		12	9	3
72	58	23	35	4	3	1	8	4	4
73	69	19	50	2	2		4	3	1
74	94	29	65	4	4		15	8	7
75-79岁	**346**	**103**	**243**	**19**	**15**	**4**	**40**	**14**	**26**
75	72	22	50	4	4		9	2	7
76	70	19	51	4	1	3	6	3	3
77	77	26	51	5	4	1	9	3	6
78	75	22	53	3	3		10	4	6
79	52	14	38	3	3		6	2	4
80-84岁	**267**	**89**	**178**	**15**	**13**	**2**	**32**	**15**	**17**
80	54	17	37	7	6	1	10	4	6
81	59	21	38	2	2		5	2	3
82	60	19	41	4	3	1	5	3	2
83	49	17	32	1	1		7	3	4
84	45	15	30	1	1		5	3	2
85-89岁	**157**	**56**	**101**	**4**	**2**	**2**	**19**	**4**	**15**
85	45	14	31	1		1	2		2
86	32	13	19	2	2		5		5
87	38	17	21	1		1	5	2	3
88	27	8	19				6	2	4
89	15	4	11				1		1
90-94岁	**53**	**21**	**32**	**2**	**1**	**1**	**6**	**1**	**5**
90	24	8	16	2	1	1	2	1	1
91	8	6	2				1		1
92	9	2	7				1		1
93	6	2	4				2		2
94	6	3	3						
95-99岁	**5**	**3**	**2**				**1**		**1**
95	2	2							
96	1		1				1		1
97									
98	1		1						
99	1	1							
100岁及以上									

8-12　全市分性别、婚姻状况、居住状况的60岁及以上老年人口

单位：人

居住状况	60岁及以上人口			未婚		
	合计	男	女	小计	男	女
总　计	**80705**	**39544**	**41161**	**727**	**624**	**103**
与配偶和子女同住	16564	9122	7442			
与配偶同住	41060	22045	19015			
与子女同住	10415	2938	7477	20	12	8
独居(有保姆)	237	103	134	5	5	
独居(无保姆)	9372	3550	5822	318	270	48
养老机构	379	276	103	155	151	4
其　他	2678	1510	1168	229	186	43

8-12　续表

单位：人

居住状况	有配偶			离婚			丧偶		
	小计	男	女	小计	男	女	小计	男	女
总　计	**63966**	**34600**	**29366**	**1501**	**796**	**705**	**14511**	**3524**	**10987**
与配偶和子女同住	16564	9122	7442						
与配偶同住	41060	22045	19015						
与子女同住	2662	1091	1571	518	207	311	7215	1628	5587
独居(有保姆)	31	16	15	11	6	5	190	76	114
独居(无保姆)	2028	1272	756	732	429	303	6294	1579	4715
养老机构	65	47	18	19	15	4	140	63	77
其　他	1556	1007	549	221	139	82	672	178	494

8-12a 全市分性别、婚姻状况、居住状况的60岁及以上老年人口(城市)

单位：人

居住状况	60岁及以上人口			未婚		
	合计	男	女	小计	男	女
总计	**63110**	**30714**	**32396**	**346**	**253**	**93**
与配偶和子女同住	14605	8015	6590			
与配偶同住	30589	16415	14174			
与子女同住	8850	2438	6412	12	4	8
独居(有保姆)	208	86	122			
独居(无保姆)	6580	2482	4098	163	118	45
养老机构	194	119	75	21	20	1
其他	2084	1159	925	150	111	39

8-12a 续表

单位：人

居住状况	有配偶			离婚			丧偶		
	小计	男	女	小计	男	女	小计	男	女
总计	**50511**	**27243**	**23268**	**1290**	**641**	**649**	**10963**	**2577**	**8386**
与配偶和子女同住	14605	8015	6590						
与配偶同住	30589	16415	14174						
与子女同住	2332	934	1398	463	171	292	6043	1329	4714
独居(有保姆)	26	13	13	9	4	5	173	69	104
独居(无保姆)	1662	1043	619	610	334	276	4145	987	3158
养老机构	47	37	10	11	8	3	115	54	61
其他	1250	786	464	197	124	73	487	138	349

8-12b　全市分性别、婚姻状况、居住状况的60岁及以上老年人口(镇)

单位：人

居住状况	60岁及以上人口			未　婚		
	合计	男	女	小计	男	女
总　计	**5429**	**2706**	**2723**	**91**	**87**	**4**
与配偶和子女同住	754	423	331			
与配偶同住	3082	1658	1424			
与子女同住	605	185	420	2	2	
独居(有保姆)	11	4	7			
独居(无保姆)	723	267	456	26	24	2
养老机构	68	57	11	52	50	2
其　他	186	112	74	11	11	

8-12b　续表

单位：人

居住状况	有配偶			离　婚			丧　偶		
	小计	男	女	小计	男	女	小计	男	女
总　计	**4258**	**2319**	**1939**	**61**	**41**	**20**	**1019**	**259**	**760**
与配偶和子女同住	754	423	331						
与配偶同住	3082	1658	1424						
与子女同住	188	78	110	22	13	9	393	92	301
独居(有保姆)	4	2	2				7	2	5
独居(无保姆)	110	70	40	32	23	9	555	150	405
养老机构	7	4	3	1	1		8	2	6
其　他	113	84	29	6	4	2	56	13	43

8-12c 全市分性别、婚姻状况、居住状况的60岁及以上老年人口(乡村)

单位：人

居住状况	60岁及以上人口			未婚		
	合计	男	女	小计	男	女
总 计	**12166**	**6124**	**6042**	**290**	**284**	**6**
与配偶和子女同住	1205	684	521			
与配偶同住	7389	3972	3417			
与子女同住	960	315	645	6	6	
独居(有保姆)	18	13	5	5	5	
独居(无保姆)	2069	801	1268	129	128	1
养老机构	117	100	17	82	81	1
其 他	408	239	169	68	64	4

8-12c 续表

单位：人

居住状况	有配偶			离婚			丧偶		
	小计	男	女	小计	男	女	小计	男	女
总 计	**9197**	**5038**	**4159**	**150**	**114**	**36**	**2529**	**688**	**1841**
与配偶和子女同住	1205	684	521						
与配偶同住	7389	3972	3417						
与子女同住	142	79	63	33	23	10	779	207	572
独居(有保姆)	1	1		2	2		10	5	5
独居(无保姆)	256	159	97	90	72	18	1594	442	1152
养老机构	11	6	5	7	6	1	17	7	10
其 他	193	137	56	18	11	7	129	27	102

第二部分 长表数据资料

第九卷 住房

9-1 各地区按建筑层数、承重类型分的家庭户户数

单位：户

地区	合计	建筑层数				承重类型				
		平房	多层(7层及以下)	高层(8-33层)	超高层(34层及以上)	钢及钢筋混凝土结构	混合结构	砖木结构	竹草土坯结构	其他结构
太原市	**173984**	**22550**	**86396**	**61297**	**3741**	**95864**	**65422**	**10501**	**942**	**1255**
小店区	39842	2768	19096	17352	626	25025	13303	1327	22	165
迎泽区	21147	344	12386	8029	388	10878	9881	321	2	65
杏花岭区	28286	920	16251	10253	862	15592	11993	446	28	227
尖草坪区	16972	1940	8974	5613	445	9780	6637	408	34	113
万柏林区	31980	453	15865	14546	1116	20027	11373	414	5	161
晋源区	9235	1943	4113	2875	304	5042	3059	1026	60	48
清徐县	11876	8049	3176	651		2906	4162	4729	41	38
阳曲县	4480	2495	1348	637		1688	1387	560	692	153
娄烦县	3270	2073	1063	134		1445	1315	279	40	191
古交市	6896	1565	4124	1207		3481	2312	991	18	94

注：本表数据为居住在普通住宅的家庭户，下表同。

9-1a 各地区按建筑层数、承重类型分的家庭户户数(城市)

单位：户

地区	合计	建筑层数				承重类型				
		平房	多层(7层及以下)	高层(8-33层)	超高层(34层及以上)	钢及钢筋混凝土结构	混合结构	砖木结构	竹草土坯结构	其他结构
太原市	**140442**	**4186**	**75112**	**57517**	**3627**	**83809**	**53568**	**2365**	**47**	**653**
小店区	32840	539	16458	15331	512	21325	11129	237	5	144
迎泽区	20782	264	12210	7920	388	10727	9691	304	2	58
杏花岭区	26711	569	15190	10090	862	14856	11263	404	3	185
尖草坪区	16000	1167	8776	5612	445	9451	6155	307	17	70
万柏林区	31800	424	15714	14546	1116	20024	11220	399	4	153
晋源区	7584	888	3554	2838	304	4615	2392	533	16	28
清徐县										
阳曲县										
娄烦县										
古交市	4725	335	3210	1180		2811	1718	181		15

9-1b 各地区按建筑层数、承重类型分的家庭户户数(镇)

单位：户

地区	合计	建筑层数				承重类型				
		平房	多层(7层及以下)	高层(8-33层)	超高层(34层及以上)	钢及钢筋混凝土结构	混合结构	砖木结构	竹草土坯结构	其他结构
太原市	**13636**	**3654**	**6560**	**3308**	**114**	**7159**	**4475**	**1737**	**169**	**96**
小店区	4465	668	1719	1964	114	3020	1126	306	5	8
迎泽区										
杏花岭区										
尖草坪区	72	2	70				72			
万柏林区	166	15	151			2	151	9		4
晋源区	360	223	137			61	144	132	20	3
清徐县	4336	1677	2033	626		1565	1681	1056	14	20
阳曲县	2138	408	1144	586		1026	863	102	120	27
娄烦县	1536	564	840	132		1131	319	58	9	19
古交市	563	97	466			354	119	74	1	15

9-1c 各地区按建筑层数、承重类型分的家庭户户数(乡村)

单位：户

地区	合计	建筑层数				承重类型				
		平房	多层(7层及以下)	高层(8-33层)	超高层(34层及以上)	钢及钢筋混凝土结构	混合结构	砖木结构	竹草土坯结构	其他结构
太原市	**19906**	**14710**	**4724**	**472**		**4896**	**7379**	**6399**	**726**	**506**
小店区	2537	1561	919	57		680	1048	784	12	13
迎泽区	365	80	176	109		151	190	17		7
杏花岭区	1575	351	1061	163		736	730	42	25	42
尖草坪区	900	771	128	1		329	410	101	17	43
万柏林区	14	14				1	2	6	1	4
晋源区	1291	832	422	37		366	523	361	24	17
清徐县	7540	6372	1143	25		1341	2481	3673	27	18
阳曲县	2342	2087	204	51		662	524	458	572	126
娄烦县	1734	1509	223	2		314	996	221	31	172
古交市	1608	1133	448	27		316	475	736	17	64

9-2 各地区按住房建成时间分的家庭户住房状况

单位：户、间、平方米

地区	合计			1949年以前		
	户数	间数	面积	户数	间数	面积
太原市	**173984**	**440834**	**15496991**	**454**	**1232**	**28021**
小店区	35500	86662	3302248	10	27	533
迎泽区	21108	49419	1816779	10	15	304
杏花岭区	27826	63565	2356269	57	104	2216
尖草坪区	16972	42720	1527624	23	60	1661
万柏林区	31980	77756	2981569	8	14	473
晋源区	9235	27767	924371	7	33	650
清徐县	11876	44580	996113	59	196	3464
阳曲县	4480	12880	395437	224	683	16195
娄烦县	3270	7075	224229	33	40	1047
古交市	6896	17033	522602	18	37	925

9-2 续表 1

单位：户、间、平方米

地区	1949-1959年			1960-1969年		
	户数	间数	面积	户数	间数	面积
太原市	**1293**	**2464**	**60801**	**1138**	**2708**	**63114**
小店区	61	120	3062	141	284	7581
迎泽区	70	132	3491	85	181	4979
杏花岭区	301	508	11906	115	212	5340
尖草坪区	250	497	12514	98	237	5797
万柏林区	228	370	9878	94	177	4589
晋源区	176	318	7653	80	190	4441
清徐县	44	155	2902	170	617	10684
阳曲县	86	226	5792	170	453	10860
娄烦县	36	47	1297	96	133	3549
古交市	35	78	1861	80	194	4530

9-2 续表 2

单位：户、间、平方米

地区	1970-1979年			1980-1989年			1990-1999年		
	户数	间数	面积	户数	间数	面积	户数	间数	面积
太原市	**4857**	**12156**	**284855**	**23778**	**58699**	**1543804**	**32095**	**81062**	**2428784**
小店区	439	979	25157	3147	7282	205328	5142	12849	414680
迎泽区	568	1169	31620	3925	8568	252071	5850	13143	423964
杏花岭区	837	1712	43692	4306	8837	256948	5341	11712	376211
尖草坪区	536	1207	30428	2164	5543	156786	3272	8280	259486
万柏林区	539	1093	26820	3436	7463	206271	4914	11279	358396
晋源区	268	893	19336	1187	4162	93151	1135	3411	94183
清徐县	871	3103	57407	2529	9448	169647	3016	11573	242676
阳曲县	364	1002	25153	700	2098	59575	751	2211	66539
娄烦县	157	260	7581	588	1130	32473	704	1560	46481
古交市	228	581	13131	1596	3562	91925	1721	4274	120983

9-2 续表 3

单位：户、间、平方米

地区	2000-2009年			2010-2014年			2015年以后		
	户数	间数	面积	户数	间数	面积	户数	间数	面积
太原市	**46929**	**121012**	**4484515**	**36580**	**92447**	**3799828**	**26860**	**69054**	**2803269**
小店区	12436	30147	1174993	9489	23199	979757	4635	11775	491157
迎泽区	5225	12926	509795	3203	8162	367913	2172	5123	222642
杏花岭区	8050	19162	762013	5202	12485	547022	3617	8833	350921
尖草坪区	3650	9514	349873	3425	8623	351218	3554	8759	359861
万柏林区	8313	21303	828891	7472	18262	793493	6976	17795	752758
晋源区	2195	6835	229632	2275	6354	257008	1912	5571	218317
清徐县	2780	10681	273641	1543	5732	149562	864	3075	86130
阳曲县	745	2139	71493	808	2202	78274	632	1866	61556
娄烦县	809	1893	64444	475	1132	38527	372	880	28830
古交市	1580	4036	135021	1002	2600	88272	636	1671	65954

9-2a　各地区按住房建成时间分的家庭户住房状况(城市)

单位：户、间、平方米

地　区	合　计			1949年以前		
	户数	间数	面积	户数	间数	面积
太原市	**140442**	**336345**	**12672423**	**81**	**148**	**3011**
小店区	32840	78122	3076386	6	10	210
迎泽区	20782	48656	1790826	8	12	224
杏花岭区	26711	60826	2270705	45	66	1183
尖草坪区	16000	39179	1424178	8	14	281
万柏林区	31800	77359	2971171	7	13	453
晋源区	7584	21055	768164	6	31	610
清徐县						
阳曲县						
娄烦县						
古交市	4725	11148	370993	1	2	50

9-2a　续表 1

单位：户、间、平方米

地　区	1949-1959年			1960-1969年		
	户数	间数	面积	户数	间数	面积
太原市	**1065**	**1877**	**46744**	**516**	**982**	**25527**
小店区	53	97	2547	111	197	5385
迎泽区	70	132	3491	83	177	4849
杏花岭区	292	486	11331	100	173	4365
尖草坪区	246	486	12194	79	172	4219
万柏林区	226	367	9768	89	170	4439
晋源区	165	285	6962	45	76	1947
清徐县						
阳曲县						
娄烦县						
古交市	13	24	451	9	17	323

9-2a 续表 2 单位：户、间、平方米

地 区	1970-1979年			1980-1989年			1990-1999年		
	户数	间数	面积	户数	间数	面积	户数	间数	面积
太原市	**2860**	**5887**	**149819**	**17499**	**38338**	**1094730**	**25720**	**59313**	**1904933**
小店区	330	643	16984	2611	5620	166817	4668	11239	376273
迎泽区	565	1163	31450	3882	8442	249029	5801	13041	421554
杏花岭区	790	1565	39941	4198	8494	246900	5241	11387	365310
尖草坪区	438	902	22569	1869	4468	125834	3027	7302	230999
万柏林区	525	1049	25917	3362	7295	202011	4870	11185	355922
晋源区	159	457	10660	759	2305	58131	859	2255	68148
清徐县									
阳曲县									
娄烦县									
古交市	53	108	2298	818	1714	46008	1254	2904	86727

9-2a 续表 3 单位：户、间、平方米

地 区	2000-2009年			2010-2014年			2015年以后		
	户数	间数	面积	户数	间数	面积	户数	间数	面积
太原市	**39269**	**97177**	**3791143**	**30492**	**74917**	**3240785**	**22940**	**57706**	**2415731**
小店区	11814	27969	1114637	8881	21373	924855	4366	10974	468678
迎泽区	5198	12851	507578	3153	8034	362875	2022	4804	209776
杏花岭区	7364	17670	706863	4956	11858	527719	3725	9127	367093
尖草坪区	3517	9014	334819	3317	8251	339222	3499	8570	354041
万柏林区	8279	21235	826713	7466	18250	793190	6976	17795	752758
晋源区	1851	5441	194748	1945	5217	222522	1795	4988	204436
清徐县									
阳曲县									
娄烦县									
古交市	1246	2997	105785	774	1934	70402	557	1448	58949

9-2b 各地区按住房建成时间分的家庭户住房状况(镇)

单位：户、间、平方米

地 区	合 计			1949年以前		
	户数	间数	面积	户数	间数	面积
太原市	**13636**	**37140**	**1213068**	**71**	**209**	**4777**
小店区	4465	10378	400220	5	23	553
迎泽区						
杏花岭区						
尖草坪区	72	192	4073			
万柏林区	166	362	9407			
晋源区	360	1394	28271	1	2	40
清徐县	4336	14152	413054	18	56	1157
阳曲县	2138	5702	203221	40	119	2782
娄烦县	1536	3733	122746	7	9	245
古交市	563	1227	32076			

9-2b 续表 1

单位：户、间、平方米

地 区	1949-1959年			1960-1969年		
	户数	间数	面积	户数	间数	面积
太原市	**45**	**104**	**2963**	**127**	**321**	**7041**
小店区	6	13	445	11	36	924
迎泽区						
杏花岭区						
尖草坪区				2	4	40
万柏林区				4	6	130
晋源区	5	12	221	6	16	243
清徐县	12	40	1010	48	147	2909
阳曲县	8	18	630	27	65	1554
娄烦县	14	21	657	28	45	1201
古交市				1	2	40

9-2b 续表 2 单位：户、间、平方米

地区	1970-1979年			1980-1989年			1990-1999年		
	户数	间数	面积	户数	间数	面积	户数	间数	面积
太原市	**465**	**1367**	**31930**	**1669**	**4714**	**112289**	**2196**	**6778**	**192515**
小店区	55	168	4914	222	648	21200	260	812	26350
迎泽区									
杏花岭区									
尖草坪区	22	54	970	17	47	967	31	87	2096
万柏林区	11	34	653	70	157	3929	41	85	2214
晋源区	22	84	1295	105	446	7122	70	258	5471
清徐县	212	694	14459	599	2030	40275	1097	3717	99457
阳曲县	82	210	6234	170	450	13759	367	991	34192
娄烦县	50	91	2815	183	377	10849	260	680	18908
古交市	11	32	590	303	559	14188	70	148	3827

9-2b 续表 3 单位：户、间、平方米

地区	2000-2009年			2010-2014年			2015年以后		
	户数	间数	面积	户数	间数	面积	户数	间数	面积
太原市	**3375**	**9181**	**307576**	**3360**	**8330**	**310601**	**2328**	**6136**	**243376**
小店区	1000	1979	65303	1605	3484	138325	1301	3215	142206
迎泽区									
杏花岭区									
尖草坪区									
万柏林区	34	68	2178	6	12	303			
晋源区	75	285	6786	53	184	5153	23	107	1940
清徐县	1277	4293	142595	664	1995	69353	409	1180	41839
阳曲县	445	1207	45009	639	1630	63229	360	1012	35832
娄烦县	478	1187	41022	287	712	25800	229	611	21249
古交市	66	162	4683	106	313	8438	6	11	310

9–2c　各地区按住房建成时间分的家庭户住房状况(乡村)

单位：户、间、平方米

地　区	合　计			1949年以前		
	户数	间数	面积	户数	间数	面积
太原市	**19906**	**67349**	**1611500**	**302**	**875**	**20233**
小店区	2537	8288	217934	4	17	323
迎泽区	365	851	29582	2	3	80
杏花岭区	1575	3902	139393	12	38	1033
尖草坪区	900	3349	99373	15	46	1380
万柏林区	14	35	991	1	1	20
晋源区	1291	5318	127936			
清徐县	7540	30428	583059	41	140	2307
阳曲县	2342	7178	192216	184	564	13413
娄烦县	1734	3342	101483	26	31	802
古交市	1608	4658	119533	17	35	875

9–2c　续表 1

单位：户、间、平方米

地　区	1949–1959年			1960–1969年		
	户数	间数	面积	户数	间数	面积
太原市	**183**	**483**	**11094**	**495**	**1405**	**30546**
小店区	8	23	515	28	81	2036
迎泽区				2	4	130
杏花岭区	9	22	575	15	39	975
尖草坪区	4	11	320	17	61	1538
万柏林区	2	3	110	1	1	20
晋源区	6	21	470	29	98	2251
清徐县	32	115	1892	122	470	7775
阳曲县	78	208	5162	143	388	9306
娄烦县	22	26	640	68	88	2348
古交市	22	54	1410	70	175	4167

9-2c 续表 2 单位：户、间、平方米

地区	1970-1979年			1980-1989年			1990-1999年		
	户数	间数	面积	户数	间数	面积	户数	间数	面积
太原市	**1532**	**4902**	**103106**	**4610**	**15647**	**336785**	**4179**	**14971**	**331336**
小店区	104	325	7789	514	1620	36940	461	1563	37050
迎泽区	3	6	170	43	126	3042	51	107	2602
杏花岭区	47	147	3751	108	343	10048	100	325	10901
尖草坪区	76	251	6889	278	1028	29985	214	891	26391
万柏林区	3	10	250	4	11	331	3	9	260
晋源区	87	352	7381	323	1411	27898	206	898	20564
清徐县	659	2409	42948	1930	7418	129372	1919	7856	143219
阳曲县	282	792	18919	530	1648	45816	384	1220	32347
娄烦县	107	169	4766	405	753	21624	444	880	27573
古交市	164	441	10243	475	1289	31729	397	1222	30429

9-2c 续表 3 单位：户、间、平方米

地区	2000-2009年			2010-2014年			2015年以后		
	户数	间数	面积	户数	间数	面积	户数	间数	面积
太原市	**4285**	**14654**	**385796**	**2728**	**9200**	**248442**	**1592**	**5212**	**144162**
小店区	595	2123	58621	577	1779	53471	246	757	21189
迎泽区	64	158	5654	50	128	5038	150	319	12866
杏花岭区	822	1861	72864	358	886	31191	104	241	8055
尖草坪区	133	500	15054	108	372	11996	55	189	5820
万柏林区									
晋源区	269	1109	28098	277	953	29333	94	476	11941
清徐县	1503	6388	131046	879	3737	80209	455	1895	44291
阳曲县	300	932	26484	169	572	15045	272	854	25724
娄烦县	331	706	23422	188	420	12727	143	269	7581
古交市	268	877	24553	122	353	9432	73	212	6695

9–3　各地区按住房设施状况分的家庭户户数

单位：户

地　区	合　计	住房所在建筑有无电梯		主要炊事燃料				
		有	无	燃气	电	煤炭	柴草	其他
太原市	**173984**	**66856**	**107128**	**140409**	**29548**	**2325**	**164**	**1538**
小店区	39842	18752	21090	30961	8317	10	1	553
迎泽区	21147	8449	12698	17424	3587	1	2	133
杏花岭区	28286	11156	17130	23994	4057	7		228
尖草坪区	16972	6335	10637	14519	2270	2	12	169
万柏林区	31980	15863	16117	29007	2723	16	2	232
晋源区	9235	3392	5843	6999	2170	14		52
清徐县	11876	796	11080	9479	2041	317	3	36
阳曲县	4480	689	3791	3502	772	129	67	10
娄烦县	3270	152	3118	165	2002	1018	60	25
古交市	6896	1272	5624	4359	1609	811	17	100

9–3　续表 1

单位：户

地　区	住房内有无管道自来水		住房内有无厨房			住房内有无厕所	
	有	无	独立使用	与其他户合用	无	水冲式卫生厕所	水冲式非卫生厕所
太原市	**166238**	**7746**	**165590**	**1682**	**6712**	**152618**	**1179**
小店区	39029	813	36626	361	2855	36831	290
迎泽区	20839	308	20510	96	541	20725	49
杏花岭区	27476	810	27583	181	522	27328	55
尖草坪区	16073	899	16401	146	425	15151	125
万柏林区	31152	828	31476	141	363	31300	143
晋源区	8543	692	8797	240	198	7481	323
清徐县	10875	1001	11437	191	248	5726	85
阳曲县	4123	357	4245	92	143	1780	66
娄烦县	2448	822	2594	131	545	1251	4
古交市	5680	1216	5921	103	872	5045	39

9-3 续表 2

单位：户

地　区	住房内有无厕所			住房内有无洗澡设施			
	卫生旱厕	普通旱厕	无	统一供热水	家庭自装热水器	其他	无
太原市	**7487**	**7685**	**5015**	**3573**	**142442**	**2228**	**25741**
小店区	1030	908	783	732	34346	489	4275
迎泽区	20	55	298	436	18985	127	1599
杏花岭区	88	160	655	825	24867	111	2483
尖草坪区	564	622	510	223	14020	208	2521
万柏林区	84	123	330	797	28148	122	2913
晋源区	419	847	165	140	7718	159	1218
清徐县	3540	2204	321	214	7259	697	3706
阳曲县	1113	1247	274	32	1942	147	2359
娄烦县	457	792	766	16	1258	56	1940
古交市	172	727	913	158	3899	112	2727

9-3a 各地区按住房设施状况分的家庭户户数(城市)

单位：户

地　区	合　计	住房所在建筑有无电梯		主要炊事燃料				
		有	无	燃气	电	煤炭	柴草	其他
太原市	**140442**	**62552**	**77890**	**118852**	**20086**	**163**	**4**	**1337**
小店区	32840	16458	16382	26207	6141	5	1	486
迎泽区	20782	8343	12439	17172	3475	1	2	132
杏花岭区	26711	10974	15737	23009	3471	6		225
尖草坪区	16000	6329	9671	13788	2047	2		163
万柏林区	31800	15863	15937	29006	2553	10	1	230
晋源区	7584	3350	4234	5962	1578	5		39
清徐县								
阳曲县								
娄烦县								
古交市	4725	1235	3490	3708	821	134		62

9-3a　续表 1　　单位：户

地　区	住房内有无管道自来水		住房内有无厨房			住房内有无厕所	
	有	无	独立使用	与其他户合用	无	水冲式卫生厕所	水冲式非卫生厕所
太原市	**137112**	**3330**	**135249**	**931**	**4262**	**135339**	**553**
小店区	32334	506	30430	221	2189	31958	96
迎泽区	20528	254	20187	92	503	20453	34
杏花岭区	25977	734	26073	155	483	25995	41
尖草坪区	15394	606	15513	120	367	14810	87
万柏林区	30998	802	31306	141	353	31156	143
晋源区	7341	243	7296	158	130	6793	121
清徐县							
阳曲县							
娄烦县							
古交市	4540	185	4444	44	237	4174	31

9-3a　续表 2　　单位：户

地　区	住房内有无厕所			住房内有无洗澡设施			
	卫生旱厕	普通旱厕	无	统　一供热水	家庭自装热水器	其他	无
太原市	**697**	**1361**	**2492**	**3169**	**123534**	**898**	**12841**
小店区	44	198	544	658	29502	221	2459
迎泽区	10	25	260	432	18732	125	1493
杏花岭区	63	42	570	796	23610	92	2213
尖草坪区	275	394	434	220	13649	182	1949
万柏林区	80	110	311	797	28129	121	2753
晋源区	197	386	87	134	6613	106	731
清徐县							
阳曲县							
娄烦县							
古交市	28	206	286	132	3299	51	1243

9-3b 各地区按住房设施状况分的家庭户户数(镇)

单位：户

地区	合计	住房所在建筑有无电梯		主要炊事燃料				
		有	无	燃气	电	煤炭	柴草	其他
太原市	**13636**	**3673**	**9963**	**9259**	**3954**	**333**	**4**	**86**
小店区	4465	2207	2258	2757	1664			44
迎泽区								
杏花岭区								
尖草坪区	72	1	71	72				
万柏林区	166		166		165			1
晋源区	360		360	248	97	7		8
清徐县	4336	693	3643	3680	557	95	1	3
阳曲县	2138	616	1522	2000	124	7	1	6
娄烦县	1536	150	1386	121	1207	183	1	24
古交市	563	6	557	381	140	41	1	

9-3b 续表 1

单位：户

地区	住房内有无管道自来水		住房内有无厨房			住房内有无厕所	
	有	无	独立使用	与其他户合用	无	水冲式卫生厕所	水冲式非卫生厕所
太原市	**12831**	**805**	**12626**	**128**	**882**	**9789**	**90**
小店区	4347	118	3850	69	546	3715	26
迎泽区							
杏花岭区							
尖草坪区	72		70		2	59	
万柏林区	152	14	158		8	144	
晋源区	264	96	339	5	16	119	3
清徐县	4086	250	4204	31	101	2746	10
阳曲县	2076	62	2100	16	22	1576	42
娄烦县	1400	136	1386	5	145	999	3
古交市	434	129	519	2	42	431	6

9-3b　续表 2　　单位：户

地　区	住房内有无厕所			住房内有无洗澡设施			
	卫生旱厕	普通旱厕	无	统　一供热水	家庭自装热水器	其他	无
太原市	**1330**	**1741**	**686**	**251**	**9471**	**358**	**3556**
小店区	381	226	117	48	3215	128	1074
迎泽区							
杏花岭区							
尖草坪区		13			62		10
万柏林区	2	4	16		19		147
晋源区	111	120	7	1	190	8	161
清徐县	522	869	189	173	3121	143	899
阳曲县	128	285	107	22	1555	20	541
娄烦县	159	182	193	7	974	39	516
古交市	27	42	57		335	20	208

9-3c　各地区按住房设施状况分的家庭户户数(乡村)

单位：户

地　区	合　计	住房所在建筑有无电梯		主要炊事燃料				
		有	无	燃气	电	煤炭	柴草	其他
太原市	**19906**	**631**	**19275**	**12298**	**5508**	**1829**	**156**	**115**
小店区	2537	87	2450	1997	512	5		23
迎泽区	365	106	259	252	112			1
杏花岭区	1575	182	1393	985	586	1		3
尖草坪区	900	5	895	659	223		12	6
万柏林区	14		14	1	5	6	1	1
晋源区	1291	42	1249	789	495	2		5
清徐县	7540	103	7437	5799	1484	222	2	33
阳曲县	2342	73	2269	1502	648	122	66	4
娄烦县	1734	2	1732	44	795	835	59	1
古交市	1608	31	1577	270	648	636	16	38

9-3c 续表 1 单位：户

地区	住房内有无管道自来水		住房内有无厨房			住房内有无厕所	
	有	无	独立使用	与其他户合用	无	水冲式卫生厕所	水冲式非卫生厕所
太原市	**16295**	**3611**	**17715**	**623**	**1568**	**7490**	**536**
小店区	2348	189	2346	71	120	1158	168
迎泽区	311	54	323	4	38	272	15
杏花岭区	1499	76	1510	26	39	1333	14
尖草坪区	607	293	818	26	56	282	38
万柏林区	2	12	12		2		
晋源区	938	353	1162	77	52	569	199
清徐县	6789	751	7233	160	147	2980	75
阳曲县	2047	295	2145	76	121	204	24
娄烦县	1048	686	1208	126	400	252	1
古交市	706	902	958	57	593	440	2

9-3c 续表 2 单位：户

地区	住房内有无厕所			住房内有无洗澡设施			
	卫生旱厕	普通旱厕	无	统一供热水	家庭自装热水器	其他	无
太原市	**5460**	**4583**	**1837**	**153**	**9437**	**972**	**9344**
小店区	605	484	122	26	1629	140	742
迎泽区	10	30	38	4	253	2	106
杏花岭区	25	118	85	29	1257	19	270
尖草坪区	289	215	76	3	309	26	562
万柏林区	2	9	3			1	13
晋源区	111	341	71	5	915	45	326
清徐县	3018	1335	132	41	4138	554	2807
阳曲县	985	962	167	10	387	127	1818
娄烦县	298	610	573	9	284	17	1424
古交市	117	479	570	26	265	41	1276

9-4　各地区按住房来源分的家庭户户数

单位：户

地　区	合　计	租赁廉租住房/公租房	租　赁其他住房	购买新建商品房	购　买二手房	购买原公有住房	购买经济适用房/两限房	自建住房	继承或赠　予	其　他
太原市	**173984**	**4504**	**28210**	**51320**	**10136**	**32517**	**6381**	**21660**	**2824**	**16432**
小店区	39842	1542	9685	13955	2147	5137	1242	3109	568	2457
迎泽区	21147	566	4091	6010	1693	7017	357	246	246	921
杏花岭区	28286	804	4268	8721	1634	7617	1324	462	496	2960
尖草坪区	16972	504	2336	5394	850	3407	854	1952	272	1403
万柏林区	31980	690	4651	9475	2155	6768	1468	233	471	6069
晋源区	9235	180	1306	2846	411	689	127	2152	160	1364
清徐县	11876	22	388	1901	281	244	193	8310	166	371
阳曲县	4480	12	311	1025	224	53	129	2256	211	259
娄烦县	3270	15	385	495	230	54	217	1524	92	258
古交市	6896	169	789	1498	511	1531	470	1416	142	370

9-4a　各地区按住房来源分的家庭户户数(城市)

单位：户

地　区	合　计	租赁廉租住房/公租房	租　赁其他住房	购买新建商品房	购　买二手房	购买原公有住房	购买经济适用房/两限房	自建住房	继承或赠　予	其　他
太原市	**140442**	**4157**	**25177**	**45101**	**9031**	**31628**	**5595**	**3411**	**2200**	**14142**
小店区	32840	1381	8223	11755	2040	5082	1140	455	513	2251
迎泽区	20782	566	3974	5877	1689	7010	357	160	243	906
杏花岭区	26711	761	4117	8543	1560	7573	1323	175	486	2173
尖草坪区	16000	491	2317	5370	848	3348	845	1149	261	1371
万柏林区	31800	664	4618	9474	2150	6760	1468	209	471	5986
晋源区	7584	173	1240	2722	382	663	109	961	139	1195
清徐县										
阳曲县										
娄烦县										
古交市	4725	121	688	1360	362	1192	353	302	87	260

9-4b 各地区按住房来源分的家庭户户数(镇)

单位：户

地　　区	合　计	租赁廉租住房/公租房	租　　赁其他住房	购买新建商品房	购　买二手房	购买原公有住房	购买经济适用房/两限房	自建住房	继承或赠　予	其　他
太原市	**13636**	**251**	**2212**	**4832**	**675**	**670**	**441**	**3502**	**156**	**897**
小店区	4465	140	1244	1904	99	44	29	790	23	192
迎泽区										
杏花岭区										
尖草坪区	72	13				59				
万柏林区	166	26	32	1	5	8		11		83
晋源区	360	1	10	42	13	16	6	233	4	35
清徐县	4336	20	340	1332	224	227	132	1679	68	314
阳曲县	2138	7	251	1008	163	38	108	426	42	95
娄烦县	1536	5	301	483	145	29	110	290	17	156
古交市	563	39	34	62	26	249	56	73	2	22

9-4c 各地区按住房来源分的家庭户户数(乡村)

单位：户

地　　区	合　计	租赁廉租住房/公租房	租　　赁其他住房	购买新建商品房	购　买二手房	购买原公有住房	购买经济适用房/两限房	自建住房	继承或赠　予	其　他
太原市	**19906**	**96**	**821**	**1387**	**430**	**219**	**345**	**14747**	**468**	**1393**
小店区	2537	21	218	296	8	11	73	1864	32	14
迎泽区	365		117	133	4	7		86	3	15
杏花岭区	1575	43	151	178	74	44	1	287	10	787
尖草坪区	900		19	24	2		9	803	11	32
万柏林区	14		1					13		
晋源区	1291	6	56	82	16	10	12	958	17	134
清徐县	7540	2	48	569	57	17	61	6631	98	57
阳曲县	2342	5	60	17	61	15	21	1830	169	164
娄烦县	1734	10	84	12	85	25	107	1234	75	102
古交市	1608	9	67	76	123	90	61	1041	53	88

9–5 各地区按月租房费用分的家庭户户数

单位：户

地　区	合　计	200元以下	200–499元	500–999元	1000–1999元
太原市	**32714**	**2981**	**4370**	**8726**	**13762**
小店区	11227	140	1909	3958	3803
迎泽区	4657	421	279	831	2570
杏花岭区	5072	727	445	1117	2507
尖草坪区	2840	491	359	900	1018
万柏林区	5341	400	356	1129	3078
晋源区	1486	112	175	369	701
清徐县	410	93	122	127	48
阳曲县	323	67	116	104	25
娄烦县	400	132	231	33	2
古交市	958	398	378	158	10

9–5 续表

单位：户

地　区	2000–2999元	3000–3999元	4000–5999元	6000–7999元	8000–9999元	10000元及以上
太原市	**2238**	**380**	**101**	**28**	**39**	**89**
小店区	1129	218	36	7	8	19
迎泽区	471	61	16	1		7
杏花岭区	215	32	11	2	2	14
尖草坪区	24	7	7	3	17	14
万柏林区	297	41	15	5	1	19
晋源区	91	16	12	4		6
清徐县	1	2	3	2	11	1
阳曲县	6	3		1		1
娄烦县	1					1
古交市	3		1	3		7

9-5a 各地区按月租房费用分的家庭户户数(城市)

单位：户

地 区	合 计	200元以下	200-499元	500-999元	1000-1999元
太原市	**29334**	**2477**	**3353**	**7463**	**13322**
小店区	9604	112	1524	3104	3545
迎泽区	4540	412	239	799	2540
杏花岭区	4878	714	415	1037	2443
尖草坪区	2808	473	351	897	1015
万柏林区	5282	364	333	1129	3078
晋源区	1413	102	151	348	691
清徐县					
阳曲县					
娄烦县					
古交市	809	300	340	149	10

9-5a 续表

单位：户

地 区	2000-2999元	3000-3999元	4000-5999元	6000-7999元	8000-9999元	10000元及以上
太原市	**2147**	**355**	**91**	**21**	**26**	**79**
小店区	1058	203	31	5	7	15
迎泽区	468	60	14	1		7
杏花岭区	212	29	11	2	1	14
尖草坪区	24	7	7	3	17	14
万柏林区	297	41	15	5	1	19
晋源区	88	15	12	2		4
清徐县						
阳曲县						
娄烦县						
古交市			1	3		6

9-5b　各地区按月租房费用分的家庭户户数(镇)

单位：户

地　区	合　计	200元以下	200-499元	500-999元	1000-1999元
太原市	**2463**	**278**	**751**	**1011**	**300**
小店区	1384	12	282	771	231
迎泽区					
杏花岭区					
尖草坪区	13	13			
万柏林区	58	35	23		
晋源区	11	4	4		2
清徐县	360	68	116	111	45
阳曲县	258	22	102	102	21
娄烦县	306	73	204	26	1
古交市	73	51	20	1	

9-5b　续表

单位：户

地　区	2000-2999元	3000-3999元	4000-5999元	6000-7999元	8000-9999元	10000元及以上
太原市	**74**	**19**	**8**	**4**	**11**	**7**
小店区	65	14	5	1		3
迎泽区						
杏花岭区						
尖草坪区						
万柏林区						
晋源区						1
清徐县	1	2	3	2	11	1
阳曲县	6	3		1		1
娄烦县	1					1
古交市	1					

9-5c 各地区按月租房费用分的家庭户户数(乡村)

单位：户

地　　区	合　计	200元以下	200-499元	500-999元	1000-1999元
太原市	**917**	**226**	**266**	**252**	**140**
小店区	239	16	103	83	27
迎泽区	117	9	40	32	30
杏花岭区	194	13	30	80	64
尖草坪区	19	5	8	3	3
万柏林区	1	1			
晋源区	62	6	20	21	8
清徐县	50	25	6	16	3
阳曲县	65	45	14	2	4
娄烦县	94	59	27	7	1
古交市	76	47	18	8	

9-5c 续表

单位：户

地　　区	2000-2999元	3000-3999元	4000-5999元	6000-7999元	8000-9999元	10000元及以上
太原市	**17**	**6**	**2**	**3**	**2**	**3**
小店区	6	1		1	1	1
迎泽区	3	1	2			
杏花岭区	3	3			1	
尖草坪区						
万柏林区						
晋源区	3	1		2		1
清徐县						
阳曲县						
娄烦县						
古交市	2					1

9-6 各地区按住房来源分的同时拥有厨房和厕所的家庭户户数

单位：户

地　　区	合　计	租赁廉租住房/公租房	租　　赁其他住房	购买新建商品房	购　买二手房	购买原公有住房	购买经济适用房/两限房	自建住房	继承或赠　予	其　他
太原市	**164956**	**3810**	**24049**	**51273**	**10013**	**32269**	**6367**	**18592**	**2621**	**15962**
小店区	36722	1118	7410	13942	2139	5081	1233	2866	550	2383
迎泽区	20515	540	3643	5997	1687	6980	355	201	233	879
杏花岭区	27489	761	3855	8716	1630	7558	1324	318	472	2855
尖草坪区	16352	455	2122	5393	847	3391	854	1653	260	1377
万柏林区	31504	653	4415	9466	2145	6730	1468	160	460	6007
晋源区	8941	142	1209	2845	410	686	127	2016	158	1348
清徐县	11444	22	366	1900	277	242	192	7952	148	345
阳曲县	4129	10	257	1025	207	38	129	2034	185	244
娄烦县	2172	2	238	491	182	48	216	761	37	197
古交市	5688	107	534	1498	489	1515	469	631	118	327

9-6a 各地区按住房来源分的同时拥有厨房和厕所的家庭户户数(城市)

单位：户

地　　区	合　计	租赁廉租住房/公租房	租　　赁其他住房	购买新建商品房	购　买二手房	购买原公有住房	购买经济适用房/两限房	自建住房	继承或赠　予	其　他
太原市	**135313**	**3597**	**21854**	**45059**	**8996**	**31409**	**5583**	**2860**	**2135**	**13820**
小店区	30516	1031	6457	11742	2032	5026	1131	416	500	2181
迎泽区	20196	540	3561	5864	1684	6973	355	123	232	864
杏花岭区	26020	718	3719	8538	1557	7517	1323	112	464	2072
尖草坪区	15480	444	2103	5369	845	3332	845	939	257	1346
万柏林区	31344	633	4383	9465	2140	6722	1468	146	460	5927
晋源区	7414	136	1148	2721	382	660	109	930	138	1190
清徐县										
阳曲县										
娄烦县										
古交市	4343	95	483	1360	356	1179	352	194	84	240

9-6b 各地区按住房来源分的同时拥有厨房和厕所的家庭户户数(镇)

单位：户

地区	合计	租赁廉租住房/公租房	租赁其他住房	购买新建商品房	购买二手房	购买原公有住房	购买经济适用房/两限房	自建住房	继承或赠予	其他
太原市	**12307**	**133**	**1586**	**4832**	**647**	**650**	**441**	**3030**	**131**	**857**
小店区	3869	69	803	1904	99	44	29	712	19	190
迎泽区										
杏花岭区										
尖草坪区	70	11				59				
万柏林区	150	20	32	1	5	8		4		80
晋源区	344	1	10	42	13	16	6	223	3	30
清徐县	4111	20	318	1332	221	225	132	1499	57	307
阳曲县	2019	6	199	1008	152	27	108	392	40	87
娄烦县	1252	1	204	483	132	24	110	145	10	143
古交市	492	5	20	62	25	247	56	55	2	20

9-6c 各地区按住房来源分的同时拥有厨房和厕所的家庭户户数(乡村)

单位：户

地区	合计	租赁廉租住房/公租房	租赁其他住房	购买新建商品房	购买二手房	购买原公有住房	购买经济适用房/两限房	自建住房	继承或赠予	其他
太原市	**17336**	**80**	**609**	**1382**	**370**	**210**	**343**	**12702**	**355**	**1285**
小店区	2337	18	150	296	8	11	73	1738	31	12
迎泽区	319		82	133	3	7		78	1	15
杏花岭区	1469	43	136	178	73	41	1	206	8	783
尖草坪区	802		19	24	2		9	714	3	31
万柏林区	10							10		
晋源区	1183	5	51	82	15	10	12	863	17	128
清徐县	7333	2	48	568	56	17	60	6453	91	38
阳曲县	2110	4	58	17	55	11	21	1642	145	157
娄烦县	920	1	34	8	50	24	106	616	27	54
古交市	853	7	31	76	108	89	61	382	32	67

9−7　全市按户主的受教育程度、住房来源分的家庭户户数

单位：户

受教育程度	合　计	租赁廉租住房/公租房	租　赁其他住房	购买新建商品房	购　买二手房	购买原公有住房	购买经济适用房/两限房	自建住房	继承或赠　予	其　他
总　计	**170319**	**4391**	**27839**	**50538**	**9957**	**31311**	**6256**	**21111**	**2750**	**16166**
未上过学	1879	64	148	169	43	308	37	797	65	248
学前教育	52	1	4	10	3	13	3	12	2	4
小　学	16579	426	2272	2124	519	2524	369	5997	361	1987
初　中	57798	1821	10457	11604	2802	10275	1845	11342	1121	6531
高　中	33812	977	5781	9786	1924	7892	1328	2224	610	3290
大学专科	28878	654	5207	11467	2013	5201	1269	516	346	2205
大学本科	27317	378	3468	13317	2226	4549	1232	208	232	1707
硕士研究生	3487	51	449	1866	375	419	140	11	12	164
博士研究生	517	19	53	195	52	130	33	4	1	30

9−7a　全市按户主的受教育程度、住房来源分的家庭户户数(城市)

单位：户

受教育程度	合　计	租赁廉租住房/公租房	租　赁其他住房	购买新建商品房	购　买二手房	购买原公有住房	购买经济适用房/两限房	自建住房	继承或赠　予	其　他
总　计	**137540**	**4055**	**24842**	**44421**	**8871**	**30455**	**5483**	**3340**	**2155**	**13918**
未上过学	1000	62	121	138	27	303	30	110	30	179
学前教育	37	1	4	10	3	12	3		2	2
小　学	9673	394	1880	1673	387	2415	267	848	208	1601
初　中	41451	1666	8916	9250	2289	9908	1456	1750	839	5377
高　中	29225	892	5172	8643	1733	7706	1193	427	534	2925
大学专科	26561	614	4965	10391	1879	5069	1186	131	308	2018
大学本科	25724	359	3302	12340	2135	4497	1178	67	221	1625
硕士研究生	3360	48	429	1786	366	415	137	6	12	161
博士研究生	509	19	53	190	52	130	33	1	1	30

9-7b 全市按户主的受教育程度、住房来源分的家庭户户数(镇)

单位：户

受教育程度	合 计	租赁廉租住房/公租房	租赁其他住房	购买新建商品房	购买二手房	购买原公有住房	购买经济适用房/两限房	自建住房	继承或赠予	其 他
总 计	**13407**	**241**	**2185**	**4767**	**669**	**646**	**438**	**3422**	**154**	**885**
未上过学	162	2	20	17	5	4	2	96	5	11
学前教育	4							3		1
小 学	1760	18	224	290	50	59	52	895	27	145
初 中	5996	105	1066	1618	303	277	218	1898	67	444
高 中	2369	71	497	887	124	144	74	390	33	149
大学专科	1648	28	210	956	100	112	48	100	16	78
大学本科	1343	14	150	918	78	46	41	36	6	54
硕士研究生	117	3	18	76	9	4	3	1		3
博士研究生	8			5				3		

9-7c 全市按户主的受教育程度、住房来源分的家庭户户数(乡村)

单位：户

受教育程度	合 计	租赁廉租住房/公租房	租赁其他住房	购买新建商品房	购买二手房	购买原公有住房	购买经济适用房/两限房	自建住房	继承或赠予	其 他
总 计	**19372**	**95**	**812**	**1350**	**417**	**210**	**335**	**14349**	**441**	**1363**
未上过学	717		7	14	11	1	5	591	30	58
学前教育	11					1		9		1
小 学	5146	14	168	161	82	50	50	4254	126	241
初 中	10351	50	475	736	210	90	171	7694	215	710
高 中	2218	14	112	256	67	42	61	1407	43	216
大学专科	669	12	32	120	34	20	35	285	22	109
大学本科	250	5	16	59	13	6	13	105	5	28
硕士研究生	10		2	4				4		
博士研究生										

9-8　全市按户主的受教育程度、月租房费用分的家庭户户数

单位：户

受教育程度	合　计	200元以下	200–499元	500–999元	1000–1999元
总　计	**32230**	**2883**	**4346**	**8665**	**13534**
未上过学	212	72	53	45	37
学前教育	5		2		2
小　学	2698	458	669	744	735
初　中	12278	1318	2341	3892	4212
高　中	6758	609	782	1923	2921
大学专科	5861	256	347	1412	3102
大学本科	3846	141	139	598	2194
硕士研究生	500	20	10	49	290
博士研究生	72	9	3	2	41

9-8　续表

单位：户

受教育程度	2000–2999元	3000–3999元	4000–5999元	6000–7999元	8000–9999元	10000元及以上
总　计	**2185**	**369**	**97**	**28**	**38**	**85**
未上过学	4					1
学前教育						1
小　学	61	17	2	1	2	9
初　中	360	62	25	15	20	33
高　中	408	63	19	7	7	19
大学专科	604	94	27	1	3	15
大学本科	627	112	20	4	5	6
硕士研究生	109	18	4			
博士研究生	12	3			1	1

9-8a 全市按户主的受教育程度、月租房费用分的家庭户户数(城市)

单位：户

受教育程度	合　计	200元以下	200-499元	500-999元	1000-1999元
总　计	**28897**	**2393**	**3334**	**7414**	**13107**
未上过学	183	56	40	45	37
学前教育	5		2		2
小　学	2274	318	495	674	706
初　中	10582	1068	1753	3240	4055
高　中	6064	547	622	1554	2842
大学专科	5579	245	298	1299	3017
大学本科	3661	132	113	556	2126
硕士研究生	477	18	8	44	281
博士研究生	72	9	3	2	41

9-8a 续表

单位：户

受教育程度	2000-2999元	3000-3999元	4000-5999元	6000-7999元	8000-9999元	10000元及以上
总　计	**2096**	**344**	**87**	**21**	**25**	**76**
未上过学	4					1
学前教育						1
小　学	54	14	2	1	2	8
初　中	339	55	22	11	11	28
高　中	397	58	17	5	4	18
大学专科	584	93	24	1	3	15
大学本科	602	103	18	3	4	4
硕士研究生	104	18	4			
博士研究生	12	3			1	1

9-8b 全市按户主的受教育程度、月租房费用分的家庭户户数(镇)

单位：户

受教育程度	合 计	200元以下	200-499元	500-999元	1000-1999元
总 计	**2426**	**270**	**746**	**1002**	**288**
未上过学	22	10	12		
学前教育					
小 学	242	65	118	41	13
初 中	1171	128	425	498	88
高 中	568	48	124	326	52
大学专科	238	10	45	94	68
大学本科	164	7	20	39	59
硕士研究生	21	2	2	4	8
博士研究生					

9-8b 续表

单位：户

受教育程度	2000-2999元	3000-3999元	4000-5999元	6000-7999元	8000-9999元	10000元及以上
总 计	**72**	**19**	**8**	**4**	**11**	**6**
未上过学						
学前教育						
小 学	3	1				1
初 中	11	6	2	1	8	4
高 中	10	2	2	2	2	
大学专科	18	1	2			
大学本科	25	9	2	1	1	1
硕士研究生	5					
博士研究生						

9-8c 全市按户主的受教育程度、月租房费用分的家庭户户数(乡村)

单位：户

受教育程度	合 计	200元以下	200-499元	500-999元	1000-1999元
总 计	**907**	**220**	**266**	**249**	**139**
未上过学	7	6	1		
学前教育					
小 学	182	75	56	29	16
初 中	525	122	163	154	69
高 中	126	14	36	43	27
大学专科	44	1	4	19	17
大学本科	21	2	6	3	9
硕士研究生	2			1	1
博士研究生					

9-8c 续表

单位：户

受教育程度	2000-2999元	3000-3999元	4000-5999元	6000-7999元	8000-9999元	10000元及以上
总 计	**17**	**6**	**2**	**3**	**2**	**3**
未上过学						
学前教育						
小 学	4	2				
初 中	10	1	1	3	1	1
高 中	1	3			1	1
大学专科	2		1			
大学本科						1
硕士研究生						
博士研究生						

9–9　全市按户主的职业、住房来源分的家庭户户数

单位：户

职业大类	合　计	租赁廉租住房/公租房	租　赁其他住房	购买新建商品房	购　买二手房
总　计	**97641**	**2606**	**20940**	**32333**	**6864**
党的机关、国家机关、群众团体和社会组织、企事业单位负责人	4616	66	766	2387	325
专业技术人员	17561	347	2954	7709	1588
办事人员和有关人员	14794	273	1675	6355	1129
社会生产服务和生活服务人员	38142	1137	10886	11217	2713
农、林、牧、渔业生产及辅助人员	5147	12	97	355	88
生产制造及有关人员	17007	754	4475	4168	1004
不便分类的其他从业人员	374	17	87	142	17

9–9　续表

单位：户

职业大类	购买原公有住房	购买经济适用房/两限房	自建住房	继承或赠　予	其　他
总　计	**11213**	**3388**	**11096**	**1265**	**7936**
党的机关、国家机关、群众团体和社会组织、企事业单位负责人	416	167	161	43	285
专业技术人员	2532	729	351	160	1191
办事人员和有关人员	2620	704	507	212	1319
社会生产服务和生活服务人员	3330	1058	3839	508	3454
农、林、牧、渔业生产及辅助人员	30	50	4256	107	152
生产制造及有关人员	2246	663	1952	233	1512
不便分类的其他从业人员	39	17	30	2	23

9-9a 全市按户主的职业、住房来源分的家庭户户数(城市)

单位：户

职业大类	合 计	租赁廉租住房/公租房	租 赁其他住房	购买新建商品房	购 买二手房
总 计	**77969**	**2347**	**18631**	**28117**	**6176**
党的机关、国家机关、群众团体和社会组织、企事业单位负责人	4174	60	724	2212	295
专业技术人员	16064	330	2810	6970	1495
办事人员和有关人员	13366	252	1574	5758	1035
社会生产服务和生活服务人员	31042	1050	9943	9597	2467
农、林、牧、渔业生产及辅助人员	501	9	54	130	25
生产制造及有关人员	12498	631	3444	3320	842
不便分类的其他从业人员	324	15	82	130	17

9-9a 续表

单位：户

职业大类	购买原公有住房	购买经济适用房/两限房	自建住房	继承或赠 予	其 他
总 计	**10843**	**2919**	**1354**	**925**	**6657**
党的机关、国家机关、群众团体和社会组织、企事业单位负责人	394	154	36	40	259
专业技术人员	2486	683	75	130	1085
办事人员和有关人员	2547	647	147	192	1214
社会生产服务和生活服务人员	3222	886	666	389	2822
农、林、牧、渔业生产及辅助人员	25	9	180	5	64
生产制造及有关人员	2131	525	242	168	1195
不便分类的其他从业人员	38	15	8	1	18

9-9b　全市按户主的职业、住房来源分的家庭户户数(镇)

单位：户

职业大类	合　计	租赁廉租住房/公租房	租　赁其他住房	购买新建商品房	购　买二手房
总　计	**8182**	**182**	**1685**	**3265**	**417**
党的机关、国家机关、群众团体和社会组织、企事业单位负责人	264	4	29	141	23
专业技术人员	1036	9	119	644	74
办事人员和有关人员	955	14	78	534	73
社会生产服务和生活服务人员	3019	45	572	1203	161
农、林、牧、渔业生产及辅助人员	618		18	96	18
生产制造及有关人员	2272	108	866	644	68
不便分类的其他从业人员	18	2	3	3	

9-9b　续表

单位：户

职业大类	购买原公有住房	购买经济适用房/两限房	自建住房	继承或赠　予	其　他
总　计	**270**	**258**	**1571**	**83**	**451**
党的机关、国家机关、群众团体和社会组织、企事业单位负责人	18	8	28	1	12
专业技术人员	34	29	64	15	48
办事人员和有关人员	62	34	100	11	49
社会生产服务和生活服务人员	62	105	633	36	202
农、林、牧、渔业生产及辅助人员	1	21	439	4	21
生产制造及有关人员	92	59	302	16	117
不便分类的其他从业人员	1	2	5		2

9-9c 全市按户主的职业、住房来源分的家庭户户数(乡村)

单位：户

职业大类	合 计	租赁廉租住房/公租房	租 赁其他住房	购买新建商品房	购 买二手房
总 计	**11490**	**77**	**624**	**951**	**271**
党的机关、国家机关、群众团体和社会组织、企事业单位负责人	178	2	13	34	7
专业技术人员	461	8	25	95	19
办事人员和有关人员	473	7	23	63	21
社会生产服务和生活服务人员	4081	42	371	417	85
农、林、牧、渔业生产及辅助人员	4028	3	25	129	45
生产制造及有关人员	2237	15	165	204	94
不便分类的其他从业人员	32		2	9	

9-9c 续表

单位：户

职业大类	购买原公有住房	购买经济适用房/两限房	自建住房	继承或赠 予	其 他
总 计	**100**	**211**	**8171**	**257**	**828**
党的机关、国家机关、群众团体和社会组织、企事业单位负责人	4	5	97	2	14
专业技术人员	12	17	212	15	58
办事人员和有关人员	11	23	260	9	56
社会生产服务和生活服务人员	46	67	2540	83	430
农、林、牧、渔业生产及辅助人员	4	20	3637	98	67
生产制造及有关人员	23	79	1408	49	200
不便分类的其他从业人员			17	1	3

9-10　全市按户主的职业、月租房费用分的家庭户户数

单位：户

职业大类	合　计	200元以下	200-499元	500-999元	1000-1999元
总　计	**23546**	**1290**	**3323**	**6790**	**10019**
党的机关、国家机关、群众团体和社会组织、企事业单位负责人	832	16	34	118	479
专业技术人员	3301	133	195	670	1803
办事人员和有关人员	1948	172	112	348	1019
社会生产服务和生活服务人员	12023	495	1581	3607	5349
农、林、牧、渔业生产及辅助人员	109	26	27	28	22
生产制造及有关人员	5229	445	1356	1967	1321
不便分类的其他从业人员	104	3	18	52	26

9-10　续表

单位：户

职业大类	2000-2999元	3000-3999元	4000-5999元	6000-7999元	8000-9999元	10000元及以上
总　计	**1666**	**287**	**77**	**19**	**17**	**58**
党的机关、国家机关、群众团体和社会组织、企事业单位负责人	117	46	14		2	6
专业技术人员	424	56	9	3	3	5
办事人员和有关人员	238	44	8	1	2	4
社会生产服务和生活服务人员	762	132	44	13	7	33
农、林、牧、渔业生产及辅助人员	3	2	1			
生产制造及有关人员	117	7	1	2	3	10
不便分类的其他从业人员	5					

9-10a　全市按户主的职业、月租房费用分的家庭户户数(城市)

单位：户

职业大类	合　计	200元以下	200-499元	500-999元	1000-1999元
总　计	**20978**	**991**	**2588**	**5705**	**9686**
党的机关、国家机关、群众团体和社会组织、企事业单位负责人	784	15	27	100	465
专业技术人员	3140	126	166	614	1752
办事人员和有关人员	1826	162	92	308	980
社会生产服务和生活服务人员	10993	379	1237	3258	5191
农、林、牧、渔业生产及辅助人员	63	8	7	21	21
生产制造及有关人员	4075	298	1042	1358	1251
不便分类的其他从业人员	97	3	17	46	26

9-10a　续表

单位：户

职业大类	2000-2999元	3000-3999元	4000-5999元	6000-7999元	8000-9999元	10000元及以上
总　计	**1597**	**265**	**68**	**14**	**11**	**53**
党的机关、国家机关、群众团体和社会组织、企事业单位负责人	113	45	11		2	6
专业技术人员	412	52	9	3	2	4
办事人员和有关人员	228	43	6	1	2	4
社会生产服务和生活服务人员	728	117	40	9	4	30
农、林、牧、渔业生产及辅助人员	3	2	1			
生产制造及有关人员	108	6	1	1	1	9
不便分类的其他从业人员	5					

9-10b　全市按户主的职业、月租房费用分的家庭户户数(镇)

单位：户

职业大类	合　计	200元以下	200-499元	500-999元	1000-1999元
总　计	**1867**	**145**	**527**	**882**	**227**
党的机关、国家机关、群众团体和社会组织、企事业单位负责人	33		5	8	12
专业技术人员	128	4	23	44	40
办事人员和有关人员	92	8	16	31	26
社会生产服务和生活服务人员	617	40	214	225	95
农、林、牧、渔业生产及辅助人员	18	2	13	3	
生产制造及有关人员	974	91	256	566	54
不便分类的其他从业人员	5			5	

9-10b　续表

单位：户

职业大类	2000-2999元	3000-3999元	4000-5999元	6000-7999元	8000-9999元	10000元及以上
总　计	**54**	**16**	**8**	**2**	**4**	**2**
党的机关、国家机关、群众团体和社会组织、企事业单位负责人	4	1	3			
专业技术人员	12	4			1	
办事人员和有关人员	8	1	2			
社会生产服务和生活服务人员	25	10	3	1	2	2
农、林、牧、渔业生产及辅助人员						
生产制造及有关人员	5			1	1	
不便分类的其他从业人员						

9-10c 全市按户主的职业、月租房费用分的家庭户户数(乡村)

单位：户

职业大类	合　计	200元以下	200-499元	500-999元	1000-1999元
总　计	**701**	**154**	**208**	**203**	**106**
党的机关、国家机关、群众团体和社会组织、企事业单位负责人	15	1	2	10	2
专业技术人员	33	3	6	12	11
办事人员和有关人员	30	2	4	9	13
社会生产服务和生活服务人员	413	76	130	124	63
农、林、牧、渔业生产及辅助人员	28	16	7	4	1
生产制造及有关人员	180	56	58	43	16
不便分类的其他从业人员	2		1	1	

9-10c 续表

单位：户

职业大类	2000-2999元	3000-3999元	4000-5999元	6000-7999元	8000-9999元	10000元及以上
总　计	**15**	**6**	**1**	**3**	**2**	**3**
党的机关、国家机关、群众团体和社会组织、企事业单位负责人						
专业技术人员						1
办事人员和有关人员	2					
社会生产服务和生活服务人员	9	5	1	3	1	1
农、林、牧、渔业生产及辅助人员						
生产制造及有关人员	4	1			1	1
不便分类的其他从业人员						

9-11　全市按户主的职业分的家庭户住房状况

职业大类	户　数 (户)	人　数 (人)	平均每户 住房间数 (间/户)	人均住房 建筑面积 (平方米/人)	人均住房 间　　数 (间/人)
总　计	**97641**	**259643**	**2.53**	**33.66**	**0.95**
党的机关、国家机关、群众团体和社会组织、企事业单位负责人	4616	12657	2.73	41.76	0.99
专业技术人员	17561	45344	2.49	37.99	0.96
办事人员和有关人员	14794	39140	2.59	38.84	0.98
社会生产服务和生活服务人员	38142	101718	2.42	31.49	0.91
农、林、牧、渔业生产及辅助人员	5147	13987	3.79	31.18	1.40
生产制造及有关人员	17007	45829	2.32	28.28	0.86
不便分类的其他从业人员	374	968	2.44	35.35	0.94

9-11a　全市按户主的职业分的家庭户住房状况(城市)

职业大类	户　数 (户)	人　数 (人)	平均每户 住房间数 (间/户)	人均住房 建筑面积 (平方米/人)	人均住房 间　　数 (间/人)
总　计	**77969**	**204218**	**2.37**	**34.58**	**0.90**
党的机关、国家机关、群众团体和社会组织、企事业单位负责人	4174	11410	2.67	41.88	0.98
专业技术人员	16064	41184	2.46	38.24	0.96
办事人员和有关人员	13366	35157	2.54	39.20	0.97
社会生产服务和生活服务人员	31042	80462	2.26	32.12	0.87
农、林、牧、渔业生产及辅助人员	501	1517	3.49	35.04	1.15
生产制造及有关人员	12498	33677	2.18	28.64	0.81
不便分类的其他从业人员	324	811	2.33	36.44	0.93

9-11b 全市按户主的职业分的家庭户住房状况(镇)

职业大类	户 数(户)	人 数(人)	平均每户住房间数(间/户)	人均住房建筑面积(平方米/人)	人均住房间 数(间/人)
总 计	**8182**	**22683**	**2.65**	**31.64**	**0.95**
党的机关、国家机关、群众团体和社会组织、企事业单位负责人	264	762	3.10	42.84	1.07
专业技术人员	1036	2875	2.65	37.67	0.95
办事人员和有关人员	955	2736	2.84	37.02	0.99
社会生产服务和生活服务人员	3019	9048	2.78	30.44	0.93
农、林、牧、渔业生产及辅助人员	618	1682	3.25	30.59	1.19
生产制造及有关人员	2272	5527	2.16	26.60	0.89
不便分类的其他从业人员	18	53	2.67	28.11	0.91

9-11c 全市按户主的职业分的家庭户住房状况(乡村)

职业大类	户 数(户)	人 数(人)	平均每户住房间数(间/户)	人均住房建筑面积(平方米/人)	人均住房间 数(间/人)
总 计	**11490**	**32742**	**3.54**	**29.33**	**1.24**
党的机关、国家机关、群众团体和社会组织、企事业单位负责人	178	485	3.56	37.14	1.31
专业技术人员	461	1285	3.09	30.54	1.11
办事人员和有关人员	473	1247	3.27	32.67	1.24
社会生产服务和生活服务人员	4081	12208	3.38	28.12	1.13
农、林、牧、渔业生产及辅助人员	4028	10788	3.91	30.72	1.46
生产制造及有关人员	2237	6625	3.32	27.84	1.12
不便分类的其他从业人员	32	104	3.41	30.50	1.05

9-12　全市按户主的职业、人均住房建筑面积分的家庭户户数

单位：户

职业大类	合　计	人均住房建筑面积(平方米)			
		8及以下	9-12	13-16	17-19
总　计	**97641**	**1935**	**3883**	**7096**	**5089**
党的机关、国家机关、群众团体和社会组织、企事业单位负责人	4616	25	54	155	142
专业技术人员	17561	94	339	731	677
办事人员和有关人员	14794	90	256	639	560
社会生产服务和生活服务人员	38142	966	1924	3022	2233
农、林、牧、渔业生产及辅助人员	5147	84	253	621	204
生产制造及有关人员	17007	665	1046	1893	1258
不便分类的其他从业人员	374	11	11	35	15

9-12　续表

单位：户

职业大类	人均住房建筑面积(平方米)					
	20-29	30-39	40-49	50-59	60-69	70及以上
总　计	**25154**	**18872**	**12104**	**6103**	**4613**	**12792**
党的机关、国家机关、群众团体和社会组织、企事业单位负责人	924	951	719	382	312	952
专业技术人员	4117	3643	2630	1315	1015	3000
办事人员和有关人员	3150	3025	2409	1166	890	2609
社会生产服务和生活服务人员	10563	7099	4191	2077	1587	4480
农、林、牧、渔业生产及辅助人员	1253	1053	598	384	271	426
生产制造及有关人员	5055	3029	1517	756	524	1264
不便分类的其他从业人员	92	72	40	23	14	61

9-12a 全市按户主的职业、人均住房建筑面积分的家庭户户数(城市)

单位：户

职业大类	合 计	人均住房建筑面积(平方米)			
		8及以下	9-12	13-16	17-19
总 计	**77969**	**1401**	**2814**	**4850**	**4177**
党的机关、国家机关、群众团体和社会组织、企事业单位负责人	4174	21	49	136	131
专业技术人员	16064	78	299	648	622
办事人员和有关人员	13366	73	215	558	516
社会生产服务和生活服务人员	31042	751	1466	2315	1851
农、林、牧、渔业生产及辅助人员	501	6	18	34	31
生产制造及有关人员	12498	462	756	1131	1014
不便分类的其他从业人员	324	10	11	28	12

9-12a 续表

单位：户

职业大类	人均住房建筑面积(平方米)					
	20-29	30-39	40-49	50-59	60-69	70及以上
总 计	**19778**	**14917**	**10097**	**4938**	**3801**	**11196**
党的机关、国家机关、群众团体和社会组织、企事业单位负责人	829	862	652	330	281	883
专业技术人员	3725	3299	2444	1221	943	2785
办事人员和有关人员	2821	2683	2206	1045	808	2441
社会生产服务和生活服务人员	8496	5663	3516	1705	1328	3951
农、林、牧、渔业生产及辅助人员	116	98	61	43	22	72
生产制造及有关人员	3715	2251	1181	575	406	1007
不便分类的其他从业人员	76	61	37	19	13	57

9-12b　全市按户主的职业、人均住房建筑面积分的家庭户户数(镇)

单位：户

职业大类	合　计	人均住房建筑面积(平方米)			
		8及以下	9-12	13-16	17-19
总　计	**8182**	**311**	**294**	**922**	**386**
党的机关、国家机关、群众团体和社会组织、企事业单位负责人	264	1	2	3	7
专业技术人员	1036	7	6	44	35
办事人员和有关人员	955	12	18	37	29
社会生产服务和生活服务人员	3019	113	130	244	173
农、林、牧、渔业生产及辅助人员	618	27	42	91	21
生产制造及有关人员	2272	150	96	498	119
不便分类的其他从业人员	18	1		5	2

9-12b　续表

单位：户

职业大类	人均住房建筑面积(平方米)					
	20-29	30-39	40-49	50-59	60-69	70及以上
总　计	**2221**	**1687**	**845**	**476**	**314**	**726**
党的机关、国家机关、群众团体和社会组织、企事业单位负责人	56	53	45	29	18	50
专业技术人员	245	265	148	73	51	162
办事人员和有关人员	210	243	151	83	58	114
社会生产服务和生活服务人员	883	676	287	157	110	246
农、林、牧、渔业生产及辅助人员	141	111	52	53	32	48
生产制造及有关人员	683	336	161	79	45	105
不便分类的其他从业人员	3	3	1	2		1

9-12c 全市按户主的职业、人均住房建筑面积分的家庭户户数(乡村)

单位：户

职业大类	合　计	人均住房建筑面积(平方米)			
		8及以下	9-12	13-16	17-19
总　计	**11490**	**223**	**775**	**1324**	**526**
党的机关、国家机关、群众团体和社会组织、企事业单位负责人	178	3	3	16	4
专业技术人员	461	9	34	39	20
办事人员和有关人员	473	5	23	44	15
社会生产服务和生活服务人员	4081	102	328	463	209
农、林、牧、渔业生产及辅助人员	4028	51	193	496	152
生产制造及有关人员	2237	53	194	264	125
不便分类的其他从业人员	32			2	1

9-12c　续表

单位：户

职业大类	人均住房建筑面积(平方米)					
	20-29	30-39	40-49	50-59	60-69	70及以上
总　计	**3155**	**2268**	**1162**	**689**	**498**	**870**
党的机关、国家机关、群众团体和社会组织、企事业单位负责人	39	36	22	23	13	19
专业技术人员	147	79	38	21	21	53
办事人员和有关人员	119	99	52	38	24	54
社会生产服务和生活服务人员	1184	760	388	215	149	283
农、林、牧、渔业生产及辅助人员	996	844	485	288	217	306
生产制造及有关人员	657	442	175	102	73	152
不便分类的其他从业人员	13	8	2	2	1	3

9–13　各地区按拥有全部家用汽车总价分的家庭户户数

单位：户

地　　区	合　计	不　满 10万元	10万元以上，不满20万元	20万元以上，不满30万元	30万元以上，不满50万元	50万元以上，不满100万元	100万元及以上	没有汽车
太原市	**173984**	**37606**	**34336**	**9369**	**3782**	**1495**	**450**	**86946**
小店区	39842	168	549	1229	2942	9031	7619	18304
迎泽区	21147	51	244	638	1528	4737	3265	10684
杏花岭区	28286	65	203	524	1428	6005	5419	14642
尖草坪区	16972	4454	3246	581	204	73	42	8372
万柏林区	31980	6740	6942	1913	760	262	82	15281
晋源区	9235	2551	1777	599	284	107	29	3888
清徐县	11876	8	34	86	215	1263	4280	5990
阳曲县	4480	1	6	14	32	331	1274	2822
娄烦县	3270	481	160	16	12	9	4	2588
古交市	6896	1523	844	115	31	8		4375

9–13a　各地区按拥有全部家用汽车总价分的家庭户户数(城市)

单位：户

地　　区	合　计	不　满 10万元	10万元以上，不满20万元	20万元以上，不满30万元	30万元以上，不满50万元	50万元以上，不满100万元	100万元及以上	没有汽车
太原市	**140442**	**27377**	**30752**	**8703**	**3487**	**1372**	**419**	**68332**
小店区	32840	5568	7865	2665	1099	487	151	15005
迎泽区	20782	51	240	627	1512	4689	3146	10517
杏花岭区	26711	65	198	516	1385	5802	4778	13967
尖草坪区	16000	4122	3166	568	196	73	42	7833
万柏林区	31800	6711	6931	1912	759	262	82	15143
晋源区	7584	1935	1620	563	263	105	28	3070
清徐县								
阳曲县								
娄烦县								
古交市	4725	1117	679	98	27	7		2797

9-13b 各地区按拥有全部家用汽车总价分的家庭户户数(镇)

单位：户

地区	合计	不满10万元	10万元以上，不满20万元	20万元以上，不满30万元	30万元以上，不满50万元	50万元以上，不满100万元	100万元及以上	没有汽车
太原市	**13636**	**4004**	**2051**	**392**	**183**	**85**	**20**	**6901**
小店区	4465	15	46	108	228	829	1112	2127
迎泽区								
杏花岭区								
尖草坪区	72	13	9					50
万柏林区	166	24	11	1				130
晋源区	360	125	26	6	3	1		199
清徐县	4336	2	25	51	122	765	1607	1764
阳曲县	2138	1	5	11	21	235	758	1107
娄烦县	1536	250	85	10	9	7	2	1173
古交市	563	115	91	4	1	1		351

9-13c 各地区按拥有全部家用汽车总价分的家庭户户数(乡村)

单位：户

地区	合计	不满10万元	10万元以上，不满20万元	20万元以上，不满30万元	30万元以上，不满50万元	50万元以上，不满100万元	100万元及以上	没有汽车
太原市	**19906**	**6225**	**1533**	**274**	**112**	**38**	**11**	**11713**
小店区	2537	939	337	49	22	16	2	1172
迎泽区	365	119	48	16	11	4		167
杏花岭区	1575	641	203	43	8	5		675
尖草坪区	900	319	71	13	8			489
万柏林区	14	5			1			8
晋源区	1291	491	131	30	18	1	1	619
清徐县	7540	2673	498	93	35	9	6	4226
阳曲县	2342	516	96	11	3	1		1715
娄烦县	1734	231	75	6	3	2	2	1415
古交市	1608	291	74	13	3			1227

第三部分 附录

附录1 太原市第七次全国人口普查公报

太原市第七次全国人口普查公报[1]

太原市统计局

太原市第七次全国人口普查领导小组办公室

2021年5月31日

根据《中华人民共和国统计法》《全国人口普查条例》规定和《太原市人民政府关于认真做好我市第七次全国人口普查工作的通知》（并政发〔2020〕5号）要求，我市进行了第七次全国人口普查[2]。在市委、市政府的坚强领导下，在各有关部门的大力支持下，在全市各级普查机构和普查人员的共同努力下，在广大普查对象的积极配合下，圆满完成了人口普查主要任务。现将我市常住人口的基本情况公布如下。

一、常住人口

全市常住人口[3]为 5304061人，与2010年第六次全国人口普查的4201591人相比，十年间增加了1102470人，增长26.24%，年平均增长率2.36%。

二、户别人口

全市共有家庭户[4] 1851328户，集体户194878户，家庭户人口为4535515人，集体户人口为768546人。平均每个家庭户的人口为2.45人，比2010年第六次全国人口普查的 2.83人减少0.38人。

三、性别构成

全市常住人口中，男性人口为2722001人，占51.32%；女性人口为2582060人，占48.68%。总人口性别比（以女性为100，男性对女性的比例）由2010年第六次全国人口普查的104.97上升为105.42。

四、年龄构成

全市常住人口中，0—14岁[5]人口为824735人，占15.55%；15—59岁人口为3624825人，占68.34%；60岁及以上人口为854501人，占16.11%，其中65岁及以上人口为564480人，占10.64%。与2010年第六次全国人口普查相比，0—14岁人口的比重上升了2.06个百分点，15—59岁人口的比重下降了7.06个百分点，60岁及以上人口的比重上升了5.00个百分点，65岁及以上人口的比重上升了2.71个百分点。

五、受教育程度人口

全市常住人口中，拥有大学（指大专及以上）文化程度的人口为1636900人；拥有高中（含中专）文化程度的人口为976922人；拥有初中文化程度的人口为1540492人；拥有小学文化程度的人口为749112人（以上各种受教育程度的人包括各类学校的毕业生、肄业生和在校生）。

与2010年第六次全国人口普查相比，每10万人中拥有大学文化程度的由23528人上升为30861人；拥有高中文化程度的由20566人下降为18418人；拥有初中文化程度的由33839人下降为29044人；拥有小学文化程度的由15059人下降为14123人。

与2010年第六次全国人口普查相比，全市常住人口中，15岁及以上人口的平均受教育年限[6]由11.10年上升至11.84年。

六、文盲人口

全市常住人口中，文盲人口（15 岁及以上不识字的人）为 41986 人，与 2010 年第六次全国人口普查相比，文盲人口减少了 25533 人，文盲率[7]由 1.61%下降为 0.79%，下降了 0.82 个百分点。

七、城乡[8]人口

全市常住人口中，居住在城镇的人口为 4723657 人，占 89.06%；居住在乡村的人口为 580404 人，占 10.94%。与 2010 年第六次全国人口普查相比，城镇人口增加 1255671 人，乡村人口减少 153201 人，城镇人口比重上升了 6.52 个百分点。

八、人口的分布

这次普查登记全市各县（市、区）人口分布如下：

各县（市、区）常住人口

单位：人、%

地　区	人口数	比重[9]
全　市	**5304061**	**100.00**
小 店 区	1357242	25.59
迎 泽 区	594238	11.20
杏花岭区	779479	14.70
尖草坪区	530499	10.00
万柏林区	951238	17.93
晋 源 区	316445	5.97
清 徐 县	344472	6.49
阳 曲 县	128483	2.42
娄 烦 县	91208	1.72
古 交 市	210757	3.97

九、流动人口[10]

全市常住人口中，人户分离人口[11]为 3003980 人，其中，市辖区内人户分离[12]人口为 927452 人，流动人口为 2076528 人。流动人口中，省内流动人口为 1520267 人，其中，省内市外流入 1187642 人；省外流入人口为 556261 人。

注释：

[1] 本公报数据均为初步汇总数据。

[2] 普查标准时点为 2020 年 11 月 1 日零时，普查对象是普查标准时点在中华人民共和国境内的自然人以及在中华人民共和国境外但未定居的中国公民，不包括在中华人民共和国境内短期停留的境外人员。

[3] 全市常住人口是普查登记的 2020 年 11 月 1 日零时的常住人口，不包括居住在我市的现役军人、港澳台居民和外籍人员。常住人口包括：居住在本乡（镇、街道）、户口在本乡（镇、街道）或户口待定的人；居住在本乡（镇、街道）、离开户口所在的乡（镇、街道）半年以上的人；户口在本乡（镇、街道）、外出不满半年或在境外工作学习的人。

[4] 家庭户是指以家庭成员关系为主、居住一处共同生活的人组成的户。

[5] 0-15 岁人口为 869862 人，16-59 岁人口为 3579698 人。

[6] 平均受教育年限是将各种受教育程度折算成受教育年限计算平均数得出的，具体的折算标准是：小学=6 年，初中=9 年，高中=12 年，大专及以上=16 年。

[7] 文盲率是全市常住人口中 15 岁及以上不识字人口所占比例。

[8] 城镇、乡村是按国家统计局《统计上划分城乡的规定》划分的。

[9] 部分数据因四舍五入的原因，存在总计与分项不等的情况，均未作调整。

[10] 流动人口是指人户分离人口中扣除市辖区内人户分离的人口。

[11] 人户分离人口是指居住地与户口登记地所在的乡镇街道不一致且离开户口登记地半年以上的人口。

[12] 市辖区内人户分离人口是指一个直辖市或地级市所辖的区内和区与区之间，居住地和户口登记地不在同一乡镇街道的人口。

第三部分 附录

附录 2 太原市人民政府关于认真做好我市第七次全国人口普查工作的通知

太原市人民政府关于认真做好我市第七次全国人口普查工作的通知

并政发〔2020〕5号

各县（市、区）人民政府，综改示范区、不锈钢园区、西山示范区管委会，市直各委、局、办，各有关单位：

根据《山西省人民政府关于认真做好我省第七次全国人口普查工作的通知》（晋政发〔2020〕2号）要求，为切实做好我市第七次全国人口普查工作，现将有关事项通知如下：

一、明确目的意义，把握总体要求

第七次全国人口普查是在中国特色社会主义进入新时代开展的重大国情国力调查，普查对象是普查标准时点在中华人民共和国境内的自然人以及在中华人民共和国境外但未定居的中国公民，不包括在中华人民共和国境内短期停留的境外人员。普查主要调查人口和住户基本情况，内容包括：姓名、公民身份号码、性别、年龄、民族、受教育程度、行业、职业、迁移流动、婚姻生育、死亡、住房情况等。

普查标准时点为2020年11月1日零时。

开展第七次全国人口普查，将全面查清我市人口数量、结构、分布、住房等方面的最新情况，为制定和完善未来我市收入、消费、教育、医疗、社保、养老、文化、就业等政策措施提供基础保障，也为我市教育和医疗机构布局、儿童和老年人服务设施建设、工商业服务网点分布、城镇住房供给、城乡道路建设提供决策依据。查清人口数据，准确把握人口发展变化的新情况、新特征和新趋势，将为编制我市“十四五”规划，确定“十四五”时期人口以及经济、社会、文化发展目标和政策措施，推动我市经济高质量发展，打造具有国际影响力的全国区域中心城市提供强有力的支持。

二、加强组织领导，形成普查合力

人口普查是一项庞大的社会系统工程，动员范围广、参与部门多、技术要求高、工作难度大、时间节点多。各县（市、区）、综改示范区，各部门要按照“全国统一领导、部门分工协作、地方分级负责、各方共同参与”原则，认真做好普查组织实施工作。为加强对普查工作的组织领导，市政府成立太原市第七次全国人口普查领导小组，负责全市人口普查工作的组织实施。领导小组办公室设在市统计局，负责领导小组日常工作。各县（市、区）人民政府、综改示范区管委会，乡级人民政府及街道办事处要设立相应普查领导机构，负责本地区、本辖区人口普查实施工作。村民委员会和社区居民委员会要设立人口普查小组，做好本区域人口普查工作。各大中型企业、大中专院校、驻并单位要设立人口普查办公室，在驻地人民政府人口普查领导小组统一领导下，做好本单位人口普查工作。要广泛引导、动员和组织社会力量积极参与并认真配合做好普查工作。要坚持底线思维、加强风险防控，做好方案执行、数据处理、舆论导向等预案。

要建立普查领导小组成员单位普查工作包片制，明确分工，落实责任，严格考核，及时督查指导，提高普查工作质量和效率。各级公安机关要根据《全国人口普查条例》规定，在人口普查登记前，按照普查方案规定完成户口整顿工作，并将有关资料提交本级人口普查机构。发展改革、财政、规划和自然资源等部门要做好普查物资和设备、普查经费、地理信息等协调保障工作，卫健、民政、教育、住建、房产、人社等掌握相关人口信息的部门，要根据普查工作需要及时向当地普查机构提供行政记录资料。领导小组其他成员单位要按照职责分工，各负其责、通力协作，加强信息共享和沟通协调，共同解决好普查工作中遇到的困难和问题。

三、落实普查保障，筑牢普查基础

第七次全国人口普查所需经费，由中央和地方各级人民政府共同负担。市、县（市、区）要将普查经费列入相应年度财政预算予以保障，并确保按时足额拨付到位。要及时支付招聘人员劳动报酬，保证借调人员在原单位的工资、福利及其他待遇不变，并保留其原有工作岗位；招聘人员的劳动报酬根据实际工作天数,按不低于当地最低工资标准支付。确保普查工作队伍稳定。“两员”工作补贴，由市县两级财政分级负责、共同分担。普查登记所需电子设备由市县两级负责筹措。各级普查机构要本着保障工作、勤俭办事的原则，科学编制人口普查经费预算,科学测算普查员、普查指导员数量和劳动报酬以及电子采集设备数量和费用。各级财政部门要积极安排好本级负担的普查经费，确保人口普查工作顺利开展。各级财政和普查机构要密切配合,加强对普查经费预算执行和资金使用情况的监督管理,努力提高普查经费的使用效益。

各级普查机构可根据工作需要,招聘或从有关单位借调符合条件的普查员、普查指导员,充分发挥村民委员会、社区居民委员会的作用,积极吸纳网格员、计生员等熟悉基层情况的人员加入普查员、普查指导员队伍,确保每个普查小区至少配备 1 名普查员，每个普查区至少配备 1 名普查指导员。要结合本地区本部门具体情况，在人口普查知识、技能、法规和职业道德方面有针对性的开展培训，确保“两员”胜任普查工作。

采取电子化方式开展普查登记，探索使用智能手机采集数据，实时上报普查数据。充分利用部门行政记录，推进大数据在普查中的应用，提高普查数据采集处理效能，在确保工作质量的前提下，切实减轻基层普查人员工作负担。各级各部门要保障必要的网络环境和硬件条件，根据工作需要,配备配齐数据采集设备,采取必要的安全措施，确保数据收集处理工作安全顺畅快捷进行。

四、做好宣传动员，营造良好氛围

各级普查机构要会同宣传部门认真做好普查的宣传策划和组织实施，根据普查进度拟定宣传计划。各级宣传部门要积极协调新闻媒体单位，做好普查各阶段的宣传报道。普查机构各成员单位要主动配合，合力做好普查宣传工作。要采取形式多样，重点突出的宣传手段，在机场、车站、广场、商业街等重要地段张贴普查标语，在报刊、电视、广播、户外电子屏、公交车移动显示屏刊登播放普查公益广告，通过短信、彩铃、互联网、微信、微博、短视频等媒介宣传普查的意义和要求。要及时报道普查中涌现出的先进人物和先进事迹，形成社会正能量。要对普查违法行为予以通报曝光，强化全民法律意识。要在全市营造社会公众熟知普查，普查对象积极配合，普查人员依法普查的良好氛围，为普查工作高质量完成提供强有力的舆论保障。

五、坚持依法普查，确保数据质量

各县（市、区）、综改示范区、各部门要严格执行《中华人民共和国统计法》《中华人民共和国统计法实施条例》《全国人口普查条例》等法律法规，认真做好人口普查各项工作，全流程加强对公民个人信息的保护。各级普查机构及其工作人员必须严格履行保密义务,严禁向任何机构、单位、个人泄露或出售公民个人信息。普查取得的数据,严格限定用于普查目的,不得作为任何部门和单位对各级行政管理工作实施考核、奖惩的依据。普查中获得的能够识别或推断单个普查对象身份的资料,不得作为对普查对象实施处罚等具体行政行为的依据。

要建立健全普查数据质量追溯和问责机制，研究制定行之有效的数据质量控制办法，实行严格的质量管控制度，使普查工作有章可循，确保普查数据可核查、可追溯、可问责，真实准确。要加大对普查工作中违纪违法行为的查处和通报曝光力度，防范杜绝人为干扰普查工作的现象。对统计违纪违法责任人，由统计机构依法提出处分建议，移送任免机关、纪检监察机关或组织（人事）部门处理。

附件：太原市第七次全国人口普查领导小组组成人员名单（略）

太原市人民政府
2020 年 3 月 4 日
（此件公开发布）

第三部分 附录

附录 3 全国人口普查条例

中华人民共和国国务院令

第 576 号

《全国人口普查条例》已经 2010 年 5 月 12 日国务院第 111 次常务会议通过，现予公布，自 2010 年 6 月 1 日起施行。

总理 温家宝

二〇一〇年五月二十四日

全国人口普查条例

第一章 总 则

第一条 为了科学、有效地组织实施全国人口普查，保障人口普查数据的真实性、准确性、完整性和及时性，根据《中华人民共和国统计法》，制定本条例。

第二条 人口普查的目的是全面掌握全国人口的基本情况，为研究制定人口政策和经济社会发展规划提供依据，为社会公众提供人口统计信息服务。

第三条 人口普查工作按照全国统一领导、部门分工协作、地方分级负责、各方共同参与的原则组织实施。

国务院统一领导全国人口普查工作，研究决定人口普查中的重大问题。地方各级人民政府按照国务院的统一规定和要求，领导本行政区域的人口普查工作。

在人口普查工作期间，各级人民政府设立由统计机构和有关部门组成的人口普查机构（以下简称普查机构），负责人口普查的组织实施工作。

村民委员会、居民委员会应当协助所在地人民政府动员和组织社会力量，做好本区域的人口普查工作。

国家机关、社会团体、企业事业单位应当按照《中华人民共和国统计法》和本条例的规定，参与并配合人口普查工作。

第四条 人口普查对象应当按照《中华人民共和国统计法》和本条例的规定，真实、准确、完整、及时地提供人口普查所需的资料。

人口普查对象提供的资料，应当依法予以保密。

第五条 普查机构和普查机构工作人员、普查指导员、普查员（以下统称普查人员）依法独立行使调查、报告、监督的职权，任何单位和个人不得干涉。

地方各级人民政府、各部门、各单位及其负责人，不得自行修改普查机构和普查人员依法搜集、整理的人口普查资料，不得以任何方式要求普查机构和普查人员及其他单位和个人伪造、篡改人口普查资料，不得对依法履行职责或者拒绝、抵制人口普查违法行为的普查人员打击报复。

第六条 各级人民政府应当利用报刊、广播、电视、互联网和户外广告等媒介，开展人口普查的宣传动员工作。

第七条 人口普查所需经费，由国务院和地方各级人民政府共同负担，并列入相应年度的财政预算，按时拨付，确保足额到位。

人口普查经费应当统一管理、专款专用，从严控制支出。

第八条 人口普查每10年进行一次，尾数逢0的年份为普查年度，标准时点为普查年度的11月1日零时。

第九条 国家统计局会同国务院有关部门制定全国人口普查方案（以下简称普查方案），报国务院批准。

人口普查应当按照普查方案的规定执行。

第十条 对认真执行本条例，忠于职守、坚持原则，做出显著成绩的单位和个人，按照国家有关规定给予表彰和奖励。

第二章 人口普查的对象、内容和方法

第十一条 人口普查对象是指普查标准时点在中华人民共和国境内的自然人以及在中华人民共和国境外但未定居的中国公民，不包括在中华人民共和国境内短期停留的境外人员。

第十二条 人口普查主要调查人口和住户的基本情况，内容包括姓名、性别、年龄、民族、国籍、受教育程度、行业、职业、迁移流动、社会保障、婚姻、生育、死亡、住房情况等。

第十三条 人口普查采用全面调查的方法，以户为单位进行登记。

第十四条 人口普查采用国家统计分类标准。

第三章 人口普查的组织实施

第十五条 人口普查登记前，公安机关应当按照普查方案的规定完成户口整顿工作，并将有关资料提交本级人口普查机构。

第十六条 人口普查登记前应当划分普查区，普查区以村民委员会、居民委员会所辖区域为基础划分，每个普查区划分为若干普查小区。

第十七条 每个普查小区应当至少有一名普查员，负责入户登记等普查工作。每个普查区应当至少有一名普查指导员，负责安排、指导、督促和检查普查员的工作，也可以直接进行入户登记。

第十八条 普查指导员和普查员应当具有初中以上文化水平，身体健康，责任心强。

第十九条 普查指导员和普查员可以从国家机关、社会团体、企业事业单位借调，也可以从村民委员会、居民委员会或者社会招聘。借调和招聘工作由县级人民政府负责。

国家鼓励符合条件的公民作为志愿者参与人口普查工作。

第二十条 借调的普查指导员和普查员的工资由原单位支付，其福利待遇保持不变，并保留其原有工作岗位。

招聘的普查指导员和普查员的劳动报酬，在人口普查经费中予以安排，由聘用单位支付。

第二十一条 普查机构应当对普查指导员和普查员进行业务培训，并对考核合格的人员颁发全国统一的普查指导员证或者普查员证。

普查指导员和普查员执行人口普查任务时，应当出示普查指导员证或者普查员证。

第二十二条 人口普查登记前，普查指导员、普查员应当绘制普查小区图，编制普查小区户主姓名底册。

第二十三条 普查指导员、普查员入户登记时，应当向人口普查对象说明人口普查的目的、法律依据以及人口普查对象的权利和义务。

第二十四条　人口普查对象应当按时提供人口普查所需的资料，如实回答相关问题，不得隐瞒有关情况，不得提供虚假信息，不得拒绝或者阻碍人口普查工作。

第二十五条　人口普查对象应当在普查表上签字或者盖章确认，并对其内容的真实性负责。

第二十六条　普查人员应当坚持实事求是，恪守职业道德，拒绝、抵制人口普查工作中的违法行为。

普查机构和普查人员不得伪造、篡改普查资料，不得以任何方式要求任何单位和个人提供虚假的普查资料。

第二十七条　人口普查实行质量控制岗位责任制，普查机构应当对人口普查实施中的每个环节实行质量控制和检查，对人口普查数据进行审核、复查和验收。

第二十八条　国家统计局统一组织人口普查数据的事后质量抽查工作。

第四章　人口普查资料的管理和公布

第二十九条　地方各级普查机构应当按照普查方案的规定进行数据处理，并按时上报人口普查资料。

第三十条　人口普查汇总资料，除依法应当保密的外，应当予以公布。

全国和各省、自治区、直辖市主要人口普查数据，由国家统计局以公报形式公布。

地方人民政府统计机构公布本行政区域主要人口普查数据，应当报经上一级人民政府统计机构核准。

第三十一条　各级人民政府统计机构应当做好人口普查资料的管理、开发和应用，为社会公众提供查询、咨询等服务。

第三十二条　人口普查中获得的原始普查资料，按照国家有关规定保存、销毁。

第三十三条　人口普查中获得的能够识别或者推断单个普查对象身份的资料，任何单位和个人不得对外提供、泄露，不得作为对人口普查对象作出具体行政行为的依据，不得用于人口普查以外的目的。

人口普查数据不得作为对地方人民政府进行政绩考核和责任追究的依据。

第五章　法律责任

第三十四条　地方人民政府、政府统计机构或者有关部门、单位的负责人有下列行为之一的，由任免机关或者监察机关依法给予处分，并由县级以上人民政府统计机构予以通报；构成犯罪的，依法追究刑事责任：

（一）自行修改人口普查资料、编造虚假人口普查数据的；

（二）要求有关单位和个人伪造、篡改人口普查资料的；

（三）不按照国家有关规定保存、销毁人口普查资料的；

（四）违法公布人口普查资料的；

（五）对依法履行职责或者拒绝、抵制人口普查违法行为的普查人员打击报复的；

（六）对本地方、本部门、本单位发生的严重人口普查违法行为失察的。

第三十五条　普查机构在组织实施人口普查活动中有下列违法行为之一的，由本级人民政府或者上级人民政府统计机构责令改正，予以通报；对直接负责的主管人员和其他直接责任人员，由任免机关或者监察机关依法给予处分：

（一）不执行普查方案的；

（二）伪造、篡改人口普查资料的；

（三）要求人口普查对象提供不真实的人口普查资料的；

（四）未按照普查方案的规定报送人口普查资料的；

（五）违反国家有关规定，造成人口普查资料毁损、灭失的；

（六）泄露或者向他人提供能够识别或者推断单个普查对象身份的资料的。

普查人员有前款所列行为之一的，责令其停止执行人口普查任务，予以通报，依法给予处分。

第三十六条 人口普查对象拒绝提供人口普查所需的资料，或者提供不真实、不完整的人口普查资料的，由县级以上人民政府统计机构责令改正，予以批评教育。

人口普查对象阻碍普查机构和普查人员依法开展人口普查工作，构成违反治安管理行为的，由公安机关依法给予处罚。

第三十七条 县级以上人民政府统计机构应当设立举报电话和信箱，接受社会各界对人口普查违法行为的检举和监督。

第六章 附　　则

第三十八条 中国人民解放军现役军人、人民武装警察等人员的普查内容和方法，由国家统计局会同国务院有关部门、军队有关部门规定。

交通极为不便地区的人口普查登记的时间和方法，由国家统计局会同国务院有关部门规定。

第三十九条 香港特别行政区、澳门特别行政区的人口数，按照香港特别行政区政府、澳门特别行政区政府公布的资料计算。

台湾地区的人口数，按照台湾地区有关主管部门公布的资料计算。

第四十条 为及时掌握人口发展变化情况，在两次人口普查之间进行全国 1%人口抽样调查。全国 1%人口抽样调查参照本条例执行。

第四十一条 本条例自 2010 年 6 月 1 日起施行。

第三部分 附录

附录 4　第七次全国人口普查方案

第七次全国人口普查方案

国家统计局
国务院第七次全国人口普查领导小组办公室

第一部分 总说明

根据《中华人民共和国统计法》《中华人民共和国统计法实施条例》《全国人口普查条例》和《国务院关于开展第七次全国人口普查的通知》，制定本方案。

一、普查目的

全面查清我国人口数量、结构、分布、城乡住房等方面情况，为完善人口发展战略和政策体系，促进人口长期均衡发展，科学制定国民经济和社会发展规划，推动经济高质量发展，开启全面建设社会主义现代化国家新征程，向第二个百年奋斗目标进军，提供科学准确的统计信息支持。

二、普查时点

普查的标准时点是 2020 年 11 月 1 日零时。

三、普查对象

普查对象是指普查标准时点在中华人民共和国境内的自然人以及在中华人民共和国境外但未定居的中国公民，不包括在中华人民共和国境内短期停留的境外人员。

四、普查内容和普查表

普查登记的主要内容包括：姓名、公民身份号码、性别、年龄、民族、受教育程度、行业、职业、迁移流动、婚姻生育、死亡、住房情况等。

根据不同的普查对象和普查内容，具体分为四种普查表。

（一）第七次全国人口普查短表

普查短表包括反映人口基本状况的项目，由全部住户（不包括港澳台居民和外籍人员）填报。

（二）第七次全国人口普查长表

普查长表包括所有短表项目和人口的经济活动、婚姻生育和住房等情况的项目，在全部住户中抽取 10% 的户（不包括港澳台居民和外籍人员）填报。

（三）第七次全国人口普查港澳台居民和外籍人员普查表

港澳台居民和外籍人员普查表包括反映人口基本状况的项目以及入境目的、居住时间、身份或国籍、就业情况等项目，由在境内居住的港澳台居民和外籍人员填报。

（四）第七次全国人口普查死亡人口调查表

死亡人口调查表包括死亡人口的基本信息，由 2019 年 11 月 1 日至 2020 年 10 月 31 日期间有死亡人口的户填报。

五、普查方法

普查采用全面调查的方法，以户为单位进行登记。

普查采用按现住地登记的原则，每个人必须在现住地进行登记。普查对象不在户口登记地居住的，户口登记地要登记相应信息。

普查登记采用普查员入户询问、当场填报，或由普查对象自主填报等方式进行。

普查数据采集原则上采用电子化的方式。采取普查员使用电子采集设备（PAD 或智能手机）登记普查对象信息并联网实时上报，或由普查对象通过互联网自主填报等方式进行。

普查员应按照工作要求，在户口整顿基础上对所负责普查小区进行全面摸底，掌握普查小区内的人口和居住情况，编制《户主姓名底册》，根据《户主姓名底册》进行入户登记工作，并参考部门行政记录等资料进行比对复查，确保普查登记真实准确、不重不漏。

六、普查数据处理

各级普查机构负责普查数据处理。国务院人口普查办公室统一编制数据采集、审核、编辑、汇总程序。

国务院人口普查办公室集中部署数据采集处理环境。各级普查机构应保障必要的数据处理办公环境和网络条件，采取必要的安全措施，确保数据处理工作安全、顺利地进行。

七、普查组织实施

（一）全国统一领导

国务院第七次全国人口普查领导小组负责普查组织实施中重大问题的研究和决策。普查领导小组办公室设在国家统计局，具体负责普查的组织实施。

（二）部门分工协作

领导小组各成员单位要按照职能分工，各负其责、通力协作、密切配合，共同做好普查工作。对普查工作中遇到的困难和问题，要及时采取措施予以解决。

（三）地方分级负责

地方各级人民政府设立相应的普查领导小组及其办公室，领导和组织实施本区域内的普查工作。村民委员会和居民委员会设立人口普查小组，协助街道办事处和乡镇政府动员和组织社会力量，做好本区域内的普查工作。

普查指导员和普查员可以从国家机关、社会团体、企业事业单位借调，也可以从村民委员会、居民委员会或者社会招聘。借调和招聘工作由县级人民政府负责。

（四）各方共同参与

国家机关、社会团体、企业事业单位应当按照《中华人民共和国统计法》《中华人民共和国统计法实施条例》和《全国人口普查条例》的规定，参与并配合普查工作。

八、普查质量控制

普查实行严格的质量控制制度，建立健全普查数据质量追溯和问责机制，确保普查数据可核查、可追溯、可问责。国务院人口普查办公室统一领导、统筹协调普查全过程质量控制的有关工作。地方各级普查机构主要负责人对本行政区域普查数据质量负总责，确保普查数据真实、准确、完整、及时。各级普查办公室必须严格执行各阶段工作要求，保证各阶段工作质量达到规定标准，确保普查工作质量与数据质量合格达标。

九、普查宣传

各级宣传部门和普查机构应制定宣传工作方案，深入开展普查宣传。

各级宣传部门应组织协调新闻媒体及有关部门，通过报刊、广播、电视、互联网、手机和户外广告等多种渠道，充分利用微博、微信、短视频等新媒体传播手段，宣传普查的重大意义、政策规定和工作要求，积极营造良好的普查氛围。

各级普查机构要组织开展形式多样的宣传活动，动员社会各界支持、参与普查。

十、普查法规与纪律要求

坚持依法普查，普查工作要严格按照《中华人民共和国统计法》《中华人民共和国统计法实施条例》《全国人口普查条例》《国务院关于开展第七次全国人口普查的通知》及相关规定组织开展。

普查对象应当依法履行普查义务，如实提供普查信息，不得虚报、瞒报、拒报。拒绝提供普查所需的资料，或者提供不真实、不完整的普查资料的，由县级以上人民政府统计机构责令改正，予以批评教育，情节严重的依法严肃处理。普查取得的数据，严格限定用于普查目的，不得作为任何部门和单位对各级行政管理工作实施考核、奖惩的依据。普查中获得的能够识别或者推断单个普查对象身份的资料，任何单位和个人不得对外提供、泄露，不得作为对普查对象实施处罚等具体行政行为的依据，不得用于普查以外的目的。各级普查机构及其工作人员，必须严格履行保密义务。

十一、普查主要工作阶段

普查工作分三个阶段进行：

一是准备阶段（2019 年 10 月—2020 年 10 月）。这一阶段的主要工作是：组建各级普查机构，制定普查方案和工作计划，进行普查试点，落实普查经费和物资，准备数据采集处理环境，开展普查宣传，选聘培训普查指导员和普查员，普查区域划分及绘图，进行户口整顿，开展摸底等。

二是普查登记阶段（2020 年 11 月—12 月）。这一阶段的主要工作是：普查员入户登记，进行比对复查，开展事后质量抽查等。

三是数据汇总和发布阶段（2020 年 12 月—2022 年 12 月）。这一阶段的主要工作是：数据处理、汇总、评估，发布主要数据公报，普查资料开发利用等。

十二、其他

（一）香港特别行政区、澳门特别行政区的人口数，按照香港特别行政区政府、澳门特别行政区政府公布的资料计算。

台湾地区的人口数，按照台湾地区有关主管部门公布的资料计算。

（二）因交通极为不便等特殊因素，需采用其他登记时间和方法的地区，须报请国务院人口普查办公室批准。

（三）对认真执行本方案，忠于职守，坚持原则，在普查工作中做出显著成绩的单位和个人，按照国家有关规定给予表彰奖励。

（四）本方案由国务院人口普查办公室负责解释。

第二部分　普查表式

第七次全国人口普查短表

经国务院批准进行第七次全国人口普查
人口普查的标准时点为2020年11月1日零时
人口普查的原始资料不向任何单位和个人提供，
仅供汇总使用
公民应履行如实申报普查项目的义务

表　　号：R 6 0 1 表
制定机关：国 家 统 计 局
国务院人口普查办公室
批准文号：国发（2019）24号
有效期至：2 0 2 1 年 3 月

地址：_____省（区、市）_____市（地、州、盟）_____县（市、区、旗）_____乡（镇、街道）_____普查区_____普查小区_____户编号

一、住户项目

H1．户别
1．家庭户
2．集体户

H2．本户应登记人数
2020年10月31日晚居住本户的人数_____人
户口在本户，2020年10月31日晚未住本户的人数_____人

H3．本户2019年11月1日至2020年10月31日期间的出生人口
男_____人 女_____人

H4．本户2019年11月1日至2020年10月31日期间的死亡人口
男_____人 女_____人

H5．住所类型
1．普通住宅
2．集体住所
3．工作地住所
4．其他住房
5．无住房
（选择2—5的，跳至个人项目。）

H6．本户现住房建筑面积
_____平方米

H7．本户现住房间数

_____间

二、个人项目

每个人都填报的项目

D1．姓名

____

D2．与户主关系

0．户主

1．配偶

2．子女

3．父母

4．岳父母或公婆

5．祖父母

6．媳婿

7．孙子女

8．兄弟姐妹

9．其他

D3．公民身份号码

□□□□□□□□□□□□□□□□□□

D4．性别

1．男

2．女

D5．出生年月

出生于：_______年_______月

D6．民族

_______族

D7．普查时点（2020 年 11 月 1 日零时）居住地

1．本普查小区

2．本村（居）委会其他普查小区

3．本乡（镇、街道）其他村（居）委会

4．本县（市、区、旗）其他乡（镇、街道）

5．其他县（市、区、旗），请在下面填写地址

______省（区、市）
______市（地、州、盟）
______县（市、区、旗）
6．香港特别行政区、澳门特别行政区、台湾地区
7．国外

D8．户口登记地
1．本村（居）委会
2．本乡（镇、街道）其他村（居）委会
3．本县（市、区、旗）其他乡（镇、街道）
4．其他县（市、区、旗），请在下面填写地址
______省（区、市）
______市（地、州、盟）
______县（市、区、旗）
5．户口待定→D11

D9．离开户口登记地时间
1．没有离开户口登记地→D11
2．不满半年
3．半年以上，不满一年
4．一年以上，不满二年
5．二年以上，不满三年
6．三年以上，不满四年
7．四年以上，不满五年
8．五年以上，不满十年
9．十年以上

D10．离开户口登记地原因
0．工作就业
1．学习培训
2．随同离开/投亲靠友
3．拆迁/搬家
4．寄挂户口
5．婚姻嫁娶
6．照料孙子女
7．为子女就学
8．养老/康养
9．其他

3 周岁及以上（2017 年 10 月 31 日以前出生）的人填报的项目
D11．受教育程度
1．未上过学

2．学前教育
3．小学
4．初中
5．高中
6．大学专科
7．大学本科
8．硕士研究生
9．博士研究生

15 周岁及以上（2005 年 10 月 31 日以前出生）的人填报的项目

D12．是否识字

1．是
2．否

第七次全国人口普查长表

经国务院批准进行第七次全国人口普查
人口普查的标准时点为2020年11月1日零时
人口普查的原始资料不向任何单位和个人提供，
仅供汇总使用
公民应履行如实申报普查项目的义务

表　号：R 6 0 2 表
制定机关：国 家 统 计 局
国务院人口普查办公室
批准文号：国发〔2019〕24 号
有效期至：2 0 2 1 年 3 月

地址：_____省（区、市）_____市（地、州、盟）_____县（市、区、旗）_____乡（镇、街道）_____普查区_____普查小区_____户编号

一、住户项目

H1．户别

1．家庭户

2．集体户

H2．本户应登记人数

2020年10月31日晚居住本户的人数_____人

户口在本户，2020年10月31日晚未住本户的人数_____人

H3．本户2019年11月1日至2020年10月31日期间的出生人口

男_____人　女_____人

H4．本户2019年11月1日至2020年10月31日期间的死亡人口

男_____人　女_____人

H5．住所类型

1．普通住宅

2．集体住所

3．工作地住所

4．其他住房

5．无住房

（选择2—5的，跳至个人项目。）

H6．本户现住房建筑面积

_____平方米

H7．本户现住房间数

_____间

H8．住房所在建筑的总层数

1．平房
2．多层（7 层及以下）
3．高层（8—33 层）
4．超高层（34 层及以上）

H9．承重类型

1．钢及钢筋混凝土结构
2．混合结构
3．砖木结构
4．竹草土坯结构
5．其他结构

H10．住房建成年代

1．1949 年以前
2．1949—1959 年
3．1960—1969 年
4．1970—1979 年
5．1980—1989 年
6．1990—1999 年
7．2000—2009 年
8．2010—2014 年
9．2015 年以后

H11．住房所在建筑有无电梯

1．有
2．无

H12．主要炊事燃料

1．燃气
2．电
3．煤炭
4．柴草
5．其他

H13．住房内有无管道自来水

1．有
2．无

H14．住房内有无厨房

1．独立使用
2．与其他户合用

3．无

H15．住房内有无厕所

1．水冲式卫生厕所
2．水冲式非卫生厕所
3．卫生旱厕
4．普通旱厕
5．无

H16．住房内有无洗澡设施

1．统一供热水
2．家庭自装热水器
3．其他
4．无

H17．住房来源

1．租赁廉租房/公租房
2．租赁其他住房
3．购买新建商品房
4．购买二手房
5．购买原公有住房
6．购买经济适用房/两限房
7．自建住房
8．继承或赠予
9．其他
（选择3—9的，跳至H19。）

H18．月租房费用

0．200元以下
1．200—499元
2．500—999元
3．1000—1999元
4．2000—2999元
5．3000—3999元
6．4000—5999元
7．6000—7999元
8．8000—9999元
9．10000元以上

H19．拥有全部家用汽车的总价

1．不满10万元
2．10万元以上，不满20万元

3．20 万元以上，不满 30 万元
4．30 万元以上，不满 50 万元
5．50 万元以上，不满 100 万元
6．100 万元以上
7．没有汽车

二、个人项目

每个人都填报的项目

C1．姓名

______

C2．与户主关系

0．户主
1．配偶
2．子女
3．父母
4．岳父母或公婆
5．祖父母
6．媳婿
7．孙子女
8．兄弟姐妹
9．其他

C3．公民身份号码

□□□□□□□□□□□□□□□□□□

C4．性别

1．男
2．女

C5．出生年月

出生于：______年______月

C6．民族

______族

C7．普查时点（2020 年 11 月 1 日零时）居住地

1．本普查小区
2．本村（居）委会其他普查小区
3．本乡（镇、街道）其他村（居）委会
4．本县（市、区、旗）其他乡（镇、街道）

5．其他县（市、区、旗），请在下面填写地址

_______省（区、市）

_______市（地、州、盟）

_______县（市、区、旗）

6．香港特别行政区、澳门特别行政区、台湾地区

7．国外

C8．户口登记地

1．本村（居）委会

2．本乡（镇、街道）其他村（居）委会

3．本县（市、区、旗）其他乡（镇、街道）

4．其他县（市、区、旗），请在下面填写地址

_______省（区、市）

_______市（地、州、盟）

_______县（市、区、旗）

5．户口待定→C12

C9．离开户口登记地时间

1．没有离开户口登记地→C12

2．不满半年

3．半年以上，不满一年

4．一年以上，不满二年

5．二年以上，不满三年

6．三年以上，不满四年

7．四年以上，不满五年

8．五年以上，不满十年

9．十年以上

C10．离开户口登记地原因

0．工作就业

1．学习培训

2．随同离开/投亲靠友

3．拆迁/搬家

4．寄挂户口

5．婚姻嫁娶

6．照料孙子女

7．为子女就学

8．养老/康养

9．其他

C11．户口登记地类型

1．乡

2．镇的村委会
3．镇的居委会
4．街道

C12．是否有农村土地承包经营权
1．有
2．无

C13．出生地
1．本县（市、区、旗）
2．本省其他县（市、区、旗）
3．省外：________省（区、市）

5周岁及以上（2015年10月31日以前出生）的人填报的项目
C14．五年前常住地
2015年11月1日常住地：
1．本县（市、区、旗）
2．其他地区，请在下面填写地址
______省（区、市）
______市（地、州、盟）
______县（市、区、旗）

3周岁及以上（2017年10月31日以前出生）的人填报的项目
C15．受教育程度
1．未上过学→C17
2．学前教育→C17
3．小学
4．初中
5．高中
6．大学专科
7．大学本科
8．硕士研究生
9．博士研究生

C16．学业完成情况
1．在校
2．毕业
3．肄业
4．辍学
5．其他

15 周岁及以上（2005 年 10 月 31 日以前出生）的人填报的项目

C17．是否识字

1．是

2．否

C18．工作情况

10 月 25—31 日是否为取得收入而工作了一小时以上（包括临时工、依托互联网平台灵活就业、家庭经营无酬帮工等）

1．是，上周工作时间_______小时

2．在职休假、在职学习培训、临时停工（保留工资）

3．未做任何工作→C22

C19．工作单位或生产经营活动所属类型

1．企业、事业、机关或社会团体等法人单位

2．个体经营户

3．经营农村家庭承包地（家庭农林牧渔生产经营活动）

4．自由职业/灵活就业

C20．行业

单位详细名称：____

主要产品或主要业务：___________________________________

C21．职业

本人从事的具体工作：___________________________________→C23

C22．未工作原因

1．在校学习

2．离退休

3．料理家务

4．丧失工作能力

5．其他

C23．主要生活来源

1．劳动收入

2．离退休金/养老金

3．最低生活保障金

4．失业保险金

5．财产性收入

6．家庭其他成员供养

7．其他

C24．婚姻状况

1．未婚→C28

2．有配偶

3．离婚

4．丧偶

C25．初婚年月

_______年_______月

15 至 64 周岁（1955 年 11 月 1 日—2005 年 10 月 31 日出生）的妇女填报的项目

C26．生育子女数

1．未生育→C28

2．有生育（请填报生育的子女数）

生过几个孩子：

男_______人

女_______人

其中现在存活几个孩子：

男_______人

女_______人

15 至 50 周岁（1969 年 11 月 1 日—2005 年 10 月 31 日出生）的妇女填报的项目

C27．过去一年（2019 年 11 月 1 日—2020 年 10 月 31 日）的生育状况

1．一年内未生育（结束）

2．一年内有生育（请填报生育时间和孩子性别）

生育时间：

____月

婴儿性别：

1．男

2．女

一年内生育两个以上孩子的，请填报第二个孩子的状况。

生育时间：

____月

婴儿性别：

1．男

2．女

60 周岁及以上（1960 年 10 月 31 日以前出生）的人填报的项目

C28．居住状况

1．与配偶和子女同住

2．与配偶同住

3．与子女同住
4．独居（有保姆）
5．独居（无保姆）
6．养老机构
7．其他

C29．身体健康状况
1．健康
2．基本健康
3．不健康，但生活能自理
4．不健康，生活不能自理

第七次全国人口普查港澳台居民和外籍人员普查表

The Seventh National Population Census Form for Residents from Hong Kong, Macao, Taiwan and from Foreign Countries

中国政府决定进行第七次全国人口普查
人口普查标准时点为2020年11月1日零时
我们将对您在普查表中填写的信息给予
保密，敬请合作。

The Government of China has decided to conduct the 7th National Population Census, with zero hour on 1 November 2020 as the reference time.
Information provided will be kept confidential.
Your cooperation is highly appreciated.

表 号：R603表
制定机关：国家统计局
国务院人口普查办公室
批准文号：国发（2019）24号
有效期至：2021年3月
Form number: R603
Form issued by: National Bureau of Statistics
Office of the State Council for the Seventh National Population Census
Approval number: （2019）24
Valid until: March 2021

地址 Address：

_____省（区、市）Province

_____市（地、州、盟）City (prefecture)

_____县（市、区、旗）County (city, district)

_____乡（镇、街道）Town (township, street)

_____普查区 Enumeration area (village/community committee)

_____普查小区 Enumeration block

_____户编号 Household number

一、住户项目

Household Information

F1. 户别

Type of household

1. 家庭户 Family household
2. 集体户 Collective household

F2. 住所类型

Type of dwelling

1. 普通住宅 Conventional dwellings
2. 集体住所 Collective living quarters
3. 工作地住所 Living in work places
4. 其他住房 Other dwellings
5. 无住房 With no dwellings

（选择2—5的，跳至个人项目。）

(If the answer is 2-5, then skip to 'Individual Information'.)

F3. 本户现住房建筑面积

Floor space for this household

_____平方米 m^2

F4. 本户现住房间数

Number of rooms for this household

_____间 rooms

二、个人项目

Individual Information

R1. 姓名 Full name

____

R2. 与户主关系

Relationship with head of household

0. 户主 Head of household
1. 配偶 Spouse
2. 子女 Son or daughter
3. 父母 Parent
4. 岳父母或公婆 Parent-in-law
5. 祖父母 Grandparent
6. 媳婿 Son-in-law or daughter-in-law
7. 孙子女 Grandchild
8. 兄弟姐妹 Brother or sister
9. 其他 Other relationship

R3. 性别

Sex

1. 男 Male
2. 女 Female

R4. 出生年月

Date of birth

出生于 Born in：_______年 year_______月 month

R5. 来内地（大陆）或来华目的

Purpose for stay in the mainland of China

1. 商务 Business
2. 就业 Work
3. 学习 Study
4. 定居 Residence
5. 探亲 Visiting relatives

6. 其他 Others

R6. 已在内地（大陆）或在华居住时间

Duration of stay in the mainland of China

1. 不满三个月 Less than 3 months
2. 三个月以上，不满半年 3 months to less than 6 months
3. 半年以上，不满一年 6 months to less than 12 months
4. 一年以上，不满二年 1 year to less than 2 years
5. 二年以上，不满五年 2 years to less than 5 years
6. 五年以上 5 years or more

R7. 受教育程度

3 周岁及以上（2017 年 10 月 31 日以前出生）的人填报

Educational attainment

For persons aged 3 and over（Born before 31st Oct. 2017）

1. 未上过学 No schooling
2. 学前教育 Pre-primary education
3. 小学 Primary education
4. 初中 Junior secondary education
5. 高中 Senior secondary education
6. 大学专科 College
7. 大学本科 University
8. 硕士研究生 Master
9. 博士研究生 Doctor

R8. 身份或国籍

Citizenship

1. 香港特别行政区居民 Hong Kong SAR resident
2. 澳门特别行政区居民 Macao SAR resident
3. 台湾地区居民 Taiwan resident
4. 外国人 Foreigner：国籍 Country_______（结束）(End)

15 周岁及以上（2005 年 10 月 31 日以前出生）港澳台居民填报的项目

For persons aged 15 and over (Born before 31st Oct. 2005) from Hong Kong, Macao and Taiwan

R9. 工作情况

10 月 25—31 日是否为取得收入而工作了一小时以上

1．是
2．在职休假、在职学习培训、临时停工（保留工资）
3．未做任何工作→R12

R10．行业

1．农、林、牧、渔业

2．采矿业
3．制造业
4．电力、热力、燃气及水生产和供应业
5．建筑业
6．批发和零售业
7．交通运输、仓储和邮政业
8．住宿和餐饮业
9．信息传输、软件和信息技术服务业
10．金融业
11．房地产业
12．租赁和商务服务业
13．科学研究和技术服务业
14．水利、环境和公共设施管理业
15．居民服务、修理和其他服务业
16．教育
17．卫生和社会工作
18．文化、体育和娱乐业
19．公共管理、社会保障和社会组织
20．国际组织

R11．职业
1．党的机关、国家机关、群众团体和社会组织、企事业单位负责人
2．专业技术人员
3．办事人员和有关人员
4．社会生产服务和生活服务人员
5．农、林、牧、渔业生产及辅助人员
6．生产制造及有关人员
7．不便分类的其他从业人员

R12．婚姻状况
1．未婚
2．有配偶
3．离婚
4．丧偶

第七次全国人口普查死亡人口调查表

（2019 年 11 月 1 日至 2020 年 10 月 31 日死亡的人口登记）

经国务院批准进行第七次全国人口普查
人口普查的标准时点为 2020 年 11 月 1 日零时
人口普查的原始资料不向任何单位和个人提供，
仅供汇总使用
公民应履行如实申报普查项目的义务

表　　号：R 6 0 4 表
制定机关：国 家 统 计 局
国务院人口普查办公室
批准文号：国发（2019）24 号
有效期至：2 0 2 1 年 3 月

地址：_____省（区、市）_____市（地、州、盟）_____县（市、区、旗）_____乡（镇、街道）_____普查区_____普查小区_____户编号

每个死亡人口都登记的项目

S1．姓名

____

S2．公民身份号码

□□□□□□□□□□□□□□□□□□

S3．性别

1．男

2．女

S4．出生年月

出生于：_______年_______月

S5．死亡时间

死亡于：_______月

S6．民族

_______族

死亡时满 3 周岁的人登记的项目

S7．受教育程度

1．未上过学

2．学前教育

3．小学

4．初中

5．高中

6．大学专科

7．大学本科

8．硕士研究生

9．博士研究生

死亡时满 15 周岁的人登记的项目

S8．婚姻状况

1．未婚

2．有配偶

3．离婚

4．丧偶

第三部分　普查表填写说明

一、普查表的种类

第七次全国人口普查表分为《第七次全国人口普查短表》《第七次全国人口普查长表》《第七次全国人口普查港澳台居民和外籍人员普查表》和《第七次全国人口普查死亡人口调查表》四种表。

二、标准时点

第七次全国人口普查的标准时点为 2020 年 11 月 1 日零时。

普查员在掌握普查标准时点时，应注意以下两点：

（一）2020 年 11 月 1 日零时以后出生的人不登记；2020 年 11 月 1 日零时以后死亡的人仍要在普查短表中登记。

（二）2020 年 11 月 1 日零时以后居住地发生变化的人，仍在原居住地登记。

三、普查对象

普查对象是指普查标准时点在中华人民共和国境内的自然人以及在中华人民共和国境外但未定居的中国公民，不包括在中华人民共和国境内短期停留的境外人员。

（一）普查短表和普查长表的普查对象具体是指 2020 年 10 月 31 日晚住本普查小区的人，以及户口登记在本普查小区但 2020 年 10 月 31 日晚未住本普查小区的人。

1.2020 年 10 月 31 日晚住本普查小区的人，无论其户口登记在何处。

2.户口登记在本普查小区，但 2020 年 10 月 31 日晚未住本普查小区的人，无论其外出时间长短、外出原因如何。

（二）港澳台居民和外籍人员普查表的普查对象具体是指 2020 年 10 月 31 日晚住本普查小区的港澳台居民和外籍人员。

（三）死亡人口调查表的登记对象具体是指 2019 年 11 月 1 日至 2020 年 10 月 31 日期间本普查小区的死亡人口。

四、登记原则

人口普查采用按现住地登记的原则，每个人必须在现住地进行登记。普查对象不在户口登记地居住的，户口登记地要登记相应信息。

人口普查以户为单位进行登记，户分为家庭户和集体户。集体户以一个住房单元为一户进行普查登记。

为便于理解登记对象，并考虑到普查中可能遇到的特殊情况，普查员在入户登记时可采取以下方式询问住户：

应在您家普查登记的人包括：

•2020 年 10 月 31 日晚住在您家里的人。

•经常居住在您家，由于临时出差、探亲、旅游或值夜班等原因，2020 年 10 月 31 日晚未住在您家的人（视为 2020 年 10 月 31 日晚住在您家）。

•幼儿园全托孩子，小学、初中住校生（视为 2020 年 10 月 31 日晚住在您家）。

•户口登记在现住房地址的其他人。

不包括：

•现役军人和武警。

•由于临时出差、探亲、旅游等原因，2020 年 10 月 31 日晚暂住在您家的人。

•2020 年 11 月 1 日零时以后出生的人。

五、普查项目

（一）普查短表

按户填报的项目有：户别、本户应登记人数、本户 2019 年 11 月 1 日至 2020 年 10 月 31 日期间的出生人口、本户 2019 年 11 月 1 日至 2020 年 10 月 31 日期间的死亡人口、住所类型、本户现住房建筑面积、本户现住房间数。

按人填报的项目有：姓名、与户主关系、公民身份号码、性别、出生年月、民族、普查时点（2020 年 11 月 1 日零时）居住地、户口登记地、离开户口登记地时间、离开户口登记地原因、受教育程度、是否识字。

（二）普查长表

按户填报的项目有：户别、本户应登记人数、本户 2019 年 11 月 1 日至 2020 年 10 月 31 日期间的出生人口、本户 2019 年 11 月 1 日至 2020 年 10 月 31 日期间的死亡人口、住所类型、本户现住房建筑面积、本户现住房间数、住房所在建筑的总层数、承重类型、住房建成年代、住房所在建筑有无电梯、主要炊事燃料、住房内有无管道自来水、住房内有无厨房、住房内有无厕所、住房内有无洗澡设施、住房来源、月租房费用、拥有全部家用汽车的总价。

按人填报的项目有：姓名、与户主关系、公民身份号码、性别、出生年月、民族、普查时点（2020 年 11 月 1 日零时）居住地、户口登记地、离开户口登记地时间、离开户口登记地原因、户口登记地类型、是否有农村土地承包经营权、出生地、五年前常住地、受教育程度、学业完成情况、是否识字、工作情况、经常工作单位或生产经营活动所属类型、行业、职业、未工作原因、主要生活来源、婚姻状况、初婚年月、生育子女数、过去一年（2019 年 11 月 1 日—2020 年 10 月 31 日）的生育状况、居住状况、身体健康状况。

（三）港澳台居民和外籍人员普查表

按户填报的项目有：户别、住所类型、本户现住房建筑面积、本户现住房间数。

按人填报的项目有：姓名、与户主关系、性别、出生年月、来内地（大陆）或来华目的、已在内地（大陆）或在华居住时间、受教育程度、身份或国籍、工作情况、行业、职业、婚姻状况。

（四）死亡人口调查表

填报的项目有：姓名、公民身份号码、性别、出生年月、死亡时间、民族、受教育程度、婚姻状况。

六、普查表的填写方法

（一）普查表以户为单位进行登记。普查短表、死亡人口调查表采用普查员入户询问、当场填报，或由普查对象通过互联网自主填报等方式进行。普查长表、港澳台居民和外籍人员普查表采用普查指导员和普查员入户询问、当场填报的登记方式。

（二）普查小区中的每一户有且只有一个户编号，为“001”开始的 3 位顺序码，在《户主姓名底册》编制完成后自动生成，普查表上的户编号与其一致，不可修改。

（三）普查表的填写顺序：先填写住户项目，再逐人填写个人项目。

普查员填写普查短表时，填写按人登记的项目时，表内第一人应填户主，然后依次填户主的配偶和其他关系的人。全户死亡的户，只填写“H4.本户 2019 年 11 月 1 日至 2020 年 10 月 31 日期间的死亡人口”，其他住户项目和个人项目均不再登记。

普查员填写普查长表时，与普查短表相同的项目直接代入短表信息，经向普查对象核实确认后，再填报其他项目。

（四）普查表每户最多可以填写 20 人。对于超过 20 人的大集体户，可酌情分成若干集体户填写。

（五）有标准选项的项目，根据实际情况选填，并且每个问题只能选择一个标准选项。民族、普查时点（2020 年 11 月 1 日零时）居住地、户口登记地、出生地、五年前常住地等项目可根据列表栏进行选择。没有标准选项的项目，用文字或阿拉伯数字据情填报。

（六）如果填写错误或发生逻辑关系异常，数据采集程序会给出审核提示。审核类型分为强制性审核和确认性审核，若为强制性审核错误，必须根据提示信息对错误项目进行修改；若为确认性审核提示，应根据提示信息对异常项目进行核实，确认无误后，继续进行填报。

（七）普查员每填完一户，应即刻进行审核，将通过审核的信息向申报人当面宣读，核对无误后，由申报人签字确认。

第四部分　指标解释

一、普查短表

（一）住户项目

H1.户别——按家庭户、集体户的类别填报。

1.家庭户：以家庭成员关系为主，居住一处共同生活的人口，作为一个家庭户。单身居住独自生活的，也作为一个家庭户。

2.集体户：相互之间没有家庭成员关系，集体居住共同生活的人口作为一个集体户。

H2.本户应登记人数——包括两个部分。一部分是 2020 年 10 月 31 日晚居住本户的人数，既包括户口在本户、2020 年 10 月 31 日晚居住本户的人数，也包括户口不在本户、2020 年 10 月 31 日晚居住本户的人数，填写 H2 的第一项；另一部分是户口在本户，2020 年 10 月 31 日晚未居住本户的人数，填写 H2 的第二项。

H3.本户 2019 年 11 月 1 日至 2020 年 10 月 31 日期间的出生人口——填写本户在 2019 年 11 月 1 日至 2020 年 10 月 31 日期间出生的人数。分别填写男、女的合计数。若本户在此期间没有出生人口，请填写“0”。

H4.本户 2019 年 11 月 1 日至 2020 年 10 月 31 日期间的死亡人口——填写本户在 2019 年 11 月 1 日至 2020 年 10 月 31 日期间死亡的人数。分别填写男、女的合计数。若本户在此期间没有死亡人口，请填写“0”。

填写 H3、H4 时应注意：

不要漏掉出生时有某种生命现象（如在胎儿脱离母体时，有呼吸或心跳，脐带搏动、随意肌收缩等）不久即死亡的婴儿，既要填写出生人数，也要填写死亡人数。

H5.住所类型——按居住的住所类型填报。

1.普通住宅：指人工建造的，有墙、顶、门、窗等结构，具有独立入口，专门供人居住的房屋或场所。如单元房、平房、四合院、独栋别墅、筒子楼、窑洞等传统意义上的住宅。

2.集体住所：指学生宿舍、职工宿舍、工棚、养老院、福利院、宗教场所等。

3.工作地住所：指居住在办公楼、发廊、商铺、餐馆等工作场所。

4.其他住房：指居住在上述场所以外的其他房屋或场所。

5.无住房：指本户没有住房，居无定所（如流动人口中那些睡在桥下、公园、车站或睡在运载货物、商品车辆上的人等）。

H6.本户现住房建筑面积——本户现住房的建筑面积以房屋所有权证（不动产权证）或租赁凭证上的相关信息为准。

若只知道使用面积的，可用使用面积乘以 1.33，换算成建筑面积。填写本项目时应注意：

1.在租借房屋居住的户，按租借住房的实际情况填写其住房建筑面积。

2.合住在同一所住房里的住户，其建筑面积为各户所独立使用的房间面积加上公共使用面积（包括厨房、厕所、门厅、阳台等）的分摊部分：两户合住的，各按二分之一计算；三户合住的，各按三分之一计算，依此类推。

3.建筑面积应填写整数，不为整数时四舍五入获得。

H7.本户现住房间数——指除厨房、厕所、过道和厅以外的所有自然间数（包括扩建的房间）。填写本项目时应注意：

1.在租借房屋居住的户，按租借住房的实际居住情况填写其住房间数。

2.合住同一所住房的，在填写住房间数时，填写其独立使用的房间数。

（二）个人项目

D1.姓名——填写被登记人的正式姓名。没有正式姓名的可填小名或某某氏，但不能填笔名、代号等。婴儿未起名的，可填“未取名”。

D2.与户主关系——指被登记人与本户户主的关系。申报人不是户主的，不要将被登记人与申报人的关系错填为与户主的关系。

0.户主：按家庭日常生活习惯确定户主。

1.配偶：指户主的妻子或丈夫。

2.子女：指户主的子女。

3.父母：指户主的父母或继父母、养父母。

4.岳父母或公婆：指户主配偶的父母或继父母、养父母。

5.祖父母：指户主或配偶的祖父母、外祖父母、曾祖父母、外曾祖父母。

6.媳婿：指户主子女的配偶。

7.孙子女：指户主的孙子女、外孙子女、孙媳婿、外孙媳婿、重孙子女、重孙媳婿、重外孙子女、重外孙媳婿。

8.兄弟姐妹：指户主及其配偶的兄弟姐妹以及他们的配偶。

9.其他：指以上九种人以外的成员。

在登记家庭户时，户主应登记为第一人，选填“0.户主”。如果户主的配偶也在本户登记，应登记为第二人，选填“1.配偶”，然后再登记该户的其他成员；如果户主没有配偶，或户主配偶不在本户登记，第二人登记本户其他成员。

在登记集体户时，任选一人登记为户主，选填“0.户主”，本户其他成员与户主关系一律登记为其他，选填“9.其他”。

D3.公民身份号码——指 18 位公民身份号码。无公民身份号码的填写 18 位 0。

D4.性别——指被登记人的性别。

D5.出生年月——指被登记人的出生年、月。

出生年月按公历填写，只知道农历的，要换算成公历。按照一般的规律，农历的月份与公历的月份相差一个月左右，换算时农历的月份加 1 即可作为公历的月份，但要注意农历的 12 月应当是公历下一年的 1 月。

D6.民族——指被登记人的民族。

外国人加入中国籍，其民族和我国的某一民族相同的，就选填某一民族；没有相同民族的，按外国人加入中国籍填写，选填“入籍”。

D7.普查时点（2020 年 11 月 1 日零时）居住地——指被登记人在普查标准时点居住的地址。

1.本普查小区：指普查时点居住在本普查小区的人。如果本户在本普查小区拥有一套以上的住房，可确定其中一处进行登记。

2.本村（居）委会其他普查小区：指户口登记地在本普查小区，普查时点居住在本村（居）委会其他普查小区的人。

3.本乡（镇、街道）其他村（居）委会：指户口登记地在本普查小区，普查时点居住在本乡（镇、街道）其他村（居）委会的人。

4.本县（市、区、旗）其他乡（镇、街道）：指户口登记地在本普查小区，普查时点居住在本县（市、区、旗）的其他乡（镇、街道）的人。

5.其他县（市、区、旗）：指户口登记地在本普查小区，普查时点居住在本县（市、区、旗）以外地区的人。填报本选项的人还需选填普查时点居住地所在省（区、市）、市（地、州、盟）、县（市、区、旗）

的具体名称。

6.香港特别行政区、澳门特别行政区、台湾地区：指户口登记地在本户，普查时点居住在香港特别行政区、澳门特别行政区、台湾地区的人。

7.国外：指户口登记地在本户，普查时点居住在国外的人。

D8.户口登记地——指被登记人的居民户口簿上的地址。

1.本村（居）委会：指户口登记地在本村（居）委会的人。

2.本乡（镇、街道）其他村（居）委会：指普查时点居住本普查小区，户口登记地在本乡（镇、街道）其他村（居）委会的人。

3.本县（市、区、旗）其他乡（镇、街道）：指普查时点居住本普查小区，户口登记地在本县（市、区、旗）的其他乡（镇、街道）的人。

4.其他县（市、区、旗）：指普查时点居住本普查小区，户口登记地在本县（市、区、旗）以外地区的人。填报本选项的人还需填写户口登记地所在省（区、市）、市（地、州、盟）、县（市、区、旗）的具体名称。

5.户口待定：指普查时点居住本普查小区，在任何地方都没有登记户口的人。包括手持户口迁移证、出生证、退伍证等情况。

D9.离开户口登记地时间——指到普查标准时点为止，被登记人离开户口登记地（居住地与户口登记地不一致）的时间。

没有离开户口登记地是指户口登记地在本村（居）委会，普查标准时点居住在本普查小区或本村（居）委会其他普查小区。

若常年外出的人由于农忙、节假日等原因偶尔回家的，或回家后因疫情原因推迟外出的，还应该从第一次离开户口登记地的时间开始计算。

D10.离开户口登记地原因——指被登记人离开户口登记地（居住地与户口登记地不一致）的原因。

0.工作就业：指十五周岁及以上因务工经商、工作招聘、调动等原因离开户口登记地的人。

1.学习培训：指六周岁及以上因考入各级各类学校或参加各种学习班、培训班而离开户口登记地的人。

2.随同离开/投亲靠友：指因跟随亲属、投亲靠友而离开户口登记地的人。

3.拆迁/搬家：指因房屋拆迁、改造或者搬家而离开户口登记地的人。

4.寄挂户口：指户口落在集体户或没有在户口登记地居住过、只落户口的人。

5.婚姻嫁娶：指十五周岁及以上因结婚而离开户口登记地的人。

6.照料孙子女：指为照料孙子女而离开户口登记地的人。

7.为子女就学：指为子女就学而离开户口登记地的人。

8.养老/康养：指因旅游（度假）养老/康养、候鸟式养老/康养、回籍贯地养老/康养、居住在养老院而离开户口登记地的人，不包括跟随子女养老。

9.其他：指上述几种以外的原因。

凡具有两种以上原因的，按其主要的原因选填一个标准选项。

D11.受教育程度——指按照国家教育体制，被登记人接受教育的情况。通过自学或成人学历教育经国家统一考试合格的，分别归入相应的受教育程度。

1.未上过学：指从未接受过各级各类学校教育。包括参加过各种扫盲班或成人识字班学习，且以后再没有接受过各级各类学校教育的人。

2.学前教育：指仅接受过或正在接受专门学前教育机构教育，即在幼儿园或附设幼儿班接受保育和教育。

3.小学：指接受的最高一级教育为小学，无论其是否在校、毕业、肄业或辍学。

4.初中：指接受的最高一级教育为初中，无论其是否在校、毕业、肄业或辍学。

5.高中：指接受的最高一级教育为普通高中、成人高中和中等职业学校，无论其是否在校、毕业、肄业或辍学。

6.大学专科：指接受的最高一级教育为大学专科。在普通高等学校学习大学专科的，无论其是否在校、毕业、肄业或辍学，都填报此项。

凡国家授权承认学历的开放大学、广播电视大学、职工大学等成人高校和普通高等学校举办的函授大学、夜大学和其他形式的大学，按教育部颁布的大学专科教学大纲进行授课的，其毕业生选填此项；其肄业生、在校生按原有受教育程度填报。含成人专科和网络专科。

通过自学，经国家统一举办的自学考试合格，并取得大学专科毕业证书的，也选填此项。

7.大学本科：指接受的最高一级教育为大学本科。在普通高等学校学习大学本科的，无论其是否在校、毕业、肄业或辍学，都填报此项。

凡国家授权承认学历的开放大学、广播电视大学、职工大学等成人高校和普通高等学校举办的函授大学、夜大学和其他形式的大学，按教育部颁布的大学本科教学大纲进行授课的，其毕业生选填此项；其肄业生、在校生按原有受教育程度填报。含成人本科和网络本科。

通过自学和进修大学课程，经考试合格，并取得大学本科毕业证书的，也选填此项。

8.硕士研究生：指接受的最高一级教育为硕士研究生，无论其是否在校、毕业、肄业或辍学。含 2016 年 12 月 1 日以后录取的非全日制硕士研究生。

在职接受硕士研究生教育的，其毕业生选填此项；肄业生和在校生按原有受教育程度填报。

9.博士研究生：指接受的最高一级教育为博士研究生，无论其是否在校、毕业、肄业或辍学。含 2016 年 12 月 1 日以后录取的非全日制博士研究生。

在职接受博士研究生教育的，其毕业生选填此项；肄业生和在校生按原有受教育程度填报。

凡是没有按教育部的教学大纲培养或只学单科的人，不能填报“大学专科”“大学本科”“硕士研究生”或“博士研究生”，一律按原有受教育程度填报。

D12.是否识字：指被登记人是否达到国家规定的脱盲标准（城镇居民和企、事业单位职工识字 2000 个，农村居民识字 1500 个）。登记时可询问，日常生活中是否能读懂简单的书信或书写简短的句子。如果能阅读通俗书报、能写便条就认为具有识字能力。

二、普查长表

（一）住户项目

H1.户别——与短表 H1 相同。

H2.本户应登记人数——与短表 H2 相同。

H3.本户 2019 年 11 月 1 日至 2020 年 10 月 31 日期间的出生人口——与短表 H3 相同。

H4.本户 2019 年 11 月 1 日至 2020 年 10 月 31 日期间的死亡人口——与短表 H4 相同。

H5.住所类型——与短表 H5 相同。

H6.本户现住房建筑面积——与短表 H6 相同。

H7.本户现住房间数——与短表 H7 相同。

H8.住房所在建筑的总层数——层数是指建筑物的自然层数，一般按室内地坪以上计算。

采光窗在室外地坪以上的半地下室，其室内层高在 2.20m 以上（不含 2.20m）的，计算自然层数；假层、附层（夹层）、插层、阁楼（暗楼）、装饰性塔楼，以及突出屋面的楼梯间、水箱间不计层数。

其中，平房是指只有一层的房子。

H9.承重类型——指在房屋建筑中，由各种构件（屋架、梁、板、柱等）组成的能够承受各种作用的体系。

1.钢及钢筋混凝土结构：指承重的主要构件是用钢及钢筋混凝土建造的。它包括“钢结构”“钢、钢筋混凝土”和“钢筋混凝土”三种结构类型。

钢结构：承重的主要构件是钢材料建成的，包括悬索结构。

钢、钢筋混凝土结构：承重的主要构件是用钢、钢筋混凝土建造的。如一幢房屋一部分梁柱采用钢、钢筋混凝土构架建成。

钢筋混凝土结构：承重的主要构件是用钢筋混凝土建造的。包括薄壳结构、大模板现浇结构及使用滑模、升板等建造的钢筋混凝土结构的建筑物。

2.混合结构：指承重的主要构件是用钢筋混凝土和砖木建造的。如一幢房屋的梁是用钢筋混凝土制成，以砖墙为承重墙，或者梁是用木材建造，柱是用钢筋混凝土建造。

3.砖木结构：指承重的主要构件是用砖、木材建造的。如一幢房屋是木制房架、砖墙、木柱建成的。

4.竹草土坯结构：指承重的主要构件是用竹、草、土坯等建造的。如竹楼、土窑洞等。

5.其他结构：指不属于上述类型的结构。

H10.住房建成年代——指本户住房所属建筑物的建成年份。

本户住房所属建筑物翻修过的，按翻修时的年份选填。经过改建的，如改建面积大于原面积的，按改建时的年份选填；如改建面积小于原面积的，按原建成年份选填。

H11.住房所在建筑有无电梯——指本户住房所属建筑物内部、外部是否安装电梯。

H12.主要炊事燃料——指本户用于炊事的主要燃料。

如果本户用于炊事的燃料有两种以上，选填主要的一种。

H13.住房内有无管道自来水——指本户住房内是否有经过公用设施净化处理的管道输送水。

在院子里自己打的机井不能算作有自来水。

H14.住房内有无厨房——指本户住房内是否有专供做饭使用的房间，无论是否装有上下水道及固定灶具。

在公用过道、客堂等处烧饭的和在庭院、路边搭建的、临时简陋设施中做饭的都不算有厨房。

H15.住房内有无厕所——指本户住房内是否有厕所。

1.水冲式卫生厕所：指有上下水系统，或厕间有备水桶（瓢冲），坐便或蹲便器有水封或无水封的厕所，且粪便及污水冲入到下水道、化粪池和厕坑，无蝇，不会造成环境污染。

2.水冲式非卫生厕所：指虽然是水冲式厕所，但是粪便被冲到开放的水渠、沟塘等开放水体或者不确定冲到何处，会污染环境。

3.卫生旱厕：指有固定盖板的厕所，粪便基本无暴露，保持无蝇。比如通风改良厕所、堆肥厕所、双坑交替厕所、粪尿分集厕所、阁楼厕所、深坑防冻厕所等。

4.普通旱厕：包括无盖板的敞开式旱厕，有或无防渗处理。通常粪便暴露、有蛆蝇。

5.无：指没有厕所。

H16.住房内有无洗澡设施——指住房内是否有固定浴缸（浴盆）或淋浴龙头等能使用的洗浴设施。

1.统一供热水：指本户洗浴用热水由社区、物业管理部门或其他公共设施统一供应。

2.家庭自装热水器：指本户洗浴用热水是由自己安装的各种热水器，如电热水器、燃气（罐装、管道）热水器等。

3.其他：指上述两种以外的洗浴设施。

4.无：指住房内没有洗浴设施。

H17.住房来源——指本户获取现住房的方式。

1.租赁廉租房/公租房：指向政府相关部门申请并租住廉租房、公租房。

2.租赁其他住房：指通过私人、单位或房屋中介等渠道租住住房。

3.购买新建商品房：指按市场价购买的新建商品房。

4.购买二手房：指购买那些进入房屋市场进行交易，第二次及以上进行产权登记的住房，包括二手商品房、允许上市交易的已售公房、经济适用房等。

5.购买原公有住房：指个人以成本价或优惠价购买的、原作为福利分配给本单位职工的住房。

6.购买经济适用房/两限房：指向政府相关部门申请并购买经济适用房、两限房。

7.自建住房：指个人建造的住房，其产权属于个人所有。

8.继承或赠予：指从亲属处继承而来或者受他人赠予而获取住房。

9.其他：指上述几种住房来源以外的情况。

H18.月租房费用——指最近用于交纳房租的单月金额，不包括水电费、物业费、取暖费等附加费用。月租房费用不为整数时，按四舍五入计算。

若多人合租作一户登记时，则需将每人月租费加总计算。

H19.拥有全部家用汽车的总价——是指住户拥有的全部供家庭生活使用的汽车价格之和。

汽车价格按汽车实际购买价格（含税）的方式计算。

若住户有多辆家用汽车，则按全部家用汽车的价格总和选填。

（二）个人项目

C1.姓名——与短表 D1 相同。

C2.与户主关系——与短表 D2 相同。

C3.公民身份号码——与短表 D3 相同。

C4.性别——与短表 D4 相同。

C5.出生年月——与短表 D5 相同。

C6.民族——与短表 D6 相同。

C7.普查时点（2020 年 11 月 1 日零时）居住地——与短表 D7 相同。

C8.户口登记地——与短表 D8 相同。

C9.离开户口登记地时间——与短表 D9 相同。

C10.离开户口登记地原因——与短表 D10 相同。

C11.户口登记地类型——指离开户口登记地（居住地与户口登记地不一致）时的户口登记地类型。

若离开时户口登记地的类型是“乡”，而现在已改成“镇”，应选填“1.乡”，不要填报“2.镇的村委会”或“3.镇的居委会”。

C12.是否有农村土地承包经营权——指被登记人户口所在的户是否有农村土地承包经营权。

户口所在的户应以被登记人的户口簿为准。拥有农村土地承包经营权是指被登记人户口登记地在农村地区或以前的农村地区，目前户口所在的户与集体经济组织签订了农村土地承包合同。

拥有农村土地承包经营权的户，目前可能实际经营承包地，也可能因各种原因不再经营承包地，包括以转包、出租、入股、托管等方式流转所承包土地经营权。

C13.出生地——指被登记人的出生地点。

1.本县（市、区、旗）：指出生在本县、县级市、区、旗。

2.本省其他县（市、区、旗）：指出生在本省的其他县、县级市、区、旗。

3.省外：指出生在本省（区、市）以外其他地区，并选填出生地所在省（区、市）的名称。在港、澳、台或国外出生的，根据实际情况选填 “香港特别行政区”“澳门特别行政区”“台湾地区”或“国外”。

C14.五年前常住地——指被登记人在普查标准时点的五年前，即 2015 年 11 月 1 日零时的常住地。

五年前居住在本县（市、区、旗）以外其他地区的人，还需选填五年前常住地的地址。

五年前居住在港、澳、台或国外的，根据实际情况选填“香港特别行政区”“澳门特别行政区”“台湾地区”或“国外”。

C15.受教育程度——与短表 D11 项相同。

C16.学业完成情况——指受教育程度为小学及以上的人完成学业的情况。

1.在校：正在接受各级各类学校教育并有学籍。

2.毕业：已修完全部课程，并经过考试鉴定合格。

3.肄业：修完全部课程，但考试不及格或因种种原因未取得毕业资格。

4.辍学：未能修完所规定的全部课程，中途退学。

5.其他：私塾、自学等其他方式。

C17.是否识字——与短表D12项相同。

C18.工作情况——指被登记人在10月25—31日期间，即普查标准时点前一周，是否为取得收入而工作了1小时以上，包括临时工、互联网灵活就业、家庭经营无酬帮工。

工作是指为获取工资、实物报酬或经营收入而从事的各种生产、经营或服务性活动，其目的是为了取得收入，无论实际是否取得。不包括义务劳动和公益性劳动。

1.是：指在10月25—31日期间，为取得收入而干过固定的、临时的或兼职的工作，并且工作时间超过1小时。在校学生利用课余或假期以及退休人员为取得收入而从事了工作，也选填此项。

家庭成员在自家或亲属经营的公司、企业、商铺或网店工作，即使本人没有劳动报酬，也选填此项。

选填"1.是"的人，还需填写工作时间。工作时间按在10月25—31日期间实际的工作时间填写，而不是按国家或企业规定的制度工作时间填写。

计算工作时间，要注意把握以下几种情况：

（1）从事一种以上有收入工作的，几项工作时间相加计算。

（2）在规定的工作时间以外加班工作的，加班时间一并计算在内。

（3）农村既干家务又从事农业或其他有收入工作的人，家务劳动时间除外。

2.在职休假、在职学习培训、临时停工（保留工资）：

在职休假是指在10月25—31日期间，因各种休假或请假临时未工作，包括公休假、年休假、空勤人员、船员、火车乘务人员的轮休假、病假、工伤假、产假、事假、探亲假、婚丧假等。个人档案、人事关系已在某单位，但因各种原因尚未到新单位报到上班，如军人转业或工作调动等，也视为休假。

在职学习培训是指有工作单位，在10月25—31日期间参加脱产学习或培训。

临时停工（保留工资）是指在10月25—31日期间，由于机械或电力故障、原料或燃料短缺、天气或其他灾害等原因导致的暂时未工作，但仍可以有工资收入。

打零工、计件工等临时就业或灵活就业的人，因为上述原因停工并且没有收入，不填此项，应填"3.未做任何工作"。

3.未做任何工作：指在10月25—31日期间，没有工作单位，也未从事过任何可以有收入的工作。

对于下岗、内退人员，如果未与原单位解除劳动合同，仍有工资性收入的，选填"2.在职休假、在职学习培训、临时停工"；如果没有工资性收入，选填"3.未做任何工作"。对于承包土地的农民，在10月25—31日期间，如果干农活或其他有收入的工作超过1小时，选填"1.是"；如果外出打工，未从事任何工作，选填"3.未做任何工作"；如果正处于农业生产季节，没有外出打工，期间临时没有干农活，选填"2.在职休假、在职学习培训、临时停工"。

对于从事季节性生产经营的人，如果生产经营仍在进行中，只是在10月25—31日期间没有工作，选填"2.在职休假、在职学习培训、临时停工"；如果正处于季节性歇业，选填"3.未做任何工作"。

C19.工作单位或生产经营活动所属类型——指普查标准时点前一周的主要工作单位或生产经营活动类型。

1.企业、事业、机关或社会团体等法人单位：法人单位指依法成立，有自己的名称、组织机构和场所，能够独立承担民事责任，独立拥有和使用（或授权使用）资产承担负债，有权与其他单位签订合同，会计上独立核算，能够编制资产负债表的单位。包括企业、事业、机关、社会团体、民办非企业单位、基金会、居委会、村委会、农民专业合作社、农村集体经济组织和其他组织机构。

2.个体经营户：指资产归个人所有，以个体劳动为基础，劳动成果归劳动者个人占有和支配的一种经济组织。既包括在各级工商行政管理机关登记注册、领取《营业执照》的个体工商户，也包括没有领取《营业执照》，但实际从事个体经营活动的人。

3.经营农村家庭承包地（家庭农林牧渔生产经营活动）：指在自家承包的耕地、林地、草地、池塘以及其他合法用于农业的土地上，从事农林牧渔业生产经营活动，也包括家庭在转包和租用他人农业用地上从事农林牧渔业生产经营活动，所从事的农业生产活动以自营劳动为主，不雇佣长期雇工，但可能雇佣临时短工。

农业生产季节在承包土地上从事农业生产，但上周未做任何工作的人，也选填此项。

普查标准时点前一周未在自家承包土地上工作而从事其他生产经营活动的人，或外出务工经商的人不填此项，选填上周实际工作单位或生产经营活动。

4.自由职业/灵活就业：指除个体经营户以外的自雇就业或自主型的个体就业。包括律师、自由撰稿人、歌手、模特等自主就业人员，也包括家庭自雇家政服务、街头小贩、其他类型打零工的临时就业人员，还包括依赖平台承接工作任务、不隶属于任何雇主的劳动者。

C20.行业——指普查标准时点前一周主要工作所在单位的生产经营活动。如果前一周从事两项不同工作，按工作时间长短确定主要工作；如果工作时间相同，再按报酬高低确定主要工作。

行业是按照经济活动的同一性进行分类的，不是按其所属的行政管理系统来分的。产业活动单位是划分行业的分类标准。产业活动单位是指：（1）具有一个场所、从事一种或主要从事一种经济活动；（2）单独组织生产、经营或业务活动；（3）掌握收入和支出的会计核算资料。

填写行业时要注意以下情况：

有工作单位的，既要填写单位名称，也要填写单位的主要产品或从事的主要业务。单位名称要具体到分厂、分公司或营业部，即产业活动单位，不能笼统地只填写总厂名称。最重要的是单位的主要产品或主要业务要详细填写，要用动宾词组表达，如“生产服装”或“销售服装”，不能简写为“服装”。保密单位，填写其公开使用的名称和公开的主要产品或主要业务。

没有工作单位的，只填写主要产品或主要业务，如“送外卖”“当滴滴司机”。务农人员不能笼统地填写“农业”，要根据其具体的农业生产活动或农户具体从事的主要业务填写。如“种粮食”“养猪”等。

C21.职业——指普查标准时点前一周主要工作具体是干什么。如果前一周从事两项不同工作，按工作时间长短确定主要工作；如果工作时间相同，再按报酬高低确定主要工作。

职业分类是以工作性质的同一性为基本原则。所谓“同一性”，是指不论其所在工作单位是什么经济类型，不论用工形式是固定工还是临时工，也不论其隶属于哪个行业，凡是从事同一性质工作的人都划分为同一类。

填写职业时应注意以下情况：

填写职业要具体、详细。不能笼统地写“工人”“农民”“公务员”“工程师”等，而应具体填写其实际工作种类，如“铸轧工”“捕鱼”“统计人员”“通信工程技术员”等。具有专业技术职称的行政领导人员，应按行政领导职务填写其职业；同时担任两个以上职务的领导干部，应按主要职务填写其职业。工种尚未确定，暂时又无具体工作岗位的，要填写“工种未定”。

C22.未工作原因——指被登记人在普查标准时点前一周没有工作的主要原因。

1.在校学习：指在各级各类学校学习，并有正式学籍的人员。不包括有工作单位，脱产学习的人员。

2.离退休：指已办理离休、退休手续，定期领取离退休生活费，且未从事任何有收入劳动的人。

3.料理家务：指主要在自己家里从事家务劳动，且没有劳动收入的人。离、退休人员从事家务劳动的，选填“2.离退休”。为自家经营的摊位、商店、门市部、工厂工作的人，农村中既料理家务又务农或从事家庭副业的人，在别人家干家务活的临时工或小时工，均属于有工作的人，不选填此项。

4.丧失工作能力：指经专门机构鉴定或虽未鉴定但本人或其法定监护人认为，其因生理或心理疾患已丧失了从事劳动的能力。包括年老体弱生活不能自理的人员，但不包括离休、退休人员，这些人不论是身体残疾还是年老体弱生活不能自理，均选填“2.离退休”。

5.其他：指上述几种以外的原因。

C23.主要生活来源——指被登记人主要依靠什么生活。

如果被登记人同时有几种生活来源，选填其认为最主要的一项。

1.劳动收入：指主要依靠劳动报酬、经营利润或家庭收益（包括现金和实物收入）生活。

2.离退休金/养老金：指办理了离休、退休或退职手续，主要依靠从原工作单位或社会保险经办机构领取的离退休金（包括退职费）生活。

3.最低生活保障金：指建立最低生活保障制度的地区，家庭人均收入低于当地规定的最低生活保障线，主要依靠从政府有关部门或集体领取最低生活保障金生活，以及依靠民政部门发放的烈军属、五保户、残疾人等的生活抚恤金生活。

4.失业保险金：指失业保险经办机构依法支付给符合条件的失业人员的基本生活费用，是对失业人员在失业期间失去工资收入的一种临时补偿。

5.财产性收入：指以资金储蓄、借贷入股以及财产运营、房屋租赁等所取得的利息、股息、红利、租金等收入。

6.家庭其他成员供养：指主要依靠家庭其他成员或亲属的供养和资助生活。

7.其他：指上述几种以外的情况。

C24.婚姻状况——指被登记人在普查标准时点的实际婚姻状况。

1.未婚：指从未结过婚。

2.有配偶：指有配偶，处于婚姻中。

3.离婚：指曾经结过婚，但已办理了离婚手续且没有再婚，或正在办理离婚手续。

4.丧偶：指配偶已去世，且没有再婚。

人口普查的婚姻是指事实婚姻，不是单指法律意义上的婚姻，对不到法定结婚年龄，或未办理结婚手续而同居、实际结婚的人，应根据其在普查标准时点的实际情况，按照被登记人的申报选填。

C25.初婚年月——指被登记人第一次结婚时的年、月。

C26.生育子女数——指截止到普查标准时点，15 至 64 周岁妇女的生育状况。

1.未生育：指被登记妇女没有生育过子女。

2.有生育：指被登记妇女生育过子女，需分别填写生过和存活的子女数。

生过几个孩子：指生育的活产男孩和女孩数，包括产后不久就死亡的婴儿。胎儿脱离母体时（不管孕期长短），凡有过呼吸或心跳、脐带搏动、随意肌收缩等生命现象的，都视为“活产”。这里所说的“子女”是指该妇女的亲生子女，不包括丈夫前妻的子女和领养的子女，但鉴于有些家庭不愿公开领养关系，可尊重申报人的意愿，按亲生子女填报。

其中现在存活几个孩子：指活产子女中，仍然存活的男孩和女孩数，无论是否与父母一起居住。在普查标准时点前已死亡的孩子不包括在内。无存活子女的填写“0”。

C27.过去一年(2019 年 11 月 1 日—2020 年 10 月 31 日)的生育状况——指普查标准时点前 12 个月内，15 至 50 周岁被登记妇女的生育状况。

1.一年内未生育：指过去一年内没有生育过子女。

2.一年内有生育：指过去一年内生育过子女，需选填生育时间和孩子性别。

一年内生育两个以上孩子的，包括两次生育或生育多胞胎，还需填报第二个孩子的状况，第三个或以上的孩子不用填报。

C28.居住状况——指普查标准时点前一个月，60 周岁及以上被登记人的主要居住状况。

1.与配偶和子女同住：指与配偶和子女住在一起。

2.与配偶同住：指子女不在身边，与配偶住在一起。

3.与子女同住：指配偶不在身边，与子女住在一起。

4.独居（有保姆）：指本户中只有老人和保姆。

5.独居（无保姆）：指独身一人居住。

6.养老机构：指在提供养老服务的场所，包括敬老院、老年公寓等居住的情况。凡在养老机构居住的老年人，不论与谁同住。

7.其他：指上述几种以外的状况。

C29.身体健康状况——指60周岁及以上被登记人根据自身健康状况，对普查标准时点前一个月能否保证正常生活做出的自我判断。

1.健康：指过去一个月健康状况良好，完全可以保证日常的生活。

2.基本健康：指过去一个月健康状况一般，可以保证日常的生活。

3.不健康，但生活能自理：指普查标准时点前一个月健康状况不是太好，但可以基本保证正常的生活。

4.不健康，生活不能自理：指普查标准时点前一个月健康状况较差，不能照顾自己日常的生活起居，如吃饭、穿衣、自行走动等。

三、港澳台居民和外籍人员普查表

（一）住户项目

F1.户别——与短表H1相同。

F2.住所类型——与短表H5相同。

F3.本户现住房建筑面积——与短表H6相同。

F4.本户现住房间数——与短表H7相同。

（二）个人项目

R1.姓名——填写被登记人的正式姓名。婴儿未起名的，可填“未取名”。外籍人员的姓名最好用中文填写，也可以用其它文字填写。

R2.与户主关系——与短表D2相同。

R3.性别——与短表D4相同。

R4.出生年月——与短表D5相同。

R5.来内地（大陆）或来华目的——指被登记人来中华人民共和国境内居住的原因。

1.商务：指进行各种商务活动的人。

2.就业：指已有工作或正在寻找工作的人。

3.学习：指已经或准备在各类学校学习的人。

4.定居：指在中华人民共和国境内定居但没有工作或上学的人。包括在中华人民共和国境内工作人士的家属。

5.探亲：指探望亲戚或朋友的人。

6.其他：指上述以外的其他原因。

R6.已在内地（大陆）或在华居住时间——指到普查标准时点为止，被登记人在中华人民共和国境内居住的时间。

R7.受教育程度——指被登记人接受教育情况。按照被登记人的申报选填。

R8.身份或国籍——指被登记人是香港特别行政区居民、澳门特别行政区居民还是台湾地区居民。如果是外国人，还应填写国籍。

R9.工作情况——参照长表C18。

R10.行业——指被登记人的工作单位主要生产的产品或提供的服务类别，参照《国民经济行业分类（GB/T4754—2017)》，按标准选项据情选填。

R11.职业——指被登记人所从事的工作类别，按标准选项据情选填。

1.党的机关、国家机关、群众团体和社会组织、企事业单位负责人：指在中国共产党机关，国家机关，民主党派和工商联，人民团体和群众团体、社会组织及其工作机构，基层群众自治组织，企业、事业单位中担任领导职务并具有决策、管理权的人员。

2.专业技术人员：指从事科学研究和专业技术工作的人员。

3.办事人员和有关人员：指在公共管理和社会组织机构中从事行政业务、行政事务、行政执法和仲裁、安全保卫、消防和应急救援等工作的人员。

4.社会生产服务和生活服务人员：指从事商品批发零售、交通运输、仓储、邮政和快递、信息传输、软件和信息技术、住宿和餐饮以及金融、房地产、租赁和商务技术辅助、生态保护、文化、体育和娱乐等社会生产服务与生活服务工作的人员。

5.农、林、牧、渔业生产及辅助人员：指从事农、林、牧、渔业生产活动及辅助生产的人员。

6.生产制造及有关人员：指从事产品生产及设备制造，矿产开采，工程施工和运输设备操作的人员及有关人员。

7.不便分类的其他从业人员。

R12.婚姻状况——参照长表 C24。

四、死亡人口调查表

凡在普查短表户记录 H4 中，登记了 2019 年 11 月 1 日至 2020 年 10 月 31 日期间有死亡人口的户，还要登记死亡人口的具体情况。

S1.姓名——与短表 D1 相同。

S2.公民身份号码——与短表 D3 相同。

S3.性别——与短表 D4 相同。

S4.出生年月——与短表 D5 相同。

S5.死亡时间——指死亡人口死亡时的月份。

S6.民族——与短表 D6 相同。

S7.受教育程度——与短表 D11 相同。

S8.婚姻状况——与长表 C24 相同。

为保证死亡人口的登记质量，普查员在入户登记时应注意以下几点：

1.登记死亡人口时，一般以死亡前的常住地为登记地，而不以死亡发生时的地点（如医院等）为登记地。

2.本户常住人口中有死亡的，不论其与该户有无亲属关系，都应作为该户死亡人口予以登记。

3.对于无法确定死亡人口常住地，或登记时与死亡人口常住地联系不上的，如孤寡老人、流动人口等，一律在死亡发生地登记。